Inhalt

Band 1

Band 2

Altern. Lernen
Ein Vorwort

Annette Niederfranke, Gerhard Naegele, Eckart Frahm

Das Alter gibt es nicht: Sowohl der Prozess des Alterns als auch das Alter als Lebensphase sind vielschichtig und vielgesichtig. Alles altert: Kein Lebensbereich und kein gesellschaftliches Feld bleiben von Alterungsprozessen unberührt; sie beeinflussen das Miteinander auf allen Ebenen der Gesellschaft, unter anderem in Wissenschaft, Politik oder Wirtschaft. Deshalb müssen Alterungsprozesse sowohl in ihrer umfassenden gesellschaftspolitischen Dimension als auch in ihren Auswirkungen auf das Individuum betrachtet werden. Dem Facettenreichtum des Alterns und den zahlreichen (körperlichen, psychischen, sozialen, gesellschaftlichen, ökonomischen und politischen) Einflussfaktoren auf Alternsprozesse kann nur eine disziplinübergreifende Auseinandersetzung, verbunden mit einem Dialog zwischen Theorie und Praxis, gerecht werden. Die Betrachtung aus unterschiedlichen Blickwinkeln und mit verschiedenen Zielrichtungen ergibt erst in der Zusammenschau ein umfassendes, der Vielschichtigkeit der Thematik angemessenes Bild.

Das soll in zwanzig Studieneinheiten geleistet werden. Die Komplexität und Mehrdimensionalität des Themenfeldes »Altern« wurde dafür in vier thematische Blöcke aufgeteilt, damit sich nicht nur die Inhalte möglichst übersichtlich erschließen, sondern auch der Stellenwert der einzelnen Aspekte im Gesamtrahmen deutlich wird.

Mit dem ersten thematischen Block (Studieneinheiten I bis IV) sollen – auch als motivierender Einstieg in dieses Lernangebot konzipiert – zentrale Einsichten in Phänomene des Älterwerdens vermittelt werden. Was ist Altern heute? Und was begründet die aktuelle Bedeutung und Popularität der Thematik? Wirklich neu ist die Tatsache, dass heute die Mehrzahl der Menschen in den westlichen Industrieländern die ihr biologisch zur Verfügung stehende Lebenszeit auch tatsächlich weitgehend ausschöpft und hochbetagt stirbt. Zusammen mit der in den letzten Jahrzehnten zu beobachtenden Tendenz zur Ein- und Zweikindfamilie hat das zu einer negativen demographischen Entwicklung geführt, die noch nicht abgeschlossen ist: Aus der bisherigen »Bevölkerungspyramide« wird der problematische »Bevölkerungspilz«. Es hängt also ursächlich mit der Verlängerung der Lebenszeit und den daraus erwachsenden Konsequenzen für den Einzelnen und die Gesellschaft zusammen, dass die Themen »Alter« und »Altern« zunehmend bedeutsamer und gleichzeitig auch brisanter werden. Aufgrund der Erkenntnis, dass Altern primär soziales »Schicksal« ist, beginnt dieses »Funkkolleg Altern« daher mit der Analyse der gegenwärtig vorhandenen Altersbilder, aus denen auch auf die Stellung der älteren und alten Menschen in unserer Gesellschaft geschlossen werden kann.

Ausgehend von diesen unterschiedlichen Vorstellungen vom Alter und von den Alten wird Altern zunächst als soziales Phänomen beschrieben. Der historischen Betrachtung des Alterns in unserer Kultur – der Veränderung der Altersbilder und der Stellung älterer Menschen im Laufe der Geschichte – schließt sich die Darstellung der Stellung der Alten und des Altwerdens in anderen Kulturen an. Schließlich gilt es herauszuarbeiten, dass Alternsprozesse immer im Kontext des gesamten Lebenslaufs (Vergangenheit, Gegenwart und Zukunft) eines Individuums zu sehen sind. Die im Alter wirksamen Einflussfaktoren – seien sie ökonomischer oder persönlichkeitsspezifischer Art – haben ihre Wurzeln immer auch in lebensgeschichtlichen Bedingungen und Zusammenhängen. In einem weiteren Schritt werden die demographischen, soziostrukturellen und nicht zuletzt auch politischen Rahmenbedingungen aufgezeigt, unter denen sich Altern heute vollzieht. Hier rückt das Altern der Gesamtgesellschaft in den Mittelpunkt der Betrachtung.

Im zweiten Block (Studieneinheiten V bis IX) wird das Älterwerden des Individuums (also die Mikroebene) detailliert behandelt. Alternsprozesse haben Auswirkungen auf die unterschiedlichsten Lebensbereiche. Sie berühren biologische, psychische und soziale Dimensionen. Normales wie krankhaftes, gelingendes wie misslingendes Altern werden im Hinblick auf die jeweiligen Einflussfaktoren und Auswirkungen analysiert. Kompetenzerhaltung und Kompetenzsteigerung im höheren Lebensalter sind ebenso Thema wie Sterben und Tod.

Nach den zuvor abgehandelten verschiedenen Dimensionen des Alterns befasst sich der anschließende dritte thematische Block (Studieneinheiten X bis XV) mit der Analyse der Lebenslagen und Lebenswelten zwischen den Prozessen auf der individuellen (Mikro-)Ebene und Veränderungen auf der gesellschaftlichen (Makro-)Ebene. Kennzeichnend für die Situation älterer Menschen ist die Disparität, die sich in ihren Lebensbedingungen und Lebenschancen auftut. In Abhängigkeit von verschiedenen Faktoren – unter anderem Geschlechtszugehörigkeit, ethnische Zugehörigkeit, familiäre Voraussetzungen, sozioökonomische Bedingungen – lassen sich unterschiedliche Lebenslagen voneinander abgrenzen. Unterschiedliche Lebenswelten und die damit verbundenen Chancen oder Restriktionen können das Altern in individuell unterschiedlicher Weise positiv oder negativ beeinflussen.

Im abschließenden vierten Block (Studieneinheiten XVI bis XX) dieses »Funkkollegs Altern« werden dann Aspekte der sozialen Sicherung und der Altenpolitik im demographischen Wandel behandelt. In der öffentlichen Diskussion wird immer wieder die Frage nach der Tragfähigkeit der Systeme der sozialen Sicherung gestellt. Eine ausreichende soziale Sicherung stellt eine grundlegende Voraussetzung für gelingendes Altern dar. Dazu gehören die materielle Absicherung im Alter ebenso wie die Versorgung bei Krankheit, Hilfsbedürftigkeit und im Pflegefall. Unmittelbar damit verbunden ist die Frage, ob neue Berufsfelder und Versorgungsstrukturen im Sozialwesen und im Gesundheitssystem entwickelt werden müssen. Berührt wird auch die

Frage, welche Rolle die Alten bei der Gestaltung von Politik spielen sollten. Dabei wird deutlich, dass Altenpolitik als Querschnittsaufgabe in allen Bereichen der Politik betrieben werden muss.

Das gesamte Lernangebot umfasst zwei Bände: Band 1 »Die vielen Gesichter des Alterns« enthält die Studieneinheiten I bis IX, Band 2 »Lebenslagen und Lebenswelten, soziale Sicherung und Altenpolitik« die Studieneinheiten X bis XX. Jeder Band enthält ein umfangreiches Glossar sowie ein Sach- und Personenregister. Außerdem sind in die jeweiligen Studieneinheiten Übungsaufgaben eingefügt, mit deren Hilfe der Lernfortschritt überprüft werden kann.

Die Intention dieser Studientexte lässt sich mit zwei Tätigkeitsworten knapp beschreiben: altern und lernen – und zwar beides zusammen und als aktive Verhaltensweisen verstanden.

Altern gehört untrennbar zu unserem Leben, ist eine Erfahrung, die jeder Mensch macht, sowohl an sich selbst als auch vermittelt durch andere Menschen. Wann jedoch beginnt das Alter? Beginnt es in der Mitte des Lebens, bei Frauen etwa mit dem Klimakterium? Beginnt es mit 60 oder gar erst mit 80 Jahren? Das sind Fragen, mit denen sich Wissenschaftler seit langem befassen, auf die sie aber bis heute keine befriedigende Antwort gefunden haben. Neben der Frage nach dem »objektiven« Beginn des Alters stellt sich auch die nach der subjektiven Wahrnehmung: Wann beginnt für den Einzelnen das Alter? Woran erkennt man, dass man alt wird? Diesen und anderen Fragen widmet sich das »Funkkolleg Altern«

Älterwerden macht nur selten Angst, aber Altsein ist in unserer bisher an Jugendlichkeit und ständigem Wandel orientierten Gesellschaft nicht so einfach zu akzeptieren. Noch verpflichten die gängigen Leitbilder den Einzelnen vorrangig auf jugendliche Schönheit und Attraktivität, wie sie nicht zuletzt die Werbung nahelegt. Allerdings zeichnet sich in der letzten Zeit der Trend ab, auch die mittlere und ältere Generation in den Medien unter positiven Vorzeichen zu thematisieren. In wissenschaftlichen Beiträgen, Unterhaltungssendungen und in der Werbung werden sie mehr und mehr zum Thema.

Dass wir als Einzelwesen älter werden und mit uns auch unsere Gesellschaft, ist unmittelbar einsichtig. Noch bleibt allerdings die entscheidende Frage offen: Wie kann Altern gestaltet werden, damit es sowohl für den Einzelnen als auch für die Gesellschaft als Ganzes überwiegend positive Aspekte aufweist? Das »Funkkolleg Altern« will bei der Beantwortung dieser drängenden Frage Hilfestellung geben. Zum einen sollen die Lesenden und Lernenden angeregt werden, sich mit altersbedingten Veränderungen bei sich selbst aktiv und positiv auseinander zu setzen – mit dem Ziel einer bewussteren Lebensgestaltung. Zum anderen sollen sie für die demographischen Veränderungen mit ihren Auswirkungen auf zahlreiche, oft übersehene Gesellschafts- und Politikbereiche sensibilisiert werden.

Die zwanzig Studieneinheiten dieser beiden Bände haben ihre »Lernerprobung« in einem großen »Feldversuch« bereits erfolgreich hinter sich. Das Funkkolleg »Altern« wurde in den Jahren 1996/97 unter der Federführung des

Westdeutschen Rundfunks (Redaktion: Klaus-Dieter OETZEL, Florian QUECKE) realisiert. Die Wissenschaftliche Leitung lag bei Gerhard NAEGELE und Annette NIEDERFRANKE, die Studientexte wurden vom Deutschen Institut für Fernstudienforschung an der Universität Tübingen (DIFF) herausgegeben (Koordinator der Funkkollegs: Eckart FRAHM). Dieses Funkkolleg, legt man die Urteile der Teilnehmenden zugrunde, war sehr erfolgreich. Das lag sicher nicht zuletzt daran, dass bereits im März 1994 mit Hilfe eines umfangreichen Fragebogens vorab geklärt wurde, was (mögliche) Teilnehmende bei der Wahl eines solchen Themas lernen wollten. Die inhaltlichen Präferenzen der Befragten, deren Merkmalsstruktur weitgehend jenen der späteren Teilnehmenden entsprachen, wurden bei der inhaltlichen und curricularen Festlegung ebenso berücksichtigt wie Vorschläge zur Gestaltung des Lernangebots oder auch die Gründe für eine (mögliche) Teilnahme an diesem Medienverbundprojekt (Hörfunksendungen, Studientexte, Begleitkurse, Prüfungen). Die Ergebnisse der Voruntersuchung wurden 1996 in der DIFF-Reihe »Funkkolleg-Werkstatt: Materialien & Analysen, Nr. 4: Alterns-Bildung« vorgelegt.

Nach Ablauf des Funkkollegs »Altern« wurden die Teilnehmenden noch einmal befragt. Und diese Untersuchungsergebnisse – wie das Lernangebot genutzt und eingeschätzt wurde, welche Themen noch gewünscht wurden u. a. – konnten dann für die Gestaltung der vorliegenden Textausgabe genutzt werden. Ein solch aufwendiges Redaktionsverfahren, bei dem also wissenschaftlicher Anspruch einerseits und die Aneignungsforderungen der Lernenden andererseits umfangreich berücksichtigt wurden, ist bei der Realisierung eines Lernangebots sicher nicht die Regel. Dass die Studienbriefe beim DIFF sehr schnell vergriffen waren, zeigt auch, wie wichtig dieses Thema von sehr vielen Interessenten genommen wurde und, legt man die anhaltende Nachfrage zugrunde, noch immer wird.

Uwe OPOLKA (DIFF) hat eine erste Überarbeitung der Studientexte vorgenommen; die einzelnen Studieneinheiten wurden, soweit notwendig und möglich, aktualisiert und ergänzt, einige Beiträge wurden aufgrund der Teilnehmerreaktionen zusätzlich aufgenommen. Udo SCHWEIZER (DIFF) hat während der Schlussredaktion alles sorgfältig überprüft und die Texte – außer in den historischen Zitaten – auf den Stand der neuen Rechtschreibung gebracht. Das Funkkolleg, ein Modell wissenschaftlicher Weiterbildung im Medienverbund, wurde 1998 nach über 32 Jahren eingestellt, von den Teilnehmenden immer wieder als »eine optimale Möglichkeit der Selbstaufklärung« eingeschätzt. Herausgeber und Autoren hoffen, dass dieses auch für die vorliegenden Studieneinheiten des »Funkkollegs Altern« gelten möge.

I. Die Farben des Herbstes. Die vielen Gesichter des Alters heute

Annette Niederfranke, Reinhard Schmitz-Scherzer, Sigrun-Heide Filipp

Einführung

Hören oder lesen sie das Wort »Alter«, fallen vielen Menschen eher negative als positive Merkmale ein: Verlust an Körperkraft und geistiger Vitalität, Verlust wichtiger sozialer Rollen, Verlust von Freunden und Angehörigen, Isolierung und möglicherweise Einsamkeit. Viel zögerlicher werden positive Veränderungen und damit Gewinne im Prozess des Älterwerdens benannt: Reife, größere Übersicht, Sicherheit in der Entscheidung. Auch in der veröffentlichten Meinung überwiegen bei der Bilanzierung von Alternsprozessen nicht selten negative Merkmale: Der Leistungsverfall im Alter wird überschätzt. Attribute hingegen, die mit Jugend verbunden werden, sind eindeutig positiver gefärbt: Wachstum, Attraktivität, Dynamik, Zugewinn an Einfluß, Aufbau beruflicher und sozialer Räume, Integration in die Gesellschaft. Diese Merkmale werden zunehmend auch zu Leitideen bestimmter Gruppen von Älteren: der sogenannten »jungen« oder »neuen« Alten. Sie repräsentieren einen neuen Typus des älteren Menschen: gesundheitlich auf der Höhe, vielfältig interessiert, geistig aktiv, in der Gesellschaft präsent, finanziell gut abgesichert, mobil usw.

Fast hat es den Anschein, als sei der »Jungbrunnen« und damit die Vorstellung, sich ewige Jugend zu erhalten oder sie zurückzugewinnen, ein Wunschbild unserer Gesellschaft. Zwar ist ewige Jugend unerreichbar, aber Verjüngung und die Bewahrung von Jugendlichkeit im oben geschilderten Sinne scheinen als gesellschaftliche Zielvorgabe wie als individueller Wunsch erstrebenswert und durch verschiedene Maßnahmen auch erreichbar. Belegen lässt sich dies etwa mit Entwicklungen auf dem Modemarkt: Die Mode für Ältere hat sich verändert – weg von dunklen Farben und traditionellem Design hin zu frischen Farben und schwungvollen Schnitten. Tatsächlich scheint sich im Hinblick auf die Darstellung und Bewertung von Alter gesellschaftlich einiges verändert zu haben. Ist das ein Beleg für die Existenz eines neuen Altersbildes, mit dem die »jungen« Alten zum Vor- oder gar Idealbild des Altseins erhoben werden? Verliert damit das Alter seine Schrecken?

Entgegen diesen positiven Trends sind gerade in den letzten Jahren in den Massenmedien Diskussionen um die sogenannte »Altenlast«, um die Zukunft der Pflege und der finanziellen Absicherung alter Menschen ins Zentrum gerückt. Der Beitrag der politischen Parteien zur Verschärfung dieser Debatten ist unverkennbar. Nicht zuletzt geht es für sie auch um die Bewahrung und Gewinnung einer breiten Wählerschicht. Die diesen Auseinandersetzungen zugrunde liegenden Altersbilder sind negativ getönt, weil implizit oder explizit unterstellt wird, es finde im Laufe des Lebens und insbesondere im Alter ein ständiger Abbau der körperlichen und geistigen Leistungsfähigkeit statt. Damit werden alte Menschen an den Rand der Gesellschaft gedrückt und als hilfsbedürftig, einsam und kostenträchtig dargestellt.

Angesichts dieser widersprüchlichen Situation stellen sich für diese Studieneinheit vier Leitfragen:

- Wie sieht die Realität aus, wie leben ältere Menschen heute tatsächlich?
- Welche Bilder vom Alter haben die älteren Menschen selbst?
- Welche Bilder haben die jüngeren Altersgruppen vom Alter?
- Welche »Gesichter« trägt das Alter in unserer Gesellschaft wirklich?

Wie bereits deutlich geworden sein dürfte, verbinden sich mit den Begriffen »Alter« und »Altern« höchst vielfältige Vorstellungen. Dabei wird uns selten bewusst, wie sehr diese Vorstellungen sowohl durch unsere Erfahrungen mit älter werdenden und alten Menschen als auch durch den kulturellen Kontext und die konkreten gesellschaftlichen Bedingungen, unter denen wir leben, geprägt werden. Die Altersbilder, die durch Bücher, Beiträge in Zeitungen und Zeitschriften, in Fernsehsendungen, in Werbespots sowie in der Kinder- und Jugendliteratur vermittelt werden, entsprechen oft nicht der Wirklichkeit des Alter(n)s. Dennoch ist es wichtig sich mit ihnen zu befassen, weil sie das Verhalten gegenüber alten Menschen und auch das Erleben und Handeln der älteren Menschen selbst beeinflussen (*Kapitel 4*).

Die Alters*bilder* zeigen jedoch nur die eine Seite der Medaille. Deren andere Seite ist die *Realität* des Alters. Daher befasst sich diese Studieneinheit auch mit der Analyse der unterschiedlichen Formen, in denen sich das Altern ausprägt, und mit dem Leben im Alter selbst. Es wird deutlich werden, dass der Alternsprozess durch eine Vielzahl von Momenten geprägt ist, was dazu beiträgt, dass sich die individuellen Unterschiede innerhalb der Gruppe der alten Menschen mit zunehmenden Jahren eher vergrößern: Altern hat viele Gesichter und ältere Menschen leben sehr unterschiedlich. »Die« Alten gibt es ebenso wenig wie »das« Altersbild unserer Gesellschaft (*Kapitel 2* und *3*). Es ist ein Ziel dieser Studieneinheit den vielfältigen Altersbildern und der dahinter stehenden Realität, den zahlreichen Gesichtern und heterogenen Formen des Alters auf die Spur zu kommen.

Dabei ist zu berücksichtigen, dass das Älterwerden zu den elementaren Erfahrungen des Menschseins gehört: »Älter« ist schon das Schulkind im Vergleich zum Kindergartenkind; »älter« ist auch der 20-jährige Geselle im Vergleich zum 18-jährigen Lehrling. Alter(n) ist zudem etwas, mit dem wir sehr unmittelbar – nicht zuletzt durch das Altern der eigenen Angehörigen, der Eltern beispielsweise – konfrontiert werden. All diese Erfahrungen prägen unsere Vorstellungen vom Älterwerden und vom Alter. »Älterwerden« im Sinne eines Reifungsprozesses macht uns keine Angst, aber »Alt-Sein« ist in unserer an Jugendlichkeit und Schnelligkeit orientierten Gesellschaft nur schwer zu akzeptieren (*Kapitel 1*).

Wie andere Bevölkerungsgruppen – Kinder, Jugendliche, Menschen im mittleren Lebensalter – das Alter sehen, schlägt sich in der *Fremdeinschätzung* nieder. Wie hingegen ältere Menschen selbst das Alter und ihr eigenes Altern bewerten, kommt durch ihre *Selbsteinschätzung* zum Ausdruck. Beiden Aspekten soll nachgegangen und geprüft werden, ob sich in den Fremd- und Selbsteinschätzungen in den letzten Jahren Veränderungen ablesen lassen. Ferner wird auch der *Zusammenhang* zwischen Fremd- und Selbsteinschätzungen erörtert (*Kapitel 5*).

Schließlich wird die Frage erörtert, wie Altersbilder gezielt beeinflusst werden können (*Kapitel 6*). Es geht darum die Vielfalt der Alternsverläufe und Lebensformen im Alter auch in den Altersbildern der Gesellschaft sichtbar zu machen. In diesem Sinne geht es in dieser Studieneinheit um das anspruchsvolle Anliegen *Altersstereotype zu beeinflussen.*

1. Das Altern hat viele Facetten

Zur Beschreibung und Bewertung von Situationen, Gegenständen und Menschen benutzt jeder von uns täglich das Wort »alt« und die ihm verwandten Begriffe. »Alt« ist ein wichtiger Begriff in unserer Alltagswelt, der sich in vielen anderen Bezeichnungen versteckt und aus der Umgangssprache nicht wegzudenken ist. Er schwingt in ganz unterschiedlichen Begriffen mit und es stellt sich daher die Frage, was diese Begriffe gemeinsam haben:

- »Patina« – »Antiquität« – »Veteran« – »alte Freunde« – »alter Käse« – »alter Wein« – »alter Fuchs« – »alte Stadt« – »alte Universität«: All diese Begriffe haben eine positive Bedeutung. Die Tatsache, dass etwas »alt« ist, wird hier als Qualitätsmerkmal gesehen.
- Anders verhält es sich mit den folgenden Begriffen: »Schrott« – »Greis« – »anachronistisch« – »alte Leute« – »senil« – »von gestern« – »reaktionär«. Hier kommt eine sehr negative Bewertung des Alters zum Ausdruck.
- Wiederum andere Begriffe setzen die Aussage »alt« in ein neutrales Licht: »Sage« – »Fossil« – »archaisch«.

Und dann gibt es noch jene Gegenstände und Begriffe, bei denen sich die Bedeutung von »alt« über die Zeit verändert: So können Möbel heute »neu und aktuell«, morgen »alt und unmodern« und übermorgen, sagen wir in 50 oder 100 Jahren, als Antiquitäten »alt und wertvoll« sein. Oder wir stellen fest, dass Musik aus den sechziger Jahren heute »alt und unmodern« klingt, wie die Musik von James LAST, oder nach wie vor als »hochaktuell und innovativ« empfunden wird, wie die Musik der BEATLES. »Alt« und »jung« können im Hinblick auf den gleichen Bezugspunkt positiv besetzt sein: Ein »altes« Haus zu bewohnen kann ebenso die Lebensqualität steigern wie ein »neues, junges und modernes« Haus. In beiden Fällen entfaltet die Architektur ihren eigenen Charme. Oftmals kommt es auf die Wahl des Begriffes an, die dazu führt, dass ein Gegenstand oder Mensch je nach dem verwendeten Attribut positiv oder negativ bewertet wird. So ist die Bezeichnung »senil« für einen sehr alten Menschen ausgesprochen negativ, während der Begriff »Hochbetagter« für ihn positiv und eher im Sinne einer Auszeichnung zu verstehen ist. »Alt« und »Alter« werden also in der Umgangssprache in sehr unterschiedlichen Kontexten verwendet und erst in Abhängigkeit von ihnen entfalten die Begriffe eine unterschiedliche Bedeutung. Für sich genommen sind die Begriffe zumeist wenig aussagekräftig.

Wenden wir uns der Verwendung des Begriffs »alt« im Lebenslauf zu, stellen wir ebenfalls fest, dass das Wort »alt« als solches keine einheitliche Bedeutung hat, wie die folgenden Zitate belegen:

- »Ich fühle mich wie ein alter Mann« – so Henry MASKE, der Weltmeister im Halbschwergewicht, nach seiner erfolgreichen Titelverteidigung gegen Duran WILLIAMS im Februar 1996. MASKE war zu diesem Zeitpunkt 32 Jahre alt.
- »Ich soll zum Seniorennachmittag des Caritas-Verbandes gehen? Dort wo die alten Leute sind. Nein danke. Vielleicht wenn ich selbst mal alt bin, aber das ist noch lange hin« – so Hannelore GERLACH, zu diesem Zeitpunkt 78 Jahre alt.
- »Um eine wirkliche Ballerina zu werden bist du zu alt. Da hättest du viel früher beginnen müssen.« – Der Kommentar der Ballettlehrerin gilt der zwölfjährigen Meike.
- »Bis 40 kein Chef geworden? – Dann werden Sie es in unserem Konzern bis zur Verrentung nicht mehr.« – So das Urteil des 35-jährigen Personalleiters über einen 45-jährigen Kollegen.
- »Ich fang' noch mal ganz von vorne an. Ich habe erst jetzt das Gefühl, die Kraft und auch das Selbstwertgefühl dafür zu haben. Sicher, vor 100 Jahren wäre jetzt alles zu Ende gewesen. Aber heute fühle ich mich jünger und unternehmungslustiger denn je.« – Die 43jährige allein erziehende Ulrike Schneider kehrt nach zwanzigjähriger Ehe ihrem alten Leben den Rücken und stellt sich beruflich und privat auf eigene Beine.
- »Er war zu jung zum Sterben« – So der Kommentar in der Lokalzeitung zum Tod des 23-jährigen Motorradfahrers.
- »Für das besagte Projekt fühle ich mich noch nicht alt genug«, so der 100-jährige Schriftsteller Ernst JÜNGER auf die Bitte eines Verlegers an einem Buch über »Langlebigkeit und geistige Vitalität« mitzuwirken.

Bei dem Versuch sich darüber klar zu werden, was diesen Aussagen gemeinsam ist, drängt sich das alttestamentarische Wort »Alles hat seine Zeit« auf. Offensichtlich gibt es weit verbreitete Vorstellungen darüber, in welchem Lebensalter welche Aktivität sinnvoll ist, und offensichtlich machte jede der oben zitierten Personen – wie wir alle es schon erlebt haben – die Erfahrung, für etwas »zu alt« oder »zu jung« zu sein, und zwar unabhängig von ihrem kalendarischen Lebensalter. Es scheint also eine »Altersnorm« zu geben, die festlegt, zu welchem Zeitpunkt bestimmte Ereignisse im Lebensverlauf vorgesehen sind (vgl. dazu *Abschnitt 3.1*). So hat der Tod ein »altes Gesicht« (von Ausnahmen wie AIDS, Krebserkrankungen oder Unfällen einmal abgesehen) und ist kein Begleiter junger Menschen. Aber es gibt auch hier wiederum Beispiele dafür, dass Alternsnormen sich verändert haben: Die 66-jährige Studentin an der Universität ist keineswegs mehr eine Ausnahmeerscheinung. Die Universität, eigentlich eine Stätte zur Bildung junger Menschen, hat sich gewandelt und ist auch für Menschen anderer Lebensalter zugänglich geworden. Manche Menschen entwickeln auch den Ehrgeiz, sich gegen bestehende Altersnormen zu wenden, wie die ersten Älteren, die an Universitäten studiert haben, oder wie die Frau, die in der »Mitte des Lebens« die Weichen neu stellt. Aus alledem lässt sich folgende Schlussfolgerung ziehen:

- »Alter« ist eine zentrale Kategorie in der Bewertung von Situationen, Menschen und Ereignissen. Diese Kategorie erhält jedoch ihre jeweilige Bedeutung erst durch eben diese Situationen, Menschen und Ereignisse.

Zum einen ist das Älterwerden eine Erfahrung, die jeder Mensch im Verlauf seines Lebens ständig macht. Es gibt viele Situationen, in denen jeder von uns »zu alt« oder »zu jung« für eine bestimmte Aktivität oder Entscheidung ist. Diese Erfahrung beginnt nicht erst in einem bestimmten Lebensalter.

In der offiziellen Statistik werden die Menschen jedoch erst mit 60, spätestens mit 65 Jahren zur Gruppe der Älteren gezählt, unabhängig von ihren individuellen Merkmalen. Diese Zuordnung wird auch ungeachtet der Tatsache vorgenommen, dass ein 60-Jähriger mit einem 90-Jährigen sehr wenig gemeinsam hat und beide ohnehin zwei unterschiedlichen Generationen angehören. Sie werden aber dennoch in der Gruppe der »Älteren« zusammengefasst.

Zum anderen ist die Bewertung »jung« oder »alt« abhängig vom jeweiligen Kontext. Mit einem Lebensalter von 40 Jahren kann man je nach Zusammenhang einmal als »jung«, zum anderen als »alt«, mit 70 Jahren hier als »alt« und dort als »jung« eingestuft werden. Dies wird im beruflichen Bereich besonders deutlich. Spitzensportler wie Henry MASKE oder Boris BECKER zählen schon in einem relativ jugendlichen Alter, in dem in anderen Bereichen eine berufliche Laufbahn erst beginnt, zu den Seniorinnen und Senioren ihrer Profession. Während Piloten oft bereits mit Mitte vierzig aus ihrem Beruf ausgegliedert werden, weil befürchtet wird, dass sie den Anforderungen nicht mehr gewachsen sind, werden von Wissenschaftlern und Künstlern Hochleistungen oftmals erst im höheren Erwachsenenalter oder gar im Greisenalter erbracht. Hier nur einige Beispiele, denen sich leicht weitere anfügen ließen:

- Lucas CRANACH DER ÄLTERE (1472–1553) war bereits 74 Jahre alt, als er sein berühmtes und für Alternsfragen so aufschlussreiches Bild »Der Jungbrunnen« malte, in dem sich Greisinnen in attraktive junge Frauen verwandeln um sich anschließend den Sinnesfreuden hinzugeben. Alte Männer – so die damalige Vorstellung – würden durch den Verkehr mit jungen Frauen wieder jung und vital, eine Vorstellung, die sich auch heute noch zweifelhafter Beliebtheit erfreut.
- Joseph HAYDN (1732–1809) hat sein umfangreiches Lebenswerk erst nach Eintritt in das »Rentenalter« (das es damals gar nicht gab) durch die Oratorien »Die Schöpfung« (1798) und »Die Jahreszeiten« (1801) gekrönt und im Alter von 65 Jahren 1797 mit der Kaiserhymne »Gott erhalte Franz den Kaiser« die Melodie komponiert, der später (1922) der Text unserer Nationalhymne unterlegt werden sollte.
- Auch Johann Wolfgang VON GOETHE (1749–1832) brachte sein Altershauptwerk »Faust II« erst ein Jahr vor seinem Tod zum Abschluss.
- Der irische Dramatiker und Literatur-Nobelpreisträger George Bernard SHAW (1856–1950) verfasste noch mit über 90 Jahren Theaterstücke.
- Frank Lloyd WRIGHT (1869–1959), einer der bedeutendsten Architekten in der ersten Hälfte des 20. Jahrhunderts, leitete zwischen seinem 87. und 90. Lebensjahr den Bau des Guggenheim-Museums in New York, das nach seinen Entwürfen entstand und die moderne Museumsarchitektur revolutionierte.

- Bertrand RUSSELL (1872–1970), britischer Logiker, Philosoph und Schriftsteller, Träger des Literaturnobelpreises, veröffentlichte zwischen 1967 und 1969 seine Autobiographie.

Jenseits dieser beiden Perspektiven – sich »zu jung« oder »zu alt« für etwas zu fühlen – scheint ein weitgehender gesellschaftlicher Konsens über das Alter zu bestehen: Altern ist schon seinem allgemeinen Ablauf nach kein rein biologischer, aber auch kein rein psychologischer Prozess; es ist – ob wir dies wissen oder nicht, dies wollen oder nicht – daneben auch sozial und kulturell beeinflusst. Alter ist primär eine »soziale Kategorie« und in diesem Sinne »primär soziales Schicksal und erst sekundär funktionelle oder organische Veränderung« (THOMAE 1969, S. 23). Davon wird im Verlauf dieser Studieneinheit noch mehrfach die Rede sein.

Im jeweiligen soziokulturellen Kontext wird auch festgelegt, *wann* jemand zur Gruppe der älteren Menschen gezählt wird. Markiert wird dieser Zeitpunkt in unserer Gesellschaft in der Regel durch die berufliche Altersgrenze, auch wenn hier im Zuge der zahlreichen Frühverrentungen, Vorruhestandsprogramme und der zunehmenden Arbeitslosigkeit älterer Menschen kein eindeutiger und allgemein verbindlicher Fixpunkt mehr vorhanden ist. Dennoch wird die Berufsaufgabe aus Altersgründen zu einem wichtigen Ereignis in der Deutung des eigenen Alters, sowohl in persönlicher Hinsicht, in der Auseinandersetzung mit Sinnfragen des eigenen Lebens, als auch in gesellschaftlicher Hinsicht, in der Bewertung durch die soziale Umwelt als »alt«. Während Übergangsphasen in jüngeren Jahren eher das Hineinwachsen in neue Kompetenzen und eine Vermehrung von Aufgaben und Erfahrungen bedeuten, sind Menschen nach der Berufsaufgabe plötzlich auf sich selbst gestellt. Es gibt in unserer Gesellschaft keine spezifischen Erwartungen an ältere Menschen, keine besonderen Rollen, die sie übernehmen sollten. Parallel zur steigenden allgemeinen Lebenserwartung (vgl. Studieneinheit IV) hat dabei der Trend zum frühen Ausscheiden aus dem Erwerbsleben zu einer erheblichen Ausweitung der Altersphase geführt. Die mittlere Dauer des Ruhestandes oder der Altersphase hat sich in den letzten 25 Jahren um zwei Drittel verlängert. Menschen verbringen heute ein Viertel, manche sogar ein Drittel ihrer Lebenszeit in der Altersphase. Außerdem erlebt heute die große Mehrzahl der Menschen die nachberufliche Lebensphase auch tatsächlich. 1916, als die berufliche Altersgrenze von 70 auf 65 Jahre herabgesetzt wurde, erreichten lediglich 4,4 Prozent der Bevölkerung das Rentenalter.

Wesentlich ist die Frage, welche Bewertungen mit der Zuschreibung »alt« verbunden sind. Ist es positiv und erstrebenswert zur großen Gruppe der Älteren zu gehören? Oder sind damit Negativbewertungen verbunden, denen man gezielt entgegentreten sollte? – Die Beantwortung dieser Fragen hängt eng mit zwei Dingen zusammen: einerseits damit, welche Leitbilder eine Gesellschaft vom Älterwerden vermittelt; andererseits damit, wie die Leitbilder von älterwerdenden Menschen, also von uns allen, aufgegriffen und im Rahmen der persönlichen Lebensgestaltung ausgeformt werden. Sicherlich ist es kein persönliches Verdienst alt zu werden. Eigene Verantwortung und Freiheit setzen jedoch dort ein, wo es um die Gestaltung des Alters geht und um die Frage, welchem Leitbild man folgen soll. Nicht jeder geht den Schritt so bewusst wie der Psychoanalytiker Horst Eberhard RICHTER, den im Alter von 70 Jahren interessierte,

»was der Philosoph Immanuel Kant und sein Zeitgenosse Christoph Hufeland, der Altvater der Psychosomatik, empfahlen. Hufeland propagierte Rückzug in Ruhe und viel Schonung; Kant hingegen beharrte darauf, daß gerade das Alter nicht zum Ausruhen bestimmt sei. Ruhe und Schonung beschleunigten nur den Alterungsprozeß. Sollte ich Hufeland oder Kant folgen? Ich habe nachgelesen, wer von beiden länger gelebt hat. Das war eindeutig Kant. Also habe ich beschlossen, mich an Kant zu halten« (RICHTER 1993, S. 11).

Wie das Alter konkret gelebt wird, ist Ergebnis der gesamten bisherigen Biographie eines Menschen. Außerdem ist zu bedenken, dass fast alle Lebensperspektiven im Alter zumindest der Möglichkeit nach verfügbar sind. Daher kommt es für den Einzelnen darauf an, diese Potentiale auch zu nutzen. Der jüdische Religionsphilosoph Martin BUBER (1878–1965) bringt dies zum Ausdruck, wenn er feststellt: »Alt sein ist eine herrliche Sache, wenn man nicht verlernt hat, was Anfangen heißt«.

Eine völlig andere, negative Sichtweise vom Alter finden wir bei dem englischen Dramatiker und Schauspieler William SHAKESPEARE (1564–1616), der davon ausgeht, dass der Mensch sein Energiereservoir im Laufe der Zeit verbraucht, es sozusagen im Augenblick seines Todes aufgezehrt hat. SHAKESPEARE lässt den Edelmann Jacques in seiner Komödie »Wie es Euch gefällt« sagen:

»JACQUES. Die ganze Welt ist Bühne,
Und alle Fraun und Männer bloße Spieler.
Sie treten auf und gehen wieder ab,
Sein Leben lang spielt einer manche Rollen,
Durch sieben Akte hin. Zuerst das Kind,
Das in der Wärtrin Armen greint und sprudelt;
Der weinerliche Bube, der mit Bündel
Und glattem Morgenantlitz, wie die Schnecke
Ungern zur Schule kriecht; dann der Verliebte,
Der wie ein Ofen seufzt, mit Jammerlied
Auf seiner Liebsten Brau'n; dann der Soldat,
Voll toller Flüch' und wie ein Pardel bärtig,
Auf Ehre eifersüchtig, schnell zu Händeln,
Bis in die Mündung der Kanone suchend
Die Seifenblase Ruhm. Und dann der Richter,
Im runden Bauche, mit Kapaun gestopft,
Mit strengem Blick und regelrechtem Bart,
Voll abgedroschner Beispiel', weiser Sprüche,
Spielt seine Rolle so. Das sechste Alter
Macht den besockten hagern Pantalon,
Brill' auf der Nase, Beutel an der Seite;
Die jugendliche Hose, wohl geschont,

'ne Welt zu weit für die verschrumpften Lenden;
Die tiefe Männerstimme, umgewandelt
Zum kindischen Diskante, pfeift und quäkt
In seinem Ton. Der letzte Akt, mit dem
Die seltsam wechselnde Geschichte schließt,
Ist zweite Kindheit, gänzliches Vergessen,
Ohn' Augen, ohne Zahn, Geschmack und alles.«

(SHAKESPEARE 1965, S. 521; II. Akt, 7. Szene; Übersetzung: August Wilhelm SCHLEGEL)

Aus derselben Epoche, der Spätrenaissance, in der SHAKESPEARE seine wenig ermutigende Schilderung des Lebensverlaufs und des Alters schrieb, ist von dem Italiener Luigi CORNARO, der 1565 im Alter von mehr als 100 Jahren starb, eine der schönsten Darstellungen des Alters überliefert. Er entstammte einer venezianischen Patrizierfamilie, von der seit dem Jahre 867 Angehörige in hohen Ämtern Venedigs bezeugt sind und die ihren Ursprung auf die altrömischen Cornelier zurückführte. In seinem Traktat »Vom mäßigen Leben«, den er als 82-Jähriger schrieb, wehrt er sich gegen negative Alterszuschreibungen:

»Sie mögen kommen, sehen und sich wundern über mein Wohlbefinden, wie ich ohne Hilfe zu Pferde steige, Treppen und Hügel hinauflaufe, wie ich lustig, amüsant und zufrieden bin, wie frei von Gemütssorgen und widerwärtigen Gedanken. Freunde und Friede verlassen mich nicht. [...] Mein Umgang sind weise, gelehrte, ausgezeichnete Leute von Stand, und wenn diese nicht bei mir sind, lese und schreibe ich und suche damit wie auf jede andere Weise anderen nützlich zu sein nach Kräften. [...] Einige Zeit bringe ich dann in meiner schönen Villa in der Ebene zu; dort laufen alle Wege auf einem Platz zusammen, dessen Mitte eine artige Kirche einnimmt; ein mächtiger Arm der Brenta [Fluß in der norditalienischen Provinz Venezien] strömt mitten durch die Anlagen, lauter fruchtbare, wohl angebaute Felder, alle stark bewohnt, wo früher nur Sumpf und schlechte Luft und eher ein Wohnsitz für Schlangen als für Menschen war. Ich war's, der die Gewässer ableitete; da wurde die Luft gut, und die Leute siedelten sich an und vermehrten sich. [...] Und diese meine Genüsse werden mir nicht geschmälert durch Abnahme des Auges oder des Ohres; alle meine Sinne sind Gott sei Dank in vollkommen gutem Zustande [... So] ist auch das eine Frucht meines mäßigen Lebens, daß ich in diesem meinem 83. Altersjahre noch eine ergötzliche Komödie voll ehrbarer Spaßhaftigkeit habe. [...] Das sind die Freuden meines Alters«. (Zitiert nach HOFFMANN, KRAMER 1994, S. 91 f.)

CORNARO macht exemplarisch deutlich, wie sehr das Alter durch günstige Umgebungsbedingungen und eine ausreichende soziale Absicherung beeinflusst wird. Diese Tatsache gilt für die heutige Zeit mehr denn je. Es kommt eben nicht nur darauf an, *wie alt* man wird, sondern *wie man alt wird.*

2. Das Doppelgesicht der späteren Jahre – auf dem Weg zu einer differenzierten Sicht des Alters

2.1 Eine aktive Lebensgestaltung als Herausforderung

Wir wollen im Folgenden der Frage nachgehen, ob die Art und Weise, wie das Alter heute gelebt wird, eher William SHAKESPEARE oder aber Luigi CORNARO Recht gibt. Oder sind möglicherweise die aufgezeigten Gegensätze heute bereits überwunden? Eine Antwort auf diese Fragen führt zu einem »Sowohl-als-auch«. SHAKESPEARE würde man heute den Vertretern des sogenannten »Defizitmodells« vom Alter zurechnen, nach denen das Alter ein ständig fortschreitender körperlicher, seelischer und geistiger Abbau- und Verschleißprozess ist. Allenfalls wird in diesem Modell älteren Menschen zugestanden, dass sie mit Mühe das Allerschlimmste verhindern oder aufschieben können.

CORNARO wäre demgegenüber eher als ein Verfechter des sogenannten »Kompetenzmodells« des Alters anzusehen. Eine nicht selten gebrauchte Metapher ist hier, das Altern des Menschen mit einem Baum zu vergleichen, der fortwährend wächst und sich immer wieder verzweigt. »Altern« meint in diesem Fall nicht die allmähliche Auflösung, sondern zunehmende Erweiterung, Ausdifferenzierung, Integration von Erfahrungen und den fortlaufenden Auf- und Ausbau von (Alltags-)Kompetenz. Diese Vorstellung vom Altern lässt sich beispielhaft an der Entwicklung der Gefühle illustrieren: Aus den bei Säugling und Kleinkind zunächst sehr undifferenzierten und entgegengesetzten Gefühlen von Lust und Unlust entwickelt sich im Laufe des Heranwachsens ein Spektrum höchst unterschiedlicher Emotionen (Stolz, Trauer, Scham usw.), das letztlich die differenzierte Gefühlswelt des Erwachsenenalters ausmacht. Eine Beschäftigung mit neueren gerontologischen Arbeiten zu Alternsprozessen zeigt, dass in der heutigen Forschung diese veränderte Sichtweise von der menschlichen Entwicklung im Alter vorherrscht. Denn es gibt zahlreiche Belege für die Potenziale ebenso wie für die Kapazitäts- und Handlungsreserven alter Menschen. Beiträge über »Potenziale und Kompetenzen des Alters«, über »Produktivität des Alters«, über »Expertenwissen und Weisheit«, über »Chancen und Herausforderungen des Alters« sowie über »erfolgreiches Altern« sind aus der neueren wissenschaftlichen Diskussion ebenso wenig wegzudenken wie Erfahrungsberichte und Biographien älterer Menschen über ihr eigenes produktives Älterwerden. (Eine ausführlichere Darstellung des Kompetenz- und des Defizitmodells und der damit verbundenen Aktivitäten und Lebensformen Älterer enthalten die Studieneinheiten V und XII.)

In vielen grundlegenden Studien konnte das Defizitmodell des Alters widerlegt werden, indem gezeigt wurde, dass der Leistungsabfall im Alter überschätzt wird. Ältere Menschen wollen nicht nur ehemals Erworbenes – etwa Kompetenzen, soziale Beziehungen, materielle Werte – so lange wie möglich bewahren und vor einem Abbau schützen. Sie sind also nicht nur rückwärts gewandt und konservativ im Wortsinne von »bewahrend«. Vielmehr zeigen älter werdende und alte Menschen (in ihrer Mehrzahl) durch ihre Lebensweise, dass sie mit zunehmenden Jahren auch neue Potenziale ausschöpfen und neue Fähigkeiten erwerben. Erst aus dieser Perspektive wird es möglich, dem Alter eine neue Qualität und Wertigkeit zuzusprechen und es als eigenständige Phase im Lebensverlauf zu verstehen. Es hat sich gezeigt, dass ein altersbedingter Verfall bestimmter Kompetenzen – etwa der intellektuellen Fähigkeiten – weder allgemein gültig noch voraussagbar ist. Allerdings ist hier eine Einschränkung zu machen: Nach dem 60. Lebensjahr ist der Kompetenzerhalt beziehungsweise die Kompensation verloren gegangener Kompetenzen sehr stark von den Umgebungsbedingungen und der individuellen Lebensform abhängig. Mit »Umgebungsbedingungen« sind nicht nur die kleinräumigen lokalen Bezüge gemeint, sondern auch die politischen und rechtlichen Rahmenbedingungen, unter denen sich das Altern vollzieht (BALTES, Paul B., MITTELSTRASS 1992; BALTES, Margret M., MONTADA 1995; BUNDESMINISTERIUM FÜR FAMILIE, SENIOREN, FRAUEN UND JUGEND 1996; LEHR 1991; NIEDERFRANKE 1992; THOMAE 1969; 1983). Diese Aspekte werden in den Studieneinheiten XIII und XV, vor allem aber in den Studieneinheiten XVI bis XX thematisiert.

Menschen in der Altersphase, also der Zeit nach der aktiven Berufs- und Familienphase, bleiben dann geistig vitaler, wenn sie sich selbst Herausforderungen suchen und in einer Umgebung leben, die Anregungen vermittelt. Ein Beispiel hierfür ist die 68-jährige Marianne:

Nach dem Tod ihres Mannes zog sie sich zunächst immer mehr zurück. Sie verließ kaum noch die Wohnung, redete selten mit anderen, und wenn sie dies überhaupt tat, dann sprach sie zumeist über gesundheitliche Fragen oder Alltägliches. Sie wurde immer ruhiger, uninteressierter, unzufriedener und hatte den Eindruck sich nicht mehr konzentrieren zu können und auf der ganzen Linie »abzubauen«. Dann begegnete sie vor dem Einkaufszentrum einer jungen Frau, die für die Kinder in Tschernobyl Geld sammelte und über deren Schicksal aufklärte. Sie fühlte sich angesprochen und überwand ihre Scheu. Ein Jahr später gehörte die 68-jährige Marianne zu den Aktiven in der Gruppe »Kinder für Tschernobyl«. Sie organisierte Fahrten nach Weißrussland, sammelte für Medikamente und Behandlungskosten und überbrachte diese Hilfsgüter selbst. Zu ihrer Arbeit sagt Marianne: »Ich hätte nie gedacht, wie viel es mir bedeutet und bringt etwas für andere zu tun. Eigentlich – so dachte ich – sei mein Leben zu Ende. Aber das geht nicht, ich werde hier gebraucht. Ich muss meinen ganzen Grips anstrengen, um Wege zu finden, an Geld und Genehmigungen heranzukommen. Ein Leben ohne diese Anforderung kann ich mir nicht mehr vorstellen.«

Anders als früher vermutet, hat die Forschung keine Belege dafür gefunden, dass ältere Menschen dann glücklicher und zufriedener sind, wenn sie sich aus gesellschaftlichen Aktivitäten zurückziehen und ihr Engagement reduzieren. Vielmehr sind eine realistische und aktive Auseinandersetzung mit dem eigenen Alter sowie ein aktives soziales Leben wesentliche Schlüssel zu Zufriedenheit und Langlebigkeit. Das Eingebundensein in Verpflichtungen, das

Gefühl »gebraucht zu werden« – wie im Fall der 68-jährigen Marianne – ist ein Lebenselixier, das durch nichts zu ersetzen ist.

Entscheidend für ein Altern in Vitalität und Zufriedenheit ist aber, dass bis zum Lebensende Ziele gesteckt werden, die tatsächlich »altersgemäß« und damit auch erreichbar sind. Denn wie oft nehmen sich Menschen beim Übergang in den Ruhestand Aktivitäten vor, die in ihrem bisherigen Leben keine große Bedeutung hatten: »Dann fange ich an, regelmäßig ins Konzert zu gehen.« Oder: »Jedes Jahr acht Monate auf Reisen und alle fernen Länder kennenlernen, das ist mein Ziel.« Machen jedoch dieselben Menschen nach einigen Jahren eine Bestandsaufnahme, so zeigt sich oft, dass kein einziger Konzertbesuch realisiert wurde und dass Reisen auch nicht häufiger als zur aktiven Berufszeit unternommen wurden. Was waren die Gründe? In dem ersten Fall war gar kein echtes Interesse für Musik vorhanden. Im zweiten Fall fehlte das nötige Geld; außerdem war der Betreffende gar nicht neugierig auf fremde Kulturen. Es hat ganz den Anschein, als hätten diese beiden Leute Ziele formuliert, die mit ihrer eigenen Person und ihren früheren Interessen nichts zu tun hatten. Das ist natürlich nicht gemeint, wenn von einer aktiven Lebensgestaltung die Rede ist. Ziel kann es nicht sein, einer Person ihr fremde Interessen zu empfehlen oder sie zu ermutigen, sich für solche Interessen zu engagieren. Vielmehr muss es darum gehen, für sich Ziele zu entwickeln, die *nicht* von anderen vorgegeben sind, sondern von der einzelnen Person *selbst* als sinngebend und wichtig erfahren werden.

2.2 Die Realität des Alters ist weder schwarz noch weiß

Wie sieht nun das Alter wirklich aus? Zur Beantwortung dieser Frage wenden wir uns zunächst zwei gegensätzlichen Gesichtern des Alters zu, der Vorstellung, das Alter sei jung (1), auf der einen, und der Vorstellung, die biologische Ausstattung setze der Entfaltung im Alter Grenzen (2), auf der anderen Seite.

Einerseits kann man konstatieren: Das Alter ist in mehrfacher Hinsicht jung. Denn auf Grund beruflicher Ausgliederungsprozesse und/oder der Beendigung familiärer Aufgaben beginnt es in einer früheren Lebensphase als in vergangenen Zeiten. In dem Lebensalter, in dem Menschen heute ihren Beruf aufgeben (zwischen 55 und 65 Jahren), schätzen sie sich selbst noch keineswegs als alt ein. Und im Vergleich zu früheren Generationen sind sie es auch nicht. Sie erfreuen sich in der Regel einer besseren Gesundheit, haben eine größere soziale Absicherung und fühlen sich subjektiv wohler als ihre Mütter und Väter seinerzeit im gleichen Alter. Wissenschaftliche Untersuchungen haben eindrucksvoll gezeigt, dass die Menschen heute im Alter im Durchschnitt zehn Jahre »jünger« sind als die Mitglieder früherer Generationen. Dies gilt sowohl im Hinblick auf biologisch-medizinische wie auf psychologische Merkmale. Die Erwartung, alte Menschen würden unzufrieden, pessimistisch und voller Angst in die Zukunft schauen, hat sich ebenfalls als Mythos entpuppt. Die

Mehrzahl von ihnen ist im Großen und Ganzen zufrieden und glücklich oder zumindest genauso zufrieden und glücklich wie junge Menschen.

Außerdem sehen diese Menschen nicht »alt« aus. »Du siehst aber alt aus«, ist ohnehin ein Spruch, den eher junge Menschen in Bezug auf andere junge Menschen gebrauchen, etwa nach einer durchzechten Nacht oder um zum Ausdruck zu bringen, dass jemand nicht »up-to-date« ist. Hingegen stellt man bei vielen alten Menschen fest, dass sie eigentlich noch gar nicht »alt« aussehen, obgleich sie doch bereits Großmütter oder Großväter sind. Wer würde etwa den Ex-James Bond Sean CONNERY als »alt« bezeichnen! Aus diesem Grunde werden diese Menschen als »junge« Alte oder »neue« Alte bezeichnet. Da steht die Großmutter geschminkt und mit Kleidern in leuchtenden Farben neben ihrer Enkelin, die den konservativen College-Stil pflegt und gedeckte Farben bevorzugt. Oder da sitzt der 55-Jährige neben dem 22-Jährigen in einem Rockkonzert der ROLLING STONES. Ältere Menschen verfügen heute über eine Fülle von Handlungsreserven, die sie auch zunehmend nutzen. Nicht nur die Wissenschaft hat Erkenntnisse darüber gewonnen, dass es sehr unterschiedliche Formen der Produktivität im Alter gibt. In erster Linie sind es nämlich die »jungen« Alten selbst, die durch ihr Engagement zeigen, dass sie auch nach ihrem Berufsleben und nachdem die Kinder das Haus verlassen haben noch neue Wege beschreiten und kreative Betätigungsmöglichkeiten aufbauen können (vgl. BALTES, Margret M., MONTADA 1995; BUNDESMINISTERIUM FÜR FAMILIE, SENIOREN, FRAUEN UND JUGEND 1996; FRIEDAN 1995; LEHR 1991):

- Da ist der 62-jährige Techniker, der sich beim Senioren-Experten-Service (vgl. dazu Studieneinheit XII, *Kapitel 7* und *8*) meldet um beim Aufbau eines Kraftwerks in China zu helfen: »Das hätte ich mir früher nie vorgestellt. Ich und China. Den Mut hätte ich nicht gehabt. Aber die brauchen meine Hilfe da, die brauchen jemanden, der Erfahrung und Augenmaß hat. Und mir macht es unheimlich viel Spaß.«
- Eine 58-jährige ehemalige Textilarbeiterin aus der Nähe von Chemnitz hat begonnen, sich aktiv für den Umweltschutz einzusetzen, und betreut gemeinsam mit gleichaltrigen Vorruheständlerinnen und Vorruheständlern einen Mülltrennplatz.
- In einem Heim für lernbehinderte Kinder übernehmen vier ältere Frauen und Männer zwischen 55 und 60 Jahren Musikgruppen, leiten die Kinder in der Schreinerwerkstatt an und kümmern sich um Spielgruppen. Es gibt zum Beispiel ein Eisenbahnzimmer, das von einer älteren Frau betreut wird. Zu regelmäßigen Zeiten können Kinder unter ihrer Anleitung mit der elektrischen Eisenbahn spielen und die Anlage weiter ausbauen.
- In einem Landkreis fahren ältere Frauen und Männer mit einem selbst umgebauten Bus zu den Grundschulen um die Kinder in Theorie und Praxis auf die Fahrradprüfung vorzubereiten. »Für die Kinder ist das jedesmal ein Höhepunkt, wenn wir mit unserem Bus ankommen«, erzählt ein 62-jähriger Mann. Für ältere Schüler werden Vorträge über Verhaltensweisen im Verkehr angeboten.
- »Traditionspflege« heißt ein Projekt, in dem technikinteressierte ehemalige Mitarbeiter und Spezialisten eines »abgewickelten« Werks in Dresden versuchen die Geschichte sächsischer Industriezweige aufzuarbeiten und darzustellen. In Fachgruppen werden wissenschaftliche Recherchen angestellt, wird technisches Material aufgearbeitet und zusammengestellt, um in Ausstellungen und Dokumentationen ein Stück

kulturhistorische Arbeit zu leisten und ein Stück »eigene Geschichte« der Umbruchzeit nach 1989 an die Öffentlichkeit zu bringen.
- In einem Verein für Kinder- und Jugendfreizeit betreuen Vorruheständler Arbeitsgruppen zu verschiedenen Themen – Naturkunde AG, Computer AG – und helfen mit bei Aktionstagen – zum Beispiel Drachenflugtag – und Ferienspielwochen.

Aber nicht nur Selbsthilfegruppen oder Angebote für andere, vor allem auch jüngere Menschen sind wichtig für ein sinnerfülltes aktives Älterwerden. Oft sind es ganz individuelle Initiativen, die nicht selten mit persönlichen Veränderungen verbunden sind. Beim Übergang in die nachberufliche Lebensphase werden »die Karten des eigenen Lebens neu gemischt«:

- Da ist die 52-jährige Ehefrau, die gemeinsam mit ihrer Tochter eine Rucksacktour durch Südamerika unternimmt, auf der sie mit vielen jungen Menschen zusammentrifft. Sie hatte zuvor noch niemals eine Ferienreise ohne Reiseveranstalter unternommen, war auch niemals ohne ihren Ehemann verreist. Sie genießt die Zeit der neuen Erfahrung, wird sich aber ihres eigenen Lebensalters bewusst, trifft sie doch auf der Tour fast ausschließlich junge Menschen. Im direkten Vergleich stößt sie sich vor allem an äußeren Merkmalen: an ihrer vergleichsweise faltigeren Haut, an ihren grauen Haaren. Nach ihrer Rückkehr lässt sie sich liften, weil sie glaubt, ihr »altes« Äußeres müsste dem »jungen« Inneren angepasst werden. Komischerweise fühlt sie sich mit dem »neuen« Gesicht nicht jünger. Inzwischen lacht sie über diese »Aktion«, hat aber den Kontakt zu den jungen Leuten nicht aufgegeben und fährt regelmäßig mit dem Rucksack in neue, unbekannte Länder.
- Der 66-jährige ehemalige Manager, der genug davon hat, »effizient« und »produktiv« zu sein, sagt über seine Zukunft: »Ich werde ein Buch schreiben, einen Roman, egal ob er jemals fertig wird. Ich tue es ganz allein für mich. Das ganze gesellschaftliche Leben – Theater- und Restaurantbesuche – gibt mir nichts. Ich konnte nie etwas für mich tun in der Vergangenheit. Das hole ich jetzt nach auch um den Preis, dass mir Freunde verlorengehen.«

Es wäre falsch und würde die Realität nur unzureichend beschreiben, würde man sich auf die geschilderte positive Sicht des Alters beschränken. Daneben gibt es ein zweites Gesicht des Alters, sozusagen die Kehrseite der Medaille, für die gilt: Die biologische Ausstattung ist der Feind des Alters. Im hohen Alter, in der vierten Lebensphase (75 bis 80 Jahre und älter) werden Verlustprozesse im körperlichen und geistigen Bereich immer wahrscheinlicher. Sie können unter Umständen verlangsamt, letztlich aber nicht aufgehalten werden. Der Organismus muss einen ständig wachsenden Anteil der Ressourcen in die Aufrechterhaltung der Funktionstüchtigkeit investieren (vgl. die Studieneinheiten VI, VII und VIII).

- Genau dies bringt eine alte Frau zum Ausdruck, wenn sie sagt: »Ich kann im Prinzip alles genau so machen wie früher auch, aber es dauert länger. Ich brauche mehr Zeit dafür und es kostet mehr Kraft.«
- Der 78 Jahre alte verwitwete Herr F. lebt in einem Altenheim: »Ich habe nie in meinem Leben gedacht, dass ich mein Alter einmal so beschließen würde. Aber nun ist es so gekommen und ich muss es ertragen. Meine Krankheit hat mir meine Bewegungsmöglichkeiten genommen. Ich brauche Hilfe, wenn ich das Heim einmal verlassen möchte. Entsprechend selten komme ich raus. Wie ich den Tag verbringe? Ich kann kaum noch lesen, also fällt das weg. Meine Augen sind zu schlecht geworden,

auch mit Brille. Ich sehe fern – viel. Höre auch Radio. Warte auf die Mahlzeiten und den Besuch meines Sohnes, der Enkel. Mir geht es aber noch besser als denen hier, die nicht mehr aus dem Bett können oder nicht mehr wissen, wer sie sind und wo sie sind. Dieses Altern ist schwer, nicht schön.«

Die beiden Gesichter des Alters wie auch die vielen Grautöne und Schattierungen, die dazwischen liegen, sind durch neuere wissenschaftliche Arbeiten belegt und entsprechen der Alltagserfahrung mit älteren Menschen. Der Berliner Psychologe Paul B. BALTES spricht angesichts der beiden Gesichter von einer »Hoffnung mit Trauerflor« (1995) und wählt als Verbildlichung für das *Doppelgesicht des Alters* das aus der Kunstgeschichte bekannte Maskenpaar Tragödie–Komödie um die Gleichzeitigkeit von positiven und negativen Aspekten des Alters zum Ausdruck zu bringen. Es ist Aufgabe des gesamten Funkkollegs »Altern«, diese beiden Aspekte des Alters zu untersuchen.

2.3 Altern als Prozess qualitativer oder quantitativer Veränderungen?

Mit der Frage, ob über den Lebensverlauf hinweg »Wachstum« oder »Abbau«, »Kompetenz« oder »Defizit« vorherrschen, geht eine andere Frage einher, ob nämlich der Vorgang des Alterns als ein kontinuierlicher (1) oder diskontinuierlicher (2) Prozess aufzufassen sei.

Geht man von der These aus, dass Altern ein kontinuierlicher Prozess ist, so schließt dies die Annahme ein, dass der Übergang in ein höheres Alter in einer Fortführung des bisherigen Lebens und einer Fortschreibung der individuellen Deutungs- und Verhaltensmuster besteht. »Biographische Kontinuität« besagt demnach, dass es lediglich quantitative Veränderungen, jedoch keine dramatischen qualitativen Sprünge im Alternsprozess gibt. Folglich kann man anhand der bisherigen Biographie einer Person relativ genaue Vorhersagen über ihr Verhalten und Erleben im weiteren Lebensverlauf treffen:

- So darf man erwarten, dass der 58-jährige Frührentner, der immer schon in der Kommunalpolitik aktiv war, dieses Engagement auch nach dem Austritt aus dem Erwerbsleben fortführt, möglicherweise in der Funktion eines Seniorenbeirats seiner Gemeinde.
- Ein weiteres Beispiel ist die 75-jährige Frau, die ihr Leben lang sozial engagiert war und auch als Hochbetagte noch regelmäßig als »grüne Dame« im Krankenhaus tätig ist.
- »An meinen Interessen hat sich wenig verändert«, berichtet der 68-jährige Herr Albert im Rahmen einer Studie zum Ruhestand. »Ich hab' immer schon gewerkelt. Hab' ja auch mein Leben lang als Handwerker gearbeitet. Sicher, zum Schluss war da nicht mehr viel mit Selbstherstellen. Da hab' ich mehr die jungen Gesellen überwacht. Aber nach Feierabend, da hab' ich immer was zu tun gehabt. Alle Holzarbeiten im Haus hab' ich selbst gemacht. Auch jetzt die Holzverkleidung der Decken. Meinen Hobbykeller hab' ich richtig professionell ausgebaut. Ist 'ne anständige Werkstatt geworden. Natürlich schaff' ich nicht den ganzen Tag. Dafür bin ich ja in Rente. Aber jeden Tag ein paar Stündchen.« (Beispiele aus: NIEDERFRANKE 1987)

Altern als diskontinuierliches Geschehen hingegen würde bedeuten, dass an verschiedenen Punkten des Lebensverlaufs – auch beim Eintritt in das hohe und sehr hohe Alter – abrupte und markante Veränderungen, sogar regelrechte Brüche erkennbar werden, die auf eine neue »Qualität« des Verhaltens und Erlebens verweisen. Diese Veränderungen stehen nicht in einem kontinuierlichen Zusammenhang mit dem früheren Leben. Gut illustrieren lässt sich eine solche Vorstellung vom Altern anhand der kognitiven Entwicklung in höheren Jahren: In ihnen soll »Weisheit« als eine andere Form des Problemlösens und der Lebensbewältigung erkennbar werden, die im Vergleich zu früheren Lebensaltern eine neue »Qualität« des Denkens darstellt (BALTES, Paul B., SMITH 1990).

Aber auch weitere Formen produktiven Alterns sind hier zu erwähnen. Allerdings geht es nicht in erster Linie um Extrembeispiele, wie jenen Mann, der sein Diplom im Fach Volkswirtschaftslehre mit 80 Jahren ablegt, den Bergsteiger, der im Alter von 68 Jahren allein mehrwöchige Hochgebirgstouren unternimmt, oder die alte Frau, die mit 62 Jahren den Pilotenschein macht. Vielmehr geht es um die vielen Einzelformen jenseits dieser spektakulären Fälle:

»Ich hätte mir das früher nie zugetraut«, berichtet Frau Conrad, die älter aussieht als andere mit 71 Jahren, aber gar kein Interesse daran hat, »was für ihre Schönheit« zu tun. Sie schreibt bis spät in die Nacht Gedichte, wovon sie immer geträumt hatte, vor allem während der vielen Jahre, in denen sie ihren Mann pflegen musste. Jetzt, nach seinem Tod, nach einem harten Leben, geprägt von Flucht, Entbehrung und Wiederaufbau, formuliert sie witzige Aphorismen, in denen sie ihr vergangenes Leben durcharbeitet und den herannahenden Tod begrüßt.

Eines scheint die Alternsforschung bisher überzeugend nachgewiesen zu haben: Altern ist kein homogener – und das heißt gleichförmiger und gleichsinnig verlaufender – Prozess. Ganz im Gegenteil. Höchst unterschiedliche Lebensverläufe und lebenslange Entwicklungen bestimmter Fähigkeiten finden sich nicht nur *zwischen* Menschen (*interindividuelle Differenzen*), sondern auch *innerhalb* einzelner Individuen (*intraindividuelle Differenzen*), und zwar in Abhängigkeit davon, welche Merkmale hervorgehoben werden: Hohe geistige Leistungsfähigkeit bei zunehmendem körperlichen Verfall gibt es ebenso wie das umgekehrte Veränderungsmuster, etwa Depressivität und demenzieller Abbau bei hoher körperlicher Leistungsfähigkeit und Gesundheit. Was wir täglich erleben, wenn wir älteren Menschen begegnen, ist wissenschaftlich mittlerweile gut belegt: Alt ist nicht gleich alt. Das heißt, Altern ist kein gleichsinniger und gleichgerichteter, sondern ein höchst vielfältiger Prozess, der je nach Individuum höchst unterschiedliche Verlaufsmuster annehmen kann.

Der Vorgang des Alterns umfasst also Gewinne *und* Verluste, Stabilität *und* Abbau, und er ist somit mehr als nur Abbau *oder* nur Wachstum. Altern ist insofern *ein mehrdimensionaler Prozess*, in dem Menschen nicht nur in *biologisch-medizinischer* Hinsicht altern, sondern sich auch in ihren *psychischen* Merkmalen und in ihrem *sozialen* Verhalten verändern. Die biographische Betrachtungsweise muss somit den gesamten Lebenslauf einschließen und fragen, wie sich Menschen in diesen drei Merkmalsbereichen verändern und welches Zusammenspiel zwischen Umgebungsbedingungen und Personenmerkmalen besteht (Näheres in Studieneinheit V).

Was die Unterschiede zwischen den Individuen betrifft, so ist wissenschaftlich gut gesichert, dass diese interindividuellen Differenzen mit dem Alter größer werden und die einzelnen Menschen auf ganz unterschiedliche Weise altern. Dieses sogenannte »differentielle Altern« hat – neben der individuellen genetischen Ausstattung – wohl in erster Linie damit zu tun, dass aufgrund unterschiedlicher gesellschaftlicher Rahmen- sowie konkreter Umgebungsbedingungen keine Biographie der anderen gleicht: Was die Variabilität im Altern und im Alter erzeugt, ist die Unterschiedlichkeit der individuellen Lebensverläufe und Lebenserfahrungen, die sich über eine Biographie hinweg zeigt. Unumstritten ist, dass die während eines langen Lebens kumulierten Erfahrungen die individuellen Stile des Alterns ausformen. Wie aus diesem Funkkolleg »Altern« insgesamt deutlich werden wird, gilt dies nicht nur für die »objektiven« Erfahrungen, die Menschen über ein Leben hinweg machen, sondern auch für ihre höchst unterschiedlichen Versuche diese Erfahrungen zu verarbeiten und in ein individuelles »Sinnsystem« zu integrieren.

Während also zahlreiche Beobachtungen dafür sprechen, dass die Variabilität über den Lebensverlauf hinweg immer größer wird, lassen sich umgekehrt auch Argumente dafür finden, dass die Unterschiede zwischen den Menschen vor allem mit dem hohen Alter (75 bis 80 Jahre und älter) eher ab- als zunehmen. So ist in der Forschung beispielsweise die Hypothese formuliert worden, es gebe ein biologisches Programm der »Vergänglichkeit«. Von ihm seien nicht nur alle Menschen – und zwar unabhängig von ihren individuellen Lebensverläufen – betroffen, sondern dieses Programm führe auch dazu, dass bei verschiedenen Menschen die intraindividuelle Veränderung einzelner Funktionen in ähnlicher Weise vor sich geht. Ein kennzeichnendes Beispiel hierfür ist sicherlich die zunehmende Verlangsamung der psychischen und physischen Funktionen des Organismus, die man bei nahezu allen Menschen im höheren Alter – wenngleich in unterschiedlicher Intensität und zu unterschiedlichen Zeitpunkten im Leben – beobachten kann (vgl. die Studieneinheiten VII und VIII).

Sieht man das Altern in biographischer Perspektive, so bedeutet dies, dass man der Vielfalt der unterschiedlichen Alternsformen und Alternsstile Rechnung trägt. Denn:

- »Altern« meint mehr als nur die bekannte Analogie zum Wandel der Jahreszeiten, wenn etwa das höhere Alter mit Metaphern wie »goldener Herbst« oder »eisiger Winter« umschrieben wird.
- Altern ist nämlich stets differenzielles Altern, was sowohl für die Unterschiede zwischen einzelnen Individuen (interindividuell) als auch für das Erleben und Verhalten des Einzelnen (intraindividuell) gilt.
- Altern umfasst außerdem stets Gewinne *und* Verluste.
- Schließlich ist Altern immer auch das, was die einzelnen Menschen für sich selbst und für andere darin sehen und was zugleich die Gesellschaft als Altersleitbilder vorgibt.

3. Vorstellungen vom Altern im Alltagsdenken

Altern ist ein Vorgang, der von Dichtern, Philosophen oder Alternsforschern immer wieder aus einer *distanziert-objektivierenden* Warte betrachtet worden ist. Daneben wird Altern aber auch von jedem Individuum – das sich ja immer zugleich selbst als alternd erfährt – in bestimmter Weise *subjektiv* erlebt. Wir alle haben eine mehr oder weniger klare Vorstellung davon, was Altern bedeutet, was wir selbst vom Älterwerden erwarten, mit welchen Hoffnungen und Befürchtungen wir der letzten Lebensphase entgegensehen. Solche Annahmen lassen sich auch mit dem Begriff »subjektive Theorien des Alterns« umschreiben. Sie umfassen Vorstellungen davon,

(1) wie menschliche Entwicklung sein *soll* (*normative Überzeugungen*, wobei »normativ« meint, was man *allgemein* über alte Menschen denkt) und
(2) wie die eigene Entwicklung verlaufen *ist* beziehungsweise noch verlaufen wird (*selbstbezogene Überzeugungen*, wobei »selbstbezogen« meint, was man *für sich selbst* in Bezug auf das Alter denkt und erwartet).

Normative Überzeugungen entwickeln sich aus dem Wissen über gesellschaftliche Vorgaben hinsichtlich Zeitpunkt und Abfolge bestimmter Lebensereignisse: Berufseintritt, Heirat, Geburt von Kindern, um nur einige Beispiele zu nennen. Sie schließen aber auch Überzeugungen davon ein, wie die »typische« Entwicklung einzelner Merkmale (etwa geistige Leistungsfähigkeit) aussieht. Beispielsweise haben viele Menschen eine klare Überzeugung davon, dass alte Menschen vergesslich und rigide sind. Zudem bestimmen im öffentlichen Bewusstsein normative Überzeugungen das Bild, das von einzelnen Lebensaltern vorherrscht, und konstituieren somit auch die jeweiligen Altersstereotype. (Dieses Thema wird in den *Abschnitten 5.2 und 5.3* noch einmal aufgegriffen.)

Die öffentlichen Altersbilder decken sich in der Regel nicht mit der realen Vielfalt des Alters, weil sie (wie in *Kapitel 2* dargelegt) keineswegs die unterschiedlichen Lebensformen, Interessen und Fähigkeiten älterer Menschen repräsentieren. Vielmehr handelt es sich bei ihnen um Vereinfachungen, um sogenannte »Altersstereotype«. Von Altersstereotypen spricht man dann, wenn Menschen lediglich aufgrund ihres kalendarischen Alters bestimmte Eigenschaften (etwa: »rigide«), bestimmte Verhaltensweisen (etwa: »zieht sich zurück«) oder bestimmte Rollen (etwa: »Opi, der die Kinder hüten kann«) zugeschrieben werden. Altersstereotype beziehen sich in aller Regel nicht nur auf einzelne Eigenschaften oder Verhaltensweisen, sondern umfassen ein ganzes Bündel von Eigenschaften sowie Verhaltens- und Rollenerwartungen, so beispielsweise die Vorstellung: »Ältere Menschen sind langsam, starr und wenig nützlich.« Altersstereotype sind relativ fest gefügte, stabile Überzeugungen davon, wie ältere Menschen (angeblich) sind und wodurch sie sich von anderen, jüngeren Menschen unterscheiden (Moscovici 1961). Diese Überzeugungen werden von der Gesellschaft insgesamt oder zumindest von einzelnen gesellschaftlichen Gruppen geteilt. Derartige Überzeugungen beeinflussen nicht nur das Verhalten Einzelner oder ganzer gesellschaftlicher Gruppen den Alternden gegenüber, sondern weisen älteren Menschen auch einen bestimmten Platz in einer Gesellschaft zu und haben somit einen großen Einfluss auf den Aktionsradius, der Älteren in ihr zugestanden wird (LEHR, NIEDERFRANKE 1991). Darüber hinaus nehmen sie Einfluss auf die Planung und Ausgestaltung sozialer Institutionen für Ältere. So finden sich beispielsweise in vielen Altenpflegeheimen keine Spiegel in Bettenhöhe, weil die Betreiber dieser Einrichtungen offenbar davon ausgehen, dass sich pflegebedürftige Ältere nicht mehr für ihr Aussehen interessieren.

Selbstbezogene Überzeugungen nehmen oft die Gestalt von Hoffnungen oder Befürchtungen in Bezug auf das eigene künftige Leben an. Sie können daneben Bewertungen der aktuellen Lebenslage widerspiegeln oder sich retrospektiv, im Rückblick, auf die eigene vergangene Entwicklung beziehen. Beispielsweise kann ein 58-Jähriger die Erwartung hegen, spätestens im Alter von 68 Jahren sterben zu müssen, dem Alter, in dem sein eigener Vater einem Herzinfarkt erlegen war. Diese Überzeugung hinsichtlich des eigenen Todes ist vorhanden, obwohl keinerlei Anzeichen für gesundheitliche Probleme vorliegen. Dem Thema »selbstbezogene Überzeugungen« sind die folgenden Ausführungen in den *Abschnitten 3.1 und 3.2* gewidmet.

3.1 Subjektive Strukturierung der Lebensspanne

Was eine »Normalbiographie« kennzeichnet, wie die typische Abfolge und zeitliche Fixierung bestimmter Erfahrungen oder Ereignisse aussehen und wie die »normale« Lebensspanne sich zeitlich in verschiedene Altersphasen gliedert, ist in subjektiven Vorstellungen klar repräsentiert. Menschen haben eine Vorstellung davon, wann der »richtige« Zeitpunkt für bestimmte Ereignisse ist, etwa das richtige Heiratsalter, oder wann die Geburt von Kindern zu erfolgen hat – so dass Abweichungen davon auffallen und thematisiert werden. Die Alltagssprache verrät etwas von diesen Zuschreibungen, wenn etwa von »Spätgebärenden« oder bei alternden Verliebten vom »späten Frühling« die Rede ist. Abgesehen von diesen großen Lebenseinschnitten existieren aber auch normative Vorstellungen darüber, welche Aktivitäten »schicklicherweise« mit einem bestimmten Lebensalter verbunden sind: Der Besuch einer Diskothek scheint für Ältere nicht vorgesehen zu sein, und im Kino gehören schon 50-Jährige zu den Ältesten. Die Umwelt lässt uns in konkreten Alltagssituationen immer wieder spüren, dass wir oftmals bereits älter sind, als wir es wahrhaben wollen.

Insbesondere ist im Rahmen dieser Studieneinheit von Interesse, wann Menschen als »alt« gelten. Dabei zeigt sich, dass die Zuschreibung des Attributs »alt« wesentlich durch das Geschlecht der Zielperson bestimmt wird (zum Folgenden vgl. auch Studieneinheit X). Fast immer werden Frauen früher für »alt« gehalten als Männer. Nach Ergebnissen von Meinungsumfragen (INSTITUT FÜR DEMOSKOPIE 1980; 1988) lassen Beurteiler wie Beurteilerinnen das Altern bei

Frauen früher beginnen als bei Männern: Als »älterer Mensch« gilt eine Frau ab etwa 50 Jahren, ein Mann hingegen erst ab etwa 55 Jahren. Ebenso wird weithin die Ansicht vertreten, dass Alterungsprozesse bei Frauen schneller ablaufen als bei Männern. Insgesamt verdichten sich die Hinweise darauf, dass die Spanne zwischen dem 50. und dem 60. Jahr als das Lebensjahrzehnt erlebt wird, in dem sich Veränderungen ergeben, die allgemein als Auswirkungen eines Alternsprozesses gedeutet werden. Dies hängt auch mit Veränderungen in den gesellschaftlichen Rollen zusammen. So kündigt sich die Berufsaufgabe an oder findet tatsächlich statt und auch die Verantwortung für die eigenen Kinder nimmt ab. Insgesamt lässt die soziale Umwelt in diesem Lebensjahrzehnt die Betroffenen fühlen, dass sie älter geworden sind (Tews 1991).

Die Strukturierung der Lebensspanne erfolgt auch mit Blick darauf, wie bedeutsame Übergänge im Lebenslauf oder Lebensereignisse, deren Eintritt eng mit sozialen Normierungen und biologischen Gegebenheiten verbunden ist (Berufseintritt, Heirat, die Geburt von Kindern usw.), zeitlich platziert werden. Untersuchungen bei verschiedenen Altersgruppen (18 bis 30, 45 bis 55 und 65 bis 75 Jahre) belegen eine hohe Übereinstimmung darüber, was das »angemessene« Alter für den Eintritt verschiedener Lebensereignisse im privaten und beruflichen Bereich ist. Das heißt, 18-Jährige beurteilen das »richtige« Alter für die Geburt der Kinder nicht wesentlich anders als 70-Jährige. Allerdings sind gerade Vorstellungen über das »ideale Heiratsalter« oder über den »richtigen Zeitpunkt« beim Übergang in den Ruhestand historischen Schwankungen unterworfen, weil ökonomische und soziale Verhältnisse einen beträchtlichen Einfluss darauf haben, was eine sogenannte »Normalbiographie« kennzeichnet. Sehr deutlich wird dies im Zusammenhang mit der beruflichen Altersgrenze. Während noch in den achtziger Jahren und zu Beginn der neunziger Jahre eine möglichst frühzeitige berufliche Altersgrenze propagiert und auch allgemein akzeptiert wurde, findet seit Mitte der neunziger Jahre ein Wandel statt: Heute wird der »ideale« Zeitpunkt wieder mit einem späteren Lebensalter verbunden, was sicherlich durch die Finanzierungsprobleme der Gesetzlichen Rentenversicherung ausgelöst wurde. (Die Zusammenhänge dieser Veränderung mit Aspekten der Rentenfinanzierung und der Erhaltung der sozialen Sicherungssysteme werden in Studieneinheit XVI diskutiert.)

Aber auch im Hinblick auf Vorstellungen über Entwicklung und Verlauf von Eigenschaften und Verhaltensweisen im Lebenslauf besteht ein hoher Grad an Übereinstimmung zwischen Menschen verschiedener Altersgruppen, was als Beleg für normative Vorstellungen über den »normalen« Lebenslauf zu werten ist:

- Bittet man Personen unterschiedlichen Alters (mit 20 bis 30, 35 bis 55 und über 65 Jahre), für ausgewählte Merkmale – wie »Weisheit«, »Lebensfreude«, »Selbständigkeit«, »Kooperationsfähigkeit« – den Entwicklungsverlauf über die Lebensspanne anzugeben, so zeigen die Ergebnisse, dass am häufigsten ein *umgekehrt U-förmiger Verlauf* angenommen wird: zunächst ein Anwachsen der Fähigkeiten und eine Differenzierung der Verhaltensweisen in Kindheit und Jugend, sodann der Höhepunkt und die Phase der Konsolidierung im mittleren Lebensalter, gefolgt von einem Abbau im höheren Alter (LANG, GÖRLITZ, SEIWERT 1992; LEHR, NIEDERFRANKE 1991; TEWS 1991). Ein solcher Verlauf entspricht im Übrigen der bereits vor Jahrzehnten von der Entwicklungspsychologin Charlotte BÜHLER (1933) formulierten »Dramaturgie des Lebenslaufs«.

- In einer interessanten Studie von Jutta HECKHAUSEN und Paul B. BALTES (1991) wurden Jugendlichen und Erwachsenen Listen mit Adjektiven vorgegeben, die positiv und negativ bewertete Eigenschaften umschreiben – »träge«, »gelassen«, »aktiv«, um nur einige Beispiele zu nennen. Jede Eigenschaft war danach einzuschätzen, ob und wie sehr sie im Laufe des Erwachsenenalters zunimmt (Grad der Veränderung) und inwieweit diese Veränderung durch die Person selbst beeinflussbar ist. Außerdem sollten die Personen schätzen, in welchem Lebensalter diese Veränderung »typischerweise« einsetzt. Auch hier zeigte sich über alle Altersgruppen hinweg eine weitgehende Übereinstimmung: Veränderungen in positiv bewerteten Eigenschaften (»Gewinne«) wurden eher in die frühen Jahre und Veränderungen in negativ bewerteten Eigenschaften (»Verluste«) eher in die späten Jahre verlegt. Zwar wurde auch für das hohe Alter noch eine Zunahme bei positiv bewerteten Eigenschaften – »belesen«, »erfahren« – erwartet; insgesamt aber verbanden die jungen und älteren Menschen mit dem höheren Alter eine Zunahme unerwünschter Eigenschaften.
- Dafür, ob Entwicklungsveränderungen als beeinflussbar gesehen werden, spielt der Alterszeitpunkt eine Rolle, zu dem die Veränderung typischerweise einsetzen soll: Veränderungen in früheren Lebensabschnitten werden für beeinflussbarer gehalten als solche, deren Auftreten in der zweiten Lebenshälfte vermutet wird. Zudem zeigt sich, dass Veränderungen in positiv bewerteten Eigenschaften (mit Ausnahme von Intelligenz und geistiger Leistungsfähigkeit) als gut beeinflussbar angesehen werden, während die unerwünschten Veränderungen insbesondere bei den älteren Menschen als kaum modifizierbar gelten. Die Befunde verweisen also auf den ersten Blick ebenfalls auf eine negative Sicht des Alterns, indem die »Gewinn-Verlust-Bilanz« als zunehmend ungünstig erlebt wird. In der Zusammenschau ihrer Ergebnisse folgern die Autoren jedoch,

  > »daß Entwicklung im Erwachsenenalter viele Gewinne und einige Verluste mit sich bringen kann, daß vieles von einem selbst abhängt und daß mit fortschreitendem Alter nicht nur die Entwicklungschancen geringer und die Risiken größer werden, sondern sich auch die Möglichkeiten zur Einflußnahme verringern« (HECKHAUSEN, BALTES 1991, S. 16).

- Oftmals werden auch von den älteren Menschen selbst Gewinne und Verluste benannt, die im Prozess des Älterwerdens auftreten. Als positive Seiten werden – dies belegen viele Studien – angeführt: Zunahme von Freiheit, Freizeit, Unabhängigkeit, Entspannung, Selbstakzeptanz und Familienbezogenheit sowie eine Abnahme von Stress und beruflicher Belastung. Als negative Aspekte werden genannt: verminderte Gesundheit, Beschränkung der Aktivitäten, Isolation und Einsamkeit, Angst vor Abhängigkeit, abnehmende Gedächtnisleistungen und wirtschaftliche Probleme. Diese Listen mit positiven *und* negativen Aspekten sind möglicherweise als Beleg dafür zu werten, dass sich seit Beginn der achtziger Jahre das Bild des Alters differenziert hat und keine einseitigen Schwarzweißbilder mehr gezeichnet werden (LEHR, NIEDERFRANKE 1991; TEWS 1991).

3.2 Vorstellungen über das »Altsein«

Neben den subjektiven Vorstellungen von »Gewinnen« und »Verlusten« im Prozess des Alterns sind auch die Vorstellungen darüber interessant, was es heißt, alt zu sein, ob man sich selbst als »alt« fühlt und wovon diese Einschätzung abhängt. Sicherlich ist das kalendarische Alter nur *ein* Einflussfaktor. Getreu dem Motto »Man ist so alt, wie man sich fühlt« gibt es junge Menschen, die sich alt fühlen, und alte Menschen, die sich als jung und vital wahrnehmen. Ohnehin sind Alter und Älterwerden Erfahrungen, an denen Menschen aller Jahrgänge teilhaben: Wir werden alle selbst alt und wir alle kennen alte Menschen. Damit schrumpft im Grunde der Abstand zum Älterwerden und zum Alter, und wir können das Alter nicht mehr einfach aus einer distanzierten Warte betrachten. Deshalb stellt sich die Frage, welche Vorstellungen über das »Alt-Sein« – das eigene und das der anderen Menschen – existieren und durch welche Faktoren diese Vorstellungen beeinflusst sind.

»Alt sind immer nur die anderen« – in diesem Satz verdichten sich die Ergebnisse vieler wissenschaftlicher Arbeiten (vgl. LEHR, NIEDERFRANKE 1991; TEWS 1991; THÜRKOW 1985). Insgesamt zeigen diese Untersuchungen, dass es klar artikulierte Vorstellungen zum Altern und zum Alter gibt, die positive wie negative Aspekte aufweisen und bei denen insbesondere die Abweichungen zwischen den normativen und den selbstbezogenen Vorstellungen über das Altern ins Auge fallen. Vorstellungen über das »Altern an sich« und über Veränderungen bei »den Alten« fallen negativ aus und sind undifferenziert. Das heißt, alle alten Menschen werden mehr oder weniger »über einen Kamm geschoren«. Vorstellungen über das *eigene* Altern hingegen sind insgesamt positiver und differenzierter, und »andere Menschen werden offenbar auf eine andere Weise als alt betrachtet, als man sich das Alt-Sein für die eigene Person vorstellt« (OSWALD 1991, S. 282). Von den vielen wissenschaftlichen Untersuchungen, die diesen Sachverhalt belegen, seien hier nur drei exemplarisch herausgestellt:

(1) In einer deutschen Studie (OSWALD 1991) mussten Frauen und Männer im Alter von 63 bis 96 Jahren in Interviews darlegen, welche Vorstellungen sie über das hohe Alter allgemein haben – das sogenannte *generalisierte Altersbild* – und wie sie einzelne Aspekte des »Alt-Seins« mit der eigenen Person in Verbindung bringen – das sogenannte *selbstbezogene Altersbild.* Dabei zeigte sich, dass etwa 42 Prozent aller Äußerungen ein negatives Altersbild erkennen ließen, 39 Prozent von ihnen beziehen sich auf positive

Eigenschaften und Entwicklungen, und rund 18 Prozent der Aussagen können als ambivalent eingestuft werden. Im *generalisierten Altersbild* dominieren Beschreibungen wie »Passivität« und »Unselbständigkeit«, gefolgt von »Kräfteabnahme«, »Verzicht«, »Starrsinn« und »Krankheit«, »Abbau«, »Gebrechlichkeit«. Hingegen wurden im *selbstbezogenen Altersbild* mit dem eigenen Altern verbundene positiv getönte oder neutrale Aspekte wie »Ruhe«, »Zeit haben«, »Kontakte pflegen« und »Vorsorge treffen/Zukunftsorientierung« hervorgehoben.

(2) Die Kluft zwischen Selbsteinschätzung und Fremdeinschätzung des Alters trat sehr deutlich auch in einer amerikanischen Untersuchung zutage (DONICHT-FLUCK 1994; TEWS 1991, S. 60):

> »Nicht genug Geld zum Leben haben.« Dies unterstellten 63 Prozent der 18- bis 64-Jährigen »den Alten« und 59 Prozent der über 65-Jährigen »den Älteren«. Allerdings gaben nur 15 Prozent der Älteren an, diese Tatsache treffe auf sie selbst ebenfalls zu.
> Von 61 Prozent der 18- bis 64-Jährigen und von 53 Prozent der über 65-Jährigen wurde den Älteren »Einsamkeit« zugeschrieben, jedoch lediglich 12 Prozent der Älteren sahen darin ein ernstes Problem für sich selbst.
> Von 50 Prozent der 18- bis 64-Jährigen und von 53 Prozent der über 65-Jährigen wurde unterstellt, das Alter sei durch »schlechte Gesundheit« gekennzeichnet. Aber nur 21 Prozent der Älteren meinten, dies treffe auf sie selbst tatsächlich zu.

(3) Die Selbsteinschätzung als »alt« wird von vielen alten Menschen heute hinausgezögert. Nicht einmal die Mehrheit der über 70-jährigen Menschen schätzt sich selbst als »alt« ein. Auch in Fremdeinschätzungen, also in den Bewertungen durch andere Altersgruppen, zeigt sich ein Trend zur Verjüngung des Alters. Die Befragung einer repräsentativen Gruppe der Gesamtbevölkerung ergab, dass als »alter Mensch« jemand gilt, der die Siebzig überschritten hat; zumindest ist die Hälfte der berufstätigen Befragten dieser Ansicht (ARNOLD, LANG 1989). Obgleich auf der einen Seite der Eintritt in die Altersphase durch die vielen Vorruhestandsprogramme zu einem frühen Lebensalter erfolgt (durchschnittlich mit 58 bis 59 Jahren), nehmen Menschen sich selbst und auch andere erst zu einem viel späteren Zeitpunkt als »alt« wahr (NIEDERFRANKE 1987).

> Dies bringt ein 58-jähriger Vorruheständler sehr treffend zum Ausdruck: »Ich befinde mich in einer Zwitterposition zwischen nicht mehr jung und noch nicht alt im eigentlichen Sinne. Ich muss versuchen, die Zeit zwischen Beruf und Altentagesstätte zu füllen.«

Negative Bewertungen des Altseins finden sich auch in vielen anderen westlichen Ländern (zum Beispiel den USA). Dabei zeigt sich, dass ältere wie jüngere Menschen glauben, finanzielle Not, Einsamkeit, Angst vor Verbrechen, gesundheitliche Einschränkungen und schlechte Wohnverhältnisse seien typische Probleme des hohen Alters. Augenfällig sind dabei systematische Verzerrungen auf Seiten der älteren Menschen in Abhängigkeit davon, ob »die meisten Älteren« oder sie selbst ins Blickfeld geraten: Die Mehrzahl der älteren Menschen überschätzt deutlich die Wahrscheinlichkeit, mit der »die meisten Älteren« diese Probleme haben, während sie das Auftreten dieser Probleme für die eigene Person als unwahrscheinlich einschätzen (SECCOMBE, ISHII-KUNTZ 1991).

Amerikanische Forscher haben in einer Untersuchung Vorurteile über das Alter(n) untersucht, indem sie zahlreichen Personen insgesamt 36 Fragen vorlegten, bei denen der Alltagsverstand dazu neigt, sie mit »Ja« zu beantworten, während die gerontologische Forschung herausgestellt hat, dass sie alle (und so auch die folgende Auswahl von sieben Fragen) mit »Nein« zu beantworten sind (*Quelle:* nach PALMORE 1988):

Beispiele aus 36 Fragen	Ja	Nein
Mindestens zehn Prozent der alten Menschen leben in Institutionen.	☒	☐
Das Vorkommen von ernsten geistigen/seelischen Erkrankungen (wie Depressionen) nimmt mit dem Alter zu.	☒	☐
Die Mehrzahl alter Menschen hat kein Interesse an Sexualität.	☒	☐
Psychotherapien haben wenig Erfolg bei alten Menschen.	☐	☒
Die Mehrheit älterer Menschen fühlt sich elend.	☒	☐
Die Mehrheit der alten Menschen ist sozial isoliert und einsam.	☒	☐
Wenn das letzte Kind das Haus verlässt, erleben es die meisten Eltern als ernstes Problem, sich dieser Situation anzupassen.	☒	☐

»Was ›alt‹ ist, erschließt sich aus dem Lebensalter des Betrachters.« – Für eine negative Sicht des Alters findet sich bei jüngeren Menschen eine Vielzahl von Belegen. Sie verbinden mit dem Alternsprozess Befürchtungen, die offenbar erst im späteren Alter zugunsten der eigenen Person »korrigiert« werden. Wie sehr hier selbstwertdienliche Tendenzen eine Rolle spielen, zeigt sich nicht zuletzt darin, dass Bewertungen des hohen Alters umso positiver ausfallen, je näher die betroffenen Personen selbst an der Schwelle zum Altsein stehen.

- Bereits bei Kindern lassen sich negativ getönte Altersbilder nachweisen (LEHR, NIEDERFRANKE 1991; TEWS 1991). Fragt man Kinder, woran man erkennt, dass ein Mensch alt ist, dann enthalten die Antworten nur selten Positives; es dominieren negative Aspekte – »niemand sorgt sich um einen«, »man hat wenig Freunde« – und insbesondere Verweise auf den körperlichen Abbau im Alter. Auffallend ist, dass Kinder und Jugendliche (ebenso wie jüngere Erwachsene) das höhere Erwachsenenalter kaum mehr differenzieren: Die in der psychologischen Forschung und mittlerweile auch in der Alltagssprache gängige Unterscheidung zwischen »jungen Alten« und »alten Alten« wird von Kindern nicht nachvollzogen. Allerdings wirken sich Kontakte zwischen Kindern und älteren Menschen förderlich auf das Altersbild aus: Ein Zusammenleben mit den Großeltern oder häufige Begegnungen mit ihnen beeinflussen die Vorstellungen vom Älterwerden positiv.
- Studien zu Altersbildern haben immer wieder deutlich gemacht, dass damit nicht nur körperlicher Abbau verbunden wird. Vielmehr gelten alte Men-

schen als »vergesslich« oder »verwirrt«, und in subjektiven Alterstheorien dominieren vor allem Annahmen zum Abbau geistiger Fähigkeiten. Hierzu wurde eine Reihe von Untersuchungen durchgeführt (ERBER 1989). So mussten jüngere Personen eine Episode, in der eine junge (30 Jahre) beziehungsweise eine alte Person (70 Jahre) etwas vergessen hatte, danach bewerten, ob es sich hierbei um ein »gravierendes Problem« handelt. Es zeigte sich, dass Vergesslichkeit immer dann als gravierend angesehen wird, wenn sie der 70-jährigen, nicht aber der 30-jährigen Person zugeschrieben wird. Nehmen dagegen nur ältere Menschen die Bewertung vor, ergibt sich folgendes Bild: Die älteren Menschen beurteilen die Vergesslichkeit in beiden Fällen als gleich gravierend. Es ist also offenkundig, dass jüngere Menschen Ältere im Hinblick auf ihre Gedächtnisleistungen sehr viel strenger beurteilen als Gleichaltrige. Zudem wird Vergesslichkeit bei älteren Menschen sehr häufig als Anzeichen von »Abbau« gedeutet, während sie bei den jüngeren Menschen bevorzugt auf »Ablenkung durch andere Dinge« zurückgeführt wird.

- »Je älter man ist, desto später wird man alt.« Viele Studien belegen, dass die Tendenz zur Unterschätzung des eigenen Lebensalters über die Lebensspanne hinweg *zunimmt* (LEHR, NIEDERFRANKE 1991; TEWS 1991). Dies muss nicht heißen, dass das eigene Alter geleugnet wird. Vielmehr entspricht dies der Erfahrung des Alters und dem eigenen Lebensgefühl der Älteren. Interessant ist auch, dass eher angstfreie Menschen dazu neigen, ihr Lebensalter »optimistisch« zu verzerren. Überdies gibt es mittlerweile einige Hinweise darauf, dass sich auch ein guter Gesundheitszustand positiv auf das eigene Altersbild auswirkt. Sollte sich der Gesundheitszustand der nachwachsenden Altengenerationen insgesamt verbessern – eine Annahme, für die es begründete Anzeichen gibt –, dann ist künftig eine weitere »Verjüngung« des Alters zu erwarten (TEWS 1991, S. 53).

Die Befunde dazu, ob sich die Geschlechter in ihrem Altersbild unterscheiden, sind sehr widersprüchlich. Weisen Männer in einigen Studien ein negativeres Altersbild auf als Frauen, so finden sich in anderen Studien gegenteilige Aussagen (LEHR, NIEDERFRANKE 1991; INSTITUT FÜR DEMOSKOPIE 1988). Allerdings ist auch hier vor zu einfachen, rein geschlechtsbezogenen Erklärungen zu warnen; denn neben dem Geschlecht wirken sich andere Faktoren ebenfalls differenzierend auf Altersbilder aus. So haben weibliche Befragte aus höheren sozialen Schichten mit besserer Schulbildung und Berufsqualifikation auch ein positiveres Altersbild als weibliche Befragte aus unteren sozialen Schichten beziehungsweise mit schlechterer Ausbildung. Die Tendenz, wonach ein höherer *Bildungsstand* mit einem positiveren Altersbild verbunden ist, bestätigt sich in allen Untersuchungen, in die beide Geschlechter einbezogen waren (HARRIS 1975).

Arbeiten, die sich kritisch mit den bisherigen Forschungen zum Altersbild auseinandersetzen, bemängeln neben einem Theoriedefizit die unscharfen Konturen des zugrunde gelegten Altersbildes (beziehungsweise das Fehlen eines einheitlichen Konzepts) sowie die unzulänglichen Forschungsmethoden und -instrumente. So werden häufig nicht nur Einstellungen zum Älterwerden und zu alten Menschen gemessen, sondern zusätzlich auch das Wissen darüber. Oder es kommt gar zu einer Vermischung dieser Komponenten. Die Notwendigkeit, zwischen der *Einstellung zum* und dem *Wissen über* das Alter zu unterscheiden, wird aus folgenden Beispielen deutlich (LUTZKY 1980):

- Eine wertende Einstellungs-Aussage wie: »Ältere haben zuviel Einfluss in Wirtschaft und Politik« misst, ob die Befragten eine positive oder negative Haltung zum Alter einnehmen.
- Dagegen lässt eine Überzeugungs-Aussage wie: »Ältere nehmen nicht am Sport teil« vor allem Rückschlüsse darauf zu, wie gut (oder schlecht) die Befragten über das Leben älterer Menschen informiert sind, und zwar unabhängig von ihrer Wertorientierung im Allgemeinen und ihrer Einstellung zum Alter im Besonderen.

4. Altersbilder werden vermittelt und sind Leitbilder für das Altern

Wir alle sind Zuschauer von Fernsehsendungen, Hörer von Radiobeiträgen, Leser von Zeitungen, Zeitschriften und Büchern. Insofern sehen, hören und lesen wir nahezu täglich über Menschen und ihre Schicksale und bilden uns Meinungen über das Gesehene, Gehörte und Gelesene. Zu Beginn der Arbeit an dieser Studieneinheit haben die Autoren einige Zeit bewusst darauf geachtet, wo, wie oft und in welchen Zusammenhängen in der veröffentlichten Meinung vom Älterwerden und von alten Menschen die Rede ist. Wir empfehlen diese Übung jedem, der sich mit der Thematik befasst. Vielleicht bestätigt sich, was wir für einen Monat in der ersten Jahreshälfte 1996 zufällig zusammengetragen haben:

- In der Regel wird über »Probleme des Alters« gesprochen und geschrieben. Es finden sich kaum Pressebeiträge über einzelne alte Menschen, in denen sie selbst zu Wort kommen oder in denen ihre Lebenssituation realistisch beschrieben wird. Vielmehr konzentrieren sich die Berichte auf Themen wie: »Altenlast«, »Rentenlast«, »Pflegelast«, »Bestand und Zukunft der sozialen Sicherungssysteme angesichts der gesellschaftlichen Alterung«. Im Zuge der Berichterstattung über diese Themen – etwa im Zusammenhang mit der Einführung der zweiten Stufe der Pflegeversicherung – finden sich (beispielsweise in den Nachrichten zur besten Sendezeit) zwar Bilder von Älteren, doch werden diese Älteren nicht etwa selbst interviewt, sondern dienen lediglich als optischer Hintergrund, als eine Art Untermalung der Berichterstattung.
- In den Fernsehsendungen und -serien finden sich – von wenigen Ausnahmen wie den »Golden Girls« abgesehen – kaum Personen, die älter als 60 oder 65 Jahre sind.

- Auch in Zeitschriften – vor allem den Modezeitschriften – trifft man höchst selten auf »alte« Gesichter. Nicht einmal die Werbung für Pflegepräparate für die »ältere Haut« wird von über 40-jährigen Frauen vorgeführt. Vielmehr sind es die derzeitigen Top-Modelle, die Lotionen, Cremes und andere Wundermittel auf ihre (relativ) jungen Gesichter auftragen.
- Überhaupt werden ältere Gesichter in Werbespots fast nur im Zusammenhang mit gefühlsmäßig oft eher als unattraktiv empfundenen Produkten – Versicherungen, Medikamenten, Waschmitteln – eingesetzt. Aber neuerdings gibt es doch tatsächlich Gegenbeispiele: Da taucht eine witzige Werbung mit zwei alten Männern auf, die eine Bierflasche über den Tisch hin und her kicken, und der alternde Marlboro-Cowboy reitet in die Abendsonne hinein. Aber auch er wird möglicherweise schon bald von den Reklametafeln und Bildschirmen verschwinden, falls es ihm wie seinem Kollegen von der Konkurrenz ergehen sollte: Der Ich-gehe-meilenweit-für-eine-Camel-Filter-Mann musste sich aus »Altersgründen« aus den Werbespots verabschieden.
- Lediglich unter der Rubrik »rich and beautiful« (reich und schön) finden sich in der Boulevardpresse auch Berichte über Menschen mit grauen Strähnen in den Haaren und Falten im Gesicht: Hildegard KNEF, die britische »Queen Mum« oder Anthony QUINN, um nur einige Beispiele zu nennen.

Einen ähnlichen Gesamteindruck, wie ihn auch die Autoren dieser Studieneinheit gewonnen haben, vermittelt die Recherche von Betty FRIEDAN in ihrem Buch »Mythos Alter« (1995). Auch sie stellt fest, dass in der amerikanischen Presse in der Regel über *Probleme* des Alters berichtet wird. Wenn ältere Menschen überhaupt dargestellt werden, dann sind sie extrem reich oder berühmt. Die durchschnittlichen älteren Frauen und Männer mit ihren vielen interessanten Einzelschicksalen kommen auch hier nicht zu Wort. Aus diesen Beobachtungen ergibt sich ein ganzes Bündel von Fragen:

- Wo sind die Berichte über die vielen »Gesichter des Alters«, über die mehr als 16 Millionen Menschen in der Bundesrepublik Deutschland, die älter sind als 60 Jahre und die mehr als 20 Prozent der Bevölkerung ausmachen?
- Werden sie entsprechend ihrem Anteil an der Gesamtbevölkerung und entsprechend ihrer Lebenswirklichkeit dargestellt?
- Welches Altersbild zeichnen unsere Medien?
- Welche Indikatoren für eine gesellschaftliche Bewertung von Alter und von Älteren lassen sich in diesen Altersbildern finden?

In den letzten Jahren sind anhand solcher und ähnlicher Fragen die Altersbilder vieler Bereiche analysiert worden: im Fernsehen (*Abschnitt 4.1*), in der Werbung (*Abschnitt 4.2*), in den Printmedien (*Abschnitt 4.3*) und in Kinder-, Jugend- und Schulbüchern (*Abschnitt 4.4*). Daneben hat man auch die Altersbilder in Witzen und Karikaturen, in der schöngeistigen Literatur, in der Bildenden Kunst, in Comics, zum Teil auch in der Musik, untersucht. In allen diesen Bereichen ergeben sich zwei Probleme:

(1) Inwieweit sind die Darstellungen der Älteren einseitig, beziehungsweise in welchem Maße geben sie die reale Vielfalt des Alters wieder?

(2) Inwieweit ist das, was im Zusammenhang mit dem Älterwerden thematisiert wird, repräsentativ, beziehungsweise in welchem Grad gibt es ein nur eingeschränktes oder gar verzerrtes Bild wieder?

4.1 Ältere Menschen im Fernsehen

»Jakob und Adele«, »Die Golden Girls« – immerhin fallen einem spontan Fernsehserien ein, in denen ältere Menschen, im zweiten Fall sogar ältere Frauen, die Hauptrollen einnehmen. Ganz generell belegen jedoch viele wissenschaftliche Untersuchungen zum Bild der älteren Menschen in den elektronischen Medien den Eindruck, den auch die Autoren dieser Studieneinheit bei ihrer eher unsystematischen Recherche gewonnen haben: *Ältere Menschen sind im Fernsehen unterrepräsentiert.* Diese Aussage bezieht sich sowohl auf Spielfilme und Serien als auch auf Berichterstattung in Nachrichtensendungen und -magazinen (DONICHT-FLUCK 1994; JÜRGENS 1994; TEWS 1991; THÜRKOW 1985). Betty FRIEDAN (1995, S. 44) referiert eine neuere amerikanische Studie, in der eine Woche lang untersucht wurde, wie alt die Personen eigentlich sind, die im Fernsehen während der Hauptsendezeit auftraten. Das Ergebnis ist ernüchternd: Von 464 gezählten Personen vermittelten nur sieben (1,5 Prozent) den Eindruck, sie könnten älter als Mitte sechzig sein. Alte Menschen sind eben nicht *im* Fernsehen, sondern sitzen allenfalls *vor* dem Fernseher.

Das gilt leider nicht nur für die Vereinigten Staaten, sondern trifft in ähnlicher Weise auf die Bundesrepublik zu. Im Auftrag der Unabhängigen Landesanstalt für das Rundfunkwesen Schleswig-Holstein hat Hans Wilhelm JÜRGENS (1994) bei zwei öffentlich-rechtlichen Sendern (ARD und ZDF) sowie bei drei privaten Sendern (SAT 1, RTL und PRO 7) zu Beginn des Jahres 1993 folgende Aspekte untersucht:

(1) Sind ältere Menschen im Fernsehen als solche überhaupt wahrnehmbar?
(2) Wie häufig treten ältere Menschen dort in Erscheinung (*quantitative* Aspekte)?
(3) Welche *qualitativen* Aspekte kennzeichnen die Darstellung Älterer?

JÜRGENS' Ergebnisse bestätigen den ersten Eindruck: Im Fernsehen kommen ältere Menschen kaum vor. Wenn sie Haupt- oder Nebenrollen von Spielfilmen oder Serien besetzen oder wenn sie als Experten in Informationssendungen in Erscheinung treten, dann geschieht dies oft in sehr einseitiger Form und keineswegs in der Weise, dass die Vielfalt des Alters repräsentiert wäre (JÜRGENS 1994, insbesondere S. 2–54 und S. 71–74; vgl. TEWS 1991):

- Im Einklang mit früheren Studien ist eine erhebliche Unterrepräsentanz von älteren Menschen in Fernsehsendungen festzustellen. Ihr Anteil von 9,98 Prozent an den Haupt- und Nebenrollen liegt weit unter dem Anteil der über 60-Jährigen an der Gesamtbevölkerung und noch weit deutlicher unter deren Anteil an den Zuschauern dieser Sendungen. Im Vergleich zwischen privaten und öffentlich-rechtlichen Sendern ergeben sich geringe Unterschiede zugunsten von ARD und ZDF. Lässt man die Besetzung von Hauptrollen (wie bei »Jakob und Adele«, »Golden Girls«, »Mord ist ihr Hobby«) unberücksichtigt, sinkt der Altenanteil bei den Nebenrollen unter die Fünfprozentmarke.

- Das Verhältnis von älteren Männern zu älteren Frauen im Fernsehen beträgt teilweise vier zu eins. Dies stellt die demographische Verteilung der Geschlechter in der Gruppe der Älteren geradezu auf den Kopf (vgl. Studieneinheit IV). Denn tatsächlich muss von einer »Verweiblichung« des Alters ausgegangen werden, vor allem aufgrund der deutlich höheren Lebenserwartung von Frauen (vgl. Studieneinheiten IV und X). Dass demgegenüber ältere Männer im Vergleich zu älteren Frauen überproportional häufig im Fernsehen auftauchen, deckt sich mit dem hier schon gewonnenen Befund, wonach das Fernsehen keineswegs die Vielfalt des Alters abbildet. Vielmehr kommen Frauen, Hochbetagte und Ältere aus den unteren sozialen Schichten sowohl in Spielfilmen als auch in Informationssendungen kaum vor.
- Insgesamt werden ältere Frauen und Männer in sehr stereotyper und oft schematischer Weise dargestellt. Man nehme nur den »eleganten« Jakob in »Jakob und Adele« und die eher »exzentrischen« Frauen in »Golden Girls«. Bei den Männern sind die häufigsten Typen der »(Noch-)Berufstätige«, der »Experte«, der »Exzentriker« und der »Clown«. Ältere Frauen treten vorzugsweise in familienbezogenen Rollen auf, als »Großmütter« und »traditionelle Hausfrauen«. Dabei sind die Rollen der Männer zwar insgesamt relativ undifferenziert, aber immer noch differenzierter angelegt als die der Frauen. Ältere Männer im Fernsehen sind nämlich berufstätig, und zwar in prestigeträchtigen Tätigkeiten, und sind außerdem häufig unverheiratet, während Frauen verheiratet und in die Familie eingebunden sind. Dies entspricht aber gerade nicht der Realität des Alters: In Wirklichkeit sind ältere Männer typischerweise verheiratet und leben mit Ehefrau oder Partnerin in einem gemeinsamen Haushalt, während nahezu jede zweite ältere Frau in einem Ein-Personen-Haushalt lebt (Näheres in Studieneinheit X).
- Fast nur bei den beiden öffentlich-rechtlichen Anstalten ARD und ZDF treten ältere Menschen gelegentlich in Nachrichten- und Magazinsendungen und nicht nur in Spielfilmen und Serien auf. Das heißt, häufiger als in den Privatsendern kommen in den öffentlich-rechtlichen Sendern ältere Menschen, insbesondere ältere Männer, als Experten zu Wort. Unter qualitativen Aspekten betrachtet hat es ganz den Anschein, als sollte auf diese Weise vermittelt werden, hier werde der »Rat der Weisen« gesucht.
- Insbesondere in Nachrichtensendungen und Magazinen werden ältere Menschen in der Regel als passive Wesen vorgeführt: als Opfer, Kranke, Sterbende in Unfall-, Kriegs- oder Katastrophensituationen. Dabei haben diese Bilder Älterer oft nur eine untermalende Funktion, weil den Älteren keine Möglichkeit zur Kommentierung ihrer Situation gegeben wird. In diesem Sinne wirken sie häufig wie Statisten. Transportiert wird so die Botschaft, ältere Menschen seien krank, hilflos und inkompetent.
- JÜRGENS (1994) hat in seiner Studie auch analysiert, wie ältere »Menschen auf der Straße« im Rahmen von Umfragen sowie von Diskussionssendungen zu

aktuellen Ereignissen behandelt werden, da dies als ein wichtiger Indikator dafür gelten kann, wie die Medien mit älteren Menschen insgesamt umgehen. Hier zeigte sich, dass die Wortbeiträge Älterer in allen Sendern erheblich kürzer sind als diejenigen Jüngerer, insbesondere dann, wenn von betagten Gesprächsteilnehmern Widerspruch zu den Meinungen des jüngeren Reporters oder Diskussionsleiters geäußert wird. Zudem scheinen diese dazu zu neigen, Inhalte immer und nur dann zu wiederholen, wenn ein älterer Mensch eine thematische Ergänzung eingebracht hat. JÜRGENS (1994, S. 57) sieht darin eine Tendenz zur Entmündigung älterer Menschen. Er hält dies für einen Beleg dafür, dass man in den Medien offensichtlich *kein* Konzept vertritt, »in dem die älteren Menschen als selbstverantwortliche Mitglieder der Gesellschaft mit der ganzen Vielfalt an Meinungen, Fähigkeiten und Schicksalen akzeptiert werden« (JÜRGENS 1994, S. 73 f.).

4.2 Ältere Menschen in der Werbung

Gegenüber vor 20 oder 30 Jahren ist festzustellen, dass es mittlerweile häufiger Werbung mit älteren Menschen gibt und dass sich diese Werbung in den letzten Jahren in ihrer Tendenz leicht zum Positiven hin verändert hat. Dies ist sicherlich darauf zurückzuführen, dass die ältere Generation von Handel und Industrie als Konsumentengruppe entdeckt und aufgrund ihrer nicht unbeträchtlichen Kaufkraft interessant geworden ist (vgl. dazu Studieneinheit XIII). Allerdings muss auch hier gefragt werden, *wie* mit alten Menschen geworben wird und in welcher Form sie als Blickfänger funktionalisiert werden:

- In Fernsehwerbespots dominiert nach wie vor ein »Jugendkodex« mit der Betonung von körperlicher Fitness, Jugendlichkeit und physischer Attraktivität. Diesem Idealbild kommen in erster Linie die »jungen« Alten nahe, so dass es nicht verwunderlich ist, dass sie in der Werbung überwiegen. Sie werden vornehmlich nicht allein, sondern im Familienkreis dargestellt (etwa mit Enkeln oder Töchtern und Söhnen), befinden sich in eher gut situierten Verhältnissen und erfreuen sich bester Gesundheit (THÜRKOW 1985). Es wird der Eindruck vermittelt, als seien mit dem Alter eine gewisse Reife, Ruhe und vor allem Geld verbunden. Vor diesem Hintergrund sind auch frei gewählte Aktivitäten möglich: Reisen, aktive Freizeitgestaltung usw. (TEWS 1991).
- Ältere als Werbeträger entsprechen häufig dem Typus des Genießers, der mit Luxusgütern, Kultiviertheit, Expertentum und Seriosität in Verbindung gebracht wird. Entsprechend zeichnen sich Produkte, für die geworben wird, wie etwa Cognac, Wein, Käse, durch Qualität und eine längere Reifungszeit aus. Gleichzeitig repräsentieren alte Menschen in der Werbung auch Nähe zur Natur und damit zu Produkten, die ein natürliches, gesundes Leben fördern (sollen). Dies gilt insbesondere auch für die Arzneimittelwerbung und hier vor allem für die Selbstmedikation (THÜRKOW 1985).
- Die Werbung ist insgesamt »jünger« geworden, wie ein Vergleich zweier Untersuchungen aus den Jahren 1975 und 1985 zeigt (TEWS, NAEGELE 1990).

Noch beherrscht zwar die Medikamentenwerbung einen größeren Teil der Produktwerbung für Ältere, jedoch gegenüber 1975 mit deutlich abgeschwächter Tendenz. Älteren Menschen billigt Werbung zudem heute eher als früher jugendliches Aussehen und Aufgeschlossenheit für Neues zu.

4.3 Alte Menschen in Zeitungen und Zeitschriften

Auch in den Printmedien finden sich häufig negativ gefärbte Sichtweisen vom Alter insgesamt sowie insbesondere vom Verhältnis zwischen alten und jungen Menschen. Artikel über den angeblichen »Krieg zwischen Alten und Jungen«, über erbarmungslose Verteilungskämpfe, die angesichts sozialer Kürzungen zwischen den Generationen stattfinden sollen, beherrschen gerade seit etwa 1995 die Spalten von Teilen der Presse. Angesichts dieser Entwicklung werden die Warnungen vor einem neuen »ageism« (vgl. dazu *Abschnitt 5.2*) immer lauter, das heißt vor einer Diskriminierung und Ausgrenzung älterer Menschen. Wissenschaftliche Untersuchungen dieses Phänomens können jedoch nicht bestätigen, dass der »ageism« der gesellschaftlichen Realität entspricht (NIEDERFRANKE 1992; vgl. auch Studieneinheit XX).

Analysen von Darstellungen älterer Menschen in den Printmedien gaben bereits Mitte der achtziger Jahre Anlass zu der Feststellung, dass weder die vielschichtigen Belange älterer Menschen noch ihre Kompetenz noch auch ihre demographische, ökonomische, politische und soziale Bedeutung angemessen thematisiert und repräsentiert werden (THÜRKOW 1985). So befasst sich beispielsweise die Berichterstattung in der deutschen Presse zu Altersfragen überwiegend mit dem Thema Altenhilfe. Dadurch wird auch hier das einseitige Bild von den betreuungsbedürftigen, kranken, armen und pflegebedürftigen Alten verfestigt. In einer Untersuchung von 1989 stellte Reinhard DIERL folgendes fest:

- 40 Prozent der Presseberichte befassten sich mit Fragen der Heimversorgung (mit dem Schwerpunkt auf Heimbau und Wohnen),
- 20 Prozent mit der »offenen Altenhilfe« (ambulante Dienste, Sozialstationen),
- 16 Prozent mit den »aktiven Alten« und
- sechs Prozent mit der Altenhilfepolitik und Altenhilfeplanung.

Warum das Schwergewicht nach wie vor auf den Bereichen Bauen/Wohnen und Altenhilfe liegt, könnte sich daraus erklären, dass damit regional wichtige Ereignisse angesprochen werden, an denen sich die politische Öffentlichkeit in der Regel direkt beteiligt und bei denen somit das allgemeine Interesse groß ist. Zudem werden finanzielle Fragen angesprochen, denen das breite Publikum eine große Bedeutung beimißt.

Die Berichte über die »aktiven Alten« beziehen sich in ihrer Mehrzahl auf die Bereiche, die auch von der Alternsforschung und von den im Altenbereich professionell Tätigen hauptsächlich diskutiert werden: Alte als Helfer und Berater,

Altenselbsthilfegruppen, politische Interessensvertretungen, Alte und Bildung, Altenwohngemeinschaften, um nur einige Beispiele zu nennen (Dierl 1989).

Andererseits geben diese Analysen zum Altersbild der Gesellschaft jedoch auch Anlass zur Hoffnung, weil sie eine zunehmend differenzierte Sicht des Alters und der alten Menschen dokumentieren. Die Annahme, es gebe in den Printmedien eine generell negative Wahrnehmung und Darstellung des Alters, ist somit nicht aufrechtzuerhalten. Um es nochmals ausdrücklich zu betonen: Mittels Fragebögen erhobene Daten widersprechen auch der These von einem offenen oder latenten Konflikt zwischen den Mitgliedern der jüngeren und älteren Generationen (Arnold, Lang 1989; Dierl 1989), obwohl dieser angebliche Konflikt in Teilen der Printmedien immer wieder thematisiert wird.

4.4 Alte Menschen in der Kinder- und Jugendliteratur

Die Kinder- und Jugendliteratur daraufhin zu untersuchen, welches Altersbild sie vermittelt, ist deshalb von großem Interesse, weil dieser Literatur eine wichtige Sozialisationsfunktion zukommt. Zudem handelt es sich um Bücher, die nicht nur von Erwachsenen den Kindern vorgelesen, sondern auch von Mitgliedern verschiedener Generationen (also auch von den Älteren) selbst gelesen werden. Insofern ist zu vermuten, dass diese Literatur Denken und Verhalten sowohl der nachwachsenden als auch der mittleren und älteren Generation beeinflusst. Weiterhin sind diese Bücher ein guter Indikator dafür, ob sich Themen, die mit dem Älterwerden zusammenhängen, oder auch Geschichten, in denen ältere Menschen im Mittelpunkt stehen, überhaupt verkaufen lassen (Tews 1991). Insofern lässt sich an dieser Literaturgattung exemplarisch festmachen, in welcher Form sich derzeit die literarische Auseinandersetzung mit dem Alter vollzieht und in welcher Weise diese sich wandelt.

Während noch in den sechziger und siebziger Jahren negative Darstellungen des Alters und alter Menschen in der Kinder- und Jugendliteratur eindeutig überwogen (Seltzer, Atchley 1971), ist es in Deutschland in den vergangenen 20 Jahren zu deutlichen Veränderungen gekommen. 1970 führten die Buchhandlungen etwa 50 Kinderbücher zum Thema Alter und 1987 waren es etwa 150 Titel. Zu Beginn der neunziger Jahre gab es immerhin bereits etwa 300 Kinder- und Jugendbücher, in denen ältere Männer und zunehmend auch ältere Frauen entscheidenden Einfluss auf das Handlungsgeschehen nehmen (Würfrath-Wiedenmann 1987, zitiert bei Tews 1991).

Verfolgt man die Entwicklung in der Kinder- und Jugendliteratur zurück an den Beginn dieses Jahrhunderts, so lässt sich eine eindeutige Entwicklung ausmachen: von einer einseitigen Idealisierung des Alters um die Jahrhundertwende über einseitig negative Darstellungen in den sechziger Jahren bis hin zu realistischeren Schilderungen ab den siebziger Jahren. »Realistisch« bedeutet, dass die vielen Gesichter des Alters und damit auch Krankheit, Sterben, Tod, Lebensüberdruss, aber auch Spaß, Aktivität, Lebensfreude und Unternehmungsgeist mit alten Menschen verbunden werden (BERGER 1985; WÜRFRATH-WIEDENMANN 1987). Wie es scheint, haben bestimmte Bücher hier besondere Weichenstellungen bewirkt: Elfie DONNELLYS (1977) »Servus Opa, sagte ich leise« sowie zwei Bücher von Peter HÄRTLING: »Oma« (1975) und »Alter John« (1981). Sicher spielen hier auch Auszeichnungen mit Jugendbuchpreisen eine wichtige Rolle.

5. Auswirkungen von Altersbildern

5.1 Auswirkungen auf die Fernsehzuschauer

Zunächst soll gezeigt werden, welche Effekte die Darstellung älterer Menschen auf die jungen und alten Fernsehzuschauer hat und wie solche Darstellungen von ihnen bewertet werden (vgl. dazu JÜRGENS 1994, S. 58–68):

- JÜRGENS konnte ermitteln, dass sich die große Mehrzahl alter wie junger Fernsehzuschauer an Sendungen mit älteren Hauptdarstellern deutlich erinnerte. Für den Untersuchungszeitraum wurden insbesondere die Sendungen »Golden Girls« (ARD), »Jakob und Adele« (ZDF), Ohnsorg-Theater (ARD) und »Mord ist ihr Hobby« (RTL) spontan genannt.
- Die quantitative Präsenz älterer Menschen im Fernsehen wird jedoch von jüngeren wie von älteren Zuschauern überschätzt. Von den Zuschauern bis zu 40 Jahren wird außerdem eine zu starke Polarisierung der älteren Menschen zugewiesenen Eigenschaften bemängelt: entweder weise, nett und kompetent oder senil, zänkisch und hilflos.
- Einig sind sich ältere und jüngere Zuschauer darin, dass die Realität der älteren Menschen und die vielen Gesichter des Alters nicht angemessen dargestellt werden. Uneins sind sie in der Bewertung dieses Sachverhalts: Jüngere Zuschauer erwarten gleichermaßen die Darstellung von Problemen und Konflikten Älterer wie auch eine stärkere Herausstellung ihrer Kompetenz, beispielsweise als Vermittler von Erfahrungen; der Schluss hingegen, ältere Zuschauer über 40 Jahre wollten mehr alte Menschen im Fernsehen sehen, ist in dieser Pauschalität nicht richtig. Vielmehr bevorzugen sie *positive* Darstellungen ihrer Altersgenossen. Der oder die »Quoten-Alte« im Fernsehen wird jedoch von den Mitgliedern aller Altersgruppen gleichermaßen abgelehnt.

5.2 Auf dem Weg zu einer neuen Polarisierung

Wir haben uns in *Kapitel 4* mit der Einstellung der Gesellschaft gegenüber den älteren Menschen beschäftigt und in diesem Zusammenhang Erkenntnisse zum generalisierten Altersbild zusammengetragen. Dabei hat sich gezeigt, dass in den elektronischen Medien sowie in Büchern und Zeitschriften häufig stereotype Vorstellungen vom Alter vermittelt werden.

Wie zu Beginn von *Kapitel 3* schon gesagt, spricht man dann von »Altersstereotypen«, wenn Menschen lediglich aufgrund ihres Lebensalters, das heißt ohne Ansehen ihrer Person, ihrer Wahrnehmungen, Bewertungen und ihres konkreten Verhaltens, bestimmte Eigenschaften, Verhaltensweisen und Rollen zugeschrieben werden. Geschlechtsrollenstereotypen vergleichbar sind auch Altersstereotype soziokulturelle Konstruktionen, die kollektiv präsent sind und also von den Mitgliedern einzelner gesellschaftlicher Gruppen oder gar der Gesellschaft insgesamt geteilt werden (MOSCOVICI 1961). Die Auswirkungen von Altersstereotypen reichen von Einflüssen auf das Verhalten Jüngerer gegenüber älteren Frauen und Männern bis hin zu Einflüssen auf die Planung und Ausgestaltung sozialer Institutionen für Ältere. Dadurch aber werden die Entfaltungsmöglichkeiten älterer Menschen entscheidend berührt. Auswirkungen von Altersstereotypen gibt es also nicht nur auf der individuellen, sondern auch auf der institutionellen und gesellschaftlichen Ebene (BUTLER 1969).

Durch welche Elemente ist nun das Altersbild unserer Gesellschaft gekennzeichnet? – Die Studien zur Erfassung des generalisierten Altersbildes (völkerkundliche Vergleichsstudien, Medien- und Literaturanalysen, Fragebogen- und Interviewstudien usw.) zeigen klar, dass es keine einheitlichen, sondern höchst widersprüchliche Stereotypisierungen vom Alter und von alten Menschen gibt, wie anhand von drei Themenbereichen demonstriert werden soll:

Nach wie vor wird häufig das Bild vom hilfe- und pflegebedürftigen, artikulationsunfähigen, armen und einsamen alten Menschen gezeichnet. Als Antwort auf dieses Stereotyp der Älteren wird neuerdings das gegenteilige Stereotyp von den »neuen« Alten aufgebaut: Diese neuen Alten werden als wirtschaftlich potent, mobil, sozial integriert und aktiv charakterisiert. Auf Hilfe angewiesene ältere Menschen, die diesem Ideal nicht entsprechen, könnten angesichts dieser Leitvorstellung vom Alter zu einer neuen Außenseitergruppe werden, die mit deutlicher Diskriminierung rechnen muss. Dieses neue – aber nicht minder einseitige – Stereotyp vom Alter ist auch für die »jungen Alten« selbst Anlass zur Besorgnis, befürchten sie doch, als »Parasiten« von der restlichen Gesellschaft abgelehnt zu werden (LEHR, NIEDERFRANKE 1991; NIEDERFRANKE 1992).

Hier meldet sich die Angst vor einem aufkommenden »ageism«, das heißt die Angst vor einer feindseligen und diskriminierenden Haltung gegenüber älteren Menschen (vgl. den Anfang von *Abschnitt 4.3*). Dieser von Robert BUTLER (1969) geprägte Begriff, den er in bewusster Analogie zu den Begriffen »racism« (Rassismus) beziehungsweise »sexism« (Sexismus) gebildet hat, soll die Summe aller Benachteiligungen Älterer bezeichnen. Die sich hinter dem Begriff »ageism« verbergenden extrem negativen Vorstellungen vom Alter spiegeln sicherlich die gesellschaftliche Altersnorm nicht vollständig wider. Dennoch sind sie gefährlich, da sie zu einer weiteren Verfestigung von Altersstereotypen beitragen können.

In der gerontologischen Forschung wird zunehmend beklagt, dass in Befragungen zum generalisierten Altersbild undifferenziert noch weitere Einstellungen (etwa zur Geschlechts- oder zur sozialen Schichtzugehörigkeit) einfließen, dass also nicht klar zwischen der Einstellung zum Alter und zu anderen Merkmalen von Personen unterschieden wird. Daher setzen sich in sozialwissenschaftlichen Untersuchungen zum generalisierten Altersbild zunehmend Formen der Befragung durch, in denen nicht nur die Einstellung zum Alter, sondern auch zu der Zugehörigkeit zu einer bestimmten sozialen Schicht, daneben die Einstellung zur Geschlechtszugehörigkeit usw. erhoben werden. In diesen sogenannten »age-embedded« (»das Alter einbettende«) Untersuchungen, in denen »Alter« nur eine unter mehreren Kategorien ist, konnte beispielsweise ein deutlicher Zusammenhang zwischen Alters- und Geschlechtsrollenstereotypen nachgewiesen werden: Das Bild des alten Mannes wird im Allgemeinen positiver gezeichnet als das der älteren Frau. Diese hat also noch größere Schwierigkeiten als der ältere Mann, wenn sie das negative generelle Altersbild überwinden will. Simone DE BEAUVOIRS These (1972), dass in der Gesellschaft eine doppelte Altersnorm (*double standard of aging*) vorherrsche, findet in diesen Forschungsergebnissen eine deutliche Bekräftigung, denn alte Frauen vereinigen beide Stereotype auf sich: das vom Frausein und das vom Altsein (FRIEDAN 1995; vgl. auch Studieneinheit X). Die alte Frau wird in der Werbung, in den Medien, in Romanen und Märchen usw. entweder fast ausschließlich auf ihre familiäre Rolle reduziert oder gar als unorientiert und als am Rande der Gesellschaft lebend geschildert, als asexuelles Wesen, als unheilbringende Hexe, als Giftmischerin, sogar als »Sozialleiche«, die abgesondert im Wald haust. Ältere Männer werden hingegen weitaus differenzierter und vor allem positiver gesehen.

Mit anderen Worten: Es ist nicht nur eine Polarisierung zwischen einem positiven und einem negativen Altersbild zu konstatieren, sondern zudem auch eine Polarisierung zwischen dem Bild der »alten Frau« und dem des »alten Mannes«.

5.3 Das Fremdbild beeinflusst das Selbstbild

Zu den interessanten Fragestellungen in der Alternsforschung gehört es, sich mit den Auswirkungen der Altersbilder und Altersstereotype auf die gesellschaftliche Stellung älterer Frauen und Männer und auf die Einstellung der politisch Handelnden zu ihnen auseinander zu setzen. Über das Ausmaß dieser Auswirkungen gibt es zwar höchst unterschiedliche Ansichten, jedoch keine Untersuchungen, durch die die eine oder andere Ansicht empirisch solide untermauert werden könnte. Umstritten ist beispielsweise die Frage, ob sich eher ein positives oder eher ein negatives Altersbild dahingehend günstig auswirkt, dass ältere Menschen zum Gegenstand von Politik werden. Von einigen Autoren werden die verheerenden Wirkungen negativer Altersbilder hervorgehoben (so zum Beispiel LEHR 1991), von anderen wird dargelegt, negative Altersbilder wirkten als Motor für politisches Handeln und zeitigten somit positive Effekte (so zum Beispiel TEWS 1991).

Diese Aspekte stehen jedoch nicht im Mittelpunkt des vorliegenden Kapitels, denn das Interesse gilt hier vor allem den Auswirkungen der Altersbilder auf die betroffenen älteren Menschen selbst. Wesentlich ist dabei vor allem die

Einsicht, dass ältere Menschen die ihnen entgegen gebrachten Vorurteile häufig in ihr Selbstbild integrieren. Diese Beobachtung berechtigt zu der Sorge, dass sie auch ihr Verhalten verändern, indem sie sich – im Falle eines negativ akzentuierten Altersbildes – restriktiv und ausgrenzend verhalten. Auf diese Weise wird das generalisierte Altersbild zu ihrem persönlichen Altersbild. Denn es entsteht ein Teufelskreis:

(1) Weil ich mich als »alt« einschätze, verhalte ich mich anders; und
(2) weil ich mich anders (»alt«) verhalte, schätze ich mich als alt ein.

Außerdem führt das persönliche Altersbild zu einer *selektiven Wahrnehmung*, das heißt, es nimmt Einfluss darauf, welche Aspekte des Altersstereotyps jemand für sich auswählt. Mit anderen Worten: Menschen mit einem persönlich negativen Altersbild suchen Bestätigung für dieses ihr Selbstbild, indem sie die negativen Aspekte des generellen Altersbildes aufgreifen (LEHR, NIEDERFRANKE 1991). Doch gilt auch das Umgekehrte: Menschen mit einem positiven Altersbild können – trotz eines allgemein herrschenden negativen Altersbildes – sie selbst bestätigende Positionen vertreten wie: »Die meisten Alten sind so, aber ich gehöre doch nicht dazu« oder: »Alt, das sind die anderen« (vgl. *Abschnitt 3.2*).

Insofern ist die Aussage: »Das Fremdbild bestimmt das Selbstbild« viel zu pauschal und bedarf weiterer Differenzierung. Wie deutlich geworden sein dürfte, beeinflusst vielmehr – im Sinne einer selektiven Wahrnehmung – das Selbstbild des älter werdenden Menschen, welche Aspekte des Altersstereotyps ausgewählt werden. Ein älterer Mensch mit positivem Selbstbild nimmt nur die positiven Züge des Altersstereotyps wahr und verstärkt damit sein positives Selbstbild; umgekehrt nimmt ein älterer Mensch mit negativem Selbstbild nur die negativen Elemente wahr und verstärkt damit sein negatives Selbstbild (LEHR, NIEDERFRANKE 1991). Diese Mechanismen lassen sich mit Hilfe der Dissonanztheorie von FESTINGER (1957) erklären: Inkongruente (nicht deckungsgleiche) kognitive Elemente – etwa ein positives Selbstbild und ein negatives Stereotyp – bringen ein Ungleichgewicht, eine Dissonanz, hervor und mobilisieren gleichzeitig Kräfte diese Dissonanz abzubauen und alle Informationen zu ignorieren, die das wieder ins Gleichgewicht gebrachte Selbstbild stören könnten.

Trotz aller Versuche der Betroffenen, derartige kognitive Dissonanzen abzubauen, dürfen die Folgen von negativen Altersbildern nicht vernachlässigt werden. Negative Altersstereotype schlagen sich nämlich oft in gesellschaftlichen Vorurteilen, in einer negativen Voreingenommenheit gegenüber alternden Menschen nieder. Eine negative Erwartungshaltung wiederum führt dazu, dass auch nur negative Eigenschaften oder Verhaltensweisen wahrgenommen werden. Diese selektiven Wahrnehmungen münden darin, dass zwar die kognitive Dissonanz abgebaut wird, jedoch nicht in wünschenswerter Weise: wenn nur diejenigen Informationen wirklich ernst genommen werden, die mit der eigenen Erwartungshaltung in Einklang stehen, und jene Informationen, die der Voreinstellung widersprechen, geleugnet oder umgedeutet werden. Auf diese Weise wird das Vorurteil erneut bestätigt und verfestigt sich immer mehr:

- Weil beispielsweise die Erwartungshaltung besteht, ältere Menschen seien rigide und Neuem gegenüber nicht aufgeschlossen, erwartet man von ihnen auch keine neuen Anregungen und bezieht sie deshalb nicht in Überlegungen ein, wenn – im privaten oder im öffentlichen Bereich – neue Wege gegangen und neue Lösungen gesucht werden müssen. Zum Beispiel werden ältere Menschen nicht in die Planung von Altenheimen einbezogen und politische Programme werden zwar oft *für*, aber selten *mit* den betroffenen Älteren entwickelt.

6. Kann man Altersbilder beeinflussen? – Ansätze zur Weiterentwicklung differenzierter Leitbilder für das Alter

Abschließend stellt sich die Frage, wie sich angesichts der aufgezeigten sehr verschiedenartigen Optionen ältere Frauen und Männer mit ihrem eigenen Älterwerden konstruktiv auseinander setzen können. Welche Perspektiven eröffnen sich ihnen? – Einerseits dürfen sie darauf hoffen in ihrer Altersphase neue Potenziale und Kompetenzen zu erwerben, also darauf, dass ihnen neue Lebensoptionen zur Verfügung stehen und dass sie zugleich aufgrund ihrer Lebenserfahrung sehr wahrscheinlich über bewährte Formen der Auseinandersetzung mit den Wechselfällen des Lebens verfügen. Andererseits erhalten sie aus dem gesellschaftlichen Kontext höchst unterschiedliche Signale darüber, wie die Altersphase bewertet wird. Sie müssen in jedem Fall damit rechnen, dass dem Alter eine Sonderstellung zugesprochen wird, wobei gesellschaftliche Tendenzen zu einer negativen Bewertung des Alters ihre Kraft nicht verloren haben.

Aus gerontologischer Perspektive muss man älter werdenden Menschen raten, das Streben nach Selbständigkeit, Mündigkeit und Kontrolle über ihre Situation bis ins hohe Alter hinein zu bewahren. Jeder Mensch sollte sich für seine besonderen Fähigkeiten sensibilisieren – etwa im Bereich der Lebensgestaltung – und sollte sich diese Sensibilität bis ins Alter hinein erhalten und sie fördern. Dies ist weniger eine Frage der Vorbereitung auf das Alter, wie sie etwa in bestimmten Bildungsveranstaltungen betrieben wird. Vielmehr geht es um die Sensibilität dafür, einen persönlichen Lebensentwurf zu entwickeln, weniger im Sinne eines strengen Lebensplanes als vielmehr im Sinne einer Vision davon, wie ein selbstbestimmtes Leben im Alter – trotz Einschränkungen – aufrechterhalten werden kann (BALTES, BALTES 1990; DITTMANN-KOHLI 1989).

Die beständige Konfrontation mit Lebensveränderungen sowie die Notwendigkeit, bestimmte frühere Rollen aufzugeben und neue, entwicklungsbezogene Rollen zu übernehmen oder herauszubilden, ist kennzeichnend für Lebensverläufe und Statuspassagen im Alter. Die Fähigkeit, neue Lebensperspektiven zu entwickeln, ist ein wesentliches Merkmal von Mündigkeit und Selbstbestimmung im Alter. Dass diese Fähigkeit bereits im mittleren Lebensalter erworben werden muss, ist ein Beweis dafür, wie notwendig es ist, sich möglichst früh im Leben auf das Alter einzustellen (NIEDERFRANKE 1990; OLBRICH 1990).

Soweit zum Individuum. – Wie verhält es sich jedoch mit der gesellschaftlichen Sicht des Alters? Selbstverständlich bestehen Wechselwirkungen zwischen individueller und gesellschaftlicher Ebene. Matilda WHITE RILEY (1985) hat diesen Zusammenhang präzisiert, indem sie deutlich macht, dass nicht nur gesellschaftliche Faktoren – etwa Gesetzesnormen wie die Altersgrenze oder gesellschaftliche Altersstereotype – individuelle Entwicklungen beeinflussen. Umgekehrt wirken ältere Frauen und Männer auch selbst auf den sozialen Kontext ein, in dem sie leben. Dabei sind es weniger Einzelpersonen, die großen Einfluß nehmen, sondern vielmehr Gruppen von älteren Frauen und Männern, oftmals ganze Generationen, die eine Gesellschaft – in gewissen Grenzen – zu formen imstande sind.

Insofern bleibt zu hoffen, dass Kohorten (Altersjahrgänge) von älteren Menschen, die sich durch Mündigkeit und den Anspruch auf Selbstbestimmung im Alter auszeichnen, künftig auch das gesellschaftliche Bild von älteren Menschen verändern werden. Die Veränderung von Altersstereotypen muss einhergehen mit einer Veränderung der institutionellen Rahmenbedingungen und einer Bereitstellung von erweiterten gesellschaftlichen Spielräumen für die älteren Frauen und Männer. Natürlich lassen sich derartige Forderungen schnell erheben, ohne dass sie irgendwelche Folgen haben. Angesichts der Tatsache, dass jede und jeder tagtäglich mit alten Menschen persönlich konfrontiert ist und dass jede und jeder unablässig die Erfahrung des eigenen Älterwerdens macht, ist jedoch ein Festhalten an dieser Zukunftsvision geboten.

Die Strategien zur Veränderung von Altersstereotypen sollten vor allem kognitiv orientiert sein. Sie sollten die Vermittlung von soliden Informationen über das Altern und eine rationale Argumentation gegen Vorurteile ebenso einschließen wie die Orientierung an positiven Modellen eines gelungenen Altseins, eine Aufgabe, der sich auch das Funkkolleg »Altern« verschrieben hat. Daneben wirkt sich auch ein direkter und dauerhafter Kontakt zwischen Trägern von Vorurteilen und ihren Objekten positiv aus, das heißt im Sinne eines Abbaus von Stereotypen. Zu fordern ist also, dass im beruflichen sowohl wie im privaten und im öffentlichen Bereich Begegnungsmöglichkeiten zwischen jungen und alten Menschen erhalten bleiben oder allererst geschaffen werden und dass so einer Gettoisierung der Altersgruppen entgegengewirkt wird.

Übungsaufgaben

Aufgabe 1

Warum ist »Altern« nicht nur ein biologisches Faktum, sondern eine »soziale Kategorie«? Was sind Altersstereotype? Skizzieren Sie bestehende Altersstereotype!

Aufgabe 2
Erläutern Sie den Unterschied zwischen »normativen« und »selbstbezogenen« Überzeugungen vom Alter und benennen Sie Auswirkungen und Beispiele!

Aufgabe 3
Wie werden Altersbilder vermittelt und welche Leitbilder von Alter finden sich in Medien und literarischen Produkten?

Aufgabe 4
Worin bestehen die Wirkungen von Altersbildern? Nennen Sie Ansätze zur Beeinflussung und Weiterentwicklung von Altersbildern!

Literaturverzeichnis

ARNOLD, Klaus; Erich LANG (1989): Ergebnisse einer Umfrage zum Altersbild in der Bundesrepublik Deutschland. In: Zeitschrift für Geriatrie, 2, S. 383–389.

BALTES, Margret M.; Leo MONTADA (1995; Hrsg.): Produktives Leben im Alter. Frankfurt am Main: Campus.

BALTES, Paul B. (1995): Über die Zukunft des Alterns: Hoffnung mit Trauerflor. In: Margret M. BALTES; Leo MONTADA (Hrsg.): Produktives Leben im Alter. Frankfurt am Main: Campus, S. 29–68.

BALTES, Paul B.; Margret M. BALTES (1990; Hrsg.): Successful Aging: Perspectives from the Behavioral Sciences. Cambridge (England), New York: Cambridge University Press.

BALTES, Paul B.; Jürgen MITTELSTRASS (1992; Hrsg.): Zukunft des Alterns und gesellschaftliche Entwicklung. Berlin: de Gruyter.

BALTES, Paul B.; Jaqui SMITH (1990): Weisheit und Weisheitsentwicklung: Prolegomena zu einer psychologischen Weisheitstheorie. In: Zeitschrift für Entwicklungspsychologie und Pädagogische Psychologie, Nr. 22, S. 95–135.

BEAUVOIR, Simone DE (1972). Das Alter. Reinbek bei Hamburg: Rowohlt.

BERGER, Manfred (1985): Zum Bild des alten Menschen in der Kinder- und Jugendliteratur, unter besonderer Berücksichtigung des Kinderbuches. In: Informationen des Arbeitskreises Jugendliteratur 2. München.

BÜHLER, Charlotte (1933): Der menschliche Lebenslauf als psychologisches Problem. Leipzig: Hirzel.

BUNDESMINISTERIUM FÜR FAMILIE, SENIOREN, FRAUEN UND JUGEND (1996; Hrsg.): Die Aktion 55. Schriftenreihe des BMFSFJ. Stuttgart: Kohlhammer.

BUTLER, Robert N. (1969): Age-ism: Another Form of Bigotry. In: The Gerontologist 9, S. 243–246.

DIERL, Reinhard (1989): Zwischen Altenpflegeheim und Seniorenstudium: Alter und Alte als Zeitungsthema. KDA-Forum 11. Köln: Kuratorium Deutsche Altershilfe.

DITTMANN-KOHLI, Freya (1989): Erfolgreiches Altern aus subjektiver Sicht. In: Zeitschrift für Gerontopsychologie und -psychiatrie, Nr. 2, S. 301–307.

DONICHT-FLUCK, Brigitte (1994): Bilder des Alters in den USA im 20. Jahrhundert und ihr Einfluß auf die amerikanische Altenbildung und Alten-Sozial-Politik. Berlin: Deutsches Zentrum für Altersfragen.

DONNELLY, Elfie (1977): Servus Opa, sagte ich leise. Neuauflage 1984. München: dtv Junior.

ERBER, Joan T. (1989): Young and older Adult's Appraisal of Memory Failures in Young and Older Target Persons. In: Journal of Gerontology, Nr. 44, S. 170–175.

FESTINGER, Leon (1957): A Theory of Cognitive Dissonance. Stanford (Kalifornien): Stanford University Press.

FRIEDAN, Betty (1995): Mythos Alter. Reinbek bei Hamburg: Rowohlt (Erstausgabe: The Fountain of Age. New York: Simon & Schuster).

HARRIS, Lena (1975): The Myth and Reality of Aging in America. Washington, D.C.: The National Council on the Aging Inc.

HÄRTLING, Peter (1975): Oma. Roman für Kinder. Illustrationen von Peter KNORR. 13. Auflage 1992. Weinheim, Basel: Beltz & Gelberg.

HÄRTLING, Peter (1981): Alter John. Kinderroman. Illustrationen von Renate HABINGER. 8. Auflage 1993. Weinheim, Basel: Beltz & Gelberg.

HASTENTEUFEL, Regina (1980). Die Darstellung alter Menschen in der Anzeigenwerbung. In: Zeitschrift für Gerontologie, Nr. 13, S. 530–539.

HECKHAUSEN, Jutta; Paul B. BALTES (1991): Perceived Controllability of Expected Psychological Change Across Adulthood and Old Age. In: Journal of Gerontology, Nr. 46, S. 165–173.

HOFFMANN, Hilmar; Dieter KRAMER (1994): Jede Kultur prägt ihr eigenes Bild vom Alter – Über die Kompetenz von Senioren in Kunst und Kultur. In: Ursula LEHR; Konrad REPKEN (Hrsg.): Älter-Werden: Chance für Mensch und Gesellschaft. München: Olzog Verlag, S. 91–196.

INSTITUT FÜR DEMOSKOPIE (1980; Hrsg.): Die soziale Lage älterer Menschen von 1970 bis 1980 (IfD-Umfrage Nr. 2564). Allensbach: Allensbach Archiv.

INSTITUT FÜR DEMOSKOPIE (1988; Hrsg.): Das Altersbild der Gesellschaft (IfD-Umfrage Nr. 5009). Allensbach: Allensbach Archiv.

INSTITUT FÜR DEMOSKOPIE (1989; Hrsg.): IfD-Umfrage Nr. 5023. Allensbach: Allensbach Archiv.

JÜRGENS, Hans Wilhelm (1994): Untersuchung zum Bild der älteren Menschen in den elektronischen Medien. Unabhängige Landesanstalt für das Rundfunkwesen, Band 4: Themen – Thesen – Theorien. Kiel: Malik Regional Verlagsgesellschaft.

KÜBLER, Hans-Dieter; Wolfgang BURKHARDT; Angelika GRAF (1991): Ältere Menschen und neue Medien. Schriftenreihe der Hamburgischen Anstalt für neue Medien. Berlin: Vistas.

LANG, Frieder R.; Dietmar GÖRLITZ; Margarete SEIWERT (1992): Altersposition und Beurteilungsperspektive als Faktoren laienpsychologischer Urteile über Entwicklung. In: Zeitschrift für Entwicklungspsychologie und Pädagogische Psychologie, Nr. 24, S. 298–316.

LEHR, Ursula M. (1991): Psychologie des Alterns. 7. Auflage, ergänzt und bearbeitet von Hans THOMAE. Heidelberg, Wiesbaden: Quelle & Meyer.

LEHR, Ursula M.; Annette NIEDERFRANKE (1991): Altersbilder und Altersstereotype. In: Wolf D. OSWALD; Werner M. HERRMANN; Siegfried KANOWSKI; Ursula M. LEHR; Hans THOMAE (Hrsg.): Gerontologie. Medizinische, psychologische und sozialwissenschaftliche Grundbegriffe. Zweite, überarbeitete und erweiterte Auflage. Stuttgart: Kohlhammer, S. 38–46.

LUTZKY, Neil S. (1980): Attitudes Toward Old Age and Elderly Persons. In: Carl EISDORFER (Hrsg.): Annual Review of Gerontology and Geriatrics (Band 1). New York: Springer, S. 287–336.

MOSCOVICI, Serge (1961): La psychanalyse, son image et son public. Paris: Presses Universitaires de France.

NIEDERFRANKE, Annette (1987): Vor-Ruhestand: Erleben und Formen der Auseinandersetzung bei Männern aus psychologischer Sicht. Bonn: Universitätsdruckerei.

NIEDERFRANKE, Annette (1990): Konstanz und Variabilität in Sinndimensionen beim Übergang in die berufsfreie Lebensphase. In: Reinhard SCHMITZ-SCHERZER; Andreas KRUSE; Erhard OLBRICH (Hrsg.): Altern – Ein lebenslanger Prozeß der sozialen Interaktion. Darmstadt: Steinkopff, S. 253–265.

NIEDERFRANKE, Annette (1992): Der Anachronismus des Alters aus gerontologischer Sicht. In: Arthur E. IMHOF (Hrsg.): Leben wir zu lange? Die Zunahme unserer Lebensspanne seit 300 Jahren – und die Folgen. Köln, Weimar, Wien: Böhlau, S. 127–133.

OLBRICH, Erhard (1990): Potentiale des Alters: Persönliche und soziale Prozesse ihrer Entwicklung. In: Zeitschrift für Gerontologie, Nr. 23, S. 246–251.

OSWALD, Frank (1991): Das persönliche Altersbild älterer Menschen. In: Zeitschrift für Gerontologie, Nr. 24, S. 276–284.

PALMORE, Erdman B. (1988): The Facts on Aging Quiz: A Handbook of Uses and Results (Band 21). New York: Springer.

RICHTER, Horst Eberhard (1993): »Ich halte mich an Immanuel Kant«. In: Die Tageszeitung. Berlin, 28. April 1993, S. 11.

SECCOMBE, Karen; Masako ISHII-KUNTZ (1991): Perceptions of Problems Associated with Aging: Comparisons among Four Older Age Cohorts. In: The Gerontologist, Nr. 31, S. 527–533.

SELTZER, Marsha-Mailick; Robert C. ATCHLEY (1971): The Concept of Old: Changing Attitudes and Stereotypes. In: The Gerontologist, Nr. 11, I, S. 226–230.

SHAKESPEARE, William (1965): Wie es euch gefällt (Erstdruck 1623). In: DERS.: Werke. Englisch und deutsch. Dritter Band. Übersetzung von August Wilhelm SCHLEGEL. Herausgegeben von Levin Ludwig SCHÜCKING. Berlin, Darmstadt, Wien: Deutsche Buchgemeinschaft, S. 491–565.

TEWS, Hans Peter (1991): Altersbilder. Über Wandel und Beeinflussung von Vorstellungen vom und Einstellungen zum Alter. KDA-Forum 16. Köln: Kuratorium Deutsche Altershilfe.

TEWS, Hans Peter; Gerhard NAEGELE (1990): Alter und Konsum: Ältere Menschen als Verbraucher. In: Gesellschaft für Konsum-, Markt- und Absatzforschung (GfK) (Hrsg.): Jahrbuch der Absatz- und Verbraucherforschung 3/1990. Nürnberg: GfK, S. 260–275.

THOMAE, Hans (1968): Das Individuum und seine Welt – eine Persönlichkeitstheorie. Göttingen: Hogrefe.

THOMAE, Hans (1969): Altern als psychologisches Problem. Göttingen: Hogrefe.

THOMAE, Hans (1983; Hrsg.): Alternsstile und Altersschicksale. Ein Beitrag zur Differentiellen Gerontologie. Bern: Huber.

THÜRKOW, Karin (1985): Altersbilder in massenmedialen, massenkulturellen und künstlerischen Werken. Eine Literaturübersicht. Berlin: Deutsches Zentrum für Altersfragen.

WHITE RILEY, Matilda (1985): Age Strata in Social Systems. In: Robert H. BINSTOCK; Ethel SHANAS (Hrsg.): Handbook of Aging and the Social Sciences. The Handbook of Aging 3. Zweite Auflage. New York: van Nostrand Reinhold, S. 369–411.

WÜRFRATH-WIEDENMANN, Irene (1987): Großeltern und Enkel – Beziehungen in fiktiven und realen Lebenswirklichkeiten. Anmerkungen zur Kinderliteratur. In der Reihe: »vorgestellt«, Nr. 42. Köln: Kuratorium Deutsche Altershilfe.

II. »Vor Greisengrau steh auf«.* Alte Menschen im Spiegel der Geschichte und der Kulturen

Leopold Rosenmayr

Einführung

Ein Vergleich der »Gesichter des Alters« in verschiedenen geschichtlichen Epochen und in unterschiedlichen Kulturen führt zu vertieften Einsichten in die höchst unterschiedlichen Bedingungen, unter denen alte Menschen im Laufe der Menschheitsentwicklung leben mussten. Doch worin besteht die genaue Fragestellung, wenn wir einen Kulturvergleich des Alters im engeren Sinn vornehmen? Und wie soll diese Fragestellung konkret bearbeitet werden? Außerdem: Welcher Gewinn lässt sich aus der Durchsichtung historischen Materials, aus der Deutung der Geschichte und aus einem Kulturvergleich für ein besseres Verständnis des Alters heute ziehen? Könnte die Beschäftigung mit der Geschichte des Alters gar positiven Einfluss auf das Verhältnis der heutigen Gesellschaft zu alten Menschen nehmen?

Wir suchen nach den Gründen, warum sich im Laufe der Geschichte die *Bewertung des höheren menschlichen Lebensalters* wandelte, sei es nun in der Familie, in der Gesellschaft, im Staat oder in anderen Institutionen. Wir fragen zudem nach dem *Einfluss der Alten* auf ihr Umfeld, indem wir zu verstehen suchen, unter welchen Bedingungen sie als die eigentlichen Träger einer bestimmten Kultur gelten beziehungsweise unter welchen Bedingungen sie an den kulturellen Rand geraten. Ist die Integration alter Menschen in die Gesellschaft Voraussetzung für eine – verglichen mit anderen Altersgruppen – relative Hochschätzung des Alters? Und wenn das der Fall ist, in welche gesellschaftliche Strukturen werden sie integriert? Beruht die Hochschätzung der Alten auf ihrer *Autorität* (auf Wissen, Lebenserfahrung, Fähigkeit bei Entscheidungen aller Art mitzuwirken) oder auf ihrer gesellschaftlichen *Nützlichkeit* (auf finanziellen Hilfen ihrerseits, der Aussicht auf ihr Erbe, ihrer Konsumfähigkeit)? Worauf gründet sich, wo vorhanden, die *Macht* der Alten?

Nach einer Einführung in Methoden, Begriffe und Standpunkte kulturvergleichender und historischer Gerontologie (*Kapitel 1*) soll diesen Fragen in mehreren Schritten nachgegangen werden (*Kapitel 2 und 3*).

---

* Der Titel bezieht sich auf die Bibel, und zwar auf das 3. Buch Mose, Kapitel 19, Vers 32: »Vor einem grauen Haupt sollst du aufstehen und die Alten ehren und sollst dich fürchten vor deinem Gott; ich bin der HERR.«

In einem ersten inhaltlichen Schritt (*Abschnitt 2.1*) befassen wir uns mit der Frühphase der Menschheitsentwicklung: Wie bildete sich in den schriftlosen Kulturen aus wenig strukturierten gesellschaftlichen Verhältnissen und angesichts eines ständigen Kampfes ums Überleben das Senioritätsprinzip heraus, wodurch dem höheren Alter eine beherrschende Rolle zufiel?

Auf der nächsten vor- und frühgeschichtlichen Entwicklungsstufe (*Abschnitt 2.2*) kommt es zu einer Zunahme gesellschaftlicher Komplexität, die sich in der Herausbildung einer familien- und sippenübergreifenden Autorität niederschlägt. Es entstehen zentralisierende, mehr und mehr aus den Familien herausverlagerte Formen der Herrschaftsausübung. Das Alter tritt in eine Beraterrolle zurück. In der sich entwickelnden griechisch-antiken Hochkultur wird das Alter noch mehr zurückgedrängt. Ausdruck dessen sind literarische Formen wie Altersklage und Altenspott. Die jüdischen Propheten und das frühe Christentum machen die Irrelevanz des Alters zur Grundannahme ihrer Sozialethik. Nächstenliebe, die sich über alle sozialen Grenzen, so auch über das Lebensalter oder die Familienzugehörigkeit hinwegsetzt, erhält den Vorrang.

In *Abschnitt 2.3* wird gezeigt, dass das europäische Mittelalter eine Abwertung des hohen Alters vornahm und es als physisch wie moralisch schwach und daher stützungsbedürftig charakterisierte. Dennoch können in den herrschenden Institutionen Kirche, Staat und Stadt einzelne Alte herausragende Stellungen mit großer Machtfülle einnehmen und lange bewahren.

Während der Renaissance herrscht geradezu ein Kult der Jugendlichkeit. In Dichtung und Literatur manifestiert er sich auch in einem zunehmendem Altenspott, der nicht nur in den Oberschichten wirksam wird. Die Wirren des Dreißigjährigen Krieges von 1618 bis 1648 tragen schließlich zu einer weiteren Verrohung der Sitten und zum Rückgang des Mitleids für Kranke, Schwache und Alte entscheidend bei (*Abschnitt 2.4*).

Seit Ende des 17. Jahrhunderts wandelt sich das Bild allmählich. Durch die Reformation entwickelt sich eine altersbegünstigende Erneuerung des Patriarchalismus in der Familie, besonders in den gehobenen Schichten. Ein Nachdenken über die individuelle Lebensführung im Alter setzt ein und es bahnen sich Wandlungen an, die schließlich zu einer von der Aufklärung unter das Volk getragenen deutlichen Aufwertung des hohen Alters führen (*Abschnitt 2.5*).

Abschnitt 2.6 zeigt, wie im »langen 19. Jahrhundert« (von 1789 bis 1914) zunächst neue Formen von Sozialbewusstsein entstehen, wie etwa die Versorgung alter Soldaten zeigt. In der bürgerlichen Familie des Biedermeier greift zusätzlich eine Sentimentalisierung des Greises und der Greisin Platz. Durch die stürmische Verstädterung werden im entstehenden Industrieproletariat die Bande zwischen den Generationen verstärkt und die Alten werden, trotz der Massenarmut in den Städten, familiär integriert. Durch die im Rahmen von BISMARCKS Sozialgesetzgebung 1889 eingeführte Altersversorgung der Industriearbeiterschaft geschieht der erste, entscheidende Schritt zu einer staatlich gestützten gesellschaftlichen Institutionalisierung des Alters. Andere europäische Länder folgen Deutschland bald auf diesem Weg.

Thema von *Abschnitt 2.7* sind einige für die Gerontologie relevante Elemente der Sozialstrukturen des 20. Jahrhunderts. Durch medizinische Fortschritte gibt es seit dem frühen 20. Jahrhundert einen bis dahin in der menschlichen Geschichte unbekannten Anstieg der mittleren Lebenserwartung und des Anteils der über 60-Jährigen an der Gesamtbevölkerung. Durch eine quantitative Verlängerung wird der »Lebensabend« gegenüber dem 19. Jahrhundert zur Lebensfreizeit, zum »dritten Alter«. Durch Verbesserungen im Lebensstandard für fast alle Gruppen der Alten wandelt sich das Rentnerdasein zur Seniorenrolle mit einer relativ breiten Vielfalt von Wahlmöglichkeiten und Lebensstilen.

Während *Kapitel 2* eine eurozentrische Perspektive zugrunde liegt, erweitert *Kapitel 3* durch einen Querschnittvergleich zwischen den Kulturen den Horizont auf Afrika und Asien. In *Abschnitt 3.1* werden Positionen skizziert, die die Alten in den von Ethnologen untersuchten schriftlosen Stammesgesellschaften innehaben. Verdeutlicht wird dies insbesondere am sogenannten »Senioritätsprinzip«. In *Abschnitt 3.2* wird dann der Wandel der Generationenbeziehungen in Afrika und Ostasien analysiert, wie er sich im Rahmen des gegenwärtigen kulturellen Übergangs vollzieht.

Die schon in der europäischen Antike herausgebildete und dann in der Renaissance durchschlagend kulturwirksame Hochschätzung von Jugendlichkeit ist typisch für die auf Erneuerung und Entwicklungsdynamik zielende westliche Mentalität. In den asiatischen Hochkulturen hingegen (*Abschnitt 3.3*) bleiben – durch den Konfuzianismus insbesondere in China – Entwicklungen wirtschaftlicher und kultureller Art mit der Familie und den darin hoch geschätzten und teils auch innerfamiliär machtvollen Alten verbunden. In Abgrenzung davon entwickeln Hinduismus und Buddhismus (bei Aufrechterhaltung der sozialen Ehrerbietung gegenüber den Alten) asketisch betonte Rückzugsphilosophien für sie. Dies geschieht mit dem Argument der Todesnähe des Alters und mit der verstärkten Aufforderung an die Alten, sich von der erneuten Wiedergeburt in ein leidvolles Leben zu befreien.

1. Methoden, Begriffe und Standpunkte der Darstellung

Eine Auseinandersetzung mit den Problemen einer Geschichtschreibung des Alters gebietet es, auch auf die Verschiedenheit der Standpunkte der Fachleute auf diesem Gebiet hinzuweisen. Das erleichtert zwar weder die Aufgabe der Darstellung noch die Aneignung der historischen Fakten, ist aber für ein Studium der Probleme unerlässlich. Arthur E. IMHOF vertritt beispielsweise die Blickrichtung der historischen Demographie, also der geschichtlichen Bearbeitung der Bevölkerungsentwicklung und der Veränderung der zahlenmäßig erfassbaren Zusammensetzung der Bevölkerung nach (Alters-)Gruppen. IMHOF (1995, S. 31) bemerkt ironisch, Themen wie »Der Wandel der Einstellungen zum Alter« oder

»Gesellschaft und ältere Menschen in der Geschichte« seien zwar schöne Titel für Seminararbeiten, griffen jedoch »als Beiträge zu einer viel umfassenderen Altersforschung zu kurz«. Nach meiner Auffassung ist das Studium der Einstellungsänderungen zum Alter unerlässlich. So erklärt auch der Historiker Pat THANE (1993, S. 31), die Geschichte des Alters bestehe nicht nur aus den demographischen Entwicklungen, wie sie IMHOF studiert, sondern auch aus einer Geschichte der literarischen, philosophischen und theologischen Auseinandersetzung über das Alter. Eine Geschichte des Alters sei weiters *auch* eine Darstellung des Alltagslebens alter Menschen aus bildlichen und schriftlichen Quellen.

Schon vor gut einem Jahrzehnt hatte die Wiener Schule der Sozialgeschichte die Position vertreten, dass in der historischen Alternsforschung die *Wechselwirkungen* zwischen Kultur- und Sozialgeschichte auf der einen und der demographischen Betrachtung (der Analyse der Bevölkerungsentwicklung) auf der anderen Seite herausgestellt werden müssen (MITTERAUER 1982, S. 53), ein Standpunkt, dem ich mich anschließe.

Beispiele zeigen uns allerdings, dass die Wechselwirkungen zwischen Gesellschaft und Kultur einerseits und der Bevölkerungsstruktur andererseits keineswegs allgemeingültigen Modellen folgen. So hat sich die große politische Bedeutung alter Männer in Politik und Kirche des europäischen Mittelalters unabhängig von dem kleinen (fünf- bis zehnprozentigen) Anteil über 60-Jähriger an der Bevölkerung dieser Zeit herausgebildet.

Ein weiteres Beispiel: Im späten 19. Jahrhundert gingen die bedeutenden Impulse zur gesetzlichen und wohlfahrtsstaatlichen ökonomischen und gesundheitlichen Sicherung der Alten nicht von einem *demographischen*, sondern von einem *politischen* Druck aus. Die starke Zunahme des Altenanteils an der Gesamtbevölkerung setzte erst ein, *nachdem* im 19. Jahrhundert die sozialpolitischen Reformen zugunsten der Alten erfolgt waren. Der Impuls ging von Deutschland aus (BISMARCKS Sozialgesetzgebung ab 1883, vor allem die Einführung der Alters- und Invaliditätsversicherung 1889). Frankreich folgte mit einer vergleichbaren Gesetzgebung erst einige Jahre später (ab 1894), obwohl damals der Altenanteil in Deutschland nur halb so groß war wie in Frankreich.

Der englische Historiker Peter LASLETT hat durch eigene wie von ihm angeregte Arbeiten viel zur Entwicklung der historischen Demographie beigetragen. Im Unterschied zu IMHOF meint er jedoch, dass die Kontinuitäten in *kulturellen* Entwicklungen nicht zu unterschätzen seien. Zwar »modifiziere« das »höhere Altersplateau« – der gestiegene oder weiterhin steigende Altersanteil in der Gesellschaft – traditionelle, durch kulturelle Faktoren vorgegebene Strukturen, lasse diese jedoch im Prinzip bestehen (LASLETT 1989, S. 120). Wenn ich mit LASLETT die langfristigen Auswirkungen kultureller Faktoren hervorhebe, muss ich wenigstens im Grundsatz klären, was ich in dieser Studieneinheit unter »Kultur« verstehe und wie ich einen Kulturvergleich im Hinblick auf das Alter konzipiere:

Unter »Kultur« sei hier *ein das Verhalten bestimmendes System von Werten, Normen und Symbolen* verstanden. Das meint: »Kultur« legt durch Werte, Normen und Symbole Einstellungen und Verhaltensweisen fest und damit auch die sozialen Interaktionen beziehungsweise Interaktionsfelder, also die »Milieus« (vgl. ROSENMAYR et al. 1966). Kultur wirkt also einerseits »von unten«, durch Beeinflussung von Individuen und Gruppen, aber anderseits auch »von oben«, durch politische, institutionelle und rechtliche Weichenstellungen. Diese Orientierungen »von oben« reichen von Vorgaben für Schulen, Universitäten, Medien usw. (wenn etwa ein Staat die Gerontologie an den Universitäten verankert – oder dies unterlässt) bis zu kulturpolitischen Fördermaßnahmen durch den Staat und andere Großorganisationen mit Durchsetzungsmacht (wenn etwa gezielt Mittel in die Altenkulturpolitik oder die Alternsforschung gepumpt werden – oder dies unterbleibt).

Symbole als Kulturfaktoren werden insbesondere durch Philosophie, Literatur und Kunst geschaffen. Bezogen auf den Bereich Altern umfassen sie nicht nur positive, gar verklärende Vorbilder und Ideale für alte Menschen, sondern auch Kritik durch Satire und Komödie. So ist beispielsweise der Altenspott in der Komödie der griechischen Klassik oder in den Novellen der Renaissance Teil der kulturellen »Symbolik«, in der das Alter auf dem Theater beziehungsweise in der Literatur Theaterbesuchern und Lesern vergegenwärtigt wird.

Kultur, sei sie kritisch orientiert oder Vorbilder setzend, verstehe ich als symbolisch *und* sozial vorbestimmte Konstellation von Chancen oder Einschränkungen, welche in einer historisch je spezifischen Weise die *Entwicklung der »Innenwelt« von Individuen* fördern oder hemmen. Kultur dient zur Vertiefung des Verhältnisses des Einzelnen zu sich selbst, zur Welt und zu seinen Mitmenschen. Durch Kultur wird der Mensch dazu befähigt, Neues aufzunehmen und selbst Neues hervorzubringen, »kreativ« zu sein (ROSENMAYR 1992a, S. 30). Kultur ist dabei immer an soziale Netzwerke mittlerer Reichweite und an Gesellschaftssysteme gebunden, die sie ihrerseits entweder stützen oder verändern. Kultur bedeutet also gewissermaßen eine Verschränkung der individuell-psychischen und der gesellschaftlich-institutionellen Ebene. Bezogen auf das Verhältnis dieser beiden Ebenen warnte der Soziologe Max WEBER (1864–1920) allerdings davor, die Psyche des Menschen zur Grundlage der Analyse sozialer Institutionen zu machen, denn gerade umgekehrt *setze* »die Aufhellung der psychologischen Voraussetzungen und Wirkungen der Institutionen die genaue Bekanntschaft mit diesen letzteren *voraus* [...]. Die psychologische Analyse bedeutet alsdann lediglich eine im konkreten Fall höchst wertvolle Vertiefung der Erkenntnis ihrer historischen Kultur*bedingtheit* und Kultur*bedeutung*. Das, was uns an dem psychischen Verhalten des Menschen in seinen sozialen Beziehungen interessiert, ist eben in jedem Falle je nach der spezifischen Kulturbedeutung der [sozialen] Beziehung, um die es sich handelt, spezifisch besondert.« (WEBER 1968, S. 41)

WEBER zeigte, dass alle gesellschaftlichen Strukturen im Rahmen eines Kulturbegriffs – kultursoziologisch – verstanden werden müssen. Soziale Strukturen und soziale Beziehungen, auch die Fragen nach der Stellung der Alten und nach den Generationenbeziehungen, müssen also stets im Lichte der jeweiligen Kultur und ihrer spezifischen Bewertung sozialer Beziehungen gesehen und gedeutet werden. Allerdings ist es darüber hinaus notwendig, den Einfluss der Wirtschaft auf die Stellung der Alten zu untersuchen, da die Wirtschaft als ein wesentlicher Bestimmungsfaktor auf die Sozialstruktur insgesamt einwirkt und somit auch Einfluss auf die Umgestaltung der Kultur oder der Setzung von Vorbedingungen – Inklusion oder Exklusion – nimmt.

Aus dem Gesagten ergibt sich: *Die Kultur steht mit der Sozialstruktur in einem Wechselverhältnis*, also damit, wie sich in einer ganz bestimmten Gesellschaft die Verteilung der Vermögen und Einkommen, die Unterschiede im Bildungsgrad, die Berufsstruktur und die Form der gesellschaftlichen Arbeitsteilung, das Verhältnis von Arbeit und Freizeit, das Leben im Alltag usw. ausprägen. Davon ausgehend kann man dann *im Rahmen gesellschaftlicher Gesamtstrukturen* untersuchen, welche Stellung den Alten jeweils zukommt. Aus dieser methodischen Perspektive heraus werden die Gruppen der Alten also als *Teil- oder Subsysteme* innerhalb von *gesellschaftlich-kulturellen Gesamtsystemen* angesehen.

Der Mensch ist ein Wesen, das nicht leben kann ohne sich selbst zu deuten und sich aus dieser Selbstdeutung heraus kurz- oder langfristige Ziele zu suchen, zu setzen und zu verfolgen. Für eine solche orientierende Selbstdeutung benötigt der Mensch *Kultur.* Er bedarf darüber hinaus dieser Kultur entstammender Werte, die ihm im Lebenskampf übergreifende, leitende Gesichtspunkte vermitteln und die ihm sowohl Herausforderungen vermitteln als auch seine Grenzen aufzeigen, daneben außerdem Gebote und Verbote deutlich machen. So berufen sich Alte und Junge auf Werte, manchmal auf gemeinsame, oft aber auch – aufgrund der Zugehörigkeit zu verschiedenen Generationen – auf unterschiedliche oder auch entgegengesetzte Wertorientierungen, die sie als Gruppen oder Einzelindividuen gegeneinander ins Treffen führen.

Wird die Kultur durch Werte, Normen und Symbole in sozialen Prozessen von Politik, Recht, Erziehung, Religion, Kunst und Alltag vergegenwärtigt, werden dabei sowohl Traditionen wieder verlebendigt als auch neue Inhalte und Orientierungen eingebracht. Kultur umfasst sowohl Prozesse der *Wiederholung* als auch solche der *Erneuerung.* Beide Prozesse – Wiederholung und damit Festhalten wie auch das Erschließen neuer Gedanken, Gefühle und Vorstellungen – gehören notwendig zur Kultur. In dieser Mischung aus Bewahren und Verändern vollzieht sich auch die Bewertung des Alters und der Alten, in manchen Epochen vornehmlich als Aufwertung (als Anerkennung und Hochschätzung), in anderen überwiegend als Abwertung (als Geringschätzung, ja Verachtung oder Lächerlichmachen). Aufwertung und Abwertung treten also in wechselnden Mischungsverhältnissen und miteinander gekoppelt auf. Trotz der Konflikte, die alle Gesellschaften mit ihrer Jugend hatten und haben, kann man sagen:

- Der Status keiner gesellschaftlichen Gruppe wird so ambivalent bewertet wie jener der alten Menschen (vgl. Stearns 1992, S. 380).

Grenzziehungen, wann das höhere Lebensalters beginne, und Überlegungen darüber, wie seine Stellung im ganzen Lebenslauf zu verstehen sei, haben sich im Verlauf der Jahrhunderte stark verändert. Klare Abgrenzungen im Lebenslauf, die zur institutionalisierten Herausbildung der sozialen Gruppen der

Kinder und Jugendlichen auf der einen sowie »der Alten« auf der anderen Seite führten, wurden erst im Verlauf des 19. Jahrhunderts geschaffen, am Lebensbeginn durch die Einführung der allgemeinen Schulpflicht und am Lebensende durch die Einführung der Rente beziehungsweise Pension. *Das Alter als soziale Kategorie ist ein Produkt des späten 19. Jahrhunderts.* Die Binnendifferenzierung des Alters nach Altersgruppen (»junge« und »alte Alte«) und Kohorten (einzelne Geburtsjahrgänge) erfolgte sogar erst in den letzten Jahrzehnten unseres Jahrhunderts. Derartige Differenzierungen für die Bevölkerung der Steinzeit oder selbst noch die des europäischen Mittelalters in einer Rückprojektion vorzunehmen wäre erkennbar sinnlos.

Überhaupt erst entwickelt werden müsste eine differenzierte wissenschaftliche Betrachtung *männlichen* und *weiblichen* Alter(n)s. Hierfür sind jedoch weder die anthropologischen noch die literarisch-philosophischen Quellen ausreichend erschlossen oder gar ausgewertet, so dass die wichtige Frage, welche Altenpositionen den beiden Geschlechtern in den einzelnen Kulturen zukommen, noch nicht im Überblick untersucht werden kann.

Zusätzliche Schwierigkeiten bereitet es, dass es auch noch nicht möglich ist, die Alterspositionen innerhalb der einzelnen sozioökonomischen Schichten von Gesellschaften zeit- oder kulturübergreifend zu vergleichen. Wir können also noch nicht gegenüberstellen, wie es zum Beispiel in der bäuerlichen Bevölkerung des Hochmittelalters im 13. und 14. Jahrhundert, verglichen mit jener des 15. bis 17. Jahrhunderts, mit der Akzeptanz, dem Schutz und dem Unterhalt für die Alten bestellt war und welche regionalen Verschiedenheiten oder Unterschiede innerhalb der Bauern- und der Handwerkerschaft es gab.

Auch im Kulturvergleich gibt es noch viele offene Fragen der Methodik und der Interpretation:

- Bedeutet zum Beispiel eine wachsende Kritik an den Alten (als Machthaber, Berater, Ehepartner), wie sie in Satire, Lustspiel oder Roman vorkommt, eine Zu- oder eine Abnahme ihrer jeweiligen gesellschaftlichen Macht? Kämpft die Kritik gegen eine als zu *groß empfundene Macht* oder wagt sie sich erst dann hervor, wenn eine *Entmachtung der Alten* stattgefunden hat?

Solche Fragen kann man bisher nicht übergreifend, sondern nur im einzelnen konkreten historischen und sozialen Zusammenhang beantworten. Eine generelle Linie ist hier nicht festzustellen. Eines lässt sich allerdings sagen:

- Herabwürdigende, kritische, bedauernde, befürwortende oder glorifizierende Aussagen, soweit sie das Alter betreffen, wirken immer in die gesamte Gesellschaft hinein. Sie betreffen also nicht nur die – historisch gesehen mehr oder weniger kleine – Gruppe der Alten selbst. Historische Altersstereotype beeinflussen alle, die in Familie, Verwandtengruppen, Stadt, Wirtschaft, Politik, Kirche oder Staat mit den Alten zu tun haben und für sie die Lebensverhältnisse mitbestimmen, die Jungen wie die Alten.

Trotz dieser Defizite in der Forschung verdanken wir es Pionierwerken über die Geschichte des Alters in der westlichen Welt wie dem von Georges MINOIS (1987), dass man nunmehr mit Gewissheit folgende Aussage treffen kann:

- In der europäischen Geschichte gab es keine lineare Evolution (stetige, gerichtete Entwicklung) im Status des Alters in dem Sinne, dass es zu einer eindeutigen Verschlechterung oder Verbesserung von Ansehen, Macht, Integration usw. der alten Menschen kam.

MINOIS konnte vielmehr zeigen, dass es ein ständiges Auf und Ab im Ansehen der Alten gab, abzulesen an der Art ihrer Behandlung oder an Schwankungen bei dem Grad ihrer Integration in die Familien. Gesellschaftliche Entwicklungen sind nicht irreversibel, auch wenn hinter einen bestimmten Entwicklungsstand nicht zurückgegangen werden kann und ökonomische Strukturen und soziale Lebensordnungen die Bedingungen vorgeben.

2. Historische Übersicht und Längsschnittvergleich am Beispiel Europas

2.1 Frühphase der Menschheitsentwicklung

Die besondere Bedeutung der Alten tritt nicht schlagartig in der Phase auf, in der im Prozess der Menschwerdung (Hominisation) allmählich der *Homo sapiens* entsteht. In den einfachsten menschlichen Gesellschaften, die wir kennen, den nur über eine elementare Technologie und keinen politischen »Überbau« verfügenden *Jäger-Sammler-Kulturen*, sorgen die Frauen zumeist für den Lebensunterhalt, indem sie Samen, Knollen, Früchte sowie Insekten und kleine Wirbeltiere sammeln, und die Männer, indem sie jagen und fischen. Diese Kulturen kennen keine hervorgehobene Stellung und keinen Schutz des Alters.

Erst wenn – auf einer weiteren Kulturstufe – aus Jägern und Sammlern Vieh züchtende Nomaden und schließlich Ackerbauern hervorgehen (sogenannte »neolithische Revolution« ab etwa 10000 v. Chr.), ändert sich die soziale Macht- und Prestigestruktur deutlich zugunsten der Alten. Die Alten, die aufgrund der niedrigen Überlebenswahrscheinlichkeiten nur eine sehr kleine Gruppe darstellen, werden deswegen zu Führungspersönlichkeiten, weil sie im Laufe eines langen Lebens alters- und senioritätsmäßig vorrücken und zunehmende Macht gewinnen. Sie werden immer mehr gezwungen bestimmte Rollen auszuführen: öffentlich zu sprechen, Streit zu schlichten, Heiratspakte zu schließen usw. So wächst mit ihrer Machtposition auch ihr Schatz an Erfahrungen und teilweise auch umgekehrt. Die menschheitsgeschichtlich frühe und heute noch in verschiedenen Stammeskulturen vorhandene Regelung, dass der jeweils Ältere Vorrang habe, betraf das gesamte Spektrum der Altersverteilung, nicht nur das hohe Alter (vgl. *Abschnitt 3.1*).

2.2 Die Verminderung der Altenmacht in der Herausbildung von Hochkulturen

Als mit Beginn der Hochkulturen in Mesopotamien, Ägypten, auf Kreta oder in Mykene, in Ionien oder in Attika umfassendere politische Strukturen entstehen und unterschiedliche Formen der Königsherrschaft errichtet werden, *tritt die Altenmacht zurück*. Dieser Prozess hat sich zu verschiedenen Zeiten und in verschiedenen, voneinander unabhängigen Kulturen in vielen Teilen der Welt vollzogen. Er führt dazu, dass das Machtgefälle zwischen den Herrschenden und ihren Untertanen sehr groß wird. Könige ziehen als Berater ihre eigenen Funktionäre heran. Diese können, müssen aber nicht Alte sein. In dem in eine Stele gemeißelten Gesetzeswerk des altbabylonischen Königs HAMMURABI (dem »Codex Hammurabi«, um 1700 v. Chr., heute im Pariser Louvre) ist von »weißhaarigen Zeugen« die Rede. Diese stehen für die trotz Erfindung und Einführung der Schrift und trotz der Entwicklung eines Beamtenapparats noch immer weitgehend über die mündliche Vermittlung laufende Tradition und Autorität.

Neben der wachsenden Macht der Könige ist auch die Entstehung eines arbeitsteilig spezialisierten Beamtentums (etwa im alten Ägypten und im Zweistromland), dessen Macht auf der Beherrschung der Schrift und seiner Nähe zum (Gott-)König beruhte, dafür verantwortlich, dass die Altenmacht allmählich geringer wird. Im alten Ägypten beispielsweise waren diese Beamten für den Kalender und die Astronomie zuständig. Letztere wurde gepflegt um das Eintreffen der jährlichen, überlebenswichtigen Hochwasser des Nils vorauszusagen (»Nilschwelle«). Sie war auch für die Vermessungstechnik notwendig um die Felder nach ihrer Überflutung wieder den rechtmäßigen Besitzern zuzuweisen. Angesichts dieses hochspezialisierten Fachwissens wird das auf Tradition beruhende Altenwissen zunehmend entwertet. In der Moral wird allerdings auf der Achtung und Versorgung der alt gewordenen Eltern beharrt und von den Alten die Heranbildung von Nachfolgern verlangt (Vezir Ptahotep).

Historisch beträchtlich später und unter davon sehr verschiedenen politischen und sozialen Voraussetzungen geschieht Ähnliches in der für die westliche Welt so bedeutsamen griechischen Antike. Hier zeigen sich Veränderungen, die wir unter anderem auch aus den altgriechischen Dramen rekonstruieren können: In der Stadtstaatenwelt Griechenlands kommt es zu einem Zurücktreten der Altenmacht. Der Tragödiendichter AISCHYLOS (525–456 v. Chr.) hat in seiner »Orestie« (458), einem nicht nur literarisch, sondern auch sozial- und rechtsgeschichtlich hochbedeutsamen Dokument, dargestellt, wie die Macht der Erinnyen (Furien), der alten Frauen, welche ihre Racheakte im Interesse der Sippe vollbringen, zurückgedrängt wird. An deren Stelle tritt ein öffentlich kontrollierbares Rechtsprinzip. Auch die bisherige Gerichtsbarkeit der alten Männer wird durch die Autorität einer gewählten Richterschaft ersetzt. Die Rolle des politisch legitimierten Sehers (zum Beispiel Teiresias) können jedoch nur alte Männer einnehmen.

Im Ganzen zeigt sich allerdings eine neue Entwicklung in der Frühzeit Europas: Nicht traditionelles, altengestütztes, sondern *selbst* erworbenes Wissen beginnt ab dem sechsten vorchristlichen Jahrhundert mehr und mehr an Wert zu gewinnen. Die frühgriechische Philosophie von ANAXIMANDER (um 610–546), PYTHAGORAS (um 580–500) und XENOPHANES von Kolophon (um 570–480) bis HERAKLIT (Ende des sechsten Jahrhunderts) zeigt eine das freie Bürgertum oder – wie bei den Pythagoreern – Geheimbünde ansprechende Individualisierung von Weisheit. Das aber bedeutet ein Zurücktreten der Altenmacht.

Ein Ausspruch des XENOPHANES zeigt deutlich den kritischen, gegen die fraglose Hinnahme der Tradition gerichteten Geist der altgriechischen Philosophie. Indem diese sich gegen das Hergebrachte wendet, stellt sie sich indirekt auch gegen deren angestammte Träger, die Alten: »Die Götter haben den Sterblichen nicht von Anfang an alles offenbart, sondern erst nach und nach finden diese suchend das Bessere.« (Zitiert nach: CAPELLE 1968, S. 125)
Schon auf dem Höhepunkt der griechischen Klassik, im Athen des PERIKLES (nach 500–429), dem Initiator der Bauten auf der Akropolis, wird deutlich, welche Fehlurteile in politischen und mythologischen Fragen auch den Alten zugeschrieben werden. In den Dramen des EURIPIDES (485/480–406 v. Chr.) lässt sich dieses nachweisen. In dieser Epoche verschwindet die noch von PLATON befürwortete politische Gerontokratie, die Herrschaft der Alten.

- Die klassische griechische *Komödie* ist voll der Kritik an den Alten. Sie hätte nicht ihre große Breitenwirkung gewonnen, wäre der Altenspott nicht in der Athener Öffentlichkeit sehr willkommen gewesen. Die Komödie ironisiert zum Beispiel die alten Männer, die sich als Richter Machtansprüche anmaßen oder die um jeden Preis eine ganz junge Frau zu ergattern suchen; die Komödie kritisiert auch den Altersgeiz.
- Die *Lyrik* zelebriert die Altersklage, dass es spät im Leben keine körperliche Liebe mehr gebe, dass Schönheit und Lebenskraft dahin seien und dass man sich, statt sich dem Eros zu widmen, nun dem Wein zuwenden müsse.
- Auch die Plastik feiert die formschöne Gestalt des jugendlichen Helden oder Athleten. Ältere Menschen erscheinen als Bildnisse von Göttern, etwa des Göttervaters Zeus oder des Meeresgottes Poseidon; sofern ältere Menschen für darstellungswürdig befunden werden, handelt es sich um Porträtbüsten von Philosophen oder Staatsmännern; oft werden Alte aber auch in mehr oder weniger abstoßender Weise dargestellt, wie Trinkerinnen oder als Silene (alte Satyrn).

Aus alledem kann man erste Folgerungen ziehen: Zwar nicht in der Zeit der Jäger- und Sammlerkulturen, aber doch seit der neolithischen Revolution, der Phase, in der es mit Ackerbau und Viehzucht zur Sesshaftwerdung kommt und in der sich die wirtschaftliche und politische Macht auf Verwandtengruppe und Familie konzentriert, spielten die Alten eine bedeutende, die Gesellschaft bestimmende Rolle. Doch schon in der Zeit der frühen Hochkulturen wird diese alles bestimmende Altenmacht eingegrenzt, ob es sich um Ägypten, Mesopotamien oder die griechische Hochkultur der Antike handelt.

Ähnliches gilt für das biblische Judentum ab der Gesetzgebung durch MOSES. Dieser führt den im 32. Kapitel des 2. Buches Mose berichteten Kampf gegen das Goldene Kalb. Dem Prozess der Einigung der zwölf

Stämme Israels stemmen sich die Alten mit ihren traditionellen, sippenbezogenen Kulten entgegen. Das führt Moses dazu, mit aller Härte, mit einer Welle von Hinrichtungen, dem Versuch der Alten, ihre Macht zurückzugewinnen, ein Ende zu bereiten. Die Alten hatten sich bei ihrem Versuch, die Macht zurückzuholen, eines Stieridols (»Goldenes Kalb«) bedient, Sinnbild eines Fruchtbarkeitskultes, dem Moses seinen einzigen und unsichtbaren, »moderneren« Gott Jahwe siegreich entgegensetzt. Moses, ob man ihn nun als historische oder mythische Figur sehen will, versteht es in der Folge, Altenbeiräte einzusetzen (vgl. etwa 4. Mose, 11. Kapitel). Diesen wird derart wenig Macht übertragen, dass Moses, der Führer aller Stämme, über sie herrschen kann. Trotzdem bleibt Alter nach vielen Texten des Alten Testaments verehrungswürdig, wenn auch, wie im Buch Kohslet, als resignative, aber umfassende Chance für eine Lebensbeurteilung.

Aus der Kürze der Darstellung könnte der Eindruck entstehen, es habe eine lineare, ungebrochene, immer in dieselbe Richtung gehende historische Entwicklung gegeben, ein quasi gesetzmäßiges Schrumpfen der ursprünglichen Altenmacht. Dies trifft auf keine der frühen Hochkulturen zu, auch nicht auf das biblische Judentum:

- So beruft sich das alttestamentarische Judentum einerseits immer wieder in positiver Weise auf die Alten (vgl. Minois 1987, S. 59). Auch das Schicksal der Juden, nach der Zerstörung Jerusalems und des Tempels im Jahre 70 n. Chr. in der Diaspora zerstreut, führt dazu, dass es zu einer Verstärkung der Familienbeziehungen und damit auch zur Bewahrung beziehungsweise zum häufigen Wiederaufleben des Alteneinflusses kommt.
- Andererseits: In der jüdischen Prophetie, die sich über fast ein Jahrtausend durch die Geschichte Israels bis zum Auftreten von Jesus Christus zieht, wird eine immer deutlichere Absage an den geistigen Führungsanspruch der Alten deutlich. Die geistbegabten Sprecher und Mahner, die Propheten, gewinnen *unabhängig von ihrem Alter* eine höhere Autorität als die beratenden Greise. Dies demonstriert aufs deutlichste die Geschichte von »Susanna im Bade« aus dem Buch Daniel.

Zwei jüdische Älteste, die noch dazu Richter sind, stellen der schönen und gottesfürchtigen Susanna nach. Da sie ihnen ihre Gunst verweigert, klagen die beiden Susanna des Ehebruchs an. Der junge Prophet Daniel kann die Vollstreckung des Todesurteils an Susanna verhindern, indem er die Greise der Falschaussage überführt. Nach dem mosaischen Gesetz sind nun sie dem Tode verfallen.

Hat das im ersten nachchristlichen Jahrhundert entstehende Christentum das menschliche Alter in besonderer Weise aufgewertet? Die Antwort lautet: nein. Dies lässt sich damit begründen, dass Jesus die allgemeine Nächstenliebe mit einer auf den *nächstliegenden Notfall* gerichteten Moral ins Zentrum seiner Heilsbotschaft stellt. Er predigt die Liebe für *alle,* die dieser Liebe *bedürfen,* und zwar unabhängig von deren Alter (»Altersirrelevanz«), Geschlecht, Ansehen, Verwandtschaftsgrad usw. Nicht die Zuwendung zur eigenen Mutter, zum eigenen Vater oder Onkel, also zur eigenen Familie, rückt Jesus in seiner Predigt in den Vordergrund, sondern die Liebe zum jeweils »Nächsten«, jenem, der am dringendsten der Hilfe bedarf. (Diese Botschaft hatte sich schon bei den jüdischen Propheten vorbereitet, die ein direktes, von Familie und gesellschaftlicher Macht unabhängiges Verhältnis zu Gott zu vermitteln suchten.) Die Hinführung zum Nächsten durch JESUS ist vom selben Geist durchdrungen wie seine Botschaft von der altersunabhängigen *Erneuerung* des Menschen.

Dafür ein Beispiel: Der alte Pharisäer NIKODEMUS kommt in der Nacht zu JESUS. Dieser spricht den alten Mann direkt an: »Wenn Du nicht neu geboren wirst, kannst Du nicht eingehen in das Reich Gottes«. Darauf erwidert NIKODEMUS: »Wie soll ich das, bin ich doch alt, ich kann doch nicht in den Schoß meiner Mutter zurückkehren, um neu geboren zu werden?« Darauf sucht ihm JESUS das geistige Prinzip der inneren Erneuerung des Menschen nahezubringen: Jeder, ob jung oder alt, werde durch die Möglichkeit der geistigen Neugeburt herausgefordert *neu* zu werden, ein immer wieder *Werdender* zu sein (vgl. Johannes 3, Verse 1–21).

Das Alter erhält dadurch zwar sein früheres sozialstrukturell vorgegebenes Ansehen nicht zurück. Aber indem die *Erlösbarkeit* aller Menschen behauptet wird, insbesondere dann, wenn sie »mühselig und beladen« sind, erfährt *auch* das Alter eine indirekte Aufwertung, die im Rahmen einer allgemeinen Neubewertung und Ethisierung des hilfsbedürftigen Menschen steht.

Die auf klassischer Antike und Christentum beruhende, für die Weltgesellschaft insbesondere der letzten 500 Jahre so entscheidende europäische Kultur beginnt auf diese Weise die Altenmacht zu bändigen, sie zurückzudrängen und zu ersetzen. Das Christentum versucht eine neue Mitmenschlichkeit mit *Altersirrelevanz* zu verbinden: Nicht der Status, ob jemand Mann oder Frau, Herr oder Sklave, alt oder jung ist, sondern das *Menschsein als solches* verdient nach christlicher Lehre Zuwendung, Mitleid und Hilfe. Die Alten sind zum Beispiel Gegenstand des dem Apostel PAULUS zugeschriebenen 1. Timotheus-Briefes (5. Kapitel, Verse 10, 16–23). Dort wird den Alten, insbesondere den alten Frauen, ein bestimmter, nicht sehr herausragender Platz in der Ordnung der christlichen Gemeinde und Familie angewiesen und es wird vor allem eine Mischung von besonderer moralischer *Kontrolle* und einer gewissen *Fürsorge und Hilfe* für die Alten als Schwache deutlich, die man ähnlich den eigenen Eltern behandeln sollte. Dieser Brief an Timotheus hat sich für die Einstellung der mittelalterlichen Kirche zu den Alten als enorm wichtig erwiesen: Die christliche Lehre verlangte von den Alten Anpassung an die Standards der Gemeinde; dies ging dann auch in die Lehrbücher der Priesterausbildung schon des Mittelalters ein.

2.3 Europäisches Mittelalter: Geringes Altenprestige – bedeutende Alte in Staat und Kirche

Wichtig für das europäische Mittelalter und seine Bewertung des Alters ist folgende Voraussetzung: Trotz des relativ kleinen Anteils der Betagten – nur zwischen fünf und zehn Prozent der Bevölkerung sind 60 Jahre und älter – und trotz der allgemeinen Rückstufung des alten »Gläubigen« in der Kirche zum

Objekt von Betreuung und vor Sündhaftigkeit bewahren sollender Kontrolle hat der alte *Mann* in den gehobenen, machttragenden Schichten große Bedeutung. Kennzeichnend dafür ist Kaiser KARL DER GROSSE (reg. 768–814), der sich als 70-jähriger betagter und durch sein Alter gereifter Mann bewusst als Gegenbild zu dem in jungen Jahren verstorbenen Welteroberer ALEXANDER DEM GROSSEN (356–323 v. Chr.) stilisiert.

Wer unter den Lebensbedingungen des Mittelalters ein höheres Alter erreicht, der verbindet einige physische Robustheit mit viel Lebenserfahrung. Daher stellt sich im allgemeinen Bewusstsein auch keine assoziative Verknüpfung zwischen einem hohen Lebensalter und einer konservativen Gesinnung, einer Ausrichtung auf die Bewahrung des Hergebrachten her. Viele der alten Repräsentanten mittelalterlicher Städte – Kaufleute, Handwerker, Magistrate –, die gute Einblicke in Finanzen, Wirtschaft und Politik hatten, sind vielmehr fortschrittlichen oder – aus der Sicht der Kirche – abweichlerischen, gar »ketzerischen« Kräften zugewandt.

Unbeschadet dieser realen Vormachtstellung herausragender Alter herrscht in der offiziellen kirchlichen Lehre – in einer Art gesellschaftlicher Schizophrenie – eine zwiespältige und uneindeutige Haltung gegenüber dem Alter vor. An die Alten ergeht die Aufforderung, sich intensiv aufs Sterben vorzubereiten, gemäß dem antiken und biblischen Klischee, alles Irdische sei eitel (vgl. etwa Prediger Salomo, Kapitel 1, Verse 2 ff.). Doch die alten Adligen, Kleriker und Kaufherren leben in ihrer Mehrzahl nicht gemäß dieser Lehre, sondern geben sich angesichts des auch für sie harten Überlebenskampfes recht unbekümmert höchst irdischen Freuden hin. Für die armen Alten aus der Bauernschaft bedeuten die späten Jahre drückende Not, zumal sie im Westen und Norden Europas nur bedingt in die Familie integriert waren (Michael MITTERAUER). Für sie mag die Vorbereitung aufs Sterben in der Tat der beste Rat gewesen sein. Die Kirche selbst war und ist keine den Alten zugewandte Institution, wenn sie auch durch lokale Spitalsgründungen Pilger, Kranke und Alte fördert und stützt.

Die Kirche als Institution vergegenwärtigt Zeitlosigkeit: Immer wieder beginnt der Kreislauf des Kirchenjahres und die Abfolge der Kirchenfeste vollzieht sich stets in der gleichen Ordnung. Auch in der mit christlicher Theologie verknüpften herrschenden Philosophie des Hochmittelalters, der Scholastik, geht es nicht um das zeitliche, biographische oder historische Bedingtsein des Menschen, sondern um sein zu *allen* Zeiten und in *allen* Lebensphasen sich in gleicher Weise ausprägendes Sein: Die Person ist ein vernunftbegabtes Wesen und sie ist (in allen Lebensphasen) mit einer in gleicher Weise gültigen, ihr eigenen geistigen »Substanz« ausgestattet. Diese Substanz kann nur akzidentiell (durch Zufälligkeiten) modifiziert werden. Die Zeit berührt den Menschen nicht innerlich. Auch die vor allem im Mittelalter kulturell höchst einflussreiche klösterliche Lebensform und die mönchischen Ideale von Armut, Keuschheit und Gehorsam erlauben eine gewisse Entrückung in die Zeitlosigkeit. Das Alter spielt nur pragmatisch dort oder da eine Rolle. Ein Abt oder ein Bischof müssen keineswegs alt sein, besonderer Schutz ist nach der Regel des heiligen BENEDIKT allerdings für die Kinder vorgesehen.

Nur Mystiker und »Ketzer« bieten Alternativen zum vorherrschenden Zeitbewusstsein. Sie sprechen vom »nunc stans«, von der Vergegenwärtigung im Augenblick. Ängste vor dem Ende der Zeiten und vor dem Untergang der Welt im Jüngsten Gericht flackern im Volk auf, vor allem an der Wende vom ersten zum zweiten Jahrtausend. Die brutalen politischen und sozialen Verhältnisse machen die Menschen schutzlos. Man konnte damals mit gutem Recht sagen: »Media in vita in morte sumus« – »Mitten im Leben sind wir vom Tode umfangen«. Denn man ist zu keiner Zeit vor Räubern, Wegelagerern, lokalen Kriegen und Fehden wie auch vor Krankheiten und Seuchen seines Lebens sicher. Diese Allgegenwart des Todes lässt sich auch aus den uns aus dieser Zeit erhaltenen Aufzeichnungen in den Sterbebüchern der Pfarreien bestätigen, die zeigen, dass Menschen aus allen Altersstufen vom einen Tag auf den anderen urplötzlich und oft ohne klar erkennbaren Grund starben.

Zwar lassen sich verallgemeinernde Aussagen über die ständisch gegliederte und ökonomisch und kulturell in zahlreiche Segmente »gestaffelte« Gesellschaft des europäischen Mittelalters nur unter Schwierigkeiten treffen, doch kann man mit Gewissheit sagen: Weder das frühe und hohe Mittelalter vom 9. bis zum 12. Jahrhundert noch auch das Spätmittelalter vom 13. bis zum 14. Jahrhundert ist eine Phase der Gerontokratie, der Herrschaft der Alten. Anders als im Römischen Reich, dem Imperium Romanum, wo die »väterliche Gewalt« und die Anerkennung der Seniorität durch die Bemühungen von Kaisern um Respekt vor den Alten verstärkt wurden, ist das europäische Mittelalter nicht von solchen das späte Leben begünstigenden Normen beeinflusst.

Über Anzahl, Lebenserwartung und Lebensumstände alter Menschen im frühen Mittelalter wissen wir nur wenig; etwas besser sind wir für die Zeit vom 12. bis zum 14. Jahrhundert informiert, weitgehend natürlich jedoch auch hier nur über die lese- und schreibkundigen Oberschichten. Vergleicht man das Sterbealter in adligen und königlichen Familien im Mittelalter, so fällt auf, dass in der Spätphase des Mittelalters die durchschnittliche Lebenserwartung deutlich anstieg. Für die herrschenden Schichten beginnt sich also schon damals die Wahrscheinlichkeit eines längeren Lebens zu erhöhen. Vermutlich nutzen diese Schichten bereits die Errungenschaften einer sich nicht zuletzt unter arabischem Einfluss in Europa entwickelnden Medizin.

Klein ist die Gruppe jener Philosophen – im Grunde sind sie Außenseiter –, die sich im Mittelalter mit der Verbesserung der Gesundheit und einer Steigerung der Lebenserwartung befassen. Der Kardinal NIKOLAUS VON KUES (CUSANUS; 1401–1464) ist einer von ihnen. Es steigt auch – nach allerdings nur lokalen und nichtrepräsentativen Auszählungen – der Anteil der 60-Jährigen an manchen Orten und zu manchen Zeiten auf die Acht- oder sogar die Zehnprozentmarke. Diese Daten muss man jedoch auf dem Hintergrund sehen, dass der Tod früh im Leben grausame Ernte hält – also die Säuglings- und Kindersterblichkeit enorm war und nur etwa die Hälfte aller Geborenen das Ende des zweiten Lebensjahrzehnts erreichte. Die Minderzahl der älter gewordenen Menschen muss sich einer großen gesundheitlichen Stabilität und – angesichts der hygienischen Verhältnisse – auch eines höchst intakten Immunsystems erfreut haben.

In den gehobenen Schichten leben die antiken literarischen Gattungen der Altersklage und des Alternspotts der attischen Komödie wieder auf, die über die römische Dichtung in das mittelalterliche Bildungsgut eingehen. Der römische Lyriker HORAZ (QUINTUS HORATIUS FLACCUS, 65–8 v. Chr.) mit seinen Satiren auf alte Frauen wird im Mittelalter intensiv gelesen. Auch die Klage über die verlorene Jugend und das Bedauern über die Last des Alters bedeutete indirekt eine Abwertung der letzten Lebensphase. Je näher der Ausgang des Mittelalters rückt, desto intensiver wird auch der Altenspott: Man verherrlicht Leib und Jugendlichkeit und verachtet das Alter, das den Menschen seiner »freud und wollust beraubet«, dazu seiner Schönheit, »sterck«, »krafft und macht« (BORSCHEID 1989, S. 38). Zieht man noch zusätzlich in Betracht, dass damals der Tod als *Folge der Erbsünde*, also als Folge des von den Ureltern Adam und Eva begangenen Sündenfalls, gedeutet wird, so kann man auch verstehen, warum das todnahe Alter und seine Gebrechlichkeit in nahe Verbindung mit der Sündhaftigkeit des Menschen gerückt wurde.

Im Großen und Ganzen bleibt die mittelalterliche Auffassung vom Alter eine zutiefst stereotypisierende, in der bis ins 14. Jahrhundert hinein die Einstellung dominierte: »Der Alte hat nur wenig Wahl«, wie der französische Lyriker und Herzog CHARLES D'ORLÉANS (1394–1465) betont. Diese Festgelegtheit trifft natürlich besonders auf die Bauern zu, die die erdrückende Masse der gesamten Bevölkerung darstellen.

Überall dort, wo sich nicht Institutionen um ihre eigenen Alten sorgten, wie zum Beispiel die Klöster oder der Klerus, erwartet den alt gewordenen Menschen meist nur dann Schutz, wenn er sich als Wohlhabender und/oder Adliger schon in jüngeren Jahren in eine Altersversorgung – etwa ein Stift – eingekauft hat. Große Unterschiede in der Versorgung und im sozialen Ansehen gibt es zwischen den einzelnen Ständen und Schichten. Immer wieder finden wir schon früh im Mittelalter wie im Hildebrandslied das Lob des alten Kriegers, der sich trotz langer Jahre des Kampfes und erlittener Wunden aufs Neue bewährt. Auch der gealterte Kaufherr, der die Kontrolle über die Kassenführung behält, wird nicht an den Rand der Gesellschaft gedrängt.

Die alt gewordenen »kleinen Leute« hingegen, vor allem Bauern, Tagelöhner, unselbständige Handwerker, geraten in Schwierigkeiten. Ihre rechtliche Stellung ist schlecht und auch aus der Sicht der mittelalterlichen Theologie haben sie nur bei kirchlich beglaubigtem Wohlverhalten Anspruch auf Hilfe und Unterstützung durch die Familie oder die Gemeinschaft. Nur auf generelles, nicht ein auf ihre spezifische Situation antwortendes Mitleid dürfen sie hoffen (vgl. den Schluss des *Abschnitts 2.2*). Diese Grundhaltung den armen Alten gegenüber, die sich fallweise in ihrer Herabwürdigung, ja Verspottung manifestiert, trägt zur Bildung von Schuldgefühlen bei. Denn Menschen übertragen auf Alte meist Elterngefühle und empfinden auf diese Weise Furcht vor vernachlässigten Alten wie vor vernachlässigten Eltern. Im Mittelalter trägt diese

Furcht sehr dazu bei, gegenüber isolierten alten Frauen aus Schuldgefühlen heraus aggressiv zu werden. So werden diese Frauen der Hexerei bezichtigt, oft auch verfolgt, gefoltert und verbrannt.

Für die breiteste Gruppe der Bevölkerung, die in der Landwirtschaft Tätigen, ergeben sich aus den genannten Voraussetzungen also größte, nicht nur ökonomische Härten. Die Angehörigen der ländlichen Unterschichten bleiben buchstäblich bis zum letzten Atemzug überwiegend oder ausschließlich auf den Ertrag ihrer eigenen Hände Arbeit angewiesen. Ein Ausscheiden aus dem Arbeitsprozess gibt es für sie nicht und setzt folglich auch keine Zäsur in ihrem Lebenslauf, denn sie können auf keinen garantierten Unterhalt zurückgreifen. Da waren – und sind noch, zumindest zur Zeit – die Alten in den agrarischen Stammesgesellschaften Afrikas besser gestellt (vgl. *Abschnitt 3.2*). In den meisten Regionen des westlichen und nördlichen Europa gibt es weder ein Leben der Generationen unter einem Dach (über deren gesamte Lebensspanne hinweg) noch ein umfassendes Recht auf Pflege und Versorgung durch die Familie im Falle von Krankheit oder dauernder Gebrechlichkeit. Ob der alte Bauer oder die alte Bäuerin im gemeinsamen Haushalt mit ihren Nachkommen wohnen oder nicht, hängt jedenfalls weitgehend von ihrer Familie ab. Die Autorität der Alten ist zwar im Dorfverband oftmals hoch, nicht jedoch in der bäuerlichen Sippe, besonders dann nicht, wenn die Altbauern – oft auf Druck der Grundherrschaft hin, die sich aus wirtschaftlichen Gründen eine hohe Arbeitsproduktivität wünscht, die nur Jüngere zu leisten imstande sind – in ein wenig einträgliches Ausgedinge (Altenteil) gedrängt werden.

In der Soziologie wurde vor 20 Jahren die »Kontraktionsthese« der Familie vertreten, die sich vor allem außerhalb der wissenschaftlichen Diskussion noch immer großer Beliebtheit erfreut (SEGALEN 1990). Diese These besagte, dass die ehemals in gemeinsamer Arbeit und wechselseitiger Unterstützung auch räumlich eng miteinander verbundene Mehrgenerationen-Großfamilie sich kontrahiert habe, also auf einen Nukleus, ihren Kern, geschrumpft sei. An ihre Stelle sei die nur aus Eltern und Kindern bestehende Kern- oder Kleinfamilie getreten (PARSONS 1956; COLEMAN 1991). In der Forschung der letzten Jahre konnte nachgewiesen werden, dass diese These eine falsche Verallgemeinerung darstellt und durch die historischen Fakten nicht gedeckt wird: »Nuklearisiert« wird der Lebenszusammenhang des Familienhaushalts, doch gingen die Beziehungen zwischen den (räumlich getrennten) Generationen trotz aller Härten, die sie wechselseitig verursachten, nicht durchweg verloren. Stützung der Alten war keine familiäre Selbstverständlichkeit, trotz des Vierten Gebots im Dekalog: »Ehre Vater und Mutter, auf daß es Dir wohlergehe auf Erden.«

Man darf für Europa nicht von *einem* historischen Grundtypus des (bäuerlichen) Haushalts ausgehen (MITTERAUER 1982). Im Unterschied zu einigen osteuropäischen Kulturregionen ist im westeuropäischen Mittelalter der aus Eltern und Kindern gebildete Zwei-Generationen-Haushalt weit verbreitet. Sofern sie überleben, wohnen die Alten auf eigenen Wunsch räumlich nahe bei, aber *getrennt* von den Kindern. Die »Großfamilie unter einem Dach« hat nur im Adel und zum Teil im Handwerk, also unter den ökonomischen und kulturellen Sonderbedingungen von Minderheiten, eine Chance. »Auch für die deutschen Verhältnisse kann historisch gesehen keine Rede von der großen Verbreitung der großfamiliären Lebensformen sein« (ROSENBAUM 1982, S. 489). Die oft beschworene Idylle von der »harmonischen Großfamilie unter einem Dach« bedeutet also eine Verkennung, gar Verfälschung der historischen Tatsachen.

Wenn man zeitgenössischen Klagen über sie Glauben schenken darf, haben ab dem Mittelalter alle untersuchten ländlichen und städtischen Typen von Familie die Pflege ihrer Angehörigen stets mangelhaft und unzureichend geleistet. Die häusliche Fürsorge musste durch kirchliche und kommunale Institutionen als Auffanghilfen ergänzt werden (LASLETT 1989, S. 109; SEGALEN 1990). Nach LASLETT gibt es keine Hinweise dafür, dass im vorindustriellen Europa die Verwandtschaftsbeziehungen eine prinzipiell stärkere und bessere Stütze für die Alten gewesen sind, als dies heute der Fall ist.

Viele neuere Forschungen belegen ein nach Regionen höchst unterschiedliches, sehr buntscheckiges Bild der vorkommenden Haushaltsformen. Die historische Demographie hat anhand von Statistiken über Haushaltsgrößen nachgewiesen, dass zwischen den Generationen innerhalb der Familie eine Haushaltstrennung erfolgte, die zu einer Aufspaltung in Kleinhaushalte führte, in denen nur zwei Generationen »unter einem Dach« lebten. Dieser Befund darf aber nicht dazu verführen, wie dies in der historischen Demographie teilweise geschieht, einer Fehleinschätzung aufzusitzen. Mit der Haushalts*trennung* bestanden nämlich die tatsächlichen Interaktionen und Austauschprozesse innerhalb der – wo vorhanden – mehrere Generationen übergreifenden *Familie* weiter und wurden nicht etwa eingestellt. *Haushalt und Familie* waren und sind *zwei verschiedene Institutionen*. Daher dürfen die Befunde über die eine Institution (Haushalt) nicht auf die andere (Familie) übertragen werden. Neueste Untersuchungen machen auch deutlich, dass Haushalt und Familie getrennt voneinander betrachtet werden müssen (KERTZER 1995, S. 377). Die Familie konnte und kann – wenn auch in sehr unterschiedlicher Weise – auch dann Generationen übergreifend wirksam sein, wenn eine Trennung der Haushalte erfolgt.

In neueren historischen Forschungsarbeiten zum Mittelalter wird zudem hervorgehoben, dass die Alten – trotz all ihrer Nöte und ihres Statusverlusts – innerhalb des Familienverbandes und der Gemeinschaft eine bedeutende Rolle als *Informationsträger* beibehielten. Dies war – im Unterschied zu Entwicklungen im heutigen Afrika – selbst dann noch der Fall, wenn mit der Alphabetisierung der Bevölkerung geschriebene Information weithin zugänglich wurde. Die Alten waren in den Familien diejenigen, die den Informationsfluss zu lenken verstanden, indem sie eine Verbindung zwischen dem Gestern und dem Heute herstellten. Vielleicht war ihr *Wissen* um die Traditionen sogar bedeutsamer als ihr reales Können oder ihre reale Macht.

2.4 Jugendkult, Altenspott und Kriegswirren in der frühen Neuzeit 1400 bis 1650

Ab dem 14./15. Jahrhundert beginnt das Alter in Europa an sozialer Sichtbarkeit zu gewinnen. Die Pestepidemien des 14. und 15. Jahrhunderts hatten vor allem die Jungen dahingerafft. In der Toskana sind um 1430 rund 15 Prozent der Bevölkerung 60 Jahre und älter, so sehr hatte der »Schwarze Tod« unter den jungen Jahrgängen gewütet. In der Kultur findet die quantitative Vermehrung an Alten allerdings keinen Niederschlag, auch wenn in den Oberschichten die alten Männer und Frauen aus Adel und Klerus und den oberen Rängen der städtischen Bürgerschaft deutlich hervortreten.

Ab dem 14. und insbesondere im 15. Jahrhundert erfasst der Jugendkult die italienischen Städte Florenz, Perugia, Pisa, Siena und Verona – man denke an Romeo und Julia – und beginnt von dort in die europäische Welt der Frührenaissance auszustrahlen, zum Teil nach Flandern und bedingt auch nach Deutschland. Der Humanismus, so zum Beispiel des ERASMUS VON ROTTERDAM (1469–1536), widersetzte sich allerdings dieser Entwicklung. Indem die Schickeria in den Städten der Frührenaissance die Alten schmäht, reagiert sie ihre Wut darüber ab, dass die Alten gegen ihre schlechte Behandlung Widerstand leisten. Als Gegenbild zum alten Menschen fasziniert der Typus des jungen Hofmannes (italienisch: *cortegiano*) die mondäne Welt, der – so scheinen es sein Verhalten und seine stets jugendlichen Gesichtszüge zu bezeugen – niemals der Vergänglichkeit anheimfallen kann. Eros ist jung und er will unvergänglich und unveränderbar währen. Die Renaissance verstärkt damit noch ihre Wendung zur Glorifizierung des Diesseitigen. Die Alten hingegen erinnern durch ihr sichtbar hinfälliges Dasein die stolze, jugendvergötternde Kultur allzusehr daran, dass der Mensch kein ewig junger Gott bleibt.

In der Epoche vom ausgehenden Mittelalter bis zur Hochrenaissance erreicht der Altenspott einen neuen Höhepunkt:

- Der italienische Humanist und Dichter Giovanni BOCCACCIO (1313–1375) delektiert sich in seiner zwischen 1348 und 1353 entstandenen Novellensammlung »Das Dekameron« an den Schwächen alter Menschen und an den Beschwernissen, welche das Alter mit sich bringt. Es handelt sich dabei um eine Abwehrhaltung gegenüber den Alten und eine Form von Bewältigungsstrategie, der die Angst vor dem eigenen Älterwerden zugrunde liegt. In den Geschichten BOCCACCIOS wie auch anderer Autoren kommt es zu einem für uns Heutige fast unvorstellbaren Schwelgen in der negativen Charakterisierung des alten Menschen.
- Eine ähnliche Schärfe und Mitleidlosigkeit gegenüber den Alten zeigt der englische Dichter Geoffrey CHAUCER (1340?–1400) in seinem Zyklus von Vers- und Prosaerzählungen »The Canterbury Tales«. Ähnlich wie BOCCACCIO erdenkt sich CHAUCER immer neue Varianten, in denen ältere Männer von ihren jungen Frauen und deren Liebhabern hereingelegt werden.
- Der Politiker und Philosoph Niccolò MACHIAVELLI (1469–1527) schreibt eine die gesamte Kulturwelt entzückende Komödie »Mandragola« (»Die Liebes-

wurzel«) über einen wohlhabenden, jedoch schon leicht vertrottelten älteren Mann, der gerne mit seiner jungen Frau einen Erben zeugen würde, dies aber nicht kann. Als er dabei die Hilfe eines jungen Arztes sucht, wird er von diesem nach Strich und Faden hereingelegt und bekommt nicht nur Hörner aufgesetzt, sondern es wird ihm auch noch die Frau weggenommen.

- Nach einem abenteuerlichen Leben ergötzt sich der zum Bischof gemachte Matteo BANDELLO (1485–1561), selbst alt geworden, in seinen »Novellen« in minuziöser Weise daran, alte Menschen lächerlich zu machen und zu verspotten.

Eine andere Perspektive auf das Verhältnis von Jugend und Alter bietet die bildende Kunst der Hochrenaissance, wofür der italienische Bildhauer, Maler, Architekt und Dichter MICHELANGELO BUONARROTI (1475–1564) wohl das markanteste Beispiel bildet. Er stellt in seinem »Jüngsten Gericht« (gemalt 1534–1541) in der Sixtinischen Kapelle CHRISTUS als obersten Richter dar, der in seiner *Jugendlichkeit* in keiner Weise an mittelalterliche Christusdarstellungen des leidenden Gottessohnes erinnert, dafür aber umso mehr an klassisch-griechische Helden, ja fast an den antiken Gott Apollon. MICHELANGELO glaubt zu dieser Zeit noch an eine weitgehende Identität des göttlichen Rettungsboten CHRISTUS mit seinem Bild eines neuen, befreiten Menschen. CHRISTUS erhebt sich über die Not, über Gut und Böse als der des Richterspruchs mächtige Gott-Mensch oder Mensch-Gott. Und dieses übermächtige Wesen ist jung (*Abbildung 1*).

Abbildung 1: CHRISTUS aus dem »Jüngsten Gericht« von MICHELANGELO auf der Altarwand in der Sixtinischen Kapelle zu Rom (*Quelle:* Foto Marburg).

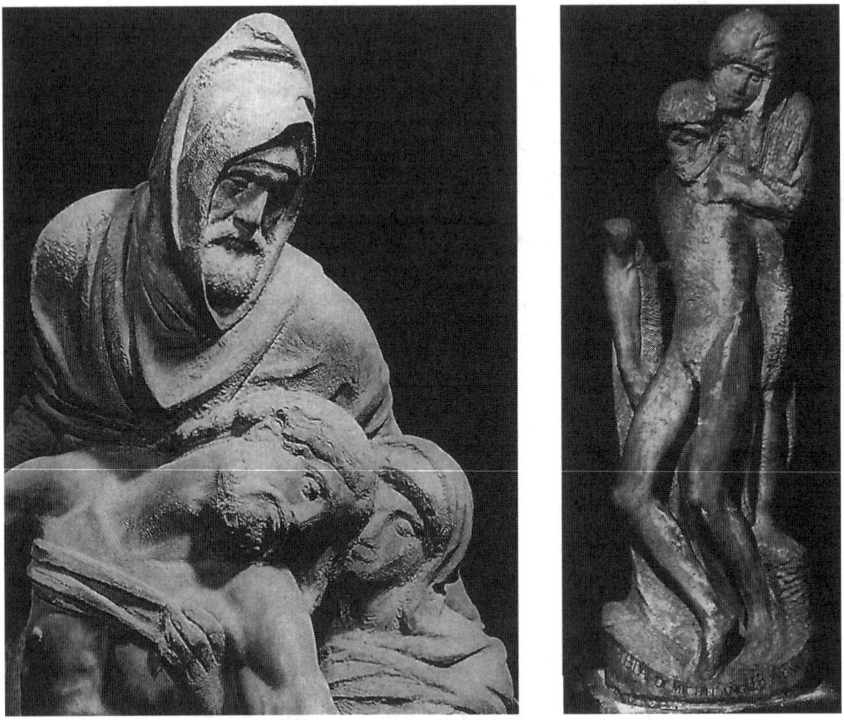

Abbildung 2: Unvollendete Florentiner Pietà von MICHELANGELO (*links*), vor 1550 begonnen, 1555 unvollendet aufgegeben, die sich heute im nördlichen Querhaus des Florentiner Doms befindet. Der Ausschnitt zeigt den Kopf des toten CHRISTUS, den der MARIA und darüber den des biblischen alten NIKODEMUS, höchstwahrscheinlich ein Selbstporträt des Bildhauers, der die Marmorplastik ursprünglich für sein eigenes Grabmal bestimmt hatte. – *Rechts* ist MICHELANGELOS Pietà Rondanini zu sehen, sein letztes, unvollendetes Werk, an dem er noch wenige Tage vor seinem Tod gearbeitet haben soll. Sie befindet sich heute im Sforza-Kastell zu Mailand (*Quellen:* Foto Marburg).

Erst später, nunmehr selbst hochbetagt, wandelt sich MICHELANGELOS Sicht des Alters. In dem die Florentiner Pietà bekrönenden Altersselbstporträt und vollends in der unvollendeten Pietà Rondanini (1555–1564) lässt er sich von der Schwäche des Menschen und der Trauer des Abschieds im Alter ergreifen und stellt diese Gefühle auf höchst intensive Weise dar. Die Christusgestalten der beiden Skulpturen erinnern in keiner Weise mehr an den Triumph der Jugend in seinem »Jüngsten Gericht« (*Abbildung 2*).

Auch bei dem venezianischen Maler TIZIAN (1488/90–1576) wird ein Wandel in der Einstellung zum Alter fassbar. Als reifer Mann beginnt er um dieselbe Zeit, also ab der Mitte des 16. Jahrhunderts, sich besonders dem Porträt alter Männer zuzuwenden.

2.5 Die große Wende: Die Moderne gibt dem Alter neuen Status und Wert

Die Geburt des Alters als Lebensphase mit eigenem Recht ist ein sich weit in die europäische Geschichte hineinziehender Prozess, beginnend im 17. Jahrhundert und sich erstreckend bis zur Französischen Revolution von 1789. Im Unterschied zu TIZIAN hatte sich ein Jahrhundert später REMBRANDT (1606–1669) schon als junger Maler hochbetagten Modellen zugewandt. Gegen Ende seines Lebens schafft er, der sich zeitlebens immer wieder selbst gemalt und gezeichnet hatte, die vielleicht ergreifendsten Alters-Selbstporträts der Kunstgeschichte (*Abbildung 3*).

Abbildung 3: Letztes Selbstporträt von REMBRANDT aus seinem Todesjahr 1669 im Mauritshuis, Den Haag (*Quelle:* Mauritshuis, Den Haag).

Beim Hervortreten des Alters als eigenberechtigter und wenigstens teilweise gesellschaftswirksamer Lebensphase sind im 18. Jahrhundert sowohl wirtschaftlich-politische als auch kulturelle Kräfte beteiligt. Allein von den Vorbildern, von der »Ideologie« her, wäre der Wandel nicht möglich gewesen. Es bedurfte eines *Realisierungsschubs,* eines neuen Staatsgedankens, eines rationalen Verwaltungssystems und einer sich am Bedürfnis der Menschen orientierenden Sozial- und Stützungspolitik, wie sie in Preußen FRIEDRICH DER GROSSE (reg. 1740–1786) und in Österreich Kaiser JOSEPH II. (reg. 1765–1790) einleiten.

Doch blenden wir nochmals zurück auf die von Kriegen und Wirren aller Art durchzogene Zeit von der Entdeckung Amerikas 1492 bis etwa zum Tod REMBRANDTS im Jahre 1669, in der die europäischen Flächenstaaten (vor allem Spanien, Portugal, Frankreich und England) durch große Eroberungen und Kriege immer mächtiger werden. Extrem grausam, wie die Religionskriege des 16. Jahrhunderts und der Dreißigjährige Krieg (1618–1648) waren, kannte die Zeit auch kein Mitleid mit Schwachen, Kranken und Alten. »Lebensgenuß und Verfall der Moral gehen an den Problemen der alten Menschen achtlos vorbei.« (BORSCHEID 1989, S. 40) Der Hohn über die Alten setzt sich fort, so als wollte man sich die Lästigen vom Halse schaffen (BOIS 1989, S. 76).

Wie stand es mit der Altersverteilung in der Bevölkerung? Etwa die Hälfte eines Geburtsjahrgangs erreicht das Erwachsenenalter, weniger als ein Drittel bringt dieses Alter auch hinter sich (IMHOF 1981, S. 83). Nach einer – wenn auch lokal sehr begrenzten – Studie über Genf im 17. Jahrhundert zeigten sich große Schichtunterschiede in der Lebenserwartung: In der Oberschicht sind es 30,5, von den Handwerkern und qualifizierten Arbeitern 17,1 und von den Handlangern 10,6 Prozent, die das 60. Lebensjahr erreichen (EHMER 1990, S. 197). Für die späteren Jahrhunderte sei bereits hier vorweggenommen, dass im Übergang vom 17. zum 18. und im ganzen 18. Jahrhundert keine dramatische Veränderung des Bevölkerungsaufbaus erfolgte. *Die große Wende in der Bewertung des Alters erfolgte also nicht aufgrund des Drucks einer veränderten Zusammensetzung der Bevölkerung mit einem höheren Altenanteil.* Erst im 19. Jahrhundert nahmen sowohl die durchschnittliche als auch die altersspezifische Lebenserwartung deutlich zu. Maßgeblich für die Einführung der Rentenversicherung gegen Ende des 19. Jahrhunderts war also nicht der Bevölkerungsdruck, sondern der politische Druck.

Der philosophisch und auch politisch entscheidende Schritt für die »Geburt« des Alters als einer eigenen, sozial anerkannten Lebensphase wird auch durch das von dem englischen Philosophen Thomas HOBBES (1588–1679) entwickelte *Vertragsdenken* gefördert. Dabei handelt es sich zwar keineswegs um eine »Philosophie des Alters«, doch hat HOBBES mit dem Gedanken eines *Ausgleichs* zwischen den Bürgern auch den Alten genützt. Nach seiner Lehre entrinnen nämlich die Menschen dem Kampf aller gegen alle nur, wenn sie diesen »Naturzustand« des Bürgerkrieges durch einen *Vertrag* überwinden, der bindend zwischen allen Bürgern geschlossen wird und diesen Bürgern Verhaltensregeln auferlegt. *Dieser Vertrag schränkt zwar ihre Freiheit insofern ein, als der Staat das Gewaltmonopol für sich in Anspruch nimmt; dieser gibt den Bürgern jedoch zum Ausgleich dafür Sicherheit ihres Lebens und Eigentums.* Diese Sicherheit *genießen natürlich auch* die während der Kriegswirren vollkommen entrechteten *alten* Menschen. Ergötzte sich die Zeit vor HOBBES an der Fiktion von der Altweibermühle oder dem Jungbrunnen, in den alte Frauen von der einen Seite eintauchen, um ihm auf der anderen Seite wunderbar verjüngt wieder zu entsteigen, wie die berühmte Darstellung von Lucas CRANACH DEM ÄLTEREN zeigt, so bringt nun das Vertragsdenken eine neue Rationalität in das Verhältnis der Menschen untereinander. Diese Verteidigungslinie gegen das Chaos des Krieges aller gegen alle hieß »Zivilität«. In ihr sieht man jene »zweite Natur« des Menschen, mit der er seine erste, die triebhafte und grausame biologische Natur überwindet. Den Schrecken des Dreißigjährigen Krieges gerade entronnen sucht man den allgemeinen Verlust an Humanität zu beenden und die Achtung vor dem Mitmenschen und damit auch dem alten Menschen allmählich wiederzugewinnen: Die Menschen der damaligen Zeit »spürten deutlicher als jemals zuvor, daß sie aufeinander angewiesen waren, daß ein zügelloses Ausleben der Gefühle todbringende Aggressionen bedeutete, daß Disziplin, stabile Regeln des Umgangs, Berechenbarkeit des Verhaltens und Affektkontrolle die Grundlagen einer funktionierenden menschlichen Gesellschaft sind.« (BORSCHEID 1989, S. 166)

Alle diese Entwicklungen vollzogen sich in der Frühphase der Aufklärung. Sie zeigen deutlich, dass »Modernisierung«, Fortschritte im »Prozess der Zivilisation«, *nicht*, wie von Ethnologen und Soziologen immer wieder behauptet wurde, zwingend eine *Abwertung des höheren Alters* bedeuten muss (COWGILL, HOLMES 1972). Diese Entwicklungen zeigen hingegen, dass es in der europäischen Geschichte immer wieder die Gesellschaft umgestaltende Prozesse gab, die zu einem langfristigen Auf und Ab in der Bewertung des Alters und zu einer Zu- oder Aberkennung von Rechten an alte Menschen führten. An der Aufwertung des höheren Alters, die mit dem Ende des 17. Jahrhunderts schrittweise beginnt, ist eine Vielzahl von Einflussfaktoren beteiligt:

- Reformation und Protestantismus bringen das Alte Testament in das Bewusstsein der Volksfrömmigkeit zurück und damit auch Elemente des Respekts vor den alten Patriarchen, die dort breit beschrieben werden.
- Eine gewisse »Refamiliarisierung« des Christentums wird in Gang gesetzt, unter anderem dadurch, dass die kleinen sozialen Einheiten wie Familien oder protestantische Sekten (die Puritaner und Pietisten, zum Beispiel die Herrnhuter Brüdergemeine) gegenüber der Großinstitution Kirche aufgewertet werden, besonders in Amerika Anhänger und Raum gewinnen.
- Das Individuum wird aufgewertet: Die Herrnhuter gedenken zum Beispiel besonders der Geburtstage ihrer Mitglieder (BORSCHEID 1989, S. 175). Im mittelalterlichen Katholizismus hingegen war die Verknüpfung des persönlichen Namens mit den bestimmten Heiligen geweihten Namenstagen entscheidender als das Lebensalter gewesen. Die Feier dieser Namenstage sowie der

Kirchweihfeste banden die Gläubigen an die *Gesamtkirche,* nicht das ihnen von Gott geschenkte *Lebensalter.* Wenn, wie bei den Herrnhutern, das Lebensalter gegenüber der Namensidentität in den Vordergrund rückt, ist dies ein Anzeichen der Veränderung in der gesellschaftlichen Bewertung des Alters. Von dort ist es zwar noch ein gewisser, aber absehbarer Schritt, wenn die Französische Revolution 1793 dem revolutionären Bruch mit der Tradition mit einem neuen Kalender und neuen staatlichen Festen Ausdruck zu verleihen sucht. Sie erklärt den 10. Fructidor (27. August) zum »Tag des Alters«, eine Neuerung, der allerdings nur kurze Dauer (bis 1805) beschieden war.

Der Gedanke des *Ausgleichs* zwischen den Bürgern, den HOBBES bereits im Vertragsdenken verankert hatte, setzt sich auch im Denken des späten 17. und des 18. Jahrhunderts fort. Beherrschend wird mehr und mehr die Vorstellung der *Anrechnung* – darunter eben auch der Anrechnung von Verdiensten, die ein alter Mensch im Laufe seines Lebens erworben hat. Für die Aufklärung des 18. Jahrhunderts ergeben sich die Ansprüche eines alten Menschen aus seinen im Rückblick abgeschätzten *Leistungen,* die er für die Gesellschaft erbracht hat. (Im 20. Jahrhundert wird man diese Ansprüche dann durch Gesetz verallgemeinern und vom Einzelnen stärker ablösen, wie dies etwa im Generationenvertrag der Rentenversicherung der Fall ist.)

Jedoch auch von den Älteren erwartet die Aufklärung des 18. Jahrhunderts eine laufende »Beitragsleistung« für die Gesellschaft – durch den Rat, den sie geben können, vor allem aber, indem sie, für die Jüngeren deutlich sichtbar, ein vorbildliches Leben führen (MINOIS 1987, S. III). Nach der Aufklärungsphilosophie sollen die Alten zudem beginnen, durch eine bewusste Lebensführung ihr Alter zu optimieren, also nicht nur lange, sondern auch *gesund* und *sozial aktiv* zu leben; auf diese Weise lasse sich eine Brücke zwischen den Altersgruppen schlagen. Schon im 18. Jahrhundert wird zudem betont, die Erhaltung der körperlichen Attraktivität sei ein »langfristig stabilisierendes Element« für eine glückliche Ehe (IMHOF 1983, S. 186).

Durch die Verbreitung der Reformation fand ab dem 16. Jahrhundert eine »Biographisierung« des eigenen Lebens statt: Es gewinnt vor allem das Tagebuch als intim-private Form der Äußerung und als Schauplatz der höchstpersönlichen Selbstreflexion in den gehobenen Schichten zunehmend an Bedeutung. Die literarische Form des Tagebuchs fordert geradezu den biographischen Rückblick als Daueraufgabe und bietet eine Hilfe bei der permanenten Selbstkontrolle, bei der Aufrechnung von »Soll und Haben«, der »guten« und »bösen« Taten eines Menschen. Autobiographischer Lebensrückblick und Tagebuch tragen zu einem neuen Individualisierungsschub bei, der sich bereits in der protestantischen Innerlichkeit und Individualisierung des Glaubens (Martin LUTHERS Frage: »Wie gewinne *ich* einen gerechten Gott?«) angebahnt hatte. Diese Individualisierung hatte seit dem 16./17. Jahrhundert natürlich auch deutliche Rückwirkungen auf die persönliche Lebensführung und das Zusammenleben der Menschen. Das Alter erschien zunehmend als *Komplexität* des Lebens.

Ab dem 18. Jahrhundert wird die Praxis des Sich-Rechenschaft-Legens zunehmend von säkularisiert-aufgeklärten Gedanken geleitet. Die Lebensführung soll im Hinblick auf die verschiedenen Ausprägungen des Wohlbefindens (Gesundheit, Ansehen, Harmonie in der Familie usw.) ausgerichtet sein. Damit soll auch ein *langes* Leben entscheidend gefördert werden.

Daneben beginnt sich die Vorstellung von der Lebensuhr herauszubilden, welche beständig tickt. Klar zum Ausdruck gebracht ist dies in dem Gedanken »time is money« (Zeit ist Geld): Zeit sei nützlich (nicht nur zum Geldverdienen) und dürfe nicht durch Müßiggang vergeudet werden. Dies ist eine Vorstellung, die auch den Reformen Kaiser JOSEPHS II. zugrunde lag und unter anderem seine Religions- und Kirchenpolitik – beispielsweise die Aufhebung von wenig »arbeitsintensiven«, beschaulichen Klöstern – bestimmte. Je mehr man sich dem Ende des 18. Jahrhunderts nähert, umso mehr nimmt der Rückblick ins eigene Leben als Altersaufgabe zu. Denn die Aussicht auf ein individuelles ewiges Leben, ein Fortleben nach dem Tode, wird unsicherer – bezeichnet doch selbst der einem christlich geprägten Vernunftglauben huldigende Philosoph Immanuel KANT (1724–1804) in seiner »Kritik der reinen Vernunft« von 1781 die Unsterblichkeit der Seele und die Existenz Gottes als philosophisch nicht beweisbar (wenn auch aus praktisch-ethischen Gründen als eine notwendige Forderung). Hat sich die Sensibilisierung für das Alter im 18. Jahrhundert auch vor dem sich düsterer färbenden Hintergrund einer »gähnenden Leere der verlorenen Ewigkeit« (IMHOF 1983, S. 197) vollzogen?

Weitere Motive für eine Aufwertung des Alters treten hinzu: Die Intimisierung der Gefühle zwischen den Geschlechtern und den Generationen (ROSENMAYR 1992b, S. 477) spielt eine wichtige Rolle für die zunehmende Anerkennung des Alters als einer eigenständigen Lebensphase. Auch die biologisch-medizinischen Aspekte des Alterns finden nun zunehmende Beachtung: Georges Louis BUFFON (1707–1788), Verwalter des botanischen Gartens in Paris und Mitautor einer seinerzeit berühmten »Naturgeschichte«, entwickelt ein Lebenskurven-Konzept, ein an die Botanik angelehntes Modell des Lebens mit den Phasen Wachstum, Blühen und Vergehen.

2.6 Das lange 19. Jahrhundert gebiert die Langlebigkeit

Im Verstädterungsprozess des 19. Jahrhunderts, mit dem massenhaften Zuzug von Landbewohnern in die Städte, sind die Generationen in der Familie stark aufeinander angewiesen. Die Einwanderer in die Städte bilden »Notgemeinschaften«, in denen die Generationen gezwungenermaßen unter einem Dach wohnen. Allerdings verlieren, verstärkt durch das Wirksamwerden der allgemeinen Schulpflicht, die Eltern und Großeltern ihre Lehrerrolle (TROYANSKY 1992, S. 55). Die Weitergabe eines Vermögens an die Erben, die den besitzenden Alten Prestige verleiht, hat im städtischen Proletariat keine Bedeutung. Auch berufliches Wissen können die wenig qualifizierten Alten, die vom Land gekommen waren, nicht vermitteln. »Zum Massenphänomen wird Verarmung im Alter in der Phase der Frühindustrialisierung« (MITTERAUER 1982, S. 49). So tritt nun das Alter als soziale Problemkategorie und als Quelle realer gesellschaftlicher Beunruhigung auf.

Diese Problemlage beginnt auch dem Reichskanzler Otto VON BISMARCK (1818–1898) bewusst zu werden. Durch seine monumentale Sozialgesetzgebung von 1883 bis 1889 sucht er die soziale Unruhe in der Arbeiterschaft zu dämpfen und diese für den monarchischen Staat zu gewinnen, indem er die Kranken-, Unfall-, Alters- und Invaliditätsversicherung ins Leben ruft. Für die zahlenmäßig weiterhin dominierende Landbevölkerung (1890 leben in Deutschland 53 Prozent der Menschen auf dem Land und 47 Prozent in der Stadt, in Frankreich beträgt das Verhältnis gar 63 zu 37 Prozent) ändert sich nicht viel. Man sagt zwar mit Recht, dass ab dem letzten Viertel des 19. Jahrhunderts das Alter durch die Festlegung von Pensionsgrenzen und den staatlichen beziehungsweise staatlich kontrollierten Aufbau von Rentensystemen als *soziale Kategorie* rechtlich und in der öffentlichen Wahrnehmung zunehmend institutionalisiert wurde. Aber das betrifft nur einen Teil der Bevölkerung, nämlich die städtische. 1930, also zu einem historisch relativ späten Zeitpunkt, sind erst 40 Prozent der Alten Pensionsempfänger (CONRAD 1994, S. 400). Nur schrittweise kommt im Laufe des 20. Jahrhunderts die Altensicherung mehr und mehr Berufsgruppen zugute – zuletzt auch Gewerbetreibenden, Selbständigen und Bauern. Trotzdem kann man seit Ende des 19. Jahrhunderts nicht mehr von einem nur schmalen Eliten vorbehaltenen, sondern von einem sich ausbreitenden *allgemeinen Ruhestand* sprechen.

Zu vermuten ist, dass die – wenn auch anfänglich sehr bescheidene – finanzielle Sicherung zur beträchtlichen Erhöhung der Überlebenswahrscheinlichkeit im Alter beitrug. Dramatisch ist diese Veränderung jedoch nicht, denn nach österreichischen Daten beträgt 1880 der Anteil der über 60-Jährigen neun Prozent. Die Zehnprozentmarke überschreitet er erst in den zwanziger Jahren des 20. Jahrhunderts. Was sich aber bereits im 19. Jahrhundert sehr deutlich ändert, ist die mittlere Lebenserwartung zum Zeitpunkt der Geburt. Sie steigt von etwa 25 Jahren in der Mitte des 18. Jahrhunderts auf 50 Jahre (in Österreich auf 35 bis 40 Jahre) zu Ende des 19. Jahrhunderts (BOIS 1989, S. 299). Hierfür ist eine ganze Reihe von Faktoren verantwortlich:

- Durch die Seuchenkontrolle ändert sich die Überlebenswahrscheinlichkeit dramatisch.
- Dies gilt auch für die Herabsetzung der Müttersterblichkeit im Kindbett. Ignaz SEMMELWEIS, 1818–1865, erkennt, dass primär Infektionen dafür verantwortlich sind. Auch gelingt die Senkung der Säuglings- und Kindersterblichkeit.
- Parallel dazu nimmt die Verfügbarkeit von Ärzten in den Städten mehr oder weniger für alle sozialen Schichten stark zu.
- Die Alten rücken ins Blickfeld der Medizin: Gegen Ende des 19. Jahrhunderts hält in Paris der berühmte Neurologe Jean Martin CHARCOT (1825–1893) klinische Vorlesungen über die Alterskrankheiten, und 1909 prägt der aus Österreich stammende Arzt Ignaz L. NASCHER den Begriff Geriatrie (Altenheilkunde) als korrespondierenden Begriff zu Pädiatrie (Kinderheilkunde).

- Die öffentliche Hygiene verbessert sich.
- Die Kinderarbeit mit ihren oft verheerenden gesundheitlichen Spätfolgen geht zurück.
- Durch den obligaten Schulbesuch wächst das allgemeine Bewusstsein für die spezifischen Bedürfnisse (darunter auch die Gesundheit) von Kindern, was deren Überlebenschancen verbessert.
- Das Konsumangebot von Waren und Dienstleistungen aller Art vergrößert sich, wenn auch stark nach sozialer Klasse und ökonomischer Lage differenziert.

In der Literatur bleibt die spätbürgerliche Verklärung eines einsichtigen und souveränen Alters erhalten, so in Adalbert STIFTERS (1805–1868) Roman »Der Nachsommer« von 1857 und Theodor FONTANES (1819–1898) Alterswerk »Der Stechlin« (Buchausgabe 1899). Beide Autoren, wenn auch FONTANE mit dem stärker realistischen Zug, »phantasieren« eine Gegenwelt zu den eben beschriebenen gesellschaftlichen Vorgängen. Die alten Menschen im »Nachsommer« und im »Stechlin« sind keine den Ruhestand suchenden Rentner, sondern würdige Greise, im Grunde also ausgewählte, privilegierte Gestalten der oberen Schichten. Sie haben nicht, um eine Formulierung von Christoph CONRAD (1994) aufzugreifen, die Entwicklung »Vom Greis zum Rentner« vollzogen, sondern sind »entfaltete Alte« mit Modellcharakter.

Auf dem Hintergrund einer bürgerlich-städtischen und einer (halb-)feudalen ländlichen Gesellschaft entwickelt sich in der deutschen Literatur des Bie-

Abbildung 4: »Alte Liebe rostet nicht.« Idealisierung des Alters und Sentimentalisierung des Greises und der Greisin in der Biedermeierzeit. Insbesondere ab der Jahrhundertmitte wächst allerdings die Kluft zwischen solchen Idyllen und der ökonomisch-sozialen Entwicklung immer mehr (*Foto:* Leopold ROSENMAYR, nach Originalgraphik).

dermeier und des poetischen Realismus eine Haltung, die von einer romantisch inspirierten Rückschau in die Vergangenheit geprägt ist und Züge musealer Pflege annimmt. Diese Literatur formt eine Art Gegenwelt zu den massiven politischen, industrie- und kollektivitätsorientierten Grundstimmungen der Zeit. Auch in der bürgerlichen Familie des Biedermeier greift eine *Sentimentalisierung des Greises und der Greisin* Platz. In Literatur und bildender Kunst werden sie in den Rahmen eines idyllisch überhöhten und idealisierten ländlichen oder bürgerlichen Milieus gerückt (vgl. *Abbildung 4*).

In der zweiten Hälfte des 19. Jahrhunderts übernimmt zunehmend – vergleichbar der Renaissance des 15. Jahrhunderts, aber auf viel breiterer sozialer Basis und gestützt durch Freiheitsbewegungen und die Revolution von 1848 – die *Bildungsjugend* eine ideologische, kultur- und gesellschaftspolitische Führungsrolle. Im Übergang vom 19. zum 20. Jahrhundert dringt diese Entwicklung durch die sogenannte »Jugendbewegung« bis in die Unterschichten vor. Die Jugendbewegung versteht sich als gesellschaftsreformerische, erneuernde Kraft und als Weg zu einer wieder zu gewinnenden »Natürlichkeit«. Sie breitet sich unter Angehörigen aller Konfessionen und politischen Lager aus. Ihr Einfluss strahlt in die Kunst aus (»Jugendstil«), aber auch in die Philosophie und in die Weise der Lebensführung (»Wandervogelbewegung« usw.). In der Gedankenwelt und im Lebensstil der Jugendbewegung hat das späte Lebensalter erkennbar keinen Ort, doch blieb diese Bewegung, anders als der Jugendkult der Renaissance, für die Geschichte des Alter(n)s insofern nicht unbedeutend, als sie eine bewusste und sich selbst kontrollierende Lebensführung verlangte.

2.7 Der Senior: Aufbau der Wohlfahrt und Ermöglichung einer Lebensfreizeit im 20. Jahrhundert

Nach Daten aus England konnte ein 60-Jähriger in den ersten fünf Jahrzehnten des 20. Jahrhunderts mit jedem Jahrzehnt auf eine Lebenserwartung hoffen, die jeweils um ein halbes Jahr höher lag als bei früheren Generationen, und in der zweiten Jahrhunderthälfte pro Jahrzehnt sogar auf eine jeweils ein Jahr höhere Lebenserwartung. Im 20. Jahrhundert ist in allen reichen und hoch entwickelten Industrienationen eine neue Struktur entstanden – durch die Herausbildung einer *Großgruppe alter Menschen,* die von ihrem relativen Anteil an der Gesamtbevölkerung und von ihrer absoluten Zahl her ohne historisches Vorbild ist und die eine niemals gekannte Vielfalt von Merkmalen zeigt. Dieser Merkmalsvielfalt soll in diesem Abschnitt nachgegangen werden.

Anders als in früheren Epochen weisen vor allem in der zweiten Hälfte des 20. Jahrhunderts die älteren und alten Menschen keine einheitlichen Merkmale mehr auf, sondern müssen immer stärker in Untergruppen gegliedert werden. 60- bis 70-Jährige fühlen sich heute in ihrer Überzahl nicht mehr als »alt« und bezeichnen sich bei Meinungsumfragen keineswegs durchgehend als »Alte«. Man muss die heute durch die vielfach geübte vorzeitige Entlassung aus dem Arbeitsleben (»Entberuflichung« des Alters) über viele Jahre oder gar Jahrzehnte sich hinziehende Altersphase in zumindest drei Abschnitte gliedern, in die »jungen Alten«, in die Älteren oder Alten im engeren Sinn sowie schließlich in die Hochbetagten. Die Chronologie schafft hier nur eine gewisse Orientierung, wobei es die Gruppe der 55- bis 70-Jährigen von den 70- bis 80- oder 85-Jährigen zu unterscheiden gilt. Von ihnen sich lassen wiederum die Hochbetagten, die über 85-Jährigen, abgrenzen. Diese Einteilung ist allerdings zu relativieren, weil sich alle Gruppen ab 55 Jahren *nicht nur nach dem Alter*, sondern auch nach weiteren Kriterien untergliedern lassen. Die Grenzen zwischen diesen Abschnitten lassen sich außerdem nach gesundheitlichen Kriterien (zum Beispiel nach Grad und Häufigkeit der Pflegebedürftigkeit) ziehen oder aber nach individueller Aktivierbarkeit für soziale Belange oder auch nach Bildungskriterien, Ausprägung von Interessen und (kultureller) Partizipation. Diese Untergliederungen zeigen überdies Zusammenhänge mit einer Fülle von Daten, die aus psychologischer und soziologischer Forschung stammen.

Breitesten Schichten aus allen Altersgruppen ist eine gute medizinische Versorgung zugänglich geworden. Dies hat entscheidend zur Umstrukturierung der Bevölkerungszusammensetzung und zum Anwachsen des Altenanteils an der Gesamtbevölkerung beigetragen. In den westlichen Gesellschaften erreicht die Hälfte aller Menschen zumindest das 70. Lebensjahr. Dies verdankt sich auch dem medizinischen Fortschritt: Durch Operationen, Kuren, Rehabilitationsmaßnahmen sowie die langfristige Gabe von Medikamenten erhält die Spätphase des Lebens eine gewisse »Reparaturgarantie«. Mit dem quantitativen Zuwachs an Lebensjahren hat allerdings der Zuwachs an Lebensqualität nicht immer Schritt gehalten. Die rasch auf zwei Jahrzehnte gestiegene durchschnittliche *fernere* Lebenserwartung der 60-Jährigen ist (noch) nicht identisch mit einem Zugewinn an gesunden beziehungsweise »guten« Jahren. Über- und Fehlernährung, Rauchen sowie Bewegungsarmut verstärken entscheidend die altersbedingten Dysfunktionen und Erkrankungen, die zudem durch genetische Faktoren beeinflusst werden. Verschlechterung der Gesundheit durch eine unangemessene, gar selbstschädigende Lebensweise und eine unzureichende selbstgesteuerte Krankheitsprävention beschneiden nicht nur die Lebenserwartung. Sie tragen auch zur Überbeanspruchung und damit Unfinanzierbarkeit des Gesundheits- und Pflegesystems bei.

Die Gegenwartsgesellschaft weist auch bei der Alterskultur generelle Defizite auf. Das gesellschaftliche Ansehen schon der »jungen Alten«, die aus dem Arbeitsleben hinausgedrängt werden oder aus ihm flüchten, ist gering, sofern sie nicht als »Freizeit-« und »Konsum-Oldies« ihr Image aufpolieren können. Und die Hochbetagten – die »Grufties« – werden als Gegenbilder zum Jugendlichkeitskult noch stärker an die Wand gedrängt. Untersuchungen in mehreren europäischen Ländern ergaben, dass bei gut einem Drittel aller über 60-Jährigen eine Art »Spätlebens-Lethargie« feststellbar ist, eine Sinnkrise im späten Leben, in der – unter anderem – der Beruf zur Erinnerung wird und nicht mehr durch seine Beschäftigungsorientierung schützt. Diese Lethargie sinkt bei aktivierten Alten auf etwa ein Fünftel. Dies lässt sich wohl auch aus dem Fehlen einer durch die Gesellschaft vorstrukturierten Alterskultur erklären.

Alter als Massenphänomen ist eine historisch neue Erscheinung. Daher gibt es kein Wert-Universum und keine historischen Vorbilder für eine Alterskultur, an die eine Anlehnung oder auf die ein Rückgriff möglich wäre. Vom Alter strahlen – bis jetzt – auch keine alternativen Lebensstile auf die Gesamtgesellschaft aus. Von den Alten wurde bisher keine Lebensweise entwickelt, die für die jüngeren Generationen mit ihrer zunehmenden Individualisierung und ihrer Konsumorientierung ein beispielhafter Gegenentwurf sein könnte.

Dies dürfte einer der Gründe dafür sein, dass auch die gesamtgesellschaftliche Akzeptanz des Alters ausbleibt. So ist es auch erklärbar, dass die Alten bisher keinen kritisch-auswählenden Umgang mit den Konsumangeboten pflegen. Die Senioren-Messen mit ihren Angeboten von Honig- und Naturkosmetik über Leselupen und Spezialbetten bis hin zu Reinigungsmitteln für Zahnprothesen können dieses Defizit nicht ausgleichen. Weil ein Trend zur Individualisierung in allen Altersgruppen besteht und weil alternative Kulturwerte des Alters wie auch institutionelle Vorgaben für die Lebensführung im Alter fehlen, hatten die Bemühungen um eine Solidarisierung der Alten *als Gruppe* bisher nur bedingt Erfolg. Bis heute ist es nicht gelungen die Beiträge der Alten zu Gesellschaft und Kultur zu einer bedeutenden sozialen Gestaltungsmacht zu bündeln oder solche Beiträge in den Augen der Gesellschaft nachhaltig zu legitimieren.

Auch die Familienstrukturen aller Altersgruppen durchlaufen derzeit einen raschen Wandel. Die Mehrzahl aller Menschen lebt heute wenigstens phasenweise als Single. Das Alleinleben hat volle gesellschaftliche Anerkennung gefunden. In Österreich beispielsweise gibt es mehr Einpersonenhaushalte als Haushalte von Kernfamilien (mit beiden Elternteilen und zwei Kindern). Für zwei Drittel der über 75-jährigen Witwen ist der Einpersonen-Haushalt zur herrschenden Haushaltsform geworden. Durch sinkende Geburtenraten und eine steigende Lebenserwartung wird die »Bohnenstange«-Familie immer mehr zur Regel. Diese Familienform kennt nur noch wenige oder keine Geschwister innerhalb einer Generation. In ihr leben mehrere Generationen, die sich in kultureller Hinsicht meist stark voneinander unterscheiden, oft auch nicht mehr im selben Haushalt zusammen. Bei diesen mitgliederschwachen Familien wird immer unwahrscheinlicher, dass sich noch ein pflegendes Familienmitglied findet, wenn in ihnen der Pflegefall eintritt. Außerdem bringen die Anpassungsleistungen an einen schwieriger werdenden Arbeitsmarkt bei beiden Geschlechtern selbst gebastelte Biographien (BECK 1993) und »Familien à la carte« hervor, welche ihrerseits die Tendenz zur Individualisierung der Lebensformen fördern und zum Abbau eines Gefühls der Gruppenverantwortung führen (ROSENMAYR 1996).

Der ideologisch-gesellschaftliche Pluralismus unterhöhlt durch Wertunsicherheit die Bindungsfestigkeit der Menschen. Die Sicherheit, sich an ganz bestimmten Werten zu orientieren, wird durch den wachsenden Supermarkt von Sinnangeboten zunehmend untergraben. Der ältere Mensch der Zukunft wird verstärkt nach beidem suchen müssen, nach Bindung und nach dem Sinn seines Tuns und Leidens, also nach Ruhepunkten im vielstimmigen Wirrwarr des Wertepluralismus. »Alt werden« wird künftig nicht mehr mit verlässlichen

Wertorientierungen verknüpft sein, wie dies noch sowohl in der bürgerlichen als auch – trotz aller äußeren, materiellen Begrenzungen – in der proletarischen Familie in der Gesellschaft des 19. Jahrhunderts der Fall war.

Die Paradoxien, die das Alter in der Gegenwart als einen eigenständigen Lebensabschnitt kennzeichnen, fasse ich in Form von sieben Thesen zusammen:

(1) Gegenüber früheren Zeiten ist das Alter im 20. Jahrhundert zum gesellschaftlichen Massenphänomen geworden. Die ebenso massenhaft aus der Arbeit Frühentlassenen entwickeln zu über zwei Dritteln Lebensstile, die stark von einer konsumorientierten Freizeitgesellschaft bestimmt werden. Die Einforderung einer Selbstverpflichtung für gesellschaftliche Aufgaben vielfältiger Art hat daher bislang nur bei einer kleinen Minderheit der Alten ein positives Echo gefunden.

(2) Bei nicht unbeträchtlichen Teilen der Altenbevölkerung ist die im vorigen Jahrhundert weit verbreitete und – in Randgruppen bis in die siebziger Jahre dieses Jahrhunderts – drückende Altersarmut zurückgegangen. Die Anhäufung von Besitz und Vermögen hat eine bedeutende Minderheit Alter wohlhabend werden lassen. Diese Konstellation ist ein historisch singuläres Phänomen und dürfte auf Jahrzehnte hinaus einmalig und vielleicht überhaupt unwiederholbar sein.

(3) Obwohl es in Europa, in den USA und auch in Japan zu einem fortwährenden Rückgang von Mehrgenerationen-Haushalten gekommen ist, was zu häufigem Alleinleben der Alten führt, wird die Hilfe und Pflege durch Familienmitglieder zur Zeit noch über größere räumliche Entfernungen hinweg aufrechterhalten. Nach wie vor bleibt die Familienhilfe die wichtigste und häufigste Form der Unterstützung Älterer überhaupt. »Intimität auf Abstand« wird von allen Generationen gewünscht. Der durch Individualisierung und Singularisierung charakterisierte Kulturwandel gefährdet allerdings die Intimität, denn diese ist eine Beziehungsqualität *zwischen* Menschen.

(4) Auch wenn die Generationen ihre Haushaltsgemeinschaft auflösen und getrennt leben und wohnen, bleibt der ökonomische und soziale Austausch unter den Mitgliedern dieser Drei- oder Vier-Generationen-Familien erhalten. Während der oft noch andauernden Berufstätigkeit oder dem intensiven Freizeitgenuss von Großeltern reduzieren sich Interaktionschancen zwischen den Generationen. Insbesondere aber vergrößern sich die kulturellen Abstände zwischen den gleichzeitig lebenden verschiedenen Altersgruppen. Die Kommunikationsfähigkeit wird so auch inhaltlich beschränkt (ROSENMAYR 1996).

(5) Behandlung im Krankheitsfall, Rehabilitation und Krankheitsvorsorge sind, wenn auch mit unterschiedlichen Standards, fast allen Gruppen älterer Menschen zugänglich geworden. Aus Langfristtherapien und der aufwendigen Pflege von Hochbetagten ergeben sich zunehmende finanzielle und humanitäre Probleme. Die Gesundheitsversorgung bedeutet die Ermöglichung umfassender Lebensvollzüge oftmals selbst dann, wenn gesundheitliche Einschränkungen und Ausfälle vorliegen und auf manches

verzichtet werden muss. Trotzdem wird durch Fahrlässigkeit und die Unfähigkeit oder den Unwillen, hinsichtlich Ernährung, Genussmittelkonsum und Bewegung kontrolliert zu leben, die individuelle Gesundheit geschädigt und das soziale Gesundheitssystem missbraucht und in seinem Bestand gefährdet.

(6) Wie wissenschaftlich nachgewiesen wurde, bleiben bestimmte Intelligenzleistungen, besonders solche, die sich auf Lebenserfahrung und Kulturwissen beziehen, bei den meisten Menschen bis etwa ins 80. Lebensjahr und darüber hinaus umfassend erhalten oder sind sogar steigerungsfähig. Die Lernkapazitäten Älterer werden (bisher) zu wenig gefordert und gefördert, weil in der Gesellschaft die Ziele zur Aktivierung der Intelligenz der älter werdenden Mitbürger fehlen und weil dadurch oft auch deren Motivation zu gering ist.

(7) Die Alter(n)sforschung hat auf den verschiedensten Teilgebieten enorme Fortschritte errungen. Jedoch war bisher die Zusammenarbeit dieser Teilgebiete in interdisziplinärer Forschung eher mangelhaft und es gab auch Defizite bei der Ausrichtung der Alter(n)sforschung auf die praktische Anwendung sowie Mängel bei der Kooperation zwischen Wissenschaftlern und Praktikern aus dem Altenbereich.

3. Quervergleich zwischen den Kulturen

Bisher war die Darstellung der Position und kulturellen Bewertung der Alten als eine *Längsschnittbetrachtung* angelegt, die sich von den Frühkulturen über die europäische Geschichte bis zur Gegenwart erstreckte. Nun soll in einem *Querschnittvergleich* die Perspektive auf einige Weltkulturen erweitert werden. Mit Recht wurde immer wieder beanstandet, dass in zahlreichen, zum Teil kulturvergleichend orientierten Darstellungen der Weltgeschichte Bezüge zum menschlichen Lebenslauf und zum Alter fehlen. In diesem *dritten Kapitel* kann deshalb auch nicht an ein schon bestehendes Konzept angeknüpft werden und es muss skizzenhaft bleiben.

In einem ersten Schritt (*Abschnitt 3.1*) werden an Beispielen Positionen dargelegt, die die Alten in schriftlosen Stammesgesellschaften innehaben. In einem zweiten Schritt (*Abschnitte 3.2* und *3.3*) sollen dann einige vergleichende Hinweise zu den Alterspositionen in entwickelten außereuropäischen Hochkulturen gegeben werden. Während *Kapitel 2* eine eurozentrische Perspektive zugrunde lag, wird nun der Blick mit Beispielen aus Asien und Afrika erweitert. Hierbei kann es sich aus sachlichen wie Umfangsgründen nur um Bruchstücke eines weit umfassenderen Programms handeln. Es wird der künftigen kulturvergleichenden Forschung vorbehalten bleiben, eine umfassende Darstellung zu versuchen, in der kulturübergreifend sowohl die Stellung alter Menschen in aller Welt als auch die zahlreichen sozialen Ordnungen für die einzelnen Lebensalter analysiert werden.

3.1 Altenpositionen in Stammeskulturen

Vergleicht man Stammesgesellschaften in Bezug darauf, wie sie Altenpositionen ausformen, zuweisen und legitimieren, so wird man davon ausgehen müssen, dass diese Kulturen für die Alten ein »design for living« (etwa: »Lebensentwurf«) (KEITH 1986, S. 239) besitzen, das deutliche *Gemeinsamkeiten* aufweist. Die Hochkulturen hingegen kennen solche streng strukturierenden Gemeinsamkeiten viel weniger, denn sie sind auch in Bezug auf die Alten durch einander widersprechende oder gar in Konflikt geratende Ideen, Ideologien, Religionen sowie Wirtschafts- und Sozialsysteme gekennzeichnet. Im Gegensatz dazu sind Stammesgesellschaften aufs Ganze gesehen zwar in ihren Ordnungssystemen sehr komplex, aber darin stark gebunden und relativ gut durchschaubar. Auch ihre Mitglieder haben zwar unterschiedliche Macht, Einfluss und Fähigkeiten; die internen sozialen Differenzierungen treten jedoch in diesen Gesellschaften schon auf den ersten Blick weit klarer hervor als in Hochkulturen und lassen sich an vergleichsweise wenigen Strukturmerkmalen ablesen. Eines dieser Strukturmerkmale, nach denen man Stammesgesellschaften vergleichen kann, ist, welche Position die einzelnen Altersgruppen einnehmen und wie diese Positionen bewertet werden. Dabei lassen sich vier Grundtypen unterscheiden:

Jäger- und Sammlerkulturen bestimmen die Wichtigkeit der einzelnen Personen und Altersgruppen für die Gesamtgruppe nach deren unmittelbar einsichtiger sozialer und ökonomischer Nützlichkeit: An Wert verliert, wer weder durch eigene Körperkräfte (mehr) Nahrung gewinnen und Schutz geben kann noch imstande ist Nachwuchs zu zeugen.

In einem zweiten System, das andere Stammeskulturen praktizieren, bestimmt sich das »Alter« nach dem Status, den man innerhalb der Gesellschaft durch eine Eheschließung und die Zahl der eigenen Kinder erworben hat. »Kinderlose alte Frauen oder Männer können so nie zu ›Alten‹ werden« (ELWERT 1992, S. 262).

Bei einem dritten Typus von Kulturen existiert (meist nur bei den Männern) eine relativ streng nach Geburtsjahrgängen gegliederte Gesellschaft, die nach *Altersklassen* beziehungsweise *Kohorten* differenziert ist. Je nachdem, in welcher Altersklasse oder Kohorte sich jemand gerade befindet, übt er unterschiedliche Funktionen für die Gesamtgruppe aus. In eine neue Altersklasse tritt jemand beispielsweise dann ein, wenn er (oft relativ spät) eine Familie gründet und Nachkommen zeugt. Einfluss und Ansehen steigen meist nur bis zu einem bestimmten Alter, bis nach der Familienphase. Die Allerältesten verlieren dann wieder an Macht und behalten nur kultische oder richterliche Funktionen. Solche Systeme sind beispielsweise bei den ostafrikanischen Nomaden wie den Massai verbreitet (FOSBROOK 1978).

Ein Erklärungsversuch für dieses System besagt: Wo der Haushalt beziehungsweise die Verwandtengruppe die zum Überleben nötigen Kenntnisse und Fertigkeiten nicht zureichend zu vermitteln imstande ist, muss dies eine andere gesellschaftliche Institution tun, nämlich das Altersgruppensystem und innerhalb dieses

Systems die Kohorte (EISENSTADT 1956). Da nomadische Viehzüchter bei der Weidetechnik, bei der Verteidigung ihrer Herden, bei Raubzügen zu anderen Gruppen wie auch bei ökologischen Kenntnissen komplexe Fertigkeiten entwickeln müssen, hat EISENSTADTS Auffassung, dass über die Verwandtengruppe hinaus Informationen weitervermittelt werden müssten, eine gewisse Plausibilität. Allerdings haben auch sesshafte Ackerbauern, deren Wissensrepertoire beschränkter sein kann, das Altersklassen- und Kohortensystem auch dann übernommen, wenn sie sich gegen benachbarte Nomadenvölker mit Kohortenstruktur verteidigen müssen. Es gibt westafrikanische Nomaden, zum Beispiel die Fulbe, die ohne Kohortensystem auskommen. Die Fulbe sind aber wahrscheinlich auch friedlicher als manche ostafrikanische Nomadenvölker, die als Altersgruppengesellschaften eher kriegerisch sind. (Auch das für seine Kampfeskraft berühmte altgriechische Volk der Spartaner war ursprünglich nach Altersgruppen organisiert.) Ich neige daher dazu, das Altersklassen- beziehungsweise Kohortensystem weniger aus der unzureichenden Wissensvermittlung durch die Verwandtschaft zu erklären. Vielmehr leite ich es aus den besonderen Herausforderungen ab, denen sich aggressive Nomadenvölker beim Angriff auf oder bei der Verteidigung gegen ihre Nachbarn stellen müssen. Zum Beispiel verwenden die einzelnen Kohorten dieser Kulturen unterschiedliche »Waffengattungen«, die gut aufeinander abgestimmt sind und die Kooperation der Kohorten zu einem zwingenden Erfordernis für Erfolg in kriegerischen Auseinandersetzungen machen.

In einem vierten Typus geht die Altersorganisation nach dem Senioritätsprinzip vor sich. Dieses Prinzip ist bei sesshaften Ackerbauern weit verbreitet. In Schwarzafrika beispielsweise bedeutet das traditionelle Senioritätsprinzip, dass eine ältere Person oder Gruppe gegenüber einer jüngeren oder später in die Gemeinschaft aufgenommenen Vorrang an Einfluss, Entscheidungsmacht und Ansehen genießt. Seniorität ist ein normatives (wertendes und Regeln gebendes) Prinzip und wirkt daher als ein soziales Regulativ. Denn »Seniorität« meint eine Rangordnung nach »früher« und »später« und bildet in vielen traditionellen afrikanischen Gesellschaften ein allgemein anwendbares System der Machtverteilung innerhalb von Verwandtengruppen und ganzen Stämmen. Der Anwendungsbereich des Senioritätsprinzips erstreckt sich auf weit mehr, als dass nur der oft zitierte »weise Rat« der Älteren eingeholt würde. Nicht so sehr die Anhäufung von individuellem Wissen bei den Alten ist es nämlich, worauf diese die ihnen nach dem Senioritätsprinzip zukommende Macht stützen. Normen durchzusetzen und Entscheidungen nach Seniorität zu treffen beruht vielmehr auf traditionellen Regeln und auf der Annahme, *die Älteren seien die Vertreter der Allgemeinheit.* Sie sind dies, weil sie nach der Regel »Früher sticht später« das Sagen haben. Das Prinzip gilt für die Männer wie für die Frauen, hat aber für die Männer, da hauptsächlich sie das öffentliche Leben bestimmen, mehr Gewicht.

Die Rangordnung, welche beispielsweise auch Brüder in eine strenge Reihung und Abfolge setzt, beruht auf manchmal nur sehr geringen Altersunterschieden. Beträgt der Altersunterschied nur wenige Jahre, lässt sich das Senioritätsprinzip gewiss nicht daraus rechtfertigen, dass bei diesen Brüdern dramatische Unterschiede in Bezug auf ihre Lebenserfahrung vorhanden wären. Bei Zwillingen hat auch dann einer von beiden »Seniorität«, wenn er nur um Minuten früher als sein Geschwister das Licht der Welt erblickte. Auch dies bestätigt die Auffassung, dass Seniorität ein allgemeines soziales Prinzip ist und erst in zweiter Linie auf der Anhäufung individueller Erfahrung beruht. »Seniorität« verschafft ihrem Inhaber das Privileg, Einfluss auf die Steuerung der Gesellschaft zu nehmen; außerdem ermöglicht dieses Prinzip einen sukzessiven und vorhersehbaren Machtwechsel innerhalb der Gesellschaft: Die Älteren schöpfen den traditionellen kulturellen Wissenskodex und Normbestand aus und üben, darauf fußend, ihre Macht in Entscheidungsprozessen aus. Sind sie gestorben, folgen auf sie neue »Altgewordene«, die mehr oder weniger genau dasselbe tun und so der Gesellschaft Kontinuität und Stabilität verleihen.

Das Senioritätssystem der sesshaften Ackerbauern wird sehr häufig durch ein Kohorten- beziehungsweise Altersgruppensystem ergänzt. Bei den westafrikanischen Bambara, die das Senioritätsprinzip praktizieren, lässt sich deutlich nachweisen, dass schon in den Altersgruppen der Kinder Gefühle der Zusammengehörigkeit und Identifikation mit ihrer eigenen Gruppe gefördert werden. Daneben lernen sie durch ihre jeweils etwas älteren Gruppenführer aber auch,

Abbildung 5: Seri Sakko, Dorfchef eines Bambara-Dorfes in der zentralafrikanischen Sahelzone, Republik Mali (*Foto:* Leopold Rosenmayr).

dass sie die Altershierarchie anerkennen müssen. Nach der Initiation in der Frühpubertät bilden sich bei den Bambara dann formelle Gruppen von Jahrgangsgenossen heraus. Es konstituieren sich Kohorten, denen zumeist von ihrem alten Initiationsmeister, aber auch von anderen Älteren bestimmte Fertigkeiten vermittelt werden. Die Altershierarchie zwischen den einzelnen Kohorten führt dazu, dass das den sozialen »Kitt« bildende Senioritätsprinzip zusätzlich gestärkt wird (ROSENMAYR 1992a, S. 135). Bei den Bambara bildet die enge reale – aber nicht individualisierte – Mutterbindung in der Kleinkindphase die Basis für die starke emotionale Bindung an die Kindergruppe. Deshalb spielt die Muttersymbolik auch während der Initiation, während der über verschiedene Stufen erfolgenden Einweihung in die Initiationsgeheimnisse, eine bedeutsame Rolle. Die Reifungshierarchie ist auf dieser Gesellschaftsstufe ein sehr bedeutendes Phänomen.

Man sieht, dass *»Seniorität« ein vielfach vernetztes, emotional abgestütztes soziales System* umfasst und primär nicht auf besonderen individuellen Leistungen von Alten beruht. Jedoch hebt das durch das Senioritätsprinzip prinzipiell gestützte Altenansehen eine unterschwellige Ambivalenz im Verhältnis von Alt und Jung nicht auf. Sprichwörter aus Stammesgesellschaften zeigen deutliche *Aggressionen gegen Alte* und gegen das hohe Alter. Von mir bei den Bambara durchgeführte Umfragen unter Jungen über ihr Verhältnis zu den Alten enthüllten sowohl Abhängigkeit der Jungen von den Alten als auch Ablehnung der Alten durch die Jungen. Selbst bei den aus dörflichem Milieu zur Saisonarbeit in die Stadt abgewanderten Jungen lässt sich dies zeigen (ROSENMAYR 1992a). Die Fluchgewalt der Alten, welche die Jungen enorm einschüchtert, drängt das Dorf-Establishment, das aus Alten besteht, oft in die Isolation. Aber auch die Jungen resignieren erbittert, wenn beispielsweise die Alten, die das Geld horten, dieses statt es für Pflüge auszugeben für Hochzeiten und Begräbnisse verschleudern. Kommt der Sog der Verstädterung hinzu, so riskieren die Alten in Schwarzafrika – zur Zeit stärker als in Indien oder China – ungeschützt in soziale Randbereiche abgedrängt zu werden.

Wenn durch Islamisierung oder Verwestlichung auch noch die Praxis des Ahnenkults zurücktritt, verlieren die Alten den Rückhalt in der »Gemeinschaft des Ansehens«, die alte Lebende und Tote verbindet. Aber: Modernisierung erzeugt nie automatisch und durchgehend Verlust des Respekts vor den Alten (ELWERT 1992, S. 275). Seitdem durch das Fernsehen alte Musiker und Sänger, die in traditionellen Darstellungsformen aktuelle Themen behandeln, in der städtischen afrikanischen Bevölkerung populär wurden und seitdem der Versuch, alte Menschen als Traditionsquellen in den Schulunterricht einzubeziehen, Teilerfolge brachte, können sich im Anerkennungsprozess zwischen Alt und Jung neue Konstellationen ergeben. Dass solche Bestrebungen auch gesellschaftspolitisch bedeutungsvoll sind, lässt sich nicht zuletzt daran ablesen, dass sich in Schwarzafrika in den letzten 50 Jahren die Zahl der über 60-Jährigen verdreifacht hat. Eine staatliche Versorgungspolitik ist nicht finanzierbar. So muss man andere Integrationsformen fördern.

Wie deutlich geworden sein dürfte, muss die *Altenmacht* in Stammesgesellschaften differenziert betrachtet werden. Ähnliches gilt auch für die andere Seite, die extreme *Schwächung der Alten* einschließlich der *Altentötung*, die oft in stark vereinfachender Weise abgehandelt wird. Zum besseren Verständnis dieses Phänomens muss man wissen, dass die Alten nicht die einzige Altersgruppe waren und sind, in der einzelne Individuen als Angehörige einer bestimmten Altersstufe getötet wurden. Allerdings geschieht dies nur bei sozialem Konsens als Überlebensregel, also nicht durch individuellen Mord.

Kindestötung kam und kommt in Stammesgesellschaften vor, und zwar sowohl zur sozialen und ökonomischen Entlastung bei Notständen (»überflüssige Esser«) als auch aus rituellen Gründen.

Noch vor einigen Jahren wurden mir in Duala, Kamerun, einschlägige Fälle ritueller Kindestötung berichtet, die man gegen polizeiliche Verfolgung sorgfältig abschirmte. Auch für die Altentötung dürfen wir annehmen, dass beide Beweggründe – soziale Last und rituelle Bedürfnisse – maßgeblich waren. Das darüber verfügbare Datenmaterial ist jedoch weder neu (Koty 1934) noch allzu verlässlich. Manche Autoren suchen die Altentötung dort, wo sie im Bereich des normativ Erwünschten oder Geduldeten liegt, mit einem »kulturimmanenten Verständnis der Alten als siech oder hinfällig« in Verbindung zu bringen (Elwert 1992, S. 270). Nach Gesprächen, die ich mit qualifizierten einheimischen Gewährsleuten im westlichen Kamerun geführt habe, die mit den Stammestraditionen aus eigenem Erleben wohlvertraut waren, ergab sich für mich folgendes Bild: Altentötung kommt selten und nur dann vor, wenn die Einwilligung der zu tötenden alten Person vorliegt und wenn ihr besondere geistige Kräfte zugeschrieben werden. Durch die Tötung sollen die Kräfte der zu tötenden Person auf lebende, meist in der Stammeshierarchie hoch gestellte Personen übertragen werden.

Eine vergleichbare magische Tradition, die Kräfte der Toten Lebenden zu vermitteln verdankt, bildet die Wurzel des Hirnschalenkults, den wir aus Asien kennen, zum Beispiel aus buddhistischen Klöstern im nordindischen Ladakh. Auch die Öffnungen, die in den Schädeln von Vor- und Frühmenschen entdeckt wurden, haben Urgeschichtler dahingehend interpretiert, sie seien von ihren Artgenossen ganz gezielt erschlagen worden um das Gehirn zu entnehmen, zu verspeisen und auf diese Weise die Kräfte des Toten auf sich zu versammeln.

Aus meinen Forschungen bei den Bambara und den Dogon in Westafrika ist mir allerdings das Phänomen bekannt, dass manche alte Angehörige dieser Stämme bewusst dem Tod entgegengehen. Einzelne hochbetagte Personen vermögen den Tag ihres Todes vorauszusagen und verhalten sich dementsprechend (Rosenmayr 1992a, S. 155 ff.). Der Hogon, der gewählte Dorfkönig der Dogon, ist ein hochbetagter Mann, der keinerlei politische oder soziale, sondern nur mehr rituelle Funktionen ausübt. Er nimmt lediglich noch eine Hungerdiät zu sich, die ihm von einem Kind in seine selbst bejahte Abgeschiedenheit gebracht wird. Der Hogon repräsentiert in besonders radikaler Weise die

Existenzform des Abschieds von der Welt, die man auch als sukzessiven sakralen Suizid interpretieren kann. Er fügt sich jedenfalls in das Muster eines gezielten, der sozialen Norm entsprechenden Altentodes ein, der nicht aus Ressourcenknappheit der Gruppe oder des Stammes zu erklären ist. In den vergangenen Jahren habe ich in mehreren Felsdörfern der Dogon diese ehrwürdigen und ganz offenkundig unterernährten Greise in ihren streng nach außen abgegrenzten und durch traditionelle Symbole hervorgehobenen Gehöften mit großem Respekt besucht. Diese Greise fanden in der Bevölkerung, die sich nur Segen von ihnen erwartete, einhellige Anerkennung.

Neben diesen Beispielen für die Hochbewertung des Alters in Stammeskulturen muss noch eine besonders gefährdete Personengruppe erwähnt werden, die sich in den Stammesgesellschaften, aber nicht nur in ihnen findet: Alte Frauen als »Hexen« hat es auch in verschiedenen Hochkulturen gegeben, nicht zuletzt in Europa, und zwar vom Spätmittelalter bis ins 18. Jahrhundert. Zwar ist die Hexerei in ihren verschiedenen Ausprägungen – vor allem in Afrika – nicht an ein höheres Alter und nicht an das weibliche Geschlecht gebunden. Doch es fällt auf, dass alte Frauen vor allem dann, wenn sie alleinstehend und isoliert sind, in den verschiedensten Weltkulturen überproportional häufig als Hexen verdächtigt, stigmatisiert und verfolgt wurden. Aufgrund mehr als dreizehnjähriger eigener Beobachtungen und Forschungen in einer Bambara-Dorfgemeinschaft kann ich bestätigen, dass dort bei alten Frauen ein Zusammenhang zwischen sozialer Isolation und Verdacht auf Hexerei hergestellt wird (Rosenmayr 1995a; 1995b). Die Stigmatisierung alter Frauen lässt sich auch als Abwehrreaktion in Gesellschaften verstehen, in denen Männer die Herrschaft haben (Formanek 1996). Solche Gesellschaften befürchten den Machtgewinn von Frauen nach der Menopause. Wenn es niemanden gibt, der für ihren Unterhalt sorgen kann oder will, wird die »emanzipierte« Alte zu einer Belastung, die man zu beseitigen bestrebt ist. Dazu kann der Hexenverdacht beitragen.

3.2 Kulturelle Übergänge in Afrika und Ostasien: Wandel der Generationenbeziehungen

Unter dem Einfluss von Verstädterung und »Modernisierung« setzen in afrikanischen Gesellschaften mit stammesgesellschaftlichen Normen Unsicherheiten in Bezug auf soziale Erwartungen ein. Durch die Verstädterung verändert sich die Kooperation, in welcher die Stammesmitglieder bei der täglichen landwirtschaftlichen oder handwerklichen Arbeit zusammenwirken. Die Konstanz in den Produktionsmethoden und im traditionsbezogenen Wissen wird erschüttert oder löst sich gar ganz auf. Dadurch werden auch die Grundlagen des Senioritätsprinzips unterminiert. Dies führt zu widersprüchlichen, teilweise auch übertriebenen Erwartungen der Generationen aneinander, was Konflikte zwischen Jung und Alt inner- und außerhalb der Familie provoziert. Zu deren wichtigsten Ursachen zählt der unterschiedliche Bildungsgrad zwischen den Generationen. Jugendliche oder junge Erwachsene, die eine Schule besucht haben, leiten aus ihrer Schulbildung und Alphabetisierung ein allgemeines Gefühl der Überlegenheit über ihre Eltern und die Alten ab. Das gilt besonders für Kinder, deren Eltern vom Land kommen. Diese Eltern hatten meist selbst keine wie immer geartete Schulbildung erhalten und können weder lesen noch schreiben.

Ein anderer wichtiger Lebensbereich, in dem sich Alt und Jung reiben, ist die Einstellung zur Arbeit. Aufgrund der weit verbreiteten Arbeitslosigkeit unter der städtischen Jugend leiden die Familien unter sinkendem Einkommen. Besonders zwischen arbeitenden Vätern und arbeitslosen Söhnen ist das Verhältnis belastet. Die Eltern der städtischen Jugend und die städtischen Alten beklagen den Mangel an Bereitschaft in der jungen Generation, schwere, gering geschätzte oder schlecht entlohnte Arbeit als Alternative zur Arbeitslosigkeit anzunehmen. Die Jungen verrichten, je länger sie die Schule besuchten, umso weniger solche »schlechten« Arbeiten. Entsprechend der Tradition erwarten jedoch die städtischen Eltern von den Jungen, dass diese durch ihre Arbeit den Familienhaushalt finanziell unterstützen, wie dies auf dem Land üblich ist.

In den afrikanischen Städten dominieren im sozialen Netz der Jungen bereits die Kontakte zu Gleichaltrigen. Innerhalb der Jugend gibt es die Tendenz, immer öfter mit Gleichaltrigen zusammenzukommen und sich dem Fernsehen oder Schauen von Videokassetten in Gruppen hinzugeben. Dadurch verringern sich die Kontakte zu den Eltern und anderen Älteren. Auf dem Lande dagegen bleibt das Gemeinschaftsleben noch viel stärker um die ältere Generation herum zentriert. Auch da gibt es allerdings Krisen, vor allem was die strikte Autoritätsausübung der Alten anlangt, wogegen die Jungen aufbegehren.

Unter dem Druck der oft abrupten Technisierung und Ökonomisierung werden Aktivitäten mit strengen Zeitvorgaben und der individuelle Konkurrenzkampf zur sozialen Notwendigkeit. Dabei können sich die auf dem Senioritätsprinzip aufgebauten sozialen Regeln leicht als Hindernisse erweisen. Seniorität ist auf Warten aufgebaut. Die intelligentesten Jugendlichen im Dorf, die mit der westlichen Zivilisation in Kontakt kommen und deren Vorteile nutzen, beginnen sich an anderen Werten zu orientieren, nämlich an denen des Wettbewerbs und des individuellen Erfolges. Das Schulsystem, unabhängig davon, wie unzureichend entwickelt und ineffizient es im lokalen Bereich sein mag, öffnet die Wege zum individuellen Konkurrenzkampf. Es stimuliert auch die Jugend Widerspruch gegen Ältere zu erheben. Dadurch wird das traditionelle Senioritätsprinzip sowohl eingeschränkt als auch zurückgedrängt. Trotz aller Verwestlichung ist jedoch – wie nirgendwo sonst auf der Welt – in Schwarzafrika die Position der Alten emotional besetzt und durch die schriftlose Kultur, das heißt durch eine von Mund zu Mund weitergegebene Tradition, seit Jahrhunderten legitimiert. Deshalb ist sie auch besonders stark in das Spannungsfeld des nun schriftbezogenen und durch Radio, vor allem aber Fernsehen und Videokassetten sich vollziehenden kulturellen Wandels gerückt.

Die traditionellen schwarzafrikanischen Kulturen mit ihren agrarischen oder viehzüchtenden Produktionssystemen, die sich ökonomisch über Jahrtausende wenig verändert hatten, verlangten von den Jungen, ihren Altvorderen alles abzugeben, was sie verdienen. Die Alten hatten ihrerseits dafür Sorge zu tragen, dass jeder in der Gemeinschaft das bekam, was er oder sie nach ihrem (der Alten) Ermessen tatsächlich brauchte. In Varianten lässt sich dies in verschiedenen Entwicklungsgesellschaften auch heute noch beobachten, zum Beispiel in Ostanatolien, in manchen Regionen des Vorderen Orients und Indiens sowie eben in weiten Bereichen der ländlichen (und zum Teil auch städtischen) Übergangsgesellschaften Schwarzafrikas. Manches davon lässt sich auch auf die Verhältnisse in den ländlichen Regionen Chinas übertragen.

In Schwarzafrika beginnen die Jungen neue kulturelle Standards zu setzen, indem sie verstärkt die individuelle Verfügung über das eigene Leben und ihre selbstverdienten Mittel einfordern. Der Kulturwandel erlaubt ihnen mehr Ichbezogenheit und Selbstbestimmung. Parallel dazu verliert das Modell des geschlossenen Versorgungskreislaufs in der altenzentrierten Familie seinen verbindlichen Charakter und es kommt zu neuen ökonomischen Verteilungsmustern und zur Forderung nach neuen Autoritätsordnungen.

Dort, wo lebenslanges Lernen für einen zentralen Wert gehalten wird, lassen sich sowohl das Aufeinanderprallen der Generationen als auch der Kulturkonflikt zwischen ihnen leichter verarbeiten. Stellt man die afrikanischen Länder südlich der Sahara den südostasiatischen Schwellenländern (Südkorea, Taiwan, Hongkong usw.) gegenüber, so ist die höchst unterschiedliche Entwicklung dieser beiden Weltregionen kultursoziologisch zu verstehen. In den Agrarregionen Südostasiens waren bestimmte Traditionen des Konfuzianismus stets lebendig: Dessen *lernorientiertes* Moralsystem (vgl. *Abschnitt 3.3.2*) nimmt starken Einfluss auf die Lebensführung. Die Älteren beharren nicht auf dem, was sie bereits wissen, sondern lernen selbst dazu und unterstützen zugleich die Lernorientierung der Jüngeren. Daraus ergibt sich auch, dass die Generationen weniger hart aufeinander prallen. Die Alten pochen nicht so deutlich auf die eigene Autorität, sondern verweisen darauf, was lernenswert ist.

Anders als in den ostasiatischen Hochkulturen besteht im traditionellen Schwarzafrika kaum eine allgemeine, von den Alten an die Jungen gerichtete Lernerwartung. In arabischen Familien gibt es dagegen ebenfalls Tendenzen zumindest einem Sohn alle erdenklichen Chancen für eine Karriere zu bieten. Deshalb finden wir auch in Europa relativ viele Ärzte aus dem Orient, weil sich ihre Familien entschlossen hatten einen der Söhne stark zu fördern; dieser durfte dann im Ausland studieren und ist dann dort verblieben. In manchen Entwicklungsregionen werden also Karrieren in bestimmten qualifizierten Berufen durch die Familienstrukturen gefördert. Anders als in Schwarzafrika sind in Ostasien Lernen und beruflicher Aufstieg zwischen den Generationen kein Streitpunkt, sondern sie werden von den Älteren sogar aktiv gefördert. So kommt es zu einer wechselseitigen Verstärkung von Lernorientierung und einem auch auf geistigem Austausch aufgebauten Verhältnis zwischen den Generationen.

3.3 Kulturell-religiöse Faktoren in der Wertung der Alten in außereuropäischen Gesellschaften

3.3.1 Hinduismus, Buddhismus und die Lebenspraxis der Alten in Indien

Mit der spezifisch indischen Lehre vom Lebenslauf eröffnet sich ein sowohl gegenüber der westlichen als auch der fernöstlichen Kultur völlig anders gearteter Horizont. Nach der traditionellen indischen Lehre des Ashram gibt es vier verschiedene Lebensphasen:

- erstens das Lernen als Kind und Jugendlicher,
- zweitens das Hausvater-Sein,
- drittens der Rückzug in die Meditation beziehungsweise auf eine Lebensform mit reduzierten Ansprüchen und schließlich
- viertens die Existenzform des *Sannyasin*, desjenigen, der der Welt entsagt hat, nach Befreiung und Einswerdung mit dem Unendlichen strebt und mit der Bettelschale in der Hand dem Tod entgegengeht.

Die in der vorbuddhistischen indischen Philosophie und Lebensordnung entwickelte Vorstellung von der Wiedergeburt war ursprünglich mit der vom Ashram vorgeschriebenen Praxis des Lebenszyklus der Familie verbunden: Die Alten beginnen eine Wanderexistenz in den Wäldern mit gelegentlicher Rückkehr zum Haus des Sohnes, jedoch ohne Anspruch darauf, dort wohnen zu dürfen oder ökonomische Unterstützung zu finden. Es geht den Alten um Selbstfindung und Selbstwerdung durch *Ablösung:* Der Lebenslauf soll – so lehrt dann der sich ab dem fünften vorchristlichen Jahrhundert ausbreitende Buddhismus – zur Loslösung von den schöpferisch-zerstörerischen Kräften des Universums werden. Je heiliger und würdiger die Alten, desto näher kommen sie in diesem Ablösungsprozess dem Nicht-Sein. In den frühesten Zeiten der indischen Kultur brachte dies sicher eine Entlastung für die karge, das bloße Überleben sichernde Landwirtschaft. Das Klischee, dass die Alten im Osten immer »hochgeehrt« waren, ist, wenn man von den hier skizzierten indischen Auffassungen ausgeht, nur bedingt aufrechtzuerhalten. Allerdings hat der gelebte Buddhismus von Laien in Indien, wie man den für die Alltagspraxis gemeinten Erlässen des indisch-buddhistischen Kaisers ASHOKA (um 273/265 – um 238/232 v. Chr.) entnehmen kann, Gehorsam, Respekt und alle notwendige Sorge und Pflege für die alten Eltern verlangt und wohl auch bis zu einem gewissen Grad praktiziert. Weltüberwindung und Daseinssorge sind dann nicht mehr unüberwindliche Gegensätze. Ein starker verantwortungsbewusster Herrscher wie Ashoka versuchte die beiden Haltungen zu verbinden.

Meine eigenen Beobachtungen in ländlichen Regionen Indiens zur Behandlung von gebrechlichen alten Menschen haben mich gelehrt, dass dort die Vorsorge und Bemühung der Familie – trotz eines starken verwandtschaftlichen Zusammenhalts – voll deutlicher Spannungen sind. Ich konnte zwar erkennen, dass den Älteren in den Dörfern ein gewisser Respekt entgegengebracht wird. Aber ich gewann nicht den Eindruck, dass dieser Respekt, etwa bei Pflegebedürftigkeit, sich dahingehend auswirkt, dass die Alten intensiv versorgt werden. Neuere Untersuchungen bei den noch stark unter buddhistischem Einfluss stehenden Bevölkerungsgruppen in der nordindischen Hochgebirgslandschaft Ladakh zeigen, dass dort zwar die Mönche, nicht aber die Alten besondere Verehrung genießen, was durchaus buddhistischer Grundhaltung entspricht (SILVERMAN, MAXWELL 1982).

Für den Gerontologen und Lebenslaufforscher ist am Buddhismus vor allem wichtig, dass das, was in vielen Leben, im Gesamtkreislauf von Leben und Tod geschieht, sich auch in jedem Einzelleben ereignen soll. Der Gesamtkreislauf des Lebens wird also parallel zum Einzelleben gesetzt. Die Lebensordnung soll helfend dazu beitragen, dass man sich im Kreislauf der Wiedergeburten Stufe für Stufe vom Leben ablöst. Die Sprache des frühen Buddhismus gewinnt deswegen auch an Schärfe, wenn es um das körperliche Altern geht:

»Der Körper ist erschöpft, eine Brutstätte von Krankheiten – zerbrechlich. Dieser Haufen von Fäulnis zerbricht in Stücke, das Leben endet wirklich im Tod. [...] Die Knochen werden zur Ruine, verkleistert mit Fleisch und Blut, und in ihr hausen Alter und Tod, Hochmut und Tücke«. (Dhammapada, zitiert nach ROSENMAYR 1990, S. 316)

Nach einer Nacht der Meditation eröffnet sich Buddha (560–480 v. Chr.) der Einblick in Altern und Vergänglichkeit:

»Wie ist diese Welt doch leidvoll! Sie altert und stirbt, um wiedergeboren zu werden, um von neuem zu altern und zu sterben, ohne Ende [...] Höret, ihr Mönche, der Weg ist gefunden. Erkennt, ihr Mönche, daß alles Dasein leidvoll ist. Geburt ist Leid, [...] Altern ist Leid. Der Ursprung des Leidens in der Welt ist der Durst nach Wiedergeburt, der Durst nach Befriedigung der fünf äußeren und inneren Sinne«. (zitiert nach PERCHERON 1987, S. 23 ff.)

Altern wird im frühen Buddhismus als ein Teil der in den Kreislauf von Leben und Tod *eingebundenen* menschlichen Existenz gesehen. In diesem Kreislauf spielt das Altern eine wichtige Rolle. Die immer wieder neuen Geburten »hängen« an der Materie, die sich im Altern jeweils wieder erschöpft. Nach Auffassung des Buddhismus ist dieses verhängnisvolle »Hängen« an der Materie die Ursache für die Grundtäuschung im Leben, die überwunden werden soll.

In Tibet blieb der Buddhismus am stärksten erhalten. Dort entfaltete sich über die Jahrhunderte eine die Klosterkultur ergänzende buddhistische Laienmoral und Lebenslehre. Die Alten in Tibet sitzen nicht herum und warten auf den Tod, sondern versuchen jenen Typus sinnvoller Arbeit auszuführen, von dem sie sich einen direkten Einfluss auf ihr künftiges – ihre künftigen – Leben erwarten (GOLDSTEIN, BEALL 1996). In Indien hingegen hatte der Buddhismus in Bezug auf die Ausformung der alltäglichen Lebenspraxis in der Altenposition und für das Verhältnis der Generationen zueinander keine durchgreifende und dauerhafte Wirkung.

Die heutige Bevölkerung Indiens wächst noch immer rapide und ist dadurch außerordentlich jung. Neuere sozialgerontologische Untersuchungen zeigen, dass es in Indien seit der Mitte dieses Jahrhunderts eine Verdreifachung des Altenanteils gab. Dennoch werden die überlebenden Alten fürsorglich in die Drei-Generationen-Familie integriert, selbst wenn sie den Jungen in die städtischen Slums nachfolgen. Man kann zum Beispiel in Bombay sehen, wie sie dort notdürftig bei den Familien, selbst in den Slums, Unterkunft erhalten, wenn sie auf dem Lande nicht mehr überleben können. Der westindische Bundesstaat Maharashtra hat, um die Landflucht zu bremsen, als erster der indischen Bundesstaaten eine – wenn auch minimale – Unterstützung der ländlichen Alten eingeführt. Die eben erwähnte sozioökonomische und soziale Integration der Alten ist nicht mit deren besonderer Hochschätzung verbunden, wie dies in Japan trotz Hochtechnisierung und in China trotz Bekämpfung des Konfuzianismus durch den Maoismus immer noch weitgehend der Fall ist.

3.3.2 Die Rolle von Konfuzianismus, Taoismus und Buddhismus für die Bewertung des Alters in China und Japan

Über die Jahrhunderte hinweg blieb der um 500 v. Chr. begründete Konfuzianismus in China so stark wirksam, dass ihn auch MAO TSE-TUNGS (1893–1976) Kulturrevolution zwischen 1966 und 1976 nicht ausrotten konnte. Heute lebt er in China wieder auf. Der Konfuzianismus übernahm von der altchinesischen Familie das Ideal der Altenverehrung als »kindliche Pietät«. Im Denken der kaiserlichen Bürokratie des alten China wurde die familiäre Bindung an die Alten zum Vorbild für die Bindung der Untertanen an Staat und Kaiser. Die Beamten mussten, ehe sie eingestellt wurden, eine Prüfung in konfuzianischer Sittenlehre ablegen. Das durch den Konfuzianismus legitimierte Verwaltungssystem der chinesischen Kaiserzeit war patriarchalisch. Denn das Grundmodell für jede, auch die staatliche Hierarchie bildete die patriarchalische Familie: Wie der Kaiser als »Sohn des Himmels« und »Vater des Volkes« über alle Chinesen herrscht, so herrscht der Vater in seiner eigenen Familie. Auch dadurch wurde die – unter unterschiedlichsten politischen Vorzeichen sich erhaltende und sogar im kommunistischen System fortwirkende – Gerontokratie gestützt (DAVIS 1996).

Wie am Ende von *Abschnitt 3.2* bereits kurz angesprochen, verlangt der Konfuzianismus, die Alten sollten sich weiterbilden, also zum Beispiel wieder zu lesen beginnen. Nicht betrachtend und zurückgezogen in einer Art mystischer Einheit mit der Natur zu leben, lehrt der Konfuzianismus, sondern im späten Leben wieder zu *arbeiten* und sich *weiterzubilden:* »Dein Wissen zu bekennen, aber auch zu sagen, was du nicht weißt, das ist Wissen« (KONFUZIUS, Analekten II, 17).

Dieses Weiter- und Wiederlernen für die hochbetagten Männer unterscheidet sich vom taoistischen Schöpfen aus der eigenen Daseinslust. »Dasein ohne Lesefrüchte ist steril«, so lautet die konfuzianische Auffassung, während der Taoismus statt des Studiums der alten Klassiker das In-sich-Gehen und den vollen, aber geordneten Lebensgenuss – sei es im Landhaus oder auf Wanderungen in den Bergen – empfiehlt. Der Taoismus bietet eine Art Verschmelzung der Meditation mit den Praktiken erotischer Vereinigung und des Sich-eins-Fühlens mit der Natur. Die reiche erotische Kunst Chinas und Japans beruht auf taoistischen Grundhaltungen. Energie weckende Körpertechniken werden bis in die Gegenwart praktiziert, so zum Beispiel das »Schattenboxen« *Tai-chi*. Das sind taoistische Praktiken und zugleich Grundkonzepte für ein langes und gesundes Leben, wobei man sich im Alter vom Tod nicht mehr beirren lässt, sondern im Gegenteil das Altsein kultiviert.

In Japan wurde der Buddhismus in Bezug auf Gelehrsamkeit, auf Selbstkontrolle, auf eine Reihe kultureller Entwicklungen in Musik, Gartenkunst und Literatur sowie auf die Tugenden wie die Gelassenheit und die Fähigkeit, Leid zu ertragen, eine geistige Macht von größter Wirksamkeit. Auf dem Weg über intellektuell weithin ausstrahlende Zen-Klöster, jedoch auch durch die Entfaltung von buddhistischen Laienbewegungen, die man im Westen mit dem unzutreffenden Begriff »Sekten« bezeichnet, konnte sich der Buddhismus sowohl rituell als auch durch karitative Werke ins soziale Leben integrieren. So gelang es ihm auch in der zweiten Hälfte des 20. Jahrhunderts, für soziale Einrichtungen zugunsten alter Menschen Vereinigungen zu schaffen und die Städte zur Gründung von Spitälern und Heimen für Alte zu motivieren.

In gewisser Weise darin dem Christentum vergleichbar (vgl. das Ende von *Abschnitt 2.2*) hat der Buddhismus keine eigene Alterns- oder Altersphilosophie entwickelt. Dies hängt wohl auch damit zusammen, dass zwar das »Zurücklassen des Körpers« als Ort der Vergänglichkeit zu den Grundvoraussetzungen des Buddhismus gehört, dass er aber anderseits ein »Verbleiben der Kraft des Geistes« im vergänglichen und durch das Altern hinfällig gewordenen Körper fordert. Nach den Reden des Erhabenen BUDDHA, die allerdings erst Jahrhunderte nach seinem Auftreten schriftlich fixiert wurden, soll dieser als alter und gebrechlicher Mann gegenüber seinen Anhängern sich selbst als Beispiel dafür angeführt haben, wie im späten Leben die Frische und Kraft des Geistes bewahrt werden kann (NAKAMURA 1979, S. 23).

Stärker noch als im Christentum verbindet der frühe Buddhismus das menschliche Alter mit Greuel und Abscheu vor dem körperlichen Verfall. Diese Abscheu bestätigt, dass die Überwindung des *Karma* (das den Menschen bestimmende körperlich bedingte Schicksal) notwendig ist: Die Abfolge der Wiedergeburten soll aufgehoben werden. Durch die Mensch- oder Fleischwerdung des Gottessohnes und durch die Lehre von der Auferstehung des Fleisches nach dem Tode wird im Christentum trotz starker sexualfeindlicher und triebverurteilender Tendenzen dem *Leib* eine in gewisser Weise positivere Rolle als im Buddhismus zugeschrieben. Denn nach buddhistischer Auffassung bleibt der Leib immer nur »Durchgangsstation«, weil er sowohl zur Unmäßigkeit neigt als auch gänzlich der Vergänglichkeit verhaftet ist. Aber demgegenüber hatte die antike europäische Philosophie den Leib als schönes Gefäß für die Geistigkeit des Menschen gedeutet und das spätere Judentum hatte ihn für »auferstehungswürdig« befunden.

Neben der Ablösungsphilosophie vom leiderfüllten Leben entwickelte der Buddhismus in seiner chinesisch-japanischen Ausprägung auch das Gebot der

Achtsamkeit. Es bedeutet so viel wie Aufmerksamkeit für alle hilfsbedürftigen Mitmenschen, die alten wie die jungen. Teilnahme am Leiden der anderen, so auch der Alten, wird dadurch zur buddhistischen Tugend. Deshalb hat sich die Schulrichtung des Mahayana-Buddhismus bestimmte Typen von Heiligen geschaffen, in Tibet die Figur des elfköpfigen oder tausendarmigen Avalokiteshvara und in Japan die des Kannon-Boisatsu. Diese heiligen Mittler entsagen befristet der vollen Askese und Abstinenz, um als In-der-Welt-Bleibende anderen Menschen behilflich zu sein. Sie stehen ihnen bei ihrem Ablösungsprozess von den schöpferisch-zerstörerischen Kräften des Universums auf dem Wege der Befreiung ins Nirwana zur Verfügung.

Diese Vorstellungen von Vermittlung standen auch in den im 20. Jahrhundert in Japan mächtig gewordenen buddhistischen Großorganisationen im Zentrum. Diese Laienorganisationen mit oft beträchtlichem Kapital konnten auf dem Gebiet der karitativen Altenarbeit und Institutionengründungen der Altenhilfe, ja selbst in der Förderung der gerontologischen Forschung wichtige Beiträge leisten.

Insgesamt beruhen allerdings die in Japan vertretenen und von europäischen Forschern (LINHART, FORMANEK 1996) untersuchten Einstellungen zum Alter auch auf anderen als buddhistischen Grundlagen. Die Vorstellungen und Werte, welche die Japaner auf das Alter beziehen, stützen sich auch auf das Fortwirken vorbuddhistischer Ahnenkulte, die stark familienbezogen waren und sind. In vielen japanischen Haushalten kann man auch heute noch die kleinen Ahnenaltäre sehen, auf denen die Fotos der verstorbenen Familienmitglieder in einer Art Ahnengalerie aufgestellt werden.

In Japan wird trotz der auch dort wirksam werdenden Haushaltstrennung der Generationen bis in die Gegenwart die Familie weiterhin als Bereich nachhaltiger und andauernder Verpflichtung (»long engagement«, PLATH 1988) angesehen. Dies wird auch praktisch umgesetzt. Der ökonomische und technologische Wandel der zweiten Hälfte des 20. Jahrhunderts hat zwar in den letzten Jahrzehnten auch in Japan die Mehr-Haushalt-Familie, das Familienleben mit Haushaltstrennung und damit das Muster »Intimität auf Abstand« hervorgebracht. Aber das zum Teil vom japanischen Spätfeudalismus in das Industriezeitlater übernommene hierarchische Prinzip mit deutlichen Elementen des Altenrespekts hat sich nicht überall oder durchgehend aufgelöst. Es gibt zwar Anzeichen dafür, dass sich gegenwärtig in Japan Veränderungen vollziehen, die vor allem die bisher traditionelle Verpflichtung des ältesten Sohnes zur Sorge für die Eltern (Stammfamilie) betreffen. Aber immer noch erhalten geblieben ist die von China nach Japan verpflanzte und dort durch die lange Zeit des Feudalismus verstärkte konfuzianische »kindliche Pietät«. Sie bedeutet die aktive Ergebenheit der Kinder den (alten) Eltern gegenüber. Und diese Alten versuchen ihrerseits *Ikigai* (einen sinnorientierten Lebensinhalt) zu suchen und diesem auch nachzustreben. Das schließt eine Haltung ein, die sich wieder eher aus der taoistischen Tradition heraus deuten lässt, und zwar als Versuch individuell-selbstbestimmter Orientierung und Sinnfindung. Denn diese Haltung entspringt wohl kaum einer von außen vorgegebenen pflichtbestimmten Daseinsregelung, wie sie der Konfuzianismus kennt.

Auch hier zeigt sich nicht nur, wie komplex das kulturelle Erbe einer Gesellschaft ist, sondern auch, aus welchen oft kaum entschlüsselbaren Mischungsverhältnissen es sich zusammensetzt und wie es sich auf Verhalten und Einstellungen im Alternsprozess auswirkt (Tsuji 1996). Genaue Kulturanalysen der Grundhaltungen ergaben für Japan eine starke unterschwellige Angst vor der Hässlichkeit des Alters mit daraus entstehenden unbewussten Ablehnungstendenzen. In Japan ist in der Lebensgestaltung ein ästhetischer Grundzug erhalten geblieben, auch wenn er von einem funktionalen Nützlichkeitsdenken überlagert wird, das sich durch die machtvolle Industrialisierung immer stärker ausbreitet.

Noch ein weiterer Beitrag zur Ambivalenz dem Alter gegenüber: In Japan sind auch die Erzählungen von »abasute«, einer Form der Altentötung, nicht als Reflexe einer weit verbreiteten Praxis aufzufassen, sondern als Darstellung nicht realisierter, aber vorhandener Phantasien (Cornell 1991, S. 87).

In China beruft man sich heute erneut auf die Traditionen des Konfuzianismus. Verschiedene Forscher sind sogar der Auffassung, dass trotz der offiziellen Kritik am Konfuzianismus, die Mao Tse-tung insbesondere in der Phase der Kulturrevolution übte, die öffentliche finanzielle Unterstützung und rudimentäre medizinische Versorgung der Alten – ganz in der konfuzianischen Tradition – ein Weiterbestehen der familienorientierten Hilfen und des persönlichen Respekts vor den Alten gefördert habe (Davis 1996). Zur Zeit werden neue Modelle zur Stützung der Alten entwickelt, die sich auf betriebliche und regionale Ressourcen stützen.

Für die bevölkerungsreichen ländlichen Regionen des chinesischen Subkontinents hat die jetzige Politik »fünf Garantien« für alle über 60-Jährigen abgegeben: Nahrung, Kleidung, Wohnung, medizinische Versorgung und Bestattung. Dies ist ein kühner Plan, wenn man bedenkt, dass es in China bereits heute mehr als 100 Millionen über 60-jährige Menschen gibt. Durch das Ein-Kind-Prinzip als langfristige Politik der Volksrepublik China wird allerdings die Herausentwicklung der kindlichen Pietät stark unterlaufen. Bei zunehmendem ökonomischem Aufstieg werden die Einzelkinder so verwöhnt, dass sie die Verpflichtungshaltung gegenüber den Eltern nicht lernen.

Übungsaufgaben

Aufgabe 1
In welchen Epochen und unter welchen historischen Bedingungen kommt es zu Altersklage und vor allem Altenspott?

Aufgabe 2
Welche Veränderungen für die alten Menschen bedeutete der Übergang vom Greis zum Rentner (beziehungsweise Senior) zwischen der Mitte des 19. Jahrhunderts und heute?

Aufgabe 3
Skizzieren Sie, was der Begriff »Senioritätsprinzip« meint.

Literaturverzeichnis

BECK, Ulrich (1993): Die Erfindung des Politischen. Zu einer Theorie reflexiver Modernisierung. Frankfurt am Main: Suhrkamp.

BOIS, Jean-Pierre (1989): Les vieux, de Montaigne aux premières retraites. Paris: Fayard.

BORSCHEID, Peter (1989): Geschichte des Alters vom Spätmittelalter zum 18. Jahrhundert. München: Deutscher Taschenbuch Verlag.

CAPELLE, Wilhelm (1968): Die Vorsokratiker. Die Fragmente und Quellenberichte, übersetzt und eingeleitet von Wilhelm CAPELLE. Stuttgart: Kröner.

COLEMAN, James (1991): Social Theory for a Changing Society. New York: Westview Press.

CONRAD, Christoph (1994): Vom Greis zum Rentner. Der Strukturwandel des Alters in Deutschland zwischen 1830 und 1930. Göttingen: Vandenhoeck & Ruprecht.

CORNELL, Laurel L. (1991): The Deaths of Old Women: Folklore and Differential Mortality in 19th Century Japan. In: Gail Lee BERNSTEIN (Hrsg.): Recreating Japanese Women 1600–1945. Berkeley: University of California Press.

COWGILL, Donald O.; Lowell D. HOLMES (1972; Hrsg.): Aging and Modernization. New York: Meredith.

DAVIS, Deborah S. (1996): Inequality and Insecurity among Elderly in Contemporary China. In: Susanne FORMANEK; Sepp LINHART (Hrsg.): Aging. Asian Experiences Past and Present. Wien: Verlag der Österreichischen Akademie der Wissenschaften.

EHMER, Josef (1990): Sozialgeschichte des Alters. Frankfurt am Main: Suhrkamp.

EISENSTADT, Samuel N. (1956): From Generation to Generation. Glencoe: Free Press.

ELWERT, Georg (1992): Altern im interkulturellen Vergleich. In: Paul B. BALTES; Jürgen MITTELSTRASS (Hrsg.): Zukunft des Alterns und gesellschaftliche Entwicklung. Berlin: de Gruyter, S. 260–282.

FORMANEK, Susanne (1996): Views of the Crone in Pre-Meiji Japan. In: DIES.; Sepp LINHART (Hrsg.): Aging. Asian Experiences Past and Present. Wien: Verlag der Österreichischen Akademie der Wissenschaften.

FOSBROOK, Henry (1978): Die Altersgliederung als gesellschaftliches Grundprinzip – Eine Untersuchung am Beispiel des Hirtenvolkes der Massai in Ostafrika. In: Leopold ROSENMAYR (Hrsg.): Die menschlichen Lebensalter. München: Piper, S. 80–104.

GOLDSTEIN, Melvyn C.; Cynthia M. BEALL (1996): Growing Old in Tibet – Tradition, Family and Change. In: Susanne FORMANEK; Sepp LINHART (Hrsg.): Aging. Asian Experiences Past and Present. Wien: Verlag der Österreichischen Akademie der Wissenschaften.

IMHOF, Arthur E. (1981): Die gewonnenen Jahre. München: C. H. Beck.

IMHOF, Arthur E. (1983): Unsere Lebensuhr. Phasenverschiebungen im Verlaufe der Neuzeit. In: Peter BORSCHEID; Hans J. TEUTEBERG (Hrsg.): Ehre, Liebe, Tod. München: Coppenrath.

IMHOF, Arthur E. (1995): Der Beitrag der Historischen Demographie zur Altersforschung. In: Peter BORSCHEID (Hrsg.): Alter und Gesellschaft. Stuttgart: Hirzel; Wissenschaftliche Verlags-Gesellschaft, S. 25–42.

KEITH, Jenny (1986): Age in Anthropological Research. In: Robert H. BINSTOCK; Ethel SHANAS (Hrsg.): Handbook of Aging and the Social Sciences. New York: Van Nostrand Reinhold Company, S. 231–263.

KERTZER, David (1995): Toward a Historical Demography of Aging. In: DERS.; Peter LASLETT (Hrsg.): Aging in the Past. Demography, Society and Old Age. Berkeley, London: University of California Press.

KOTY, John (1934): Die Behandlung der Alten und Kranken bei den Naturvölkern. Stuttgart: C. L. Hirschfeld.

LASLETT, Peter (1989): A Fresh Map of Life. The Emergence of the Third Age. London: Weidenfeld & Nicolson.
LINHART, Sepp; Susanne FORMANEK (1996): Problems and Opportunities of the Study of Old Age in Asian Cultures. In: DIES. (Hrsg.): Aging. Asian Experiences Past and Present. Wien: Verlag der Österreichischen Akademie der Wissenschaften.
MINOIS, Georges (1987): Histoire de la vieillesse en Occident de L'Antiquité à la Renaissance. Paris: Fayard.
MITTERAUER, Michael (1982): Problemfelder einer Sozialgeschichte des Alterns. In: Helmut KONRAD (Hrsg.): Der alte Mensch in der Geschichte. Wien: Verlag für Gesellschaftskritik.
NAKAMURA, Hajime (1979): The Significance of »Aging« in Eastern Thought. In: Hajime ORIMO et al. (Hrsg.): Recent Advances in Gerontology. Amsterdam: Excerpta Medica.
PARSONS, Talcott (1956): Family, Socialization and Interaction Process. Glencoe: Free Press.
PERCHERON, Maurice (1987; Hrsg.): Buddha mit Selbstzeugnissen und Bilddokumenten. Rowohlts Monographien, herausgegeben von Kurt KUSENBERG. Reinbek bei Hamburg: Rowohlt.
PLATH, David W. (1988): The Age of Silver. Aging in Modern Japan. In: The World & I, März, S. 505–513.
ROSENBAUM, Heidi (1982): Formen der Familie. Frankfurt am Main: Suhrkamp.
ROSENMAYR, Leopold (1990; Hrsg.): Kräfte des Alters. Wien: Atelier.
ROSENMAYR, Leopold (1992a): Die Schnüre vom Himmel. Forschung und Theorie zum kulturellen Wandel. Wien: Böhlau.
ROSENMAYR, Leopold (1992b): Sexualität, Partnerschaft und Familie älterer Menschen. In: Paul B. BALTES; Jürgen MITTELSTRASS (Hrsg.): Zukunft des Alterns und gesellschaftliche Entwicklung. Berlin: de Gruyter, S. 461–491.
ROSENMAYR, Leopold (1995a): Der Lebenskampf. Aggression und Versöhnung. Wien: Edition Atelier.
ROSENMAYR, Leopold (1995b): Jung und Alt im afrikanischen Kulturwandel. Bericht an den Fonds zur Förderung der wissenschaftlichen Forschung. Wien.
ROSENMAYR, Leopold (1996): Altern im Lebenslauf. Soziale Position, Konflikt und Liebe im späteren Leben. Göttingen; Zürich: Vandenhoeck & Ruprecht.
ROSENMAYR, Leopold; Eva KÖCKEIS; Henrik KREUTZ (1966): Kulturelle Interessen von Jugendlichen. Wien: Brüder Hollinek.
SEGALEN, Martine (1990): Sociologie de la famille. Paris: Colin.
SILVERMAN, Philip; Robert J. MAXWELL (1982): Cross-Cultural Variation – The Status of Old People. In: Peter N. STEARNS (Hrsg.): Old Age in Preindustrial Society. New York: Holmes & Meier, S. 371–394.
STEARNS, Peter N. (1992): Elders in World History. In: Thomas R. COLE et al. (Hrsg.): Handbook of the Humanities and Aging. New York: Springer.
THANE, Pat (1993): Old Age in English History. In: Christoph CONRAD, Hans-Joachim KONDRATOWITZ (Hrsg.): Zur Kulturgeschichte des Alterns. Berlin: DZA (Deutsches Zentrum für Altersfragen), S. 17–37.
TROYANSKY, David G. (1992): The Old Person in the Western World: From the Middle Ages to the Indus-trial Revolution. In: Thomas R. COLE et al. (Hrsg.): Handbook of the Humanities and Aging. New York: Springer, S. 40–61.
TSUJI, Yohko (1996): Continuities and Changes in the Conceptions of Old Age in Japan. In: Susanne FORMANEK; Sepp LINHART (Hrsg.): Aging. Asian Experiences Past and Present. Wien: Verlag der Österreichischen Akademie der Wissenschaften.
WEBER, Max (1968): Die »Objektivität« sozialwissenschaftlicher und sozialpolitischer Erkenntnis (Erstausgabe 1904). In: DERS.: Methodologische Schriften. Mit einer Einführung besorgt von Johannes WINCKELMANN. Frankfurt am Main: S. Fischer.

Abbildungsnachweise

Abbildungen 1 und 2: Foto Marburg.
Abbildung 3: Mauritshuis, Den Haag.
Abbildungen 4 und 5: Fotos Leopold ROSENMAYR.

III. Lebenserfahrung und Lebenssinn. Biographische Aspekte des Alterns

Sigrun-Heide Filipp

Einführung

Altern ist ein Prozess, der bereits mit der Zeugung beginnt und ein Leben lang andauert. Psychologisch gesehen ist Altern vor allem Akkumulation (Aufhäufen) von Erfahrungen.

Aus welchem Stoff nun sind die Erfahrungen, die während eines Menschenlebens gesammelt werden? Wie werden sie gemacht, wodurch werden sie beeinflusst und weshalb unterscheiden sie sich von Mensch zu Mensch? Auf diese Fragen will die vorliegende Studieneinheit einige Antworten geben.

Altern ist untrennbar mit dem Begriff der Zeit verbunden; tatsächlich ist Zeit eine Ordnungsdimension, mit deren Hilfe es möglich wird eine Standortbestimmung im Lebenslauf vorzunehmen. Sehr schnell aber wird deutlich, dass der Zeitbegriff unterschiedliche Qualitäten hat: Häufig gibt es einen großen Unterschied zwischen objektiv vergangener und noch verbleibender Zeit und dem ganz persönlichen Zeitgefühl. Das kann sich ausgeprägt in der sogenannten *midlife crisis* zeigen, mit der manche Menschen auf die Einsicht reagieren, dass die Zeit, die ihnen im besten Falle noch verbleiben wird, kürzer ist als die bereits gelebte.

Zwar machen Menschen zu ganz bestimmten Zeiten in ihrem Leben ähnliche Erfahrungen, unterliegen den gleichen biologischen Veränderungen, jedoch reichen diese Faktoren einer sogenannten *Normalbiographie* nicht aus um zu beschreiben, wie unterschiedlich der Einzelne diese Erfahrungen erlebt und verarbeitet und welche Ereignisse darüber hinaus für sein eigenes Leben bedeutsam sind. Ebenso wenig ist es ausreichend Lebenserfahrung als Resultat von *Entwicklungsaufgaben* zu begreifen, welche altersabhängig bearbeitet werden müssen, da dieses theoretische Modell der individuellen Bearbeitung dieser Aufgaben und ihrer Einbettung in den jeweiligen zeitgeschichtlichen Kontext nicht Rechnung trägt. Das Konzept der *kritischen Lebensereignisse* dagegen versucht die Besonderheit individueller Erfahrungen – wie beispielsweise der Tod eines nahestehenden Menschen oder schwere Krankheit – zu berücksichtigen, indem diese nach ihrem *Stresswert* klassifiziert werden und ihr Einfluss auf die Entwicklung untersucht wird. Solche Erfahrungen und die daraus resultierenden Veränderungen im Erleben und Verhalten zu erfassen ist Ziel einer Psychologie, die die gesamte Lebensspanne im Blick hat und Altern auch vor dem Hintergrund soziokultureller und historischer Veränderungen betrachtet.

Die Erfahrungen, die ein Mensch macht, entstehen demnach immer durch das Zusammenwirken innerer und äußerer Kräfte. *Lebenserfahrung* ist sowohl Prozess als auch *Produkt*: Menschen er-fahren ihre Umwelt, sammeln Erfahrungen und Eindrücke um sie in einer ganz persönlichen Art und Weise zu verarbeiten, wobei sie versuchen ihnen sowie ihrem Leben insgesamt »Sinn« zu geben, indem sie alles in einen Bedeutungszusammenhang bringen. Wem dies gelingt, der gilt als weise. *Weisheit*, seit jeher mit dem höheren Alter assoziiert, scheint allerdings auch jüngeren Menschen zu eigen, vor allem dann, wenn sie auf eigene Erfahrungen zurückgreifen können. Als Produkt eigener Erfahrungen, als Fakten- und Strategiewissen und als Fähigkeit, mit den Unwägbarkeiten des Lebens umzugehen, kann Weisheit demnach als eine Art »Expertentum in Lebensfragen« verstanden werden.

Stärker als Weisheit ist die *Rückschau auf das bereits gelebte Leben* an den Alternsprozess gebunden. Dabei werden einige Ereignisse häufiger und leichter erinnert, andere wiederum sind ganz vergessen. Besonders Erlebnisse der Jugend und des frühen Erwachsenenalters scheinen im *autobiographischen Gedächtnis* alter Menschen eine wichtige Rolle zu spielen. Diese Jahre werden besonders gut erinnert (Reminiszenz-Effekt), was sich damit erklären lässt, dass in dieser Zeit vor allem der Aufbau der Selbst-Identität stattfand und viele lebendige Erinnerungen hinterlassen hat.

Erinnerungen rufen alte und neue Emotionen wach, die wiederum zurückliegende Ereignisse entsprechend »färben«. Deshalb ist es kaum möglich, ein objektives Bild der Vergangenheit zu erhalten. Jedes Erinnern ist als das Resultat der ganz individuellen Bearbeitung eines Ereignisses zu betrachten, ebenso kann das »Nicht-Erinnern« vergangener Episoden einen Verarbeitungsmechanismus darstellen. Wie Erlebnisse verarbeitet werden – welche dem Individuum wichtig erscheinen und welche nicht, an welche es sich erinnert oder nicht –, ist nicht objektiv erfassbar.

Das gilt auch für die Antworten auf die Frage nach dem »Wozu«. Die Beschäftigung mit dem »Sinn des Lebens« ist vielmehr nicht nur ein jeweils individueller Versuch, persönliche Erfahrungen und Erlebnisse zu einem Ganzen zusammenzufügen, sondern Sinnkonstruktion ist auch eine Möglichkeit mit kritischen Ereignissen konstruktiv umzugehen und selbst harten Schicksalsschlägen noch eine positive Seite abgewinnen zu können.

1. Zeit, Zeiterleben und subjektives Altern

So wandelt sie, im ewig gleichen Kreise
Die Zeit nach ihrer alten Weise,
Auf ihrem Wege taub und blind,
Das unbefangne Menschenkind
Erwartet stets vom nächsten Augenblick

Ein unverhofftes seltsam neues Glück.
Die Sonne geht und kehret wieder,
Kommt Mond und sinkt die Nacht hernieder,
Die Stunden die Wochen abwärts leiten,
Die Wochen bringen die Jahreszeiten.
Von aussen nichts sich je erneut,
In dir trägst du die wechselnde Zeit,
In dir nur Glück und Begebenheit.
(Ludwig TIECK 1798)

In einem allgemeinsten Sinne bedeutet Altern das Durchschreiten des individuellen Lebenslaufs. Der beginnt bei uns Menschen dann, wenn Ei- und Samenzelle miteinander verschmelzen um in einem einmaligen und unverwechselbaren Individuum aufzugehen, und endet mit dem Tod. Wie jeder Prozess der Veränderung ist auch Altern ein mit der Zeit untrennbar verbundenes Geschehen: Leben ist in der Tat ohne den Faktor Zeit nicht vorstellbar. BERGSON (1888; zitiert nach KRUSE 1987, S. 123) hat dies »auf den Punkt« gebracht, indem er betont, dass das Psychische nur in Kategorien der Zeit, nicht aber in solchen des Raumes erfassbar sei. Dies gilt bis heute: ZAKAY (1989) stellt fest, dass für das menschliche Verhalten und Erleben nichts anderes von so zentraler Bedeutung sei wie die Zeit.

Wie sehr astronomische Phänomene den Zeittakt unseres Lebens bestimmen, wird an den Nacht-Tag-Zyklen oder den jahreszeitlichen Schwankungen in Temperatur, Tageslänge und Lichtintensität unmittelbar erfahrbar. Neben unserer biologischen Anpassung an diese Periodizität entstand aus unserem kulturspezifisch überformten Umgang mit Zeit eine andere Form von *Taktgeber*, durch den der Rahmen für individuelles und kollektives Handeln abgesteckt wird.

Die Phänomene Zeit und Altern sind dem Bewusstsein unmittelbar zugänglich, das Durchleben einer Zeitspanne und das Bewusstwerden der eigenen Endlichkeit können an manchen Punkten des Lebenslaufs zu einer bedeutsamen Erfahrung werden.

Zeit kann aus unterschiedlichen Perspektiven betrachtet werden:

- Man kann das *subjektive Zeiterleben* betrachten und auf den Sachverhalt verweisen, dass die objektiv in Stunden, Monaten oder Jahren gemessene Zeit häufig nur bedingt damit übereinstimmt (»Was – so lange ist das schon her?«). *(Abschnitt 1.1)*
- Man kann die *tatsächliche Lebenszeit* einer Person (ihr kalendarisches Alter) heranziehen. Das geschieht beispielsweise bei der Definition von Entwicklung, wenn darunter die an die individuelle Lebenszeit gebundenen Veränderungen im Verhalten und Erleben eines Menschen verstanden werden (vgl. MONTADA 1995). *(Abschnitt 1.2)*
- Nicht minder bedeutsam sind die *historischen Zeiträume, in denen Lebensverläufe* angesiedelt sind. *(Abschnitt 1.3)*

1.1 Subjektives Zeit- und Alterserleben

Betrachten wir zunächst das *subjektive Zeiterleben.* An ihm wird ganz unmittelbar deutlich, dass Altern in einem besonderen Verhältnis zur Zeit steht: Während sich in frühen Stadien der Kindheit und Jugend die Frage nach der Zeit nur äußerst selten stellt – wird Zeit doch als unerschöpflich wahrgenommen –, kommt es bei den meisten Menschen in der Mitte des Lebens zu einem Gewahrwerden der begrenzten individuellen Lebenszeit: Sie werden sich bewusst, dass die Zeit, die hinter ihnen liegt, ein gutes Stück länger ist als die, die aller Erfahrung nach noch vor ihnen liegt; ihre subjektive Standortbestimmung im Lebenslauf beginnt sich zu verändern.

Dieser Wechsel in der Zeitperspektive wird oft als eine kritische Phase des Erwachsenenalters betrachtet und nicht selten als *midlife crisis* bezeichnet (vgl. z.B. LEVINSON 1986). Diesem Ansatz zufolge durchleben (insbesondere) Männer bei dem Übergang vom frühen zum mittleren Erwachsenenalter häufig eine Krise, weil ihnen zu diesem Zeitpunkt das eigene Alter und ihre begrenzte Lebenszeit bewusst werden und sie vor diesem Hintergrund das bisher Erreichte zu bewerten beginnen, diese Bilanz jedoch als nicht befriedigend erleben. Diese sehr populäre Vorstellung von der »Krise in der Mitte des Lebens« entbehrt allerdings nach wie vor einer empirischen Bestätigung.

So fanden FARRELL und ROSENBERG (1981) in ihrer Untersuchung, an der 500 Männer im Alter von 25 bis 48 Jahren teilnahmen, keinerlei Indikatoren für eine solche Krise. Auch COSTA und Kollegen kommen in umfangreichen Untersuchungen zu ähnlichen Schlussfolgerungen (vgl. z. B. COSTA, MCCRAE 1986).

Entsprechendes war mit Blick auf den Lebenslauf von Frauen angenommen worden: Das Einsetzen der Menopause – also der Beginn der Wechseljahre – und das *empty nest* (engl. leeres Nest, die Familiensituation, wenn alle Kinder den Haushalt verlassen haben) sollten zu einer »krisenhaften Zuspitzung« führen und eine schmerzhafte Neuorientierung erzwingen. Indes konnten in dieser Verallgemeinerung keine überzeugenden empirischen Belege dafür gefunden werden; es gibt vielmehr Hinweise darauf, dass das »leere Nest« nicht selten zu höherer Lebenszufriedenheit führt statt sie zu vermindern (FAHRENBERG 1986). Kommt es in dieser Phase dennoch zu einer krisenähnlichen Situation, wird sie vielfach als »reifungsbedingte« oder »natürliche Krise« fehlinterpretiert. Dabei ist sie häufig nur die Folge einer Belastungskumulation im mittleren Alter – wie sie beispielsweise eintritt, wenn Frauen die Pflege ihrer alternden Eltern oder Schwiegereltern übernehmen müssen.

Es darf also angenommen werden, dass in der Mitte des Lebens eine Phase des Bewusstwerdens, des kritischen Prüfens und Bilanzierens des bisherigen Lebens liegt, in der die Frage, wie man die noch verbleibende Zeit »sinnvoll« leben will, brennend wird und Zweifel aufkommen, ob die Lebenszeit noch reichen wird alle Zukunftspläne zu realisieren und die gesteckten Ziele zu erreichen. Allerdings spricht vieles dafür, dieses Phänomen der sich verändernden Zeitperspektive nicht gleich mit *midlife crisis* zu etikettieren. Wenn Altern eine zunehmende Annäherung an persönliche Ziele und die Verwirklichung dessen ist, was eine Person sich für ihr Leben vorgenommen hat, dann wird eine Auseinandersetzung mit der zeitlichen Begrenztheit des Lebens unvermeidbar.

Eine andere Facette des subjektiven Erlebens von Zeit wird in der alltäglichen Redewendung deutlich, wonach eine Person »nur so alt ist, wie sie sich fühlt«. Sie verweist auf den Sachverhalt, dass kalendarisches und subjektives Alter deutlich voneinander abweichen können, wobei diese Abweichungen fast durchgängig in *Unter*schätzungen des eigenen Alters bestehen: Erwachsene fühlen sich in der Regel »jünger« oder »sehr viel jünger«, als sie tatsächlich sind, und die Unterschätzungen des Alters scheinen umso stärker auszufallen, je älter die Personen sind (eine Literaturübersicht zu diesem Phänomen finden Sie in FILIPP, KLAUER 1986).

In einer Untersuchung stellten FILIPP und FERRING (1989) bei 75-jährigen Männern eine mittlere Unterschätzung ihres Alters von 15 Jahren (!) fest, während die 55-jährigen ihr subjektives Alter immerhin noch um durchschnittlich 10 Jahre niedriger ansetzten. Zusätzlich war erhoben worden, wie alt sich die Untersuchungsteilnehmer im Hinblick auf einzelne Aspekte ihrer Person fühlten (z.B. geistige oder körperliche Leistungsfähigkeit). Diese Antworten ergaben ein differenzierteres Bild: Jünger fühlten sich die Untersuchungsteilnehmer vor allem im Hinblick auf ihre geistige Leistungsfähigkeit und Interessenvielfalt, während für die körperliche Leistungsfähigkeit das subjektive Alter dem tatsächlichen Alter eher entsprach. Demnach scheinen insbesondere die »unsichtbaren« Bereiche (z.B. Interessenvielfalt) von Verzerrungen im Alterserleben betroffen, während für die Bereiche, in denen ältere Menschen häufiger durch die Realität »korrigiert« werden (wie im Bereich der körperlichen Leistungsfähigkeit), Unterschätzungen des Alters deutlich geringer ausfallen.

Dass Menschen sich in aller Regel jünger fühlen, als sie sind, mag als Hinweis auf eine negative Sicht des Alterns gewertet werden. Die Identifikation mit der eigenen Altersgruppe dürfte insbesondere im höheren Alter oft als selbstwertabträglich erlebt werden. Zudem hat sich gezeigt, dass Unterschätzungen des eigenen Alters mit Wohlbefinden und anderen Indikatoren für »erfolgreiches Altern« korrelieren (vgl. FILIPP, FERRING 1989). Menschen glauben offenbar nicht nur: »Alt sind nur die anderen«, diese »positive Illusion« scheint auch ihre Befindlichkeit positiv zu beeinflussen.

Allerdings ist das eigene Alter(n) für viele Menschen durchaus kein wichtiges Thema. So gaben in einer Studie von KELLER et al. (1989) zwei Drittel der älteren Befragten an, dass sie ihr »Alt-Sein« nur selten beschäftige.

Welchen Stellenwert das eigene Altern im Alltagsdenken einnimmt, dürfte denn auch wohl in allererster Linie davon abhängen, wie gravierend (und subjektiv wahrnehmbar) die mit dem Alter einhergehenden Veränderungen tatsächlich sind: Wer sich in seinem Denken und Tun, in seinen Verhaltensmöglichkeiten und -gewohnheiten als weitgehend unverändert erlebt, in dessen Bewusstsein wird die Tatsache des eigenen Alterns nur selten rücken. Gleichsam im Umkehrschluss legt sich die Vermutung nahe, dass die nicht selten zu beobachtende Einschätzung »noch immer der (oder die) Alte« zu sein – also die Wahrnehmung von Selbstkonsistenz – als Strategie eingesetzt wird, die gegen die potenziell bedrohlichen Aspekte des Alterns schützt.

1.2 Kalendarisches Alter und Entwicklungsverlauf

Auch an der *tatsächlichen Lebenszeit* eines Individuums beziehungsweise seinem *kalendarischen Alter* wird deutlich, dass das Phänomen Zeit *relativ* ist: Das kalendarische Alter einer Person hat in vielen Zusammenhängen einen nur geringen Informationswert. Zwar gehören alle Veränderungen, die sich systematisch auf die Zeitdimension Lebensalter beziehen lassen, zur Entwicklung eines Menschen, doch ist das Alter nicht die Ursache der Veränderungen: Es erklärt nichts. Selbst wenn wir die Zeit der frühesten und frühen Kindheit betrachten, in der (altersbezogene) Reifungsprozesse vergleichsweise dominierend sind, fallen bereits die großen Unterschiede zwischen gleichaltrigen Kindern auf (hierzu RAUH 1995).

Das kalendarische Alter liefert lediglich Anhaltspunkte dafür,
- wann bestimmte Veränderungen erwartet werden können, die als Ausdruck biologischer Reifung anzusehen sind, und
- zu welchen Zeitpunkten im Lebenslauf Erfahrungen gemacht werden, wie sie in der sogenannten *Normalbiographie* ihren Niederschlag finden (dazu gehört unter anderem die Einschulung, vgl. *Abschnitt 2.2*).

Während sich Veränderungen in der Kindheit und Jugend (wie beispielsweise die Entwicklung der Sprache, der Motorik und des Denkens) noch am ehesten als über Individuen hinweg ähnlich und altersgebunden darstellen lassen, ist für eine Entwicklungspsychologie, die den gesamten Lebenslauf in den Blick nimmt, ein solches *universalistisches Modell des Entwicklungsverlaufs* wenig tauglich. Was ein Mensch über »die Welt da draußen« und über sich selbst an Erfahrung sammelt, weist zwischen den einzelnen (auch altersgleichen) Individuen eine so ungeheure Variationsbreite auf, dass die Altersangabe oft nicht mehr aussagt als die Zahl der Jahre, die seit der Geburt vergangen sind. Zudem stehen alle (auch altersgebundenen) Erfahrungen mit der genetischen Ausstattung und der bisherigen Lerngeschichte eines Individuums in einer so komplexen Wechselbeziehung, dass (scheinbar) identische Erfahrungen einen höchst unterschiedlichen Niederschlag im Erleben und Verhalten finden. Mit zunehmendem Alter scheinen die Unterschiede zwischen Individuen gleichen Alters immer mehr zuzunehmen, und demgemäß ist der Alternsprozess durch ein Höchstmaß an Plastizität (Formbarkeit), Individualität und Offenheit charakterisiert. Vor diesem Hintergrund mag deutlich werden, warum das kalendarische Alter einer Person für das Verständnis ihres Verhaltens und Erlebens oft so bedeutungslos ist. Gleichwohl spielt die Altersvariable in der öffentlichen Diskussion eine große Rolle (z. B. Rentenalter) und wird dann bedeutsam, wenn stereotype Vorstellungen über *die* Jugendlichen oder *die* Alten ins Spiel kommen.

Neben der *Relativität* der Altersvariablen wurde in gerontologischen Forschungsarbeiten eine besondere Variante des Zeitbegriffs aufgezeigt, indem ungeachtet des kalendarischen Alters ein bestimmter Zeitraum als »zeitliche Distanz zum Todeszeitpunkt« definiert werden konnte. Nahegelegt wurde dies durch Studien zum Phänomen des sogenannten *terminal drop* (SIEGLER 1975):

In Längsschnittuntersuchungen, bei denen die kognitive Leistungsfähigkeit älterer Personen in bestimmten Abständen über Jahre hinweg überprüft wurde, hatte sich häufig ein deutlicher Leistungsabfall (z. B. in den Testergebnissen) nachweisen lassen. Rückblickend konnte festgestellt werden, dass dieses Phänomen in einer systematischen Beziehung zu dem Todeszeitpunkt der Untersuchten stand und deshalb als Vorbote des nahenden Todes interpretiert werden kann. Nicht das Alter dieser Personen, sondern die zeitliche Nähe ihres Todes stand in systematischer Beziehung zu der Verschlechterung in den Testleistungen und »erklärte« diese.

1.3 Historische Zeit und Generationenfolge

Der Alternsprozess einer Person ist stets eingebettet in den soziokulturellen und historischen Kontext, innerhalb dessen er sich vollzieht, und wird durch diesen entscheidend mitgeformt. In vielen Zusammenhängen hat sich deshalb für die Aufklärung von Verhaltensunterschieden als bedeutsamer erwiesen wann eine Person geboren wurde (bzw. welcher Generation sie angehört) als ihr kalendarisches Alter.

Den Anstoß zu dieser *kontextualistischen Sichtweise* gaben Untersuchungen zur lebenslangen Intelligenzentwicklung (SCHAIE, PARHAM 1977). Zunächst hatte man in *Querschnittsuntersuchungen* die Testleistungen von Personen unterschiedlichen Alters erhoben und anschließend die für die Altersgruppen errechneten Durchschnittswerte (z. B. die der 30-, 40-, 50-, 60- und 70-Jährigen) miteinander verglichen. Dabei stellten sich bedeutsame Differenzen heraus: Die jeweils Älteren zeigten im Durchschnitt schlechtere Leistungen als die jeweils Jüngeren. Daraus wurde die auch heute noch verbreitete These von einem »allgemeinen Altersabbau der Intelligenz« abgeleitet. Die großen *Längsschnittstudien*, in denen versucht wurde die kognitive Entwicklung durch wiederholte Messungen bei denselben Personen über Jahre hinweg nachzuzeichnen, ergaben hingegen ein anderes Bild: Für eine ganze Reihe von Intelligenztestergebnissen (z. B. beim schlussfolgernden Denken) wurde statt Leistungsabbau hohe Stabilität bis in das achte Lebensjahrzehnt hinein beobachtet; zudem konnte festgestellt werden, dass selbst im hohen Alter noch beträchtliche intellektuelle Kapazitätsreserven und Potenziale verfügbar waren, die durch Übung und Training aktiviert werden konnten (siehe KLIEGL, BALTES 1991).

Diese unterschiedlichen Ergebnisse werden darauf zurückgeführt, dass die Teilnehmenden an den Querschnittsuntersuchungen unterschiedlichen Geburtsjahrgängen (Kohorten) angehörten und die beobachteten Leistungsdifferenzen deshalb nicht nur *Alterseffekte*, sondern gleichermaßen *Kohorteneffekte* widerspiegeln (vgl. SCHAIE 1993).

Wer beispielsweise 1910 geboren wurde, wuchs – wie unmittelbar einsichtig – mit Blick auf das Schulsystem, den Anregungsgehalt der Umwelt, die Ernährungsgewohnheiten und vieles andere mehr unter ganz anderen Bedingungen auf als ein im Jahr 1940 Geborener. In Untersuchungen zeigten Personen, die diesen unterschiedlichen Geburtskohorten angehörten und jeweils im gleichen Alter von beispielsweise 50 Jahren untersucht wurden, unterschiedliche Leistungen: Die der 1910 Geborenen waren *im Durch-*

schnitt schlechter als die der 1940 Geborenen. Ganz offenbar hatten die unterschiedlichen historischen Zeiten, in denen sich die Entwicklung der beiden Kohorten vollzogen hat, Rückwirkungen auf ihre kognitive Leistungsfähigkeit.

Indem davon ausgegangen wird, dass Mitglieder einer bestimmten Geburtskohorte einen *spezifischen Erfahrungshintergrund* haben und *spezifische Wertorientierungen* aufweisen, die sie von den vorangegangenen und den nachfolgenden Generationen unterscheiden und die in der Generationenfolge den sozialen Wandel bewirken, erhalten die *historische Zeit* und der *Generationenbegriff eine psychologische Bedeutung*. Generationen unterscheiden sich aber auch hinsichtlich ihrer *demographischen Zusammensetzung* und der *Lebenslaufstruktur* der ihnen zugehörigen Menschen.

Illustrieren lässt sich dies am Beispiel der sogenannten geburtenstarken Jahrgänge: Deren Mitglieder müssen bekanntlich in jeder Phase ihres Lebenslaufs mit einer großen Zahl altersgleicher Personen konkurrieren – um Ausbildungs- oder Studienplätze, um Wohnungen für junge Familien, um sichere Arbeitsplätze –, was sogar dazu führen kann, dass das Durchschnittseinkommen (der nicht selbständig Beschäftigten) umso geringer wird, je mehr Mitglieder eine Kohorte umfasst.

Der Generationsbegriff wird aber nicht nur auf der Makroebene für Geburtskohorten angewendet, er findet sich auch auf der Mikroebene im Zusammenhang mit der Generationenabfolge *innerhalb von Familien* – wie es die Rede vom Generationenkonflikt in Familien zum Ausdruck bringt. Häufig wird damit die Rebellion der Jugendlichen gegen die Elterngeneration umschrieben, obschon es sich dabei (wie viele Studien nahelegen) eher um *Ablösungs*prozesse der Jugendlichen aus dem Familienverband handelt und weniger um intergenerationelle *Abgrenzungs*prozesse – etwa im Hinblick auf grundlegende Werteveränderungen, die sie von der Elterngeneration unterscheiden (vgl. z. B. OSWALD, BOLL 1992).

Allerdings hat sich in amerikanischen Studien ein Phänomen nachweisen lassen, das mit *generational stake* (in etwa mit »Grenzpfahl zwischen den Generationen« zu übersetzen) bezeichnet wurde (BENGTSON, KUYPERS 1971). Dieser bildhafte Begriff bezieht sich zunächst auf die von den Jüngeren und Älteren wahrgenommenen Unterschiede, wie sie zwischen den Generationen beispielsweise in Wertvorstellungen oder in Fragen der allgemeinen Lebensführung bestehen können. Er besagt gleichzeitig, dass die jüngere Generation diese Unterschiede als größer wahrnimmt, als sie umgekehrt von der älteren Generation erlebt werden, die psychische Distanz von Jung zu Alt also größer ist als die von Alt zu Jung.

Wenngleich es dazu in Deutschland kaum systematische Studien gibt, ist doch offensichtlich, dass zwischen Generationen bestehende *Unterschiede* in Wertvorstellungen und Fragen der Lebensführung keineswegs mit innerfamilialen *Konflikten* gleichzusetzen sind. Vielmehr überwiegen die Hinweise darauf, dass in Familien ein vergleichsweise hohes Maß an *Solidarität* auch zwischen den Generationen besteht, wenn etwa Unterstützungsleistungen erforderlich sind, aber auch, wenn es um emotionale Zuwendung geht (vgl. BENGTSON, SCHÜTZE 1994).

Die augenfälligsten Unterschiede in den Lebensbedingungen einzelner Generationen dürften wohl darin bestehen, dass ihre Mitglieder mit spezifischen (historischen) Ereignissen konfrontiert waren und neben die Vielfalt individueller Erfahrungen kollektive Erfahrung einer spezifischen Qualität getreten ist. Erst diese Tatsache setzt Lebenserfahrung in einen historischen Bezug und das Zusammenspiel von historischer Zeit und individueller Lebenszeit gilt denn auch als eine der spannendsten Fragen der Alternsforschung. Davon wird in *Abschnitt 2.5* die Rede sein.

2. Lebensverläufe und Lebenserfahrung

In einer die ganze Lebensspanne umfassenden Betrachtung bedeutet Altern den lebenslangen Aufbau von Erfahrung, die im Zusammenwirken mit der genetischen Ausstattung und dem biologischen Alterungsprozess die Einmaligkeit und Unverwechselbarkeit eines Individuums erzeugt. Was aber ist *Lebenserfahrung*?

Nach dem Versuch einer Annäherung an den Begriff *Lebenserfahrung* (*Abschnitt 2.1*) rücken wir zunächst die zeitliche Dimension des Erfahrungmachens in den Blick, indem die *Normalbiographie* als Erfahrungsrahmen thematisiert (*Abschnitt 2.2*) und der Lebenslauf als Abfolge von *Entwicklungsaufgaben* dargestellt wird (*Abschnitt 2.3*). Des Weiteren werden jene Erfahrungen angesprochen, die – jenseits der Normalbiographie – als Zäsuren und Wendepunkte im Lebenslauf erlebt werden (*kritische Lebensereignisse; Abschnitt 2.4*) und/oder durch ihre Anbindung an die historische Zeit kollektive Erfahrung darstellen (*Abschnitt 2.5*). Die letzten Abschnitte sind der *Nachhaltigkeit früher Erfahrungen* einerseits und der *Weisheit als Produkt von Lebenserfahrung im höheren Alter* andererseits gewidmet (*Abschnitt 2.6*).

2.1 Zum Begriff der Lebenserfahrung

Wenn Altern aus dem Zusammenspiel innerer und äußerer Kräfte resultiert, dann ist man versucht *Erfahrung* zunächst mit dem Insgesamt der äußeren Ereignisse gleichzusetzen, die durchlebt, verarbeitet und in Lebenserfahrung umgesetzt werden. Doch greift eine solche Bestimmung viel zu kurz und sie führt auch nicht zu mehr begrifflicher Schärfe. In der Tat hat der Philosoph GADAMER (1960) festgestellt, dass der Erfahrungsbegriff zu den unaufgeklärtesten Begriffen gehöre, die wir besitzen (nach STAUDINGER, DITTMANN-KOHLI 1994).

Hier soll dennoch der Versuch gemacht werden diesen Begriff stärker zu präzisieren, indem wir zunächst zwei seiner Bedeutungsfacetten genauer betrachten:

- Lebenserfahrung als *Prozess* des Erfahrens (des Erfahrungmachens) und
- Lebenserfahrung als Resultat dieses Prozesses, als *Produkt* und individueller Besitz.

Dass diese Trennung eher künstlich ist, sei zugestanden, denn die Erfahrungen, die Menschen machen, verarbeiten sie immer auch im Lichte ihres bisherigen Erfahrungsschatzes – doch lassen wir dies hier außer Acht.

Lebenserfahrung als Prozess knüpft unmittelbar an die etymologische Herkunft des Wortes an: Es geht um Er-fahren und Reisen, und indem Menschen sich auf ihrer »Lebensreise« fortbewegen, sammeln sie »Erfahrenes«. Das Besondere an dem Aufbau von Lebenserfahrung ist nun, dass nicht nur die Sinne, das Wahrnehmungs- und Denksystem beteiligt sind, sondern in hohem Maße auch Emotionen, Bedürfnisse, Pläne und Ziele. Manche Erfahrungen trachten Menschen aktiv zu vermeiden, andere führen sie selbst herbei, wieder anderen fühlen sie sich hilflos ausgeliefert; frühere Erfahrungen überformen ihren Umgang mit späteren, künftige Ereignisse fürchten sie oder sehnen sie herbei; manche Erfahrungen wollen sie so schnell wie möglich vergessen, andere lassen sie in ihren Erinnerungen immer wieder aufleben.

Hinske (1986) zufolge ist Erfahrung in erster Linie mit den Absichten und Zielen des Handelnden verknüpft: Ihre Besonderheit liege darin, dass sie dem Individuum stets eine Bestätigung oder Widerlegung seiner Handlungsentwürfe liefere; Erfahrung lasse den Handelnden am eigenen Leibe spüren, ob er in einer gegebenen Situation durch dieses oder jenes Tun einem gesetzten Ziel näher gekommen sei oder nicht. Daher gehe Erfahrung immer auch »unter die Haut« und sei nicht selten schmerzlich. In diesem Sinne ist Lebenserfahrung stets an das eigene Handeln gebunden. Darüber hinaus stellen aber auch die von außen auf ein Individuum einströmenden »Widerfahrnisse« eine wichtige Dimension der Lebenserfahrung dar, denn vieles im Leben hängt nicht nur von den eigenen Anstrengungen ab, sondern von einer Unsumme von Lebensumständen, die nicht in der Hand des Einzelnen und in seinen Handlungen liegen. Dies zu erkennen und akzeptieren zu lernen mag häufig auch eine bittere Erfahrung sein.

Was Menschen in ihrem Leben bis zu einem gegebenen Zeitpunkt »erfahren« haben, ist also eine hochkomplexe Mischung aus scheinbar zufälligen Ereignissen, Begebenheiten, Begegnungen und Ergebnissen eigenen Handelns. Jedoch geht – wie Staudinger und Dittmann-Kohli (1994) zu Recht argumentieren – Lebenserfahrung über das Episodische einzelner Ereignisse hinaus. Lebenserfahrung ist mehr als die Tatsache, dass Menschen Erfahrungen sammeln und diese »in einem großen Sack verstauen«. Da Menschen Erfahrenes und Erlebtes aktiv verarbeiten, schließt *Lebens*erfahrung immer auch den Versuch ein, Einsicht in die grundlegenden Lebenszusammenhänge zu gewinnen um sie zu verstehen: Erlebtes und Erfahrenes werden zu *Erkenntnis* zusammengeführt. Damit ist die zweite Bedeutungsfacette angesprochen.

Lebenserfahrung als Produkt betont, dass Menschen zu jedem Zeitpunkt ihres Lebens einen Erfahrungsschatz »besitzen«, indem sie sukzessive ein Wissenssystem aufbauen. Wissen bedeutet hier Unterschiedliches: Es umfasst

- zum Ersten (objektives) *Faktenwissen*;
- zum Zweiten das System von *Einstellungen und Überzeugungen* in Bezug auf die

- *eigene Person*: Selbst(er)kenntnis, selbstbezogenes Wissen und Antworten auf die Frage: »Wer bin ich?« und
- *Außenwelt*: Welt(er)kenntnis, deren eigentlicher Gegenstand nach KANT der Mensch als Partner und Gegenspieler des eigenen Handelns ist (vgl. HINSKE 1986);

• zum Dritten *Handlungswissen* in dem Maße, in dem Erfahrung an Zielsetzungen und Absichten gebunden ist und den Einzelnen gelehrt hat, wie die Dinge »anzupacken« sind;
• zum Letzten auch *Einsicht in Lebenszusammenhänge*, also jener Wissensfundus, den man in der alternspsychologischen Forschung seit einiger Zeit (wieder) mit *Weisheit* bezeichnet (BALTES, SMITH 1990; siehe *Abschnitt 2.6*).

Wie kann man nun den Erfahrungsreichtum, wie er in individuellen Lebensläufen angesammelt wurde, beschreiben und ordnen?

- Ein erster Versuch könnte darin bestehen, den Blick auf die Verschiedenartigkeit der Lebensbereiche zu richten um festzustellen, in welchen Domänen jemand Erfahrung gesammelt hat (z.B. ob jemand ein erfahrener Bergsteiger, Schachspieler oder Liebhaber ist);
- es könnte untersucht werden, auf wie viele unterschiedliche Menschen, Länder oder Kulturen sich seine Lebenserfahrung stützt;
- es könnte betrachtet werden, wie sich Enttäuschungen, Niederlagen, Schicksalsschläge einerseits und Erfolge, Höhepunkte, Glückserfahrungen andererseits über die Lebensspanne verteilen;
- man könnte analysieren, wie nachhaltig einzelne Erfahrungen die Entwicklung dieser Person beeinflusst haben;
- schließlich wäre zu fragen, inwieweit sich Erfahrungen über den Lebensverlauf thematisch ordnen lassen und wie ähnlich sich dies über einzelne Menschen hinweg darstellt.

Nicht zu allen diesen Fragen hat die Alternsforschung bislang empirische Ergebnisse geliefert und häufig lassen sich Antworten ohnehin nur aus der Analyse von Einzelbiographien gewinnen.

2.2 Lebenserfahrung als Durchschreiten der Normalbiographie

Lebenserfahrung wird zweifellos vermittelt und erworben mit dem Durchschreiten der *Normalbiographie*, die gekennzeichnet ist durch die – für die meisten Individuen einer Epoche typische – Abfolge und zeitliche Platzierung von Ereignissen und Übergängen im Lebenslauf. Diese Abfolge wird einerseits durch eine »soziale Uhr« in Form gesellschaftlicher Erwartungen, Normen oder Gesetze vorgegeben (z.B. Übergang in den Ruhestand) und ist andererseits durch eine »biologische Uhr« geregelt (z.B. Menopause). Beide Uhren bestimmen damit in hohem Maße, *wann* Menschen in ihrem Leben mit welchen Ereignissen konfrontiert werden und wie stark die damit verbundenen Erfahrungen an das kalendarische Alter gebunden und Lebensverläufe somit »chronologisiert« sind.

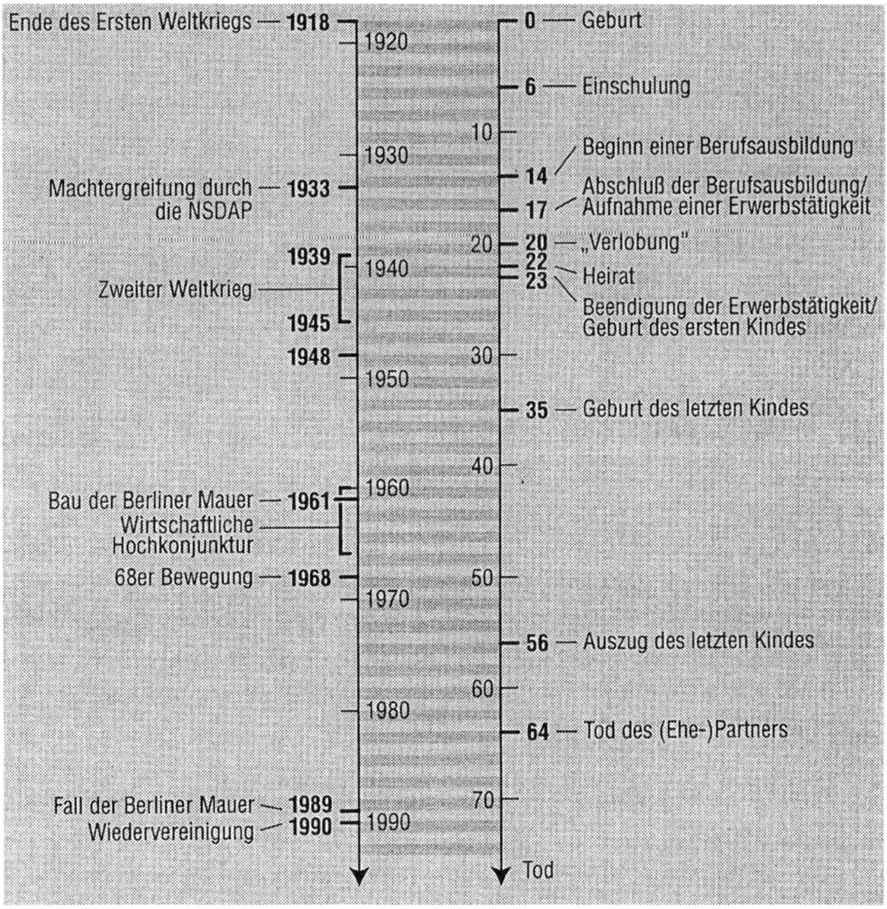

Abbildung 1: Fiktive Normalbiographie einer Frau, die 1918 geboren wurde (grafische Gestaltung: Axel BENGSCH, DIFF).

Abbildung 1 zeigt den fiktiven Lebenslauf einer Frau, wie er sich in Form einer solchen Normalbiographie darstellen lässt: Die Abfolge der einzelnen Übergänge beziehungsweise Ereignisse entspricht der »üblichen« Sequenz, ihre Platzierung zu bestimmten Alterszeitpunkten erscheint durch die soziale Uhr geregelt und vermutlich würden wir für viele Frauen einen solchen oder ähnlichen Lebensverlauf beschreiben können. Zudem zeigt die Abbildung, wie parallel zur individuellen Lebenszeit zeitgeschichtliche Ereignisse eintreten, deren Rückwirkung auf biographische Ereignisse aus Gründen der Vereinfachung hier nicht dargestellt wird.

Bei näherer Betrachtung dieses Lebenslaufes wird sehr schnell deutlich, dass der Begriff *Normalbiographie* ausgesprochen problematisch ist:

- Viele Ereignisse, die *heute* als *normale Erfahrungen* die Lebenswirklichkeit kennzeichnen (wie z.B. Scheidung und Wiederverheiratung), sind in dieser Biographie *nicht enthalten.*
- Umgekehrt ist die *Eintrittswahrscheinlichkeit für manche Ereignisse*, die in dem gewählten Beispiel unverzichtbar zur Normalbiographie gehören, heute *deutlich verringert.* Beispielsweise verweist VASKOVICS (1995) darauf, dass vielen Prognosen zufolge künftig bis zu 30 Prozent der jungen Frauen gewollt oder ungewollt kinderlos bleiben werden.
- Verschiedene Ereignisse treten in einer *anderen zeitlichen Reihenfolge* auf. So erfolgt das Verlassen der Herkunftsfamilie häufig lange vor der Aufnahme einer Erwerbstätigkeit.
- Für viele der sogenannten *normativen* (d.h. altersgebundenen »normalen«) Ereignisse ist die Altersspanne, innerhalb derer sie auftreten können, *extrem groß*: Heute kann eine 40-jährige Frau Großmutter werden und gleichzeitig noch ein eigenes Kind gebären ohne dass dies soziale Sanktionen nach sich ziehen oder besondere biologische Risiken in sich bergen würde.
- Schließlich kann die zeitliche *Platzierung ein und desselben Ereignisses im Lebenslauf eine hohe Variabilität* besitzen. Dafür sind der (endgültige) Eintritt in das Berufsleben wie auch der (durch Arbeitslosigkeit oder Vorruhestandsregelungen erzwungene) Austritt aus der Erwerbstätigkeit eindrucksvolle Beispiele.

Wie die Aufzählung zeigt, spricht gegen die Betrachtung von Lebenserfahrung als Durchschreiten der *Normalbiographie*, dass gesellschaftliche Modernisierung heute vor allem in der Ausdifferenzierung von Lebens- und Familienformen liegt (vgl. LÜSCHER 1993). LEY (1984) meint, da Menschen heute mehr Optionen hätten und ihnen mehr Alternativen der Lebensführung offen stünden, sei es besser von *Wahlbiographie* statt von Normalbiographie zu sprechen. In der Psychologie findet sich hierzu eine Entsprechung, wenn Individuen als die »aktiven Gestalter ihrer Entwicklung« aufgefasst werden, die den äußeren (Entwicklungs-)Bedingungen nicht hilflos ausgeliefert sind, sondern diese aktiv handelnd selbst herbeiführen, verändern und gestalten. Indem aber das individuelle Gestaltungselement in den Vordergrund tritt, ist Lebenserfahrung stärker an die Handlungsentwürfe und Ziele einer Person denn an die Normalbiographie gebunden.

Der »von außen« beschriebene Lebensverlauf (wie beispielsweise die Biographien in der belletristischen und wissenschaftlichen Literatur) kann eine ganz andere Gestalt haben, als die betreffende Person ihn selbst (thematisch, zeitlich, affektiv) erlebt hat. Er gibt in der Regel keine verbindliche Auskunft darüber, wie die biographischen Ereignisse und Übergänge auf das Individuum rückgewirkt haben, welche Erfahrungen damit verbunden waren und welche davon tatsächlich als einschneidend zu bewerten sind.

Dies legen unter anderem Befunde aus der Bonner Längsschnittstudie des Alterns nahe (LEHR 1987). Sie zeigen, dass die in ausführlichen Interviews erhobenen Lebensverläufe sehr viel mehr markante Einschnitte enthielten, als dies nach der Normalbiographie zu erwarten war. Gleiches zeigte sich auch in einer Studie (siehe FILIPP 1986), in der Männer unterschiedlichen Alters die für sie bedeutsamsten Ereignisse ihres Lebens nennen sollten. Natürlich wurden auch normalbiographische Ereignisse (wie z. B. Heirat, Auszug des letzten Kindes aus dem Elternhaus) genannt, faszinierend war aber der Variantenreichtum bei den Ereignissen, die die Probanden als »einschneidend« bezeichneten. Es ging dabei um sehr persönliche Erlebnisse und individuelle Erfahrungen (z. B. »meine erste Lederhose«), die als bedeutsame Zäsuren erlebt worden waren und die bei ausschließlicher Betrachtung der Normalbiographie niemals erkennbar geworden wären.

2.3 Lebenserfahrung als Bearbeitung von Entwicklungsaufgaben

Obschon gerade die individuellen Unterschiede im Prozess des Erfahrungmachens von den Psychologen besonders betont werden, hat es auch in der Psychologie Versuche gegeben allgemeine Merkmale von Lebensverläufen herauszuarbeiten. Dies begann schon sehr früh mit dem sogenannten *dramaturgischen Modell* von Charlotte BÜHLER (1933), das den Lebenslauf als Abfolge von »Aufbau, Stabilität und Abbau« abzubilden versuchte. Später entstand das theoretische Konzept der *Entwicklungsaufgaben*, die sich in den einzelnen Lebensaltern jeweils spezifisch stellen und damit den Lebensverläufen ihre besondere Struktur verleihen sollen (HAVIGHURST 1982). In *Tabelle 1* sind sie für die mittlere Kindheit, die Adoleszenz sowie das frühe, mittlere und hohe Erwachsenenalter dargestellt.

Diese Entwicklungsaufgaben ergeben sich daraus, dass Individuen im Verlaufe ihres Lebens
- biologische Veränderungen zu bewältigen haben,
- mit gesellschaftlich vorgegebenen Anforderungen (z. B. Berufswahl) konfrontiert sind und schließlich
- für sich selbst Ziele setzen und Wertvorstellungen entwickeln müssen.

In ihrer Thematik variieren diese Entwicklungsaufgaben – die FLAMMER (1988) auch als »gesellschaftliche Eintrittskarten« bezeichnet – über die Lebensspanne hinweg. Und indem sie Anforderungen an die Person stellen, die in *wohl dosierter Diskrepanz* zu ihren aktuellen Verhaltensmöglichkeiten stehen, sind sie als »Motor« der Entwicklung zu begreifen. Die Überwindung dieser Diskrepanz zwischen Können und Sollen, und damit die konstruktive Bearbeitung jeder dieser Entwicklungsaufgaben, treibt die lebenslange (Persönlichkeits-)Entwicklung voran.

Eine ähnliche Konzeption hat ERIKSON (1959) mit seinem *Modell der Entwicklungskrisen* vorgelegt, die darin bestehen, dass auf jeder Entwicklungsstufe ein alterstypischer Konflikt (z. B. in der Kindheit zwischen Urvertrauen in die soziale Umwelt und Urmißtrauen) konstruktiv zu lösen sei um Weiterentwicklung zu gewährleisten.

Es ist offenkundig, dass in diesen Modellen *Universalien des Lebensverlaufs* vorausgesetzt werden, hingegen nichts darüber ausgesagt wird,
- wie sich ein bestimmtes Individuum mit diesen Entwicklungsaufgaben auseinander setzt,

Tabelle 1: Entwicklungsaufgaben über die Lebensspanne (nach HAVIGHURST 1982)

	Mittlere Kindheit (6–12 Jahre)	Adoleszenz (13–18 Jahre)	Frühes Erwachsenenalter (19–30 Jahre)	Mittleres Erwachsenenalter (31–60 Jahre)	Hohes Erwachsenenalter (ab 61 Jahren)
1.	Erlernen körperlicher Geschicklichkeit	Aufbau reiferer Beziehungen zu Altersgenossen beiderlei Geschlechts	Wahl eines (Lebens-)Partners	Erziehung der Kinder zu verantwortungsbewußten und glücklichen Erwachsenen	Anpassung an die Abnahme der körperlichen Leistungsfähigkeit
2.	Aufbau eines positiven Selbstbildes	Übernahme der Geschlechtsrolle	Mit dem Partner leben lernen	Übernahme sozialer und staatsbürgerlicher Verantwortung	Anpassung an den Ruhestand
3.	Einordnen in die Gruppe der Altersgenossen	Akzeptieren des eigenen Körpers	Gründung einer Familie	Aufbau einer beruflichen Karriere/Leistung	Anpassung an den Tod des Partners
4.	Erlernen eines angemessenen männl. oder weibl. sozialen Rollenverhaltens	Emotionale Unabhängigkeit von Eltern und anderen Erwachsenen	Versorgung und Betreuung der Familie	Entwicklung von Freizeitaktivitäten	Aufbau einer expliziten Anbindung an die eigene Altersgruppe
5.	Entwicklung grundlegender Kulturfertigkeiten (Lesen, Schreiben, Rechnen)	Vorbereitung auf Ehe- und Familienleben	Auf- und Ausbau eines Heimes	Neudefinition der Partnerbeziehung	Flexible Übernahme von und Anpassung an verschiedene Rollen
6.	Aufbau von Konzepten zur Alltagsbewältigung	Vorbereitung auf eine berufliche Karriere	Aufnahme einer Erwerbstätigkeit	Anpassung an physiologische Veränderungen	Aufbau altersangemessener Wohnverhältnisse
7.	Entwicklung einer Werteskala und Moralentwicklung	Aufbau eines Wertesystems als Handlungsrahmen	Betätigung als Staatsbürger	Anpassung an Älterwerden der Eltern	
8.	Annähern an persönliche Unabhängigkeit	Aufbau von sozialer Verantwortlichkeit	Integration in eine soziale Gruppe		
9.	Entwicklung von Einstellungen gegenüber sozialen Gruppen und Institutionen				

- welche Formen der Auseinandersetzung förderlich oder hinderlich für die Entwicklung sind,
- welche Personen mit welcher Wahrscheinlichkeit einen risikoreichen Entwicklungsverlauf haben werden und warum und
- wie letztlich überhaupt (Persönlichkeits-)Entwicklung in Gang gehalten wird.

Dargelegt wird, was den Individuen als Entwicklungsaufgaben auferlegt ist. Doch sind Entwicklungsaufgaben ja nicht losgelöst davon zu betrachten, in welchen historischen und soziokulturellen Lebenskontext die individuelle Entwicklung jeweils eingebettet ist. Auch wie diese Personen Entwicklungsaufgaben und ihr Leben insgesamt bewältigen, wird durch diesen äußeren Kontext geformt. Nur wenn man dies in seiner Gesamtheit betrachtet, kann man die Lebenserfahrung der Einzelnen erschließen.

Kurzum: Die hier angesprochenen Modelle sind beschreibender und ordnender Natur, erklären jedoch nichts und tragen den vielen sehr individuellen Erfahrungen, ihrer höchst unterschiedlichen Platzierung im Alternsprozess und damit der Pluralität von Lebensverläufen keinerlei Rechnung. Gerade dies aber wird mit dem Forschungsansatz der *Kritischen Lebensereignisse* (FILIPP 1995) versucht.

2.4 Lebenserfahrung als Konfrontation mit kritischen Ereignissen

Seit langem beschäftigen sich Psychologen mit der Frage, was denn die *wirklich wichtigen Ereignisse im Leben einer Person* sind, weil sie (immer wieder auch schmerzlichen) Anlass zum Umlernen und zur Neuorientierung geben oder einen Menschen gar so belasten, dass sie eine Bedrohung für seine körperliche und seelische Gesundheit darstellen.

Es wurde der Versuch unternommen, kritische Lebensereignisse als einen bestimmten Typ von Erfahrung, als »Stress des Lebens« abzubilden und auch zu messen. Zu diesem Zweck wurden die unterschiedlichsten Lebensereignisse zusammengestellt und rund 2000 Personen gebeten, die einzelnen Ereignisse danach einzuschätzen, wie sehr sich dadurch ihr Leben verändern würde. Aus der Aggregation, der Zusammenfassung dieser Einschätzungen wurde der »Stresswert« gebildet. Dieser Wert lag umso höher, je einschneidender ein Ereignis das Leben verändern konnte und je größer der Aufwand an Neuanpassung eingeschätzt wurde. In späteren Studien wurden diese Listen vorgegeben, mittels derer Personen die in ihrem gesamten Leben (oder in einem definierten Zeitraum) eingetretenen Ereignisse benennen sollten. Aus der Summe der für eine Person ermittelten Stresswerte sollte sich ihr Risiko abschätzen lassen körperlich oder psychisch zu erkranken. Das Beispiel einer solchen Ereignisliste ist in *Tabelle 2* wiedergegeben.

Zwischenzeitlich hat sich herauskristallisiert, dass der Beitrag kritischer Lebensereignisse zu Entstehung oder Verlauf *körperlicher* Erkrankungen (z.B. Herzerkrankungen) dann als eher gering zu veranschlagen ist, wenn man zugleich bestimmte *Verhaltensstile* der Person berücksichtigt (vgl. HOLMES, RAHE 1980). Dennoch ist es nach wie vor ein klassisches Thema der Lebensereignisforschung psychische Störungen (auch) auf die Konfrontation mit kritischen Lebensereignissen zurückzuführen (KATSCHNIG 1980). Umgekehrt werden Entwicklungspsychologen nicht müde, darauf zu verweisen, dass Lebensveränderungen im Zuge kritischer Ereignisse auch Entwicklungsanreize darstellen und Entwicklung fördern können (vgl. OLBRICH 1995).

Problematisch an diesem Forschungsansatz war und ist die Definition dessen, was ein Ereignis zu einem »kritischen« macht – und dies angesichts der großen Unterschiede zwischen den Menschen darin, wie sie Ereignisse bewerten. Gleichwohl gibt es weiterführende Befunde dazu:

- Als *kritisch* wird ein Ereignis betrachtet, wenn die betroffene Person *keinen Einfluss darauf hat, ob es eintritt oder nicht.* Zwar ist es eine grundlegende Dimension der Lebenserfahrung, dass Ereignisse von außen als »Widerfahrnisse« auf uns einwirken. Doch in allen Lebensaltern wollen Menschen über ihr Leben und das, was mit ihnen geschieht, die Kontrolle behalten (HECKHAUSEN, SCHULZ 1995).

Deshalb wird beispielsweise die freiwillige Aufgabe der Berufstätigkeit leichter verkraftet als die durch starre Altersgrenzen der Rentenversicherung erzwungene, ebenso lässt sich die selbstgewählte Umsiedlung in ein Altenheim leichter bewältigen als die durch andere arrangierte.

- Entscheidend ist zudem, inwieweit ein Ereignis *vorhersehbar* ist und deshalb nicht zu den berüchtigten »Schicksalsschlägen« gezählt werden muss.

Studien zum Wohnortwechsel im Alter haben gezeigt, dass die Vorhersehbarkeit dieses Ereignisses mit einer besseren Anpassung verknüpft war. Unter anderem hatten die Betroffenen ihre künftige Wohnumgebung vorab mehrfach besuchen können (vgl. hierzu FILIPP 1986).

- Des Weiteren ist ein Ereignis dann kritisch, wenn es (wie es beispielsweise im Falle des Arbeitsplatzverlustes oder einer Scheidung passieren kann) den *Wert der eigenen Person* in Frage stellt.
- Schließlich ist bedeutsam, *wann* ein Ereignis eintritt: Für viele Ereignisse legen die biologische und die soziale Uhr den Zeitpunkt fest, an dem sie im Lebenslauf eintreten sollten (*on time*). Treten sie zum falschen Zeitpunkt (*off time*), also zu früh oder zu spät, ein, so gelten sie als schwerer zu bewältigen und somit als kritisch (NEUGARTEN 1970).

LOWENTHAL et al. (1975) konnten zeigen, dass für Männer im mittleren Erwachsenenalter einer der wesentlichsten Faktoren, die zu einer Beeinträchtigung ihrer Lebenszufriedenheit führten, ein verspäteter beruflicher Aufstieg war. Ähnliche Überlegungen wurden von BOURQUE und BACK (1977) in Bezug auf eine zu frühe oder zu späte Platzierung der Empty-nest-Situation in weiblichen Biographien angestellt. Weitere Beispiele solcher Off-time-Ereignisse sind der Tod des Ehepartners, der eine 40-jährige Frau trifft, der Verlust des Arbeitsplatzes im Alter von 50 oder die Diagnose einer schweren Erkrankung im Alter von 30 Jahren.

All diese Erfahrungen gelten als zusätzlich belastend, weil sie *außerhalb des normalen Zeittaktes* liegen. Die Betroffenen fragen sich, warum gerade ihnen dies passiert ist; nicht selten erleben sie ihr Schicksal als unverdient und ungerecht – sind doch die meisten anderen Menschen ihres Alters davon nicht berührt. Das Erleben von Ungerechtigkeit ist eine der quälendsten Emotionen in der Konfrontation mit kritischen Lebensereignissen (MONTADA 1992).

Tabelle 2: Liste kritischer Lebensereignisse, eine Übersetzung der amerikanischen »Social Readjustment Rating Scale« von 1967 (nach HOLMES, RAHE 1980, S. 164)

Rangplatz	*Kritisches Ereignis*	*Stresswert*
1.	Tod des Ehepartners	100
2.	Scheidung	73
3.	Trennung vom Ehepartner	65
4.	Haftstrafe	63
5.	Tod eines nahen Familienangehörigen	63
6.	Eigene Verletzung oder Krankheit	53
7.	Heirat	50
8.	Verlust des Arbeitsplatzes	47
9.	Aussöhnung mit dem Ehepartner	45
10.	Pensionierung	45
11.	Änderung des Gesundheitszustandes eines Familienmitglieds	44
12.	Schwangerschaft	40
13.	Sexuelle Schwierigkeiten	39
14.	Familienzuwachs	39
15.	Geschäftliche Veränderung	39
16.	Erhebliche Einkommensveränderung	38
17.	Tod eines nahen Freundes	37
18.	Berufswechsel	36
19.	Änderung in der Häufigkeit von Auseinandersetzungen mit dem Ehepartner	35
20.	Aufnahme eines Kredits über 10 000 Dollar	31
21.	Kündigung eines Darlehens	30
22.	Veränderung im beruflichen Verantwortungsbereich	29
23.	Kinder verlassen das Elternhaus	29
24.	Ärger mit der angeheirateten Verwandtschaft	29
25.	Großer persönlicher Erfolg	28
26.	Anfang oder Ende der Berufstätigkeit der Ehefrau	26
27.	Schulbeginn oder -abschluss	26
28.	Änderung des Lebensstandards	25
29.	Änderung persönlicher Gewohnheiten	24
30.	Ärger mit dem Vorgesetzten	23
31.	Änderung von Arbeitszeit und -bedingungen	20
32.	Wohnungswechsel	20
33.	Schulwechsel	20
34.	Änderung der Freizeitgewohnheiten	19
35.	Änderung der kirchlichen Gewohnheiten	19
36.	Änderung der gesellschaftlichen Gewohnheiten	18
37.	Aufnahme eines Kredits unter 10 000 Dollar	17
38.	Änderung der Schlafgewohnheiten	16
39.	Änderung der Häufigkeit familiärer Kontakte	15
40.	Änderung der Essgewohnheiten	15
41.	Urlaub	13
42.	Geringfügige Gesetzesübertretungen	11

Problematisch an dem Konzept der »kritischen« Ereignisse ist gleichwohl, dass es sich häufig nicht um punktuelle Erfahrungen handelt, sondern dass sie vor dem Hintergrund dauerhafter Lebenslagen auftreten (z.B. soziale Benachteiligung). Zudem gehören *auch* Erfahrungen dazu, die nicht als »Widerfahrnisse« betrachtet werden können, sondern zumindest teilweise durch eigenes Handeln oder einen spezifischen Lebensstil der Person herbeigeführt wurden.

So stellten COHEN et al. (1987) in ihren Untersuchungen an Jugendlichen fest, dass die über Listen erfassten Stress-Ereignisse zwar mit Anpassungsproblemen der Jugendlichen zusammenhingen, diese aber nicht als Folge von Lebensereignissen aufzufassen waren: Vielmehr waren umgekehrt – wie sich bei einer späteren Erhebung zeigte – die zwischenzeitlich eingetretenen Ereignisse aus den bereits bestehenden Anpassungsproblemen ableitbar, wobei diese nun ihrerseits durch die erneute Ereignisbelastung noch verstärkt wurden. Man hat es hier also eher mit einem »Aufschaukelungsprozess« zu tun.

Dennoch ist für die Betrachtung des Alternsprozesses die Analyse kritischer Lebensereignisse hilfreich, weil durch sie die Individualität jeder einzelnen Biographie besonders in das Blickfeld gerückt wird und Lebenserfahrung in ihrer jeweiligen Besonderheit als Resultat der Konfrontation mit diesen Ereignissen, möglicherweise aber auch des Lernens aus und Wachsens an krisenhaften Erfahrungen betrachtet werden kann.

2.5 Lebenserfahrung und zeitgeschichtlicher Kontext

Lebenserfahrung hat stets auch eine *epochale Dimension*: Indem Menschen einer bestimmten Generation durch die allgemeinen Lebensbedingungen ihrer Zeit – durch Kriege, Elend und Not, aber auch durch Wohlstand und Überfluss – mit spezifischen Ausschnitten des Lebens konfrontiert werden, erfährt ihre individuelle Lebensgeschichte eine historische Verortung. Während Lebenserfahrung im bislang dargelegten Sinne primär eine Sache des Einzelnen ist, erzeugt sie in ihrer epochalen Dimension als kollektive Erfahrung ein gemeinsames Lebensgefühl (Schicksalsgemeinschaften), das mehr oder weniger einer ganzen Generation ihr Gesicht gibt. Und während sie zuweilen innerhalb ein und derselben Generation ein geheimes Einverständnis schafft (»Wir – die 68er-Generation!«), reißt sie zwischen den Generationen nicht selten eine Kluft auf (vgl. HINSKE 1986).

Doch Generationen unterscheiden sich voneinander nicht nur darin, dass sie mit bestimmten Ereignissen (z.B. Kriegen) konfrontiert waren oder nicht. Da jede Generation zu einem jeweils anderen Zeitpunkt in den individuellen Biographien auf ein bestimmtes Ereignis trifft, ist es auch von erheblicher Bedeutung, *in welchem Alter* eine Person mit einem bestimmten historischen Ereignis konfrontiert war. Ob man beispielsweise im Jahr 1910 oder im Jahr 1940 geboren wurde, macht in einem Land wie Deutschland, das dramatischen zeitgeschichtlichen Ereignissen ausgesetzt und massiven Wandlungen unterworfen war, natürlich einen gewaltigen Unterschied. So eindrucksvoll diese Tatsache anhand von Einzelbiographien nachweisbar ist, so wenig wurde dies bislang *systematisch* anhand einer Vielzahl von Lebensverläufen unterschiedlicher Geburtskohorten untersucht.

Bahnbrechende Studien wurden hierzu in den USA durchgeführt (siehe hierzu ELDER 1979; ELDER et al. 1986). ELDER und Mitarbeiter konnten Personen der Jahrgänge 1920/21 und 1928/29, die bereits in ihrer Kindheit an entwicklungspsychologischen Studien teilgenommen hatten, zu mehreren Zeitpunkten im Erwachsenenalter untersuchen. Dabei zeigte sich, dass sich die Wirtschaftskrise der 20er Jahre langfristig ganz unterschiedlich auf die individuelle Entwicklung dieser beiden Kohorten – die von ihr zu unterschiedlichen Alterszeitpunkten getroffen wurden – ausgewirkt hatte. Die 1928/29 Geborenen hatten deutlich größere Schwierigkeiten gehabt, eine angemessene Ausbildung zu erhalten und beruflich erfolgreich zu werden, als die von den Geburtsjahrgängen 1920/21 gebildete Kohorte – auch wenn dieser Nachteil von den aus der sogenannten Mittelschicht stammenden Untersuchten später schneller ausgeglichen werden konnte als von denen, die aus der sogenannten Unterschicht kamen. Auch zeigte sich insgesamt, dass die von der Krise besonders Betroffenen im Erwachsenenalter eine höhere Lebenszufriedenheit aufwiesen als die, deren Familien damals durch die Wirtschaftskrise vergleichsweise unbeeinträchtigt lebten.

Ganz sicher sind solche Effekte der Altersplatzierung zeitgeschichtlicher Ereignisse auf einzelne Kohorten überall nachweisbar, wenngleich andernorts ähnliche Studien nicht durchgeführt wurden.

Ob in Deutschland beispielsweise Männer den Ausbruch des Zweiten Weltkrieges als 20-Jährige oder im mittleren Erwachsenenalter erlebt haben, war sicherlich in vielen Fällen von großer Bedeutung dafür, wie sehr die Kriegsjahre mit Ausbildung und späterer Integration in das Berufsleben kollidierten. Spricht man also im Alltag von der »Kriegsgeneration«, so hat man zwar primär eine zeitgeschichtliche Epoche im Blick, doch bedeutet dieser Begriff für unterschiedliche Geburtsjahrgänge Unterschiedliches.

Im Zusammenhang mit der deutschen Wiedervereinigung wird derzeit von der »Umbruchsgeneration« gesprochen (KIRCHHÖFER 1992). Damit soll betont werden, dass der Umbruch der gesellschaftlichen Verhältnisse vor allem die *Jugendlichen in Ostdeutschland* in einen Generationszusammenhang stellt. Inwieweit sich die Jugendlichen in Ostdeutschland allerdings selbst als eine »Generationsgemeinschaft« erleben, gilt es noch empirisch zu erhärten. Aber auch dieses Beispiel zeigt, dass Generationen stets durch die Verknüpfung kollektiver Erfahrung mit der für den jeweiligen biographischen Status (Alterszeitpunkt) typischen individuellen Erfahrung geschaffen werden. Dies ist in der Tat ein spannendes, wenngleich schwierig zu bearbeitendes Thema der Alternsforschung insgesamt.

2.6 Weisheit als Produkt der Lebenserfahrung

Mit der Perspektivenerweiterung auf die gesamte Lebensspanne hat der jahrhundertealte Begriff *Weisheit* in der Alternsforschung neue Aktualität erhalten. Eine kulturgeschichtliche Betrachtung zeigt, dass Weisheit von jeher mit dem hohen Alter assoziiert war. Die Personen, denen man diese Eigenschaft zuschrieb, gehörten in den allermeisten Fällen zu den ältesten Mitgliedern ihrer Gemeinschaft. Allerdings galt Weisheit bereits in den ältesten abendländischen und östlichen Hochkulturen als ein spezifischer Typus menschlichen Wissens, mit dem in der Regel nur eine – in herausragenden sozialen Positionen stehende – Minderheit ausgestattet war (vgl. BORSCHEID 1994). Doch wurde Weisheit wohl nie in einheitlicher Weise verstanden (vgl. CLAYTON, BIRREN 1980). So wird in der Bibel Weisheit mit Klugheit, aber auch mit Stärke gleichgesetzt; in der griechischen Tradition hielt man Weisheit teils für erlern- und vermittelbar (*praktische Weisheit*), teils für eine durch Anstrengung und Erfahrung nicht erreichbare göttliche Gabe (*philosophische Weisheit*). Schließlich wird im Gegensatz dazu in der östlichen Tradition die Auffassung vertreten, dass ein Übermaß an intellektuellen Fähigkeiten und vernunftgesteuertem Denken dem Aufbau von Weisheit eher hinderlich sei: Weisheit stelle vielmehr ein direktes und auf Erfahrung gegründetes Wissen über »Zweck und Bedeutung des Lebens« dar, das durch Denkprozesse oder sprachlich vermittelte Erfahrung nicht erlangt werden könne.

In den wenigen psychologischen Studien, die dazu durchgeführt wurden, stand zunächst die Frage im Vordergrund, welche Vorstellung Menschen von Weisheit haben und inwieweit Weisheit mit dem hohen Alter in Verbindung gebracht wird.

So ließen CLAYTON und BIRREN (1980) von Personen im jüngeren, mittleren und höheren Erwachsenenalter zwölf Adjektive sowie das Konzept »ich selbst« hinsichtlich ihrer Ähnlichkeit mit dem Adjektiv »weise« einschätzen. Unterschiede zwischen den drei Altersgruppen zeigten sich darin, dass die älteste Gruppe sich selbst im Vergleich zu den beiden anderen nicht als weiser beurteilte, während für die jüngste Kohorte die Begriffe *alt* und *weise* sehr viel näher beieinander lagen als für die beiden älteren; zudem waren für die älteste Gruppe Begriffe wie *verständnisvoll* und *einfühlsam* deutlich enger mit Weisheit verbunden als für die jüngeren Kohorten – sie hatten somit partiell auch eine andere Vorstellung von Weisheit.

In einer Studie von SOWARKA (1989), in der ältere Menschen Eigenschaften »weiser Personen« nennen sollten, zeigte sich eine enge Verknüpfung von Weisheit und einem »vortrefflichen Charakter«.

Dass Weisheit als *Gewinn des Alterns* angesehen wird, hat HECKHAUSEN (1990) eindrucksvoll nachgewiesen: Erwachsenen im jungen, mittleren und höheren Alter waren mehr als 300 Begriffe zur Kennzeichnung psychischer Eigenschaften vorgelegt worden. Diese Eigenschaften waren danach zu beurteilen, wie sehr sie sich im Alternsprozess veränderten, zu welchem Zeitpunkt diese Veränderungen gegebenenfalls erfolgten und als wie erwünscht sie angesehen wurden. Die Vorstellungen in allen Altersgruppen zeigten eine hohe Übereinstimmung dahingehend, dass Weisheit sehr erwünscht ist, sich diese Eigenschaft (nach der impliziten Vorstellung, wann sich Eigenschaften einstellen können) aber erst im vorgerückten Lebensalter (im Durchschnitt ab 55 Jahren bis in das 90. Lebensjahr hinein) herausbildet: »Wenn schon weise, dann nur im Alter.«

Weniger um Alltagstheorien von Weisheit als um den Nachweis von Potenzialen des Alters geht es in dem Forschungsprogramm der Arbeitsgruppe um BALTES (BALTES, SMITH 1990; BALTES et al. 1992). Als »Krönung des Wissens über den Menschen« wird Weisheit als höchste Kompetenz verstanden, wenn es um fundamentale Fragen der Lebensführung und Lebensgestaltung geht:

- Zur Weisheit gehörten ein reiches Faktenwissen sowie Strategiewissen in Bezug darauf, wie mit schwierigen Lebenssituationen angemessen umzugehen sei;
- darüber hinaus umfasse Weisheit die Einsicht, dass Lebenserfahrung immer eingebettet sei in den jeweiligen zeitgeschichtlichen Kontext und sie erst aus diesem heraus ihre Bedeutung erhalte;
- des Weiteren schließe Weisheit die Einsicht ein, dass Lebensverläufe und individuelle Lebensentscheidungen aus unterschiedlichen Perspektiven zu betrachten und somit Urteile, Bewertungen oder gar Ratschläge auf verschiedene Wertvorstellungen hin zu relativieren seien;
- schließlich umfasse Weisheit Einsicht in die Unwägbarkeiten und die Unvorhersehbarkeit des Lebens und schließe somit auch Wissen darüber ein, wie mit der daraus resultierenden Ungewissheit konstruktiv umzugehen sei.

In einer Reihe von Studien wurde anhand dieser Kriterien von Weisheit der Zusammenhang von Alter und Weisheit geprüft. Zwar gingen BALTES und SMITH (1990) davon aus, dass alte Menschen nicht grundsätzlich weise sein müssen, doch vermuteten sie unter den weisen Personen überzufällig viele Ältere.

Die Autoren legten hierzu Personen im Alter von 25 bis 81 Jahren Szenarien vor, in denen sich der Protagonist in einer schwierigen Entscheidungssituation befand. Die Versuchspersonen sollten über dieses Problem »laut nachdenken«; ihre Äußerungen wurden registriert und von trainierten Auswertern eingeschätzt. Nur etwa fünf Prozent der Antworten wurden als weise eingeschätzt und diese waren über die untersuchten Altersgruppen hinweg gleichverteilt, also nicht charakteristisch für die älteren Versuchspersonen. Indes zeigten die Ergebnisse, dass die Versuchspersonen vorzugsweise dann *weise* reagierten, wenn das Szenario Ähnlichkeit mit ihren eigenen Erfahrungen hatte oder der Protagonist ihrer eigenen Altersgruppe zugehörte.

Weisheit als Expertentum in komplexen Lebensfragen beruht – so lässt sich vorläufig resümieren – wohl primär auf der eigenen »hautnahen« Erfahrung. Empirische Belege für die Annahme, dass Weisheit auf einer »natürlichen« Kumulation der Erfahrung über den Lebenslauf beruhe und gleichsam automatisch mit dem Alter zunehme, gibt es nicht. Dass Weisheit aber in den subjektiven Vorstellungen von Menschen als *Gewinn des hohen Alters* repräsentiert ist, könnte einen der »Mythen des Alterns« darstellen, mittels derer Menschen sich das eigene Älterwerden erleichtern.

3. Lebensrückschau und autobiographisches Erinnern

Erinnerung ist eine milde Göttin:
Vergangene Freuden ruft sie Dir zurück,
und selbst vergangenes Leid läßt sie erscheinen
verklärt im Abendrotlicht fast wie Glück.
(Daniel SANDERS 1892)

Ein anderes Phänomen scheint einer verbreiteten Annahme nach deutlicher als Weisheit an den Alternsprozess gebunden, nämlich die zunehmende Auseinandersetzung mit der eigenen Vergangenheit: Als natürliches, das Altern begleitendes Phänomen soll *Lebensrückschau* sogar einen Mechanismus darstellen, mittels dessen das Leben im hohen Alter besser gemeistert werden kann.

Illustrieren lässt sich dies mit einer Passage aus einem Interview mit dem 93-jährigen Philosophen Hans-Georg GADAMER in »Die Zeit« vom 23. März 1993 (BORGEEST 1993). Auf die Frage, ob er sich im Alter einsam fühle, erwiderte er, er habe Gefühle der Einsamkeit erlebt, aber diese Einsamkeit werde durch einen ungeheuer gewachsenen Schatz von Erinnerungen an das eigene Leben bereichert; er denke nun sehr viel häufiger an Kindheitserlebnisse, an Menschen, denen er begegnet sei. Wörtlich sagte er: »Im Alter wacht die Kindheit auf. Und so wie das Älterwerden das Hinschmelzen der Zukunft ist, muss die Fruchtbarkeit der Vergangenheit und des Erinnerns an ihre Stelle treten.«

Sind autobiographische Erinnerungen im Alter ein Ersatz für neue Erfahrungen? An welche Episoden aus ihren Lebensgeschichten erinnern sich Menschen im Alter vorzugsweise und wie verlässlich ist dabei ihr autobiographisches Gedächtnis? Um diese Fragen soll es in den beiden Abschnitten dieses Kapitels gehen.

3.1 Der »Stoff« der Lebenserinnerungen im Alter

Man kann sich an vieles erinnern: an die Art und Weise, wie man früher über manche Dinge gedacht hat; an Personen, denen man sich verbunden fühlte; an die Angst, die man vor dem Lehrer hatte; an den ersten Kuss oder die erste Lederhose – und was alles die Geschichten eines Lebens sein mögen. Andere Dinge sind völlig dem Vergessen anheimgefallen oder es bedarf großer Mühen sie sich wieder zu vergegenwärtigen. In einem sind sich die Forscher einig, nämlich dass Menschen sich *selektiv* erinnern; denn nicht alle Ereignisse sind im Gedächtnis gleichermaßen verfügbar. Ganz offensichtlich erinnern sich die Menschen im Alter besonders gut oder auch besonders schlecht an *bestimmte Lebensabschnitte* (vgl. RUBIN et al. 1986).

Das Letztere lässt sich an dem Phänomen der *Kindheitsamnesie* illustrieren: Erfahrungen, die vor dem vierten bis fünften Lebensjahr liegen, treten in autobiographischen Erinnerungen kaum zutage. Das liegt schlicht daran, dass Erfahrungen, die in dieser Zeit gemacht werden, im Informationsverarbeitungssystem weniger gut verarbeitet und gespeichert werden. Umgekehrt finden sich viele Hinweise darauf, dass Erlebnisse aus dem Jugendalter und dem frühen Erwachsenenalter – was die Anzahl erinnerter Episoden anbelangt – in (spontanen) autobiographischen Berichten älterer Menschen überrepräsentiert sind (*Reminiszenzeffekt*).

Warum ist das so? Waren das die schönsten Jahre? Vieles spricht eher dafür, dass das Jugendalter auch in der Rückschau nicht als die »sonnigste Periode« erlebt wurde. Sind diese Jahre deshalb so gut im autobiographischen Gedächtnis repräsentiert, weil man in dieser Zeit besonders viel erlebte und sich die Ereignisse besonders dicht gedrängt haben? Auch das scheint in aller Regel nicht der Fall zu sein, denn andere Lebensphasen sind ebenfalls reich an Erlebnissen.

Die gängige Vermutung ist vielmehr, dass in der Lebensrückschau die Jahre der Jugend und des frühen Erwachsenenalters im Gedächtnis so präsent sind, weil diese Jahre eine Zeit der Identitätsfindung waren und die Frage: »Wer bin ich?« eine besondere Brisanz hatte. Erfahrungen aus dieser Zeit sind demgemäß besonders stark mit dem *Selbst* verknüpft, das heißt, was man erlebte und erfuhr, war in hohem Maße *selbstrelevant* (vgl. FILIPP, KLAUER 1986). Da selbstrelevante Informationen tiefer verarbeitet und im Gedächtnis besser gespeichert werden, sind sie später besser verfügbar.

Beim Nachdenken über das eigene Leben spielen in der Rückerinnerung immer wieder ganz bestimmte Ereignisse eine Rolle. Dabei werden bevorzugt *emotional getönte* Ereignisse erinnert (vgl. BOWER 1981). Ein Grund dafür ist, dass affektiv bedeutsame Ereignisse anders verarbeitet werden und im Gedächtnis tiefere Spuren hinterlassen als emotional eher neutrale Geschehnisse. Zudem ranken sich um solche Ereignisse oft viele Gespräche und Gedanken; je häufiger aber jemand über bestimmte Dinge nachgedacht oder über sie gesprochen hat, umso präsenter sind sie auch in seinem Gedächtnis (vgl. TESSER 1978).

In der Forschung fanden gerade die *negativen* Lebenserfahrungen besonderes Interesse; FREUD hatte schon 1915 behauptet, dass Menschen negative Erfahrungen zumeist aus ihrem Gedächtnis *löschen* und *verdrängen* (vgl. FREUD 1975). In der Tat gilt *Verdrängung* als ein wichtiger Mechanismus, mittels dessen das psychische Wohlbefinden wiedergewonnen oder aufrechterhalten werden kann. Nicht selten tritt an die Stelle des Vergessens eine Umbewertung negativer Erfahrungen, die in der Rückschau eine positive Tönung erhalten. Die Redewendung aus dem Alltag: »Wer weiß, wozu es *gut* war!« zeugt von solchen gelungenen Versuchen, negative Erfahrungen in schöngefärbte Erinnerungen zu verwandeln. Wir werden in *Kapitel 4* noch einmal darauf zurückkommen.

3.2 Wie verlässlich ist das autobiographische Gedächtnis?

Die schöngefärbten Erinnerungen führen zu der Frage, wie verlässlich das autobiographische Gedächtnis ist. In der Regel haben sich viele Ereignisse keineswegs so abgespielt, wie sie erinnert werden: *Wie* funktioniert also das autobiographische Gedächtnis und *was* beeinflusst seine Verlässlichkeit? Die Prüfung dieser Frage ist nicht einfach, denn wer kann angesichts der vielen und sehr persönlichen Erfahrungen eines Menschen schon sagen, wie etwas »wirklich« war? Personen, die man als Zeitzeugen berufen könnte, sind nicht immer zu finden und auch ihre Erinnerungen unterliegen Verzerrungen. Es gibt daher nur sehr wenige Studien, in denen man *Verzerrungseffekte im autobiographischen Erinnern* tatsächlich nachgewiesen hat (vgl. STRUBE, WEINERT 1987).

Ein Beispiel ist der umfassende Selbstversuch des holländischen Psychologen WAGENAAR (1986). Sechs Jahre lang notierte er sich jeden Tag das Ereignis, welches ihm selbst als persönliches Ereignis am bedeutsamsten erschien.

Die Protokollierung erfolgte dabei anhand von *vier Aspekten*, nämlich
- den beteiligten Personen: wer? (z. B.: mein Freund Hans),
- dem Ereignis selbst: was? (z. B.: Ich sah das Bild »Das letzte Abendmahl« von LEONARDO DA VINCI),
- dem Ort des Geschehens: wo? (z. B.: in einer Kirche in Mailand) und
- dem Ereigniszeitpunkt: wann? (z. B.: am 10. 10. 1979).

Zusätzlich bewertete er alle Ereignisse als entweder »angenehm«, »unangenehm« oder »neutral«.

Auf diese Weise erstellte WAGENAAR eine Liste von insgesamt 2401 Ereignissen. Nach der Protokollphase ging er daran sein autobiographisches Erinnern zu prüfen. Hierzu benutzte er die vier Ereignisaspekte (wer? was? wo? wann?) als sogenannte Abrufhilfen (*cues*), indem er beispielsweise zunächst den Eintrag unter »wo?« las und anhand dieser Information die übrigen Aspekte des Ereignisses zu erinnern versuchte. Gelang ihm dies nicht, wurde ein weiterer Hinweis gegeben (z. B. »wann?«). Erinnerte er sich dann noch immer nicht an die verbleibenden zwei Aspekte, versuchte er es mit dem dritten Hinweis. Dies setzte er so lange fort, bis schließlich alle vier Aspekte vorgegeben waren. Konnten selbst die vollständigen Daten die Erinnerung an das Ereignis nicht wachrufen, wurde das Ereignis als »vollständig vergessen« eingestuft.

Die Befunde zeigen erwartungsgemäß, dass die Erinnerung an ein Ereignis umso schlechter war, je weiter dieses Ereignis zurücklag. Zudem war die Erinnerungsleistung umso besser, je mehr Abrufhilfen vorgegeben wurden. Wurde beispielsweise für ein Ereignis, das ein halbes Jahr zurücklag, nur ein Aspekt vorgegeben (z. B. »wo?«), so fielen ihm von den verbleibenden drei Aspekten im Mittel nur etwa die Hälfte ein; lagen dagegen Informationen zu drei Aspekten vor, so konnte er sich in nahezu allen Fällen korrekt an den vierten Aspekt erinnern. Während von denjenigen Ereignissen, die nicht länger als ein Jahr zurücklagen, keines vollständig vergessen worden war, betrug der entsprechende Anteil bei den fünf Jahre zurückliegenden Ereignissen rund 20 Prozent. WAGENAAR stellte fest, dass er sich an Angenehmes genauer erinnerte als an Ereignisse, die er als »neutral« oder als »unangenehm« bewertet hatte – was er als Beleg für FREUDS Konzeption der *Verdrängung* interpretierte. Allerdings waren diese Unterschiede im Erinnern positiver und negativer Ereignisse allein bei relativ kurze Zeit zurückliegenden Episoden festzustellen, während sie bei Ereignissen, die mehrere Jahre zurücklagen, gering waren oder nicht auftraten.

Eine andere Studie hat sich der Verläßlichkeit des autobiographischen Gedächtnisses in sehr lebensnaher Weise genähert (BAHRICK et al. 1975): Personen, deren Schulabschluss unterschiedlich lange zurücklag (zwischen 5 und 35 Jahren), wurden fünf unterschiedliche »Gedächtnistests« vorgelegt: Sie sollten entweder spontan die Namen ihrer Klassenkameraden in der Abschlussklasse nennen, ihre Namen wiedererkennen, ihre Gesichter auf Fotos wiedererkennen, Namen und Gesichter einander zuordnen oder anhand der Fotos die Namen nennen. Grundlage waren die jeweiligen Jahrbücher der Highschool. Die Autoren stellten fest, dass das Erinnern von Gesichtern (die bildhafte Information) im Durchschnitt 35 Jahre lang unbeeinträchtigt war, während das Erinnern von Namen (die sprachliche Information) sehr viel früher abnahm. Das Zuordnen von Namen und Gesichtern blieb mit rund 90 Prozent korrekter Lösungen ebenfalls über einen langen Zeitraum (im Durchschnitt 15 bis 20 Jahre) relativ unbeeinträchtigt. Allerdings spielte es eine große Rolle, wie diese Erinnerungsleistungen erhoben wurden: Am schlechtesten waren die Ergebnisse, wenn Namen oder Gesichter frei erinnert werden sollten, während das Wiedererkennen deutlich besser war. Zugleich zeigte sich, dass die Frauen unter allen Versuchsbedingungen bessere Leistungen erbrachten als die Männer – was womöglich auch auf ein größeres Interesse an sozialen Beziehungen bei Frauen hinweist.

Während diese Befunde als Beleg für die beeindruckende Leistungsfähigkeit des autobiographischen Gedächtnisses interpretiert werden können, legen die Ergebnisse anderer Studien zum biographischen Gedächtnis eine solche Schlussfolgerung gerade *nicht* nahe. Bei vergleichender Betrachtung wird deutlich, dass sich die Untersuchungen vor allem in der Art der zu erinnernden Information unterschieden, das heißt danach, wie emotionsgeladen diese ist, ob es sich um eine sogenannte »kalte Information« (wie es die Namen der Klassenkameraden sein können) oder um eine »heiße Information« (wie es krisenhafte Erlebnisse sind) handelt. Nachfolgend werden zwei Studien vorgestellt, in denen sich das autobiographische Erinnern auf »heiße Informationen« bezieht:

Die erste Studie wurde durchgeführt an Bewohnern eines Dorfes im Norden der USA, das im Jahre 1956 aufgrund eines Dammbruchs völlig zerstört worden war; die Bewohner waren unmittelbar nach dieser Katastrophe psychologisch (in Bezug auf Stressreaktionen, Depressivität usw.) untersucht und die erlittenen Verluste (z.B. Ausmaß des materiellen Schadens) schriftlich dokumentiert worden – es gab also objektive »Zeitzeugen« (zum einen in der Person der Forscher, zum anderen in Form der Unterlagen mit den von ihnen erhobenen Daten). Da die Bewohner dieses Dorfes nach dieser Flutkatastrophe kollektiv in ein anderes Dorf umgesiedelt worden waren, war es nach 15 Jahren möglich etwa 800 Betroffene wieder aufzusuchen und sie um Teilnahme an einer Untersuchung zu bitten, zu der ein Gespräch über ihre Lebensgeschichte und insbesondere über das damalige Geschehen gehörte.
Zunächst zeigten sich große Unterschiede in der Bereitschaft, an dieser weiteren Untersuchung teilzunehmen: Bei den »Verweigerern« handelte es sich vor allem um solche Personen, die – wie die Dokumente der ersten Untersuchung belegten – sehr große Schwierigkeiten gehabt hatten, das Geschehene zu verarbeiten, und die ganz offensichtlich Erinnerungen daran meiden wollten. Bei denjenigen, die teilnahmen, ließ sich eine deutliche Tendenz beobachten, die Dramatik des Geschehens in der Rückschau herunterzuspielen. Vor allem das Ausmaß der emotionalen Belastung, aber auch die durch die Katastrophe erlittenen Verluste wurden rückblickend systematisch unterschätzt. Diese Befunde machen deutlich, dass die Redewendung: »Zeit heilt viele Wunden« durchaus eine Berechtigung hat und dass hier jene psychischen Mechanismen (unter anderem Verdrängung, »Unterschätzung«) liegen, die das autobiographische Erinnern beeinflussen.
In der zweiten Studie (Yarrow et al. 1970) ging es um weniger dramatische Ereignisse und der Zeitraum zwischen dem Geschehen und der Rückerinnerung war kürzer. Junge Mütter wurden gebeten sich an ausgewählte Ereignisse in der Entwicklung ihres Kindes zu erinnern. Diese Erinnerungen wurden mit den Eintragungen der Ärzte verglichen, bei denen die Kinder zu dieser Zeit in Behandlung waren. Die Befunde zeigten, dass die Mütter die Entwicklung ihres Kindes positiver in Erinnerung hatten, als es die ärztlichen Dokumente nahelegen: Die Zeiten, zu denen das Kind krank war, wurden in ihrer Dauer unterschätzt; viele Krankheiten wurden nicht mehr erinnert; der Zeitpunkt, zu dem das Kind erstmals allein gelaufen sein sollte, wurde vorverlegt, und selbst härtere Fakten (wie zum Beispiel das Geburtsgewicht) wurden in nur 59 Prozent der Fälle korrekt erinnert. Offenbar handelte es sich hier um »heiße Informationen«, die der Selektivität des Erinnerns besonders unterliegen.

Aus diesen Studien wird deutlich, dass *Erinnern ein konstruktiver Prozess* ist. Menschen konstruieren Bilder ihres Lebens und diese Bilder sind nicht originalgetreue, gleichsam fotografische Abbilder des Erlebten; vielmehr sind es neue Bilder, die mit dem »Original« mehr oder minder übereinstimmen. Diese Tatsache muss indes keineswegs bestürzen – Menschen sind in ihrem Alltag ja keine Geschichtsschreiber, keine Historiker, deren Aufgabe es ist faktische Ereignisse festzuhalten und unverfälscht zu dokumentieren. Vielmehr zeigt sie, dass Gedächtnis und Gefühl auf das engste miteinander verflochten sind. Dass das autobiographische Gedächtnis so wenig verlässlich ist, verweist auch darauf, dass *Lebensrückschau* für den Einzelnen offenkundig wichtige Funktionen besitzt, die auch etwas mit der Konstruktion von *Lebenssinn* zu tun haben.

4. Lebenssinn und die Frage »Wozu?«

Lebensrückschau im Alter kann zweifellos verschiedene Formen annehmen und ganz verschiedene Funktionen erfüllen (vgl. WONG, WATT 1991), indem sie beispielsweise

- der nachfolgenden Generation etwas aus früheren Zeiten vermittelt,
- das eigene Wohlbefinden durch Erinnerungen an »rosige Zeiten« steigert oder
- frühere Erfahrungen für die aktuelle Lebensbewältigung nutzbar macht.

Darüber hinaus ist Lebensrückschau aber immer auch eng mit der Frage nach dem *Lebenssinn* verknüpft (STAUDINGER, DITTMANN-KOHLI 1994). Was aber meinen wir, wenn wir von Sinn beziehungsweise *Lebenssinn* sprechen, welche Bedeutungsfacetten kann dieser Begriff annehmen?

In einer allgemeinsten Verwendung wird Sinn gleichgesetzt damit, dass das Handeln einer Person *auf ein Ziel ausgerichtet* ist beziehungsweise *einem Zweck dient*, also *sinnvoll* und *zweckrational* ist (wie es der Soziologe Max WEBER formulierte). Dabei spielt es zunächst eine untergeordnete Rolle, ob dem Handelnden der Sinn seines Tuns gegenwärtig und in aller Deutlichkeit fassbar ist. Wie im Falle automatisierter Handlungen des täglichen Lebens kann Tun auch einen Sinn haben ohne dass der Handelnde sich explizit darauf beziehen muss: Was für den Einzelnen den Sinn ausmacht, ist häufig so sehr in sein Tun eingebettet, dass es dem unmittelbaren Erkennen und der sprachlichen Benennung kaum zugänglich ist. Doch ist *Sinn* stets etwas, das die Person ihren Handlungen oder Erlebnissen zuschreiben und mit diesen verbinden *kann*.

Indem Sinn untrennbar verknüpft ist mit dem, *wozu* eine Person etwas tut (das heißt mit ihren Absichten, Plänen, Zielen), ist es korrekter, von *subjektivem Sinn* zu sprechen. Dieser muss sich einem Außenstehenden keineswegs erschließen: Wie häufig irren wir im Alltag, wenn wir mutmaßen, *wozu* jemand so und nicht anders handelt!

Die Bedeutung des Begriffs *Lebenssinn* geht über den Sinn, der sich subjektiv mit einzelnen Handlungen oder Erlebnissen verbindet, weit hinaus: Es geht darum, dass eine Person die Gesamtheit ihres Tuns und ihrer lebenslangen Erfahrung in einen *Sinnzusammenhang* zu bringen versucht, der nicht mehr nur an das Episodische einzelner Handlungen oder Begebenheiten gebunden ist. Sie konstruiert gleichsam etwas, das all diesem Episodischen als Gemeinsamkeit zu eigen ist. Doch gilt auch hier, dass das, was für eine Person ihren *Lebenssinn* begründet, möglicherweise nur in ihrem Tun deutlich wird. Würde eine solche Person direkt nach dem *Sinn ihres Lebens* gefragt, stieße diese Formulierung auf Unverständnis oder auf die Unfähigkeit diesen Sinn benennen zu können: Was den Sinn des eigenen Lebens ausmacht, offenbart sich zudem dem Einzelnen im Verlauf seines Lebens nicht stets in gleicher Deutlichkeit und ist keineswegs bei allen Individuen in ähnlicher Weise prägnant. Auch mag sich für viele über weite Strecken der Lebensspanne hinweg ein Sinnzusammenhang nicht erschließen lassen. Und nicht zuletzt unterscheiden sich Menschen darin, wann und wie intensiv sie sich mit der Frage nach dem Lebenssinn beschäftigen und dies zum Gegenstand der Selbstreflexion machen. Doch sind diese Überlegungen weitgehend spekulativer Natur und konnten bislang nur äußerst lückenhaft durch gesicherte Erkenntnis ersetzt werden.

4.1 Sinnkonstruktion und Lebensbewältigung im Alter

Nahezu allen Theorien, die die Entwicklung des Menschen über die gesamte Lebensspanne betrachten, ist die Annahme gemeinsam, dass die Suche nach Lebenssinn eine Aufgabe des hohen Alters sei: Im Alter seien Menschen bestrebt ihrem Dasein als Ganzem Bedeutung zu verleihen und ihm Sinn zuzuschreiben. Dabei soll die *Lebensrückschau* eine herausragende Rolle spielen, indem sie unter anderem dazu dient

- sich der eigenen Herkunft und Vergangenheit bewusst zu werden,
- das eigene Leben in seinen positiven *und* negativen Ausschnitten zu akzeptieren und im Zuge solcher Bilanzierungen
- befriedigende Antworten auf die Frage zu finden, »wozu« man eigentlich gelebt hat.

In der Lebensrückschau liegt nach Erikson (1959) auch eine Voraussetzung dafür, dass Verzweiflung angesichts der eigenen Endlichkeit durch *Ich-Integrität* (das heißt, wenn eine Person mit sich im Reinen ist) überwunden werden kann.

Das Bestreben, dem Dasein als Ganzem Bedeutung zu verleihen und ihm Sinn zuzuschreiben, kann sich auf höchst unterschiedliche Weise zeigen ohne dass wir anhand von wie auch immer geartetem statistischen Material wüssten, wie verbreitet in der Bevölkerung die verschiedenen Varianten der Sinnkonstruktion sind. Lebenssinn lässt sich

- daraus schöpfen, dass das Leben auf eine die eigene Existenz transzendierende Kraft (z. B. auf Gott) rückbezogen wird und/oder Lebenssinn aus gesellschaftlich vorgegebenen Sinnstrukturen konstruiert, die Aussagen darüber bereitstellen, was *wünschenswert* und *sinnvoll* ist (z. B. beruflicher Erfolg);

- auch daraus schöpfen, dass dem eigenen Leben ein Zweck zugeschrieben wird, der über die individuelle Lebenszeit hinausweist, indem man seinen Taten oder Werken überdauernde Wirkung zuschreibt. In dem Entwicklungsmodell von ERIKSON (1959) stellt *Generativität* als Förderung der nachfolgenden Generation(en) und als Weitergabe (Transmission) von Werten, Wissen, Gütern eine zentrale Entwicklungsthematik schon im mittleren Erwachsenenalter dar;
- schließlich jeweils aus den unterschiedlichsten Lebensbereichen (Familie, Beruf, staatsbürgerliches Engagement usw.) schöpfen, wenn eine Person sich diesem Lebensbereich verpflichtet fühlt, ihre Handlungen darauf ausrichtet und ihn gleichsam als Leitthema ihres Lebens begreift.

So wird eine Frau, die sich ein Leben lang um das Wohlergehen ihrer Familie gekümmert und dies in unzähligen Taten und Gedanken gelebt hat, sicher mühelos feststellen können, dass »Familie« für sie Leitthema oder Sinn ihres Lebens war.

Wenn der Einzelne im Zuge der Lebensrückschau Antworten auf die Frage nach dem »Wozu« seines Lebens erhalten kann, dann darf auch davon ausgegangen werden, dass Lebensrückschau etwas mit *erfolgreichem Altern* zu tun hat. Aus dieser Erwartung heraus ist in den USA die sogenannte *Reminiszenz-Therapie* schon fast zur Mode geworden, bei der ältere Menschen lebensgeschichtliche Erfahrungen in einer Runde Gleichaltriger austauschen und so zur Lebensrückschau angeregt werden sollen. Betrachtet man hierzu die Ergebnisse der wenigen Studien, in denen die Wirksamkeit dieser Therapie überprüft wurde, so scheinen allzu optimistische Erwartungen allerdings eher unbegründet (HAIGHT 1991). Denn so wie es unterschiedliche Formen des Alterns gibt, gibt es auch ganz unterschiedliche »Brillen«, durch die auf das eigene Leben zurückgeschaut werden kann. Nicht selten ist Lebensrückschau gepaart mit »Flucht aus dem Alltag« und dem Bemühen sich mit der Gegenwart und dem eigenen Altern nicht befassen zu müssen. In diesem Falle werden Menschen versucht sein, die Vergangenheit zu verherrlichen, und die Erinnerung stellt in diesem Falle – wie es Jean PAUL formuliert hat – »das einzige Paradies« dar, aus dem sie nicht vertrieben werden können. Dies aber dürfte ein aktives Meistern ihres Lebens im Alter behindern und Fragen nach dem Lebenssinn gar nicht erst aufkommen lassen.

Zweifellos mag die retrospektive Bilanzierung des eigenen Lebens im Alter Antworten auf die Frage nach dem »Wozu« des Lebens liefern. Doch stellt sich diese Frage oft auch schon in früheren Stadien der Lebensspanne, nämlich dann, wenn Menschen in eine Lebenskrise geraten. In solch einer Situation wird die Suche nach Sinn zu einer Möglichkeit der Bewältigung kritischer Ereignisse.

4.2 Sinnkonstruktion als Form der Krisenbewältigung

Die Frage nach dem Lebenssinn wird oft gerade in der Konfrontation mit existenzieller Bedrohung oder schweren Verlusten zu einem brennenden Anliegen.

So ist beispielsweise die Diagnose einer lebensbedrohlichen Erkrankung nicht nur ein »Sturz aus der Wirklichkeit« (GERDES 1984), sondern auch ein Sturz aus den Selbstverständlichkeiten des eigenen Lebens und löst im wahrsten Sinne des Wortes eine *Sinnkrise* aus, die neue Antworten auf die Frage nach dem Sinn des Lebens erfordert.

Es gibt Hinweise darauf, dass kollektive Erfahrung (wie sie in *Abschnitt 2.5* angesprochen wurde), selbst wenn sie für jeden Einzelnen noch so schmerzlich sein mag, in mancher Hinsicht leichter zu bewältigen ist als eine individuelle Krise. Denn diese konfrontiert die betroffene Person noch zusätzlich mit der Wahrnehmung, dass alle anderen ein »normales Leben« führen, während sie – auf sich selbst zurückgeworfen – sich mit Bedrohung, Belastung oder Verlust auseinander setzen muss. Vor allem diese (scheinbare) Einzigartigkeit des eigenen Schicksals scheint die Betroffenen mit Fragen nach dem Sinn zu konfrontieren.

In Studien mit krebskranken Menschen im jüngeren und mittleren Erwachsenenalter wurde festgestellt (siehe FILIPP 1992), dass Patienten in der Tat keineswegs so häufig, wie dies in der Forschung oft vermutet wird, fragen, *warum* sie erkrankten. Viel häufiger stellte sich ihnen die Frage, *wozu* sie diese schwere Erkrankung bekommen mussten. Diese Frage legt Antworten nahe, die etwas mit Sinndeutung zu tun haben. Dies zeigt die Äußerung einer 40-jährigen Patientin, die sagte: »Ich musste erst krank werden, um zu lernen mehr an mich selbst zu denken.« Es handelt sich dabei ganz offensichtlich um einen Versuch eine krisenhafte Erfahrung in einer Weise umzubewerten, dass sie im eigenen Leben nicht als sinnlos betrachtet werden muss, sondern in einen Sinnzusammenhang gestellt werden kann.

Zwar gibt es eine Reihe von Möglichkeiten Krisen im Leben zu bewältigen (z. B. durch Hinwendung zu anderen Menschen und Suche nach Unterstützung oder dadurch, dass man die Bedrohung für sich selbst »herunterspielt«), doch scheinen insbesondere Versuche der Sinndeutung – sofern sie erfolgreich sind – eine der Neuanpassung förderliche und für das Wohlbefinden hilfreiche Strategie zu sein.

Dies zeigt sich gerade in dem umgekehrten Fall, in dem sich – ohne dass die Betroffenen sich dagegen wehren können – Erinnerungen an negative Ereignisse »wie ungebetene Gäste« in das Bewusstsein drängen, das Denken dominieren und nachhaltig das emotionale Gleichgewicht zerstören – wie dies beispielsweise SILVER et al. (1983) bei vielen Inzestopfern noch Jahre nach dem Geschehen festgestellt haben. Diesen Frauen war es ganz offensichtlich nicht gelungen in der Bewältigung dieser traumatischen Erfahrung Antworten auf die Frage nach dem »Wozu« zu finden.

Versuche der Konstruktion von Sinn übersteigen immer wieder auch die Bewältigungsmöglichkeiten, und für die Betroffenen tritt dann an die Stelle von Sinn nicht selten schiere *Sinn- und Hoffnungslosigkeit.*

Kehren wir abschließend noch einmal zu dem Phänomen zurück, dass sich im Alter – wie in *Abschnitt 3.2* erwähnt – kritische Lebensereignisse oder -phasen rückblickend oft ganz anders darstellen und dass die Erinnerungen daran »schöngefärbt« sind. Wie wir nunmehr sehen, ist solche Schönfärberei nichts anderes als der gelungene Versuch negative Erfahrungen in positive Erinnerungen umzudeuten und sie auf diese Weise mit Sinn zu belegen. Sie zeigt an, dass auf die Frage »Wozu?«

subjektiv befriedigende Antworten gefunden wurden, die selbst traumatische Erfahrungen in einem anderen Licht erscheinen lassen können. Man kann deshalb einem Menschen nichts Schlimmeres antun, als diese Antworten, die er für sich gefunden hat, in Zweifel zu ziehen – mögen sie zuweilen noch so weit hergeholt und unglaubhaft erscheinen! Lebens*bewältigung* hat oft auch mit Lebens*lüge* zu tun, und in diesem Fall ist es der Sinn der Lüge, dass sie dem Einzelnen oft genug dazu verhilft *Sinn in den Ereignissen seines Lebens* zu erkennen. Wer wollte daran rühren?

> *Getrost! Es ist der Schmerzen wert, dies Leben,*
> *So lang uns Armen Gottes Sonne scheint,*
> *Und Bilder beßrer Zeit um unsere Seele schweben,*
> *Und ach! mit uns ein freundlich' Auge weint.*
> (HÖLDERLIN 1966, S. 189)

Übungsaufgaben

Aufgabe 1
Skizzieren Sie die unterschiedlichen Bedeutungen des Zeitbegriffs und stellen Sie diese einander gegenüber!

Aufgabe 2
Was umschreiben die Begriffe *midlife crisis* und *empty nest*? Welche Bedeutung können diese Konzepte im Lebenslauf haben?

Aufgabe 3
Wie wird erklärt, dass sich die Ergebnisse der Querschnittsuntersuchungen und Längsschnittuntersuchungen zur Intelligenz unterscheiden?

Aufgabe 4
Erläutern Sie das Konzept der Entwicklungsaufgaben. Was unterscheidet sie von kritischen *Off-time*-Lebensereignissen?

Aufgabe 5
Was ist der Reminiszenz-Effekt und worauf ist er zurückzuführen?

Aufgabe 6
Bei der Erforschung des autobiographischen Gedächtnisses wird »kalte« von »heißer« Information unterschieden. Worin besteht der Unterschied und was bedeutet dies für das Erinnern?

Literaturverzeichnis

BAHRICK, Harry P.; BAHRICK, Phyllis O.; WITTLINGER, Roy P. (1975): Fifty Years of Memory for Names and Faces: A Cross-Sectional Approach. In: Journal of Experimental Psychology 104, S. 54–75.

BALTES, Paul B.; SMITH, Jacqui (1990): Weisheit und Weisheitsentwicklung. In: Zeitschrift für Entwicklungspsychologie und Pädagogische Psychologie 22, S. 95–136.

BALTES, Paul B.; SMITH, Jacqui; STAUDINGER, Ursula M. (1992): Wisdom and Successful Aging. In: SONDEREGGER, Theo B. (Hrsg.): Psychology and Aging. Nebraska Symposium on Motivation. Lincoln: University of Nebraska Press, S. 123–167.

BENGTSON, Vern L.; KUYPERS, Josef A. (1971): Generational Difference and the Developmental Stake. In: Aging and Human Development 2, S. 249–261.

BENGTSON, Vern L.; SCHÜTZE, Yvonne (1994): Altern und Generationenbeziehungen: Aussichten für das kommende Jahrhundert. In: BALTES, Paul B.; MITTELSTRASS, Jürgen; STAUDINGER, Ursula M. (Hrsg.): Alter und Altern: Ein interdisziplinärer Studientext zur Gerontologie. Berlin: De Gruyter, S. 492–517.

BORGEEST, Bernhard (1993): Im Alter wacht die Kindheit auf. In: Die Zeit Nr. 13 vom 23. 3. 1996, S. 22 ff.

BORSCHEID, Peter (1994): Der alte Mensch in der Vergangenheit. In: BALTES, Paul B.; MITTELSTRASS, Jürgen; STAUDINGER, Ursula M. (Hrsg.): Alter und Altern: Ein interdisziplinärer Studientext zur Gerontologie. Berlin: De Gruyter, S. 35–61.

BOURQUE, Linda B.; BACK, Kurt W. (1977): Life Graphs and Life Events. In: Journal of Gerontology 32, S. 69–674.

BOWER, Gordon H. (1981): Mood and Memory. In: American Psychologist 36, S. 129–148.

BÜHLER, Charlotte (1933): Der menschliche Lebenslauf als psychologisches Problem. Leipzig: Hirzel.

CLAYTON, V. P.; BIRREN, James E. (1980): The Development of Wisdom Across the Life-Span: A Reexamination of an Ancient Topic. In: BALTES, Paul B.; BRIM, Orville G. (Hrsg.): Life-Span Development and Behavior. Band 3. New York: Academic Press, S. 104–135.

COHEN, France; BEARISON, David J.; MULLER, Charlotte (1987): Interpersonal Understanding in the Elderly: The Influence of Age-Integrated and Age-Segregated Housing. In: Research on Aging 9, S. 79–100.

COSTA, Paul T. J.; MCCRAE, Robert R. (1986): Cross-Sectional Studies of Personality in a National Sample: I. Development and Validation of Survey Measures. In: Psychology and Aging 1, S. 140–143.

ELDER, Glen H. J. (1979): Historical Change in Life Patterns and Personality. In: BALTES, Paul B.; BRIM, Orville G. (Hrsg.): Life-Span Development and Behavior. Band 2. New York: Academic Press, S. 118–159.

ELDER, Glen H. J.; DOWNEY, G.; CROSS, C. E. (1986): Family Ties and Life Changes: Hard Times and Hard Choices in Women's Lives Since the 1930s. In: DATAN, Nancy; GREENE, A. L.; REESE, H. W. (Hrsg.): Life-Span Developmental Psychology. Band 7. Hillsdale, NJ: Erlbaum, S. 151–183.

ERIKSON, Erik H. (1959): Identity and the Life Cycle. In: Psychological Issues 1, S. 1–165.

FAHRENBERG, Brigitte (1986): Die Bewältigung der »empty nest situation« als Entwicklungsaufgabe der älterwerdenden Frau – eine Literaturanalyse. In: Zeitschrift für Gerontologie 19, S. 323–335.

FARRELL, Michael P.; ROSENBERG, Stanley D. (1981): Men at Mid-life: Patterns of Development in Middle-aged Men. Boston: Auburn House.

FILIPP, Sigrun-Heide (1986): Bedingungen für »erfolgreiches Altern«. In: SPORKEN, Paul (Hrsg.): Was alte Menschen brauchen. Freiburg: Herder, S. 61–90.

FILIPP, Sigrun-Heide (1992): Could it be Worse? The Diagnosis of Cancer as a Prototype of Traumatic Life Events. In: MONTADA, Leo; FILIPP, Sigrun-Heide; LERNER, Melvin J. (Hrsg.): Life Crises and Experiences of Loss in Adulthood. Hillsdale, NJ: Erlbaum, S. 23–56.

FILIPP, Sigrun-Heide (3., überarbeitete Auflage, 1995): Ein allgemeines Modell für die Analyse kritischer Lebensereignisse. In: FILIPP, Sigrun-Heide (Hrsg.): Kritische Lebensereignisse. Weinheim: Psychologie Verlags Union, S. 3–47 (1. Auflage: München 1981).

FILIPP, Sigrun-Heide; FERRING, Dieter (1989): Zur Alters- und Bereichsspezifität subjektiven Alterserlebens. In: Zeitschrift für Entwicklungspsychologie und Pädagogische Psychologie 11, S. 279–293.

FILIPP, Sigrun-Heide; KLAUER, Thomas (1986): Conceptions of Self over the Life Span: Reflections on the Dialectics of Change. In: BALTES, Margret M.; BALTES, Paul B. (Hrsg.): The Psychology of Control and Aging. Hillsdale, NJ: Erlbaum, S. 167–207.

FLAMMER, August (1988): Entwicklungstheorien. Bern: Huber.

FREUD, Sigmund (1975): Die Verdrängung (Erstausgabe 1915). In: MITSCHERLICH, A.; RICHARDS, A.; STRACHEY, J. (Hrsg.): Psychologie des Unbewussten. Frankfurt a. M.: Fischer, S. 103–118.

GADAMER, Hans-Georg (1960): Wahrheit und Methode. Grundzüge einer philosophischen Hermeneutik. Tübingen: J. C. B. Mohr.

GERDES, N. (1984): Der Sturz aus der normalen Wirklichkeit und die Suche nach dem Sinn. In: BETTEX, Marcel C. (Hrsg.): Sturz aus der normalen Wirklichkeit. Ergebnisbericht der 2. Jahrestagung der »Deutschen Arbeitsgemeinschaft für Psychoonkologie e.V.« und der 6. Jahrestagung des »Arbeitskreises Psychoonkologie«, S. 28–55.

HAIGHT, Barbara K. (1991): Reminiscing: The State of the Art as a Basis for Practice. In: International Journal of Aging and Human Development 33, S. 1–32.

HAVIGHURST, Robert J. (1982): Developmental Task and Education. New York: Longman.

HECKHAUSEN, Jutta (1990): Erwerb und Funktion normativer Vorstellungen über den Lebenslauf. Ein entwicklungpsychologischer Beitrag zur sozio-psychischen Konstruktion von Biographien. In: Kölner Zeitschrift für Soziologie und Sozialpsychologie 31, S. 351–373.

HECKHAUSEN, Jutta; SCHULZ, Richard (1995): A Life-Span Theory of Control. In: Psychological Review 102, S. 284–304.

HINSKE, Norbert (1986): Lebenserfahrung und Philosophie. Stuttgart: Frommann-Holzboog.

HÖLDERLIN, Friedrich (1966): An Neuffer, im März 1794. Sämtliche Werke, herausgegeben von Friedrich BEISSNER. Erster Band. Stuttgart: W. Kohlhammer, S. 189.

HOLMES, Thomas H.; RAHE, Richard H. (1980): Die »Social Readjustment Rating Scale«. In: KATSCHNIG, Heinz (Hrsg.): Sozialer Streß und psychische Erkrankung. München: Urban & Schwarzenberg, S. 160–166.

JUGENDWERK DER DEUTSCHEN SHELL (Hrsg.; 1992): Jugend '92. Lebenslagen, Orientierungen und Entwicklungsperspektiven im vereinigten Deutschland. 4 Bde. Opladen: Leske & Budrich.

KATSCHNIG, Heinz (1980; Hrsg.): Sozialer Streß und psychische Erkrankung. München: Urban & Schwarzenberg.

KELLER, Mary L.; LEVENTHAL, Elaine A.; LARSON, Barbara (1989): Aging: The Lived Experience. In: International Journal of Aging and Human Development 29, S. 67–82.

KIRCHHÖFER, D. (1992): Eine Umbruchsgeneration? Wende- und Vereinigungserfahrungen. In: JUGENDWERK DER DEUTSCHEN SHELL (Hrsg.): Jugend '92. Lebenslagen, Orientierungen und Entwicklungsperspektiven im vereinigten Deutschland. Bd. 2. Opladen: Leske & Budrich, S. 15–34.

KLIEGL, Reinhard; BALTES, Paul B. (1991): Testing-the-Limits kognitiver Entwicklungskapazität in einer Gedächtnisleistung. In: Zeitschrift für Psychologie 11, S. 84–92.

KRUSE, Andreas (1987): Biographische Methode und Exploration. In: JÜTTEMANN, Gerd; THOMAE, Hans (Hrsg.): Biographie und Psychologie. Berlin: Springer, S. 119–137.

KÜHNERT, Sabine; NIEDERFRANKE, Annette (1993): Sind gerontologische Theorien nützlich zur Erklärung sozialstruktureller Altersveränderungen? In: NAEGELE, Gerd; TEWS, Hans Peter (Hrsg.): Lebenslagen im Strukturwandel des Alters. Opladen: Westdeutscher Verlag, S. 82–100.

LEHR, Ursula (1987): Erträgnisse biographischer Forschung in der Entwicklungspsychologie. In: JÜTTEMANN, Gerd; THOMAE, Hans (Hrsg.): Biographie und Psychologie. Berlin: Springer, S. 217–284.

LEVINSON, Daniel J. (1986): A Conception of Adult Development. In: American Psychologist 41, S. 3–13.

LEY, K. (1984): Von der Normal- zur Wahlbiographie? In: KOHLY, Martin; ROBERT, Günther (Hrsg.): Biographie und soziale Wirklichkeit. Neue Beiträge und Forschungsperspektiven. Stuttgart: Metzler, S. 239–261.

LOWENTHAL, F. M.; THURNHER, Maida; CHIRIBOGA, David (1975): Four Stages of Life: A Comparative Study of Women and Men Facing Transitions. San Francisco: Jossey-Bass.

LÜSCHER, Kurt (1993): Generationenbeziehungen – Neue Zugänge zu einem alten Thema. In: LÜSCHER, Kurt; SCHULTHEIS, Franz (Hrsg.): Generationenbeziehungen in »postmodernen« Gesellschaften. Konstanz: Universitätsverlag Konstanz, S. 17–51.

MONTADA, Leo (1992): Attribution of Responsibility for Losses and Perceived Injustice. In: MONTADA, Leo; FILIPP, Sigrun-Heide; LERNER, Melvin J. (Hrsg.): Life Crises and Experiences of Loss in Adulthood. Hillsdale, NJ: Erlbaum, S. 133–163.

MONTADA, Leo (1995): Fragen, Konzepte, Perspektiven. In: OERTER, Rolf; MONTADA, Leo (Hrsg.): Entwicklungspsychologie. Ein Lehrbuch. 3., überarbeitete Auflage. Weinheim: Psychologie Verlags Union, S. 1–71 (1. Auflage 1982).

NEUGARTEN, Bernice L. (1970): Adaptation and the Life Cycle. In: Journal of Geriatric Psychiatry 4, S. 12–19.

OLBRICH, Erhard (1995): Normative Übergänge im menschlichen Lebenslauf: Entwicklungskrisen oder Herausforderungen? In: FILIPP, Sigrun-Heide (Hrsg.): Kritische Lebensereignisse. 3., überarbeitete Auflage. Weinheim: Psychologie Verlags Union, S. 123–136 (1. Auflage: München 1981).

OSWALD, Hans; BOLL, Werner (1992): Das Ende des Generationenkonflikts? In: Zeitschrift für Sozialisationsforschung und Erziehungssoziologie 12, S. 30–51.

PAUL, Jean (1793): Die unsichtbare Loge. Berlin: Matzdorff.

RAUH, Hellgard (1995): Frühe Kindheit. In: OERTER; Rolf; MONTADA, Leo (Hrsg.): Entwicklungspsychologie. Ein Lehrbuch. 3., überarbeitete Auflage. Weinheim: Psychologie Verlags Union, S. 167–245 (1. Auflage 1982).

RUBIN, David C.; WETZLER, Scott E.; NEBES, Robert D. (1986): Autobiographical Memory across the Lifespan. In: RUBIN, David C. (Hrsg.): Autobiographical Memory. Cambridge: Cambridge University Press, S. 202–225.

SANDERS, Daniel (1892): Sprüche. Leipzig: Gebrüder Keils Nachfolger.

SCHAIE, K. Warner (1993): The Seattle Longitudinal Study: A Thirty-five-year Inquiry of Adult Intellectual Development. In: Zeitschrift für Gerontologie 26, S. 129–137.

SCHAIE, K. Warner; PARHAM, Iris A. (1977): Cohort-Sequential Analyses of Adult Intellectual Development. In: Developmental Psychology 13, S. 649–653.

SIEGLER, I. C. (1975): The Terminal Drop Hypothesis: Fact or Artefact? In: Experimental Aging Research 1, S. 169–185.

SILVER, Roxane L.; BOON, Cheryl; STONES, Mary H. (1983): Searching for Meaning in Misfortune: Making Sense of Incest. In: Journal of Social Issues 39, S. 81–101.

SOWARKA, Doris (1989): Weisheit im Kontext von Person, Situation und Handlung. Stuttgart: Klett-Cotta.

STAUDINGER, Ursula M.; DITTMANN-KOHLI, Freya (1994): Lebenserfahrung und Lebenssinn. In: BALTES, Paul B.; MITTELSTRASS, Jürgen; STAUDINGER, Ursula M. (Hrsg.): Alter und Altern: Ein interdisziplinärer Studientext zur Gerontologie. Berlin: De Gruyter, S. 408–436.

STRUBE, Gerhard; WEINERT, Franz E. (1987): Autobiographisches Gedächtnis: Mentale Repräsentation der individuellen Biographie. In: JÜTTEMANN, Gerd; THOMAE, Hans (Hrsg.): Biographie und Psychologie. Berlin: Springer, S. 151–167.

TESSER, Abraham (1978): Self-Generated Attitude Change. In: Advances in Experimental Social Psychology 11, S. 289–338.
TIECK, Ludwig (1995): Zeit. Ludwig TIECK, Schriften. Bd. 7: Gedichte – Neue Ausgabe 1841. Hrsg. von Ruprecht WIMMER. Frankfurt a. M.: Deutscher Klassiker Verlag, S. 312.
VASKOVICS, Laszlo A. (1995): Weibliche Lebensverläufe in der Moderne. Nürnberg: GfK.
WAGENAAR, Willem A. (1986): My Memory: A Study of Autobiographical Memory over Six Years. In: Cognitive Psychology 18, S. 225–252.
WEBER, Max (Hrsg.; 1947): Gesammelte Aufsätze zur Religionssoziologie. Tübingen: J. C. B. Mohr.
WONG, Paul T.; WATT, Lisa M. (1991): What Types of Reminiscence are Associated with Successful Aging? In: Psychology and Aging 6, S. 272–279.
YARROW, M. R.; CAMPBELL, J. D.; BURTON, R. V. (1970): Recollections of Childhood: A Study of the Retrospective Method. Monographs of the Society for Research in Child Development 35.
ZAKAY, Dan (1989): Subjective Time and Attentional Resource Allocation: An Integrated Model of Time Estimation. In: LEVIN, Iris; ZAKAY, Dan (Hrsg.): Time and Human Cognition. A Life-Span Perspective. Amsterdam: Elsevier, S. 365–399.

Abbildungsnachweis

Abbildung 1: Axel BENGSCH, DIFF.

IV. Von der Pyramide zum Pilz. Demographische Veränderungen in der Gesellschaft

Hans Peter Tews

Einführung

In Zukunft werden in Deutschland sowohl absolut als auch relativ mehr ältere Menschen – darunter auch mehr Hochaltrige, also über 80-Jährige – leben als je zuvor. Beim Altern der Gesellschaft handelt es sich um eine langfristige, recht stabile und weltweit festzustellende Entwicklung, die kurzfristig – etwa durch bevölkerungspolitische Maßnahmen zur Erhöhung der Geburtenrate – kaum zu beeinflussen ist. Vorausschätzungen der künftigen Bevölkerungsentwicklung Deutschlands hängen vor allem von den Annahmen über die zu erwartende Zuwanderung aus dem Ausland ab.

Aus verschiedenen Gründen ist der Anteil älterer Menschen an der Gesamtbevölkerung regional unterschiedlich. Bei der regionalen Verteilung müssen auch die Umzugsbewegungen älterer Menschen berücksichtigt werden (*Altenwanderungen*), bei denen es sich keineswegs nur um »Ruhesitzwanderungen« der Bessergestellten handelt.

Die Ausweitung der Altersphase, die nicht allein der höheren Lebenserwartung zuzuschreiben ist, macht eine differenzierte Sicht auf das Altern notwendig, das heute eine größere Variabilität und Entwicklungsfähigkeit aufweist. Dabei sind vor allem die Potenziale des entwicklungsfähigen Alters wichtig.

Die heutige Alterssituation kann aus unterschiedlichen Perspektiven beschrieben werden. Um verschiedene Aspekte des heutigen *Strukturwandels* des Alters zu erfassen, werden zunächst folgende fünf Konzepte benutzt:

- *Verjüngung:* Die Menschen halten sich für jünger, sehen im Durchschnitt jünger aus, werden aber tatsächlich früher mit Altersproblemen konfrontiert. Schon 40- bis 45-Jährige gelten heute als ältere Arbeitnehmer.
- *Entberuflichung:* Durch frühe Berufsaufgabe und höhere durchschnittliche Lebenserwartung verlängert sich die Phase des Alters ohne Berufstätigkeit.
- *Feminisierung:* Zwei Drittel der Älteren, unter den über 75-Jährigen sogar drei Viertel, sind Frauen.
- *Singularisierung:* Der Anteil allein lebender Älterer nimmt zu – zumeist durch Verwitwung erzwungen wird Alleinleben zum »Lebensstil«.
- *Hochaltrigkeit:* Die Wahrscheinlichkeit sehr alt zu werden nimmt zu. Zwischen 80 und 85 Jahren beginnen gehäuft allgemeine Abbauprozesse und die negativen Seiten des Alters überwiegen.

Man kann auch fragen, was an den *Lebenslagen, Lebensläufen* und *Lebensstilen* älterer Menschen heute charakteristisch ist und was sich verändert hat:

- Die materielle *Lebenslage* älterer Menschen hat sich entscheidend verbessert.
- Typische *Lebensläufe* von Frauen sind heute durch Berufstätigkeit, weniger Kinder, häufigere Scheidungen und Brüche charakterisiert.
- Ältere Menschen verfügen heute über bessere Chancen und Möglichkeiten prinzipiell eine größere Vielfalt von *Lebensstilen* zu leben, die von früheren Mustern abweichen – das Schlagwort der »neuen Alten« sei hierzu genannt.

Für einige Zeit wird es noch »zwei deutsche Alter« geben, weil zwischen Ost- und Westdeutschland deutliche Unterschiede bestehen. Wenn Gewinne und Verluste der deutschen Vereinigung für die älteren Menschen bilanziert werden, steht Verbesserungen der materiellen Lage für viele Ältere – vor allem aufgrund höherer Renten – die Tatsache gegenüber, dass die in großem Maßstab erzwungene *Entberuflichung* mit ihren Folgen – vor allem die berufliche Ausgliederung sehr vieler berufstätiger Frauen – angesichts der früheren »Arbeitsgesellschaft« in der DDR als äußerst problematisch erlebt wird.

Viele der *Zugewanderten* und *Ausländer/innen* in Deutschland werden hier im Land alt. Verbleiben sie nach Beendigung ihres Arbeitslebens bei ihren hier lebenden Landsleuten und Kindern, prägt ihre Lebenssituation unsere zukünftige alternde Gesellschaft stärker mit.

1. Demographisches Altern

Zukünftig werden in Deutschland sowohl *absolut* als auch *relativ* mehr Ältere leben, unter denen mehr *Hochaltrige* sein werden als je zuvor. Dieses »dreifache Altern« der Gesellschaft wird im *Abschnitt 1.1* behandelt. Die Gründe für die regionalen Unterschiede bei der Altersstruktur der Bevölkerung und den Umfang und die verschiedenen Formen der *Altenwanderungen* werden in *Abschnitt 1.2* dargelegt. Ergebnisse von Modellrechnungen zur Bevölkerungsentwicklung bis zum Jahr 2040 werden im *Abschnitt 1.3* vorgestellt. In diesem Zusammenhang wird darauf eingegangen, welche Zuwanderergruppen in der Statistik und in der politischen Diskussion als *Ausländer* und als *Deutsche* erscheinen.

1.1 Dreifaches Altern

Anhand der Bevölkerungsstatistik lässt sich zeigen, wie unsere Gesellschaft *dreifach* altert. Das lässt sich an folgenden *drei demographischen Merkmalen* aufzeigen:

Die *absolute Zahl* älterer Menschen nimmt zu – Tendenz steigend. Im Jahre 1900 lebten im Deutschen Reich 4,4 Millionen über 60-Jährige (7,8 Prozent).

1990 waren in den zusammengeschlossenen beiden deutschen Staaten 16,1 von insgesamt 79,1 Millionen Menschen (20,3 Prozent) über 60 Jahre alt. Folgen wir der achten koordinierten Bevölkerungsvorausberechnung des Statistischen Bundesamtes, so beträgt der Anteil der über 60-Jährigen – je nach den zugrunde liegenden Annahmen – im Jahr 2030 zwischen 32,7 und 34,6 Prozent. In absoluten Zahlen wären das zwischen 25,5 und 26,5 Millionen älterer Menschen (SOMMER 1994, S. 501). Entsprechend steigt die Zahl der Rentner und Rentnerinnen sowie der kranken Menschen, denn Alter und Krankheiten treten, statistisch gesehen, häufig gleichzeitig auf.

Auch *relativ* – das heißt im Verhältnis zur Zahl der Jüngeren – wächst der *Anteil* alter Menschen. In bevölkerungsstatistischen Vergleichen werden üblicherweise die Gruppen der unter 20-Jährigen, der 21- bis 59-Jährigen und der über 60-Jährigen gegenübergestellt. – Die Zahl der Kinder und Jugendlichen und die der Älteren werden ins Verhältnis zur Zahl der Personen im Erwerbsalter gesetzt. Daraus ergibt sich der sogenannte *Lastenquotient*, wobei zusätzlich zwischen Jugend-, Alten- und Gesamtquotient unterschieden wird.

Nach diesen Vorausberechnungen wird im Jahr 2020 auf zwei Angehörige der mittleren Altersgruppe ein älterer Mensch kommen. Der *Altenquotient* liegt bei etwa 50 Prozent. Im Jahr 2030 sollen dann auf 100 Personen im Alter zwischen 20 und 60 Jahren 73,5 über 60-Jährige sowie 35,8 bis 20-Jährige kommen, zusammengerechnet ergibt das einen Gesamtlastenquotienten von 109,3 Prozent. Der Jugendquotient wird danach etwas sinken, der Altenquotient aber auf über das Doppelte ansteigen. Einer Person im erwerbsfähigen Alter stünde dann etwa eine Person im noch nicht beziehungsweise nicht mehr erwerbsfähigen Alter gegenüber. *Tabelle 1* ist zu entnehmen, wie die Entwicklung dieser Quotienten bis in das Jahr 2030 vermutlich verlaufen wird.

Tabelle 1: Demographische Lastenquotienten 1990 bis 2030, in Prozent (nach HÖHN, ROLOFF 1994, S. 218)

Jahr	*Jugend-quotient*	*Alten-quotient*	*Gesamt-quotient*
1990	37,5	35,2	72,7
1995	37,8	36,9	74,7
2000	38,8	42,8	81,6
2005	37,0	45,3	82,3
2010	34,1	46,6	80,7
2015	32,5	49,8	82,3
2020	32,4	55,1	87,5
2025	34,1	64,4	98,6
2030	35,8	73,5	109,3

Tabelle 2: Anteil der 80-Jährigen und Älteren an der Gesamtbevölkerung in Deutschland bis 2030 (nach HÖHN, ROLOFF 1994, S. 215)

Jahr	*Anteil in absoluten Zahlen*	*Anteil in Prozent*
1995	3,24 Mio.	3,99
2000	2,91 Mio.	3,59
2005	3,36 Mio.	4,19
2010	3,72 Mio.	4,72
2015	3,95 Mio.	5,12
2020	4,62 Mio.	6,17
2025	4,54 Mio.	6,25
2030	4,35 Mio.	6,22

»Gegenwärtig ist in Deutschland die Generation der unter 20jährigen etwas stärker als die Generation der Senioren (hier 60jährige und Ältere) vertreten. In allen Varianten wird die Zahl der unter 20jährigen jedoch künftig – nach einem vorübergehenden Anstieg bis zum Jahr 1997 bzw. 1998 – ständig abnehmen, während bei den Senioren bis zum Jahr 2031 stets Zunahmen und erst danach Abnahmen zu verzeichnen sind. Dies führt dazu, dass bereits 1998 die Gruppe der Senioren die der jungen Bevölkerung überwiegen und im Jahr 2040 etwa doppelt so stark vertreten sein wird.« (SOMMER 1994, S. 500)

Durch die starke Zunahme des relativen Anteils älterer Menschen entstehen Belastungen unseres sozialen Systems, insbesondere der Rentenversicherung; in der öffentlichen Diskussion wird deshalb häufig die Befürchtung geäußert, dass dies zur Auflösung des *Generationenvertrags* führen wird (vgl. Studieneinheit XVI). Die Bevölkerungswissenschaftler gehen davon aus, dass die Zahl der Personen im Erwerbsalter zunächst noch etwas steigen wird, aber nach dem Jahre 2000 sinkt, zwischen 2010 und 2030 um über zehn Millionen (DEUTSCHER BUNDESTAG 1994, S. 69).

Auch die Zahl der *Hochaltrigen* nimmt zu (vgl. *Tabelle 2*). Allerdings muss dabei berücksichtigt werden, dass Altersgrenzen willkürlich gesetzt sind, was beispielsweise zur Folge hat, dass früher bereits die über 75-Jährigen zu den Hochaltrigen gezählt wurden, während man heute im Allgemeinen erst die über 80-Jährigen dazu rechnet. 1995 gab es 3,24 Millionen Hochaltrige in Deutschland. Danach soll die Zahl Hochaltriger zunächst abnehmen, um zwischen 2000 und 2020 bis auf 4,6 Millionen anzusteigen.

Zum Vergleich: 1986 gab es in Westdeutschland rund 190000 über 90-Jährige und auf 100000 Personen kamen 300 sehr alte Menschen (1885 waren es nur 17). Nach RÜCKERT (1992, S. 11) erhöhte sich zwischen 1950 und 1985 in den alten Bundesländern die Zahl der
- 60- bis 65-Jährigen um 45 Prozent,
- 65- bis 70-Jährigen um 7 Prozent,
- 70- bis 75-Jährigen um 88 Prozent,
- 75- bis 80-Jährigen um 152 Prozent,
- 80- bis 85-Jährigen um 240 Prozent,
- 85- bis 90-Jährigen um 378 Prozent,
- 90-Jährigen und Älteren um 830 Prozent.

Wie groß ist der Anteil der Hochaltrigen innerhalb der Gruppe der älteren Menschen in Deutschland? Rechnen wir für 1992 die über 60-Jährigen zusammen und unterscheiden, nach West- und Ostdeutschland getrennt, grob die *jungen Alten* von den *alten Alten*, ergibt sich die Verteilung in *Tabelle 3*:

Tabelle 3: Anteil der 60- bis 80-Jährigen und der Hochaltrigen innerhalb der Gruppe der älteren Menschen in Deutschland 1992 (nach STATISTISCHES BUNDESAMT 1994 a, S. 66)

Altersgruppe	*Westdeutschland*	*Ostdeutschland*
60- bis 80-Jährige	81,7 %	81,5 %
(davon 75- bis 80-Jährige:	14,1 %	12,2 %)
über 80-Jährige	18,3 %	18,5 %

Wenn wir also im Folgenden über »die Alten« sprechen, haben wir es etwa zu zwei Dritteln mit 60- bis 75-jährigen Menschen – also eher den »jungen« Alten – zu tun; etwa ein Drittel gehört zu den »alten« Alten.

Dieses Altern unserer Gesellschaft ist kurzfristig kaum zu beeinflussen. Es handelt sich vielmehr um eine langfristige und recht stabile Entwicklung. Gehen die Geburtenraten zurück und nimmt die Lebenserwartung zu, altert jede Gesellschaft. Das trifft für hochindustrialisierte Regionen ebenso zu wie für Entwicklungsländer in Afrika, Asien und Lateinamerika. Heute hat Japan die höchste Lebenserwartung der Welt und das demographische Altern lässt sich dort (heute und in absehbarer Zukunft) besonders deutlich an der Bevölkerungsstatistik ablesen.

Da sich die Bevölkerungswissenschaftler darüber einig sind, dass es eine »optimale« Zusammensetzung der Bevölkerung nicht gibt, sollte vermieden werden, von einer *Überalterung* der Bevölkerung zu sprechen: Es gibt keine Beurteilungsgrundlage dafür, wie hoch der Anteil älterer Menschen an der Gesamtbevölkerung sein muss, damit sie als überaltert bezeichnet werden kann. Der Begriff »alternde Gesellschaft« macht dagegen Sinn.

1.2 Regionale Unterschiede und Altenwanderungen

Regionale Unterschiede in der Altersstruktur entstehen vorwiegend dadurch, dass vor allem junge Familien ihren Wohnsitz in der Nähe von Arbeitsmöglichkeiten suchen, während die Älteren am ursprünglichen Wohnort zurückbleiben. Auf diese Weise entstanden Großstädte und Ballungsgebiete, in denen die Bevölkerung zunächst vergleichsweise jung war. Inzwischen hat es verschiedene andere Entwicklungen mit jeweils charakteristischen Folgen gegeben: Suburbanisierung, Zuwanderung von ausländischen Arbeitnehmern (vgl. *Kapitel 5*), aber auch die Wiedervereinigung Deutschlands (vgl. *Kapitel 4*).

Die *Suburbanisierung* – der jahrzehntelange Drang aus den Großstädten und Ballungsgebieten ins Umland – wirkte (und wirkt) sich auch auf die Altersstruktur in diesen Gebieten aus. Von den jungen Familien, die vor Jahren ins Grüne gezogen sind, bleiben die Eltern zurück und bewirken schließlich die »Alterung« des Umlands und zum Teil auch der ländlichen Gebiete. In solchen Regionen finden sich die stärksten Zuwächse des Altenanteils, der dort bis zum Jahr 2010 höher sein wird als in den Kernstädten.

Zum Thema »Lebensbedingungen in den Städten und Dörfern des ländlichen Raumes« stellte der Deutsche Bundestag Ende der 80er Jahre fest, dass der früher starke Gegensatz in den Lebensverhältnissen zwischen Stadt und Land zunehmend geringer werde und dass es einen einheitlichen ländlichen Raum nicht mehr gebe, weil nach ländlichen Räumen im Umfeld großer Verdichtungsregionen, ländlichen Räumen mittlerer Verdichtung sowie peripheren Regionen zu differenzieren sei (DEUTSCHER BUNDESTAG 1988). Der Raumordnungsbericht 1993 bestätigt dies für Westdeutschland erneut und kommt zu dem Ergebnis, dass – auch gemessen am internationalen Maßstab – in den alten Bundesländern eine *Gleichwertigkeit der regionalen Lebensverhältnisse* weitgehend erreicht wurde (BUNDESMINISTERIUM FÜR RAUMORDNUNG 1993).

Der große Anteil der Alten in den Städten verstellt manchmal den Blick für die Veränderungen, die der Wandel der Altersstruktur auch im städtischen Umland und in den ländlichen Regionen verursacht. Die allgemeinen Lebensbedingungen im ländlichen Raum haben sich ebenfalls insgesamt verbessert und damit auch die der *Alten auf dem Lande*. Auch ihre Lebenssituation wird inzwischen durch negative Entwicklungen beeinflusst – so zum Beispiel durch das brüchiger werdende familiäre Netz, auf das sie sich früher bei Hilfs- und Pflegebedarf eher verlassen konnten. Doch insgesamt wird die Situation alternder Landbewohner nach wie vor positiver eingeschätzt als die alternder Stadtbewohner, da davon ausgegangen wird, dass auf dem Lande noch eine stärkere familiäre Einbindung der Alten vorhanden ist, zudem in agrarnahen Bereichen die Möglichkeiten besser sind, noch bis ins hohe Alter beschäftigt zu sein, aber auch Hilfe und Pflege noch stärker innerfamiliär gewährleistet werden.

Doch auch das Altern auf dem Lande ist im Umbruch. Die drei folgenden Thesen beschreiben Mechanismen, mit denen er gekennzeichnet werden kann (TEWS 1992):

- Nach der *Verspätungsthese* gleichen sich die Unterschiede im Sinne der Modernisierungstheorie (vgl. *Abschnitt 4.5*) allmählich aus und die ländlichen Regionen passen sich in wesentlichen Zügen den städtischen Bedingungen an.
- Die *Niveauthese* besagt, dass Niveauunterschiede beispielsweise im Hinblick auf Versorgungsstrukturen im statistischen Durchschnitt erhalten bleiben, da sie zum Teil strukturell bedingt sind (so sind z. B. bei der Gesundheitsversorgung die Anfahrtswege bei der Betreuung, aber auch die Entfernung zu Ärzten und medizinisch-therapeutischen Einrichtungen in der Regel weiter).

– Die *Kulturthese* geht davon aus, dass sich kulturelle Unterschiede erhalten (z.B. in Bezug auf die häusliche Pflege, die in ländlichen Regionen – verstärkt durch Normen und soziale Kontrolle – noch häufiger als in der Stadt von Angehörigen übernommen wird).

Wichtig für die regionale Altersstruktur sind auch die Binnenwanderungen und Umzugsbewegungen älterer Menschen. Man spricht inzwischen von *Altenwanderungen*. Allgemein nimmt die räumliche Mobilität der Menschen mit zunehmendem Lebensalter ab:

»Besonders mobil sind die Altersjahrgänge zwischen 18 und 30 Jahren. Von ihnen wechseln jährlich 8 bis 12 Prozent ihren Wohnort über die Grenze von Kreisen hinweg – gegenüber nur 3 Prozent der Gesamtbevölkerung. [...] Mit zunehmendem Lebensalter sinkt die Mobilitätsrate erheblich, auf etwa 1 Prozent bei den über 50jährigen. Durch diese Eigenschaft der Altersselektivität verursachen Wanderungen Altersstruktureffekte in den Herkunfts- wie in den Zielregionen« (DEUTSCHER BUNDESTAG 1994, S. 58).

Umzüge älterer Menschen wurden bisher in der entsprechenden Diskussion in Westdeutschland im Wesentlichen als »Ruhestands-« oder »Ruhesitzwanderung« gesehen. Es handelt sich dabei um die wirtschaftlich besser gestellten Älteren, die unter anderem Zweitwohnsitze nach und nach zu ihrem Erstwohnsitz machen. Es gab typische Abwanderungsgebiete, wie die Großstädte und alten Industriezentren des Ruhrgebiets, in denen ältere Menschen ihren Wohnsitz zugunsten landschaftlich attraktiver Gebiete wie der Nord- und Ostseeküste, dem Alpenvorland, den Naherholungsgebieten der Ballungsräume aufgaben.

Inzwischen gibt es Daten aus den Jahren 1991 und 1992, die bundesweit auch die Umzüge auf Kreisebene und innerhalb der Bundesländer erfassen und Aussagen über Umzugsbewegungen im Nahbereich möglich machen (FRIEDRICH 1994). Danach wechselten 1992 8,3 Prozent der über 55-Jährigen ihren Wohnort, wobei zwei Drittel aller Wohnortwechsel in einem Radius von 50 km stattfanden. Die *Ruhesitzwanderung* in attraktivere Wohngebiete macht mit 17 Prozent den geringsten Anteil aus. Es dominiert mit 43 Prozent die *Netzwerkwanderung*. Zu 40 Prozent handelt es sich bei Umzügen älterer Menschen um eine durch äußere Anlässe (wie berufliche Veränderungen, Wohnungsmängel, Kündigung der Wohnung) bedingte Wanderung. Unter den Älteren, die umziehen, dominieren Frauen und Nichtverheiratete; die Hochaltrigen sind »bemerkenswert stark vertreten« (FRIEDRICH 1994, S. 414).

Man muss also heute zwischen einem mit Wohlstand und vielleicht auch aktivem Altern verbundenen Umzugsverhalten bestimmter Gruppen älterer Menschen und einem *versorgungsorientierten Netzwerkwandern* unterscheiden. Damit ist gemeint, dass ältere Menschen – zum Teil auch aus ökonomischen Gründen – in die Nähe von Kindern und Verwandten oder auch in ein Heim ziehen. Da man davon ausgehen kann, dass familiäre Netze, in denen die Älteren mitversorgt werden, zunehmend brüchiger werden, kann man den Trend zu dieser Art von Altenwanderung als einen Prozess sehen, der – schon aus Versorgungsgründen – auch politische Unterstützung verdient.

1.3 Die Bevölkerungsentwicklung bis zum Jahr 2040

Jede Berechnung der künftigen Bevölkerungsentwicklung eines Landes beruht auf Annahmen über *drei Einflussgrößen*: Geburtenrate (Fertilität), Sterberate (Mortalität) sowie Zu- und Abwanderungen (Migration).

Die Entwicklung der *Geburtenrate* hängt von der Familienplanung der heute und künftig lebenden Frauen beziehungsweise Paare ab. Zwar können familienfreundliche Maßnahmen des Staates und ein entsprechendes gesellschaftliches Klima die Geburtenrate in begrenztem Umfang positiv beeinflussen; das zeigen internationale Vergleiche und die früher in der DDR wesentlich höheren Geburtenraten. Doch die Alterszusammensetzung der Gesellschaft verändert sich dadurch kaum – und wenn sie es dennoch tut, nur auf lange Sicht. Heute geht man davon aus, dass sich das generative Verhalten der in Deutschland lebenden Bevölkerung in absehbarer Zukunft dem angepasst haben wird, das sich in der alten Bundesrepublik bereits herausgebildet hatte: Trotz der Unterschiede zwischen verschiedenen Regionen und Bevölkerungsgruppen bleibt es bei *insgesamt niedrigen Geburtenraten*. Dazu einige Zahlen:

- Während auf eine Frau 1856 noch durchschnittlich über fünf Kinder und 1920 noch über zwei kamen, sind es heute im Durchschnitt statistisch nur noch etwa 1,5 Kinder (Deutscher Bundestag 1994, S. 38 f.).
- Vom Geburtsjahrgang 1935 blieben 9,2 Prozent der Frauen kinderlos. Beim Geburtsjahrgang 1955 waren es 29,6 Prozent und vom Geburtsjahrgang 1960 werden voraussichtlich 23 Prozent der Frauen kinderlos bleiben.
- Nach der achten koordinierten Bevölkerungsvorausberechnung des Statistischen Bundesamtes ist anzunehmen, dass auch zukünftig die Geburtenhäufigkeit den altersspezifischen Geburtenziffern des Jahres 1992 entsprechen wird, wobei die zusammengefasste Geburtenziffer 1,4 beträgt (Sommer 1994).
- Die auf die Hälfte zurückgegangene Geburtenziffer in den ostdeutschen Ländern – sie sank von 178 000 im Jahr 1990 auf 80 000 im Jahr 1993 – soll ab 1996 wieder steigen und sich der in den westdeutschen Ländern angleichen.
- Für den Erhalt der vorhandenen Bevölkerung müssten auf jede Frau 2,1 Kinder kommen. Wird dieser Wert unterschritten, sinkt die Bevölkerungszahl. Ohne Zuwanderung würde die Wohnbevölkerung Deutschlands von rund 80 Millionen im Jahr 1995 auf 61,9 Millionen im Jahr 2030 schrumpfen.

Wenn die erreichten Verbesserungen des allgemeinen Lebensniveaus, der medizinischen Versorgung und der Altenhilfe weiterhin bestehen bleiben und keine Ereignisse mit vergleichbaren Auswirkungen wie der Zweite Weltkrieg eintreten, wird sich die *Sterberate* voraussichtlich nicht dramatisch ändern. Nach der zitierten Vorausberechnung soll die Lebenserwartung von derzeit 73,2 Jahren bei männlichen und 77,2 Jahren bei weiblichen Neugeborenen bis zum Jahr 2000 noch um über 1,5 Jahre steigen und dann konstant bleiben (Sommer 1994).

Aussagen über die Entwicklung der Bevölkerungszahl basieren wesentlich auf Annahmen über den Umfang der *Zuwanderungen*. Seit 1972 wäre die Bevölkerung der Bundesrepublik um 2,05 Millionen Menschen geschrumpft, wäre dies nicht durch Zuwanderungen von 2,4 Millionen ausgeglichen worden.

Für die Zukunft gehen alle Szenarien und Modellrechnungen davon aus, dass die Wohnbevölkerung Deutschlands nach der Jahrtausendwende trotz Zuwanderung *schrumpfen* und im Jahr 2030 zwischen 73,8 und 77,5 Millionen betragen wird. Dabei soll die Zuwanderung von *Aussiedlern* – also Personen, die aufgrund ihrer Abstammung automatisch die deutsche Staatsbürgerschaft erhalten – erst zum Ende des Jahrzehnts deutlich schwächer werden und bis zum Jahr 2005 beendet sein. Was Personen betrifft, die nach heutigen Kriterien als *Ausländer* gelten, wird in Vorausberechnungen eine Zahl zwischen 100 000 und 300 000 Zuzügen im Jahr angenommen. 1985 bis 1992 lag der Durchschnitt für die heutigen alten Bundesländer bei 440 000 im Jahr (DEUTSCHER BUNDESTAG 1994, S. 52). Bei den Zuwandernden handelte es sich bisher überwiegend um jüngere, arbeitsfähige Menschen.

Solchen Annahmen liegen immer *politische Prioritäten und Entscheidungen* zugrunde – Stichworte sind Staatsbürgerschaftsrecht, Ausländerrecht, Asylpolitik – und die angegebenen Zahlen setzen voraus, dass eine entsprechende Zuwanderungspolitik durchsetzbar ist. Gegenwärtig ist Deutschland faktisch ein *Einwanderungsland*, das weltweit mit die höchsten Zuwanderungsquoten (ca. 9) aufweist. Das belegen Vergleichszahlen, nach denen 1991 für die klassischen Einwanderungsländer USA und Australien nur eine Quote von 3,5 beziehungsweise 5,5 errechnet wurde und Österreich immerhin 7,5 erreichte (vgl. DINKEL, LEBOK 1994, S. 28). Zum weiteren Vergleich die Zahlen des Jahres 1992 für einige andere Länder aus der gleichen Publikation: Kanada: 7,3, Schweiz: 5,8, die Niederlande: 3,8, Großbritannien: 0,5.

»Im Jahr 1992 beispielsweise wanderten 788 000 Personen in die Bundesrepublik netto zu und auch 1993 – trotz eines Rückgangs der Bruttozuwanderung – zogen immerhin noch 470 000 Personen netto in die Bundesrepublik. Relativ zur Bevölkerungsgröße ist die Bundesrepublik seit einigen Jahren sogar das weltweit größte Zuwanderungsland. Allein für das Jahr 1992 kamen in Deutschland 9,7 Nettozuwanderer auf 1000 der Bevölkerung im gleichen Jahr und auch 1993 lag die Nettomigrationsrate noch weit über 5 pro 1000 der Bevölkerung.« (DINKEL, LEBOK 1994, S. 28)

Dabei dürfte der Anteil derjenigen, die die Statistik als zuwandernde *Deutsche* ausweist, im Allgemeinen unterschätzt werden: So lag 1993 der Anteil Deutscher bei 22,2 Prozent aller Zuwanderer, unter den Abwanderern waren 10,9 Prozent, unter den Nettozuwanderern dagegen 41,3 Prozent deutsche Staatsbürger (vgl. DINKEL, LEBOK 1994, S. 27). Hierzu gehören insbesondere die *Aussiedler*, die aufgrund des Abstammungsprinzips unabhängig von ihrer bisherigen Staatsangehörigkeit als Deutsche gezählt werden, die ihren Wohnsitz im Ausland hatten.

Vergleicht man die *Ausländerquoten* europäischer Länder, ist zu berücksichtigen, dass den Statistiken unterschiedliche Definitionen zugrunde liegen. »Da in unseren Nachbarländern ganz andere Staatsbürgerschaftsdefinitionen gelten, errechnen sich beispielsweise in Frankreich oder in Großbritannien sehr viel geringere Ausländeranteile. Internationale Vergleiche sind allein aus diesem Grunde kontraproduktiv. [...] Durch die Handhabung unserer Regelungen zur Gewährung der deutschen Staatsbürgerschaft bestimmen wir diese für viele Personen so ›bedrohlich‹ anmutende Zahl selbst.« (DINKEL, LEBOK 1994, S. 27)

In Deutschland geborene und aufgewachsene Kinder von Ausländern – selbst wenn sie das Land nie verlassen haben und die deutsche Sprache besser beherrschen als die Sprache ihrer Eltern – gelten bei uns als Ausländer, sofern sie nicht *eingebürgert* wurden.

Realistischerweise gehen die Prognosen davon aus, dass eine restriktive Zuwanderungspolitik zu einer Zunahme illegaler Zuwanderungen führt.

Von einer Bevölkerungs*pyramide* kann in unserem Land schon sehr lange nicht mehr gesprochen werden. Ein für die heutige Situation eher passendes und häufig benutztes Bild ist das einer stilisierten *Tanne*, die sich im nächsten Jahrhundert zu einem *Pilz* weiterentwickeln wird – wie *Abbildung 1* zu entnehmen ist, die die unterstellte Entwicklung des Altersaufbaus von 1989 bis zum Jahr 2030 zeigt.

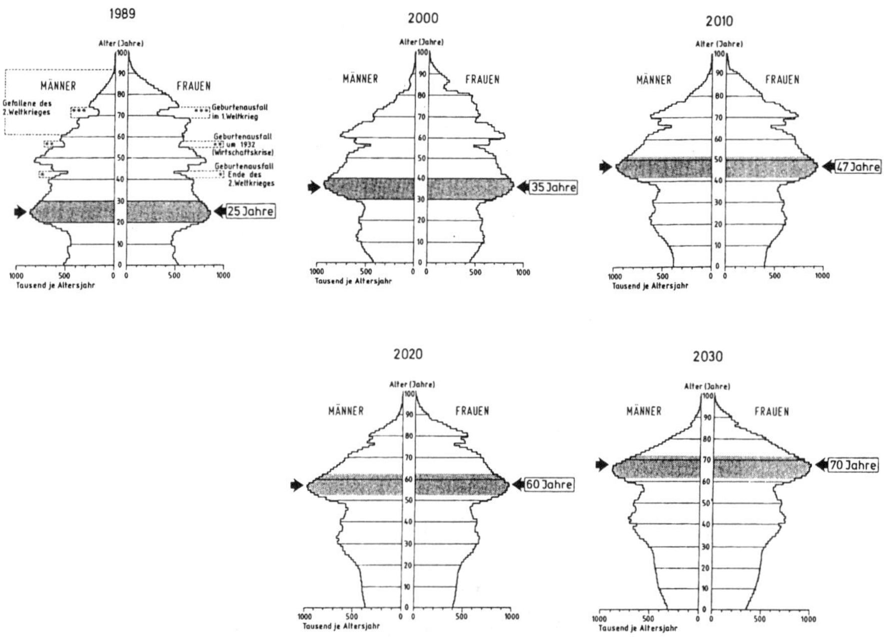

Abbildung 1: Das Entstehen des »Alterspilzes«. Computer-Hochrechnungen zur Bevölkerungsentwicklung Deutschlands im Zehnjahresvergleich (aus FRANKE 1996, S. 57).

2. Merkmale des Altersstrukturwandels

Wichtige *gesellschaftlich-strukturelle Veränderungen*, die das Alter betreffen, werden in diesem Kapitel anhand von Konzepten dargestellt, die jeweils eine Gruppe von Phänomenen beschreiben:

- Verjüngung (2.1),
- Entberuflichung (2.2),
- Feminisierung (2.3),
- Singularisierung (2.4) und
- Hochaltrigkeit (2.5).

Anhand dieser Konzepte können sowohl quantitative Aussagen als auch qualitative Merkmale des gesellschaftlichen Strukturwandels verdeutlicht werden.

2.1 Verjüngung des Alters

Wenn es stimmt, dass man so alt ist, wie man sich fühlt, fühlen sich die Alten im Durchschnitt heute jünger als früher: Vor 20 bis 30 Jahren schätzte sich die Mehrheit der über 70-Jährigen als »alt« ein, in einer neueren Repräsentativbefragung dagegen höchstens ein Drittel der bis 75-Jährigen (TEWS 1993a, 1995a).

Das Aussehen und Erscheinungsbild älterer Menschen hat sich verjüngt – was zu den *positiven* Effekten gerechnet wird. Auch weil schwere körperliche Arbeit abgenommen hat, wirken weniger Menschen vorzeitig gealtert oder körperlich »verbraucht«. Häufiger als früher werden gezielt Veränderungen herbeigeführt, die zu einem verjüngten Aussehen führen oder führen sollen. Auch die Mode für Ältere hat sich gewandelt. Dass mehr Ältere sportlich aktiv sind, kann man ebenfalls als Verjüngung ansehen.

Zu den *negativen* Verjüngungseffekten muss man dagegen zählen, dass heute schon 40- bis 45-Jährige zu den *älteren Arbeitnehmern* gehören. Unter anderem deshalb sind Personen dieses Alters beispielsweise seltener in Qualifikationsmaßnahmen anzutreffen. Dies gilt sowohl für Männer als auch für Frauen. Da die Angehörigen dieser Altersgruppe bei Arbeitslosigkeit in vielen Fällen wegen ihres Alters nicht mehr eingestellt werden, gibt es unter ihnen eine deutliche Zunahme von Langzeitarbeitslosen.

Eine solche *Vorverlegung von Altersproblemen* im Lebenslauf erfordert die Auseinandersetzung mit dem eigenen Älterwerden in einer Phase des Lebens, in der die Betroffenen sich noch nicht zu den Alten rechnen oder rechnen können. »Verjüngung« des Alters bedeutet auch, dass die *Lebensphase zwischen 50 und 60 Jahren* historisch, strukturell und individuell eine veränderte Bedeutung bekommt.

2.2 Entberuflichung des Alters

Die Quote der erwerbstätigen Älteren hat sich im letzten Jahrzehnt drastisch verringert. Von den über 65-Jährigen sind heute nur noch sehr wenige berufstätig; traditionell häufiger sind dies Selbständige. Dieser Trend lässt sich in allen Industrieländern feststellen. Einen immer größer werdenden Teil der Bevölkerung trifft zudem ein *vorverlegtes Aufgeben der Berufstätigkeit*, das – verbunden mit einer allgemein höheren Lebenserwartung – zu einer *Verlängerung der Altersphase* führt.

Für die Betroffenen ist wichtig, wie sie den *Prozess der Berufsaufgabe* erleben: welche Anlässe dazu führen, welche Zwänge und Wahlmöglichkeiten es gibt, in welcher Form sie erfolgt, wie sich die Anpassung an die nachberufliche Lebensphase vollzieht. Bereits die 50-Jährigen müssen sich heute deutlich häufiger mit früher Berufsaufgabe auseinander setzen. Formal besteht zwar größere Wahlfreiheit bezüglich des *Zeitpunktes* der Berufsaufgabe – was sich in gesetzlichen und tarifvertraglichen Regelungen zum Vorruhestand und zur Flexibilisierung der Altersgrenzen niedergeschlagen hat –, die praktischen Auswirkungen sind allerdings problematisch. Für Frauen, die sich eine eigene Alterssicherung schaffen wollen oder müssen oder die aus Neigung nach der Familienphase wieder berufstätig werden wollen, stellt sich die Situation noch problematischer dar. Neu ist, dass viele (Ehe-)Paare sowohl Berufstätigkeit als auch Berufsaufgabe zu synchronisieren versuchen. Insgesamt hat sich in Westdeutschland der Wunsch nach früher Berufsaufgabe eher verstärkt (vgl. Studieneinheit XI).

In der DDR hatten Arbeit und Betrieb einen ganz anderen Stellenwert als in Westdeutschland. Bei entsprechenden Befragungen (TEWS 1993b) vermissten 50 Prozent der Befragten in Ostdeutschland nach ihrem Ausscheiden den Kontakt zu Kollegen (in Westdeutschland nur halb so viele), und 24 Prozent äußerten, dass ihnen die Arbeit fehle (in Westdeutschland nur zehn Prozent).

2.3 Feminisierung des Alters

Noch vor 100 Jahren gab es ungefähr gleich viele alte Männer und Frauen. Unsere heutige Altersgesellschaft ist bei den über 60-Jährigen zu zwei Dritteln, bei den über 75-Jährigen sogar zu drei Vierteln eine *Frauengesellschaft*. Dieses Geschlechterverhältnis bleibt – bedingt durch die höhere Lebenserwartung der Frauen und die nachwirkenden Kriegsfolgen – bis ins nächste Jahrtausend unausgeglichen.

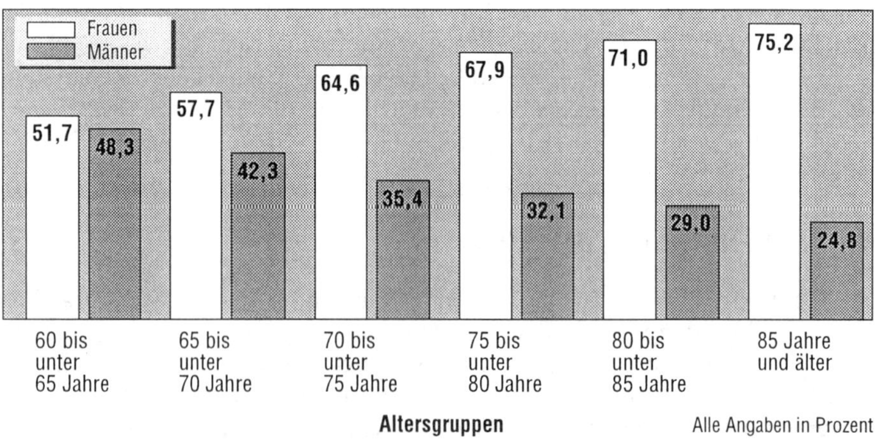

Abbildung 2: Männer- und Frauenanteil der Bevölkerung Deutschlands nach Altersgruppen (Zahlen: STATISTISCHES BUNDESAMT 1995, S. 62; Grafik: Axel BENGSCH).

Vor allem auf drei Ebenen wird die Feminisierung des Alters auch qualitativ bedeutsam:

- Frauen akzeptieren *Kommunikationsangebote* offenbar häufiger als Männer, sie sind überrepräsentiert bei Bildungsveranstaltungen, beim Kirchenbesuch, nehmen eher die Angebote der Altenhilfe an. Die Erklärungen hierfür sind eher strittig, denn man wird nicht ohne weiteres annehmen können, dass Frauen »von Natur aus« kommunikativer und geselliger sind. Auch ist anzunehmen, dass die Überrepräsentanz der Frauen, die den Ablauf und die Inhalte der Angebote prägt, dazu führt, dass Männer an entsprechenden Veranstaltungen wenig Interesse zeigen.
- Die *Altersarmut* hat zwar deutlich abgenommen, aber nach wie vor gehören am ehesten Frauen zu den armen Alten (vgl. Studieneinheit XIII). Dies hängt in der Regel mit ihrer Biographie zusammen – nach einem Hausfraudasein ohne eigene Rentenansprüche oder nach einem Arbeitsleben mit geringer Entlohnung und entsprechend niedrigen Rentenansprüchen –, aber auch Geschiedene gehören häufiger zu den Armen. Zusätzliche Belastungen durch Krankheit, Behinderung und Pflegebedürftigkeit können noch hinzukommen. Armut ist am häufigsten bei den hochaltrigen Frauen anzutreffen.
- Da ältere Frauen mit zunehmendem Alter häufig allein leben, können sie bei Verlust ihrer *Selbständigkeit* ihre Unabhängigkeit schwerer bewahren und sind in höherem Maß von ambulanten und stationären Hilfen abhängig. Dazu trägt auch ihre Wohnsituation bei, wenn sie in Wohnungen mit unterdurchschnittlicher Ausstattung leben. Auch in Heimen wohnen vor allem Frauen, die somit auch die Struktur und das Bild vor allem der Pflegeheime prägen. Hilfe und Pflege werden im Wesentlichen von Frauen für Frauen geleistet, innerhalb der Familien ebenso wie in der Altenhilfe, beispielsweise in Heimen. Der Gesundheitszustand der Frauen ist im Alter häufiger schlechter als der der Männer, dennoch leben sie länger als diese und nehmen die Leistungen der Gesundheitsversorgung stärker in Anspruch.

2.4 Singularisierung im Alter

Mit zunehmendem Lebensalter nimmt der Anteil Alleinstehender zu. Modellrechnungen ist zu entnehmen, dass der Anteil der *Ein-Personen-Haushalte* in fast allen höheren Altersgruppen weiter zunehmen wird, wozu gestiegene Scheidungsquoten beitragen. Dies betrifft auch die Männer, um die sich die Altenhilfe in absehbarer Zukunft stärker wird kümmern müssen. Deutlich größer ist gleichzeitig der Anteil der *Zwei-Personen-Haushalte*, weil es mehr (Ehe-)Paare in höherem Alter gibt. Dagegen haben die *Zwei-*, *Drei-* und *Mehr-Generationen-Haushalte* weiter abgenommen.

Trotz zunehmender Singularisierung müssen Isolation und Vereinsamung nicht zunehmen (vgl. LEHR et al. 1988), wenn schon in jüngeren Jahren über längere Zeit hinweg ein *individualisierender Lebensstil* praktiziert wurde, wovon bei den nachwachsenden Altersgenerationen auszugehen ist. Heute ist bei Jüngeren ein *gesellschaftlicher Entwicklungstrend* zum Alleinleben zu beobachten: Alleinleben (zumindest zeitweise) ist dann eine erwünschte Lebensform und als Ausdruck eines Werte- und Verhaltenswandels im Sinne der Individualisierung zu verstehen.

Gewisse Anhaltspunkte für eine entsprechende Änderung zeigten sich schon bei einem Zehnjahresvergleich: Zwischen 1978 und 1988 reduzierte sich der Anteil älterer Menschen, die sich als »oft einsam« bezeichneten, stetig von 15 auf 10 Prozent (vgl. GLATZER 1992). Nach Befragungsergebnissen werden Männer mit dem Alleinleben deutlich schlechter fertig: 67 Prozent von ihnen geben an sich damit abgefunden zu haben oder darunter zu leiden. Dagegen geben insgesamt 67 Prozent – also der gleiche Prozentsatz – der gleichaltrigen Frauen an entweder gerne allein zu leben (24 Prozent) oder sich an das Alleinleben gewöhnt zu haben (43 Prozent). Nur sechs Prozent der allein lebenden Frauen könnten sich vorstellen wieder mit einem anderen Partner zusammenzuleben (SCHÜTZ, TEWS 1991).

Diese Ergebnisse zeigen, dass die Lebenssituation des Alleinlebens von den meisten der Älteren als nicht mehr veränderbar angesehen wird: Wenn auch zunächst durch Verwitwung oder Trennung erzwungen, wird Singularisierung zum Lebensstil.

Auch wenn allein Lebende ein reichhaltiges familiäres und außerfamiliäres Kontaktnetz besitzen können, kann mit zunehmendem Alter eine deutliche Beziehung zwischen der *Wohnform*, dem *Geschlecht* und der *Wahrscheinlichkeit des Hilfebedarfs* festgestellt werden. Da die allein lebenden älteren Frauen häufiger über ein niedriges Einkommen verfügen, ist ihr Alleinleben im höheren Alter eher mit einer Häufung von Problemen verbunden.

2.5 Hochaltrigkeit

Die kalendarischen Grenzen zwischen *jungen Alten* und *alten Alten* mögen fließend sein: Alternativ wird auch vom *Dritten Lebensalter* gesprochen, wenn es etwa um die 60- bis 75-Jährigen, also die *jungen Alten* geht, und vom *Vierten Lebensalter*, wenn von den *Hochaltrigen*, den über 75-jährigen *alten Alten*, die Rede ist. Zudem nimmt die Wahrscheinlichkeit zu die Hochaltrigkeit und damit für längere oder kürzere Zeit auch ihre (statistisch häufigeren) negativen Seiten zu erleben.

Nach den Ergebnissen der *Berliner Altersstudie* (MAYER, BALTES 1996) erreicht man mit 80 bis 85 Jahren »den Schwellenwert für einen eher allgemeinen, das heißt alle menschlichen Funktionen und Systeme übertreffenden, Altersabbau« (BALTES 1996, S. 38) und muss damit rechnen, dass folgende Probleme einzeln oder gehäuft auftreten:

- *Krankheit*, zunehmend in Form von Multimorbidität (also eine Zunahme der durchschnittlichen Anzahl von Diagnosen) und chronischen Erkrankungen (siehe Studieneinheit VII);
- eine *Abnahme der geistigen Leistungsfähigkeit*, die bis zur Demenz gehen kann (siehe Studieneinheit VIII);

- kurzfristige oder über längere Zeit mehr oder weniger ausgeprägte *Hilfe- und Pflegeabhängigkeit* (vgl. Studieneinheit V);
- vermehrte *Behandlungsbedürftigkeit*, die nicht selten die Aufnahme in stationäre Einrichtungen erfordert, entweder *vorübergehend* in ein Krankenhaus, für *kürzere Zeit* in Kurzzeitpflege oder eine Rehabilitationseinrichtung oder *dauerhaft* in ein Heim (vgl. Studieneinheit VII);
- *Isolierung* und *Vereinsamung* (vgl. Studieneinheit XIV).

Dennoch bleibt die Mehrheit auch der Hochaltrigen lange Zeit in einer Lebenssituation, bei der die negativen Seiten nicht überwiegen.

Bei einer Untersuchung erwiesen sich rund 30 Prozent der über 100-Jährigen – die über 100-jährigen Höchstaltrigen stellen offenbar eine »positive Selektion« dar – noch als rüstig und physisch wie psychisch in einer vergleichsweise guten Verfassung. Etwa die Hälfte berichtete zwar über Krankheiten und Einschränkungen, konnte damit jedoch ganz gut leben. Etwa 20 Prozent waren schwerkrank, dement, »siech« (FRANKE 1987).

3. Lebenslagen, Lebensläufe, Lebensstile

3.1 Was können diese Begriffe zur Beschreibung des Alterns beitragen?

Für die Analyse der Sozialstruktur waren immer schon die *soziale Ungleichheit* unter den Menschen, ihre Ursachen und Folgen von zentralem Interesse. Der sozioökonomischen Stellung der Menschen wurde im Hinblick auf ihre Einstellungen und ihr Verhalten eine mehr oder minder große Bedeutung zugemessen. *Stand, Klasse* und *Schicht* standen als Kategorien der Analyse im Vordergrund. Die Diskussion sozialer Ungleichheiten wurde durch Fragen nach »neuen« Ungleichheiten ergänzt – so nach Geschlecht, Alter und Nationalität. Diese neuen Ungleichheiten sind aus der Perspektive des Alters von unmittelbarer Bedeutung.

Mit den Begriffen *Lebenslagen, Lebensläufe* und *Lebensstile* wird ein weiterer Zugang zur Beschreibung und Erklärung der Lebenssituation älterer Menschen gewählt. Dabei handelt es sich um Konzepte, die in der soziologischen Theoriediskussion eine zunehmend größere Rolle spielen (z.B. BERGER, HRADIL 1990; HRADIL 1995b). Was also ist an den *Lebenslagen, Lebensläufen* und *Lebensstilen* älterer Menschen heute charakteristisch, und was hat sich verändert?

- Was bedeutet es zum Beispiel, wenn die Altersgesellschaft bei uns zu zwei Dritteln, in höherem Alter sogar zu drei Vierteln eine »Frauengesellschaft« ist?
- Weil durch die Wiedervereinigung neue regionale Ungleichheiten (so auf längere Sicht »zwei deutsche Alter«) entstanden, werden Ungleichheiten im Ost-West-Vergleich zum Thema (siehe *Kapitel 4*).
- Unsere Gesellschaft wird zunehmend durch Zuwanderung mitgestaltet; unter anderem bleiben Ausländer und Ausländerinnen in größerer Zahl auch im Alter in Deutschland und damit muss ihre Situation verstärkt zum Thema der alternden Gesellschaft werden (siehe *Kapitel 5*).

An den veränderten *Lebenslagen, Lebensläufen* und *Lebensstilen* im Alter wird gesellschaftlicher Wandel ablesbar. Waren Alter und *Armut* früher sehr häufig miteinander verbunden, so besteht ein solcher Zusammenhang heute nicht mehr, da die materiellen, sozioökonomischen *Lebenslage*-Merkmale älterer Menschen sich heute entscheidend verbessert haben. Werden die *Lebensläufe* von Frauen heute stärker durch Berufstätigkeit, weniger Kinder, häufigere Scheidungen und Brüche markiert, drücken sich darin gesellschaftliche Veränderungen aus, die sich in veränderten Lebensläufen abbilden. Durch bessere materielle und immaterielle Bedingungen der Lebenssituation im Alter besitzen ältere Menschen heute bessere Chancen und Möglichkeiten veränderte, vielfältigere *Lebensstile* zu entwickeln – was im Schlagwort von den »neuen Alten« seinen Ausdruck fand.

Es ist nicht allein der höheren Lebenserwartung zuzuschreiben, dass eine *Ausweitung der Altersphase* stattgefunden hat. Umso notwendiger ist es, nicht nur zwischen *jungen* und *alten Alten* zu unterscheiden, sondern auch die alten Menschen insgesamt differenzierter zu betrachten. Ergebnis einer solchen Betrachtungsweise ist die Erkenntnis, dass *Variabilität* und *Entwicklungsfähigkeit* im Alter groß sind. In den bereits heute feststellbaren Veränderungen der *Lebensstile* schlägt sich dies nieder. Vor allem auf die Potenziale des entwicklungsfähigen Alters gilt es den Blick zu lenken. Dies legt die Frage nahe, wie und wodurch veränderte, erweiterte, vielleicht sogar neue Lebensstile im zukünftigen Alter entwickelt und verbreitet werden können. Durchaus optimistische Perspektiven sind also hiermit verbunden.

3.2 Lebenslagen

Bei der *Analyse von Lebenslagen* standen bisher traditionelle sozioökonomische Merkmale wie Schicht, Einkommen, Schulbildung, aber auch die Wohnverhältnisse im Vordergrund. Die jeweils untersuchten Personengruppen wurden anhand objektiver Merkmale (z.B. Bildung, Einkommen) bestimmt. Seit geraumer Zeit wird die gesellschaftliche Entwicklung mit Hilfe von *Sozialindikatoren* beschrieben – so z.B. nach Einkommen –, die an repräsentativen Bevölkerungsstichproben erhoben wurden (Wohlfahrtssurveys, Sozioökonomisches Panel – es handelt sich hierbei um regelmäßige Repräsentativbefragungen, die zur Messung der individuellen Wohlfahrt und Lebensqualität vom Sonderforschungsbereich 3: »Mikroanalytische Grundlagen der Gesellschaftspolitik« der Universitäten Frankfurt am Main und Mannheim entwickelt wurden). Allerdings gibt es bisher keinen Merkmalskatalog, der es erlaubt Lebenslagen an *einheitlichen* Kriterien zu messen und anhand ihrer Veränderung den gesellschaftlichen Wandel zu beschreiben. Dennoch lässt sich eine ganze Reihe verallgemeinerbarer Aussagen treffen.

Eine an Sozialindikatoren gebundene *Altersberichterstattung* soll die Altersentwicklung insgesamt beschreiben. Gefragt wird dabei,

- welche Lebenslage-Merkmale die Lebenssituationen im Alter am nachhaltigsten bestimmen,
- ob und wie diese Bestimmungsfaktoren sich wandeln und
- wie sie durch Sozialpolitik beeinflusst sind und/oder beeinflusst werden können.

Bedeutsam ist bei solchen Untersuchungen auch die Entwicklung *problematischer Lebenslagen*, zum Beispiel der Armut im Alter oder der Lage von alten Menschen, die allein oder im Heim leben, pflegebedürftig sind, Ausländer sind, auf dem Land oder in der Stadt leben. Feststellbar sind Veränderungen der Lebenslagen älterer Menschen in der Bundesrepublik hinsichtlich ihrer *materiellen, immateriellen* und *Verhaltensniveaus*. Was ist damit gemeint?

Obwohl es nach wie vor Armut bei den Alten gibt, ist die Alterssituation heute insgesamt dadurch geprägt, dass auch die alten Menschen materiell besser gestellt sind. Auch sie hatten – zeitweise sogar überproportional – ihren Anteil am Wohlstandszuwachs. Das ist nicht nur das Ergebnis einer allgemeinen Zunahme des Wohlstands, sondern auch eines kontinuierlichen Arbeitslebens, auf das (trotz des Zweiten Weltkriegs) der größte Teil der Älteren, zumindest der Männer, zurückblicken kann. So wurde bei den jeweils neu in das Alter eintretenden Jahrgängen (*Kohorten*) jeweils ein »mehr von« registriert, selbst wenn es sich auch häufig nur um wenige Prozentpunkte handelte.

Die durchschnittlich bessere materielle Lage älterer Menschen lässt sich am Haushaltseinkommen nachweisen, aber auch an anderen Kriterien: Die nachwachsenden Altersgenerationen treten auch mit günstigeren Niveaus in Bezug auf Haus- und Wohneigentum in die Altersphase; dazu kommen häufiger Garten-, PKW- und Führerscheinbesitz und der Besitz langfristiger Konsumgüter. Analysen der Ergebnisse der laufenden Wirtschaftsrechnungen und der Einkommens- und Verbrauchsstichprobe des Statistischen Bundesamtes belegen entsprechende Verbesserungen auch für Rentner-Haushalte mit niedrigen Einkommen.

Mit Verbesserungen des *immateriellen Niveaus* sind Veränderungen wie die folgenden gemeint: In den nachkommenden Altersgenerationen

- wird der Anteil der Arbeiterschicht kleiner,
- verfügen Männer und Frauen über mehr Bildungs- und Berufsqualifikationen und
- kommen Ältere insgesamt gesünder ins Alter.

Dem Bildungs- und Ausbildungsniveau wird eine hohe Bedeutung beigemessen, weil im Hinblick auf Flexibilität und Ansprechbarkeit immer wieder bildungsbedingte Unterschiede festgestellt wurden. Dies trifft noch für das hohe Alter zu.

So wurde in der Berliner Altersstudie bei über 70-jährigen Westberlinern (vgl. MAYER, WAGNER 1996; WAGNER et al. 1996) festgestellt, dass

- ein höheres Bildungsniveau die Teilnahme an außerhäuslichen Aktivitäten fördert,
- es eine deutliche Beziehung zwischen höherem Bildungsniveau und Wohlstand gibt,
- bei vorhandenem Bedarf fast zwei Drittel der Hochaltrigen mit mittlerem Bildungsabschluss und Berufsausbildung, aber nur etwa ein Drittel der Befragten mit Volksschulabschluss professionelle Dienste in Anspruch nehmen.

Die Beispiele ließen sich vermehren. Bleiben diese Beziehungen bestehen, haben die Verbesserungen des Bildungsstandes der nachkommenden Altersgenerationen positive Folgen. Zum Teil werden daraus weitreichende Konsequenzen abgeleitet: höhere Ansprüche der Alten, andere Angebote, mehr Eigenständigkeit bei der Bewältigung von Problemen. Ob diese Voraussagen tatsächlich eintreffen, wird sich in Verbindung mit den absehbaren weiteren Verbesserungen der Bildungsqualifikationen der Älteren in Westdeutschland nach der Jahrtausendwende zeigen (vgl. GEISSLER, WOLLERSHEIM 1988).

Heute treten die Menschen zum Teil mit einem *veränderten Verhalten* und anderen Erwartungen in das Alter ein, setzen andere Dinge als selbstverständlich voraus. Dazu gehören beispielsweise Urlaub und Reisen (siehe auch Studieneinheit XII):

In einer Befragung gaben 70 Prozent der 60- bis 65-jährigen Frauen an, im letzten Jahr einmal oder mehrmals jeweils mindestens fünf Tage und mehr verreist gewesen zu sein (vgl. SCHÜTZ, TEWS 1991).

Dass sich hier materielle Niveauveränderungen niederschlagen, kann auch an den statistisch festgestellten Ausgabensteigerungen der Zwei-Personen-Rentner-Haushalte mit Niedrigeinkommen abgelesen werden.

Zu veränderten Verhaltensniveaus trägt auch die *veränderte Infrastruktur für ältere Menschen* bei. Speziell für ältere Menschen sind im letzten Jahrzehnt neue Angebote unterschiedlichster Art erschlossen worden. Sie richten sich auf die Schwerpunkte

- Arbeit und Betätigung in der nachberuflichen Phase,
- soziale Kontakte, Geselligkeit,
- Bildungsangebote,
- Interessen und hobbybezogene Angebote,
- Reisen, Fahrten,
- politische Beteiligung, Selbsthilfe, Formen bürgerschaftlichen Engagements.

Selbst wenn es jeweils nur kleinere Gruppen der Älteren sind, die von solchen Angeboten erreicht werden bzw. von ihnen Gebrauch machen, prägen sie doch inzwischen nicht unwesentlich unser Bild vom Alter mit und verändern die *Struktur des Alters*. Angebote für Alte gibt es nicht nur, weil es mehr Alte gibt, sondern auch, weil Jüngere hier Betätigungsmöglichkeiten sehen. Auch diese Perspektive wird in Zukunft an Bedeutung zunehmen (vgl. Studieneinheiten XII und XIX).

Ob die *soziale Ungleichheit im Alter* abgenommen hat, wenn man die heutige Situation mit der vor 10 bis 20 Jahren vergleicht, ist nicht einfach zu beantworten. Es gibt andere Disparitäten in den Lebenslagen der heutigen älteren Menschen als in den 50er oder 60er Jahren. Es haben *Gesamtniveauverschiebungen* stattgefunden, das heißt, im Vergleich der Jahrgangsgruppen lässt sich heute insgesamt ein höheres durchschnittliches Niveau des Lebensstandards und der sozialen Sicherung feststellen. Dies ist auch ein Ergebnis der Sozialpolitik der vergangenen Jahrzehnte. Betrachtet man die Ungleichheiten, die die Lebenslage im

Alter bestimmen, gibt es sowohl Abnahmen wie Zunahmen. Möglicherweise müssen einzelne Bestimmungsfaktoren heute anders gewichtet werden.

Dass soziale Ungleichheiten, die in früheren Lebensphasen bestanden, als *Kumulation von Nachteilen* in das Alter hinein weiterwirken, sich dabei noch verfestigen und vertiefen und zu neuen Disparitäten führen, lässt sich besonders gut an der Altersproblematik von Frauen verdeutlichen, bei der schichten- und geschlechtsspezifische Altersrisiken zusammenfallen. Allerdings sind viele Probleme, auf die in diesem Zusammenhang hingewiesen wird, eng an ein *niedriges* soziales Herkunftsmilieu und Einkommen und an darauf »aufsetzende« Prozesse der Vertiefung und Verfestigung von sozialen Ungleichheiten während der verschiedenen Lebensphasen gebunden: Wem der Zugang zu Bildungschancen und beruflichen Entwicklungsmöglichkeiten nur beschränkt offen stand, wer ein geringes Erwerbseinkommen hatte und dazu im Arbeitsleben besonderen Gesundheitsrisiken ausgesetzt war, dessen Alterssituation bleibt davon nicht unbeeinflusst.

Unter *Kumulation von Vorteilen* wird nicht nur die Ansammlung von Vermögenswerten verstanden, sondern beispielsweise auch die Doppelrenten-Anwartschaft berufstätiger kinderloser Ehepaare, deren Situation von manchen Kritikern so interpretiert wird, dass sie den Generationenvertrag durch Kinderlosigkeit aufgekündigt haben, aber dennoch doppelt von ihm profitieren (vgl. BORCHERT 1993). Kinderlosigkeit und die größeren Chancen einer lebenslangen Erwerbstätigkeit erhöhen die Rentenansprüche und führen zur materiellen Besserstellung auch im Alter.

Altersverbundene Ungleichheiten ergeben oder verstärken sich aufgrund von Ereignissen, die in der Regel erst im Alter eintreten oder sich erst dann auswirken. Dazu gehören die Verwitwung, die bei Frauen zu entsprechenden Einkommensminderungen führt, die bei Pflegebedürftigkeit häufiger entstehende Abhängigkeit von Sozialhilfe und die Folgen des Umzugs in ein Heim oder Pflegeheim.

Insgesamt geht es einem größeren Anteil der Alten in Deutschland heute zweifellos besser als noch vor 10 oder 20 Jahren. Trotzdem lebt eine nicht unbeträchtliche Zahl nach wie vor auf dem Niveau des Existenzminimums oder nur knapp darüber. Bei der Entwicklung der *einkommensbezogenen* Altersbilanz in der Bundesrepublik (vgl. Studieneinheit XIII) wurde allerdings eine bemerkenswerte Verschiebung festgestellt. Aus der Sozialhilfe-Statistik ergab sich bei der Hilfe zum Lebensunterhalt »ein überdurchschnittliches Sozialhilferisiko für ältere Menschen am Beginn der siebziger Jahre und ein unterdurchschnittliches in den achtziger Jahren« (GLATZER 1992, S. 141) – eine Folge der strukturellen Arbeitslosigkeit, die die jüngeren Generationen trifft. Es gibt Anhaltspunkte dafür, dass sich diese klassischen Altersprobleme sozialer Ungleichheit in Zukunft nicht abschwächen werden (vgl. BÄCKER et al. 1989; DIECK, NAEGELE 1993).

3.3 Lebensläufe

Wenn in der Alltagssprache vom *Lebenslauf* die Rede ist, meint man die Abfolge von Ereignissen, Übergängen, Wendepunkten, Weichenstellungen, Entscheidungen im Leben eines Menschen und der Rollen und Positionen, die er dabei einnimmt (vgl. Studieneinheit III). Im soziologischen Verständnis meint Lebenslauf die *allgemeinen*, also regelhaften, typischen Muster und Abfolgen der Bewegung durch die Lebenszeit, was an äußerlich beobachtbaren (objektiven) Zuständen und Ereignissen festgemacht wird.

Vor über 20 Jahren wurde in den USA die *Theorie der Altersschichtung* konzipiert, mit der versucht wird, gesellschaftlichen Wandel zu beschreiben und zu erklären (vgl. RILEY et al. 1972; RILEY 1985; RILEY et al. 1988; zur Kritik und soziologischen Theorie-Diskussion vgl. ROSENMAYR 1994). Ausgangspunkt sind die *Lebensläufe* von Menschen, die jeweils zu einer bestimmten Altersgruppe (*Kohorte*) gehören, also im gleichen geschichtlichen Kontext altern. Sie sind einerseits abhängig von den gesellschaftlichen Strukturen, in denen sie leben, gleichzeitig verändern sie diese durch ihr Verhalten. Soziale Struktur und soziales Handeln sind über *Rollen* vermittelt, die die Individuen übernehmen und ausüben, zum Beispiel als Berufstätige, Eltern, Großeltern. Unter sozialen Rollen versteht man dabei »ein Bündel normativer Verhaltenserwartungen, die von einer Bezugsgruppe oder mehreren Bezugsgruppen an Inhaber bestimmter Positionen herangetragen werden« (vgl. PEUCKERT 1995, S. 262).

In *Abbildung 3* wird versucht darzustellen, wie das Zusammenwirken des historischen Kontextes und das individuelle Altern zu Lebensläufen führen, die bezogen auf die Kohorte eher ähnlich sind, aber von Kohorte zu Kohorte durchaus sehr unterschiedlich sein können.

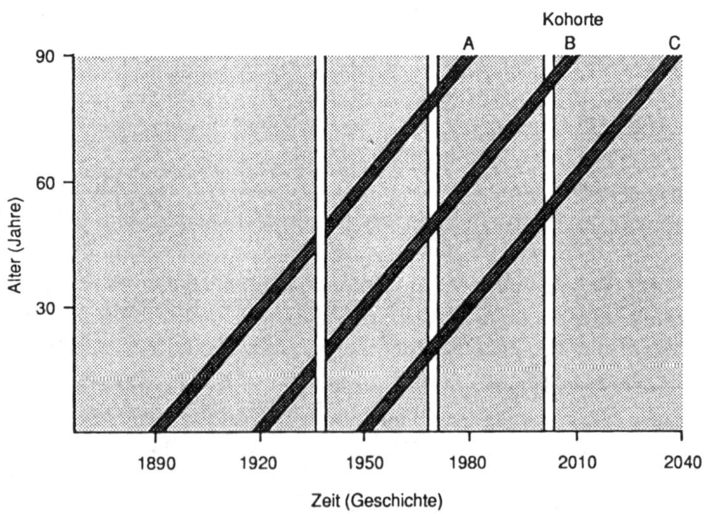

Abbildung 3: Eine schematische Darstellung von Altern im Kontext gesellschaftlicher Veränderung (RILEY, RILEY 1992, S. 450).

Zur Erläuterung dieser Abbildung:
»Die diagonalen Linien stellen sukzessive Kohorten von Menschen dar, die in bestimmten Zeitperioden geboren wurden und dann altern. Während die Menschen altern

(siehe zum Beispiel Kohorte A), bewegen sie sich durch die Zeit und durch die soziale Struktur nach oben; durch die sukzessiven Rollen im Familienleben, in der Ausbildung, im Berufsleben, im Ruhestand, bis sie schließlich sterben. Während sie altern, verändern sie sich biologisch, psychologisch und sozial und entwickeln ihre sehr unterschiedlichen individuellen Stärken und Schwächen.
Zudem lenken die vielen diagonalen Linien die Aufmerksamkeit auf folgendes Prinzip: Weil sukzessive Kohorten zu verschiedenen Zeiten geboren werden und unterschiedliche Segmente der historischen Zeit durchleben, altern die Menschen verschiedener Kohorten auf verschiedene Weise. Im Jahre 1900 konnte ein 20jähriger Mann in den Vereinigten Staaten kaum damit rechnen, überhaupt den Ruhestand zu erreichen; heute kann ein solcher Mann davon ausgehen, dass er ein Viertel seines Erwachsenenlebens im Ruhestand verbringt. Der Alternsprozeß hat offensichtlich einen Wandel durchgemacht.
Die vertikalen Linien stellen die ganz andersartige Dynamik des strukturellen Wandels dar. Betrachten wir beispielsweise das Jahr 2010. Hier ist die Linie ein Querschnitt durch alle diagonalen Linien. Er stellt schematisch die Altersstruktur der Gesellschaft dar. Er gibt an, auf welche Weise *sowohl die Menschen als auch ihre sozialen Rollenstrukturen* in einem bestimmten historischen Augenblick in Altersgruppen organisiert sind, von den Jüngsten ganz unten bis zu den Ältesten ganz oben.« (RILEY, RILEY 1992, S. 450 f.)

Lebensläufe sind durch *Kontinuitäten, Diskontinuitäten* – also die Fortdauer oder die Unterbrechung von Zuständen – und durch *Brüche* gekennzeichnet. Zu den Letzteren gehören vor allem »kritische Ereignisse« wie Berufsaufgabe, Verwitwung, Eintritt von Hilfs- und Pflegebedürftigkeit. Selbst bei starken Brüchen in der externen Kontinuität – beispielsweise durch die Veränderung der gesamten Umwelt beim Umzug in ein Heim – kann allerdings *psychische Kontinuität* durchaus bewahrt werden (vgl. ATCHLEY 1989). Zwischen den subjektiven *Gliederungen* von Biographien (und Wahrnehmungen von Brüchen) einerseits und *Modellen* des Lebenszyklus andererseits, wie sie den sozialwissenschaftlichen Untersuchungen zugrunde liegen, können zudem beträchtliche Diskrepanzen bestehen (LEHR 1978).

Auch Psychologen beschäftigen sich intensiv mit der Kontinuitätsproblematik, beispielsweise die *Entwicklungspsychologie der Lebensspanne.* Hier wird Altern als Prozess zwischen Wachstum (Gewinn) und Abbau (Verlust) gesehen, wobei mit fortschreitendem Alter »die Zahl der Verlustereignisse im Vergleich zu Entwicklungsgewinnen« größer wird, was zu einer zunehmend negativen Bilanzierung führt, die »ihre Entsprechung in subjektiven Erwartungen in Bezug auf den Lebenslauf« findet (vgl. BALTES 1990, S. 9). Dass fortgeschrittenes Alter in dieser Weise als immer *defizitärer* gesehen wird, entspricht der von einem soziologischen Ansatz ausgehenden *Disengagement-Theorie* aus den sechziger Jahren, die Altern mit einem zunehmenden Rückzug aus gesellschaftlichen Betätigungen und Verpflichtungen verband und unterstellte, dass dies gesellschaftlich notwendig und von den Betroffenen auch erwünscht sei. Mit steigendem Alter zunehmend mehr Verlust als Gewinn, zunehmend weniger gesellschaftliche Einbindung – das dürfte auch unseren eigenen Beobachtungen und Erwartungen über das Altern entsprechen, selbst wenn hierbei wiederum Modifizierungen notwendig sind.

In drei Aspekten wirkt sich der strukturell-gesellschaftliche Wandel auf die Lebensläufe alternder Menschen vor allem aus:

1. Die *Phase normalen Alterns* – in der ein selbständiges, unabhängiges, kompetentes, vergleichsweise noch gesundes, zumindest aber weitgehend krankheitsunabhängiges Leben geführt werden kann – *verlängert sich.*
2. *Kritische Lebensereignisse* (vgl. Studieneinheit III) laufen anders ab, ihre Bedeutung – gesellschaftlich und für die betroffenen Individuen – wandelt sich und sie besitzen heute bei uns in vielem neue Charakteristika:
   - *Berufsaufgabe* als Ereignis trifft Männer und Frauen zunehmend häufiger.
   - Mehr *Frauen* als bisher werden in Zukunft eine nachberufliche Lebensphase haben. Sie verfügen inzwischen häufiger über eine eigenständige Alterssicherung. Von der Entwicklung der ehelichen Lebenssituation hängt dann noch stärker ab, wann beispielsweise die Berufstätigkeit aufgegeben und wie mit den getrennten Rentenanwartschaften verfahren wird. In der Berufsbiographie von Frauen gibt es nach wie vor mehr Brüche (BACKES 1993).
   - Mit der Veränderung der Lebensformen wandeln sich die typischen (kritischen) Ereignisse, die mit *Zusammenleben*, *Zusammenwohnen*, *Kindern* verbunden sind. Der Anteil der Verheirateten wird eher abnehmen. Die allein Lebenden werden nicht mehr zu drei Vierteln *Witwer und Witwen* sein. Nimmt der Anteil Geschiedener und Unverheirateter zu, werden häufiger dauerhafte Formen des Alleinlebens oder das Zusammenleben in flexibleren, weniger beständigen Partnerschaften anzutreffen sein.
   - Folgenreiche *Krankheiten* treten später auf oder ihre Auswirkungen führen später zu schweren Beeinträchtigungen; Behandlungs- und Rehabilitationsmöglichkeiten verbessern sich. Die These vom verlängerten normalen Altern trifft wahrscheinlich zunehmend ebenso zu wie die Folge, dass wir »kränker länger leben« (KRÄMER 1992). Krankheit und Krankheitsbewältigung sind allerdings auch vom Verhalten der Betroffenen abhängig.
   - Heime und andere *Betreuungsinstitutionen* für alte Menschen verändern aufgrund des Alterswandels teilweise ihren Charakter und damit das Leben der Betroffenen in ihnen (vgl. Studieneinheit XVIII).
   - *Sterben* und *Tod* verbinden sich in zunehmendem Maße mit Hochaltrigkeit, treten also später im Lebenslauf auf und finden häufiger in Institutionen statt. Da Kinder und Verwandte seltener werden, werden Sterbende häufiger ohne Unterstützung durch Verwandte sein, und im Todesfall muss häufiger damit gerechnet werden, dass es keine Angehörigen gibt, die Beerdigung und Nachlassregelung übernehmen.
3. Bislang findet man vorwiegend *altersdifferenzierte* Strukturen und Rollen vor mit typischen Lebenslauf-Gliederungen in Ausbildung, Berufstätigkeit und Ruhestand, die zugleich *Altersbarrieren* und *Altersgrenzen* darstellen. Eine gesellschaftliche Aufgabe besteht darin diese Altersbarrieren zu durchbrechen und verstärkt *altersintegrierte Strukturen* zu schaffen, die die

Rolle des Alters als lebenslauf- und rollenbestimmenden Faktors relativieren: Es gilt die getrennten Bereiche Bildung, Arbeit, Freizeit lebenslaufbezogen anders zu verteilen.

Nach der These von der »strukturellen Diskrepanz« wird eine Neustrukturierung der sozialen Rollen unumgänglich, wenn alten Menschen eine »Rolle der Rollenlosigkeit« zugewiesen ist, sie aber an Zahl zunehmen und leistungsfähiger bleiben: »Leistungsfähige Menschen und inhaltsleere Rollenstrukturen können nicht lange koexistieren« (RILEY, RILEY 1992, S. 453). Ist dies so (denn so zwangsläufig, wie hier behauptet, ist es nicht!), müssen entsprechende Maßnahmen zum einen auf die Erweiterung der Rollenmöglichkeiten älterer Menschen zielen, zum anderen auf die Rollen *aller* Altersstufen, also auch der jüngeren.

»In der jüngsten Vergangenheit stand die erste Art von Interventionen im Vordergrund. Es sind jedoch die letzteren, die das innovativste Potential für die Zukunft beinhalten. Bedenkt man außerdem die wechselseitigen Abhängigkeiten zwischen allen Altersschichten in einer Gesellschaft, wird klar, dass die eine Art der Intervention ohne die andere nicht möglich ist.« (RILEY, RILEY 1992, S. 446 f.)

In die gleiche Richtung zielt der Ansatz der *De-Institutionalisierung des Lebenslaufs* (KOHLI 1985; 1992). So wird angenommen, dass die Dreiteilung in Ausbildung, Arbeit und Ruhestand, die sich zu einem »zentralen gesellschaftlichen Ordnungsprogramm« gesellschaftlicher Modernisierung herausgebildet hat, zugunsten einer neuen »Form der Vergesellschaftung, die stärker am Individuum als Handlungszentrum ansetzt«, auflöst (KOHLI 1995, S. 180).

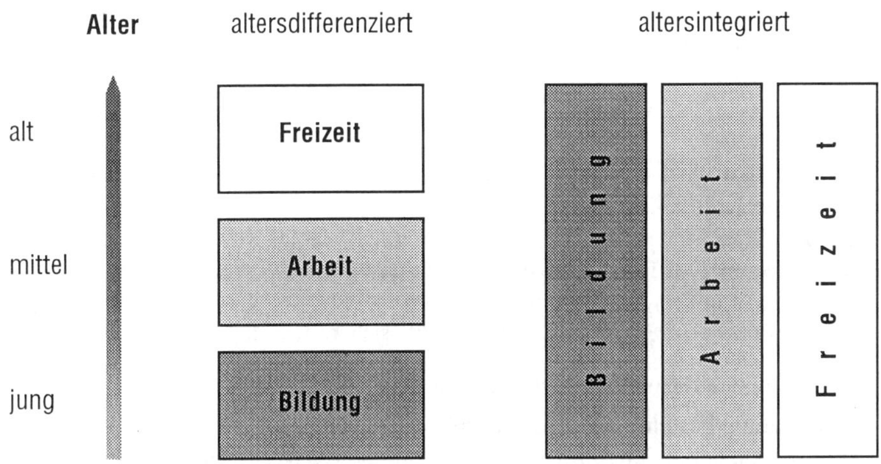

Abbildung 4: Schematische Darstellung einer altersdifferenzierten und einer altersintegrierten Gesellschaft (nach RILEY, RILEY 1992, S. 454).

Allerdings ist die »altersintegrierte Gesellschaft« zunächst einmal eine Vision. Trends in diese Richtung sind durchaus auszumachen, aber ebenso auch gegenläufige Entwicklungen. Solange Berufstätigkeit und Berufsaufgabe die Gravitationszentren des Strukturwandels des Alters sind, ist die derzeitige Entwicklung gegen altersintegrierte Strukturen gerichtet, wenn die Älteren auf dem Arbeitsmarkt nicht mehr benötigt werden und die Betriebe vor allem auf Verjüngung setzen. Es käme hier darauf an in erheblichem Umfang *Teilzeitarbeit* in akzeptierbarer Form durchzusetzen – wobei der bisherige Erfolg eher skeptisch zu beurteilen ist (vgl. Studieneinheit XI). Ein offener Punkt dürfte auch sein, *wer* – wenn die Analyse richtig ist und über die Zielsetzungen Einigkeit erzielt werden kann – den damit verbundenen Wandel durchsetzen soll und kann.

3.4 Lebensstile

Unter Lebensstil ist ein beobachtbares Verhalten zu verstehen, das Ergebnis einer »Synthese von bewußt vorgenommenen und unterbewußt routinierten Verhaltensweisen, von Einstellungen und Zielvorstellungen, von Kontakten und Interaktionen mit Mitmenschen« ist. Als soziologisch definierter, »synthetischer« Begriff führt er »eine Vielzahl von Dimensionen zusammen« (Hradil 1995b). Allerdings ist die Erforschung von Lebensstilen heute mit zahlreichen theoretischen und methodischen Problemen verbunden (vgl. Konietzka 1995). Im »Wohlfahrtssurvey 1993« (vgl. *Abschnitt 4.4*) werden Lebensstile als »individuelle Formen der Alltagsorganisation und Gestaltung, die mit anderen geteilt werden« definiert (Statistisches Bundesamt 1994b, S. 540).

Die Entwicklung eines bestimmten Lebensstils setzt ein erhebliches Maß an Wahl- und Entscheidungsfreiheit voraus. In der soziologisch-theoretischen Diskussion wird davon ausgegangen, dass die traditionellen Schicht- und Klassenunterschiede im Sinne einer »Pluralisierung von Lebensstilen« in zunehmendem Maße durch soziale Milieus, polarisierte Lebensstile und Lebensformen abgelöst werden. Dies wird als Ergebnis zunehmender *Individualisierung* angesehen (vgl. Beck, Beck-Gernsheim 1994; Beck 1994 zur »Individualisierungsdebatte«).

Verstanden wird unter Individualisierung einerseits die Lösung von einer bestimmten Kultur und einem Bewusstsein, das in der Vergangenheit für Klassen oder Schichten kennzeichnend war, damit auch von Geschlechts- und Familienrollen. Das führt allerdings auch zu neuen »Zwängen«, indem

> »die einzelnen ihre Biographie selbst herstellen, inszenieren, zusammenschustern müssen, und zwar ohne die basalen, Fraglosigkeiten sichernden, stabilen sozialmoralischen Milieus, die es durch die gesamte Industriemoderne hindurch immer gegeben hat und als ›Auslaufmodell‹ immer noch gibt« (Hradil 1995b).

Gleichzeitig besteht soziale Ungleichheit fort; allerdings nicht mehr an Klassen und Schichten gebunden, sondern als stärker *individualisierte Ungleichheit* – mit allen damit verbundenen sozialen und politischen Problemen. (Soweit der verkürzte Abriss einer umfangreichen und kontroversen Diskussion in der Soziologie.)

In welchem Ausmaß heute schon Ältere in diesem Sinn »individualisiert« sind, mag offen bleiben. Die Ausweitung der Altersphase, die Verjüngung und frühe Entberuflichung des Alters – all dies kann man als Ergebnis gesellschaftlicher Modernisierung interpretieren, die auch den Zwang zur Neugestaltung und größeren Variabilität individueller *Altersbiographien* erhöht. Aus dieser Sicht müssten Lebensstile im Alter – auch als Ergebnis der Zunahme von Angeboten und Wahlmöglichkeiten und sich verbessernder Möglichkeiten zur Lebensgestaltung – flexibler geworden sein.

Den heutigen Lebensstilen im Alter wurde in verschiedenen Untersuchungen nachgegangen. In einer Studie (INFRATEST SOZIALFORSCHUNG et al. 1991) wurde die Einteilung der Bevölkerung nach *Milieus* – die auf Untersuchungen des Sinus-Instituts zurückgeht – auf 55- bis 70-Jährige in Westdeutschland angewandt. Entsprechend den Lebensorientierungen und Einstellungen zum Alter kristallisierten sich *vier Lebensstile* heraus (vgl. *Tabelle 4*).

Tabelle 4: Lebensstile 55- bis 70-Jähriger in Westdeutschland (nach Daten von INFRATEST SOZIALFORSCHUNG et al. 1991)

Typ	*Motto*	*Häufigkeit* *relativ*	*absolut*
1: die pflichtbewusst-häuslichen Älteren	»Das war schon immer so und das soll auch so bleiben!«	31 %	2,9 Mio.
2: die aktiven »neuen Alten«	»Das war schon immer so aber warum soll es so bleiben?«	25 %	2,4 Mio.
3: die sicherheits- und gemeinschaftsorientierten Älteren	»Das war schon immer so und das darf sich auch nicht ändern.«	29 %	2,4 Mio.
4: die resignierten Älteren	»Das war schon immer so und es ist nicht zu ändern.«	15 %	1,4 Mio.

Wenn man die »neuen Alten« als Bezeichnung eines Lebensstils versteht, handelt es sich – der Untersuchung zufolge – keinesfalls speziell um die *jungen Alten*.

»Lebensgenuß (auch durch Konsum), Mobilität (man reist sehr gerne), vielfältige Kommunikation, soziale Kontakte, das Wahrnehmen kultureller Angebote kennzeichnen diesen Lebensstil. Entsprechend ausgeprägt sind die damit verknüpften Wertorientierungen [...]. Weiterbildungsangebote, zum Beispiel der Volkshochschulen, werden überdurchschnittlich häufig genutzt, am politischen und gesellschaftlichen Leben nimmt man regen Anteil.« (INFRATEST SOZIALFORSCHUNG et al. 1991, S. 86)

Bezogen auf die Lebenslage-Merkmale zeigt sich, dass zu dieser Gruppe häufiger Ältere in »gutsituierten Verhältnissen« gehören. Akademische Berufe sind überdurchschnittlich häufig vertreten, Männer und Großstadtbewohner überrepräsentiert, das gehobene soziale Milieu überwiegt – nach den vom Sinus-Institut definierten Milieukategorien sind das das »technokratisch-liberale«, das »konservativ-gehobene« und das »aufstiegsorientierte Milieu«.

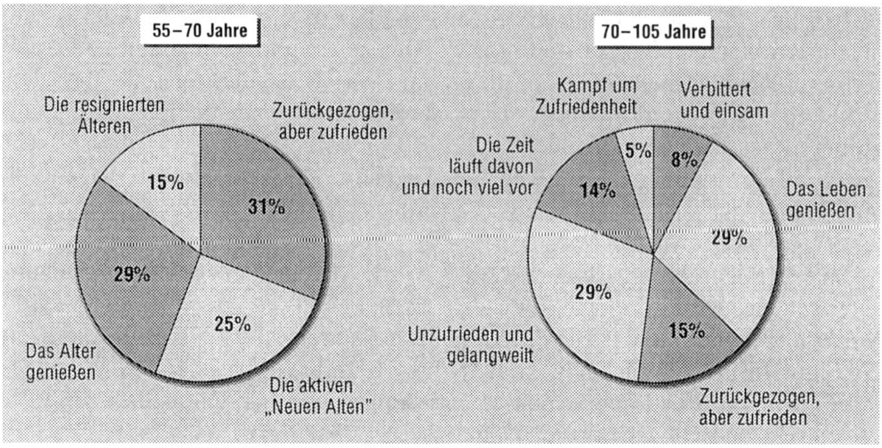

Abbildung 5: Vielfalt der Auseinandersetzungen mit den Herausforderungen des Alters (nach STAUDINGER 1996, S. 352; Zahlen *links* nach INFRATEST SOZIALFORSCHUNG et al. 1991; *rechts* nach SMITH, BALTES 1993. Grafik: Axel BENGSCH, DIFF).

In der *Berliner Altersstudie* wurden über 70-Jährige in (West-)Berlin untersucht. STAUDINGER (1996, S. 352) stellte die dort ermittelten »Lebensstile« der 70 bis 105 Jahre alten Menschen Ergebnissen der Infratest-Studie gegenüber (siehe *Abb. 5*): In beiden Altersgruppen ist der Anteil derer, die »das Leben genießen«, gleich groß (29 Prozent). Der Anteil der »Unzufriedenen und Gelangweilten« nimmt mit den Jahren zu und macht bei den über 70-Jährigen etwa ein Drittel aus. Aber auch nur ein geringer Prozentsatz der *alten Alten* ist verbittert und einsam. Offenbar hat sich vor allem das Lebensgefühl der zurückgezogen Zufriedenen zum Negativen gewandelt.
In einer anderen Repräsentativ-Befragung sollten 60- bis 75-Jährige ihre Lebenssituation einschätzen. Dabei musste zu 16 Aussagen Stellung genommen werden (SCHÜTZ, TEWS 1991). Es ließen sich hier drei Orientierungen feststellen:

- *Alter als Belastung:* Man hat wenig Abwechslung, das Leben ist nicht ausgefüllt, es gibt keine interessanten Aufgaben mehr, keine Anerkennung, Fähigkeiten können nicht mehr eingesetzt werden, man sitzt zu Hause herum, ist einsam.
- *Alter als Entpflichtung und Entlastung:* Man hat viel freie Zeit und keine Verpflichtungen, dafür mehr Zeit auch für andere, man kann Dinge machen, die interessieren und Spaß machen, findet die verdiente Ruhe.
- *Alter als Chance für Neues:* Man kann noch mit etwas Neuem anfangen, stellt noch Ansprüche ans Leben und hat mehr Zeit für andere und für interessante Dinge (wie bei Orientierung 2).

Wo Alter als »Belastung« empfunden wurde, war dies häufiger auch mit anderen erfragten Problembelastungen verbunden. Sowohl »Alter als Entpflichtung« als auch »Alter als Chance für Neues« waren nun mit Zufriedenheit verbunden. Eine Gruppe alternder Menschen ist zufrieden, weil sie Alter stärker als *Entpflichtung* erlebt – man könnte dies als *konventionelles Altern* bezeichnen. Eine andere Gruppe verbindet Zufriedenheit stärker mit der Einschätzung des Alters als »Chance für Neues« – dies könnte man als *innovatives Altern* interpretieren. Damit sind zwar noch keine »Lebensstile« im Alter bestimmt, aber *innovatives Altern* dürfte eher an den Entwicklungsmöglichkeiten des Alters selbst ansetzen.

Wenn man davon ausgeht, dass Biographien im Alter »gestaltbarer« werden und die Zahl jener Menschen wächst, »die im dritten Lebensalter eigene und selbstbestimmte Wege gehen und sich den Herausforderungen eines sehr viel längeren und gesellschaftlich immer weniger normierten Lebensabschnittes ganz bewußt stellen müssen und wollen«, dann bedarf es andererseits bestimmter Leitbilder und Modelle dafür, »wie Menschen in der dritten Lebensphase diesen Herausforderungen begegnen können.« (BERGER, GERNGROSS 1994, S. 11)

Wie aber lassen sich solche »Leit-Biographien« gewinnen? Zunächst müsste empirisch überprüft werden, ob derartige Lebensgestaltungen tatsächlich schon verallgemeinerbar geworden sind. Dann könnten sie anderen auch als Leitbild für die Gestaltung ihres eigenen Lebens dienen – solche Leitbilder gälte es gezielt zu vermitteln und zu verstärken! Hier wären mögliche Ansatzpunkte für eine *normative Gerontologie*, die Alter stärker als Chance für Neues begreift und verändert; sowohl in den individuellen Lebensgestaltungen als auch im Sinne neuer Lebensstile im Alter (vgl. Studieneinheit XII). BERGER und GERNGROSS (1994) arbeiten aus 27 »Lebenserzählungen« älterer Menschen vier Pfade oder Typen heraus, sozusagen als »Wegbereiter unter den Älteren«, die sie folgendermaßen benennen:

- die *Weitermacher*, die ihre Berufstätigkeit als Selbständige oder Künstler aufrechterhalten oder ehrenamtlich tätig sind beziehungsweise werden, eben unter gleichen oder anderen Vorzeichen selbstbestimmt weitermachen;
- die *Anknüpfer*, die neue Tätigkeitsfelder suchen, indem sie zum Beispiel an Bedürfnisse anknüpfen, die sie während ihrer Berufstätigkeit entwickelt haben, oder die vorhandene Interessen aufnehmen, ausbauen, intensivieren;
- die *Befreiten*, die ihren Ruhestand als Befreiung erleben, von Doppel- und Mehrfachbelastungen entpflichtet (z. B. als Berufstätige und Mutter), und
- die *Nachholer*, die nun zu etwas kommen, was vorher nicht ging, was sich häufig beispielsweise in Bildungsaktivitäten niederschlägt.

4. Altern in Ost- und Westdeutschland

Durch die Vereinigung 1990 sind innerhalb der größer gewordenen Bundesrepublik Deutschland neue regionale Unterschiede entstanden, für die im Hinblick auf die Lage älterer Menschen das Schlagwort der *»zwei deutschen Alter«* geprägt wurde; hiervon handelt der *Abschnitt 4.1.* Ein Vergleich zwischen der früheren und heutigen Situation in Ostdeutschland und zwischen Ost- und Westdeutschland muss einerseits von der *materiellen Lage der älteren Menschen* ausgehen; dies geschieht im *Abschnitt 4.2.* Andererseits sind Merkmale des Strukturwandels zu betrachten, wobei – wie in *Abschnitt 4.3* gezeigt wird – im Hinblick auf die Aspekte *Verjüngung* und *Entberuflichung* deutliche Unterschiede bestehen. Im *Abschnitt 4.4* werden vergleichende Befunde zu *Lebenslagen, Lebensläufen* und *Lebensstilen* in Ost und West aufgeführt. Ob der *Modernisierungsansatz* geeignet ist die gesellschaftlichen Veränderungen in der ehemaligen DDR angemessen zu beschreiben, wird in *Abschnitt 4.5* diskutiert.

4.1 Zwei deutsche Alter

Folgen wir ostdeutschen Autoren, dann gab es keine systematische Forschung zur Altersentwicklung in der DDR. Das erschwert Vergleiche zwischen West und Ost. In der Sozialpolitik der DDR standen zudem nicht die Älteren, sondern der erwerbstätige Teil der Bevölkerung im Zentrum. Altenarbeit lag zu einem erheblichen Teil in der Zuständigkeit der Betriebe und wurde nur zum Teil von den Kommunen betrieben. Für die meisten Älteren war die Altersphase »nach vollzogenem, sinnerfülltem Arbeitsleben ein sich auf fast egalisiertem niedrigem materiellem Lebensniveau räumlich begrenzt vollziehender Ruhestand«. Man arbeitete, solange man wollte oder aus finanziellen Gründen musste. »Man wurde gebraucht, man wurde auch nicht ausgesondert, aber die Sorge der Gesellschaft ging an vielen spezifischen Problemen Älterer oft vorbei.« (SOZIALWISSENSCHAFTLICHES FORSCHUNGSZENTRUM 1995, S. 24 f.). Soweit im Abriss einige Ausgangspunkte vor der Wende!

Zwischen den Gebieten der ehemaligen beiden deutschen Staaten bestehen auch heute noch so große Unterschiede, »dass es zur Zeit in der Europäischen Union kein anderes Land gibt, das innerhalb seines Gebietes Regionen von so unterschiedlicher Struktur und insbesondere in der Wirtschaftskraft umfaßt« (STRUBELT 1995, S. 43). Wir werden deshalb wahrscheinlich noch auf längere Sicht von »zwei deutschen Altern« sprechen können (SCHWITZER 1992; 1995; SOZIALWISSENSCHAFTLICHES FORSCHUNGSZENTRUM 1995, S.13).

Zwar hat die Vereinigung die Bevölkerungsstruktur Deutschlands insgesamt kaum verändert, aber es kam zu Abwanderungen aus den neuen Bundesländern, die dazu führten, dass sich im Jahr 1994 die ostdeutsche Bevölkerung bei einem Bevölkerungsstand von 15,6 Millionen insgesamt gegenüber dem Stand von 1989 um 850 000 Personen verringert hatte (SOZIALWISSENSCHAFTLICHES FORSCHUNGSZENTRUM 1995, S. 53 ff.) und zusätzliche demographisch-regionale Alterungsprozesse mit entsprechenden Folgen ausgelöst wurden. Dafür gibt es folgende Gründe:

- Nach 1990 kam es in den neuen Bundesländern zu einem geradezu dramatischen Rückgang der Geburten, bedingt durch die Folgen der Vereinigung Deutschlands, wie Arbeitslosigkeit, die Beendigung der bevölkerungspolitischen Maßnahmen der DDR (dazu gehörten Familiengründungsdarlehen und die bevorzugte Vergabe von Wohnungen an Familien) und die Schließung von Kinderbetreuungseinrichtungen.
- Ab 1989 wanderten vor allem Jüngere aus wirtschaftlich schwächeren Gebieten in den Westen ab. Nahezu zwei Drittel der 25- bis 50-jährigen Abwanderer waren Männer. Obwohl die über 50-Jährigen rund ein Drittel der ostdeutschen Bevölkerung ausmachen, kamen nur fünf Prozent der Abwandernden aus dieser Altersgruppe.
- Zum Zeitpunkt der Vereinigung lebten auf dem Gebiet der neuen Bundesländer drei Millionen älterer Menschen. Dass in der ehemaligen DDR viele Jüngere in neu geschaffene Industriestandorte und in die Großstädte abge-

wandert waren, hatte bereits in früheren Jahren zu einer höheren Konzentration älterer Menschen in kleineren Gemeinden und Städten geführt. Daraus ergeben sich Konsequenzen für einen regional unterschiedlich steigenden Bedarf an Altenhilfe.

4.2 Materielle Situation – Gewinne und Verluste

Trotz stufenweiser Angleichung der Löhne und Gehälter gibt es nach wie vor deutliche Einkommensunterschiede zwischen West- und Ostdeutschland. Dagegen hat sich durch die Einbeziehung in das westdeutsche System der Alterssicherung die *Einkommenssituation der Älteren in Ostdeutschland* im Durchschnitt so verbessert, dass sie auf absehbare Zeit zu den relativ einkommensstarken Gruppen gehören werden.

»Die Haushaltsnettoeinkommen pro Kopf haben sich, auch unter Berücksichtigung der Preissteigerung, leicht, für einige Gruppen, wie beispielsweise für Rentner, sogar erheblich verbessert. Der Vergleich der Einkommenssituation der Haushalte zwischen 1990 und 1993 ergibt nach diesen Daten im Durchschnitt eine Steigerung von über 40 Prozent; bei den Rentnerhaushalten sind überdurchschnittliche Zuwächse von über 70 Prozent zu finden.« (STATISTISCHES BUNDESAMT 1994 b, S. 577)

Hinzu kommt, dass sich die ostdeutschen Frauen häufiger höhere Rentenansprüche erworben haben als die westdeutschen, da sie in der Regel länger erwerbstätig waren. So lag 1992 die durchschnittliche Rente der ostdeutschen Männer bei 86 Prozent, die der Frauen bei 130 Prozent des westdeutschen Niveaus. Die höheren Leistungsansprüche der ostdeutschen Frauen und die ins-

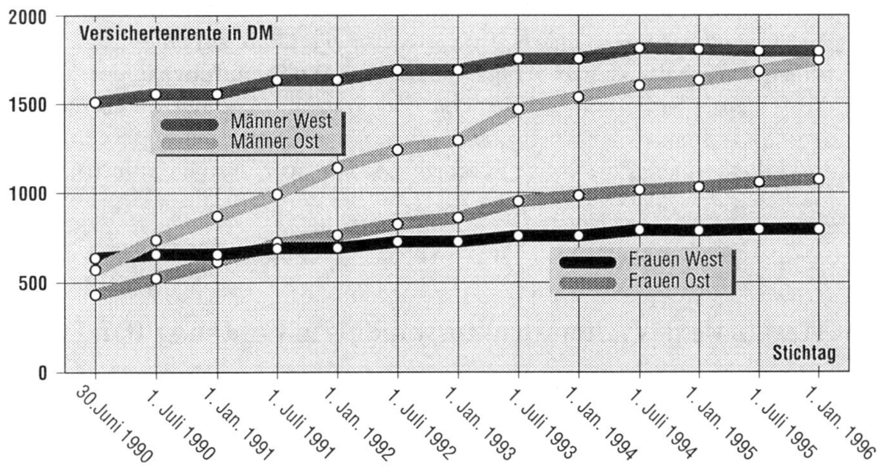

Abbildung 6: Durchschnittliche Versichertenrenten im Ost-West-Vergleich. Die Renten der ostdeutschen Frauen übersteigen das westdeutsche Niveau, weil die Frauen in der DDR im Durchschnitt wesentlich länger gearbeitet haben als im Westen (Grafik: Axel BENGSCH, DIFF, nach Daten der BfA 1996).

gesamt hohen Erwerbstätigkeitsquoten bei durchschnittlich längerer Erwerbstätigkeit dürften dazu führen,

»daß die älteren Haushalte in Ostdeutschland mittelfristig im Durchschnitt höhere Einkommen aus den staatlichen Alterssicherungssystemen als die westdeutschen beziehen werden. Dies dürfte einen Großteil des zusätzlichen Einkommensvorsprungs wettmachen, den ältere Menschen in Westdeutschland durch zusätzliches Einkommen aus Vermögen erzielen.« (WAHL 1994, S. 105)

Inzwischen hat sich die Ausstattung mit langfristigen Konsumgütern an den Westen angeglichen. Verbesserungen der Wohnverhältnisse (z. B. im Sanitärbereich) können ebenfalls zu den »Gewinnen« gerechnet werden. Es kam allerdings auch zu Mieterhöhungen, denen keine adäquaten Verbesserungen der Wohnstandards vorausgingen. Von Älteren werden zudem die Verteuerung des Nahverkehrs und die – wegen der Schließung kleiner Läden in der Wohnumgebung und der Konzentration von Großmärkten am Rande der Ortschaften – schwierigere Versorgung als besonders negativ empfunden.

Da auch die Älteren Ostdeutschlands die »Wende« mit herbeigeführt und gewollt haben, ließ sich bei entsprechenden Umfragen eine DDR-Nostalgie nicht feststellen – schon gar nicht im Sinne der Wiederherstellung »sozialistischer Macht- und Eigentumsverhältnisse« –, dagegen aber eine »kritische Sicht auf das in der Vergangenheit Gewesene« (SOZIALWISSENSCHAFTLICHES FORSCHUNGSZENTRUM 1995, S. 207). Die Wende hat zu einem *Wertewandel* geführt; Biographien müssen anders interpretiert werden, Vergangenes ist neu zu bewerten (»es war nicht alles schlecht...«), um vor sich selbst und der eigenen Biographie bestehen zu können. Verständlich ist allerdings, wenn die über 70-Jährigen weniger Verluste wahrnehmen als Befragte im Vorrentenalter (SOZIALWISSENSCHAFTLICHES FORSCHUNGSZENTRUM 1995, S. 210).

Am stärksten wird die Sicherheit vermisst, die die DDR auf einem, gemessen an westlichen Verhältnissen, erheblich niedrigeren Wohlstandsniveau bot. Vor allem die fehlende Sicherheit auf Straßen und Plätzen – bedingt durch die Zunahme der Kriminalität – schlägt sich deutlich negativ in Befragungsergebnissen nieder. Verbesserungen im Umweltbereich werden trotz der »entindustrialisierten Landschaften« honoriert.

4.3 Merkmale des Altersstrukturwandels in Ostdeutschland

In Ostdeutschland weist die Sozialstruktur des Alters

- bezogen auf die Strukturmerkmale *Feminisierung, Singularisierung* und *Hochaltrigkeit* (vgl. die *Abschnitte 2.3* bis *2.5*) ähnliche Merkmale auf wie im Westen: Auch hier ist das Alter im höheren Alter zunehmend »weiblich« und zunehmend »singularisiert« (bedingt durch die geringere Lebenserwartung sind allerdings Zahl und Anteil der Hochaltrigen etwas geringer als in Westdeutschland).

– Bezogen auf die Strukturmerkmale *Verjüngung* und *Entberuflichung* (vgl. die *Abschnitte 2.1* und *2.2*) gibt es zum Teil deutliche Unterschiede.

Interessantes Ergebnis einer Repräsentativ-Untersuchung war die Feststellung, dass sich von den westdeutschen 70- bis 75-Jährigen 36 Prozent als »alt« einschätzten, dagegen nur 23 Prozent der gleichaltrigen Ostdeutschen (TEWS 1993b, S. 320 f.).
Entgegen der Erwartung, dass die westdeutschen Älteren sich später als »alt« einschätzen, weil sich in Westdeutschland die jungen, aktiven Alten als eigenständige Gruppe stärker herausgebildet haben, war es in allen befragten Altersgruppen den Ostdeutschen wichtiger als den Westdeutschen, »jung zu bleiben« und »sich vom Aussehen her jung halten« (TEWS 1993b, S. 321 f.). Offenbar ist »alt sein« in Ostdeutschland negativer besetzt als in Westdeutschland. GEISSLER (1992a, S. 188 ff.) stellte fest, dass »alt sein« im ehemaligen Arbeiter- und Bauernstaat besonders negativ eingeschätzt wurde, das Rentnerdasein war »gleichbedeutend mit sozialem Abstieg«, die Rentner wurden als die »eigentliche Problemgruppe der DDR« bezeichnet. 1989 bezogen 96 Prozent der alten Frauen nur den Mindestsatz der generell niedrig angesetzten Altersrente. Andererseits hatten nur die Älteren den großen Vorteil der Reisefreiheit, nur sie konnten in den Westen reisen.
Während in der ehemaligen DDR die Begriffe »ältere Bürger« und »Rentner« häufiger als in Westdeutschland benutzt wurden, bevorzugen Ältere in Ostdeutschland inzwischen zu 55 Prozent die Bezeichnung »Senioren«, zu 29 Prozent »ältere Bürger« und zu 14 Prozent noch »Rentner« (SOZIALWISSENSCHAFTLICHES FORSCHUNGSZENTRUM 1995, S. 10). 1990 und 1992 noch hießen die Berichte über die Lage der Älteren »Altenreport«, 1994 dann »Seniorenreport«.

In den letzten Jahren haben die negativen Seiten der *Verjüngung* und der *Entberuflichung des Alters* in Ostdeutschland dramatische Züge angenommen. In wenigen Jahren hat sich der Arbeitsplatzbestand dort um 40 Prozent verringert: Gab es im Herbst 1989 noch 9,7 Millionen Arbeitsplätze, waren es 1993 nur noch 5,7 Millionen (LUTZ 1995, S. 7). Im gleichen Jahr waren nur noch

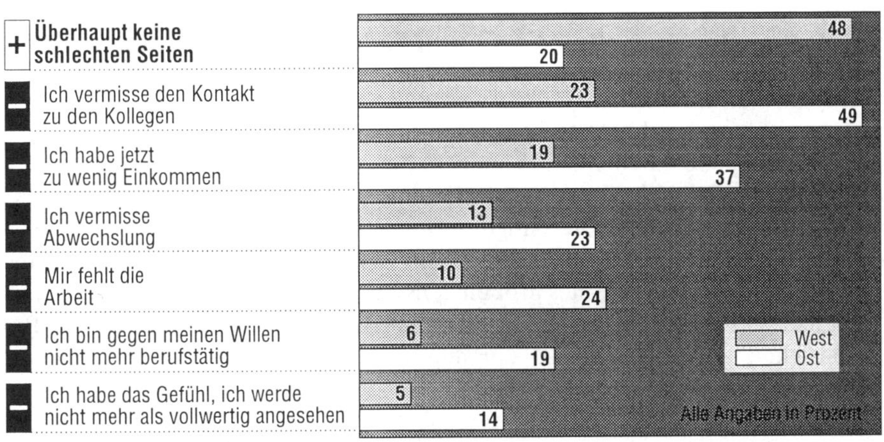

Abbildung 7: »Welche eher negativen Punkte verbinden Sie mit der Berufsaufgabe?« (nach TEWS 1993b, S. 319, die Daten entstammen einer Erhebung der Gesellschaft für Konsumforschung in Nürnberg (GfK), durchgeführt im April/Mai 1992 an 50- bis 75-Jährigen in Ostdeutschland (1480 Befragte) und Westdeutschland (2526 Befragte)).

55 Prozent der 50- bis 54-Jährigen, 21 Prozent der 55- bis 59-Jährigen und 4 Prozent der 60- bis 64-Jährigen voll berufstätig (WINKLER 1994, S. 87).

Diese Veränderungen sind vor dem Hintergrund der *Arbeitsgesellschaft DDR* zu sehen, in der die »jungen Alten« durch ihre berufliche Stellung den höchsten Lebensstandard, die höchsten Einkommensniveaus hatten.

Bei der Einschätzung der negativen Seiten der Berufsaufgabe (vgl. *Abb. 7*) ergaben sich deutliche Unterschiede: Während von den westdeutschen Befragten 48 Prozent keine negativen Seiten nennen und nur 10 Prozent bestätigen, dass ihnen die Arbeit fehle, geben 24 Prozent der Ostdeutschen an, dass sie die Arbeit vermissen. Deutlich wird aus den Unterschieden im Einzelnen, was Arbeit und Betrieb den Menschen in der DDR bedeuteten. Dagegen ist in Westdeutschland der Wert der Arbeit im Sinne von Berufsarbeit deutlich gesunken, wie Befragungsergebnisse belegen, wonach »Beruf und Arbeit« nur von 38 Prozent der Westdeutschen, dagegen von 64 Prozent der Ostdeutschen als »sehr wichtig« eingeschätzt wurden (STATISTISCHES BUNDESAMT 1992, S. 597).

Während die heute *55- bis 60-Jährigen* aus einer »relativ sicheren« Position (Altersübergangsgeld, Vorruhestandsregelungen) den nächsten Jahren entgegensehen können, ist die Lage der *noch nicht 55-Jährigen* erheblich schlechter:

> »Weder die Chance auf Wiedereingliederung in den Erwerbsprozeß noch eine über das Arbeitslosengeld zumindest teilweise abgedeckte Sicherung ermöglichen es ihnen, den Eintritt in den Rentnerstand zu erreichen. Langzeitarbeitslosigkeit und diskriminierende Bedürftigkeitsprüfungen auf Arbeitslosen-/Sozialhilfe sind bereits vorprogrammiert« (WINKLER 1994, S. 87). Und: »Es sind vor allem die Jüngeren unter den Alten und Höherqualifizierten, die – wenn sie Bilanz ziehen – der Meinung sind, dass sich ihre Vorstellungen nicht erfüllt haben« (SOZIALWISSENSCHAFTLICHES FORSCHUNGSZENTRUM 1995, S. 27).

4.4 Lebenslagen, Lebensläufe und Lebensstile in Ostdeutschland

Bezogen auf *Lebenslage-Merkmale* war die Gesellschaft der DDR im Vergleich zur alten Bundesrepublik gekennzeichnet durch
- eine homogenere Schichtstruktur, geringere soziale Unterschiede und
- einen hohen Anteil erwerbstätiger Frauen.

Hier hat die deutsche Vereinigung weit reichende Folgen gehabt: Lebenslagen und Lebensläufe wurden durch erzwungene vorzeitige Berufsaufgabe und das Herausdrängen eines großen Teils der erwerbstätigen Frauen aus dem Arbeitsmarkt massiv verändert. Lebensplanungen, die auf einer längeren Berufstätigkeit aufgebaut waren, mussten von Männern wie Frauen revidiert werden.

Nach den Ergebnissen einer repräsentativen Befragung rechnen sich in Ostdeutschland 59 Prozent der Unter- und Arbeiterschicht (in Westdeutschland 29 Prozent) und 40 Prozent der Mittelschicht zu (in Westdeutschland 58 Prozent). Hinzu mag kommen, dass sich die ostdeutsche Bevölkerung aus »einer Perspektive der Unterprivilegierung und relativer Deprivation mit der westdeutschen Bevölkerung vergleicht« (»Wohlfahrtssurvey 1993«, STATISTISCHES BUNDESAMT 1994b, S. 579f.). Es ist allerdings absehbar, dass sich auch in Ostdeutschland eine differenziertere Struktur sozialer Schichtung mit stärkerer sozialer Ungleichheit herausbildet.

Auf die *Einkommenssituation* der Älteren, ein zentrales Lebenslage-Merkmal, wurde bereits eingegangen: Positiven Aspekten der ökonomischen Absicherung der Rentner und Rentnerinnen (vgl. *Abschnitt 4.2*) steht die Verringerung der Frauenerwerbstätigkeit und damit der erzwungene Rückzug der Frauen in den häuslichen Bereich gegenüber, während den Frauen zu DDR-Zeiten die weitgehende Vereinbarkeit von Familie und Berufstätigkeit selbstverständlich war.

Noch negativer ist die schon beschriebene erzwungene *Entberuflichung* zu bewerten, die zu einer stärkeren Differenzierung der Einkommensverhältnisse in Ostdeutschland führen wird, wenn die Arbeitslosigkeit zunimmt, schon das mittlere Lebensalter von beruflicher Chancenlosigkeit geprägt ist und dann auch ein nicht unbeträchtlicher Teil der nachfolgenden Altersgeneration ein geringeres Alterseinkommen zu erwarten hat.

Seit 1978 werden in der Bundesrepublik regelmäßig repräsentative Befragungen durchgeführt (»Wohlfahrtssurvey«, Sozioökonomisches Panel), mit denen gesellschaftlicher Wandel mit Hilfe von Sozialindikatoren beschrieben werden kann. Seit 1990 wird auch die ostdeutsche Bevölkerung in diese Untersuchungen einbezogen. Die Indikatoren-Forschung bezieht sich auch auf *Problemlagen* und *Problemgruppen*. Ist nun die ostdeutsche Bevölkerung durch besonders häufige Problemlagen und durch deren individuelle Kumulation gekennzeichnet? Unterschieden werden bei den Erhebungen *objektive* Problemlagen in den Bereichen Einkommen, Wohnen, Sozialbeziehungen, Gesundheit und *subjektive* wie Einsamkeit, (Un-)Glück, Ängste und Sorgen. 20 verschiedene »Lagen« von Erwerbstätigen und nicht mehr Erwerbstätigen wurden unterschieden (auf die es hier im Einzelnen nicht ankommt). Wie haben sich die Problemlagen und ihre Kumulationen im West-Ost-Vergleich zwischen 1988 und 1993 entwickelt?
Wie die *Tabelle 5* zeigt, weisen in West und Ost die »Rentner ohne Partner aus der Arbeiterschicht« die meisten Probleme auf. Aber es gibt auch Hinweise, dass die Problembelastung abgenommen hat – im Westen und im Osten. Und erstaunlich ist, dass auch in Ostdeutschland Problemkumulationen vergleichsweise gering sind. Der Bericht kommt zu folgenden Schlussfolgerungen:
»Im Zeitvergleich hat die Betroffenheit in beiden Teilen Deutschlands leicht abgenommen. Die Kumulation in den subjektiven Problemlagen weist demgegenüber auf eine nach wie vor höhere Betroffenheit im Osten hin, obwohl auch hier die Anteile leicht zurückgegangen sind [...] In West- und Ostdeutschland sind vor allem die alleinstehenden Rentner von mehreren Defiziten gleichzeitig betroffen. Daneben sind Arbeitslose und unqualifizierte Arbeiter in Ost und West überdurchschnittlich belastet. [...] Für die meisten der betrachteten Problemgruppen ist allerdings ein Abbau früher ausgeprägter Kumulationen zu erkennen. Die Vermutung, der ostdeutsche Transformationsprozeß hätte breite Bevölkerungskreise in ihren objektiven Lebensbedingungen bedroht oder sozial Benachteiligte noch weiter marginalisiert, hat sich nach unseren Daten als voreilig erwiesen.« (STATISTISCHES BUNDESAMT 1994b, S. 588)

Inzwischen beschäftigt sich die *Lebensstil- und Milieuforschung* auch mit den Verhältnissen in Ostdeutschland. Es wird angenommen, dass sich traditionelle Ostmilieus stärker auflösen und neue Submilieus entstehen werden. Das

Tabelle 5: Kumulation von Problemlagen bei einzelnen Bevölkerungsgruppen im Ost-West-Vergleich. Ältere stellen sich insgesamt als problembelasteter dar. Das schlägt sich auch in den Häufigkeiten der »Problemkumulationen« nieder. (STATISTISCHES BUNDESAMT 1994b, S. 587)

	Mindestens drei von sämtlichen Problemlagen Angaben in Prozent				Mindestens drei von allen sechs objektiven Problemlagen Angaben in Prozent				Mindestens drei von allen drei subjektiven Problemlagen Angaben in Prozent			
	West		Ost		West		Ost		West		Ost	
Schichtzuordnung	1988	1993	1990	1993	1988	1993	1990	1993	1988	1993	1990	1993
insgesamt	12	10	19	16	4	1	6	4	11	9	19	17
Hausfrau, Arbeiterschicht	29	33	35	41	8	5	25	28	20	22	33	39
Rentner mit Partner, Arbeiterschicht	20	12	6	15	6	3	5	2	21	9	10	15
Rentner ohne Partner, Arbeiterschicht	50	44	64	54	17	11	26	22	37	39	45	44
Rentner ohne Partner, Mittelschicht	22	16	36	36	5	3	8	11	19	18	39	43
Arbeitslose	25	17	27	25	7	6	5	8	19	17	36	27
Alleinerziehende	17	21	52	24	4	4	5	7	16	18	44	33
un- und angelernte Arbeiter	25	12	33	14	8	1	13	9	11	10	23	15

kleinbürgerlich-materialistische und das traditionsverwurzelte Arbeiter- und Bauernmilieu, denen rund die Hälfte der Ostdeutschen bisher zugerechnet wurden, werden sich damit am ehesten verändern (RITSCHEL 1995).

Zwischen den Lebensstilen der ost- und westdeutschen Alten gibt es charakteristische Unterschiede (STATISTISCHES BUNDESAMT 1994b, S. 540). So messen die Ostdeutschen Familie und Beruf einen höheren Stellenwert zu, während die Ausrichtung auf »individuelle Bedürfnisse« im Westen ausgeprägter ist.

»Besonders auffällig ist der hohe Anteil von ostdeutschen Frauen, die angeben, in ihrer Arbeit aufzugehen. Arbeit und Familie ist für ostdeutsche Frauen kein unüberwindlicher Gegensatz, wie er im Westen traditionellerweise wahrgenommen wird.« (STATISTISCHES BUNDESAMT 1994b, S. 543)

Genussorientierung und Freizeitaktivitäten finden sich in Westdeutschland häufiger mit höherer Bildung verbunden, in Ostdeutschland häufiger mit Möglichkeiten der Selbstverwirklichung bei der Arbeit. Bisher am weitesten haben sich die Selbständigen in Ostdeutschland den westlichen Antwortmustern angeglichen.

»Westdeutsche leben auf höherem Lebensstandard, sind häufiger an kulturellen Produkten wie klassische Musik, politischen Magazinen oder Jazz interessiert, und moderne Werte wie die Entfaltung von Kreativität, Hedonismus und außerhäusliche Freizeitgestaltung sind von höherer Bedeutung.« (SPELLERBERG 1994, S. 98 f.)

Den Ostdeutschen wird ein eher bescheidenes, häusliches Leben bescheinigt: Man beschäftigt sich in der Freizeit häufiger im Garten und sieht fern. Die Alltagsästhetik wirke »hausbackener« und »altmodischer«.
Die schon zitierte Repräsentativ-Untersuchung aus dem Jahre 1992 bei 50- bis 75-jährigen Ost- und Westdeutschen (TEWS 1993b) bestätigt diese Ergebnisse. Erstaunlich war zunächst, dass die Ostdeutschen sich in der Tendenz durchgängig als aktiver einschätzten als die gleichaltrigen Westdeutschen (vgl. *Tabelle 6*).

Tabelle 6: Selbsteinschätzung 70- bis 75-jähriger Ost- und Westdeutscher bezüglich ihrer Aktivität (TEWS 1993b, S. 323, vgl. Anmerkungen zu Abbildung 7)

	Westdeutschland	*Ostdeutschland*
sehr aktiv	10 %	14 %
ziemlich aktiv	48 %	57 %
wenig oder gar nicht aktiv	40 %	27 %

Die ostdeutschen Befragten gaben auch häufiger an eher zu wenig freie Zeit zu haben. Während 21 Prozent der westdeutschen 70- bis 75-Jährigen angaben »sehr viel freie Zeit« zu haben, waren es bei den Ostdeutschen nur 10 Prozent. Betrachtet man die Durchschnittswerte über alle höheren Altersgruppen hinweg, gibt es mehr oder minder deutliche Unterschiede bei folgenden Aktivitäten:
- Hausarbeit,
- sich um Haus und Wohnung kümmern,
- sich um den Garten kümmern,
- sich um Kinder und Enkel kümmern.

Einen größeren Familiensinn und ausgeprägtere Häuslichkeit auch der Älteren bestätigen dann auch andere Befragungsdaten, nach denen 84 Prozent der ostdeutschen, dagegen nur 69 Prozent der westdeutschen Befragten der Meinung sind, »man braucht die Familie zum Glücklichsein« (STATISTISCHES BUNDESAMT 1992).

Bezogen auf die Lebensstile dürften somit die Alten in Ostdeutschland eher als *traditioneller* einzuschätzen sein.

4.5 Nachholende Modernisierung?

Wenn die Entwicklungsmöglichkeiten des Alters noch keineswegs ausgeschöpft sind – wovon die Gerontologie ausgeht –, dann müsste ein zeitgemäßer *Modernisierungs-Ansatz*, der die weitere Entwicklung der Gesellschaft zum Thema hat, auch *die Entwicklung des Alters selbst* und die Ausschöpfung seiner Potenziale einbeziehen. Die Anwendung eines so verstandenen Modernisierungs-Ansatzes auf die Transformation (Umgestaltung) der ostdeutschen Gesellschaft führt zu durchaus zwiespältigen Resultaten.

Die heute in Ostdeutschland erzwungene *frühe Entberuflichung* kann kein Ergebnis eines wie auch immer gearteten Prozesses der Modernisierung sein, genauso wenig die erfolgte *berufliche Ausgliederung hoher Anteile berufstätiger*

Frauen und die Folgen dieser Entwicklungen für die Lebensläufe eines großen Teils der Erwerbstätigen. Auch die arbeitsmarktbedingte *negative Verjüngung* schon des mittleren Lebensalters wird man wohl kaum als Modernisierung bezeichnen können – zumal die Politik heute diesen Entwicklungen gegensteuern muss.

Die ostdeutsche Bevölkerung ist in starkem Maß traditionelle Arbeitsgesellschaft geblieben, der inzwischen allerdings *bezahlte Arbeit* noch mehr fehlt als der westdeutschen. Modernisierung ist auch angesichts des deutsch-deutschen Vergleiches kein linearer Prozess. Selbst wenn sie im Vergleich mit der alten Bundesrepublik als die insgesamt unmodernere beschrieben wird, waren einige sehr grundsätzliche Elemente der DDR-Gesellschaft moderner (vgl. die entsprechenden Hinweise und Einschätzungen in den *Abschnitten 4.1–4.4* und GEISSLER 1992a).

5. Lebenssituation der Ausländer und Ausländerinnen in Deutschland

Die zumeist als »Gastarbeiter« nach Deutschland gekommenen Ausländer und Ausländerinnen, die nach Beendigung ihres Arbeitslebens hier bleiben, prägen unsere alternde Gesellschaft mit. In *Abschnitt 5.1* wird kurz vorgestellt, um welche Gruppen und Größenordnungen es sich handelt. Die Familien- und Wohnsituation der alternden Ausländer/innen ist Thema des *Abschnitts 5.2*. Mit ihrer Berufsaufgabe und Einkommenssituation im Alter beschäftigt sich der *Abschnitt 5.3*, mit ihrem Gesundheitszustand der *Abschnitt 5.4*. In *Abschnitt 5.5* schließlich wird darauf eingegangen, warum die teilweise anderen Altersvorstellungen, die »Rückkehrillusion« vieler Ausländer/innen und der bei vielen von ihnen festzustellende *Rückzug in die Ethnie* Anlass geben, über einen Orientierungswechsel in der Ausländerpolitik nachzudenken und *multikulturelle* Formen der Betätigung und Versorgung älterer Ausländer/innen und der Altenhilfe zu fördern.

5.1 Zahlen und Nationalitäten

Ende 1992 lebten in Deutschland etwa 6,5 Millionen Menschen ohne deutsche Staatsangehörigkeit, von denen etwa 327000 (5,1 Prozent) über 60 Jahre und älter waren. Gemeint sind vor allem die ursprünglich zwischen 1955 bis 1973 nach Westdeutschland angeworbenen »Gastarbeiter«, ihre Familienangehörigen und Kinder, die auch dann, wenn sie in Deutschland geboren und aufgewachsen sind und das Land nie verlassen haben, rechtlich Ausländer sind.

In diesem Kapitel werden als »Ausländer« diejenigen Zuwanderer aus dem Ausland bezeichnet, die in das Arbeitsleben und Versicherungssystem der alten Bundesrepublik integriert sind oder waren ohne die deutsche Staatsangehörigkeit zu besitzen oder erwerben zu können.

In allen Jahrgangsklassen, auch bei den Älteren, sind die Männer stärker vertreten, wobei der Anteil der Männer im Alter zwischen 25 und 34 Jahren deutlich höher ist als in der übrigen Bevölkerung. Von einer »Feminisierung des Alters« kann man in diesem Zusammenhang also bei den Ausländern nicht sprechen – auch wenn der Anteil der nichtdeutschen Frauen ebenfalls zunehmen wird.

Die Gesamtzahl der älteren Ausländer und Ausländerinnen soll bis zum Jahr 2010 auf etwa 1,3 Millionen anwachsen, das werden 6,4 Prozent der über 60-Jährigen insgesamt sein (Deutscher Bundestag 1994, S. 83).

Tabelle 7: Anteil der ausländischen Bevölkerung an der Gesamtbevölkerung in der Altersgruppe der über 60-Jährigen (Zahlenangaben nach Bundestagsdrucksache 12/5796 vom 29. September 1993)

	1995	2000	2005	2010
männlich	3,5 %	4,3 %	6,2 %	8,1 %
weiblich	2,0 %	2,7 %	3,6 %	5,0 %
insgesamt	2,6 %	3,5 %	4,7 %	6,4 %

Mit über 1,8 Millionen stellen die Türken die größte Gruppe, gefolgt (zum Teil kriegsbedingt) von Menschen aus dem ehemaligen Jugoslawien mit rund 1,3 Millionen. 1993 lebten 97 Prozent der Ausländer in Westdeutschland, nur drei Prozent – nämlich 212 000 – in den neuen Bundesländern (Deutscher Bundestag 1994, S. 36). Nordrhein-Westfalen hat absolut den größten Ausländeranteil und liegt auch relativ über dem Bundesdurchschnitt: 1992 mit 10,4 Prozent gegenüber 8 Prozent im Bundesdurchschnitt (Olbermann 1994, S. 4). Dort stellen die Niederländer die größte Gruppe (rund 25 Prozent), gefolgt von Italienern (9 Prozent), Jugoslawen und Polen (jeweils 7,7 Prozent, wobei Aussiedler aus Polen mit Anspruch auf die deutsche Staatsangehörigkeit in dieser Statistik nicht erscheinen). Bei den 50- bis 65-Jährigen ergibt sich eine andere Zusammensetzung: Es handelt sich zu drei Vierteln um Migranten aus den sogenannten Hauptanwerbeländern, wie Italien, Spanien, Türkei (Olbermann 1994, S. 13).

5.2 Familien- und Wohnsituation

Allgemeine Aussagen über ältere Ausländer und Ausländerinnen sind nicht nur wegen ihrer bisher noch geringen Zahl schwierig. Es muss davon ausgegangen werden, dass beträchtliche Unterschiede bestehen in Bezug auf

- die bei den einzelnen Nationalitäten übliche familiäre Einbindung,
- Kontakte, die nicht nur zu den Landsleuten, sondern auch zu Deutschen bestehen und gesucht werden,
- die Integration in die deutsche Gesellschaft, die unter anderem an der Beherrschung der deutschen Sprache abzulesen ist, und
- Segregation, vor allem den Grad, in dem Ausländer in hoher Konzentration in bestimmten Stadtteilen leben.

Durch die Arbeitsmigration kamen zumeist Männer im jüngeren und mittleren Lebensalter in die alte Bundesrepublik. Die häufigsten Gründe waren Arbeitslosigkeit im Heimatland und bessere Verdienstmöglichkeiten in Deutschland. Drei Viertel kamen zunächst allein und nur etwa die Hälfte holte später die Familie nach. Das hat auch Auswirkungen auf die heutige Lebenssituation älterer Ausländer und Ausländerinnen.

Häufiger als bei Deutschen gibt es Haushalte ohne Kinder. Deutsche haben eher (31,5 Prozent) nur ein Kind (Ausländer: 21,4 Prozent) und wohnen seltener (7,9 Prozent) mit zwei und mehr Kindern zusammen (Ausländer: 13,3 Prozent). Ausländische Familien leben somit häufiger in größeren Haushalten zusammen. Dieser Anteil wird jedoch oft überschätzt. Auch wird häufig übersehen, dass zahlreiche ausländische Männer auch in fortschreitendem Alter alleine leben. Wenn bei diesen Männern altersbedingt Hilfs-, Versorgungs- und Pflegebedarf auftritt, der nicht durch die Familie gedeckt wird, wird die Altenhilfe stärker von ausländischen als von deutschen Männern in Anspruch genommen werden.

Tabelle 8: Allein lebende deutsche und ausländische Männer (OLBERMANN 1994, S. 20f. aufgrund von Daten der Volkszählung 1987 in Nordrhein-Westfalen)

Altersgruppe	*Deutsche*	*Ausländer*
55 bis 65 Jahre	5,9 %	10,3 %
65 Jahre und älter	7,8 %	15,7 %

Wie nun sieht es mit dem familiären Zusammenhalt aus? In Abhängigkeit vom kulturellen Hintergrund und den tradierten Normen, aber auch von dem Ausmaß, in dem diese in der deutschen Umgebung erhalten bleiben, werden in ausländischen Familien Verpflichtungen und Solidarität zwischen den Generationen in unterschiedlichster Form wahrgenommen und praktiziert. Da diese Familien im Durchschnitt mehr Kinder haben und die Frauen eher erwerbstätig sind, übernehmen die Großeltern häufiger entsprechende Funktionen. Hilfe bei Pflegebedürftigkeit wird in erster Linie von der eigenen Familie erwartet (MINISTERIUM FÜR ARBEIT ... 1995a, S. 28).

Die Wohnsituation der ausländischen Familien hat sich im Hinblick auf die Ausstattung (Küche, Keller, WC, Warmwasser, Bad, Telefon) inzwischen der der deutschen Bevölkerung angeglichen. Große Unterschiede gibt es allerdings hinsichtlich Garten, Balkon, Terrasse, da 84 Prozent zur Miete wohnen. Zwar haben sich die Wohnungsgrößen angeglichen, doch ist die Pro-Kopf-Wohnfläche geringer als bei den Deutschen. Ausländerinnen und Ausländer wohnen inzwischen häufiger als Deutsche in Neubaugebieten, doch hat sich das Angebot solcher Wohnungen für ausländische Wohnungssuchende aufgrund der verstärkten Zuwanderung seit 1989 verschlechtert. Zudem muss aufgrund der geringeren Durchschnittseinkommen ein vergleichsweise höherer Anteil für die Miete aufgewendet werden (THRÄNHARDT 1995).

Die nichtdeutsche Bevölkerung ist somit – statistisch betrachtet – durchaus an der Verbesserung der allgemeinen Wohnsituation in den 80er Jahren in der Bundesrepublik beteiligt. Frühere Feststellungen über generell schlechtere Wohnverhältnisse und eine deutliche Benachteiligung treffen in dieser Form nicht mehr zu. Allerdings betreffen die Verbesserungen vor allem die Haushalte der in Deutschland geborenen Ausländer der zweiten Generation. Bezieht man die ältere Generation mit ein, zeigt sich ein problematischeres Bild.

Feststellbar ist eine räumliche Konzentration der Ausländer in Ballungsgebieten und großen Städten. Fast ein Drittel der nichtdeutschen Bevölkerung Nordrhein-Westfalens wohnt in Köln, Essen, Duisburg, Düsseldorf, Dortmund, Bochum und Wuppertal. 30 Prozent der über 50-Jährigen wohnen in Gemeinden über 500000 Einwohner (OLBERMANN 1994, S. 25ff.). Hinzu kommt eine Konzentration auf einzelne Stadtgebiete. Ältere Ausländerinnen und Ausländer leben in durchschnittlich schlechteren Wohnverhältnissen, haben also im Vergleich zur zweiten Generation seltener »aufgeholt«.

Demgemäß waren bei einer Befragung in Mannheim 50 Prozent der befragten älteren Ausländer mit ihrer Wohnsituation unzufrieden oder sehr unzufrieden. Etwa 50 Prozent von ihnen lebten mit zwei und mehr Personen auf weniger als 50 Quadratmetern Wohnfläche (MINISTERIUM FÜR ARBEIT ... 1995a, S. 24).

Wenn Stadtteile ihren Charakter verändern, bleiben die »alten Ausländer der ersten Generation als Restpopulation in den segregierten Wohngebieten zurück« (DIETZEL-PAPAKYRIAKOU 1993, S. 50). Damit erhöht sich die Konzentration von Ausländern in bestimmten Wohnvierteln, wobei zugleich die Konzentration auf Kontakte und Bindungen an die eigenen Landsleute verstärkt wird.

5.3 Berufsaufgabe und Einkommen im Alter

Angeworben wurden die »Gastarbeiter« hauptsächlich für das produzierende Gewerbe, die Bauindustrie und den Bergbau. Während in der Anfangszeit die Arbeitsplätze in der Kohle-, Stahl- und Automobilindustrie vergleichsweise sicher waren, sind Ausländer inzwischen wesentlich stärker von Arbeitslosigkeit bedroht, weil ihre Ausgangsqualifikation im Durchschnitt geringer ist als die der Deutschen. Damit ist auch das Risiko, über Arbeitslosigkeit ganz aus der Berufstätigkeit auszuscheiden, für sie erheblich größer als für Deutsche.

Wie in anderen Ländern ist auch in Deutschland das Risiko der Frühinvalidität für Zuwanderer höher als für Einheimische, wie die Statistik der entschädigten Fälle belegt. Dabei muss zusätzlich berücksichtigt werden, dass sie viele Fälle nicht enthält, »da viele der Rückkehrer in den Herkunftsländern wegen Beitragserstattung, Verlustes der formellen Voraussetzungen, Mangels an Beratung und bürokratischer Hindernisse ihre Ansprüche einbüßen« (DIETZEL-PAPAKYRIAKOU 1993, S. 85). Hinzu kommt, dass 1984 die Voraussetzungen zur Erlangung von Berufs- und Erwerbsunfähigkeitsrenten verändert wurden. Da

Ausländer häufiger als an- und ungelernte Arbeiter tätig sind, haben sie bei Frühinvalidität in den meisten Fällen keinen Anspruch auf Berufsunfähigkeitsrente. Somit werden meistens Erwerbsunfähigkeitsrenten gezahlt, und zwar schon an 40- bis 50-Jährige.

In Nordrhein-Westfalen lag 1990 die Erwerbstätigenquote der 45- bis 50-jährigen männlichen Ausländer mit 82,6 Prozent unter der der Deutschen, die zu 92,8 Prozent beschäftigt waren. Dagegen war die Erwerbstätigenquote der 60- bis 65-jährigen Ausländer mit 36,8 Prozent höher als bei den Deutschen (26 Prozent; OLBERMANN 1994, S. 21).

Die Alterssituation der Ausländer ist durch zwei unterschiedliche Trends charakterisiert:

- Einerseits sind sie häufiger wegen Frühinvalidisierung zu einer *frühen Berufsaufgabe* gezwungen. Höheres Unfallrisiko, höheres Arbeitslosigkeits- und Beschäftigungsrisiko sowie die arbeitsmarktpolitische Instrumentalisierung der Frühberentung und andere Faktoren wirken hier nachteilig zusammen.
- Andererseits sind viele Ausländer häufig auf *längere Beschäftigung* angewiesen, weil ihnen für eine annehmbare Rente Versicherungszeiten fehlen.

In der Zeit von 1984 bis 1991 hat sich der Abstand zwischen den Nettoeinkommen von Deutschen und Ausländern vergrößert: 1991 lagen die individuellen Nettoeinkommen der Ausländer um durchschnittlich 377 DM niedriger (THRÄNHARDT 1995, S. 7). Dies wird jedoch strukturellen Ursachen zugeschrieben; auch in anderen westlichen Ländern ist ein Trend zu wachsender Einkommensungleichheit feststellbar. Die ausländischen Frauen sind durch den hohen Anteil ungeschützter Arbeitsverhältnisse und die – auch bei Deutschen feststellbare – Benachteiligung kinderreicher Familien zusätzlich benachteiligt.

Als Konsequenz sind auch die Renten ausländischer Arbeiter und Arbeiterinnen deutlich niedriger. Dabei kommt mehreres zusammen: fehlende Beitragszeiten, geringer bezahlte Lohngruppen, fehlende Beitragszeiten im Herkunftsland, weil dort keine Versicherungspflicht bestand, höhere Arbeitslosenquoten. Nicht wenige verfügen deshalb nur über geringe Einkünfte, weil sie sich verschuldet und ihr Geld in Wohneigentum im Heimatland festgelegt haben. Im Vergleich zu älteren Deutschen lebt also ein größerer Teil der älteren Ausländer/innen an oder unterhalb der Armutsgrenze.

In einer Untersuchung an älteren Türken in Mannheim gaben 38 Prozent der Befragten an mit weniger als 1000 DM monatlich auskommen zu müssen, 21 Prozent verfügten monatlich über 1000 bis 1500 DM und 41 Prozent über mehr als 1500 DM. Hinzu kommt, dass auch häufiger noch Angehörige in der Heimat unterstützt werden müssen. 27 Prozent gaben an, mit ihrem Einkommen nicht zurechtzukommen, und 25 Prozent können sich Reisen in ihr Heimatland finanziell nicht leisten (MINISTERIUM FÜR ARBEIT ... 1995a, S. 24).

Im Ausländergesetz von 1991 wurde festgelegt, dass der Bezug von Sozialhilfe, auf die viele ältere Menschen angewiesen sind, zum Ausweisungsgrund werden kann. Es gibt zwar für die in ihr Heimatland zurückgekehrten Ausländer die Option zur Rückkehr, wenn sie sich vorher acht Jahre rechtmäßig im Bundesgebiet aufgehalten haben. Dies gilt jedoch nicht, wenn sie sich ihre deutsche Rente auszahlen ließen. Für allein stehende Ausländer ist es zudem schwierig, sich »Hilfe aus ihrem familiären Kontext durch den Nachzug von Familienangehörigen zu sichern. Insofern reduziert das Ausländergesetz die Möglichkeiten der Lebensgestaltung alter Ausländer« (DIETZEL-PAPAKYRIAKOU 1993, S. 46).

5.4 Gesundheit

Da *Arbeitsmigranten* mehrere Auswahlprozesse durchliefen – sowohl bei der Anwerbung im Herkunftsland als auch bei der Einstellung in Deutschland –, wurde auch sichergestellt, dass diejenigen, die zur Arbeit nach Deutschland kamen, gesund waren. In den siebziger Jahren lagen die Krankenstände der Ausländer im Durchschnitt unter denen der Deutschen. In den achtziger Jahren hatten sie sich angeglichen und liegen inzwischen höher als bei den deutschen Arbeitnehmern, was ähnlich auch in anderen Zuwanderungsländern festgestellt wurde (DIETZEL-PAPAKYRIAKOU 1993, S. 54 ff.). Dies wird vor allem ihren belastenderen Arbeitssituationen zugeschrieben. Die Unterstützung der Angehörigen im Herkunftsland, Erwerb von Wohneigentum im Heimatland bis zur angestrebten Heimkehr und das Sparen für die Zukunft motivieren viele zudem zu Mehrarbeit und Überstunden.

In unterschiedlichen Ländern wurde »ein häufigeres Vorkommen von Krankheiten des Muskel- und Skelettsystems, der Verdauungs- und Atmungsorgane sowie von psychischen Erkrankungen bei den Arbeitsmigranten festgestellt« (DIETZEL-PAPAKYRIAKOU 1993, S. 59). In verschiedenen Untersuchungen wurden Beziehungen zwischen niedriger Schichtzugehörigkeit und einer häufigeren Diagnose psychischer Erkrankungen festgestellt, so auch bei Ausländern. Allerdings wurde gleichzeitig festgestellt, dass es – auch durch Sprachprobleme bedingt – häufiger zu leichtfertigen Diagnosen psychischer Erkrankungen kommt, wodurch soziale Probleme »psychiatrisiert« werden. Krankheitsverhalten schlägt sich auch in der Häufigkeit der Arztbesuche und der Art und Weise nieder, ob und wie ärztlich-therapeutische Hilfe gesucht wird.

5.5 Multikulturelles Altern?

Die heute älteren Ausländer und Ausländerinnen gehören in der Mehrzahl zu den *jungen Alten*. Es gibt nur wenige Erfahrungen mit hier lebenden Ausländerinnen und Ausländern im höheren Lebensalter. Demgegenüber gibt es beispielsweise in den USA eine wesentlich längere Tradition der Auseinandersetzung mit ethnischen Minoritäten und auch mit ihrem Altern. »Ethnizität« wird dort einerseits positiv gesehen, wenn sich über die Beziehungen zu Landsleuten Formen der Unterstützung im Alter ergeben oder verstärken. Allerdings können Anderssein und Fremdheit im Alter auch zu »multiplen Benachteiligungen« führen, etwa zu zunehmender Isolation.

Es fällt auf, dass ältere Migranten sich häufiger schon im Alter von 45 bis 55 Jahren als »alt« einschätzen. Dies dürfte durch die frühere Berufsaufgabe bedingt sein, aber auch durch andere Altersvorstellungen in den Herkunftsländern. So heißt es über das Bild vom Alter bei den Türken:

»Sie sind gewohnt, sobald sie ihre Arbeit an die nächste Generation weitergegeben haben, nichts mehr zu arbeiten. Sie haben das Recht, nichts zu tun, und müssen nicht mehr selbst Hand anlegen. Das heißt aber nicht, dass sie nichts zu tun haben. Sie sind das Familienoberhaupt, sind Ratgeber und Lehrer. Sie sind die weise, angesehene, geachtete Generation, die das Leben der nachfolgenden Generationen prägt.« (MINISTERIUM FÜR ARBEIT ... 1995a, S. 51)

Ein wichtiges Lebensthema älterer Ausländerinnen und Ausländer ist die sogenannte *Rückkehrillusion*, die Absicht irgendwann einmal in ihr Herkunftsland zurückzukehren. Doch belegen Erhebungen, die Anfang der 90er Jahre in Stuttgart gemacht wurden, dass nur etwa die Hälfte der über 60-Jährigen tatsächlich in das Herkunftsland zurückging (MINISTERIUM FÜR ARBEIT ... 1995a, S. 9).

Nach Befragungsergebnissen des Deutschen Instituts für Urbanistik, Berlin (Difu; siehe MINISTERIUM FÜR ARBEIT ... 1995a, S. 23) hatten 40 Prozent der Türken ihren Aufenthalt von Anfang an ohne zeitliche Befristung geplant, und 30 Prozent wollten so lange bleiben, bis bestimmte Sparziele erreicht wurden. Warum man blieb, wurde von 60 Prozent mit dem nicht erreichten Sparziel begründet, von 41 Prozent damit, dass die Kinder hier blieben. Während 30 Prozent der Älteren aus dem ehemaligen Jugoslawien angaben zurückkehren zu wollen, erklärten dies nur fünf Prozent der hier lebenden älteren Türken. Ein Viertel würde am liebsten zeitweise zwischen der Türkei und Deutschland pendeln. Bei einem kleineren Teil ist das auch tatsächlich der Fall. Aber ein Viertel gibt auch an sich solche Reisen nicht leisten zu können. 90 Prozent haben Kontakte zur Heimat, fast alle haben noch enge Familienangehörige – also Kinder oder Geschwister – in der Türkei. Und 85 Prozent der in Mannheim befragten Türken besaßen Grundstücke, Häuser, Wohnungen in der Türkei.

Folgende Gründe bewirken, dass ehemalige »Gastarbeiter« bleiben oder sich die Entscheidung offenhalten:
- Die Kinder wollen in Deutschland bleiben und von ihnen wird im Bedarfsfall auch Hilfe erhofft.
- Die medizinische Versorgung in Deutschland ist besser als im Herkunftsland und wird gebraucht, da fast die Hälfte der Befragten angibt unter einer oder mehreren schweren Krankheiten zu leiden. (Difu-Untersuchung)
- Die Verhältnisse zu Hause haben sich verändert – zum Beispiel durch den Krieg im ehemaligen Jugoslawien.
- Verwandte und Bekannte sind gestorben oder man ist sich fremd geworden.
- Wenn im Heimatland die Lebenshaltungskosten gestiegen sind, können angesichts niedriger Renten auch finanzielle Gründe gegen die Rückkehr sprechen.

Irgendwann freilich muss die *Rückkehrillusion* aufgegeben werden, wenn

Hilfe, Pflege oder möglicherweise sogar der Übergang in ein Heim erforderlich werden, falls familiäre und ambulante Hilfen nicht vorhanden sind oder nicht ausreichen.

Typisch für viele ältere Ausländer ist auch der Rückzug ins Umfeld, in dem die eigenen Landsleute eine deutlich wichtigere Rolle spielen als während des Arbeitslebens, das – aus deutscher Sicht – auch integrativ wirkte. Insbesondere Türken und Türkinnen verlernen im Alter häufig ihre in den meisten Fällen ohnehin begrenzten deutschen Sprachkenntnisse.

Nach der Difu-Untersuchung (MINISTERIUM FÜR ARBEIT ... 1995a, S. 23) beherrschten 18 Prozent der befragten Türken kein Deutsch, 62 Prozent sprachen es nur gebrochen, nur 10 Prozent konnten deutsch schreiben – was kaum verwundert, wenn nur fünf Prozent es für wichtig hielten deutsch sprechen zu können (dagegen aber die Hälfte der Jugoslawen). Auf Fragen über Kontakte wurden von 85 Prozent nur die eigenen Landsleute genannt.

Die Entwicklung »ethnischer Kolonien« ist an *räumliche Konzentration* gebunden, worauf im Zusammenhang mit der Wohnsituation bereits eingegangen wurde. In manchen Städten hat sich – vor allem wiederum bei den Türken – eine stadtteilorientierte *ethnische Infrastruktur* mit Geschäften, Reisebüros und Gaststätten herausgebildet. Daraus ergeben sich auch Arbeitsmöglichkeiten und Übergänge zu selbständigen Tätigkeiten – was wiederum die Konzentration begünstigt.

Religiosität und *religiöse Bindung* spielen bei den in der Fremde alternden Ausländern und Ausländerinnen eine besondere Rolle. Religion bietet nicht nur Halt, sondern auch Stützung der eigenen Identität, Bindung an Traditionen und häufig auch materielle Unterstützung. So sind die über 1100 Moscheen in der Bundesrepublik nicht nur Gebetsstätten, sondern auch soziale Zentren, in denen es auch Läden gibt und wo die freie Zeit verbracht werden kann.

Vergleichbare Entwicklungen zu Segregation und »ethnischen Kolonien« wurden auch in anderen Ländern festgestellt. Auch wenn die offizielle Ausländerpolitik in Deutschland bisher eher an der Vorstellung einer Integration orientiert war, muss festgestellt werden, dass heute »die Lage der ausländischen Bevölkerung durch eine zunehmende Segregation gekennzeichnet« ist (STATISTISCHES BUNDESAMT 1994b, S. 596). Selbst Ergebnisse von Untersuchungen zur Lage der zweiten Ausländergeneration, die die deutsche Schule durchlaufen hat, können in diesem Sinn gedeutet werden. 90 Prozent der zweiten Generation geben an die deutsche Sprache gut zu beherrschen. Ihre berufliche Situation hat sich verbessert: Viele von ihnen nehmen mittlere und höhere Angestelltenpositionen ein und unter den Türken ist der Facharbeiter-Anteil gestiegen. Der Anteil derer, die in Deutschland bleiben wollen, hat deutlich zugenommen. Doch 1989 hatten 36 Prozent, 1992 sogar 49 Prozent keine deutschen Freunde, bei den Türken waren es sogar rund zwei Drittel.

Auf der politischen Ebene beginnt sich die Einsicht durchzusetzen, dass manche ursprünglich gehegten Integrationsvorstellungen revidiert werden müssen.

»›Ethnische Kolonien‹ sind tatsächlich entstanden oder bilden sich insbesondere bei der zunehmenden Isolierung des Alters oder durch Pflegebedürftigkeit im Alter neu. Solche zum Teil ethnisch kulturell gefärbten Kolonien sind Teil des vielfältigen Wachsens der sozialen Landschaft, müssen als solche gesehen, ernstgenommen, gewürdigt, sollten aber auch nicht angstvoll stigmatisierend überhöht werden. [...] Dabei scheint es sinnvoll, das Thema von vornherein nicht als ein Versorgungsthema, sondern als ein Identitätsthema anzugehen, d. h. unter Einbeziehung von Betroffenen selbst Antworten zu finden, die deren Eigenbeteiligung, Mitgestaltung und Mitverantwortung vorsehen. Alle Initiativen der Selbsthilfe bedürfen einer besonderen Unterstützung. [...] Schließlich ist die multikulturelle Gesellschaft kein beliebiges Nebeneinander von Kulturen, sondern der Versuch unter Rückversicherung kultureller Besonderheit ständig an gemeinsamen Wertgrundlagen zu arbeiten« (MINISTERIUM FÜR ARBEIT ... 1995a, S. 15).

Inzwischen wird auch auf eine Stärkung »ethnischer Netzwerke« gesetzt. Selbstorganisation, Klubs und Kulturzentren der ersten Generation – ursprünglich zur Pflege der Kultur, Sprache und Tradition des Herkunftslandes gegründet – verändern sich nach und nach zu Altentreffs, denn die zweite Generation orientiert sich stärker am Aufnahmeland (DIETZEL-PAPAKYRIAKOU 1993, S. 108). Schon in den achtziger Jahren wurden die ersten *Altenclubs* gegründet: für Italiener in Stuttgart, für Türken in Bielefeld und Griechen in Düsseldorf. Inzwischen haben die deutschen Wohlfahrtsverbände die Aufgabe übernommen Begegnungsstätten für ältere Migranten einzurichten, die vorwiegend die *jungen Alten* ansprechen. Nur in Einzelfällen wurden ältere Ausländerinnen und Ausländer bisher in Heime aufgenommen, doch wird sich in Zukunft dieses Problem häufiger stellen. Auch der stationäre Bereich der Altenhilfe wird sich mit der Frage neuer Formen »ethnischer Kolonien« auseinander setzen müssen. Vermutlich wird sich dann auch eine eigenständige Altenhilfe nach ethnischen Nationalitäten mit spezifischen Merkmalen herausbilden.

Übungsaufgaben

Aufgabe 1
Wovon hängt es ab, ob die Bevölkerung eines Landes zunimmt oder abnimmt und wie sie altersmäßig zusammengesetzt ist?

Aufgabe 2
Auf welche Sachverhalte bezieht man sich, wenn man von einer »alternden Gesellschaft« spricht? Ist damit vor allem Deutschland gemeint oder bezieht sich dieser Begriff auch auf andere Länder?

Aufgabe 3
Was bringt der Titel dieser Studieneinheit: *Von der Pyramide zum Pilz* zum Ausdruck?

Aufgabe 4
Nennen Sie einige Gesichtspunkte, aufgrund derer man sagen kann, dass die Situation älterer Menschen in unserer Gesellschaft heute häufiger eine andere ist als früher.

Aufgabe 5
Welche typischen Lebensstile älterer Menschen lassen sich in Deutschland unterscheiden?

Aufgabe 6
In welchen Punkten ist die Situation älterer Menschen in der ehemaligen DDR heute anders als in Westdeutschland?

Aufgabe 7
Nennen Sie Gründe, warum in Deutschland lebende Ausländer und Ausländerinnen nach Beendigung ihrer Berufstätigkeit nicht in ihr Heimatland zurückkehren, und mögliche Konsequenzen für die Versorgung im Alter.

Literaturverzeichnis

ATCHLEY, Robert C. (1989): A Continuity Theory of Normal Aging. In: The Gerontologist 29, S. 183–190.

BACKES, Gertrud M. (1993): Frauen zwischen »alten« und »neuen« Alter(n)s-Risiken. In: NAEGELE, Gerhard; TEWS, Hans Peter (Hrsg.): Lebenslagen im Strukturwandel des Alters. Opladen: Westdeutscher Verlag, S. 170–187.

BÄCKER, Gerhard; DIECK, Margret; NAEGELE, Gerhard; TEWS, Hans Peter (1989): Ältere Menschen in Nordrhein-Westfalen. Düsseldorf: Ministerium für Arbeit, Gesundheit und Soziales des Landes Nordrhein-Westfalen.

BALTES, Paul B. (1990): Entwicklungspsychologie der Lebensspanne. In: Psychologische Rundschau 41, Heft 1, S. 1–24.

BALTES, Paul B. (1996): Über die Zukunft des Alterns: Hoffnung mit Trauerflor. In: BALTES, Margret; MONTADA, Leo (Hrsg.): Produktives Leben im Alter. Frankfurt am Main, New York: Campus, S. 29–68.

BECK, Ulrich (1994): Die »Individualisierungsdebatte«. In: SCHÄFERS, Bernhard (Hrsg.): Soziologie in Deutschland: Entwicklung, Institutionalisierung und Berufsfelder, Theoretische Kontroversen. Opladen: Leske + Budrich.

BECK, Ulrich; BECK-GERNSHEIM, Elisabeth (1994): Riskante Freiheiten – Zur Individualisierung der Lebensformen in der Moderne. Edition Suhrkamp 1816. Frankfurt am Main: Suhrkamp.

BERGER, Gerhard; GERNGROSS, Gabriele (1994): Die neu gewonnene Freiheit. Vier Modelle für erfolgreiches Altern. Zürich: Kreuz Verlag.

BERGER, Peter A.; HRADIL, Stefan (Hrsg.; 1990): Lebenslagen, Lebensläufe, Lebensstile. Soziale Welt, Sonderband 7. Göttingen: Otto Schwartz.

BORCHERT, Jürgen (1993): Renten vor dem Absturz. Ist der Sozialstaat am Ende? Frankfurt am Main: Fischer.

BUNDESMINISTERIUM FÜR RAUMORDNUNG, BAUWESEN UND STÄDTEBAU (Hrsg.): Raumordnungsbericht 1993. Bonn.

DEUTSCHER BUNDESTAG (Hrsg.; 1988): Lebensbedingungen in den Städten und Dörfern des ländlichen Raumes. Drucksache 11/3007 vom 28. 9. 1988. Bonn: Bundesanzeiger Verlagsgesellschaft.

DEUTSCHER BUNDESTAG (Hrsg.; 1994): Zwischenbericht der Enquete-Kommission Demographischer Wandel – Herausforderungen unserer älter werdenden Gesellschaft an den einzelnen und die Politik. Drucksache 12/7876 vom 17. 6. 1994. Bonn: Bundesanzeiger Verlagsgesellschaft.

DIECK, Margret; NAEGELE, Gerhard (1993): Neue Alte und alte soziale Ungleichheiten – vernachlässigte Dimensionen in der Diskussion des Altersstrukturwandels. In: NAEGELE, Gerhard; TEWS, Hans Peter (Hrsg.): Lebenslagen im Strukturwandel des Alters. Opladen: Westdeutscher Verlag, S. 43–60.
DIETZEL-PAPAKYRIAKOU, Maria (1993): Ältere ausländische Menschen in der Bundesrepublik Deutschland. In: DEUTSCHES ZENTRUM FÜR ALTERSFRAGEN e.V. (Hrsg.): Expertisen zum 1. Altenbericht der Bundesregierung – III. Aspekte der Lebensbedingungen ausgewählter Bevölkerungsgruppen. Berlin: Deutsches Zentrum für Altersfragen, S. 1–154.
DINKEL, Reiner Hans; LEBOK, Uwe (1994): Demographische Aspekte der vergangenen und zukünftigen Zuwanderung nach Deutschland. In: Aus Politik und Zeitgeschichte – Beilage zur Wochenzeitung »Das Parlament« Nr. 48/94, 2. 12. 1994. Bonn: Bundeszentrale für politische Bildung, S. 27–36.
FRANKE, Hans (1987): Hoch- und Höchstbetagte, Ursachen und Probleme des hohen Alters. Berlin, Heidelberg, New York: Springer.
FRANKE, Hans (1996): Neuartige Probleme des menschlichen Höchstalters, Teil 2: Allgemeine Probleme. In: Zeitschrift für Gerontologie und Geriatrie 29. Darmstadt: Steinkopff Verlag, S. 51–64.
FRIEDRICH, Klaus (1994): Wohnortwechsel im Alter. Aktuelle Ergebnisse geografischer Mobilitätsforschung im vereinten Deutschland. In: Zeitschrift für Gerontologie 27, S. 410–418.
GEISSLER, Rainer (1992 a): Die Sozialstruktur Deutschlands. Opladen: Westdeutscher Verlag.
GEISSLER, Rainer (1992 b): Die ostdeutsche Sozialstruktur unter Modernisierungsdruck. In: Aus Politik und Zeitgeschichte. – Beilage zur Wochenzeitung »Das Parlament«, Nr. 29–30/92, 10. 7. 1992. Bonn: Bundeszentrale für politische Bildung, S. 15–28.
GEISSLER, Erich; WOLLERSHEIM, Heinz Werner (1988): Altern – pädagogische Aspekte. In: LANDESREGIERUNG BADEN-WÜRTTEMBERG (Hrsg.): Altern als Chance und Herausforderung. Bericht der Kommission. Stuttgart: Staatsministerium Baden-Württemberg, S. 133–152.
GLATZER, Wolfgang (1992): Die Lebensqualität älterer Menschen in Deutschland. In: Zeitschrift für Gerontologie 25, S. 137–144.
HAUSER, Richard (1995): Soziale Ungleichheit und ihre sozialpolitische Beeinflussung im Transformationsprozeß in den neuen Bundesländern. In: Berliner Journal für Soziologie, Band 5, Sonderheft: Die Berichtskonzepte der KSPW. Berlin: Akademie Verlag, S. 15–20.
HÖHN, Charlotte (Hrsg.); ROLOFF, Juliane (1994): Die Alten der Zukunft – Bevölkerungsstatistische Datenanalyse. Forschungsbericht. Schriftenreihe des Bundesministeriums für Familie und Senioren, Band 32. Stuttgart, Berlin, Köln: W. Kohlhammer.
HRADIL, Stefan (1992): Die »objektive« und die »subjektive« Modernisierung. Der Wandel der westdeutschen Sozialstruktur und die Wiedervereinigung. In: Aus Politik und Zeitgeschichte – Beilage zur Wochenzeitung »Das Parlament« Nr. 29-30/92, 10. 7. 1992. Bonn: Bundeszentrale für politische Bildung, S. 3–14.
HRADIL, Stefan (1995a): Soziale Ungleichheit in Deutschland. 7., völlig neu bearbeitete Auflage. Opladen: Leske + Budrich.
HRADIL, Stefan (4. Auflage, 1995b): Lebensstil. In: SCHÄFERS, Bernhard (Hrsg.): Grundbegriffe der Soziologie. Opladen: Leske + Budrich, S. 180–184.
INFRATEST SOZIALFORSCHUNG, SINUS; BECKER, Horst (1991): Die Älteren – Zur Lebenssituation der 55- bis 70-Jährigen. Bonn: Dietz Verlag.
KOHLI, Martin (1985): Die Institutionalisierung des Lebenslaufs. In: Kölner Zeitschrift für Soziologie und Sozialpsychologie 37, S. 1–37.
KOHLI, Martin (1992): Altern in soziologischer Perspektive. In: BALTES, Paul B.; MITTELSTRASS, Jürgen (Hrsg.): Zukunft des Alterns und gesellschaftliche Entwicklung. Aka-

demie der Wissenschaften zu Berlin. Forschungsbericht 5. Berlin, New York: Walter de Gruyter, S. 231–259.
KOHLI, Martin (4. Auflage, 1995): Lebenslauf. In: SCHÄFERS, Bernhard (Hrsg.): Grundbegriffe der Soziologie. Opladen: Leske + Budrich, S. 177–180.
KONIETZKA, Dirk (1995): Lebensstile im sozialstrukturellen Kontext. Zur Analyse soziokultureller Ungleichheiten. Opladen: Westdeutscher Verlag.
KRÄMER, Walter (1992): Altern und Gesundheitswesen: Probleme und Lösungen aus der Sicht der Gesundheitsökonomie. In: BALTES, Paul B.; MITTELSTRASS, Jürgen (Hrsg.): Zukunft des Alterns und gesellschaftliche Entwicklung. Akademie der Wissenschaften zu Berlin. Forschungsbericht 5. Berlin, New York: Walter de Gruyter, S. 563–580.
LEHR, Ursula M. (1978): Kontinuität und Diskontinuität im Lebenslauf. In: ROSENMAYR, Leopold (Hrsg.): Die menschlichen Lebensalter. München: Piper. S. 315–339.
LEHR, Ursula M.; WINGEN, Max; WILBERS, Jan; CORNELIUS, Ivar (Hrsg.; 1988): Veränderte Familienstruktur und ihre Bedeutung für den älteren Menschen von morgen. In: Altern als Chance und Herausforderung. Bericht der Kommission. Stuttgart: Staatsministerium Baden-Württemberg, S. 99–108.
LUTZ, Burkart (1995): Arbeit und Beschäftigung. In: Berliner Journal für Soziologie, Band 5, Sonderheft: Die Berichtskonzepte des KSWP. Berlin: Akademie Verlag, S. 7–14.
MAYER, Karl Ulrich; BALTES, Paul B. (Hrsg.; 1996): Die Berliner Altersstudie. Ein Projekt der Berlin-Brandenburgischen Akademie der Wissenschaften. Berlin: Akademie Verlag.
MAYER, Karl Ulrich; WAGNER, Michael (1996): Lebenslagen und soziale Ungleichheit im hohen Alter. In: MAYER, Karl Ulrich; BALTES, Paul B. (Hrsg.): Die Berliner Altersstudie. Berlin: Akademie Verlag, S. 251–275.
MINISTERIUM FÜR ARBEIT, GESUNDHEIT UND SOZIALORDNUNG BADEN-WÜRTTEMBERG (Hrsg.; 1995a): Ausländer in Baden-Württemberg. Stuttgart.
MINISTERIUM FÜR ARBEIT, GESUNDHEIT UND SOZIALORDNUNG BADEN-WÜRTTEMBERG (Hrsg.; 1995b): Älter werden zwischen den Kulturen. Stuttgart.
NAEGELE, Gerhard; TEWS, Hans Peter (Hrsg.; 1993): Lebenslagen im Strukturwandel des Alters. Opladen: Westdeutscher Verlag.
OLBERMANN, Elke (1994): Ältere Ausländer in Nordrhein-Westfalen. Düsseldorf: Ministerium für Arbeit, Gesundheit und Soziales des Landes Nordrhein-Westfalen.
PEUCKERT, Rüdiger (4. Auflage, 1995): Soziale Rolle. In: SCHÄFERS, Bernhard (Hrsg.): Grundbegriffe der Soziologie. Opladen: Leske + Budrich, S. 262–266.
RILEY, Matilda W. (2. Auflage, 1985): Age Strata in Social Systems. In: BINSTOCK, Robert H.; SHANAS, Ethel (Hrsg.): Handbook of Aging and the Social Sciences. New York: Van Nostrand Reinhold, S. 189–217.
RILEY, Matilda W.; FONER, Anne; WARING, Joan (1988): Sociology of Age. In: SMELSER, Neil (Hrsg.): Handbook of Sociology. Newbury Park, CA: Sage, S. 243–290.
RILEY, Matilda W.; JOHNSON, Marilyn; FONER, Anne (1972): Aging and Society. Band III: A Sociology of Age Stratification. New York: Russell Sage Foundation.
RILEY, Matilda W.; RILEY, John W. (1992): Individuelles und gesellschaftliches Potential des Alterns. In: BALTES, Paul B.; MITTELSTRASS, Jürgen (Hrsg.): Zukunft des Alterns und gesellschaftliche Entwicklung. Akademie der Wissenschaften zu Berlin. Forschungsbericht 5. Berlin, New York: Walter de Gruyter, S. 437–459.
RITSCHEL, Doris (1995): Ausdifferenzierung von Milieus und Lebensstilen in Ostdeutschland – Perspektivische Trends. In: SYDOW, Hubert; SCHLEGEL, Uwe; HELMKE, Andreas (Hrsg.): Chancen und Risiken im Lebenslauf: Beiträge zum gesellschaftlichen Wandel in Ostdeutschland. Berlin: Akademie Verlag, S. 223–235.
ROSENMAYR, Leopold (1994): Altersgesellschaft – bunte Gesellschaft? Soziologische Analyse als Beitrag zur politischen Orientierung. In: Journal für Sozialforschung, 34. Jahrgang, Heft 2, S. 145–172.

RÜCKERT, Willi (1992): Bevölkerungsentwicklung und Altenhilfe. Folgen der Bevölkerungsentwicklung für die Altenhilfe – von der Kaiserzeit über das Jahr 2000 hinaus. Schriftenreihe Forum des Kuratoriums Deutsche Altershilfe. Band 18. Köln: Kuratorium Deutsche Altershilfe (KDA-Köln).

SCHÄFERS, Bernhard (Hrsg.; 4. Auflage, 1995): Grundbegriffe der Soziologie. Opladen: Leske + Budrich.

SCHÜTZ, Rudolf-M.; TEWS, Hans Peter (1991): Ältere Menschen in Schleswig-Holstein. Hrsg.: Minister für Soziales, Gesundheit und Energie des Landes Schleswig-Holstein. Eutin: Struve Druck.

SCHWITZER, Klaus-Peter (1992): Ältere Menschen in den neuen Bundesländern. In: Aus Politik und Zeitgeschichte. Beilage zur Wochenzeitung »Das Parlament«, Nr. 29–30/92, 10. 7. 1992, Bonn: Bundeszentrale für politische Bildung, S. 44–54.

SCHWITZER, Klaus-Peter (1995): Lebensbedingungen und Handlungsintentionen älterer Menschen im Zuge des Transformationsprozesses in den neuen Ländern. In: BERTRAM, Hans; HRADIL, Stefan; KLEINHENZ, Gerhard (Hrsg.). Sozialer und demographischer Wandel in den neuen Bundesländern. Berlin: Akademie Verlag, S. 277–305.

SMITH, Jacqui; BALTES, Paul B. (1993): Differential psychological aging: Profiles of the old and very old. In: Ageing and Society 13, S. 551–587.

SOMMER, Bettina (1994): Entwicklung der Bevölkerung bis 2040. Ergebnis der achten koordinierten Bevölkerungsvorausberechnung. In: Wirtschaft und Statistik, hrsg. vom Statistischen Bundesamt Wiesbaden, Nr. 7, S. 497–502.

SOZIALWISSENSCHAFTLICHES FORSCHUNGSZENTRUM Berlin-Brandenburg e.V. (Hrsg.; 1995): Seniorenreport '94. Daten und Fakten zur sozialen Lage älterer Bürger in den neuen Bundesländern. Berlin: Systemdruck Berlin.

SPELLERBERG, Annette (1994): Alltagskultur in Ost- und Westdeutschland – Unterschiede und Gemeinsamkeiten. Berlin: Wissenschaftszentrum Berlin für Sozialforschung, S. 94–101.

STATISTISCHES BUNDESAMT (Hrsg.; 1992): Datenreport 5. Wiesbaden.

STATISTISCHES BUNDESAMT (Hrsg.; 1994a): Statistisches Jahrbuch 1994 für die Bundesrepublik Deutschland. Wiesbaden.

STATISTISCHES BUNDESAMT (Hrsg.; 1994b): Datenreport 6. München, Landsberg: Bonn aktuell.

STATISTISCHES BUNDESAMT (Hrsg.; 1995): Statistisches Jahrbuch 1995 für die Bundesrepublik Deutschland. Wiesbaden.

STAUDINGER, Ursula M. (1996): Psychologische Produktivität und Selbstentfaltung im Alter. In: BALTES, Margret; MONTADA, Leo (Hrsg.): Produktives Leben im Alter. Frankfurt am Main, New York: Campus, S. 344–373.

STRUBELT, Wendelin (1995): Die lokale und regionale Dimension des sozialen und politischen Wandels in den neuen Bundesländern. In: Berliner Journal für Soziologie, Band 5, Sonderheft: Die Berichtskonzepte des KSWP. Berlin: Akademie Verlag, S. 43–48.

TEWS, Hans Peter (1992): Altern auf dem Lande – Strukturwandel des Alters – Veränderungen des Landes. In: LANGEN, Ingeborg; SCHLICHTING, Ruth: Altern und Altenhilfe auf dem Lande. München: Minerva-Publikation, S. 29–55.

TEWS, Hans Peter (1993a): Neue und alte Aspekte des Strukturwandels des Alters. In: NAEGELE, Gerhard; TEWS, Hans Peter (Hrsg.): Lebenslagen im Strukturwandel des Alters. Opladen: Westdeutscher Verlag, S. 15–42.

TEWS, Hans Peter (1993b): Altern Ost – Altern West: Ergebnisse zum deutsch-deutschen Vergleich. In: NAEGELE, Gerhard; TEWS, Hans Peter (Hrsg.): Lebenslagen im Strukturwandel des Alters. Opladen: Westdeutscher Verlag, S. 314–325.

TEWS, Hans Peter (1994a): Alter und Altern in unserer Gesellschaft. In: REIMANN, Helga; REIMANN, Horst (Hrsg.): Das Alter. Einführung in die Gerontologie. Stuttgart: Enke, S. 30–74.

TEWS, Hans Peter (1994b): Alter zwischen Entpflichtung, Belastung und Verpflichtung. In: VERHEUGEN, Günter (Hrsg.): 60 plus – Die wachsende Macht der Älteren. Köln: Bund Verlag, S. 51–60.

TEWS, Hans Peter (2. Auflage, 1995a): Altersbilder. Über Wandel und Beeinflussung von Vorstellungen vom und Einstellungen zum Alter. Schriftenreihe Forum des Kuratoriums Deutsche Altershilfe. Band 16. Köln: Kuratorium Deutsche Altershilfe (KDA-Köln).

TEWS, Hans Peter (1995b): Ältere Menschen und bürgerschaftliches Engagement. In: HUMMEL, Konrad (Hrsg.): Bürgerengagement. Seniorengenossenschaften, Bürgerbüros und Gemeinschaftsinitiativen. Freiburg: Lambertus, S. 80–128.

TEWS, Hans Peter (1996): Produktivität des Alters. In: BALTES, Margret; MONTADA, Leo (Hrsg.): Produktives Leben im Alter. Frankfurt am Main, New York: Campus, S. 184–210.

THRÄNHARDT, Dietrich (1995): Die Lebenslage der ausländischen Bevölkerung in der Bundesrepublik Deutschland. In: Aus Politik und Zeitgeschichte – Beilage zur Wochenzeitung »Das Parlament«, Nr. 35/95, 25. 8. 1995. Bonn: Bundeszentrale für politische Bildung, S. 3–22.

WAGNER, Michael; SCHÜTZE, Yvonne; LANG, Frieder R. (1996): Soziale Beziehungen alter Menschen. In: MAYER, Karl Ulrich; BALTES, Paul B. (Hrsg.): Die Berliner Altersstudie. Ein Projekt der Berlin-Brandenburgischen Akademie der Wissenschaften. Berlin: Akademie Verlag, S. 301–319.

WAHL, Stefanie (1994): Der materielle Wohlstand vieler älterer Menschen in Deutschland. In: VERHEUGEN, Günter (Hrsg.). 60 plus – Die wachsende Macht der Älteren. Köln: Bund Verlag, S. 91–106.

WINKLER, Gunnar (1994): Das andere deutsche Alter. Lebenslagen und Lebensweisen älterer Menschen in den neuen Bundesländern. In: VERHEUGEN, Günter (Hrsg.): 60 plus – Die wachsende Macht der Älteren. Köln: Bund Verlag, S. 75–88.

Abbildungsnachweise

Abbildung 1: FRANKE 1996, S. 57.
Abbildung 2: Axel BENGSCH, DIFF; Zahlenmaterial: STATISTISCHES BUNDESAMT 1995, S. 62.
Abbildung 3: RILEY, RILEY 1992, S. 450.
Abbildung 4: Axel BENGSCH, DIFF, nach: RILEY, RILEY 1992, S. 454.
Abbildung 5: Axel BENGSCH, DIFF, nach: STAUDINGER 1996, S. 352; INFRATEST SOZIALFORSCHUNG et al. 1991; SMITH, BALTES 1993.
Abbildung 6: Axel BENGSCH, DIFF; Zahlenmaterial: Dr. Reinhold THIEDE, Bundesversicherungsanstalt für Angestellte, Referat 1007: Entwicklungsfragen der sozialen Sicherheit, 10704 Berlin.
Abbildung 7: Axel BENGSCH, DIFF, nach: NAEGELE, TEWS 1993, S. 319.

V. Reife Leistung. Psychologische Aspekte des Alterns

Andreas Kruse und Ursula Lehr

Einführung

Der Begriff der Kompetenz bezeichnet die Fähigkeiten und Fertigkeiten, die grundlegend für die Gestaltung des Alltags sowie für die erfolgreiche Auseinandersetzung mit Entwicklungsaufgaben und Anforderungen des Lebens sind. In Abgrenzung zur Intelligenz liegt der Schwerpunkt dabei nicht allein auf den kognitiven, sondern auch auf den alltagspraktischen und psychischen Ressourcen des Menschen.

Mit dem Übergang ins Alter sind Änderungen in einzelnen sozialen Rollen verbunden. Vor allem der Berufsaustritt wirkt sich auf die Gestaltung des Alltags aus: Es müssen neue soziale Rollen und Tätigkeiten gefunden werden, die persönliche Zufriedenheit und das Gefühl vermitteln von anderen Menschen gebraucht zu werden.

Im hohen Alter nimmt das Erkrankungsrisiko zu. Wichtig ist deshalb die Klärung des Problems, wie es im Einzelfall gelingen kann, trotz gesundheitlicher Belastungen *weitestgehende Selbständigkeit* zu erhalten.

Aus kompetenztheoretischer Sicht sind einerseits die Möglichkeiten zu einer selbstverantwortlichen und erfüllten Lebensführung im Alter bedeutsam, aber andererseits auch die Grenzen, mit denen Menschen im Alter konfrontiert sind: Unter welchen Voraussetzungen nutzen ältere Menschen die Möglichkeiten einer »späten Freiheit«, und inwieweit fördern oder erschweren die Lebensbedingungen eine selbstverantwortliche, erfüllte Lebensführung? Unter welchen Bedingungen gelingt es älteren Menschen, mit den Einschränkungen umzugehen, die vor allem im hohen Lebensalter deutlicher hervortreten?

Mit diesen Fragen beschäftigt sich Studieneinheit V, die sich wie folgt gliedert:

- In *Kapitel 1* werden zunächst die theoretischen Grundlagen zur Definition der Kompetenz diskutiert. Dabei wird von Wechselwirkungen zwischen der Person und ihrer sozialen, räumlichen und institutionellen Umwelt ausgegangen.
- In *Kapitel 2* werden Befunde zur Selbständigkeit im Alltag und zur Alltagsgestaltung vorgestellt, die deutlich machen, dass der überwiegende Teil alter Menschen ein selbständiges Leben führt – die Annahme, dass das Alter (und auch das hohe Alter) von Hilfs- oder sogar von Pflegebedürftigkeit bestimmt sei, wird durch empirische Befunde eindeutig widerlegt.

- *Kapitel 3* befasst sich mit den verschiedenen Formen der Auseinandersetzung mit Entwicklungsaufgaben, Konflikten und belastenden Situationen im Alter. Es wird aufgezeigt, dass zu den von älteren Menschen wahrgenommenen Aufgaben auch die Weitergabe von Erfahrungen und Wissen an nachfolgende Generationen gehört – ein Aspekt, der von THOMAE (1988) mit dem Begriff der »Identifikation mit den Zielen und Schicksalen der Kinder und anderer Mitglieder der nachfolgenden Generation« umschrieben wurde.
- *Kapitel 4* geht auf theoretische und empirische Arbeiten zur Intelligenzentwicklung im Alter ein. Es wird begründet, warum differenzielle Modelle zur Beschreibung und Erklärung der kognitiven Entwicklung im Alter besonders geeignet sind.
- *Kapitel 5* befasst sich mit allgemeinen Entwicklungen und interindividuellen Unterschieden in den Lern- und Gedächtnisleistungen älterer Menschen. Aufgrund der spezifischen Veränderungen in einzelnen Lern- und Gedächtnisfunktionen müssen bei älteren Menschen spezielle Bedingungen beachtet werden, wenn gute Lernergebnisse erzielt werden sollen. Abschließend werden zwei Gedächtnistrainings-Programme vorgestellt, die sich in der Arbeit mit älteren Menschen bewährt haben.
- In *Kapitel 6* wird die Notwendigkeit eines differenzierten Verständnisses der Kompetenz im Alter dargelegt: Ältere Menschen verfügen über spezifische Formen der Kompetenz, die zum einen beeinflusst sind von den Fähigkeiten und Fertigkeiten, die sie im Lebenslauf entwickelt haben, zum anderen von den aktuellen Anforderungen, die ihre Umwelt und ihre Lebenssituation an sie stellen.

1. Reife Leistung

Der Begriff »reife Leistung« wird in der Alltagssprache verwendet, wenn sich eine schöpferische Leistung nicht nur durch Wissen und Können auszeichnet, sondern auch durch Merkmale wie Überblick, Originalität und tiefere Durchdringung eines Gegenstandes.

Bereits in der Studieneinheit I wurden als Beispiele für reife Leistungen im Alter »Alterswerke« bildender Künstler, von Schriftstellern und Dichtern, Musikern und Wissenschaftlern vorgestellt. Die dort getroffene Aussage, wonach das höhere und hohe Lebensalter keinesfalls kreative Leistungen ausschließe, wird durch methodisch sorgfältige Analysen – unter anderem von ABRA (1989), SIMONTON (1989, 1990) und TORRANCE (1977) – gestützt, die sich mit der Entwicklung von Kreativität im Lebenslauf beschäftigen. Nach diesen Ergebnissen haben viele Künstler ihre größten Werke im Alter geschaffen. Dabei müsse zwischen der Anzahl und der Qualität geschaffener Werke differenziert werden: Zwar gehe die Zahl der Werke mit zunehmendem Alter eher zurück, doch sei dieser Rückgang nicht mit einer verringerten *Qualität* der im Alter geschaffenen Werke verbunden – im Gegenteil:

Wie SIMONTON (1989, 1990) auf der Grundlage einer Analyse von 1919 Werken von 172 Komponisten feststellt, haben die meisten Komponisten in ihren letzten Lebensjahren ein besonders populäres und ästhetisch originelles Werk geschaffen.

Dieses Phänomen des »Schwanengesanges« (Abschluss der künstlerischen Karriere mit einem bemerkenswerten Alterswerk) weist auf die Chancen hin, die das hohe Alter eröffnet. In dieser Lebensphase ist der Überblick über verschiedene Formen produktiven Schaffens und über die Vielfalt der Techniken kreativer Auseinandersetzung mit gesellschaftlichen und kulturellen Inhalten möglich. Dieser Überblick kann in besonderer Weise dazu befähigen originelle Lösungsansätze zu entwickeln (siehe dazu auch OLBRICH 1994).

Die Analyse von Alters(kunst)werken eröffnet einen Weg zum Verständnis von Kreativität und Reife im Alter. Reife im Alter kommt jedoch nicht allein in solchen Alterswerken zum Ausdruck, sondern vor allem auch in der Art und Weise, wie Menschen ihr Leben gestalten. In der psychologischen Forschung wird der Begriff deshalb sowohl zur Charakterisierung bestimmter Grundhaltungen als auch für bestimmte Formen des Umgangs mit den Anforderungen und Chancen des Lebens verwendet, wie dies in anschaulicher Weise folgende Beschreibung »reifen Alterns« zeigt:

»Altern im positiven Sinne des Reifens gelingt dort, wo die mannigfachen Enttäuschungen und Versagungen, welche das Leben dem Menschen in seinem Alter bringt, weder zu einer Häufung von Ressentiments, von Aggression und Resignation führen, sondern wo aus dem Innewerden der vielen Begrenzungen des eigenen Vermögens die Kunst zum Auskosten der gegebenen Situation und dem, was sie bietet, entsteht.« (THOMAE 1966, S. 116)

Diese psychologische Charakterisierung ist aus drei Gründen bemerkenswert:

- Als ein bedeutender Bereich der psychologischen Analyse des Alters wird die Persönlichkeitsentwicklung genannt. Eine einseitige Betonung der (körperlichen und kognitiven) Leistungsfähigkeit wird vermieden, da sie zwar für das psychologische Verständnis dieses Lebensabschnitts wichtig ist, aber daneben auch andere Bereiche berücksichtigt werden müssen.
- Sie macht deutlich, dass sich auch in der Auseinandersetzung mit Einschränkungen und Verlusten eine reife Haltung zum Leben entwickeln kann.
- Sie zeigt auf, dass Veränderungen im Alter auf den verschiedenen Ebenen in verschiedene Richtungen weisen können: Während auf der *physischen Ebene* eher mit Einbußen der Leistungsfähigkeit gerechnet werden muss, sind auf der *psychischen Ebene* – auf der die Auseinandersetzung des Menschen mit Anforderungen des Lebens stattfindet – durchaus Wachstumsprozesse möglich, die von Hans THOMAE mit dem Begriff der »Reifung« umschrieben werden.

Bevor mit der psychologischen Analyse des Alters begonnen wird, sollen ein Schriftsteller und ein Philosoph mit ihrem Verständnis von »Altern und Reifen« zu Wort kommen. Beide nennen als eine wichtige Voraussetzung für Reife im Alter den bewussten und verantwortlichen Umgang mit den Anforderungen, die das Leben an das Individuum stellt: Nicht das Alter führt zur

Reife, sondern diese bildet sich in der lebenslangen bewussten und verantwortlichen Auseinandersetzung mit den Anforderungen aus, die an einen Menschen gestellt werden.

»Daß häufig Menschen im Alter den Sinn für Geschichte bekommen, den sie in der Jugend nicht hatten, beruht auf dem Wissen um diese vielen Schichten, die im Lauf mancher Jahrzehnte des Erlebens und Erleidens sich in einem Menschengesicht und einem Menschengeist überdecken. Im Grunde, wenn auch längst nicht immer bewußt, denken alle Alten historisch. Sie sind mit der obersten Schicht, die den Jungen so gut steht, nicht zufrieden. Sie möchten sie nicht missen oder tilgen, aber sie möchten unter ihr auch die Folge jener Erlebens-Schichten wahrnehmen, die der Gegenwart erst ihr volles Gewicht geben.« (HESSE 1990, S. 142)

In diesem Zitat wird als bedeutendes psychologisches Merkmal des Alters der auf vielfältigen Erlebnissen und Erfahrungen gründende Überblick genannt. Die in der Psychologie als *kontextuelles Denken* bezeichnete Fähigkeit, bei der Beschäftigung mit einem Problem die unterschiedlichen Aspekte berücksichtigen zu können, wird hier auf das »Lebenswissen« angewendet: Erst durch vielfältige Erfahrungen und Erlebnisse öffnet sich der Blick eines Menschen für die unterschiedlichen Aspekte der Aufgaben, die das Leben stellt, sowie für die verschiedenen Möglichkeiten, sie zu lösen. Dieses Lebenswissen gründet weiterhin auf den »Jahrzehnten des Erlebens und Erleidens« – mit anderen Worten, auf den individuellen Versuchen der bewussten und verantwortlichen Auseinandersetzung mit Anforderungen des Lebens.

»Insgesamt zeigt das Alter, wie jede frühere Lebensstufe, durchaus möglichen, spezifischen Gewinn, einen, der den Abschied von der vorhergehenden Lebensstufe gleichfalls kompensiert.« (BLOCH 1959, S. 41)

Zu diesen Gewinnen gehören vor allem »Überblick, gegebenenfalls Ernte« (BLOCH 1959, S. 41). In Bezug auf die Einstellung zum Leben und den Umgang mit Anforderungen des Lebens ist eine hohe Kontinuität über den gesamten Lebenslauf erkennbar. Daraus ergibt sich die Notwendigkeit eines biographischen Verständnisses der psychischen Situation im Alter:

»Im allgemeinen werden derart die Spätjahre eines Menschen desto mehr Jugend enthalten, dem unkopierten Sinne nach, je mehr Sammlung bereits in der Jugend war; die Lebensabschnitte, also auch das Alter, verlieren dann ihre isolierte Schärfe.« (BLOCH 1959, S. 42).

Der Philosoph und Psychologe Erich ROTHACKER unterscheidet in seiner Schrift »Schichten der Persönlichkeit« (1965) zwischen physischen Wachstums- und psychischen Reifungsprozessen. Im Alter, so führt ROTHACKER aus, können sich Wachstums- und Reifungskurve kreuzen. Dies ist der Fall, wenn der Verlauf der Wachstumskurve eher »abwärts«, der Verlauf der Reifungskurve hingegen eher »aufwärts« gerichtet ist. Altern beschreibt diesem Verständnis zufolge *verschiedenartige Entwicklungsprozesse*, je nach dem Bereich, der im Vordergrund der Analyse steht: So bedeutet Altern

– *biologisch* eher Abnahme der (physiologischen) Leistungskapazität,

– *psychologisch* hingegen die Möglichkeit zur Erweiterung der Erfahrung und des Wissens.

Im Sinne der »mitverantwortlichen Existenz« (KRUSE 1996a) können auch Erfahrungen und Wissen Grundlage eines »produktiven Alterns« bilden. Diese erweiterte Sicht des Alters, die die Möglichkeiten eines *selbstverantwortlichen und mitverantwortlichen Lebens* in den Mittelpunkt stellt, kommt in jenen Beiträgen zum Ausdruck, in denen die gesellschaftlichen Potenziale des Alters betont werden.

Ein anschauliches Beispiel für die Entstehung dieser erweiterten Sicht bilden Beiträge zu den *Salzburger Hochschulwochen*, die Anfang der 80er Jahre zum Thema »Alter« ausgerichtet wurden. Diese sollten ursprünglich einer kritischen Sichtung und Diskussion der Literatur zum Thema »Selbständigkeit und Hilfsbedürftigkeit im Alter« dienen. Doch betonten die Referenten aus verschiedenen Ländern weniger die Möglichkeiten eines selbständigen Lebens im Alter – diese wurden überhaupt nicht in Frage gestellt –, sondern vielmehr die Möglichkeiten eines *produktiven Alterns*. Dabei wurden unter *produktivem Altern* zum einen Formen des persönlich kreativen, zum anderen Formen des sozial-konstruktiven Lebens verstanden, wie dem von BUTLER und GLEASON (1985) herausgegebenen Sammelband »Productive Aging« (Produktives Altern) zu entnehmen ist, in dem die Beiträge dieser Tagung veröffentlicht wurden.

Unter *sozial-konstruktivem Leben* oder den *gesellschaftlichen Potenzialen des Alters* werden die Fähigkeit und Bereitschaft älterer Menschen verstanden, Erfahrungen und Wissen an nachfolgende Generationen weiterzugeben – sei es, indem sie jüngere Menschen bei der Gründung einer beruflichen Existenz unterstützen, sei es durch vermehrtes Engagement in Beziehungen zu jüngeren Menschen oder in Form der Übernahme ehrenamtlicher Aufgaben in der Kommune oder in einem Verein.

Die von M. BALTES und MONTADA (1996), BORSCHEID (1995) sowie LEHR und SPÄTH (1990) zu *Formen produktiven Alterns* herausgegebenen Sammelbände greifen diesen Aspekt des gesellschaftlichen Potenzials ausdrücklich auf und weisen zudem darauf hin, dass die Politik institutionelle Rahmenbedingungen schaffen sollte, durch die die Umsetzung dieser Potenziale gefördert wird.

Der Begriff des *produktiven Alterns* hebt nicht nur die im Alter vorhandenen *kognitiven*, sondern gleichermaßen die *alltagspraktischen Fähigkeiten und Fertigkeiten* besonders hervor. Dabei ist unter *Fähigkeit* die »Gesamtheit der psychischen Bedingungen, die zum Vollzug einer Tätigkeit notwendig sind« (MEILI 1980, S. 557) zu verstehen, wobei solche Einflüsse wie Interessen, Aktivierungsgrad und Übung ausgeschlossen sind. Auf der Grundlage der Fähigkeiten werden *Fertigkeiten* entwickelt, indem durch Lernen, Übung, Erfahrung und Erwerb von Kenntnissen und Wissen Können ausgebildet wird, das in konkrete Handlungen, Tätigkeiten oder Leistungen umgesetzt wird. Fertigkeiten sind weitgehend automatisiert und können ohne ständige bewusste Kontrolle ablaufen.

2. Kompetenz im Alter

Kompetenz umschreibt die Interaktion zwischen Person und Umgebungsfaktoren in einer spezifischen Zeit. Spezifische Umgebungen verlangen spezifische Kompetenzen. Inmitten einer Großstadt zu wohnen verlangt andere Kompetenzen als auf dem Land zu wohnen. Zu Beginn unseres Jahrhunderts den Haushalt einer Großfamilie zu führen verlangte andere Kompetenzen als heutzutage einen hochtechnisierten Drei-Personen-Haushalt zu organisieren. Vom Manager einer großen Firma werden andere Kompetenzen verlangt als von einem Arzt, einem Lehrer oder einem Gärtner. Andere Kompetenzen heißt aber nicht allein ein Mehr oder Weniger an Kompetenz. Frühere Zeiten haben andere Kompetenzen verlangt als unsere Zeit heute.

Es gibt also nicht *die* Kompetenz im Alter, sondern Formen kompetenten Verhaltens, das man jeweils in Abhängigkeit von der Umwelt und den spezifischen Anforderungen der Zeit, in der man lebt, zu sehen hat. Es gibt zweifellos auch viele spezifische Kompetenzen im Alter, die über die Aufrechterhaltung eines selbständigen Lebens im Alter hinausgehen. Man denke nur an die vielen Formen bürgerschaftlichen Engagements, die wir gerade bei älteren Menschen finden – sei es in der Unterstützung ihrer Familien, sei es durch Rat und Tat in der Nachbarschaft, in der Pfarrei, in der Gemeinde, im Verein. Viele Ältere suchen sich nach dem Ende der Berufstätigkeit neue Aufgaben – teilweise unter Einsatz ihrer im Beruf erworbenen Fähigkeiten und Fertigkeiten. Gute Beispiele hierfür sind u. a. der Senioren-Experten-Service oder auch die Senioren-Experten *Alt hilft Jung*. Dort geht die pensionierte Senioren-Expertin nach Puebla, Mexiko, um den Arbeitern des Volkswagenwerkes Deutsch-Unterricht zu erteilen; da geht der ehemalige Braumeister in ein Entwicklungsland und gibt seine spezifischen Kompetenzen beim Bierbrauen weiter – und verhilft damit vielen Menschen zu Arbeit und Brot. Oder ein ehemaliger Handwerksmeister hilft einem heruntergewirtschafteten Betrieb in Afrika, wieder auf die Beine zu kommen. Diese Fälle, die sich endlos ergänzen ließen, zeigen, wie die spezifischen Kompetenzen Älterer genutzt werden können. Hier wird das Know-how der älteren Generation weitervermittelt. Oder auch Hilfen innerhalb Deutschlands: Da übernimmt der frühere Buchhalter ehrenamtlich die Buchhaltung eines jungen Existenzgründers; dort hilft der erfahrene Architekt einem jungen Kollegen, der sich gerade selbständig gemacht hat, auf die Sprünge. In der »Wissensbörse« bietet der eine seine Kompetenzen als Stadtführer an und erklärt die gotischen und romanischen Kunstwerke, ein anderer führt eine Wandergruppe und erklärt seltene Pflanzen und Kräuter, ein Dritter stellt sich und sein spezielles Wissen der Volkshochschule zur Verfügung, begleitet Museumsbesuche oder gibt Theatereinführungen. – All diese Beispiele sollten Schule machen. – Beste Erfahrungen hat man auch gemacht mit der Einladung Älterer in den Geschichtsunterricht oder Heimatkunde-Unterricht der Schulen; auch Senioren und Seniorinnen, die ausländischen Schulanfängern bei den Hausaufgaben helfen, mit ihnen Lesen und Schreiben üben, sind einige gute Beispiele und zeigen Kompetenzen, die man zum Teil bei Jüngeren nicht findet und die über die Erhaltung der Selbständigkeit im Alltag weit hinausgehen.

Der Begriff der Kompetenz erscheint besonders geeignet zur Beschreibung jener Fähigkeiten und Fertigkeiten, die grundlegend für die Selbständigkeit im Alltag, die selbstverantwortliche Gestaltung des Alltags sowie die erfolgreiche Auseinandersetzung mit den verschiedenen Anforderungen des Lebens sind. Dabei wird von Wechselwirkungen zwischen der Person und ihrer sozialen, räumlichen und institutionellen Umwelt ausgegangen, wie sie in folgender Kompetenz-Definition zum Ausdruck kommen:

»Kompetenz beschreibt die Fähigkeiten und Fertigkeiten des Menschen zur Aufrechterhaltung eines selbständigen, selbstverantwortlichen und persönlich zufriedenstellenden Lebens in seiner räumlichen, sozialen und institutionellen Umwelt.« (KRUSE 1996a, 1996b)

2.1 Zum Begriff der Kompetenz

In psychologischen Kompetenztheorien wird zwischen *objektiven* und *subjektiven Aspekten* der Kompetenz unterschieden, deren Zusammenwirken einen effektiven – und von ihm als effektiv erlebten – Umgang des Menschen mit den Anforderungen in seiner Umwelt ermöglicht (z. B. BANDURA 1989; LEHR 1996; OLBRICH 1987; THOMAE 1983).

- Zu den *objektiven Aspekten* werden die vielen verschiedenartigen Fähigkeiten und Fertigkeiten des Menschen zum effektiven Umgang mit den Anforderungen in seiner Umwelt gerechnet: kognitive, alltagspraktische, sozialkommunikative und psychologische (letztere beschreiben die Ressourcen zur Bewältigung von Entwicklungsanforderungen und Belastungen).
- Zu den *subjektiven Aspekten* gehören die Erfahrungen effektiven Handelns in spezifischen Situationen. Dabei wird von der Annahme ausgegangen, dass *in allen Lebensaltern* der Wunsch nach effektivem Handeln ein grundlegendes Bedürfnis des Menschen bilde und deshalb Tätigkeiten, deren Ausübung mit der Erfahrung eigener Effektivität (oder Kompetenz) verbunden ist, besonders gerne ausgeführt würden und motivierend wirkten.

Bei der Analyse der Kompetenz sind zwei verschiedenartige Perspektiven zu integrieren: Zum einen wird nach den spezifischen Fähigkeiten und Fertigkeiten gefragt, die Menschen im Lebenslauf entwickelt haben und über die sie im Alter verfügen (*personorientierte Perspektive*). Zum anderen gilt das Interesse den spezifischen Anforderungen, die die Umwelt an den Menschen richtet (*umweltorientierte Perspektive*). Die Integration dieser beiden Perspektiven kommt in dem Begriff der »Passung« zum Ausdruck: Inwieweit stimmen die im Lebenslauf entwickelten Fähigkeiten und Fertigkeiten mit den aktuellen Anforderungen der Umwelt überein, inwieweit besteht also eine Passung zwischen Person und Umwelt? Die Beantwortung dieser Frage ist nicht nur von theoretischem, sondern auch von praktischem Wert: Denn die Erhaltung oder

Förderung der Kompetenz ist nicht nur eine Aufgabe der Person, sondern auch ihrer Umwelt. Vermehrte Anregungen durch die Umwelt können dazu beitragen, dass vorhandene Fähigkeiten und Fertigkeiten auch tatsächlich eingesetzt oder erweitert werden. Im Falle einzelner Einschränkungen – zum Beispiel sensorischer oder motorischer Einbußen – wird durch die Beseitigung von Barrieren sowie durch die Nutzung von Hilfsmitteln zur Erhaltung der Selbständigkeit beigetragen.

Die *personorientierte* wie auch die *umweltorientierte Perspektive* dienen als Grundlage für die hier verwendete Definition von Kompetenz und werden deshalb nachfolgend ausführlicher dargestellt.

2.2 Aspekte der Person

Aus gesellschaftlicher Sicht beginnt das Alter mit dem Austritt aus dem Beruf. Dieser Einschnitt bedeutet die Aufgabe der Berufsrolle sowie berufsbezogener Tätigkeiten. Daraus ergeben sich spezifische Anforderungen: zum einen die Intensivierung bestehender sowie die Suche nach neuen Rollen, zum anderen die vermehrte Beschäftigung mit außerberuflichen Interessen und Tätigkeiten. Das Wissen, eine stimulierende Aufgabe gefunden zu haben, persönlich bedeutsame Interessen verwirklichen zu können und von anderen Menschen gebraucht zu werden, bildet eine wichtige Grundlage für die positive Lebenseinstellung im Alter. Diese Erfahrung ist nicht nur an soziokulturelle Bedingungen (wie z.B. bestehende soziale Netzwerke, kulturelle und soziale Angebote für ältere Menschen) geknüpft, sondern auch an die Fähigkeit und Bereitschaft des Menschen, sich von einzelnen Aufgaben (im beruflichen, zum Teil auch im familiären Bereich) zu lösen und den veränderten Alltag in verantwortlicher Weise zu gestalten.

Damit sind die Chancen angesprochen, die das Alter dem Menschen bietet – ein Aspekt, der im gesellschaftlichen (und zum Teil im wissenschaftlichen) Altersbild nicht immer ausreichend Beachtung findet. Die Suche nach einer persönlich bedeutsamen und sozial anerkannten Aufgabe stellt eine psychologische Grundlage für das soziale Engagement vieler älterer Menschen dar. Dieses kommt in ehrenamtlichen Initiativen sowie in vielfältigen Formen der Unterstützung anderer Menschen zum Ausdruck. Dabei verstellt allerdings die einseitige Konzentration auf organisierte ehrenamtliche Tätigkeiten den Blick auf die zahlreichen informellen Hilfen, die ältere Menschen in ihrer Familie (vor allem bei der Betreuung hilfs- oder pflegebedürftiger Menschen) und in ihrer Nachbarschaft (z.B. durch Mitarbeit bei einem Besuchsdienst) leisten. Die Unterstützung im Falle der Erkrankung, Hilfs- oder Pflegebedürftigkeit eines Familienmitglieds nimmt nicht selten einen großen Teil der zur Verfügung stehenden Zeit in Anspruch und erfordert zudem zahlreiche Fertigkeiten, die ebenfalls für Kompetenz im Alter sprechen.

Ausgehend von der Fähigkeit und der Bereitschaft, sich im Alter von einzelnen Aufgaben zu lösen und den veränderten Alltag verantwortlich zu gestalten, orientiert sich die hier verwendete Definition der Kompetenz an folgenden *Dimensionen:*

- zum einen an der *Fähigkeit zur Aufrechterhaltung eines persönlich zufriedenstellenden Lebens,*
- zum anderen an *der Fähigkeit zur Aufrechterhaltung eines selbstverantwortlichen Lebens.*

Diese beiden Fähigkeiten sind nicht nur für die Verwirklichung der Chancen des Alters relevant, sondern in gleichem Maße für die Verarbeitung der Belastungen bedeutsam. Auch wenn hier ausdrücklich der Vorstellung widersprochen wird, dass das Alter mit Hilfs- oder Pflegebedürftigkeit gleichzusetzen sei, so sind doch die gesundheitlichen Risiken nicht zu übersehen, die im Alter – vor allem im hohen Alter – zunehmen. Dazu gehören Einbußen in den sensorischen Funktionen, eingeschränkte Beweglichkeit, chronische Erkrankungen sowie chronische Schmerzen (vor allem aufgrund degenerativer Erkrankungen). Die Konfrontation mit derartigen Belastungen stellt hohe Anforderungen an die psychischen Ressourcen eines Menschen, und deshalb ist in einem solchen Fall die Aufrechterhaltung eines persönlich zufriedenstellenden und selbstverantwortlichen Lebens als eine »psychologische Leistung« zu bewerten. Bemüht sich ein alter Mensch zudem trotz bestehender körperlicher Einbußen um Selbständigkeit, ist die psychologische Leistung umso höher einzuschätzen.

Situationen, in denen Menschen mit gesundheitlichen Belastungen konfrontiert werden, bestätigen die Annahme, wonach Entwicklung einen auf den verschiedenen Ebenen unterschiedlich verlaufenden, mehrdimensionalen Prozess darstelle: Denn jene Menschen, die an körperlichen Einschränkungen leiden, zeigen nicht selten ausgeprägte Fähigkeiten und Fertigkeiten zur psychischen Verarbeitung dieser Einschränkungen (die sich in einer positiven Einstellung zum Leben ausdrückt) sowie zur Aufrechterhaltung eines selbständigen und selbstverantwortlichen Lebens.

Von den genannten Situationen im Alter ausgehend definieren wir Kompetenz zunächst als die Fähigkeiten und Fertigkeiten des Menschen zur Aufrechterhaltung eines persönlich zufriedenstellenden, selbständigen und selbstverantwortlichen Lebens. Die beiden Dimensionen »Zufriedenheit« und »Selbstverantwortung« sind dabei für alle Situationen im Alter charakteristisch. Die Dimension »Selbständigkeit« gewinnt besondere Bedeutung, wenn sich ein Mensch im Falle reduzierter körperlicher Leistungsfähigkeit und Beweglichkeit bemüht, trotz dieser Einschränkungen ein möglichst hohes Maß an Selbständigkeit zu bewahren.

2.3 Aspekte der Umwelt

Da die Fähigkeiten und Fertigkeiten des Menschen in der Auseinandersetzung mit den Anforderungen seiner Umwelt ausgebildet, erhalten und erweitert werden, muss eine Definition der Kompetenz auch Aspekte der Umwelt berücksichtigen. Menschen handeln in Umwelten, sie nehmen die in ihrer Umwelt gewonnenen Erfahrungen auf und verarbeiten diese; entsprechend formen die Anforderungen der Umwelt Fähigkeiten und Fertigkeiten (wie z.B. kognitive Strategien oder Handlungsstrategien).

Diese Wechselwirkungen zwischen Person und Umwelt legte Kurt LEWIN 1946 dem von ihm entwickelten »Lebensraum«-Konstrukt zugrunde. Danach setzt sich der Lebensraum aus »Person« und »Umwelt« zusammen, und Verhalten wird als Funktion ihres Zusammenwirkens definiert. Aufgrund dieser Wechselwirkung ist »›Personales‹ also immer auch aus der Umwelt, ›Umweltliches‹ (das heißt in der jeweiligen Umwelt Erfahrbares) aus der Person zu interpretieren« (GRAUMANN, KRUSE 1995, S. 50). Orientiert man sich bei der Definition von Umwelt an LEWINS Definition, so ist sie in jenen Aspekten zu erfassen, in denen sie vom Menschen erfahren wird und Gegenstand seiner Handlungen ist.

Für die Kompetenz sind *drei Bereiche der Umwelt* von besonderer Bedeutung, da sie zum einen mitbestimmen, in welchem Maße der Mensch selbständig leben kann, zum anderen Einfluss darauf ausüben, in welchem Maße ein selbstverantwortliches und persönlich zufriedenstellendes Leben möglich ist:

- Die *räumliche Umwelt* lässt sich in einen »Mikrobereich« (Wohnung) und in einen »Makrobereich« (Wohnumfeld) unterteilen. Sie kann eine bedeutsame *kompensatorische Funktion* erhalten: Eine behindertenfreundliche Ausstattung der Wohnung (z.B. mit technischen Hilfen) ermöglicht auch bei starken sensorischen und motorischen Einbußen ein selbständiges Leben im Alter, eine behindertenfreundliche Stadt- und Verkehrsplanung erleichtert die Mobilität außerhalb der Wohnung.
- Die *soziale Umwelt* wird in eine »engere« (Familie, Freunde, Vereine) und eine »weitere« (Gesellschaft, Kultur) unterteilt. Die Bedeutung der sozialen Umwelt zeigt sich zum einen in den inner- und außerfamiliären Rollen älterer Menschen, zum anderen in der Hilfe, die sie anderen Menschen geben, aber auch erhalten.
- Zur *institutionellen Umwelt* der ambulanten und stationären Einrichtungen, die Dienstleistungen für ältere Menschen erbringen, gehören auch alle politischen Entscheidungen und Gesetze, die das Leben älterer Menschen betreffen. Jüngstes Beispiel ist das am 1. April 1995 in Kraft getretene Pflegeversicherungsgesetz (siehe dazu Studieneinheit XVIII). Es überrascht, dass theoretische und empirische Beiträge zur Kompetenz im Alter politische Entscheidungen und Gesetze als mögliche Einflüsse der (institutionellen) Umwelt nicht berücksichtigen. Denn auch diese wirken sich auf die soziale Teilhabe, auf die Aufrechterhaltung oder Wiedergewinnung der für eine selbständige Lebensführung notwendigen Funktionen und Fertigkeiten (beispielsweise in Form von Rehabilitationsmaßnahmen) und auf die Gestaltung innerfamiliärer Beziehungen (u.a. Entlastung der Familie durch das Pflegeversicherungsgesetz) aus.

Unter zusätzlicher Berücksichtigung der drei Umweltbereiche ergibt sich folgende Kompetenz-Definition (vgl. KRUSE 1996 a), in der die Betonung auf der vertrauten Umwelt eines Menschen liegt, in der er selbständig leben kann und in der er selbstverantwortlich zu handeln gelernt hat:

Kompetenz beschreibt die Fähigkeiten und Fertigkeiten des Menschen zur Aufrechterhaltung eines selbständigen, selbstverantwortlichen und persönlich zufriedenstellenden Lebens in seiner räumlichen, sozialen und institutionellen Umwelt.

2.4 Einflussfaktoren der Kompetenz: Person- und Umweltmerkmale

Entsprechend der Kompetenz-Definition wurden jene Faktoren, die Einfluss auf die Kompetenz im Alter ausüben, in zwei Tabellen zusammengefasst: Während *Tabelle 1* einen Überblick über die personbezogenen Einflussfaktoren gibt, enthält *Tabelle 2* die umweltbezogenen Einflussfaktoren.

Tabelle 1: Einflussfaktoren der Kompetenz: Merkmale der Person

(A) Entwicklung im Lebenslauf:
- Bildungsstand, Bildungsgewohnheiten und -bedürfnisse
- Fähigkeiten und Fertigkeiten, die im Lebenslauf entwickelt wurden
- Lebensstile und Gewohnheiten, die sich im Lebenslauf entwickelt haben
- Interessen, die im Lebenslauf entwickelt wurden
- soziale Aktivität und soziales Engagement im Lebenslauf

(B) Psychische Situation in der Gegenwart:
- Motivation zur Verwirklichung von Interessen und Ausübung von Tätigkeiten
- subjektive Bewertung eigener Fähigkeiten und Fertigkeiten (Selbstbild)
- Anwendung und Training von Fertigkeiten in der Gegenwart
- Grad der Zufriedenheit mit der Situation
- Ausmaß erlebter Belastungen in der Situation
- erlebte Kongruenz zwischen Erwartetem und Erreichtem
- wahrgenommene und genutzte Anregungen in der Situation

(C) Zukunftsperspektive:
- erlebte Veränderbarkeit und Gestaltbarkeit der Situation (Überzeugungen)
- Einstellung zur persönlichen Zukunft

(D) Subjektiver und objektiver Gesundheitszustand:
- objektiver Gesundheitszustand (körperlich und psychisch)
- Art und Grad der Behinderung(en)
- subjektiver Gesundheitszustand
- Gesundheitsverhalten (was tut die Person für ihre Gesundheit?)

Tabelle 2: Einflussfaktoren der Kompetenz: Merkmale der Umwelt

(A) Räumliche Umwelt:
- Wohnqualität (sanitäre Ausstattung, Barrieren, Hilfsmittel)
- Wohnungseinrichtung (z. B. behindertengerecht oder nicht)
- Haushaltsform (Anzahl der Personen und Generationen)
- Wohnlage (Anbindung an das Verkehrsnetz, Nähe zu Geschäften und Behörden)

(B) Soziale Umwelt:
- Grad der sozialen Integration (innerhalb und außerhalb der Familie)
- Erreichbarkeit von Angehörigen, Freunden und Nachbarn
- Art und Umfang aktueller Verpflichtungen (z. B. Pflege des Ehepartners)
- Einstellung und Verhalten der Bezugspersonen

(C) Institutionelle Umwelt:
- kulturelle und soziale Angebote in der näheren Umgebung
- medizinische Versorgung
- Unterstützung durch institutionelle Dienste
  - ambulante Dienste
  - mobile Dienste, Hauswirtschaftsdienste (z. B. Essen auf Rädern)
  - Nachbarschaftshilfen, Besuchsdienste (ehrenamtlich)

(D) Materielle Situation:
- Eigentum, Besitz, Ersparnisse
- Haushaltsnettoeinkommen

Hinsichtlich der personbezogenen Einflussfaktoren ergibt sich die Notwendigkeit der Differenzierung zwischen Vergangenheit, Gegenwart und Zukunft. Die persönliche Vergangenheit ist insofern wichtig, als Erfahrungen, bereichsspezifische Wissenssysteme, Fähigkeiten und Fertigkeiten im Alter in hohem Maße davon beeinflusst sind, welche Fähigkeiten und Fertigkeiten ein Mensch im Laufe seines bisherigen Lebens entwickelt und eingesetzt hat, aber auch davon, welche Tätigkeiten er ausgeübt und welche Interessen er gepflegt hat. Wenn beispielsweise durch Erkrankungen oder durch Abbau der Ressourcen Verluste in einzelnen Bereichen der körperlichen und kognitiven Kompetenz eintreten, so werden ihr *Ausmaß* und der *Zeitpunkt*, zu dem sie auftreten, durch die im Lebenslauf entwickelten Fähigkeiten und Fertigkeiten mitbestimmt. Des Weiteren können einzelne Verluste durch Erfahrungen und Wissenssysteme *kompensiert* werden. Es kann aber auch der Fall eintreten, dass Fähigkeiten und Fertigkeiten als Ressourcen vorhanden sind, aber nicht genutzt werden, da die Motivation gering ist und äußere Anregungen fehlen.

Auch wenn in *Tabelle 2* nicht ausdrücklich aufgeführt, sollte in Bezug auf die räumliche und soziale Umwelt sowie auf die materielle Situation *zwischen Vergangenheit und Gegenwart unterschieden* werden. Die Kontinuität in den objektiven Lebensbedingungen ist zwischen dem mittleren und höheren Erwachsenenalter zwar relativ hoch, aber es gibt Situationen, in denen sie in

Frage gestellt und dadurch die Aufrechterhaltung der Kompetenz gefährdet ist. Beispiele hierfür sind das reduzierte Einkommen alter Frauen nach Partnerverlust, der Umzug in ein Altenheim bei auftretender Pflegebedürftigkeit und (vor allem im hohen Alter) die Abnahme sozialer Kontakte aufgrund schwerer Erkrankung oder nach dem Tod nahe stehender Menschen. Diese Veränderungen erhöhen die Vulnerabilität (Verletzbarkeit) eines Menschen erheblich. Besonders gefährdet sind Menschen, bei denen mehrere solcher Veränderungen in den objektiven Lebensbedingungen gleichzeitig oder in kurzen zeitlichen Abständen auftreten. Gerade in diesen Fällen sind bestimmte Verhaltensweisen als *Symptom psychischer Überforderung* und des *Zusammenbruchs der Bewältigungsressourcen* zu verstehen; in ähnlicher Weise ist die Aufrechterhaltung einer positiven Lebenseinstellung unter derartigen Lebensbedingungen als eine »psychologische Leistung« zu interpretieren.

Hier ist es der mangelnde Gebrauch von an sich vorhandenen Funktionen und Fähigkeiten, der zu einem Rückgang derselben führen kann. Fähigkeiten, die nicht gebraucht werden, verkümmern oder, wie es der Volksmund so treffend ausdrückt: »Was rastet, das rostet«. Diese Feststellung wurde wissenschaftlich in der »Dis-use-Theorie« bzw. in der These der »Inaktivitäts-Atrophie« belegt. Die Erkenntnis, dass trainierte Muskeln weniger atrophieren als untrainierte, lässt sich auch auf andere Funktionen übertragen. Dem entspricht zum Beispiel auch die Erkenntnis, dass geistig interessierte, aufgeschlossene und damit intellektuell geforderte und trainierte Menschen einen geringeren (oder gar keinen) Verlust von kognitiven Funktionen (Gedächtnis, Lernfähigkeit, Intelligenz) erkennen lassen, während Untrainierte stärkere Einbußen zeigen. Sozial aktive Menschen verlieren den Kontakt zur Umwelt in einem geringeren Maße als zurückhaltende, mehr verschlossene, sozial eher passive Menschen. Wir haben hier einen sich selbst verstärkenden Kreisprozess: Geistig und sozial aktive Menschen sind interessierter und aufgeschlossener, unternehmen mehr und trainieren dadurch ihre noch vorhandenen Fähigkeiten, erhalten diese oder steigern sie sogar noch. Hingegen ziehen sich geistig und sozial weniger aufgeschlossene Menschen eher zurück, interessieren sich für weniger und lassen so ihre noch vorhandenen Fähigkeiten und Fertigkeiten mehr und mehr verkümmern. – Die Amerikaner sprechen hier von einem »Matthäus-Effekt«: Wer hat, dem wird gegeben ...«. – Immerhin können wir feststellen, dass ein möglicher Abbau und Verlust von Fähigkeiten und Fertigkeiten, ein Defizit, oft beeinflussbar ist. Training, Aktivität im körperlichen, seelisch-geistigen und sozialen Bereich wirken erhaltend, manchmal sogar aufbauend, auf jeden Fall aber einen möglichen Abbau verzögernd.

3. Formen der Alltagsgestaltung und Selbständigkeit im Alter

Aus repräsentativen Daten zum Hilfs- und Pflegebedarf, die INFRATEST 1993 veröffentlichte, wird die erhöhte Wahrscheinlichkeit deutlich, im hohen Lebensalter hilfs- und pflegebedürftig zu werden. Gleichzeitig ist ihnen zu entnehmen, dass relativ viele hochbetagte Menschen selbständig leben (vgl. *Tabelle 3*).

Tabelle 3: Hilfs- und Pflegebedarf in verschiedenen Altersgruppen (repräsentative Daten nach INFRATEST 1993)

Altersgruppe	*65 bis 69 Jahre*	*75 bis 79 Jahre*	*über 85 Jahre*
regelmäßiger Pflegebedarf	1,7 %	6,2 %	26,3 %
hilfsbedürftig	6 %	13,2 %	28,2 %

Von den 75- bis 79-Jährigen sind 19,4 Prozent hilfs- oder pflegebedürftig, von den über 85-Jährigen hingegen 54,5 Prozent. Dieser erhebliche Anstieg spricht für das im hohen Lebensalter deutlich erhöhte Risiko hilfs- oder pflegebedürftig zu werden. Auf der anderen Seite besteht bei 45,5 Prozent der über 85-Jährigen weder Hilfs- noch Pflegebedürftigkeit – dies zeigt, dass ein selbständiges Leben auch im höchsten Alter möglich ist.

Aus diesem Grunde ist das hohe Lebensalter nicht allein unter dem Gesichtspunkt der *Betreuung* und *Versorgung* zu betrachten. Genauso wichtig sind die Aspekte *Prävention* (mit dem Ziel der Vermeidung drohender Hilfs- oder Pflegebedürftigkeit) und *Rehabilitation* (möglichst weitgehende Aufhebung vorhandener Hilfs- oder Pflegebedürftigkeit). Dass es sich dabei um realistische Ziele handelt, belegt die große Zahl von Menschen, die auch im neunten Lebensjahrzehnt ein relativ selbständiges Leben führen.

Doch genügen statistische Angaben zum Anteil der selbständig lebenden, hilfs- und pflegebedürftigen Menschen nicht, um differenzierte Aussagen über die verschiedenen Formen von Selbständigkeit machen zu können und Einblick in die unterschiedlichen Formen der Alltagsgestaltung zu geben. Im Folgenden gehen wir deshalb auf die Ergebnisse von Studien ein, in denen Formen der Alltagsgestaltung, der Selbständigkeit und der Verarbeitung psychischer Belastungen untersucht wurden.

3.1 Alltagsgestaltung im Alter

In einer Untersuchung (KRUSE 1996b) wurde die Alltagsgestaltung von 480 Personen im Alter zwischen 68 bis 103 Jahren mit Hilfe eines Kategoriensystems erfasst, das 20 verschiedene Tätigkeiten enthält (zum Beispiel Hausarbeit, Einkaufen, Gartenarbeit, Spazierengehen, Zeitunglesen, Fernsehen, Besuchemachen, Theater- oder Kinobesuch, Restaurant- oder Café-Besuch). Nachdem für jede einzelne Person die Art der Alltagsgestaltung

eingeschätzt worden war, wurde überprüft, ob sich Personengruppen in ihrer Alltagsgestaltung in charakteristischer Weise von den übrigen Teilnehmenden unterscheiden.
Es kristallisierten sich vier Gruppen mit sehr unterschiedlicher Alltagsgestaltung heraus (*Tabelle 4*), die sich auch hinsichtlich Tätigkeitsspektrum und Aktivitätsgrad deutlich voneinander unterscheiden: von einem breiten Spektrum und hoher Aktivität in zahlreichen Tätigkeiten (in der ersten Gruppe) bis hin zu einem sehr engen Spektrum mit einem geringen Aktivitätsgrad in allen Tätigkeiten (in der vierten Gruppe).

- Zwischen den objektiv gegebenen Lebensbedingungen (wie Gesundheit, Bildung, Einkommen, Wohnqualität), dem Aktivitätsgrad sowie dem Tätigkeitsspektrum bestehen Zusammenhänge. Dies ergibt vor allem der Vergleich der Gruppe 2 mit den Gruppen 3 und 4: Die drei Gruppen unterscheiden sich nicht im Alter, die Lebensbedingungen sind jedoch in Gruppe 2 durchschnittlich besser als in den Gruppen 3 und 4.
- Unter einschränkenden Lebensbedingungen (eher schlechte Gesundheit, eher nied-

Tabelle 4: Charakterisierung der vier Gruppen in Bezug auf Form der Alltagsgestaltung, soziodemographische Merkmale und Gesundheit

Gruppe Nr.	*Gruppengröße*	*Form der Alltagsgestaltung*	*soziodemographische Merkmale und Gesundheitszustand*
1	n = 128	Hohe Aktivität in zahlreichen Tätigkeiten. Das Spektrum von Aktivitäten ist breit. Besonderes Gewicht wird auf Kontakte sowie auf Tätigkeiten außer Haus gelegt.	Eher »jung«, eher gute Gesundheit, eher mittlere bis höhere Bildungsschicht, eher mittleres bis höheres Einkommen, eher gute Wohnbedingungen.
2	n = 154	Unterschiedlich aktiv in den einzelnen Tätigkeiten; im Durchschnitt besteht ein mittlerer Aktivitätsgrad. Ein mittleres Tätigkeitsspektrum ist erkennbar. Besonderes Gewicht wird auf Lesen und Kontakt gelegt.	Breites Altersspektrum, eher mittlere bis gute Gesundheit, eher mittlere Bildungsschicht, eher mittleres Einkommen, eher gute Wohnbedingungen.
3	n = 57	Eher geringe Aktivität in den Tätigkeiten, mit Ausnahme der Tätigkeit Lotto- und Totospielen. Enges Tätigkeitsspektrum.	Breites Altersspektrum, mittlere Gesundheit, mittlere bis untere Bildungsschicht, mittleres bis geringes Einkommen, eher zufrieden stellende Wohnbedingungen.
4	n = 141	Geringe Aktivität in allen Tätigkeiten, sehr enges Tätigkeitsspektrum.	Breites Altersspektrum, eher schlechte Gesundheit, eher niedrige Bildungsschicht, eher geringes Einkommen, zufrieden stellende bis schlechte Wohnbedingungen.

rige Bildungsschicht, eher geringes Einkommen, eher schlechte Wohnbedingungen) ist die Aktivität deutlich geringer und das Spektrum ausgeübter Tätigkeiten deutlich enger als unter günstigen Lebensbedingungen. In Gruppe 4 findet sich eine Häufung einschränkender Lebensbedingungen, die mit großer Wahrscheinlichkeit von den Betroffenen nur noch schwer kompensiert werden können.

Der Befund, dass alte Menschen, die unter einschränkenden Bedingungen leben, mit höherer Wahrscheinlichkeit ein enges Tätigkeitsspektrum und geringere Aktivität aufweisen, widerlegt keinesweg die Annahme, dass die im Lebenslauf ausgeübten Tätigkeiten für die Alltagsgestaltung im Alter bedeutsam sind: Die meisten dieser Menschen haben auch in jüngeren Jahren unter einschränkenden Bedingungen gelebt. Es ist davon auszugehen, dass eine Person im Lebenslauf ein Interessen- und Tätigkeitsspektrum entwickelt, welches auch von den Möglichkeiten und Grenzen ihrer Lebensbedingungen bestimmt wird. Doch ist zu bedenken, dass die größere Anfälligkeit für Krankheiten im Alter zunehmend von den objektiv gegebenen Lebensbedingungen abhängig macht (so z. B. von den Wohnverhältnissen). Aus diesem Grunde überrascht es nicht, dass Menschen mit einem eher schlechten Gesundheitszustand, die unter einschränkenden Lebensbedingungen leben müssen (wie in Gruppe 4), ein enges Tätigkeitsspektrum und geringe Aktivität zeigen: In diesen Fällen sind die Möglichkeiten zur Kompensation von eingetretenen Einschränkungen der körperlichen Leistungsfähigkeit und der Beweglichkeit sehr reduziert.

3.2 Selbständigkeit im Alter

Die Art und Weise, wie Menschen ihren Alltag gestalten, ist auch vom *Grad ihrer Selbständigkeit im Alltag* abhängig. Aus diesem Grunde bilden empirische Ergebnisse zur Selbständigkeit einen wichtigen Beitrag zum Verständnis der Kompetenz im Alter (vgl. M. Baltes et al. 1993).

In einer Studie wurde für 1092 ältere Menschen aus den alten und neuen Bundesländern der Grad ihrer Selbständigkeit ermittelt (vgl. Olbrich 1995; Kruse, Schmitt 1995a). In diese Studie waren ausschließlich Personen einbezogen worden, die mindestens eine Aktivität des täglichen Lebens nur mit Schwierigkeiten oder gar nicht ausführen konnten. Diese Spezifizierung war notwendig, weil die Studie Auskunft darüber geben sollte, bei welchen Aktivitäten besonders häufig Einschränkungen zu beobachten sind und auf welche Weise Menschen versuchen, trotz vorliegender Einschränkungen ihre Selbständigkeit aufrechtzuerhalten. *Die Konzentration auf Menschen mit Einschränkungen hat zu einem höheren Anteil von hilfs- und pflegebedürftigen Menschen in der Untersuchungsstichprobe geführt.* Deshalb sind die Angaben zum Anteil der Selbständigen, Hilfsbedürftigen und Pflegebedürftigen nicht repräsentativ für die gesamte ältere Bevölkerung.

Bei allen Teilnehmenden wurde die Ausführung von 23 Aktivitäten auf einer dreistufigen Skala eingeschätzt:

1 = kann ohne Schwierigkeiten ausgeführt werden,
2 = kann nur mit Schwierigkeiten ausgeführt werden,
3 = kann nicht ausgeführt werden.

Es konnten drei Gruppen unterschieden werden, deren Mittelwertprofile folgende Beschreibung nahelegen (Kruse, Schmitt 1995a):

- die *relativ Selbständigen* (63 Prozent der Teilnehmenden),

- die *Hilfsbedürftigen* (23 Prozent der Teilnehmenden),
- die *Pflegebedürftigen* (14 Prozent der Teilnehmenden).

In der Gruppe der *relativ Selbständigen* gab es Personen, die eine Aktivität oder mehrere Aktivitäten nur mit Schwierigkeiten ausüben konnten. Drei dieser Aktivitäten gehören zu den haushaltsbezogenen Fertigkeiten (Essen zubereiten, Wohnung putzen, Wäsche waschen) und wurden vor allem von Männern selten ausgeführt. Die Männer gaben an, dass diese Aufgaben von der Ehefrau wahrgenommen würden und sie sich auch früher nicht um den Haushalt gekümmert hätten. Die geringere Selbständigkeit vieler Männer in haushaltsbezogenen Aktivitäten ist also auf die klassische geschlechtsbezogene Rollen- und Aufgabenverteilung in ihrer Ehe zurückzuführen. Wenn Fähigkeiten und Fertigkeiten, die für die selbständige Haushaltsführung notwendig sind, überhaupt erworben und geübt wurden, hat diese über Jahrzehnte bestehende Rollen- und Aufgabenverteilung zu ihrem Verlust oder zumindest zu Einbußen geführt.

Dass sich dieses Kompetenz-Defizit vor allem im hohen Alter nicht leicht beheben

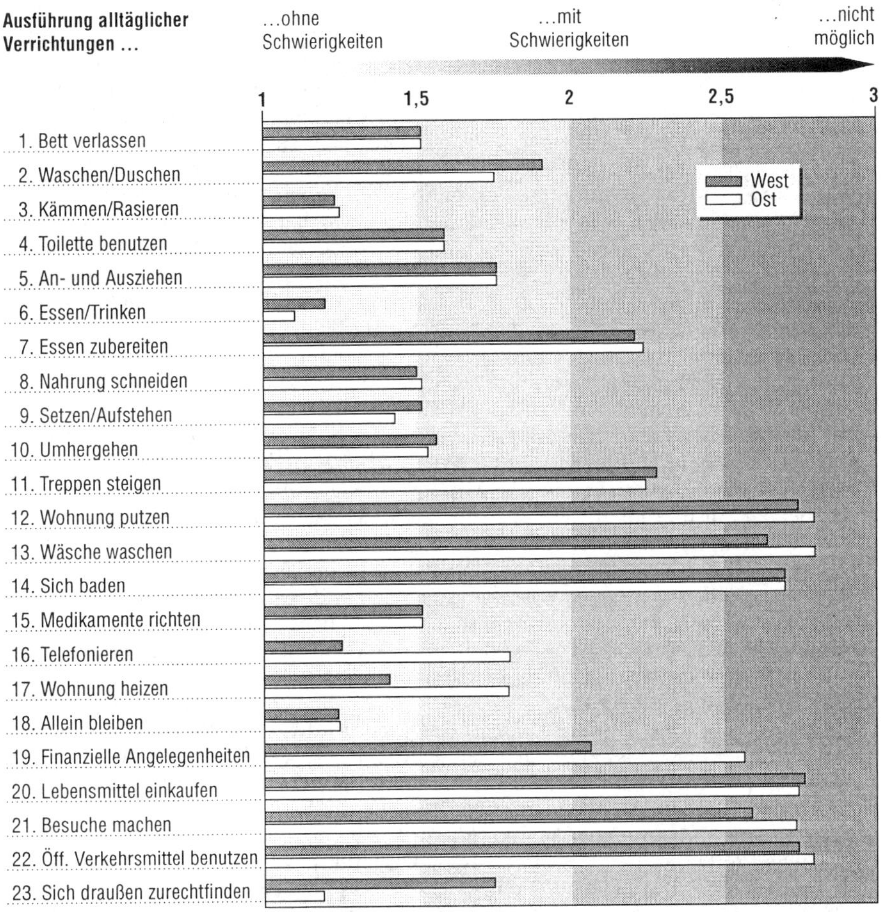

Abbildung 1: Mittelwertprofile der Gruppe der *Hilfsbedürftigen* (23 Prozent der Gesamtgruppe), getrennt nach Teilnehmenden aus den alten und den neuen Bundesländern (*Graphik:* Axel BENGSCH, DIFF).

lässt, belegen Ergebnisse aus der Bonner Gerontologischen Längsschnittstudie (vgl. LEHR, THOMAE 1987). Männer, die in den vorhergehenden Befragungen nur geringe oder keine Aktivität im Haushalt angegeben hatten, hatten nach dem Tod der Ehefrau große Probleme den Haushalt allein weiterzuführen. Aus diesem Grunde zogen viele dieser Männer entweder zu einem ihrer Kinder oder in ein Alten(wohn)heim – und zwar unabhängig davon, welche Leistungen sie in Intelligenz-, Lern- und Gedächtnistests erbracht hatten. THOMAE (1983) folgert aus diesem Befund, dass *Kompetenz* zahlreiche Fähigkeiten und Fertigkeiten umfasst, die teilweise relativ unabhängig voneinander sind.

Die Personen in der Gruppe der *Hilfsbedürftigen* konnten einen Teil der Aktivitäten ohne oder nur mit geringen Schwierigkeiten ausführen, andere Aktivitäten dagegen nur unter größeren Schwierigkeiten. *Abbildung 1* enthält die Mittelwerte der Gruppe in den einzelnen Aktivitäten. Entsprechend der vorgegebenen Skala bedeuten geringere Mittelwerte einen höheren, höhere Mittelwerte einen geringeren Grad der Selbständigkeit in der jeweiligen Aktivität. Dieses Mittelwertprofil legt ein *differenzierteres Verständnis des Begriffs »Hilfsbedürftigkeit«* nahe:

- Fast ein Drittel der Aktivitäten des täglichen Lebens wurde ohne oder nur mit geringen Schwierigkeiten ausgeführt (die Mittelwerte lagen zwischen 1,0 und 1,6). Dazu gehörten im Wesentlichen die eigene Körperpflege, die Nahrungsaufnahme und die Benutzung der Toilette. Außerdem konnten die Mitglieder dieser Gruppe mindestens mehrere Stunden am Tag allein in ihrer Wohnung bleiben.
- Größere Schwierigkeiten (die Mittelwerte liegen zwischen 1,6 und 2,4) waren bei der Ausführung von sechs Aktivitäten erkennbar, die hauptsächlich mit der Beweglichkeit zusammenhängen (wie z. B. sich den Körper waschen oder duschen, sich an- und ausziehen, Treppen steigen, in der Wohnung umhergehen). Zur Hilfsbedürftigkeit im Alter trugen vor allem motorische Einschränkungen bei. – Personen aus den neuen Bundesländern hatten deutlich größere Probleme beim Telefonieren und beim Heizen der Wohnung als solche aus den alten Bundesländern. Dies war auf die schlechtere Ausstattung ihrer räumlichen Umwelt zurückzuführen: Die meisten Wohnungen älterer Menschen in den neuen Bundesländern hatten zum Untersuchungszeitpunkt keinen Telefonanschluss und wurden mit Kohle geheizt.
- Die meisten hilfsbedürftigen Menschen konnten aufgrund körperlicher Einschränkungen ihren Haushalt nur noch unter großen Schwierigkeiten oder gar nicht mehr führen. Große Schwierigkeiten (die Mittelwerte lagen zwischen 2,5 und 3,0) bestanden bei der Ausführung folgender Aktivitäten: sich baden, die Wohnung putzen, Wäsche waschen, Lebensmittel einkaufen, Besuche machen, öffentliche Verkehrsmittel benutzen. Dieser Befund macht die Notwendigkeit der Erweiterung hauswirtschaftlicher Dienste deutlich (siehe z. B. BLOSSER-REISEN 1990). Ein Großteil dieser Menschen konnte aufgrund der eingeschränkten Beweglichkeit Angehörige und Freunde nur unter großen Schwierigkeiten oder gar nicht mehr besuchen; dieser Befund weist auf die Bedeutung der Nachbarschaftshilfen und Besuchsdienste für die Erhaltung der sozialen Integration hin.

Die meisten Personen, bei denen *Pflegebedürftigkeit* festgestellt wurde, konnten mehr als ein Drittel der 23 erfassten Aktivitäten überhaupt nicht mehr ausführen (die Mittelwerte lagen zwischen 2,85 und 3,0). Dazu gehören alle Aktivitäten im Haushalt, aber auch solche außerhalb der Wohnung (wie Besuche machen, öffentliche Verkehrsmittel benutzen). Die übrigen Aktivitäten konnten zwar von den meisten Mitgliedern dieser Gruppe nur unter großen Schwierigkeiten ausgeführt werden, waren ihnen jedoch nicht unmöglich. Selbst bei Menschen, deren Selbständigkeit sehr stark eingeschränkt war, fanden sich häufig teilweise erhaltene Funktionen und Fertigkeiten unter anderem bei den Aktivitäten:

- das Bett verlassen,
- sich kämmen oder rasieren,

- die Toilette benutzen,
- Nahrungsmittel und Getränke zu sich nehmen,
- sich auf einen Stuhl setzen,
- in der Wohnung umhergehen,
- mehrere Stunden am Tag allein in der Wohnung bleiben.

Das bei den Pflegebedürftigen ermittelte Aktivitätsmuster stützt die Forderung, bei der Betreuung schwerstkranker Menschen noch größeres Gewicht auf Verbesserung der Beweglichkeit und Selbsthilfetraining zu legen.

Weiterhin wurden bei den Pflegebedürftigen große Schwierigkeiten in der Ausführung von Aktivitäten festgestellt, die der kognitiven Leistungsfähigkeit zugerechnet werden können:
- finanzielle Angelegenheiten regeln,
- Medikamente richten und einnehmen,
- telefonieren.

Hier waren die Einbußen deutlich größer als bei den Hilfsbedürftigen. Dieser Befund kann als Hinweis darauf interpretiert werden, dass bei pflegebedürftigen Menschen häufiger stärkere kognitive Einbußen vorliegen. Diese Interpretation wurde durch Angaben der Hausärzte gestützt, wonach bei einem recht großen Teil dieser Gruppe hirnorganische Psychosyndrome oder demenzielle Erkrankungen vorlagen. In der Gruppe der Hilfsbedürftigen war dieser Anteil um ein Vielfaches geringer.

Starke Einschränkungen der Selbständigkeit werden nicht nur durch körperliche, sondern auch durch psychische Erkrankungen verursacht. Dabei kann es sich sowohl um Menschen handeln, die körperlich noch sehr rüstig sind, aber aufgrund einer fortgeschrittenen Demenz an erheblichen kognitiven Einbußen leiden und in ihrer Persönlichkeit massiv verändert sind, als auch um Personen, bei denen zur körperlichen Hinfälligkeit eine schwere psychische Erkrankung kommt. Deshalb wird für die Diagnostik, Behandlung und Rehabilitation älterer Patienten ein interdisziplinärer Ansatz gefordert, der eine enge Kooperation zwischen Geriatern, Gerontopsychiatern und Neurologen notwendig macht (vgl. OESTERREICH 1993).

3.3 Erhaltung der psychischen Stabilität in Grenzsituationen

Ein weiterer Gegenstand der Untersuchung zur Selbständigkeit im Alltag war die Frage, wie Menschen ihre Hilfs- oder Pflegebedürftigkeit psychisch verarbeiten. Deshalb wurde zusätzlich die psychische Situation von 300 der 1092 Untersuchungsteilnehmer ausführlich analysiert (siehe dazu KRUSE, SCHMITT 1995b). Auf der Grundlage der Merkmale
- Lebenszufriedenheit,
- Zukunftsperspektive,
- bereichsspezifische Belastungen sowie
- Art der Auseinandersetzung mit diesen Belastungen

wurden diese Personen vier Gruppen zugeordnet. Die Beschreibung der vier Gruppen sowie Angaben dazu, wie sich die drei Selbständigkeitsgrade: »Relative Selbständigkeit«, »Hilfsbedürftigkeit«, »Pflegebedürftigkeit« innerhalb der vier Gruppen verteilen, enthält *Tabelle 5*.

Tabelle 5: Formen der Selbständigkeit und Erleben der gegenwärtigen Situation

	Gruppe 1 (n=41) geringe Belastung, hohe Zufriedenheit und hohe Ressourcen	*Gruppe 2 (n=153) gelungene Kompensation*	*Gruppe 3 (n=77) gefährdete Kompensation*	*Gruppe 4 (n=29) Überforderung/ Zusammenbruch psychischer Ressourcen*
relativ Selbständige (n=201)	35 Personen (85,4 %)	138 Personen (90,2 %)	28 Personen (36,4 %)	
Hilfsbedürftige (n=68)	6 Personen (14,6 %)	11 Personen (7,2 %)	42 Personen (54,5 %)	9 Personen (31,0 %)
Pflegebedürftige (n=31)		4 Personen (2,6 %)	7 Personen (9,1 %)	20 Personen (69,0 %)

Überforderung und Zusammenbruch psychischer Ressourcen fanden sich nur bei Personen, die hilfs- oder pflegebedürftig sind, nicht hingegen bei den relativ Selbständigen. Während Personen, die relativ selbständig lebten, ihre Belastungen als gering erlebten oder sie relativ gut kompensieren konnten, waren bei dem größten Teil der pflegebedürftigen Personen eine Überforderung und der Zusammenbruch psychischer Ressourcen erkennbar oder zumindest die Kompensation der bestehenden Einbußen und Verluste gefährdet. Dieser Befund verweist auf die hohen psychischen Belastungen, die mit eingeschränkter Beweglichkeit, vor allem aber mit Pflegebedürftigkeit verbunden sind, und die daraus erwachsende Gefährdung durch Überforderung und Zusammenbruch der psychischen Ressourcen.
Auch wenn die Anzahl jener Menschen, die trotz Hilfs- oder Pflegebedürftigkeit ein zufriedenes Leben führten oder es schafften ihre Belastungen zu kompensieren, klein war, so macht sie doch deutlich, dass es gelingen kann auch in Grenzsituationen die psychische Stabilität zu erhalten. Aus den Analysen ging hervor, dass solche Menschen sozial gut integriert waren, durch andere unterstützt wurden und diese Unterstützung emotional erwiderten. Die soziale Umwelt und die Beziehungen dieser Personen zu ihrer sozialen Umwelt förderten die Verarbeitung dieser Grenzsituation erheblich.

Aus den Befunden lässt sich zweierlei folgern:

- Es ist davon auszugehen, dass bei gesundheitlich stark belasteten Menschen ein Potenzial zur Verarbeitung dieser Belastungen vorhanden ist, das allerdings nur dann aktiviert werden kann, wenn die soziale Umwelt unterstützend und fördernd handelt.
- Bei hilfs- und pflegebedürftigen Menschen besteht ein Bedarf an psychologischer Betreuung, die frühzeitig einsetzen muss. Eine ausreichende psychologische Betreuung hätte die Anzahl jener Personen, bei denen eine gefährdete Kompensation oder eine Überforderung sowie ein Zusammenbruch psychischer Ressourcen festgestellt werden musste, vermutlich wesentlich verringert.

3.4 Verarbeitung belastender Situationen im Alter

Die Art und Weise, wie ältere Menschen Konflikte und Belastungen zu verarbeiten versuchen, ist davon beeinflusst, wie sie sich in früheren Lebensjahren mit Konflikten und Belastungen auseinander gesetzt haben. Auch bei der Verarbeitung von Krisen zeigt sich eine ausgeprägte Kontinuität im Lebenslauf (LEHR 1986; LEHR, THOMAE 1987; FILIPP, OLBRICH 1986; THOMAE 1988). Um im Alter *auch in belastenden Situationen* eine positive Lebenseinstellung zu behalten, ist es wichtig, dass jemand schon früh in seinem Leben gelernt hat sich bewusst und verantwortlich mit Belastungen auseinander zu setzen.

Im Alter wird ein Mensch häufiger mit Situationen konfrontiert, die unveränderbar sind. In besonderer Weise gilt dies für chronische Erkrankungen (vor allem, wenn diese mit bleibenden körperlichen Einbußen und Schmerzen verbunden sind) oder für den Verlust nahe stehender Menschen. Für die Verarbeitung solcher Situationen sind nicht nur handlungsorientierte, sondern auch kognitiv-emotionale Verarbeitungstechniken bedeutsam (BRANDTSTÄDTER, RENNER 1990; THOMAE 1988):

- Unter *handlungsorientierten Techniken* werden Versuche des Menschen verstanden, durch eigenes Handeln Verbesserungen oder Erleichterungen der Situation herbeizuführen. Dazu gehören beispielsweise die Inanspruchnahme medizinischer und rehabilitativer Angebote, die Nutzung von Seh-, Hör- und Gehhilfen sowie die Ausstattung der Wohnung mit technischen Hilfsmitteln bei Krankheit und Behinderung. Die Intensivierung von Kontakten mit Angehörigen und Freunden, der Besuch von Selbsthilfegruppen oder der selbstbestimmte Umzug in ein Alten(wohn)heim sind Beispiele für die handlungsorientierte Auseinandersetzung mit dem Verlust nahe stehender Menschen.
- Unter *kognitiv-emotionalen Techniken* werden Versuche des Menschen verstanden zu einer veränderten Bewertung der bestehenden Situation zu gelangen. In der *Bonner Gerontologischen Längsschnittstudie* (vgl. LEHR, THOMAE 1987), in der auch die Verarbeitung belastender Situationen im Alter ausführlich analysiert wurde, fanden sich zahlreiche Beispiele für *kognitiv-emotionale Techniken*:
  - Die positive Deutung der Situation (»Es gibt auch schöne Dinge in meinem Leben; meine Situation ist doch gar nicht so schlecht, wie dies auf den ersten Blick erscheinen mag«).
  - Vergleich der eigenen Situation mit der anderer Menschen (»Wenn ich sehe, wie es anderen Menschen ergeht, dann brauche ich nicht zu klagen, da geht es mir vergleichsweise gut«).
  - Identifikation mit dem Schicksal der Kinder und Enkelkinder (»Ich habe viel Freude daran, wie sich meine Kinder und Enkelkinder entwickeln, das hilft mir auch dabei, schwere Stunden besser zu ertragen«).
  - Akzeptieren der Situation, verbunden mit Veränderungen des eigenen Anspruchsniveaus (»Wenn man ein so hohes Alter erreicht hat, dann muss man mit bestimmten Veränderungen rechnen und diese akzeptieren«).

In ihrer Fähigkeit, in belastenden Situationen ein neues psychisches Gleichgewicht zu finden und zu einer tragfähigen Lebens- und Zukunftsperspektive zu gelangen, unterscheiden sich ältere Menschen erheblich voneinander. Dafür werden folgende Faktoren verantwortlich gemacht:

- die Persönlichkeit eines Menschen, was beispielsweise den Grad der Stabilität,

der Widerstandsfähigkeit, der Offenheit betrifft (vgl. McCrae, Costa 1993),
- die im Lebenslauf gewonnenen Erfahrungen in der Auseinandersetzung mit Konflikten und Belastungen (vgl. Lehr 1986; Olbrich 1994),
- der Grad sozialer Unterstützung in der Auseinandersetzung mit aktuellen Belastungen (vgl. Erlemeier 1995; Schneider 1995; Schwarzer 1992) sowie
- das Ausmaß fördernder oder einschränkender Lebensbedingungen (z.B. soziale Integration, Gesundheit, materielle Ressourcen, Wohnbedingungen; vgl. Kruse 1989a).

Eine Studie zur psychischen Situation von Menschen (Kruse 1989b), die vier bis sechs Jahre zuvor einen Schlaganfall erlitten hatten, befasste sich mit den *erlebten Belastungen* bei chronischer Erkrankung sowie den *psychischen Reaktionen* auf diese Belastungen. Die untersuchten Personen waren trotz rehabilitativer Maßnahmen in ihrer Selbständigkeit deutlich eingeschränkt: Ihre physische und zum Teil auch kognitive Kompetenz wiesen Einbußen und Verluste auf, die sie *subjektiv* als hohe Belastungen erlebten. Die Folge waren beim größten Teil dieser Personen negative Veränderungen im Selbstbild, die vor allem in der Sorge zum Ausdruck kamen, anderen Menschen eine Last zu sein und die empfangene Hilfe nicht erwidern zu können. Zugleich wurden Konflikte in den Beziehungen zu den Angehörigen genannt. Dass ein Teil der Patienten Ablehnung und Diskriminierung durch andere Menschen wahrnahm, spricht zum einen für eine hohe Sensibilität der Betroffenen gegenüber den Reaktionen in ihrer sozialen Umwelt, zum anderen für Schwierigkeiten, die im Kontakt mit chronisch erkrankten und behinderten Menschen auftreten können.
In der Untersuchung wurden *vier Bewältigungsstile* ermittelt:

- *Intensives Bemühen um weitere Verbesserung der gesundheitlichen, psychischen und sozialen Situation.*
  Die Patienten befolgten die ärztlichen Therapievorschläge, sie setzten die in der Rehabilitation gelernten Übungen zur Förderung kognitiver und psychomotorischer Leistungen selbständig fort. Sie bemühten sich darum, trotz bestehender Einbußen möglichst viele Aktivitäten des täglichen Lebens selbständig auszuführen, Kontakte mit Angehörigen und Freunden aufrechtzuerhalten, neue Aufgaben zu finden. – Bei einigen Patienten war die Tendenz zur Leugnung oder Verdrängung von Krankheitssymptomen erkennbar.
- *Bemühen um eine Neubewertung der Situation und um Hinnahme oder Annahme der Krankheitsfolgen, bei einigen Untersuchten verbunden mit dem Bemühen um weitere Verbesserung der gesundheitlichen, psychischen und sozialen Situation.*
  Im Vordergrund stand die gedankliche Auseinandersetzung mit der Situation. Bei einem Teil der Patienten war gleichzeitig das Bemühen um weitere Verbesserung der Situation erkennbar, doch dominierte auch bei ihnen die gedankliche Auseinandersetzung. Die Patienten betonten, dass trotz vorhandener Einbußen bestimmte Funktionen und Fertigkeiten nicht eingeschränkt seien, so dass es ihnen – im Vergleich zu anderen Menschen – relativ gut gehe. Des Weiteren hoben sie positive Momente der persönlichen Lebenssituation hervor, zum Beispiel ihre gute Ehe, den erfolgreichen Lebensweg ihrer Kinder, ihre guten Beziehungen zu den Freunden.
- *Ausgeprägte Tendenz zur Resignation und Passivität, geringe Aktivität in der Gestaltung des Alltags, geringes Engagement in sozialen Rollen.*
  Es dominierte die Überzeugung, die bestehende Situation durch eigenes Handeln nicht mehr verbessern zu können. Die Bereitschaft, den ärztlichen Therapievorschlägen zu folgen, war gering. Die Patienten hatten resigniert, zeigten kaum Aktivität,

suchten keinen Kontakt zu anderen Menschen. Sie blickten pessimistisch in die Zukunft, beschäftigten sich vor allem mit ihren Krankheitssymptomen und Behinderungen und erwarteten eine Verschlechterung ihres Gesundheitszustandes, während sie erhaltene Funktionen und Fertigkeiten kaum registrierten.

- *Starke Aggressionen gegen andere Menschen (vor allem gegen Angehörige), Konflikte in sozialen Beziehungen, negatives Selbstbild.*
  Die Patienten haderten mit ihrem Schicksal und empfanden es als ungerecht. Angehörigen, Freunden und Ärzten gegenüber reagierten sie gereizt: Den Angehörigen und Freunden machten sie den Vorwurf, sich nicht ausreichend um sie zu kummern, den Ärzten wurden mangelnde Therapieerfolge vorgehalten. Das Selbstbild der Patienten war negativ. Sie betonten ausschließlich die Einbußen und waren (im Gegensatz zur objektiv gegebenen Situation) überzeugt, so gut wie keine Tätigkeit selbständig ausführen zu können. Entsprechend wurden an die Angehörigen hohe Erwartungen hinsichtlich der von ihnen zu leistenden Hilfe gerichtet. Blieben einzelne Hilfen aus, so reagieren die Patienten gereizt und aggressiv.

Da sich die untersuchten Personen nicht wesentlich in der Lokalisation und Schwere des Schlaganfalls unterschieden, ist anzunehmen, dass zum einen die *prämorbide Persönlichkeit* (die Persönlichkeit vor der Erkrankung) und die im Lebenslauf ausgebildeten *Verarbeitungstechniken*, zum anderen *soziale Umweltmerkmale* Einfluss darauf haben, welcher Bewältigungsstil herausgebildet wird. Diese Annahme wird durch eine weitere Analyse bestätigt, nach der enge Zusammenhänge zwischen den psychischen Reaktionen auf die Krankheitsfolgen und der Form, in der sich die untersuchten Personen in früheren Lebensabschnitten mit Belastungen auseinander gesetzt hatten, gefunden wurden.
Außerdem wurde aus den Untersuchungsergebnissen deutlich, dass sich die Kranken und ihre engsten Bezugspersonen in der Art und Weise, wie sie die Situation interpretierten (Kognitionen) und wie sie diese zu bewältigen versuchten (psychische Reaktionen), gegenseitig verstärkt haben: Resignatives und passives Verhalten weckte bei vielen Angehörigen die Bereitschaft zur übermäßigen Unterstützung, während sie auf gereiztes und aggressives Verhalten der Kranken ebenfalls aggressiv reagierten. Die dadurch entstehenden Konflikte verstärkten wiederum das gereizte und aggressive Verhalten der Kranken.

Auch die Beschäftigung mit der Situation anderer sowie die erlebte Mitverantwortung für andere werden als Hilfe bei der Verarbeitung von Belastungen angesehen. Gleichzeitig spiegelt sich darin eine *sozial-konstruktive* Form der Belastungsverarbeitung wider, die auf ein gesellschaftliches *Potenzial* des Alters verweist. Diese Form der Verarbeitung weist Gemeinsamkeiten mit der von THOMAE (1988) beschriebenen Daseinstechnik der »Identifikation mit dem Schicksal anderer Menschen« auf.

Ergebnisse einer Studie (KRUSE 1996a), in der ehemalige jüdische Lagerhäftlinge (n = 68 Personen) befragt wurden, geben Hinweise auf diese Potenziale des Alters. Die Analyse der Art und Weise, wie die ehemaligen jüdischen Lagerhäftlinge heute – angesichts der zunehmenden Bedeutung belastender Erinnerungen im Lebensrückblick – versuchen, eine tragfähige Lebensperspektive aufrechtzuerhalten oder herzustellen, macht deutlich, in welchem Umfang das Engagement für andere Menschen bei der Auseinandersetzung mit belastenden Erinnerungen hilfreich sein kann.

- Nur ein Viertel der befragten Personen reagierte mit Niedergeschlagenheit und Hadern auf die belastenden Erinnerungen oder versuchte, davor auszuweichen.
- Bei rund einem Drittel dominierte das Bemühen, die persönliche Biographie zu ak-

zeptieren und auf dieser Grundlage zu einer positiven Einstellung gegenüber der aktuellen Situation und der Zukunft zu finden.
- Fast die Hälfte der befragten Personen beschäftigte sich intensiv mit dem Schicksal der nachfolgenden Generationen oder suchte nach Möglichkeiten des Engagements in den Beziehungen zu Angehörigen nachfolgender Generationen. Dieses Engagement zeigte sich unter anderem im Besuch des Geschichtsunterrichts, in dem man über die »persönliche Geschichte« sprach, oder in der Teilnahme an Diskussionsforen, in denen ältere und jüngere Menschen über gesellschaftlich und politisch verantwortliches Handeln sprachen.

Gerade aus der zuletzt beschriebenen Auseinandersetzungsform geht hervor, dass die Verarbeitung belastender Ereignisse auch in erlebte Mitverantwortung für die Zukunft einer Gesellschaft und Kultur münden kann. Angesichts der Tatsache, dass den ehemaligen jüdischen Lagerhäftlingen in ihrem Lebenslauf extreme Verletzungen zugefügt worden waren, ist das soziale Engagement eine bemerkenswerte Form persönlich-kreativer und sozial-konstruktiver Auseinandersetzung.

4. Entwicklung kognitiver Fähigkeiten und Fertigkeiten im Alter

4.1 Von Defizit-Modellen zu differenziellen Modellen

Die ersten theoretischen Modelle des Alterns gingen davon aus, dass zunehmende Einbußen und Verluste die Lernfähigkeit und Intelligenz im Alter bestimmen. Ihnen lag die Annahme eines *universellen* (bei allen älteren Menschen zu beobachtenden) und *generellen* (in allen kognitiven Funktionen zu beobachtenden) *Abbaus der kognitiven Leistungsfähigkeit* zugrunde. Diese *Defizit-Modelle des Alterns*, deren Annahmen *auf alle Bereiche der Person* übertragen wurden, hatten großen Einfluss auf das psychologische Verständnis von Altern als einem *generell* mit Einbußen und Verlusten verbundenen Prozess. Diese Einbußen und Verluste wurden nicht nur für die kognitive Leistungsfähigkeit angenommen, sondern auch für die Umstellungsfähigkeit und die Auseinandersetzung mit den Anforderungen des Alltags.

Die *Defizit-Modelle der kognitiven Leistungsfähigkeit* gründen auf Intelligenzuntersuchungen in den ersten Jahrzehnten dieses Jahrhunderts, bei denen Menschen verschiedenen Lebensalters miteinander verglichen wurden (querschnittliches Design; siehe dazu auch die Studieneinheit III, *Abschnitt 1.3*). Die besseren Ergebnisse der jüngeren Teilnehmenden wurden damals allein auf das Lebensalter zurückgeführt. Dass sich die Analysen ausschließlich auf den Vergleich der für die verschiedenen Altersgruppen errechneten Durchschnittswerte stützten, verdeckte zudem die großen Unterschiede in den kognitiven Leistungen von Personen der gleichen Altersgruppe.

Inzwischen ist bekannt, dass

- es weitere für die kognitive Leistungsfähigkeit relevante Unterschiede zwischen Menschen verschiedenen Lebensalters gibt (was den Gesundheitszustand betrifft, aber auch den Bildungsstand, die kulturellen und sozialen Entwicklungsbedingungen, den Grad der Vertrautheit mit den Aufgaben, die zu lösen sind, aber auch die Motivation sie zu lösen),
- die Alternsverläufe bei verschiedenen Komponenten der Intelligenz unterschiedlich sind (Einbußen und Verluste treten nicht bei allen kognitiven Fähigkeiten und Fertigkeiten auf) und zudem
- große interindividuelle Unterschiede zwischen Menschen gleichen Alters zu finden sind (die Einbußen und Verluste weisen bei verschiedenen Personen unterschiedliche Ausprägungsgrade auf).

Im Gegensatz zu den Defizit-Modellen betonen *differenzielle Modelle* die großen interindividuellen Unterschiede in der kognitiven Leistungsfähigkeit und beschreiben Faktoren, die diese Unterschiede erklären können. Sie gehen dabei von unterschiedlichen Alternsverläufen in den beiden grundlegenden Komponenten der Intelligenz aus: Während sich mit zunehmendem Alter in der *kristallisierten Intelligenz* – der Fähigkeit zur Lösung *vertrauter* kognitiver Probleme – keine oder nur geringfügige Verluste zeigen, lassen sich in der *fluiden (flüssigen) Intelligenz* – der Fähigkeit zur Lösung *neuartiger* kognitiver Probleme – wachsende Einbußen und Verluste erkennen.

Diese angenommenen Alternsverläufe sind allerdings nur als *Trends* zu bewerten, von denen die individuellen Entwicklungsverläufe mehr oder minder deutlich abweichen können (u. a. ROTT 1990; RUDINGER, RIETZ 1995; SCHAIE 1989). Die differenziellen Modelle betonen bereichsspezifische Erfahrungen und Wissenssysteme, die im Lebenslauf ausgebildet wurden und eine bedeutende Grundlage der kognitiven wie alltagspraktischen Kompetenz im Alter bilden (vgl. *Kapitel 2*), weil durch sie Einbußen und Verluste in den kognitiven Basisprozessen Informationsgeschwindigkeit, Umstellungsfähigkeit und Kapazität des Arbeitsgedächtnisses kompensiert werden können (siehe z.B. SALTHOUSE 1984; DIXON, BALTES 1986; WEINERT 1992): In Lebensbereichen, in denen sie qualitativ hochwertige, hochorganisierte und leicht abrufbare Wissenssysteme ausgebildet haben (wie z.B. im Beruf, in speziellen Interessengebieten, im Alltag), können Personen deshalb auch im Alter durchaus sehr kompetent sein.

Dieser Befund lässt sich durch das von Margret M. und Paul B. BALTES entwickelte *Modell der selektiven Optimierung mit Kompensation* gut erklären (vgl. Paul B. BALTES 1990): *Selektive Optimierung* ermöglicht den weiteren Ausbau von Erfahrungen und Wissenssystemen, *Kompensation* den (mehr oder minder weit reichenden) Ausgleich kognitiver Einbußen und Verluste durch diese Erfahrungen und Wissenssysteme. Personen, die im Lebenslauf differenzierte und gut organisierte Wissenssysteme aufgebaut haben (selektive Optimierung), können altersbedingte Defizite in den kognitiven Basisprozessen eher ausgleichen (kompensieren) und dadurch ihre Leistungen in berufsbezogenen oder berufsnahen Tätigkeiten aufrechterhalten.

Um hervorzuheben, dass die kognitive Leistungsfähigkeit im Alter nicht nur durch Einbußen und Verluste (d.h. Schwächen) bestimmt wird, sondern auch durch *Stärken* – die vor allem in den bereichsspezifischen Erfahrungen und Wissenssystemen zu finden sind –, sprechen manche Autoren von *Kompetenz-Modellen* statt von differenziellen Modellen. Allerdings ist mit dieser Bezeichnung die Gefahr verbunden, dass negative Stereotype (im Sinne einer einseitigen Betonung der Schwächen) durch positive Stereotype (im Sinne einer einseitigen Betonung der Stärken) ersetzt werden. Auch wenn es grundsätzlich richtig ist die Stärken hervorzuheben, so dürfte der Begriff »Kompetenz-Modell« übertrieben sein. Die Bezeichnung »differenzielle Modelle« dagegen betont deutlich sowohl die interindividuellen (also personenbezogenen) Unterschiede, die es zwischen alten Menschen gibt, als auch die intraindividuellen (also bereichsbezogenen) Unterschiede.

4.2 Kristallisierte und fluide Intelligenz

Die Differenzierung der Intelligenz in die beiden Komponenten *kristallisierte* und *fluide (flüssige) Intelligenz* bildet heute die zentrale theoretische Grundlage empirischer Studien zur Intelligenzentwicklung im Lebenslauf.

Die *kristallisierte Intelligenz* – auch als *erfahrungs- und wissensgebundene Intelligenz* bezeichnet – umfasst jene Fähigkeiten und Fertigkeiten, die zur Lösung vertrauter kognitiver Probleme notwendig sind. In dieser Intelligenzkomponente spiegeln sich die vom Individuum rezipierten und organisierten, zum Teil weiterentwickelten Wissensinhalte und -systeme wider, die für jene Gesellschaft und Kultur charakteristisch sind, in der es lebt. Aufgrund der hohen alltagspraktischen Relevanz, die diese Wissensinhalte und -systeme besitzen, wird die *kristallisierte* Intelligenz auch als »Pragmatik der Intelligenz« bezeichnet. Dabei differenziert Paul B. BALTES (1990) zwischen zwei grundlegenden Formen des Wissens:

- *Faktisches Wissen* umfasst die Kenntnisse in Bezug auf einzelne Lebensbereiche (beispielsweise Beruf, Freizeit, spezielle Interessen).
- *Prozedurales Wissen* umfasst die Kenntnisse in Bezug auf Strategien, die notwendig sind, um die Anforderungen in einzelnen Lebensbereichen (zum Beispiel im Beruf) zu meistern.

Die *fluide (flüssige) Intelligenz* wird auch als »Mechanik der Intelligenz« bezeichnet, da sie grundlegende Prozesse der Informationsverarbeitung und des Problemlösens umfasst. Die fluide Intelligenz, die die Fähigkeiten und Fertigkeiten zur Lösung neuartiger kognitiver Probleme beschreibt, ist in sehr viel stärkerem Maße als die kristallisierte Intelligenz an intakte Hirnfunktionen gebunden.

Aus den zahlreichen Untersuchungen zur Intelligenzentwicklung lässt sich ableiten, dass die *Entwicklung in diesen beiden Intelligenz-Komponenten unterschiedlich* verläuft: Während die fluide Intelligenz schon ab dem Erwachsenenalter erste Einbußen erkennen lässt, die mit steigendem Alter weiter zunehmen, zeigt die kristallisierte Intelligenz ein deutlich höheres Maß an Stabilität.

Werden im mittleren und hohen Erwachsenenalter Erfahrungen ausgebaut und Wissenssysteme weiterentwickelt, so kann die »Pragmatik der Intelligenz« in diesen Lebensabschnitten sogar noch weiter zunehmen.

Neurophysiologische Erklärungen dieses Phänomens gehen von der Annahme aus, dass mit zunehmendem Alter immer mehr Schädigungen im Zentralnervensystem auftreten und die dort ablaufenden Prozesse störanfälliger werden, was die kognitive Umstellungsfähigkeit, die Geschwindigkeit der Informationsverarbeitung sowie die Kapazität des Arbeitsgedächtnisses (s. *Abschnitt 5.1*) beeinträchtigt. Der Umfang der Einbußen und Verluste ist jedoch von Person zu Person verschieden, da sie einerseits vom Gesundheitszustand, andererseits vom Grad der kognitiven Aktivität sowohl in früheren Lebensjahren als auch in der Gegenwart abhängig sind. Dass Einbußen und Verluste in den kognitiven Basisprozessen durch entsprechendes Training verringert werden können, weist auf die auch im Alter gegebene Plastizität (Formbarkeit) des Nervensystems hin (vgl. *Kapitel 5*; FLEISCHMANN 1993; KLIEGL et al. 1989; OSWALD, RÖDEL 1994).

Abbildung 2: Veränderungen fluider und kristallisierter Intelligenzfunktionen im Alter

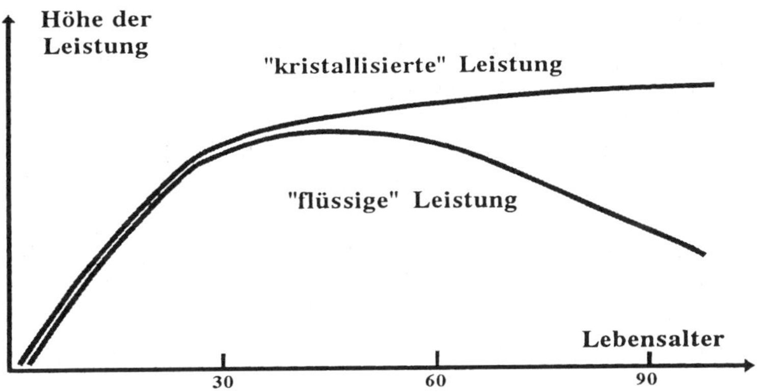

(Grafik: Axel BENGSCH nach OSWALD, RÖDEL 1994, S. 8).

4.3 Die Bewältigung alltagsbezogener Probleme: Praktische Intelligenz

Die für die Bewältigung alltagsbezogener Anforderungen notwendigen Fähigkeiten und Fertigkeiten werden mit dem Begriff der *praktischen Intelligenz* umschrieben, wobei einzelne Autoren darauf hinweisen, dass Zusammenhänge zwischen *praktischer Intelligenz* und *Alltagskompetenz* bestehen (vgl. z. B. WILLIS, SCHAIE 1986; DIXON, BALTES 1986). Das *Konzept der praktischen Intelligenz* ist bislang sowohl theoretisch als auch empirisch eher vage. Es wird in Zweifel gezogen, dass es sich bei der praktischen Intelligenz um eine eigene

Komponente handelt, wie es die *kristallisierte* und *fluide Intelligenz* sind. Versteht man unter praktischer Intelligenz bereichsspezifische Wissenssysteme – die sowohl aus *faktischem* als auch aus *prozeduralem Wissen* bestehen –, können die als wesentlich erachteten Merkmale der praktischen Intelligenz auch der kristallisierten Intelligenz zugeordnet und dabei als spezifische Variante dieser Intelligenz-Komponente verstanden werden. Andererseits korrelierten in Untersuchungen von WILLIS und SCHAIE (z. B. 1986) Fähigkeiten und Fertigkeiten zur Lösung alltagsbezogener Probleme sowohl mit Aufgaben, die die kristallisierte Intelligenz, als auch mit Aufgaben, die die fluide Intelligenz erfassen.

Auch wenn der »theoretische Ort« noch nicht eindeutig bestimmt ist, soll dennoch im Folgenden auf einige Beiträge zum *Konzept der praktischen Intelligenz* eingegangen werden, da in ihnen eine veränderte Sicht der kognitiven Leistungsfähigkeit im Alter zum Ausdruck kommt und sie damit als Bestandteil eines erweiterten Verständnisses der Kompetenz älterer Menschen zu werten sind.

Bereits zu Beginn der achtziger Jahre wurde von LABOUVIE-VIEF die Annahme kritisch hinterfragt, dass nach dem Jugendalter keine strukturellen (qualitativen), sondern nur quantitative Veränderungen der Intelligenz aufträten. Die strukturelle Invarianz (Unveränderbarkeit) der Intelligenz nach dem Jugendalter wurde vor allem von Psychologen angenommen, die sich an die von Jean PIAGET erarbeitete Theorie der kognitiven Entwicklung anlehnen. PIAGET (1983) geht von einer Stufenfolge aus, bei der sich die einzelnen Stufen in ihrer Struktur unterscheiden. Die Entwicklung der Intelligenz im Kindes- und Jugendalter wird als *Prozess struktureller Veränderung* beschrieben, der nach dem Jugendalter abgeschlossen ist, weil danach keine weiteren strukturellen, sondern ausschließlich quantitative Veränderungen der Intelligenz stattfinden.

Diese *Hypothese der strukturellen Invarianz* wurde mit Nachdruck von FLAVELL (1979) vertreten, auf den sich LABOUVIE-VIEF (1985) in ihrer Kritik vor allem bezieht. Sie argumentiert, dass die Entwicklungsaufgaben im frühen, mittleren und späten Erwachsenenalter neue Anforderungen an den Menschen stellen: Während im Jugendalter Entscheidungen und Handlungen erprobt werden könnten, da häufig keine *endgültigen* Festlegungen und Konsequenzen für die zukünftige Entwicklung damit verbunden seien, hätten Entscheidungen und Handlungen im Erwachsenenalter Konsequenzen sowohl für die eigene Zukunft als auch für das Leben anderer; darüber hinaus stelle sich in wachsendem Maße die Aufgabe, für andere Menschen Verantwortung zu übernehmen. Damit spricht LABOUVIE-VIEF eine Entwicklungsaufgabe an, die in vielen Veröffentlichungen als eine bedeutende Aufgabe des mittleren und hohen Erwachsenenalters beschrieben wird. Die Berücksichtigung möglicher Konsequenzen von Entscheidungen und Handlungen bereits im Vorfeld, die Zukunftsplanung sowie die Übernahme von Verantwortung für andere Menschen sind an Fähigkeiten und Fertigkeiten gebunden, die von LABOUVIE-VIEF unter dem Begriff »praktische Intelligenz« zusammengefasst werden (siehe zusammenfassend auch KRUSE 1990).

Für eine Untersuchung zum Thema »intelligentes Handeln bei älteren Managern« wählten KLEMP und MCCLELLAND (1986) aus einer Gruppe von 150 Betriebsdirektoren und -managern jene, deren Betriebe in den letzten Jahren die besten Handelsbilanzen erzielt hatten. In Interviews sollten diese erfolgreichen Manager beschreiben, welche Strategien sie im beruflichen Alltag einsetzen. Aus der Analyse der Interviews leiteten KLEMP und MCCLELLAND »Kompetenzen« (ein von den beiden Autoren in diesem Zusammenhang gebrauchter Begriff) ab, die eine Grundlage für den beruflichen Erfolg der Manager bilden:
(a) planendes, kausales Denken,
(b) Suche nach neuen Informationen, um die Situation besser einschätzen und mit ihr effektiv umgehen zu können,
(c) synthetisches Denken,
(d) Bedürfnis, Einfluss auszuüben,
(e) Ausübung von Einfluss,
(f) Beeinflussung von Entscheidungen in einer Gruppe,
(g) symbolische Einflussnahme (durch Übernahme von Vorbildfunktionen und durch Betonung der Gruppenidentität),
(h) Selbstsicherheit.

Wie das Beispiel zeigt, umfasst die *praktische Intelligenz* neben den grundlegenden kognitiven Fähigkeiten spezifische Fertigkeiten und Persönlichkeitsmerkmale. Dazu gehören vor allem: bereichsspezifisches Wissen und bereichsspezifische Strategien, hohe soziale Kompetenzen, verbunden mit der Fähigkeit und Bereitschaft Gruppenprozesse zu lenken, hohe Leistungsmotivation und ein ausgeprägtes und stabiles (leistungsbezogenes) Selbstkonzept.

Bei der Analyse der praktischen Intelligenz sind also neben kognitiven Fähigkeiten und Fertigkeiten bereichsspezifische Erfahrungen und Wissenssysteme, die eingesetzten Strategien, die Motivation und das Selbstbild zu erfassen. Dies gilt nicht nur für die praktische Intelligenz im Beruf. Auch in anderen Situationen (wie z.B. bei der Ausübung ehrenamtlicher Tätigkeiten oder im Zusammenhang mit der Bewältigung von Anforderungen im Alltag) ist nach bereichsspezifischen Erfahrungen, Wissenssystemen und Strategien zu fragen.

4.4 Interindividuelle Unterschiede in der kognitiven Leistungsfähigkeit

Im Alter gehen die Geschwindigkeit der Informationsverarbeitung, die Flüssigkeit der Intelligenz und die Kapazität des Arbeitsgedächtnisses zurück. Für alle kognitiven Leistungen wurden große interindividuelle Unterschiede ermittelt, so bezüglich der verschiedenen Komponenten der Intelligenz, der Qualität des bereichsspezifischen Wissens sowie in den Gedächtnisleistungen. In den untersuchten Stichproben fanden sich sowohl Menschen mit deutlichen Einbußen und Verlusten in ihrer kognitiven Leistungsfähigkeit als auch solche, bei denen sie weitgehend erhalten geblieben war.

Es sind vor allem sechs Faktoren, die die kognitive Leistungsfähigkeit im Alter beeinflussen und damit zu den ausgeprägten interindividuellen Unterschieden beitragen:

- Der *Bildungsstand* ist einer der bedeutsamsten Einflussfaktoren. Die Zusammenhänge zwischen Bildungsstand und Intelligenz werden damit erklärt, dass höhere schulische und berufliche Bildung mit einem intensiveren und längeren Training beim Aufbau von Strategien und deren Anwendung auf neue kognitive Probleme verbunden ist (siehe dazu PEKRUN 1994; WEINERT 1994). Dieses Training wirkt sich auch auf die Intelligenzleistungen in späteren Lebensaltern positiv aus (siehe dazu Paul B. BALTES 1984; KRUSE, LEHR 1989; RUDINGER, RIETZ 1995; SCHAIE 1996).
- Das *berufliche Training* ist nicht nur im Hinblick auf den Erwerb und die Anwendung von Strategien zur Lösung vertrauter oder neuer kognitiver Probleme bedeutsam. Wichtig ist auch, inwieweit im Beruf spezielle Erfahrungen gewonnen und bereichsspezifische Wissenssysteme entwickelt werden, die eine bedeutende Grundlage für die Lösung beruflicher und alltagspraktischer Aufgaben bilden (vgl. SALTHOUSE 1985). Diese Erfahrungen und Wissenssysteme können auch dazu dienen, Einbußen in kognitiven Basisleistungen (fluide Intelligenz, Geschwindigkeit der Informationsverarbeitung) teilweise zu kompensieren.

  Bei der Bearbeitung eines Manuskriptes erbrachten ältere und jüngere Sekretärinnen gleich gute Leistungen, obwohl die älteren in einem definierten Zeitraum auf weniger Anschläge kamen. Die geringere Schreibgeschwindigkeit kompensierten sie durch einen besseren Überblick über das Arbeitsfeld und einzelne Arbeitsabläufe, also durch erfahrungs- und wissensbezogene Stärken (SALTHOUSE 1984).

- Unter dem Begriff *Lebensstil* werden in der Gerontopsychologie verschiedene Formen der Aktivität sowie die Interessenstruktur des Menschen verstanden. Höhere Aktivität im Lebenslauf und in der Gegenwart sowie ein breiteres Spektrum von Interessen wirken sich in mehrfacher Hinsicht günstig auf kognitive Leistungen im Alter aus (vgl. LEHR 1982, WILLIS 1987): Sie
  - fördern die erfahrungsgebundene Intelligenz sowie die Entwicklung, Organisation und Abrufbarkeit von bereichsspezifischen Wissenssystemen,
  - beeinflussen Lernkapazität und Umstellungsfähigkeit positiv und
  - tragen zur Offenheit des Menschen für neue Anregungen und Anforderungen bei, wodurch die Umstellungsfähigkeit im Alter gefördert wird.
- *Anregungsgehalt der Umwelt:* Es kann unterschieden werden zwischen
  - Umwelten, die durch einen hohen Anregungsgehalt, durch Anforderungen und durch Lernangebote charakterisiert sind, und
  - Umwelten, die nur geringe Stimulation und Anforderungen bieten und dazu beitragen, dass vorhandene kognitive Strategien und Wissenssysteme nicht genutzt und neue Strategien und Wissensinhalte nicht erworben werden, obwohl die Kompetenz zum Neulernen vorhanden ist.

Die Studien zum kognitiven Training, die von KLIEGL und anderen (1989) durchgeführt worden sind, weisen auf die Bedeutung der Umwelt für die kognitive Leistungsfähigkeit im Alter hin. Den Versuchspersonen wurde die Möglichkeit gegeben vorhandene Lern- und Gedächtnisstrategien zu trainieren sowie neue Strategien zu erwerben. Danach zeigten sie in Lern- und Gedächtnisuntersuchungen deutlich bessere Leistungen. Dies deutet zum einen darauf hin, dass vorhandene Ressourcen durch Training effektiver genutzt werden können, zum anderen kognitive Ressourcen aber auch erweitert werden können. Im Vergleich zu den jüngeren waren die Leistungsfortschritte der älteren Teilnehmenden zwar geringer, doch zeigten letztere eindeutige Verbesserungen ihrer Lern- und Gedächtnisleistungen, die für die im Alter erhaltene Veränderungsmöglichkeit sprechen.

- Zwischen *Gesundheitsstatus* und kognitiver Leistungsfähigkeit bestehen insofern Zusammenhänge, als schon geringere gesundheitliche Belastungen zu Beeinträchtigungen der kognitiven Leistungen führen können – vor allem dann, wenn höhere Anforderungen an die kognitive Leistungsfähigkeit gestellt werden. Bei starken gesundheitlichen Belastungen hingegen können deutliche Defizite bereits dann auftreten, wenn es um die Bewältigung vertrauter kognitiver Probleme geht. Die empirischen Befunde sprechen dafür, dass kognitive Leistungen einen sensiblen Gradmesser für gesundheitliche Belastungen (vor allem durch kardiovaskuläre Erkrankungen; siehe dazu die Studieneinheit VII) darstellen (vgl. Beiträge in LEHR, THOMAE 1987).

Mit diesen Befunden verwandt sind Ergebnisse aus Längsschnittstudien, nach denen in den letzten Lebensjahren die kognitiven Leistungen deutlich zurückgehen können. Es wird angenommen, dass ein plötzlicher Rückgang kognitiver Funktionen für die Existenz eines krankhaften Prozesses spricht, der schließlich zum Tode führt. Einige Autoren haben eine relativ hohe Stabilität der kognitiven Leistungsfähigkeit bis ins hohe Alter beobachtet; erst vor dem Tod sei ein relativ kurzfristiges, deutliches Abfallen der Leistungen zu erkennen. Manche Autoren nennen einen Zeitraum von fünf Jahren, andere sprechen von deutlichen Rückgängen im Todesjahr (vgl. SCHMITZ-SCHERZER 1992, siehe auch Studieneinheit III, *Abschitt 1.2*).

- *Selbstbild:* Kognitive Leistungen sind von der Motivlage des Menschen beeinflusst. Die zum Teil großen Unterschiede zwischen potenzieller Leistungsfähigkeit und tatsächlich gezeigten Leistungen gehen nicht selten auf mangelnde Vertrautheit mit der Situation und daraus resultierender Unsicherheit zurück. Des Weiteren wurde bei älteren Menschen eine – im Vergleich zu jüngeren Menschen – größere Furcht vor Misserfolg beobachtet.

Das zeigt sich auch in einer höheren Anzahl von Auslassungsfehlern älterer Menschen in Intelligenz-, Lern- und Gedächtnistests (siehe dazu LEHR 1996). Diese Befunde stimmen mit Ergebnissen aus Untersuchungen überein, in denen Personen ihre Leistungsfähigkeit bei der Lösung von Lern- und Gedächtnisaufgaben einschätzen sollten. Ältere tendierten eher dazu ihre Lern- und Gedächtnisleistungen zu unterschätzen – selbst dann, wenn sie entsprechende Aufgaben erfolgreich gelöst hatten (vgl. KNOPF 1987; WEINERT, KNOPF 1990).

5. Lernen und Gedächtnis

In Bezug auf die Lern- und Gedächtnisleistungen im höheren Erwachsenenalter ergibt sich ein komplexes Bild. Auf der einen Seite ist bei den meisten älteren Menschen neben einer anhaltenden Leistungstüchtigkeit die Fähigkeit zu beobachten neue Lern- und Gedächtnisstrategien zu erwerben. Auf der anderen Seite wird die Leistungskapazität des Gedächtnisses geringer, weil die Einbußen in neurophysiologischen (zentralnervösen) Funktionen und Prozessen mit steigendem Alter zunehmen. Diese beiden Sachverhalte – erhaltene Leistungs*tüchtigkeit* bei zurückgehender Leistungs*kapazität* – sollte man im Blick haben, wenn über Lernen und Gedächtnis im Alter gesprochen wird.

Die Annahme, dass Menschen auch im höheren Erwachsenenalter lernfähig seien, wurde unter anderem durch Untersuchungen bestätigt, in denen die Wirksamkeit von Lern- und Gedächtnistraining sowohl mit speziellen Testaufgaben in der Laborsituation (vgl. KLIEGL et al. 1989) als auch mit alltagspraktischen Aufgaben (vgl. OSWALD, RÖDEL 1994) überprüft wurde: Nach der Teilnahme an einem solchen Training waren die Leistungen deutlich verbessert. Gleichzeitig weisen Befunde aus Gedächtnisuntersuchungen übereinstimmend darauf hin, dass ältere Menschen im Durchschnitt schlechtere Erinnerungsleistungen erbringen als jüngere Menschen (vgl. WEINERT 1995). HORN und HOFER (1992) zählen das Erinnern deshalb zu den »verletzlichen« Fähigkeiten des älteren Menschen.

5.1 Allgemeine Entwicklungen und interindividuelle Unterschiede in den Lern- und Gedächtnisleistungen älterer Menschen

Wenn der Großteil älterer Menschen trotz altersbedingter Einbußen in neurophysiologischen (zentralnervösen) Funktionen und Prozessen gute Lern- und Gedächtnisleistungen zeigt, ist dies darauf zurückzuführen, dass sie im Verlauf ihres Lebens auf bestimmten Gebieten eine umfassende Wissensgrundlage erworben haben (*bereichsspezifisches Wissen*). Haben sie zudem in diesen Bereichen effektive Lernstrategien entwickelt, können sie sogar bessere Leistungen zeigen als jüngere Menschen, die mit den entsprechenden Bereichen noch nicht (so) vertraut sind (vgl. KNOPF et al. 1990).

Ist das bereichsspezifische Wissen reichhaltig und gut organisiert und stehen effektive Erinnerungs- und Lernstrategien zur Verfügung, die es ermöglichen vorhandenes Wissen abzurufen (*Prozess der Dekodierung*) und neue Wissensinhalte zu speichern (*Prozess der Enkodierung*), wird auch von *Expertenwissen* gesprochen.

Der Umfang des Wissens, Form und Ausmaß seiner Organisation sowie die Effektivität der Erinnerungs- und Lernstrategien sind das Resultat von Lernerfahrungen, die ein Mensch in früheren Lebensjahren gemacht hat. Deshalb ist ein lebenslanges kontinuierliches Lern- und Gedächtnistraining wichtige Voraussetzung für gute Lern- und Gedächtnisleistungen im Alter.

Das belegen unter anderem empirische Untersuchungen, in denen aufgrund der in früheren Lebensjahren erbrachten Leistungen recht präzise vorhergesagt werden konnte, zu welchen Leistungen bestimmte alte Menschen fähig waren (vgl. VERHAEGHEN, MARCOEN 1993).

Einbußen in neurophysiologischen Funktionen und Prozessen führen zu Problemen bei der Bearbeitung und Verschlüsselung neuen Lernmaterials. Vor allem erschweren sie das Abrufen des Gelernten (das Erinnern). Auch wenn die interindividuellen Unterschiede in den Lern- und Gedächtnisleistungen groß sind und die Leistungen in verschiedenen Lern- und Gedächtnisaufgaben erheblich variieren (zwei Aspekte, auf die in *Abschnitt 4.2* eingegangen wird), können dennoch einige verallgemeinerbare Aussagen getroffen werden (vgl. FLEISCHMANN 1989; KRUSE, LEHR 1989; WEINERT 1995):

- Die Kapazität des *Arbeitsgedächtnisses*, in dem Lerninhalte bearbeitet und verschlüsselt werden, bevor sie im *Langzeitgedächtnis* gespeichert werden, nimmt ab.
- Die *Geschwindigkeit der Informationsverarbeitung* geht zurück.
- Die *Kontrolle des Lernvorgangs* durch Aufmerksamkeit ist verringert.

Daraus ergeben sich spezifische Lern- und Gedächtnisprobleme (vgl. KRUSE, LEHR 1989):

- Die Geschwindigkeit, mit der Informationen bearbeitet und verschlüsselt werden, wird geringer.
- Die Anzahl der Informationen, die in einem bestimmten Zeitraum gelernt werden, wird kleiner.
- Beim Lernen ist eine höhere Störanfälligkeit zu beobachten, und das Gelernte wird nicht mehr so gut behalten.

Wie gut die Lern- und Gedächtnisleistungen eines älteren Menschen sind, hängt vor allem davon ab, wie intensiv, effektiv und umfassend er in früheren Lebensjahren gelernt hat. Wichtig sind aber auch die Anregungen und Anforderungen aus seinem aktuellen Umfeld sowie seine Lernbereitschaft.

Da physiologische Prozesse die Leistungsfähigkeit des Gehirns beeinflussen, können sich Herz-Kreislauf- sowie Stoffwechselerkrankungen negativ auf zentralnervöse Prozesse auswirken und damit die Leistungsfähigkeit des Gehirns beeinträchtigen. Aber auch Erkrankungen des Gehirns sind häufig Ursache für abnehmende Lern- und Gedächtnisleistungen (siehe Studieneinheit VIII).

Die im höheren Erwachsenenalter festzustellenden (interindividuell unterschiedlichen) Einbußen in den kognitiven Ressourcen können durch Lernaktivitäten erkennbar verringert werden, da diese anregend auf jene zentralnervösen Prozesse wirken, die die Grundlage unseres Gedächtnisses bilden. Zentralnervöse Prozesse sind sehr stark vom Grad ihrer Aktivierung beeinflusst: Durch kontinuierliche Aktivierung werden Nervenzellen rascher erregt, die Erregung wird mit größerer Geschwindigkeit auf andere Nervenzellen übertragen, Nervenzellen werden rascher miteinander verbunden, die hergestellte Verbindung weist ein höheres Maß an Präzision und Stabilität auf. Zudem fördert Lernen im höheren Erwachsenenalter die Nutzung bestehender sowie den Erwerb neuer Lernstrategien, wodurch Einbußen im Arbeitsgedächtnis eher kompensiert (ausgeglichen) werden können.

Diese Ausführungen machen deutlich, dass die Entwicklung von Lern- und Gedächtnisleistungen im höheren Erwachsenenalter sowohl interindividuell als auch intraindividuell differenziert betrachtet werden muss. *Interindividuell* differenziert, weil sich ältere Menschen in diesen Leistungen erheblich unterscheiden, *intraindividuell* differenziert, weil eine Person in verschiedenen Lern- und Gedächtnisaufgaben unterschiedliche Leistungen zeigen kann.

5.2 Faktoren, die die Lern- und Gedächtnisleistungen im Alter beeinflussen

Es gibt Lernaufgaben, die älteren Menschen größere Schwierigkeiten machen, und solche, die ihnen weniger Probleme bereiten. Zu den letztgenannten gehören Aufgaben,
- die nicht unter Zeitdruck bearbeitet werden müssen,
- die vertraut sind,
- die eher erfahrungs- und wissensabhängig sind,
- die klar gegliedert und gut strukturiert sind,
- bei denen die Aufmerksamkeit nicht geteilt werden muss, weil es nur um *einen* inhaltlichen Aspekt geht,
- bei denen Inhalte wiedererkannt werden sollen und nicht frei erinnert werden müssen,
- deren Struktur den Gebrauch komplexerer Lernstrategien fördert.

Größere Leistungseinbußen sind hingegen bei Aufgaben erkennbar,
- die unter Zeitdruck bearbeitet werden müssen,
- die nicht vertraut sind,
- die eher erfahrungs- und wissensunabhängig sind,
- deren Aufbau kompliziert ist,
- bei denen die Aufmerksamkeit geteilt werden muss, weil gleichzeitig verschiedenartige inhaltliche Aspekte zu lernen sind,
- bei denen Inhalte frei erinnert werden sollen,
- deren Struktur den Gebrauch komplexerer Lernstrategien nicht fördert.

Im Folgenden werden die spezifischen Veränderungen in den einzelnen Lern- und Gedächtnisfunktionen ausführlicher diskutiert, die Ursache dafür sind, dass sich die Leistungen bei der Bearbeitung bestimmter Aufgabentypen im Alter verschlechtern, während bei anderen keine Probleme auftreten (vgl. KRUSE, LEHR 1989; LEHR 1996).

Zunächst fällt die große Bedeutung des *Geschwindigkeitsfaktors* auf: Ältere Menschen lernen langsamer als jüngere Menschen, zum Teil allerdings auch genauer als diese. Die abnehmende Geschwindigkeit bei der Informationsverarbeitung führt zu größeren Problemen, wenn unter Zeitdruck gelernt werden muss. Vor allem dann, wenn der zu lernende Inhalt neuartig ist, erzielen ältere Menschen schlechtere Werte als jüngere. Fällt der Zeitdruck fort, gehen auch die Altersunterschiede erkennbar zurück.

Diese Erkenntnisse wurden in den verschiedenen Programmen zum Gedächtnistraining berücksichtigt: Da ältere Menschen effektiver lernen, wenn sie ihr Lerntempo selbst bestimmen können, soll möglichst kein (übermäßiger) Zeitdruck herrschen. Diese Entscheidungsfreiheit führt allerdings nicht selten dazu, dass ältere Menschen langsamer arbeiten, als es ihrer tatsächlichen Leistungsfähigkeit entspricht.

Ein weiterer Einflussfaktor auf die Lern- und Gedächtnisleistungen ist der Grad der *Vertrautheit mit dem Lernmaterial.* Im Alter kann sich mangelnde Vertrautheit aus zwei Gründen negativ auf die Leistungen auswirken: Zum einen geht die »Flüssigkeit« des Denkens zurück, wodurch sich auch die Fähigkeit zur Anpassung an neuartige Aufgaben verringert. Zum anderen erfordert die Bearbeitung neuartiger Aufgaben nicht selten Veränderungen jener Lernstrategien, die im Lebenslauf entwickelt und gefestigt worden sind. In diesen Fällen bedeutet Neulernen auch *Um*lernen.

Diese Aussagen dürfen keineswegs so interpretiert werden, als seien ältere Menschen nicht mehr in der Lage, neuartige Aufgaben zu bearbeiten und sich neue Lernstrategien anzueignen. Wenn Lernaufgaben an bereits bekannte Lerninhalte anknüpfen – wenn also im Vordergrund des Trainingsprogramms eine Erweiterung des bestehenden Wissens sowie der vorhandenen Lernstrategien steht –, dann erbringen ältere Menschen auch in relativ neuartigen Situationen gute Leistungen. Dieses Vorgehen, das die Wechselwirkungen zwischen den Lerneigenschaften (oder der Lerngeschichte) eines Menschen und der Art des Lernmaterials berücksichtigt, wird auch als *Kontext-Ansatz* bezeichnet (Willis, Schaie 1986). In dem Maße, in dem bei der Aufgabenstellung auf diese Wechselwirkung geachtet wird, ist auch eine Verbesserung der Leistungsgüte zu erwarten.

Ist das Lernmaterial überschaubar, ausreichend gegliedert und gut strukturiert? Motiviert die Art der Aufgabenstellung dazu, komplexere Lernstrategien einzusetzen? Diese beiden Fragen sprechen die Bedeutung an, die *Aufbau und Struktur der Lerninhalte* für Lern- und Gedächtnisleistungen im Alter haben. Werden viele Inhalte gleichzeitig angeboten, so erschwert dies das Lernen vor allem dann, wenn ihre Verschiedenartigkeit *geteilte Aufmerksamkeit* erfordert. Aus diesem Grunde sollte Lernmaterial so angeordnet sein, dass die *Aufmerksamkeit auf eine Aufgabe konzentriert* werden kann. Da es älteren Menschen schwerer fällt Lernmaterial zu strukturieren, profitieren sie in besonderer Weise von einer übersichtlichen Gliederung.

In Untersuchungen berichteten ältere Versuchspersonen, die eine Geschichte nacherzählen sollten, nur die wichtigsten Aspekte und ließen periphere Gesichtspunkte weitgehend fort. War die Geschichte nicht klar aufgebaut, hatten ältere Versuchspersonen beim Nacherzählen größere Schwierigkeiten als die jüngeren (zur ausführlichen Darstellung siehe Kruse, Lehr 1989).

Aus Studien geht ebenfalls hervor, wie wichtig die Instruktion (Einführung in eine Lern- und Gedächtnisaufgabe) für die Bearbeitung und Speicherung (Enkodierung) des Materials ist: Eine gute Instruktion trägt dazu bei, dass vorhandene Lernstrategien auch eingesetzt werden, damit die potenzielle Leistungsfähigkeit wirklich ausgeschöpft wird.

In einem inzwischen klassischen Versuch erbrachten CRAIK und TULVING (1975) dafür den Nachweis. Vier Untersuchungsgruppen wurden Wörter vorgegeben, wobei die Teilnehmer in
- *Gruppe 1* gebeten wurden sie zu lernen,
- *Gruppe 2* für jedes Wort angeben sollten, ob es groß oder klein geschrieben wird,
- *Gruppe 3* für jedes Wort feststellen sollten, mit welchem anderen Wort es sich reimt,
- *Gruppe 4* für jedes Wort einen Oberbegriff angeben sollten, dem es zugeordnet werden kann.

Im nachfolgenden Erinnerungstest erzielten die Mitglieder der ersten beiden Gruppen die schlechtesten Ergebnisse, die der vierten Gruppe die besten Ergebnisse. Die der dritten Gruppe erreichten ein mittleres Leistungsniveau. Diese Befunde wurden dahingehend interpretiert, dass die Erinnerungsleistungen besser sind, wenn – wie in Gruppe 4 – eine tiefer gehende (elaborierte) Analyse des Lernmaterials durchgeführt wurde.

Die Leistungsgüte ist dieser Untersuchung zufolge auch davon beeinflusst, wie gut das Lernmaterial strukturiert und organisiert wurde:
- Die einfache Anleitung, das Material zu lernen, fördert den Gebrauch von Lernstrategien, die das Lernmaterial strukturieren und organisieren.
- Legt die Instruktion eine tiefer gehende Analyse des Lernmaterials nahe, so werden komplexere Strategien eingesetzt, die eine günstigere Ordnung und Strukturierung bewirken. Dies verbessert die Behaltensleistung, selbst wenn vorher nicht mitgeteilt wird, dass das Material später erinnert werden soll.

Zu diesen aufgabenbezogenen Einflussfaktoren kommen weitere, die stärker auf die Person bezogen sind:

Im Alter sind die *Lernprozesse störanfälliger*. Während der Übungsphase eingeschaltete Pausen führen bei Jüngeren häufig zur Verbesserung der Lernleistung, bei Älteren dagegen eher zur Verschlechterung. Ältere Menschen sind vor allem dann benachteiligt, wenn sie verschiedene Informationen gleichzeitig speichern müssen oder neben dem Lernen noch andere Aufgaben ausführen sollen.

Im Alter werden durch *kontinuierliches Training* die Aufmerksamkeitsleistungen sowie die Flexibilität der Lernstrategien erheblich gefördert. Schlechtere Lernleistungen sind oftmals auch auf ein Praxisdefizit zurückzuführen. Wird dieses ausgeglichen, wirkt sich das positiv auf die Lern- und Gedächtnisleistungen aus. Die Plastizität der kognitiven Funktionen im Alter legt die kontinuierliche Förderung älterer Menschen im kognitiven Bereich nahe.

Der *Gesundheitszustand* beeinflusst die kognitive Kapazität in Lernsituationen. Aufmerksamkeits- und Konzentrationsleistung, die Flexibilität der Aufmerksamkeit und der Lernstrategien, die Anpassung an komplexe Situationen sowie rasche Informationsverarbeitung sind beeinflusst von einer guten Durchblutung des Gehirns, funktionstüchtigen Sinnesorganen sowie einer intakten Erregungsübertragung. Darüber hinaus ist zu beachten, dass mangelnder Gebrauch und geringe Förderung der kognitiven Funktionen schon nach kurzer Zeit zu erkennbaren Leistungsdefiziten im kognitiven Bereich führen können. Aus diesem Grunde wirken sich ein Mangel an Anregungen sowie geringe kognitive Aktivitäten langfristig negativ auf die Lernkapazität aus.

Besteht eine geringe Vertrautheit mit der *Lernsituation*, nehmen *Unsicherheit und Ängstlichkeit* deutlich zu. Gerade jene Menschen, die ein negatives leistungsbezogenes Selbstbild zeigen, reagieren dann unsicher und befürchten den Anforderungen nicht zu genügen. Dass beispielsweise die höhere Fehlerquote älterer Menschen in Lern- und Gedächtnistests nicht nur durch Falschantworten, sondern auch durch fehlende Antworten bedingt ist, weist auf ihre Unsicherheit und Ängstlichkeit in diesen Situationen hin.

5.3 Möglichkeiten des Gedächtnistrainings

Nicht nur jüngere, sondern auch ältere Menschen profitieren von Gedächtnistrainingsprogrammen.

In Laboruntersuchungen, in denen spezielle Gedächtnisstrategien für das freie Erinnern von Wörtern oder Zahlen vermittelt wurden, zeigten ältere Teilnehmer nach dem Training deutlich bessere Leistungen. Sie waren in der Lage, selbst lange Wort- und Zahlenreihen zu erinnern (vgl. KLIEGL et al. 1989).

Dieses Ergebnis weist auf »Gedächtnisreserven« und damit auf die Lernfähigkeit im Alter hin. Allerdings sind diese Reserven bei älteren Menschen deutlich geringer als bei jüngeren, was sich vor allem dann zeigt, wenn das Training unter erschwerten Bedingungen (längere Trainingsprogramme, schnellere Darbietungsraten) erfolgt. Dieser Befund bestätigt, dass es durch neurophysiologische Einbußen zwar zu einer Verringerung der Gedächtniskapazität kommt, aber grundsätzlich auch im Alter die Lernfähigkeit des Menschen erhalten bleibt (vgl. *Abschnitt 5.1*).

In der Interventionsstudie »Bedingungen der Erhaltung und Förderung von Selbständigkeit im höheren Lebensalter (SIMA)« stand das Training von Grundfunktionen der Informationsverarbeitung sowie von Gedächtnisstrategien im Vordergrund (vgl. OSWALD, RÖDEL 1994). Das Interventionsprogramm umfasste folgende Komponenten:

- regelmäßiges Üben kognitiver Grundfunktionen (Geschwindigkeit der Informationsverarbeitung, Aufrechterhaltung von Aufmerksamkeit und Konzentration),
- spezielle Wahrnehmungsübungen, die die Bedeutung der einzelnen Sinne für Gedächtnisleistungen bewusst machen sollten, sowie gleichzeitige Aktivierung mehrerer Sinneskanäle beim Lernen,
- Training von Lerntechniken und Einprägestrategien mit dem Ziel, Organisation und Speicherung von Lerninhalten sowie deren Abruf zu verbessern (Beipiele: Einprägen nach dem Klangbild, Gruppierung nach inhaltlichen Kategorien, Geschichtentechnik, Anordnung von Gegenständen in einem vorgestellten Raum, Rhythmisierung von Zahlen),
- Training des Gebrauchs äußerer Gedächtnishilfen (z. B. Gedächtnisstützen, Checklisten),
- Vermittlung von Kenntnissen über die Funktion des Gedächtnisses und seiner Veränderungen im Alter sowie Anregung zu einem bewussten Umgang mit den eigenen Leistungsreserven.

375 Personen im Alter zwischen 77 und 93 Jahren wurden in die vier Interventionsgruppen (A) Gedächtnistraining, (B) Kompetenztraining, (C) psychomotorisches Training, (D) Kombination aus psychomotorischem und Kompetenztraining und eine Kontrollgruppe (die kein Training erhielt) aufgeteilt. Das Training erstreckte sich über einen Zeitraum von neun Monaten.
Es konnten deutliche Trainingseffekte in allen Gedächtnisfunktionen festgestellt werden, die noch ein Jahr später eindeutig nachweisbar waren. Das Training hatte vor allem die Konzentration und Aufmerksamkeit, die Geschwindigkeit der Informationsverarbeitung und den Gebrauch von Gedächtnisstrategien (Speichern und Abrufen von Lerninhalten) verbessert. Darüber hinaus hatte sich das Training auch positiv auf andere Bereiche ausgewirkt (Transfereffekte): Es fanden sich nicht nur positive Einflüsse auf das logische Denkvermögen, sondern auch leichtere Demenzsymptome waren erkennbar zurückgegangen.

Aufbauend auf Erkenntnissen der Lern- und Gedächtnisforschung wurden verschiedene *Gedächtnis-Trainings-Programme* entwickelt, die dazu beitragen sollen, dass ältere Menschen ihre Gedächtniskapazität und Lernfähigkeit auch voll ausschöpfen können. Da diese Programme für den Einsatz in Gruppen gedacht sind, wurden die dazu vorhandenen Bücher und Materialien für Personen geschrieben, die solche Gruppenangebote durchführen wollen. Sie sind deshalb zum Selbststudium nur bedingt geeignet.

Die zwei folgenden Beispiele wurden ausgewählt, da sie mit sehr gutem Erfolg in der Arbeit mit älteren Menschen eingesetzt werden:
- das *Gedächtnistraining nach Franziska STENGEL* und
- das im Rahmen des *SIMA-Projekts* entwickelte *Gedächtnistraining*.

In dem Buch »Heitere Gedächtnisspiele« (STENGEL 1996, S. 5) wird einführend festgestellt: »Viele Menschen glauben, dass man gegen geistige Defizite im Alter nichts tun kann. Neueste Forschungsergebnisse belegen jedoch, dass der Mensch auch im Alter lernfähig bleibt, sich geistig weiterentwickeln kann und über eine große Denkkapazität verfügt, die häufig nicht ausgeschöpft wird und die es zu nutzen gilt.« Dabei wird hervorgehoben: »Ein tägliches Denk- und Gedächtnistraining von 10 bis 15 Minuten stellt eine wichtige Maßnahme zur geistigen Gesunderhaltung dar«.
Aus der Überzeugung heraus, dass es »überaus wichtig ist [...], immer wieder einen Bezug zum Heute, also einen Realitätsbezug, herzustellen, um die gewonnenen Erkenntnisse aus dem Lebenslauf für das jetzige Leben verfügbar zu machen« (STENGEL 1996, S. 18), wurde bei der Entwicklung der Gedächtnisspiele darauf geachtet, von den Lernerfahrungen älterer Menschen auszugehen und Gegenwartsbezüge herzustellen.
In 20 Bereichen sollen die Leistungen durch das Gedächtnistraining gefördert werden:
- Assoziatives Denken und Erinnern
- Aufmerksamkeit (gerichtete, geteilte)
- Begriffe klären
- Beurteilen
- Denkflexibilität
- Entscheiden
- Formulieren
- Kombinieren
- Konzentration (Kurz-, Dauerkonzentration)
- Logisches Denken
- Merkfähigkeit
- Ordnen von Gedanken

- Reproduktion
- Schlussfolgern
- Strukturieren
- Überlegen
- Wahrnehmen (Sehen, Hören)
- Wiedererkennen
- Wortfindung
- Zusammenhangsdenken

7. Mach's richtig!

Wie lauten folgende Sprichwörter und Redensarten richtig?

a) Scheue recht und tue nie 'was.

____

____

b) Spare mit der Not, dann hast du's mit der Zeit.

____

____

c) Was du morgen kannst besorgen, das verschiebe nicht auf heute.

____

____

Schwierigkeitsgrad II

Lösungen:

a) Tue recht und scheue niemand.
b) Spare in der Zeit, dann hast du's in der Not.
c) Was du heute kannst besorgen, das verschiebe nicht auf morgen.

Trainiert werden:

- assoziatives Erinnern
- Begriffe klären
- Denkflexibilität
- Formulieren
- Kurzkonzentration
- Reproduktion
- Wiedererkennen
- Wortfindung
- Zusammenhangsdenken

Weiterführende Anregungen:

Fallen Ihnen noch weitere Sprichwörter und Redensarten ein?
Was bedeuten die einzelnen Sprichwörter?

Biographisches Arbeiten:

Steigen in Ihnen persönliche Erinnerungen auf, wenn Sie bestimmte Sprichwörter hören (z. B. wie Ihnen ein Notgroschen, den Sie in der Zeit gespart hatten, geholfen hat?
Benutzen Sie selbst gewisse Sprichwörter und Redensarten?
Gab es bei Ihnen zu Hause bestimmte gebräuchliche Sprichwörter und Redensarten?

Abbildung 3: Aufgabe 7 aus »Heitere Gedächtnisspiele (im Großdruck). Band 1« (nach STENGEL 1996): Aufgabenblatt sowie Lösungs- und Bearbeitungshilfe (Rückseite des Aufgabenblattes).

Um einen möglichst großen Kreis von Personen anzusprechen, gibt es neben anspruchsvollen auch sehr einfache Übungen und Spiele. Inzwischen sind außerdem Materialien im Großdruck erschienen, die für den Pflege- und Therapiebereich gedacht sind.
Es wird davon ausgegangen, dass das Training in einer von einem »Spielleiter« betreuten Spielgruppe stattfindet. Spielleiter kann grundsätzlich jede Person werden, da die Qualität des Spielleiters »mehr von seiner eigenen Wachstums- und Entwicklungsfähigkeit abhängt als von seinem mitgebrachten Können und Wissen«. Es werden vom Bundesverband *Gedächtnistraining* aber auch Seminare für Spielleiter angeboten (siehe STENGEL 1993, S. 20 bzw. 50).
Das Programm enthält unter anderem Wissensfragen, Such- und Steckbriefe, Sprachspiele, Hörübungen (mit Kassetten) und Spiele für den Tastsinn. Dazu auf der vorhergehenden Seite zwei Beispiele, die die Bandbreite des Programms deutlich machen, das ständig erweitert wird. Zunächst die Beschreibung eines Spiels aus STENGEL (1993, S. 161/162), danach ein Spielblatt mit Erläuterung aus STENGEL (1996; siehe *Abb. 3*).

Zweierauswahl / Alternative
Beurteilen und Entscheiden
Bei diesem Spiel wird eine Behauptung aufgestellt, ein Urteil ausgesprochen, und die Frage lautet nur: Ist dieses Urteil, diese Behauptung richtig oder falsch? Ist es richtig, lautet die Antwort: »Ja« oder +, ist es falsch, »Nein« oder –.
Beispiel: Das Eichhörnchen hält einen Winterschlaf.
Antwort: Falsch. – In diesem Fall muß nun eine Berichtigung erfolgen, denn das Eichhörnchen hält Winterruhe und nicht Winterschlaf, weil es mehrmals erwacht und sogar frißt.
Weiteres Beispiel: Rio de Janeiro ist nicht mehr die Landeshauptstadt von Brasilien.
Antwort: Richtig. – Bei Antwort: »Richtig« wäre nicht immer eine Erklärung notwendig; hier drängt sie sich aber auf: Brasilia ist die Landeshauptstadt.
In Analogie zu manchen Sportwettbewerben besteht das Spiel aus zwölf Behauptungen, kann aber nach Maßgabe der Zeit und des Gruppenniveaus auch auf eine andere Zahl festgelegt werden.
Die Spieler bereiten auf einem Blatt Papier die Anzahl der zu erwartenden Fragen vor, indem sie die Ziffern untereinander schreiben. Daneben kommt dann jeweils nach Verlesen der Fragen ihre Stellungnahme (Entscheidung) entweder in Form eines Plus oder Minus (+ –) oder eines »Ja« oder »Nein«. Die richtigen Antworten werden zusammengezählt; wer die meisten hat, ist Spielsieger.
Für dieses Spiel sind, wie allerdings bei fast allen Spielen, hohe Konzentration und Urteilskraft nötig und die Bereitwilligkeit, sich schnell zu entscheiden.
Die Lösungen finden wir anschließend an die einzelnen Spiele, gefolgt von zusätzlichen Erklärungen. Nach Beendigung des Spieles wünschen die Spieler zuerst die Reihenfolge der Tips als Kolonne zu hören, um ihre Entscheidungen zu kontrollieren. Sie ringeln, zwecks leichteren Zusammenzählens, die richtigen Antworten ein. Dann erst gibt der Mittler weitere Erläuterungen zu den einzelnen Punkten.
Stellt man selbst eine solche »Zweierauswahl« zusammen, so möge man versuchen, die Behauptungen so komplex zu gestalten, daß sie etwas Überraschendes, Neues oder Anregendes bringen. Wenn die Behauptungen evidente Tatbestände bezeichnen oder banale Lösungen ergeben oder selbstverständlich sind, fehlt nicht nur der Reiz beim Lösen, sondern auch das Wecken der Neugierde. Strittige Behauptungen vermeide man, weil sonst unliebsame, ja störende Debatten entstehen, die nicht nur Zeit vergeuden, sondern auch die Stimmung dämpfen.
Bei Wiederholungen, sei es während des gleichen Treffens oder zu einem späteren Zeitpunkt, kann man selbstverständlich das ganze Spiel wörtlich wiederholen. Dann ist es auf reine Merkfähigkeit abgestellt. Nicht allzu schwierig sind jedoch sachliche Variationen, indem bei den einzelnen Behauptungen nur das Gebiet gewechselt wird.

Das SIMA-Gedächtnistraining baut auf den Methoden und Ergebnissen der Interventionsstudie »Bedingungen der Erhaltung und Förderung von Selbständigkeit im höheren Lebensalter (SIMA)« auf. In dem von OSWALD und RÖDEL (1994) herausgegebenen Buch »Gedächtnistraining. Ein Programm für Seniorengruppen« wird das sorgfältig ausgearbeitete Programm detailliert beschrieben.
Die 20 Trainingseinheiten von jeweils 90 Minuten Dauer haben folgende Inhalte:

1. Einführungsstunde
2. Aufmerksamkeit und Konzentration I
3. Aufmerksamkeit und Konzentration II
4. Gedächtnismodell
5. Informationsverarbeitung
6. Sensorischer Speicher und Wahrnehmung
7. Kurzzeitgedächtnis I
8. Kurzzeitgedächtnis II
9. Langzeitgedächtnis
10. Mnemostrategien: Namen
11. Mnemostrategien: Zahlen
12. Reine Übungsstunde
13. Audiovisuelles Gedächtnistraining
14. Abrufstrategien
15. Lesetechnik
16. Reine Übungsstunde
17. Automatisieren von Handlungen
18. Externe Gedächtnishilfen
19. Visuelle Gedächtnishilfen: Gedächtnistafel, Locitechnik
20. Abschlusssitzung: Mit Grenzen leben, Neubewertung

Jede Trainingseinheit besteht aus einem Leitfaden für den Gruppenleiter und Arbeitsmaterialien:

- Der Leitfaden enthält
  - eine Kurzfassung der wesentlichen Ziele der Trainingseinheit,
  - ein Ablaufschema mit Zeitangaben,
  - eine Liste der erforderlichen Materialien und
  - detaillierte Anleitungen zur Durchführung der Gruppenstunde (einschließlich Textvorschlägen für das einführende Kurzreferat und die Übungsanleitungen).
- Zu den Arbeitsmaterialien gehören:
  - Vorlagen für den Gruppenleiter zur Visualisierung von Sachverhalten,
  - Übungsblätter für die Teilnehmenden, die vervielfältigt werden müssen,
  - Merkblätter und Checklisten zu wichtigen angesprochenen Inhalten für die Teilnehmenden,
  - Anregungen für Übungen, die von den Teilnehmenden zu Hause durchgeführt werden können.

In der Trainingseinheit »Gedächtnismodell« sollen die Teilnehmenden eine Vorstellung vom Gedächtnis bekommen, damit ihnen die Ursachen eigener Gedächtnisprobleme transparent werden. Dazu werden nach einer zehnminütigen Aufwärmphase (mit zwei Gedächtnisübungen) im Theorieteil (15 Min.) die Themen »Gedächtnisprobleme im Alter«, »Wie funktioniert das Gedächtnis?« und »Wie ist das Gedächtnis aufgebaut?« erarbeitet.
Der praktische Teil enthält sechs verschiedene Übungsaufgaben, für die 45 bis 60 Minuten vorgesehen sind (zu Aufgabe 1 bis 4 gibt es Übungsblätter):

- Anagramm (aus dem Wort Leierkasten sollen neue Wörter gebildet werden),
- verborgene Wörter (in einer Buchstabenzeile muss jeweils ein bestimmtes Wort gefunden werden),
- Zusammenhänge erkennen (von drei Wörtern das finden, das nicht dazugehört),

- Bitte prüfen! (Tippfehler in französischen Wörtern erkennen),
- Sätze mit M bilden (einen möglichst langen Satz bilden, in dem alle Wörter mit M beginnen),
- mündliche Abschlussübung – Wie heißen die Sätze richtig? (das falsch verwendete Wort in einem gesprochenen Satz erkennen).

Neben für den Gruppenleiter gedachten Literaturempfehlungen für weitere praktische Übungen enthalten die Materialien
- Arbeitsunterlagen für die Gruppenstunde: eine schematische Darstellung des Gedächnisses für den Theorieteil und vier Übungsblätter für den praktischen Teil (siehe dazu *Abb. 4* und *5*),
- Arbeitsunterlagen für zu Hause: Merkblätter »Vereinfachtes Gedächtnismodell« und »Anregungen für zu Hause«, zu denen vier weitere Übungsblätter gehören.

Übung 4: Bitte prüfen!
(SIMA 1993; in Anlehnung an Rigling 1988, S. 83)
Sie wollen ein französisches Restaurant eröffnen und hätten es gerne, wenn die Speisekarte auf Französisch geschrieben wird. Doch dem Übersetzer, den Sie dafür beauftragt hatten, sind viele Rechtschreibfehler unterlaufen. Jetzt wollen Sie die Wörter selbst korrigieren, bevor die Speisekarte gedruckt wird. Bitte überprüfen Sie den Speiseplan, bevor Sie ihn der Druckerei geben:
In der linken Spalte finden Sie die richtigen Vokabeln, und in der mittleren Spalte steht die deutsche Übersetzung. Überprüfen Sie bitte die rechte Spalte auf Tippfehler und streichen Sie diese an.

RICHTIG	ÜBERSETZUNG	KONTROLLIEREN
restaurant	Restaurant	restaurant
garçon	Kellner	garzon
bougie	Kerze	bugie
fenouil	Fenchel	fenuil
potage	Suppe	potage
bouillabaisse	Fischsuppe	bouilabessa
crevette	Krabbe	krevette
homard	Hummer	homard
saumon	Lachs	schaumon
purée	Kartoffelbrei	puréé
préparer	zubereiten	prepparer
hachis	Hackfleisch	hachis
épinard	Spinat	épinard
longe	Lendenbraten	linge
lentille	Linsen	lentile
salade	Salat	salate
sauge	Salbei	sauge
digestif	Verdauungsmittel	digestif
glace	Eis	glase
mûre	Brombeere	mure
ail	Knoblauch	eil
chou	Kohl	chou
tartelette	kleiner Kuchen	tarttelete
asperge	Spargel	asperge

Abbildung 4: Übung aus dem SIMA-Gedächtnistraining (nach Oswald, Rödel 1994, S. 130).

Übung 6: Weltreise – Wegweiser entschlüsseln
(SIMA 1993)
In welche Länder kommen Sie, wenn Sie den einzelnen Richtungspfeilen des Wegweisers folgen? Um dies zu erfahren, müssen Sie erst die vertauschten Buchstaben der verschiedenen Länder richtig sortieren.

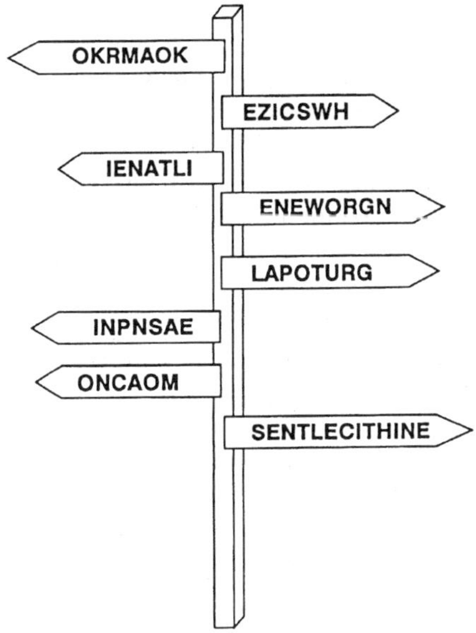

Abbildung 5: Übung aus dem SIMA-Gedächtnistraining. Die richtigen Antworten finden Sie im Anhang bei den Lösungen zu den Übungsaufgaben (nach OSWALD, RÖDEL 1994, S. 140/141).

5.4 Entwicklung von Bildungsangeboten für ältere Menschen mit geistiger Behinderung

Die Ergebnisse der Intelligenz-, Lern- und Gedächtnisforschung sind mittlerweile in zahlreiche Bildungsprogramme für Menschen im mittleren und hohen Erwachsenenalter eingegangen. Jedoch finden sich in der Literatur nur wenige Beiträge zu den Bildungsbedürfnissen älterer Menschen mit geistiger Behinderung. Vergleichsweise gering ist auch die Anzahl der in der Praxis realisierten Bildungsprojekte, obwohl auch bei Menschen mit geistiger Behinderung Lern-, Bildungs- und Veränderungsfähigkeit besteht und deshalb ein größeres Engagement der verschiedenen Bildungsträger und Bildungseinrichtungen für diese Gruppe notwendig wäre (KRUSE 1996c).

Das Altern geistig behinderter Menschen stellt für jene Institutionen in der Bundesrepublik Deutschland, die Bildungsangebote für Menschen mit geistiger Behinderung entwickelt haben (siehe z.B. die im Jahre 1958 gegründete Bundesvereinigung Lebenshilfe für geistig Behinderte), ein neuartiges Phänomen dar. Dies ist darauf zurückzuführen, dass in der Zeit des Nationalsozialismus Menschen mit geistiger Behinderung ermordet wurden. Es wird geschätzt, dass dem »Euthanasie-Programm« der Nationalsozialisten mehr als 120000 Menschen mit geistiger Behinderung zum Opfer gefallen sind.

In anderen Ländern ist der Anteil der 65-jährigen und älteren Menschen an der Gesamtgruppe geistig behinderter Menschen seit Beginn der 70er Jahre deutlich gestiegen. In Schweden zum Beispiel von 1970 bis 1993 um 36 Prozent: Dort waren 1993 bereits 7,8 Prozent aller geistig behinderten Menschen 65 Jahre und älter. Die geburtenstarken Jahrgänge befinden sich noch im mittleren Erwachsenenalter, so dass in den kommenden Jahren mit einer weiteren deutlichen Zunahme des Anteils älterer Menschen an der Gesamtgruppe geistig behinderter Menschen zu rechnen ist. Dies ist auch darauf zurückzuführen, dass sich die Lebenserwartung geistig behinderter Menschen jener geistig gesunder Menschen immer weiter annähert. Allerdings ist in den letzten Jahren die Anzahl geistig behinderter Menschen unter den Neugeborenen und in den jungen Jahrgängen deutlich zurückgegangen (siehe dazu ERN, HOFFMANN 1991).

Unter den in Deutschland lebenden Menschen mit geistiger Behinderung gibt es zur Zeit nur sehr wenige 60-jährige oder ältere. Doch wird für die Zukunft eine zunehmende Angleichung der Altersstruktur geistig behinderter Menschen an jene der nichtbehinderten Menschen vorhergesagt (vgl. WACKER 1993). Ersten Schätzungen zufolge werden von den 50- bis 75-jährigen Menschen mit geistiger Behinderung nur etwa 10 Prozent bei Geschwistern leben können, während 90 Prozent einen Wohnplatz außerhalb der Familie benötigen werden (vgl. GRIESINGER 1992).

Aus diesen erwarteten Veränderungen werden Forderungen nach der Entwicklung von Bildungsangeboten für ältere Menschen mit geistiger Behinderung abgeleitet, wobei Bildungsmodelle, die in anderen europäischen Ländern (wie z. B. Dänemark, Holland, Schweden) verwirklicht wurden, als Vorbild dienen können (siehe dazu RAPP, STRUBEL 1992; SCHWARTE 1991; SPECK 1983). Die Ziele dieser Bildungsarbeit werden allgemein umschrieben mit

- Erhaltung und Erweiterung schulischer Erkenntnisse,
- Erwerb und Erhaltung sozialer Kompetenzen,
- Erhöhung von Selbständigkeit und Hinausschieben von Hilfs- oder Pflegebedürftigkeit.

In diesem Zusammenhang wird auf das *Normalisierungsprinzip* verwiesen, welches auch Grundlage für die Bildungsarbeit mit jüngeren geistig Behinderten ist: Geistig behinderte Menschen sollen so normal wie möglich mitten unter uns leben und deshalb auch die Angebote der Erwachsenenbildung wahrnehmen können, wobei Möglichkeiten der Begegnung von behinderten und nichtbehinderten Menschen zu schaffen sind. Eine separate Erwachsenenbildung für geistig behinderte Menschen ist zu vermeiden (vgl. KRUSE 1996c).

Die Hypothese, dass Menschen mit geistiger Behinderung vorzeitig altern, wird in der wissenschaftlichen Diskussion *zunehmend verworfen*. Da in den nachwachsenden Generationen die geistig Behinderten ihr Leben lang Förderung erhalten haben und Kompetenzen aufbauen konnten, wird davon ausgegangen, dass sie von einer Fortsetzung der Förderung im höheren Alter sehr profitieren werden.

Die Entwicklung solcher Lern- und Bildungsangebote ist an zwei institutionelle Voraussetzungen geknüpft:

- In den Werkstätten müssen Arbeitsplätze geschaffen werden, die den spezifischen Fertigkeiten älterer Behinderter angepasst sind.
- Das bestehende Angebot an Tagesstätten ist zu erweitern, wobei ihnen folgende Aufgaben zugeordnet werden: lebenspraktisches Training und aktivierende Betreuung, Förderung sozialer Fertigkeiten, Entwicklung von Freizeitangeboten (Kultur-, Bildungs- und Erholungsangeboten), Hinführung zur Nutzung öffentlicher Angebote sowie Kontaktvermittlung zu geeigneten professionellen und nichtprofessionellen (ehrenamtlichen) Hilfen.

6. Zu einem neuen Verständnis der Kompetenz im Alter

Fähigkeiten und Fertigkeiten, aber auch die Möglichkeiten und Grenzen des Alters müssen aus vier *unterschiedlichen Perspektiven* betrachtet werden: aus jener

1. der kognitiven Entwicklung,
2. der Erfahrungen und bereichsspezifischen Wissenssysteme,
3. der Gestaltung des Alltags sowie
4. der Auseinandersetzung mit Aufgaben und Belastungen im Alltag.

Schon die Berücksichtigung dieser Perspektivenvielfalt führt zu einem neuen Verständnis der Kompetenz im Alter. Sie widerspricht der verbreiteten Tendenz, die Leistungsfähigkeit älterer Menschen allein aufgrund ihres Gesundheitszustandes, ihrer körperlichen Mobilität oder ihrer Ressourcen in kognitiven Basisleistungen zu beurteilen. Trotz Verlusten in einzelnen Funktionsbereichen ist bei den meisten älteren Menschen ein hohes Maß an Kontinuität in der Persönlichkeit sowie in der Art des Umgangs mit Aufgaben und Belastungen im Alltag erkennbar. Daneben besitzen nicht wenige Menschen elaborierte, gut organisierte und leicht abrufbare Erfahrungen und Wissenssysteme: die Stärken des Alters. Das gleichzeitige Vorhandensein von Verlusten, Kontinuität und Stärken bedingt die unterschiedlichen Entwicklungen in verschiedenen Funktionsbereichen und damit die große intraindividuelle Variabilität der Alternsprozesse. Deshalb ist es falsch von »der« Gruppe der Älteren zu sprechen; vielmehr sollte berücksichtigt werden, dass in dieser Altersgruppe die gleiche Vielfalt von Lebens- und Kompetenzformen zu beobachten ist wie bei den Jüngeren.

Zu dem »neuen« Verständnis der Kompetenz im Alter trägt die Erkenntnis bei, dass der Großteil der Menschen in diesem Lebensabschnitt in der Lage ist, ein selbständiges, selbstverantwortliches und persönlich zufriedenstellendes Leben zu führen, wobei die Wege zur Zufriedenheit von Person zu Person sehr unterschiedlich sind.

Dass sich Menschen in der Art und Weise, wie sie solche Grenzen zu verarbeiten versuchen, erheblich unterscheiden, ist zurückzuführen auf

- Persönlichkeitsmerkmale (wie Stabilität, Widerstandsfähigkeit, Offenheit),
- Erfahrungen im Lebenslauf (Anzahl und Art der Belastungen, mit denen sie sich auseinander setzen mussten, aber auch die Art der Auseinandersetzung),
- den Grad sozialer Integration und emotionaler Unterstützung sowie weitere
- Situations- und Umweltmerkmale (zum Beispiel Gesundheit, materielle Ressourcen, Wohnqualität, institutionelle Hilfen).

Situations- und Umweltmerkmale beeinflussen auch die Selbständigkeit: Erkrankungen, sensorische Einbußen und motorische Einschränkungen gefährden die Selbständigkeit und führen zu vermehrter Abhängigkeit von der räumlichen, sozialen und institutionellen Umwelt. Daraus ergeben sich besondere Anforderungen an die Intervention: Neben der Förderung der kognitiven und sensumotorischen Fertigkeiten müssen gleichzeitig die Umweltbedingungen verbessert werden, wie zum Beispiel die Wohnsituation (durch eine verbesserte Ausstattung der Wohnung) und die institutionellen Angebote (Unterstützung durch ambulante, mobile und soziale Dienste).

Dass die älteren Generationen heute über größere materielle Ressourcen verfügen und finanziell besser gesichert sind als in der Vergangenheit, darf nicht darüber hinwegtäuschen, dass es auch in der Gegenwart – vor allem bei allein stehenden Frauen – Armut im Alter gibt, die nicht nur durch ein niedriges Einkommen, sondern auch durch unzureichende Wohn- und Ernährungsbedingungen, durch geringere soziale Integration sowie durch schwächere Anbindung an das System institutioneller Hilfen charakterisiert ist. Eine bedeutende Aufgabe der Sozialpolitik ist deshalb die institutionelle Unterstützung dieser Gruppe, da erst gezielte Förderung die Risiken für ein selbständiges und selbstverantwortliches Altern verringert.

Die Veränderungen in den Rollen und Aufgaben, die mit dem Übergang vom Erwachsenenalter ins Alter verbunden sind, eröffnen Möglichkeiten zu einem stärker selbstbestimmten Alter. Die Analyse der Alltagsgestaltung macht deutlich, dass ein Großteil älterer Menschen den Rückgang externer Verpflichtungen durchaus als Chance zur Verwirklichung persönlicher Interessen und Neigungen versteht (vgl. DITTMANN-KOHLI 1994; KRUSE 1996a, 1996b; LEHR 1986; SCHÄUBLE 1989).

Die Entwicklung von Bildungsangeboten für ältere Menschen macht deutlich, dass sich auch das Altersbild vieler Bildungseinrichtungen gewandelt hat: Eine Vielfalt von Angeboten soll den unterschiedlichen Interessen und Neigungen entgegenkommen. Befragungsergebnisse weisen auf drei Motive für den Besuch von Bildungsveranstaltungen hin, in denen auch das Bewusstsein der Verantwortung für das eigene Älterwerden zum Ausdruck kommt (vgl. KRUSE 1996c):

- das Bedürfnis nach Partizipation (verstanden als Beschäftigung mit sozialen, kulturellen und politischen Ereignissen),

- das Bedürfnis, persönliche Interessen zu verfolgen,
- das Bedürfnis nach Anregungen, durch die die Aufrechterhaltung der Leistungsfähigkeit unterstützt wird.

Wenn von Kompetenz gesprochen wird, so heißt dies nicht, dass Verluste, Einbußen und Einschränkungen geleugnet würden. Bisweilen wird mit dem Begriff der Kompetenz eine gewisse »Grenzenlosigkeit« oder »Entgrenzung« verbunden. Das ist in keiner Weise gemeint. Unter Kompetenz werden die Fähigkeiten und Fertigkeiten verstanden, die ein selbständiges, selbstverantwortliches und persönlich zufriedenstellendes Leben ermöglichen. Diese Definition von Kompetenz geht also nicht von der Vorstellung aus, dass das Alter grundsätzlich von Merkmalen wie »hohe Aktivität«, »hohe Leistungsfähigkeit«, »Freisein von Einschränkungen und Verlusten« bestimmt sei, sondern vielmehr von der Annahme, dass Menschen auch in Grenzsituationen danach streben, selbständig und selbstverantwortlich zu handeln sowie eine tragfähige Perspektive aufrechtzuerhalten. Der Begriff der Kompetenz ist damit auch für die Erfahrungen und Handlungen des Menschen in Grenzsituationen offen und beschreibt die Fähigkeit solche Situationen zu ertragen und zu verarbeiten.

Dass es einem großen Teil älterer Menschen gelingt belastende Situationen zu verarbeiten, ist übereinstimmender Befund zahlreicher Studien. Daher sollte auch gesehen werden, dass es sich hier um eine psychologische Leistung handelt, die zwar einem anderen Kompetenzbereich zuzuordnen ist als kognitive Ressourcen oder Selbständigkeit im Alltag, die aber eine bedeutende Dimension der Kompetenz bildet.

Übungsaufgaben

Aufgabe 1
Welche psychologischen Prozesse lassen sich mit dem Begriff »Reife« beschreiben?

Aufgabe 2
Was versteht die Alternspsychologie unter dem Begriff »Kompetenz«?

Aufgabe 3
Nennen Sie Person- und Umweltmerkmale der Kompetenz!

Aufgabe 4
Der größte Teil älterer Menschen führt ein selbständiges Leben. (a) Wie hoch ist dieser Anteil? (b) Was ist unter Selbständigkeit zu verstehen?

Aufgabe 5
Was ist unter »handlungsorientierten« und was unter »kognitiv-emotionalen« Techniken der Belastungsverarbeitung zu verstehen?

Aufgabe 6
Was ist »flüssige« und was »erfahrungsgebundene Intelligenz«? Welche Entwicklungsprozesse sind bei älteren Menschen in diesen beiden Bereichen erkennbar?

Aufgabe 7
Von welchen Faktoren ist die Gedächtnisentwicklung im Alter beeinflusst?

Aufgabe 8
Welche Erfolge lassen sich durch Gedächtnistraining im Alter erzielen?

Literaturverzeichnis

ABRA, John (1989): Changes in creativity with age: Data, explanations, and further predictions. In: International Journal of Aging and Human Development 28, S. 105–126.

BALTES, Margret M.; MONTADA, Leo (Hrsg.; 1996): Produktives Leben im Alter. Frankfurt am Main: Campus, S. 393–408.

BALTES, Margret M.; MAYR, Ulrich; BORCHELT, Martin; MAAS, Ineke; WILMS, Hans-Ulrich (1993): Everyday competence in old and very old age: An interdisciplinary perspective. In: Ageing and Society 13, S. 657–680.

BALTES, Paul B. (1984): Intelligenz im Alter. In: Spektrum der Wissenschaft 5, S. 46–60.

BALTES, Paul B. (1990): Entwicklungspsychologie der Lebensspanne: Theoretische Leitsätze. In: Psychologische Rundschau 41, S. 1–24.

BANDURA, Albert (1989): Human agency in social cognitive theory. In: American Psychologist 44, S. 1175–1184.

BLOCH, Ernst (1959): Das Prinzip Hoffnung. Frankfurt am Main: Suhrkamp.

BLOSSER-REISEN, Lore (1990): Selbständige Lebens- und Haushaltsführung bei Behinderungen im Alter mit Hilfe neuer Technologien. In: Zeitschrift für Gerontologie 23, S. 3–11.

BORSCHEID, Peter (Hrsg.; 1995): Alter und Gesellschaft. Marburger Forum Philippinum. Edition Universitas. Stuttgart: Hirzel; Wissenschaftliche Verlagsgesellschaft.

BRANDTSTÄDTER, Jochen; RENNER, Georg (1990): Tenacious goal pursuit and flexible goal adjustment: Explication and age-related analyses of assimilative and accommodative strategies of coping. In: Psychology and Aging 8, S. 58–67.

BUTLER, Robert; GLEASON, Herbert P. (Hrsg.; 1985): Productive Aging. New York: Springer.

CRAIK, Fergus I.M.; TULVING, Ernest (1975): Depth of processing and the retention of words in episodic memory. In: Journal of Experimental Psychology: General 104, S. 268–294.

DITTMAN-KOHLI, Freya (1994): Das persönliche Sinnsystem. Ein Vergleich zwischen frühem und spätem Erwachsenenalter. Göttingen: Hogrefe.

DIXON, Roger A.; BALTES, Paul B. (1986): Toward life-span research on the functions and pragmatics of intelligence. In: STERNBERG, Robert J.; WAGNER, Richard K. (Hrsg.): Practical intelligence in an everyday world. New York: Cambridge University Press, S. 203–235.

ERLEMEIER, Norbert (1995): Soziale Unterstützung bei der Auseinandersetzung älterer Menschen mit Belastungen. In: KRUSE, Andreas; SCHMITZ-SCHERZER, Reinhard (Hrsg.): Psychologie der Lebensalter. Darmstadt: Steinkopff, S. 253–262.

ERN, Michael; HOFFMANN, Thomas (1991): Möglichkeiten und Grenzen der Integration alternder und alter behinderter Menschen, dargestellt an der Versorgung dieses Personenkreises in Deutschland und in benachbarten Ländern. In: LANDSCHAFTSVERBAND

RHEINLAND-PFALZ (Hrsg.): Geistig Behinderte im Alter. Auf der Suche nach geeigneten Wohn- und Betreuungsformen. Köln: Schriftenreihe des Landschaftsverbandes Rheinland, S. 19–39.

FILIPP, Sigrun-Heide; OLBRICH, Erhard (1986): Human development across the life span: Overview and highlights of the psychological perspective. In: SORENSEN, A.B.; WEINERT, Franz E.; SHERROD, L. (Hrsg.): Human development: Interdisciplinary perspectives. Hillsdale N.J.: Erlbaum, S. 343–375.

FLAVELL, John H. (1979): Kognitive Entwicklung. Stuttgart: Klett-Cotta.

FLEISCHMANN, Ulrich M. (1989): Gedächtnis und Alter. Bern: Huber.

FLEISCHMANN, Ulrich M. (1993): Kognitives Training im höheren Lebensalter unter besonderer Berücksichtigung von Gedächtnisleistungen. In: KLAUER, Karl Josef (Hrsg.): Kognitives Training. Göttingen: Hogrefe, S. 343–359.

FLEISCHMANN, Ulrich M.; OSWALD, Wolf D. (1990): Materialien zum NAFÖ. Nürnberg: Universität Erlangen-Nürnberg.

GRAUMANN, Carl Friedrich; KRUSE, Lenelis (1995): Lebensraum – Die Mehrdeutigkeit seiner wissenschaftlichen Konstruktion. In: KRUSE, Andreas; SCHMITZ-SCHERZER, Reinhard (Hrsg.): Psychologie der Lebensalter. Darmstadt: Steinkopff, S. 45–52.

GRIESINGER, Annemarie (1992): Behinderte im Alter am Beispiel der älterwerdenden und alten geistig- und mehrfachbehinderten Menschen. In: NIEDERFRANKE, Annette; LEHR, Ursula; OSWALD, Frank; MAIER, Gabriele (Hrsg.): Altern in unserer Zeit. Heidelberg: Quelle & Meyer, S. 379–383.

HESSE, Hermann (1990): Mit der Reife wird man immer jünger. Betrachtungen und Gedichte über das Alter. Frankfurt am Main: Insel.

HORN, J. L.; HOFER, S. M. (1992): Major abilities and development in the adult period. In: STERNBERG, Robert J.; BERG, Cynthia A. (Hrsg.): Intellectual development. New York: Cambridge University Press, S. 44–99.

INFRATEST (1993): Hilfe- und Pflegebedürftige in privaten Haushalten. Stuttgart: Kohlhammer.

KLEMP, George O.; MCCLELLAND, David C. (1986): What characterizes intelligent functioning among senior managers? In: STERNBERG, Robert J.; WAGNER, Richard K. (Hrsg.): Practical intelligence. Nature and origins of competence in the everyday world. Cambridge: Cambridge University Press, S. 31–50.

KLIEGL, Reinhold; SMITH, Jacqui; BALTES, Paul B. (1989): Testing-the-limits and the study of adult age differences in cognitive plasticity and of mnemonic skill. In: Developmental Psychology 25, S. 247–256.

KNOPF, Monika (1987): Gedächtnis im Alter. Heidelberg: Springer.

KNOPF, Monika (1993): Gedächtnistraining im Alter. Müssen ältere Menschen besser lernen können oder ihr Können besser kennenlernen? In: KLAUER, Karl Josef (Hrsg.): Kognitives Training. Göttingen: Hogrefe, S. 319-342.

KNOPF, Monika; KOLODZIEJ, Peter; PREUSSLER, Wolfgang (1990): Der ältere Mensch als Experte – Literaturübersicht über die Rolle von Expertenwissen für die kognitive Leistungsfähigkeit im höheren Alter. In: Zeitschrift für Gerontopsychologie und -psychiatrie 4, S. 233–248.

KRUSE, Andreas (1989a): Psychologie des Alters. In: KISKER, Karl P.; LAUTER, Hans; MEYER, Joachim Ernst; MÜLLER, Christian; STRÖMGREN, Eric (Hrsg.): Alterspsychiatrie. Psychiatrie der Gegenwart, Band 8. Heidelberg: Springer, S. 1–58.

KRUSE, Andreas (1989b): Psychosoziale Folgen des Schlaganfalls im höheren Lebensalter. In: JACOBI, Peter (Hrsg.): Psychologie in der Neurologie. Jahrbuch der Medizinischen Psychologie, Band II. Heidelberg: Springer, S. 200–224.

KRUSE, Andreas (1990): Potentiale im Alter. In: Zeitschrift für Gerontologie 23, S. 235–245.

KRUSE, Andreas (1996a): Alltagspraktische und sozioemotionale Kompetenz. In: MONTADA, Leo; BALTES, Margret M. (Hrsg.): Produktives Leben im Alter. Frankfurt am Main: Campus, S. 290–322.

KRUSE, Andreas (1996b): Kompetenz im Alter in ihren Bezügen zur objektiven und subjektiven Lebenssituation. Darmstadt: Steinkopff.

KRUSE, Andreas (1996c): Bildung und Bildungsmotivation im Erwachsenenalter. In: MANDL, Heinz; WEINERT, Franz E. (Hrsg.): Psychologie der Erwachsenenbildung. Enzyklopädie der Psychologie – Pädagogische Psychologie, Band IV. Göttingen: Hogrefe.

KRUSE, Andreas; LEHR, Ursula (1989): Intelligenz, Lernen und Gedächtnis im Alter. In: PLATT, Dieter; OESTERREICH, Klaus (Hrsg.): Handbuch der Gerontologie. Band 5. New York: Fischer, S. 168–214.

KRUSE, Andreas; SCHMITT, Eric (1995a): Formen der Selbständigkeit in verschiedenen Altersgruppen: Empirische Analyse und Deskription der Aktivitätsrolle. In: Zeitschrift für Gerontopsychologie und -psychiatrie 4, S. 227–236.

KRUSE, Andreas; SCHMITT, Eric (1995b): Die psychische Situation hilfe- und pflegebedürftiger älterer Menschen. In: Zeitschrift für Gerontopsychologie und -psychiatrie 4, S. 273–288.

LABOUVIE-VIEF, Gisela (1985): Intelligence and cognition. In: BIRREN, James E.; SCHAIE, K. Warner (Hrsg.): Handbook of the psychology and aging. New York: Van Nostrand Reinhold, S. 500–530.

LEHR, Ursula (1982): Social-psychological correlates of longevity. In: EISDORFER, Carl (Hrsg.): Annual review of gerontology and geriatrics, Band 3. New York: Springer, S.102–147.

LEHR, Ursula (1986): Aging as fate and challenge. In: HÄFNER, Heinz; MOSCHEL, Günther; SARTORIUS, Norman (Hrsg.): Mental health in the elderly. Heidelberg: Springer, S. 57–77.

LEHR, Ursula (8. Auflage, 1996): Psychologie des Alterns. Heidelberg: Quelle & Meyer.

LEHR, Ursula; SPÄTH, Lothar (1990): Altern als Chance und Herausforderung. Bonn: Verlag aktuell.

LEHR, Ursula; THOMAE, Hans (Hrsg.; 1987): Formen seelischen Alterns. Stuttgart: Enke.

LEWIN, Kurt (1982): Verhalten und Entwicklung als Funktion der Gesamtsituation. Kurt-Lewin-Werkausgabe, Band 6: Psychologie der Entwicklung und Erziehung. Hrsg. Franz E. WEINERT und Horst GUNDLACH. Bern: Huber.

MCCRAE, Richard R.; COSTA, Peter T. (1993): Psychological research in the Baltimore Longitudinal Study of Aging. In: Zeitschrift für Gerontologie 26, S. 138–142.

MEILI, Richard (Neuausgabe 1980): Fähigkeiten. In: ARNOLD, Wilhelm; EYSENCK, Hans Jürgen; MEILI, Richard (Hrsg.): Lexikon der Psychologie. Freiburg, Basel, Wien: Herder, S. 556–559.

OESTERREICH, Klaus (1993): Gerontopsychiatrie. Berlin: Quintessenz.

OLBRICH, Erhard (1987): Kompetenz im Erwachsenenalter. In: Zeitschrift für Gerontologie 20, S. 319–330.

OLBRICH, Erhard (1994): Konstanz oder Veränderung der Persönlichkeit im Alter? Befunde und Diskussion einer Kontroverse. In: Zeitschrift für Gerontologie 27, S. 83–95.

OLBRICH, Erhard (1995): Möglichkeiten und Grenzen selbständiger Lebensführung im Alter – Einführung und Überblick. In: Zeitschrift für Gerontopsychologie und -psychiatrie 4, S. 183–198.

OSWALD, Wolf D.; RÖDEL, Gisela (Hrsg.; 1994): Gedächtnistraining. Ein Programm für Seniorengruppen. Göttingen: Hogrefe.

PEKRUN, Rainer (1994): Schule als Sozialisationsinstanz. In: SCHNEEWIND, Klaus A. (Hrsg.): Psychologie der Erziehung und Sozialisation. Enzyklopädie der Psychologie. Pädagogische Psychologie, Bd. 1. Göttingen: Hogrefe, S. 465–494.

PIAGET, Jean (1983): Meine Theorie der geistigen Entwicklung. Frankfurt am Main: Fischer.

RAPP, Norbert; STRUBEL, Werner (1992): Behinderte Menschen im Alter. Freiburg: Lambertus.

RIGLING, Petra (1988): Hirnleistungstraining. Übungen zur Verbesserung der Konzentrationsfähigkeit. Dortmund: modernes leben.

ROTHACKER, Erich (1965): Schichten der Persönlichkeit. Bonn: Bouvier.

ROTT, Christoph (1990): Intelligenzstruktur und Intelligenzverläufe im höheren Lebensalter. In: SCHMITZ-SCHERZER, Reinhard; KRUSE, Andreas; OLBRICH, Erhard (Hrsg.): Altern – ein lebenslanger Prozeß der sozialen Interaktion. Darmstadt: Steinkopff, S. 67–80.

RUDINGER, Georg; RIETZ, Christian (1995): Intelligenz – neuere Ergebnisse aus der Bonner Längsschnittstudie des Alterns (BOLSA). In: KRUSE, Andreas; SCHMITZ-SCHERZER, Reinhard (Hrsg.): Psychologie der Lebensalter. Darmstadt: Steinkopff, S. 185–199.

SALTHOUSE, Toni (1984): Effects of age and skill in typing. In: Journal of Experimental Psychology: General 113, S. 345–371.

SALTHOUSE, Toni (1985): A theory of cognitive aging. Amsterdam: North-Holland.

SCHÄUBLE, Gerhard (1989): Die schönsten Jahre des Lebens? Lebenslagen und Alltagsrhythmen von jungen Alten. Stuttgart: Enke.

SCHAIE, K. Warner (1989): Individual differences in rate of cognitive change in adulthood. In: BENGTSON, Vern L.; SCHAIE, K. Warner (Hrsg.): The course of later life. Research and reflections. New York: Springer, S. 65–85.

SCHAIE, K. Warner (1996): Intellectual development in adulthood. In: BIRREN, James E.; SCHAIE, K. Warner (Hrsg.): Handbook of the psychology of aging. San Diego: Academic Press, S. 167–209.

SCHMITZ-SCHERZER, Reinhard (1992): Sterben und Tod. In: BALTES, Paul B.; MITTELSTRASS, Jürgen (Hrsg.): Zukunft des Alterns und gesellschaftliche Entwicklung. Berlin: de Gruyter, S. 544–562.

SCHNEIDER, Hans-Dieter (1995): Die soziale Umwelt im Alter als Ressource oder als Belastung? In: KRUSE, Andreas; SCHMITZ-SCHERZER, Reinhard (Hrsg.): Psychologie der Lebensalter. Darmstadt: Steinkopff, Lebensalter, S. 263–270.

SCHWARTE, Norbert (1991): Erwachsenenbildung für Menschen mit geistiger Behinderung. In: BUNDESVEREINIGUNG LEBENSHILFE FÜR GEISTIG BEHINDERTE (Hrsg.; 1991): Erwachsenenbildung für Menschen mit geistiger Behinderung. Schriftenreihe der Bundesvereinigung Lebenshilfe für Geistig Behinderte, Band 24. Marburg: Bundeszentrale, S. 11–35.

SCHWARZER, Christian (1992): Emotionen und Streßbewältigung bei älteren Menschen. In: KLAUER, Karl Josef; RUDINGER, Georg (Hrsg.): Kognitive, emotionale und soziale Aspekte des Alterns. Opladen: Westdeutscher Verlag, S. 59–86.

SIMONTON, David K. (1989): The swan-song phenomenon: Last-works effects for 172 classical composers. In: Psychology and Aging 4, S. 42–47.

SIMONTON, David K. (1990): Creativity in the later years: Optimistic prospects for achievement. In: The Gerontologist 30, S. 626–631.

SPECK, Otto (1983): Der ältere geistig behinderte Mensch aus pädagogischer Sicht. In: HOFMANN, Theodor (Hrsg.): Altwerden von Menschen mit geistiger Behinderung. Marburg: Bundesvereinigung Lebenshilfe für geistig Behinderte e. V., S. 6–10.

STENGEL, Franziska (1996): Heitere Gedächtnisspiele (im Großdruck). Band 1. Zusammengestellt und kommentiert von Dr. med. Sabine LADNER-MERZ und Monica LINDENBERG-KAISER. Stuttgart: memo-verlag.

STENGEL, Franziska (7. Auflage, 1993): Gedächtnis spielend trainieren. Stuttgart: memo-verlag.

THOMAE, Hans (1966): Persönlichkeit. Eine dynamische Interpretation. Bonn: Bouvier.

THOMAE, Hans (1983): Alternsstile und Alternsschicksale. Bern: Huber.

THOMAE, Hans (1988): Das Individuum und seine Welt. Göttingen: Hogrefe.

TORRANCE, Ernest (1977): Creativity and the older adult. In: Creative Child and Adult Quarterly 2, S. 136–144.

VERHAEGHEN, Peter M.; MARCOEN, Andrew T. (1993): Memory aging asa general phenomenon: Episodic recall of older adults as a function of episodic recall of young adults. In: Psychology and Aging 8, S. 380–388.

WACKER, Elisabeth (1993): Alte Menschen mit Behinderung. Forschungsstand und Forschungsbedarf. In: BUNDESVEREINIGUNG LEBENSHILFE FÜR GEISTIG BEHINDERTE (Hrsg.): Alt und geistig behindert. Schriftenreihe der Bundesvereinigung Lebenshilfe für Geistig Behinderte. Band 26. Marburg: Bundeszentrale, S. 97–123.

WEINERT, Franz E. (1992): Altern in psychologischer Perspektive. In: BALTES, Paul B.; MITTELSTRASS, Jürgen; STAUDINGER, Ursula (Hrsg.): Alter und Altern: Ein interdisziplinärer Studientext zur Gerontologie. Berlin: de Gruyter, S. 180–203.

WEINERT, Franz E. (1994): Entwicklung und Sozialisation der Intelligenz, der Kreativität und des Wissens. In: SCHNEEWIND, Klaus A. (Hrsg.): Psychologie der Erziehung und Sozialisation. Enzyklopädie der Psychologie. Pädagogische Psychologie, Bd. 1. Göttingen: Hogrefe, S. 259–284.

WEINERT, Franz E. (1995): Gedächtnisdefizite und Lernpotentiale: Diskrepanzen, Differenzen und Determinanten des geistigen Alterns. In: KRUSE, Andreas; SCHMITZ-SCHERZER, Reinhard (Hrsg.): Psychologie der Lebensalter. Darmstadt: Steinkopff, S. 209–216.

WEINERT, Franz E.; KNOPF, Monika (1990): Gedächtnistraining im höheren Erwachsenenalter – Lassen sich Gedächtnisleistungen verbessern, während sich das Gehirn verschlechtert? In: SCHMITZ-SCHERZER, Reinhard; KRUSE, Andreas; OLBRICH; Erhard (Hrsg.): Altern – ein lebenslanger Prozeß der sozialen Interaktion. Darmstadt: Steinkopff, S. 91–102.

WILLIS, Sherry L., (1987): Cognitive training and everyday competence. In: SCHAIE, K. Warner; EISDORFER, Carl (Hrsg.): Annual review of gerontology and geriatrics. Band 7. New York: Springer, S. 159–189.

WILLIS, Sherry L.; SCHAIE, K. Warner (1986): Practical intelligence in later adulthood. In: STERNBERG, Robert J.; WAGNER, Richard K. (Hrsg.): Practical intelligence. Nature and origins of competence in the everyday world. Cambridge: Cambridge University Press, S. 236–268.

Abbildungsnachweise

Abbildung 1: Axel BENGSCH, DIFF
Abbildung 2: Axel BENGSCH, DIFF, nach: OSWALD, Wolf D.; RÖDEL, Gisela (Hrsg.; 1994): Gedächtnistraining. Ein Programm für Seniorengruppen. Göttingen: Hogrefe, S. 8.
Abbildung 3: Aufgabe 7 aus STENGEL, Franziska (1996): Heitere Gedächtnisspiele (im Großdruck). Band 1. Zusammengestellt und kommentiert von Dr. med. Sabine LADNER-MERZ und Monica LINDENBERG-KAISER. Stuttgart: memo-verlag.
Abbildungen 4 und 5: OSWALD, Wolf D.; RÖDEL, Gisela (Hrsg.; 1994): Gedächtnistraining. Ein Programm für Seniorengruppen. Göttingen: Hogrefe, S. 130, S. 140/141.

VI. Warum altern wir? Biologische Aspekte des Älterwerdens

Thomas Dandekar

Einführung

Altern – wer denkt schon daran, wenn er noch jung ist? Und wer denkt schon gerne daran, wenn er nicht mehr ganz so jung ist? Sicher, im Alltag begegnet uns das Phänomen des Alterns andauernd und wir nehmen es als selbstverständlich hin: Das alte Auto ist nicht mehr so zuverlässig, es rostet und die Türen klappern; bald gehört es »zum alten Eisen«. Wir registrieren, dass Menschen um uns älter werden – aber wir selbst? Nein – wir wollen möglichst lange jung bleiben und verdrängen häufig unsere Angst vor dem Älterwerden mit Berichten über vitale Hundertjährige oder über neue Medikamente, die ewige Jugend verheißen.

Andererseits kennen wir (die wesentlich häufigeren) Beispiele alter Menschen, die gebrechlich, krank oder gar pflegebedürftig sind, und wissen intuitiv, dass es – zumindest bislang – kein Entrinnen vor Alter und Tod gibt.

Ist es aber unbedingt erstrebenswert, 100 Jahre oder älter zu werden, wenn man dabei krank, verwirrt und unselbständig ist? Hohes Alter alleine ist wohl kaum wünschenswert, allerdings erscheint die Sehnsucht nach einer möglichst langen, gesunden Lebensspanne verständlich.

Kann man das Altern beeinflussen? Oder ist wirklich noch kein Kraut gegen das Altern gewachsen? Ja: Warum altern wir überhaupt? Warum haben sich Altern und Tod in der belebten Natur als Prinzipien entwickelt und erhalten?

Diesen und ähnlichen Fragen wird in dieser Studieneinheit nachgegangen. Dabei werden die biologischen Mechanismen, die einerseits dem Altern des einzelnen Individuums, andererseits dem Altern als Prinzip der Evolution zugrunde liegen, betrachtet. Ziel dieser Studieneinheit ist es außerdem einige auf molekularbiologischen Erkenntnissen beruhende präventive und therapeutische Möglichkeiten aufzuzeigen, mit denen gesundheitliche Beeinträchtigungen im Alter beziehungsweise Alterskrankheiten vermieden oder gelindert werden können. (In den folgenden Studieneinheiten VII und VIII werden die körperlichen und psychischen Veränderungen im Alter und insbesondere die wichtigsten Alterskrankheiten ausführlich aus medizinischer Sicht dargestellt sowie deren Prävention und Therapie behandelt.)

In der vorliegenden Studieneinheit werden zunächst in den *Kapiteln 1* und *2* die beiden grundlegenden Mechanismen von Alterungsprozessen herausgearbeitet, molekularbiologische Erklärungsansätze zu beiden Mechanismen dargestellt und der Frage nachgegangen, warum einige Menschen ein besonders hohes Alter erreichen.

Anschließend werden in *Kapitel 3* evolutionsbiologische Erklärungen für den Sinn von Altern und Tod vorgestellt und die Frage angerissen, ob und wie in Zukunft moderne Gentechnologie oder Zellbiologie das Altern beeinflussen können.

Im *Kapitel 4* werden dann bisher bekannte molekularbiologische Ursachen einiger Alterskrankheiten beschrieben, Behandlungsmöglichkeiten erörtert und einige Möglichkeiten aufgezeigt, wie sich der Einzelne verhalten muss um möglichst lange gesund und vital zu bleiben.

1. Sterbliche und »unsterbliche« Zellen

Altern und seine Folgen sind für den Menschen vertraute Erscheinungen: Der Körper und seine Organe arbeiten mit den Jahren immer schlechter, selbst wenn für den einzelnen Menschen sehr gute Bedingungen (ausgewogene Ernährung, gute Arbeitsbedingungen, befriedigende soziale Beziehungen etc.) herrschen (KIRKWOOD, ROSE 1991). Im Lauf der Jahre wird es immer wahrscheinlicher, dass weitere Funktionsverluste oder Krankheiten zum Tode führen: Die Sterbefälle pro Jahr (ohne Unfälle und Suizide) nehmen statistisch betrachtet mit steigendem Lebensalter steil zu; jenseits des 20. Lebensjahres verdoppeln sie sich etwa alle zehn Jahre (GOMPERTZ 1825). Anhand von statistischen Auswertungen einer Untersuchung an Schweizer Männern ist dies in der folgenden *Abbildung 1* dargestellt.

Altern und Tod sind in der belebten Natur offenbar die Regel. Allerdings gibt es davon einige Ausnahmen: So scheinen Bakterien überhaupt nicht zu altern, auch wenn jeder dieser Einzeller eine bestimmte Zeit lebt und somit auch »älter« wird. Bevor aber Alterserscheinungen sichtbar werden, teilt sich die Zelle in zwei identische Tochterzellen, die sich wiederum teilen, und dies setzt sich von Generation zu Generation fort. Manchmal geht eine durch Stoffwechselschlacken oder Mutationen (Änderungen des Erbgutes) stark geschädigte Zelle zugrunde, aber das fällt nicht ins Gewicht, da sich die anderen Zellen dieser Art immer weiter teilen und so für deren Erhaltung sorgen.

Bei den ebenfalls einzelligen Ciliaten (Wimpertierchen) gibt es sowohl sterbliche als auch unsterbliche Arten, ebenso bei den Hefen. Dort gibt es neben unsterblichen Arten, die sich durch Spaltung analog zu den Bakterien vermehren, auch solche Arten, die sich durch sogenannte Sprossung (eine Art Knospenbildung) fortpflanzen und einem Alterungsprozess unterliegen. Ein Beispiel dafür ist die Bäckerhefe (*Saccharomyces cerevisiae*), bei der eine Mutterzelle etwa dreißigmal Tochterzellen unter Narbenbildung abschnüren kann und dann stirbt (JAZWINSKI 1990).

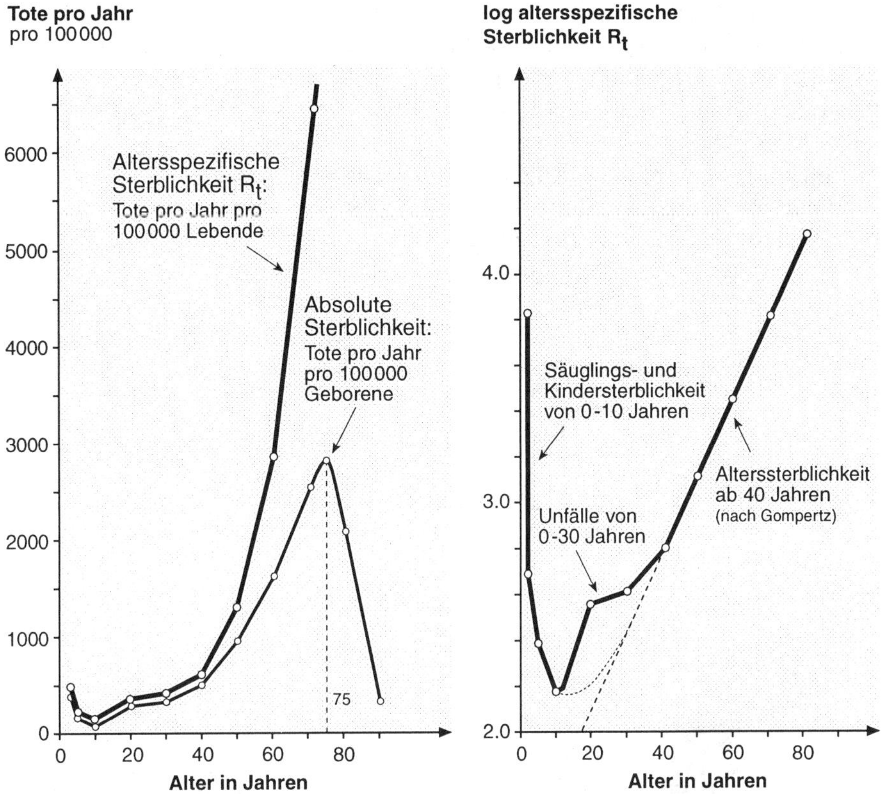

Abbildung 1: Sterblichkeitsraten von Schweizer Männern (1921–1930), verschieden dargestellt. In der linken Hälfte ist die absolute und altersspezifische Sterblichkeit linear aufgetragen; die rechte Hälfte zeigt die logarithmische Darstellung der Sterblichkeitsrate R_t (*Quelle:* PRINZINGER 1996, S. 277).

Bei mehr- bis vielzelligen Organismen dagegen altert und stirbt jedes Individuum, doch es besitzt auch prinzipiell unsterbliche Zellen: die Keimzellen, die der Erzeugung von Nachwuchs dienen. Bei diesen Organismen wird zwischen sogenannten somatischen Zellen (von griechisch: *soma*, der Körper), die den Körper als solchen bilden und sterblich sind, und den sogenannten generativen Zellen (von lateinisch: *generare* = zeugen, erschaffen), den sogenannten Keimzellen, unterschieden.

Altern und Tod sind also biologische Prinzipien, die sich bei sehr vielen Organismen und insbesondere bei den höher entwickelten Vielzellern finden. Warum sich diese Prinzipien entwickelt und erhalten haben, ist eine Frage, der die Evolutionsbiologie nachgeht und auf die in *Kapitel 3* eingegangen wird.

Mehr- und vielzellige Organismen bis hin zum Menschen sind dadurch gekennzeichnet, dass sie je nach Spezies aus unterschiedlich vielen Typen hochspezialisierter Zellen und Zellverbände (Gewebe) bestehen. Diese Zellen erfüllen bestimmte Funktionen (zum Beispiel als Muskel-, Blut-, Nerven-, Abwehrzellen). Sie wachsen und teilen sich nach einem genetisch festgelegten Programm mehr oder weniger oft (oder gar nicht, wie bei den Nervenzellen des zentralen Nervensystem), alle haben aber die Fähigkeit zur unbegrenzten Teilung und somit ihre potenzielle Unsterblichkeit verloren.

Fallen im Laufe eines Lebens mehr und mehr Zellen durch Schäden, Absterben oder andere Ursachen aus, führt dies zu Funktionseinbußen, die nicht mehr kompensiert werden können: Der Organismus altert und Alterskrankheiten treten auf. Nur die Zellen, aus denen wieder ein ganz »neues« Individuum entstehen kann, also die Ei- und Samenzellen, behalten ihre potenzielle Unsterblichkeit und altern nur in sehr geringem Maße.

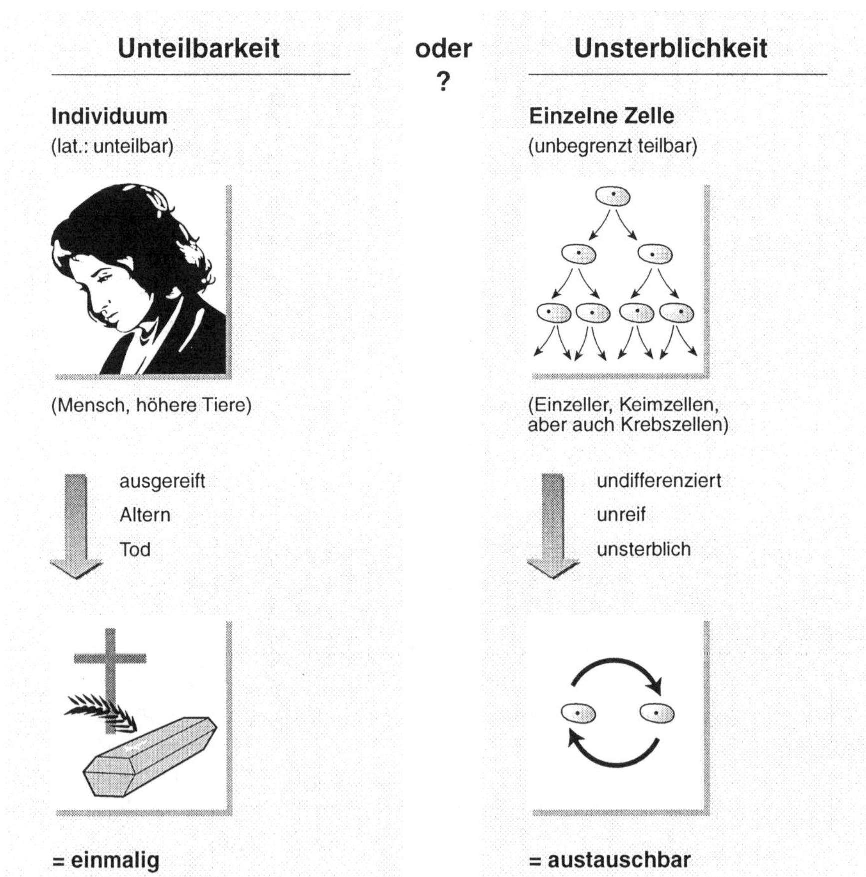

Abbildung 2: Individualität versus Unsterblichkeit (*Grafik:* Thomas DANDEKAR/DIFF).

Altern und Tod sind also der (biologische) Preis dafür, ein komplexes, aus hochspezialisierten Zellen und Zellverbänden bestehendes und einzigartiges Individuum zu sein (s. *Abb. 2*).

Demgegenüber ist es möglich, dass nichtdifferenzierte Zellen und Zellverbände unbegrenzt immer weiter wachsen. Das macht man sich bei Pflanzen in Form der sogenannten Stecklingsvermehrung zunutze, durch die auch sehr alte Pflanzen beliebig vermehrt und verjüngt werden können. Auch das unbegrenzte Wachstum bösartiger Krebszellen beruht auf dieser Nicht-Differenzierung.

2. Erklärungen des Alterungsprozesses: stochastische und deterministische Theorien

Das Altern kann nicht durch eine einzige Ursache erklärt werden. Viele Theorien des Alterns sind aufgestellt worden, und da verschiedene Teile des Körpers auf unterschiedliche Art und Weise altern können, haben vermutlich die meisten dieser Theorien auf irgendeine Art und Weise recht. Die wichtigsten dieser Theorien kann man in zwei Gruppen einteilen: die stochastischen (von griechisch: *stochastiké* = zum Erraten gehörend[e Kunst]) und die deterministischen (von lateinisch: *determinare* = abgrenzen, bestimmen) Theorien des Alterns.

(1) Der erste Ansatz stellt zufällige Prozesse als Ursachen für das Altern in den Mittelpunkt: In einem Individuum bleiben differenzierte Zellen in einem gemeinsamen Verband (Gewebe) zusammen, und die allmähliche Anhäufung von kleinen oder größeren Schäden an Zellen oder Geweben, die nicht mehr ausgeglichen werden können, führt nach und nach zur Alterung des Organismus. Ein Beispiel dafür ist die Haut des Menschen: Sie wird faltig (u. a. durch Schwinden der Fettpolster und Versteifung von Strukturelementen) und es finden sich zunehmend sogenannte Altersflecken, die durch die Ablagerung von Stoffwechselschlacken (Lipofuscine) entstehen (s. *Abb. 3*).

(2) Wie oben erwähnt, muss in vielzelligen und höheren Lebewesen die unbegrenzte Teilungsfähigkeit der einzelnen Zellen eingeschränkt werden um verschiedene und spezialisierte Gewebe bilden zu können. Das hat zur Folge, dass abgestorbene Zellen nicht mehr beliebig ersetzt werden können und so die Funktion einzelner Organe mit zunehmendem Alter immer mehr abnimmt. Diese Teilungsbegrenzungen werden durch genetische Programme und zellbiologische Taktgeber (biologische Uhren) festgelegt. Daneben gibt es noch andere genetisch festgelegte Alterungsprogramme; sie alle werden durch die sogenannten deterministischen Theorien der Alternsursachen beschrieben. Die Gültigkeit dieser Theorien lässt sich an-

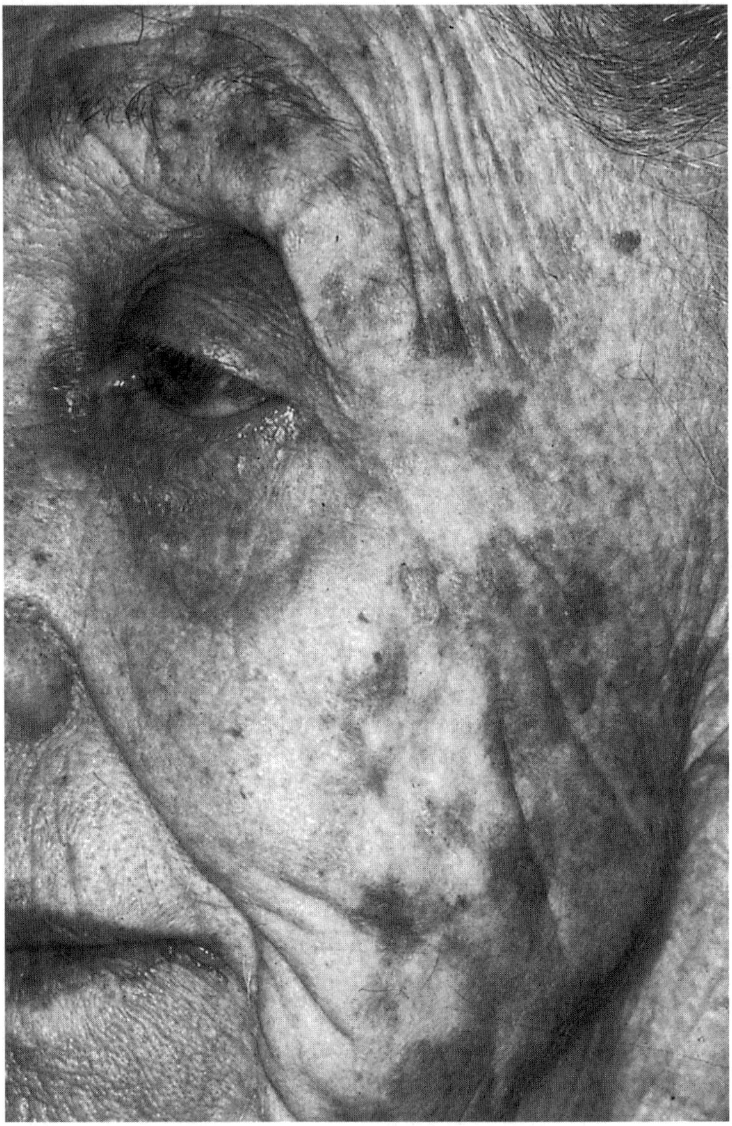

Abbildung 3: Altershaut mit Lipofuscin-Flecken *(Foto:* Thomas JANSEN).

schaulich an den stark abweichenden Lebensspannen unterschiedlicher Tiere zeigen, wobei die Schwankungen in der maximalen Lebensspanne innerhalb einer Art gering sind. Die folgende *Tabelle* enthält eine Zusammenstellung maximaler Lebensspannen verschiedener Organismen.

Tabelle 1: Maximale Lebensspannen von Organismen – eine Auswahl (*nach* PRINZINGER 1996, S. 470 ff.)

Pflanzen	
Farne	ca. 30 Jahre
Pilzmyzel von Hexenringen	mehrere 100 Jahre
Flechten	einige 100 Jahre
Alpenveilchen	60 Jahre
Apfelbaum	200 Jahre
Bergahorn	600 Jahre
Borstenkiefer	4 600 Jahre
Eiche	1 300 Jahre
Fichte	1 100 Jahre
Walnuss	400 Jahre
Weinstock	130 Jahre
Tiere inklusive Mensch	
Pantoffeltierchen	4–5 Monate
Schwämme	> 50 Jahre
Seeanemone	> 70 Jahre
Seeigel	7 Jahre
Tintenfisch	2 Jahre
Auster	12 Jahre
Weinbergschnecke	35 Jahre
Blutegel	27 Jahre
Fadenwurm	20–42 Tage
Regenwurm	10 Jahre
Bienenarbeiterinnen	6–7 Wochen
Bienenkönigin	6–30 Jahre
Gottesanbeterin	8 Jahre
Stubenfliege	76 Tage
Hummer	45 Jahre
Spinnen	20 Jahre
Aal	88 Jahre
Karpfen	70–100 Jahre
Haie	30–50 Jahre
Feuersalamander	50 Jahre
Laubfrosch	16–22 Jahre
Alligator	56 Jahre
Schildkröten	z.T. > 180 Jahre
Amsel	18 Jahre
Hausgans	35–80 Jahre
Huhn	30 Jahre
Krähen	118 Jahre
Maus	ca. 3–4 Jahre
Biber	20–25 Jahre
Eichhörnchen	12 Jahre
Elefant	70 Jahre
Hauskatze	28–35 Jahre
Hausrind	49 Jahre
Schimpansen	> 60 Jahre
Mensch	135 Jahre

Heute nimmt man an, dass viele Einzelaspekte beider Mechanismen beim Alterungsprozess zusammenwirken und es deshalb auch nicht möglich ist, eine einzige Ursache für das Altern zu finden. Vielmehr gilt es zu prüfen und zu verstehen, welcher Aspekt des Alterungsprozesses durch die jeweilige Theorie besonders gut erklärt wird. Dies ist vor allem auch wichtig im Hinblick darauf, Alterskrankheiten effektiv vorzubeugen oder sie wenigstens zu lindern: Ein Allheilmittel gibt es nicht; es gilt, allen Ursachen gerecht zu werden.

2.1 Alterung durch stochastische (zufällige) Prozesse

Im Laufe eines Menschenlebens sind große Verletzungen eher selten; dagegen entstehen permanent im und am Körper unzählige kleinste Verletzungen. Dies geschieht täglich zum Beispiel durch Schadstoffbelastungen bei der Arbeit, durch die ständige Bestrahlung des Körpers mit natürlicher Höhenstrahlung (Radioaktivität), durch den ultravioletten Anteil des Sonnenlichtes, aber auch durch normale Nebenprodukte verschiedener Stoffwechselvorgänge des Körpers. Einzeln gesehen beeinträchtigen diese Schädigungen den Körper nicht, mit der Zeit häufen sie sich aber an und machen sich negativ bemerkbar.

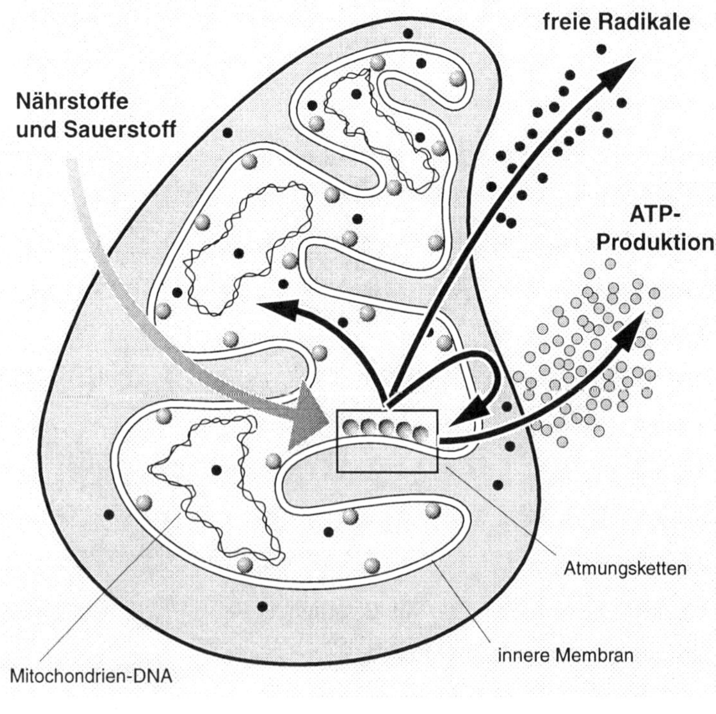

Abbildung 4a: Aufbau eines Mitochondriums (*Grafik:* DIFF).

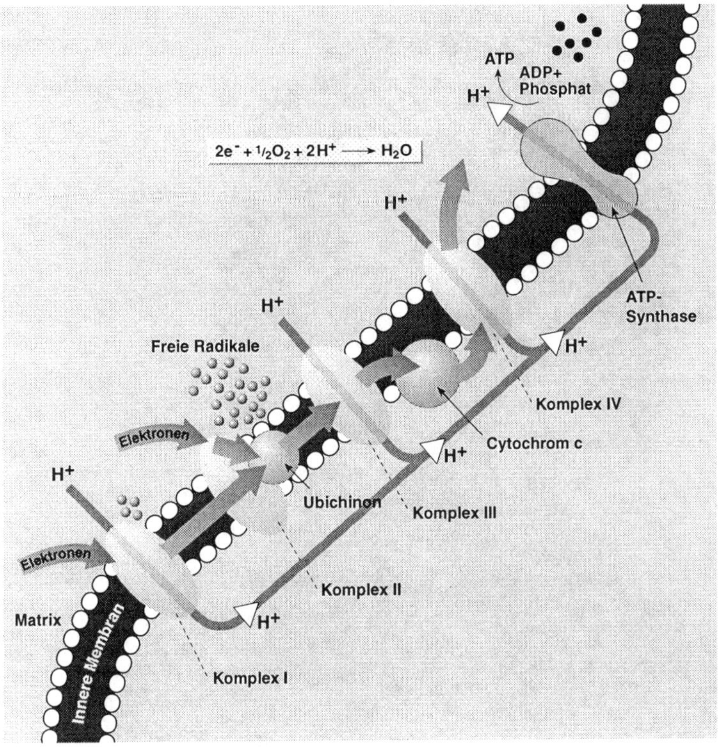

Abbildung 4b: Schematische Darstellung der sogenannten »Atmungskette« der Mitochondrien (*Grafik:* DIFF).

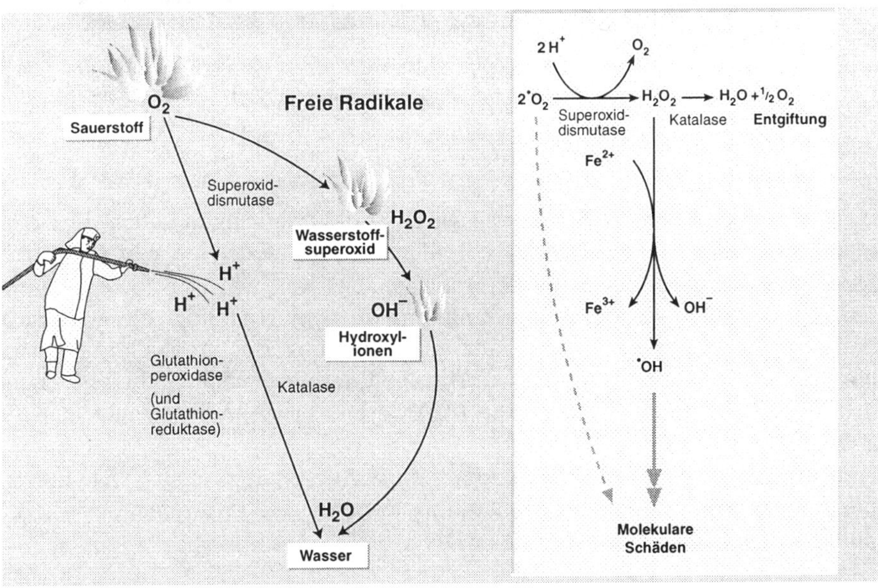

Abbildung 5: Enzymatische Schutzmechanismen gegen freie Radikale (*Grafik:* Thomas DANDEKAR/DIFF).

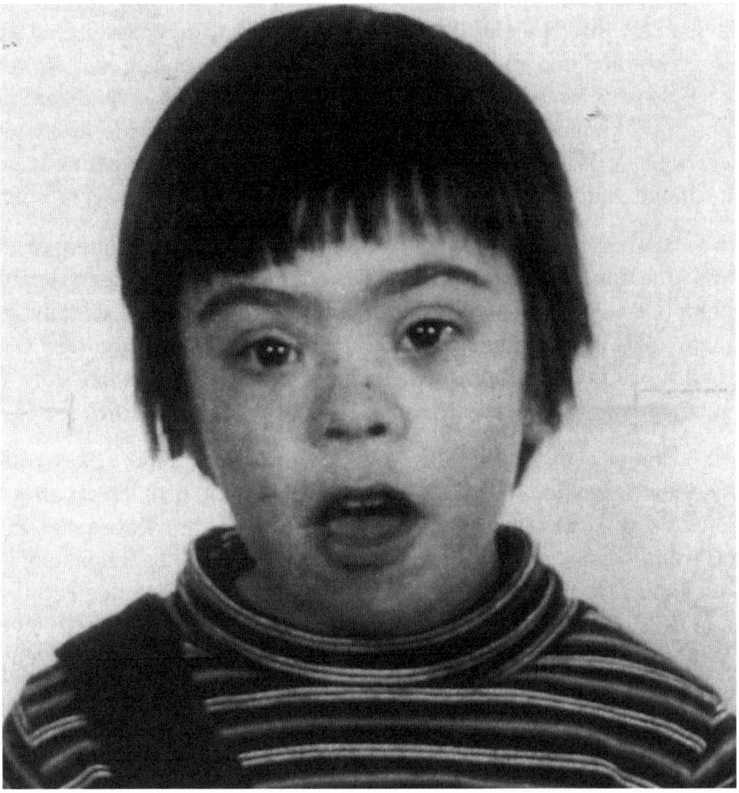

Abbildung 6: Kind mit *Down-Syndrom* (Mongolismus) (*Foto:* Institut für Humangenetik und Anthropologie, Klinikum der Universität Heidelberg).

Besonders starken Anteil an diesen Kleinst-Verletzungen haben die sogenannten freien Radikale (HARMAN 1981). Freie Radikale sind sehr reaktionsfreudige, aggressive Moleküle, die praktisch alles, was in ihrer Nähe ist, angreifen. Sie werden in verschiedenen Zellkompartimenten gebildet, am meisten in den Mitochondrien bei der sogenannten Zellatmung. Bei der Zellatmung wird aus den Nährstoffen unter Sauerstoffzufuhr Energie gewonnen; die Mitochondrien werden deshalb auch als die Kraftwerke der Zelle bezeichnet (s. *Abb. 4a*).

Mitochondrien haben zwei Membranen, auf deren innerer sich viele hintereinander geschaltete sogenannte Atmungskettensysteme befinden; sie besitzen außerdem eine eigene Erbsubstanz (DNA; s. *Abb. 4a und 4b*).

Bei der Zellatmung werden durch eine Art »Turbine« energiereiche Phosphatverbindungen (ATP: Adenosintriphosphat) gebildet, die im Körper universell als Energieträger eingesetzt werden können, so zum Beispiel für die Muskelkontraktionen. Diese »Turbine« (das Enzym ATP-Synthase) wird durch eine biologisch gezügelte Knallgasreaktion angetrieben, bei der Wasserstoff, Elektronen und Sauerstoff über die sogenannte Atmungskette transportiert werden und schließlich zu Wasser reagieren. Bei diesem Vorgang kann es geschehen, dass die Regulation nicht hundertprozentig funktioniert und zusätzliche Elektronen auf ein Sauerstoffmolekül gelangen. Diese verwandeln es in ein sogenanntes freies Radikal, ein aggressives Zellgift, das wahllos verschiedene Zellmoleküle angreift um neue Sauerstoffverbindungen (Oxide) zu bilden. In den Mitochondrien schädigen sie neben den Eiweißen und Lipiden (Fetten) vor allem auch die mitochondriale DNA, da diese – im Gegensatz zur DNA im Zellkern – über keinen spezifischen Schutz vor den freien Radikalen verfügt. (Näheres dazu siehe unten.) Diese ständige Schädigung wird vom Körper in Kauf genommen, denn durch Atmung und Atmungskette erfolgt die für den Körper lebenswichtige Energieversorgung. Einen anschaulichen Vergleich aus dem täglichen Leben bietet hier das Auto: Auch sein Verbrennungsmotor benötigt unbedingt Sauerstoff, andererseits ist genau dieser Sauerstoff die Ursache dafür, dass das Auto mit den Jahren immer mehr rostet und altert.

Um das Auto vor Rost zu schützen benutzt man Rostschutzmittel. Genauso gibt es im Körper Schutzmechanismen gegen freie Radikale, die sogenannten protektiven (von lateinisch: *protectio* = Bedeckung, Beschützung) Enzyme. Diese wandeln freie Radikale schnell in ungefährliche Verbindungen um. *Abbildung 5* zeigt links und rechts dafür jeweils ein Beispiel.

Wichtige Schutzenzyme sind Superoxiddismutase und -katalase sowie Glutathionperoxidase und Glutathionreduktase (Enzyme = Katalysatoren = Umwandlungshelfer bei [bio]chemischen Reaktionen). Dass die freien Radikale tatsächlich für den Alterungsprozess mitverantwortlich sind, kann dadurch gezeigt werden, dass Individuen, die zusätzliche genetische Informationen für diese Enzyme besitzen, länger leben. Dies wurde zum Beispiel an Fruchtfliegen bewiesen (ORR, SOHAL 1994): Bei Individuen mit fünf (anstatt normalerweise zwei) Kopien der Gene für Superoxiddismutase und -katalase fand man eine um ein Drittel verlängerte Lebensspanne.

Dass das richtige Verhältnis von Superoxiddismutase und -katalase wichtig ist, zeigt eine genetische Anomalie beim Menschen, das sogenannte *Down-Syndrom* (Mongolismus, s. *Abb. 6*). Menschen mit diesem Syndrom haben drei (anstatt normalerweise zwei) Exemplare von Chromosom 21, auf dem das Gen (die Bauanleitung) für die Superoxiddismutase liegt. Dadurch entsteht zusätzliches Wasserstoffperoxid (H_2O_2), welches nicht mehr entgiftet werden kann, da die Katalase nicht in entsprechender Menge zur Verfügung steht. Als Folge davon beschleunigt sich der Alterungsvorgang, und Mongoloide haben eine geringere Lebenserwartung; allerdings können sie durch entsprechende medizinische Versorgung heute zirka 45 bis 50 Jahre alt werden.

Eine weitere Schutzmöglichkeit des Körpers besteht darin die von den freien Radikalen angegriffenen Zellbestandteile besser zu schützen. Auch dafür gibt es spezifische Enzyme, die zu ihrer guten Funktion die Vitamine A, C, E und ähnliche Substanzen benötigen. Auch wenn die molekularen Wirkungsmechanismen dieses Schutzes weitgehend geklärt sind, ist noch nicht eindeutig klar, ob durch zusätzliche Vitamineinnahme bestimmten Krankheiten vorgebeugt werden beziehungsweise das Altern verzögert werden kann.

Freie Radikale sind also ein entscheidender Faktor fur den Alterungsprozess. Arten, die über einen guten Schutz vor freien Radikalen verfügen, haben eine deutlich längere Lebensspanne (BERNSTEIN, BERNSTEIN 1991). Auch die vergleichsweise große Lebensspanne des Menschen resultiert zu einem großen Teil aus einem guten Schutz gegen die freien Radikale.

Auch bei kalorienreduzierten Diäten (die allerdings nicht einseitig sein dürfen) entstehen weniger freie Radikale im Stoffwechsel. Dadurch erklärt sich, dass solche Diäten lebensverlängernd wirken; nachgewiesen wurde dies zuerst bei entsprechenden Versuchen mit Ratten (MCCAY et al. 1935); inzwischen wurde dies bei Fischen, Würmern und Insekten bestätigt. Versuche bei Menschenaffen deuten ebenfalls in diese Richtung, für entsprechende Aussagen beim Menschen liegen aber noch keine verwertbaren Daten vor (WEINDRUCH 1996).

Eine Vielzahl anderer Moleküle kann ebenfalls in freie Radikale umgewandelt werden. Freie Radikale entstehen darüber hinaus nicht nur bei der Zellatmung, sondern auch bei anderen Stoffwechselprozessen.

Ob das in letzter Zeit viel diskutierte *Melatonin* durch seine Fähigkeit, freie Radikale unschädlich zu machen, den Alterungsprozess beim Menschen verlangsamt, ist noch unklar.

Neben diesen geschilderten Schädigungen durch die freien Radikale ist der Mensch in seiner Umwelt vielen Substanzen ausgesetzt, die zu weiteren Schädigungen führen können und so unter Umständen den Alterungsprozess fördern. So gibt es zum Beispiel Chemikalien, die die Erbsubstanz (DNA) schädigen und dadurch Krebserkrankungen auslösen können. Viel diskutiert wurde in letzter Zeit die krebserzeugende Wirkung von Dioxinen; allgemein bekannt ist, dass auch Zigarettenrauch und Autoabgase Substanzen enthalten, die krebserregend sind.

Aber auch scheinbar harmlose Stoffe können das Altern beschleunigen. Selbst Zucker kann eine dauernde, krankhafte Verbindung mit den Wänden der Blutgefäße eingehen (CERAMI et al. 1987). Dadurch quillt und altert die Gefäßwand, sie ist nicht mehr glatt und Blutplättchen können sich leichter anheften: Die Gefäßwand quillt noch mehr auf und ist schließlich bleibend geschädigt – das Gefäß erkrankt an Arteriosklerose (zum Thema Arteriosklerose ausführlich Studieneinheit VII).

Der Körper erleidet also durch freie Radikale und viele andere Stoffe ständig kleinste und kleine Schäden und altert dadurch. Besonders problematisch sind dabei Schäden an der Erbsubstanz, der DNA. Die DNA ist im Kern jeder

Zelle in Form von Chromosomen aufbewahrt und trägt das Original der Bauanleitung (die sogenannten Gene) für alle Eiweißstoffe (Proteine), die den Bau der Zellbestandteile und den Betrieb der Zelle gewährleisten. Fehlt ein Eiweißstoff oder ist er beschädigt, kann er mit der dazugehörigen Bauanleitung (dem jeweiligen Gen der DNA) wiederhergestellt werden. Ein Schaden an der DNA kann dazu führen, dass diese Bauanleitungen nicht mehr genutzt werden können und der Eiweißstoff nicht mehr repariert oder neu hergestellt werden kann. Die Zelle kann dadurch sogar entarten und im schlimmsten Falle zu einer Krebszelle werden; sie kann aber auch ihre Funktionsfähigkeit verlieren oder absterben.

Da in der DNA die Informationen für die Bauanleitung der Zellbestandteile gespeichert sind, sind Schäden an ihr also besonders kritisch. Gefährdet sind vor allem die Basenpaare der DNA, da sie durch chemische Stoffe relativ leicht verändert oder gar unleserlich gemacht werden können.

Allerdings gibt es zahlreiche körpereigene Reparaturmechanismen, die Schäden an der DNA korrigieren können. Da die DNA aus zwei Strängen, einem »Positiv« und einem »Negativ«, besteht, die durch die oben genannten Basenpaarungen verbunden sind, kann insbesondere der »negative« Gegenstrang der DNA zur Reparatur genutzt werden. Je besser diese Reparaturmechanismen sind, umso länger lebt die jeweilige Art (HART, SETLOW 1974; BERNSTEIN, BERNSTEIN 1991). Meist gehen Zellen mit stark geschädigter DNA zugrunde, da ihnen lebenswichtige Informationen fehlen. Haut, Blut und nachwachsende Gewebe wie Schleimhäute können solche Verluste verkraften. Das Nervensystem besteht dagegen überwiegend aus Zellen, die sich nicht teilen können. Das hat zur Folge, dass über die Jahre hinweg deren Zahl immer mehr abnimmt. Dies kann zu Altersdefiziten wie etwa Gedächtnisstörungen und Konzentrationsproblemen führen (ausführlich dazu s. Studieneinheiten VII und VIII).

Wie oben bereits angesprochen, gibt es außer im Zellkern auch in den Mitochondrien DNA. Sie trägt dort wichtige Zusatzinformationen für Enzyme der Zellatmung. Diese DNA der Mitochondrien ist viel schlechter geschützt als im Zellkern und kann auch kaum repariert werden. Außerdem ist die Sauerstoffkonzentration und damit die Bildung freier Radikale in den Mitochondrien aufgrund der Zellatmung besonders hoch: Der Angriff durch die freien Radikale ist sehr stark. Ist die mitochondriale DNA zu stark geschädigt, so geht das entsprechende Mitochondrium zugrunde. Dadurch geht die Energieproduktion im Körper Schritt für Schritt zurück – ein Zustand, der wiederum den Alterungsprozess beschleunigt (WALLACE 1992). Beim Menschen (und höheren Tieren) benötigen zum Beispiel die Bauchspeicheldrüse und die Nervenzellen besonders viel Energie. Ihre Funktion leidet unter dem zunehmenden Energiemangel. Dadurch verstärkte oder mitbedingte Krankheiten sind etwa der sogenannte Alterszucker – wobei hier betont werden muss, dass Auslöser fast immer Überernährung und Übergewicht sind, in deren Folge die Bauchspeicheldrüse chronisch überbeansprucht wird. Andere Beispiele sind Gedächtnis- und Konzentrationsstörungen sowie bestimmte Bewegungsstörungen, wie sie zum Beispiel bei der *Parkinsonschen Krankheit* auftreten (s. *Abschnitt 3.3*).

Neben der DNA können durch die oben genannten Mechanismen auch andere Moleküle geschädigt werden; auch dies führt zu allmählichen Funktionseinbußen. So können Proteine oxidiert werden und sich in Nervenzellen ansammeln. Dies kann eine weitere Ursache für Konzentrations- und Gedächtnisschwierigkeiten im Alter sein (STADTMAN 1992).

2.2 Alterung durch festgelegte (deterministische) Prozesse

Neben den bisher dargestellten stochastischen Alterungsprozessen existieren genetisch festgelegte Programme, die den Alterungsprozess steuern. Diese Mechanismen und Programme bestimmen durch biologische Zeitmesser (»biologische Uhren«, »molekulare Zählwerke«) die Dauer der einzelnen Lebensphasen eines Individuums.

Folgende Beispiele sollen die Verbreitung genetischer Programme für Altern und Tod illustrieren: Bei der Eintagsfliege und bei den pazifischen Lachsen sterben die Individuen direkt nach der Fortpflanzung. Auch die Herbstfärbung des Laubes bei höheren Pflanzen folgt einem genetisch vorgegebenen Programm. Beispiele beim Menschen sind das Einsetzen der Pubertät oder die Wechseljahre der Frau.

Wesentliche Erkenntnisse über genetisch gesteuerte Mechanismen der Alterung wurden durch Versuche mit menschlichen Bindegewebszellen gewonnen. Diese Zellart ist für solche Untersuchungen besonders geeignet, da bei allen Verletzungen aus diesen Zellen Narbengewebe gebildet wird, und das auch noch in hohem Alter. Das setzt voraus, dass sich diese Zellen sehr oft teilen können müssen. In dem grundlegenden Experiment von HAYFLICK und MOOREHEAD (1961) untersuchten diese die Frage, ob sich diese Zellen – wie bisher angenommen – unbegrenzt teilen können. Die Antwort war zum damaligen Zeitpunkt überraschend: Auch bei besten Kulturbedingungen teilen sich Bindegewebszellen nur knapp über sechzigmal! Und dies gilt nur für ganz junge Zellen aus menschlichen Embryonen; Bindegewebszellen von älteren Spendern haben eine entsprechend verringerte Teilungsfähigkeit. *Abbildung 7* zeigt Bindegewebszellen von jüngeren (unten) und älteren Menschen (oben).

Bei einem jungen Erwachsenen können sie sich noch etwa vierzigmal teilen, bei einem über 80-Jährigen sind nur noch ganz wenige Teilungen möglich. Dies ist als das sogenannte »Hayflick-Phänomen« bekannt und weist darauf hin, dass in diesen Zellen eine biologische Uhr existiert. Diese Uhr zählt als »molekulares Zählwerk« die Zellteilungen und stoppt diese nach etwas mehr als 60 Teilungen. Dies erklärt auch, warum bei älteren Menschen Wunden oft schlechter heilen: Die Zellen können sich nicht mehr so oft teilen wie bei einem jungen Menschen.

Auch die genetische Begrenzung der Lebensspanne wird dadurch verständlich: In allen Körperzellen sind diese biologischen Uhren vorhanden, zählen

Abbildung 7: Alterung menschlicher Bindegewebszellen. Junge, kleine und funktionsfähige Zellen (unten) werden dabei langsam zu alten, beschädigten und weniger funktionsfähigen Zellen (*Grafik:* Gudrun KOCH).

die Zellteilungen und zeigen somit auch an, wann für die Zelle »die letzte Stunde geschlagen hat«.

Im Folgenden soll nun der Aufbau einer solchen biologischen Uhr genauer betrachtet werden. Wie oben ausgeführt wurde, liegt die DNA als sehr langes Molekül in den Chromosomen des Zellkerns vor. Bei Zellteilungen ist es nun erforderlich diese Bauanleitung an jede der Tochterzellen in gleicher Weise weiterzugeben. Dazu werden zunächst die beiden Stränge der DNA, die Bauanleitung und das »Negativ«, voneinander getrennt. An diese jeweiligen Halbstränge wird die fehlende Hälfte wieder ergänzt, was aufgrund der chemisch fest vorgeschriebenen Passungen (Basenpaarungen) relativ einfach möglich ist. Verantwortlich für diesen Vorgang ist ein Enzym, die DNA-Polymerase. Voraussetzung für die Aktivierung dieses Enzyms ist es, dass eine bestimmte Markierung als Startsignal am Anfang oder Ende eines Chromosoms auf der DNA vorhanden ist. Dieses Signal wird auf die DNA aufgesetzt und nach Abschluss der Verdopplung wieder entfernt. Da dieses Startsignal aber selbst etwas Platz benötigt, kann der dadurch abgedeckte Teil der Mutter-DNA nicht verdoppelt werden und fehlt so in den Tochterzellen. Dieser zunächst als fehlerhaft erscheinende Mechanismus ist aber in Wirklichkeit eine sehr effektive biologische Uhr (OLOVNIKOW 1973): Mit jeder neuen Zellteilung werden die Chromosomenenden (Telomere; von griechisch: *telos* = das Ende) ein bisschen kürzer. Nach einer bestimmten Anzahl solcher Verkürzungen ist schließlich ein wichtiges Gen betroffen und unleserlich geworden. Dies führt dann zu einem endgültigen Teilungsstopp: Wichtige Informationen zur Durchführung der nächsten Teilung können nicht mehr abgelesen werden. Unsterbliche Zellen (zum Beispiel Ei- und Samenzellen, aber auch Krebszellen) besitzen dagegen ein zusätzliches Enzym, das diese Verkürzung verhindert: Die Anfänge beziehungsweise Enden der Chromosomen werden durch dieses Enzym, eine sogenannte Telomerase, um ein kleines, immer gleiches DNA-Molekül vor jeder Teilung verlängert. Dadurch entfällt die oben geschilderte Verkürzung der DNA, und diese Zellen können sich dann beliebig oft weiterteilen (HARLEY et al. 1990).

Allerdings kann dieses Stoppsignal unter bestimmten Bedingungen ignoriert werden: Wie oben gesehen, können sich Körperzellen des Menschen normalerweise etwas mehr als sechzigmal teilen. Diese Anzahl wird als sogenannter »erster Zellteilungsstopp« bezeichnet. Werden diese an sich jetzt nicht mehr teilungsfähigen Zellen durch einen Virus mit Krebsgenen infiziert oder durch Mutationen verändert, so können sie noch etwa 30 weitere Teilungen ausführen, bevor ein erneuter Wachstumsstopp auftritt. Somit gibt es in den Zellen des Menschen also mindestens zwei biologische Uhren! Während für den ersten Teilungsstopp (den »Hayflick-Stop«) neben dem oben geschilderten Mechanismus eine komplexe Regulation mindestens vier verschiedener Gene (PEREIRA-SMITH, SMITH 1988) sowie ein Tumorsupressor-Gen und das Protein »p53« verantwortlich sind, ist für den zweiten Teilungsstopp der oben geschilderte Mechanismus der sukzessiven Verkürzung der Telomeren alleine verantwortlich. Nur Zellen, die in der Lage sind, beide »Stoppschilder« zu ignorieren, können sich weiter teilen und werden zu Krebszellen. So betrachtet stellt dieser zweistufige Teilungsstopp-Mechanismus eine wichtige Sicherung gegen Zellentartungen und somit gegen Krebserkrankungen dar.

Wie oben ausgeführt, spielen diese und weitere komplexe Zellteilungsmechanismen bei Wundheilungen, aber auch beim Ersetzen zugrunde gegangener Zellen eine wichtige Rolle. Offensichtlich gehen durch die Anhäufung vieler kleiner Schädigungen im Laufe des Älterwerdens auch diese beiden Fähigkeiten zurück: Verletzungen heilen immer schlechter, und es kommt immer häufiger zu krebsartig veränderten Zellen.

Natürlich beschreibt auch die »Telomertheorie des Alterns« nur einen Faktor der Alterung, denn die Vorstellung, der Körper verfalle nur deshalb, weil seine Organe irgendwann beschädigte Zellen nicht mehr durch neue ersetzen können, ist zu einfach. So besitzen die Bindegewebszellen (Fibroblasten) eines Menschen bei seinem Tode gewöhnlich noch ein beträchtliches Teilungspotenzial. Altersbedingte Fehler bei der DNA-Verdoppelung können nicht erklären, warum auch Zellen absterben, die sich – wie beispielsweise Nerven- und Herzmuskelzellen – gar nicht teilen können.

Ein besonders eindrucksvolles Beispiel für ein genetisch determiniertes Programm ist der programmierte Zelltod, *Apoptose* genannt (WYLLIE 1994). Dieser programmierte Zelltod ist zum Beispiel während der Embryonalentwicklung sehr wichtig: Bei der Reifung des Gehirns ist es notwendig, dass nur die »richtig« miteinander verbundenen Nervenzellen bestehen bleiben, falsch geschaltete Nervenzellen dagegen zerstört werden. Normalerweise schützt ein »p53« genanntes Protein die Zellen davor, dass die gefährliche Information zur Herbeiführung des Zelltodes abgelesen wird. Wird der Schutz durch bestimmte Signalstoffe außer Gefecht gesetzt, stirbt die Zelle ab. Ob dieser gesteuerte Zelltod auch beim Alterungsprozess eine wichtige Rolle spielt, ist zur Zeit allerdings noch nicht geklärt.

Eindrucksvolle Belege für die genetischen Ursachen des Alterungsprozesses liefern auch angeborene Krankheiten, die zu vorzeitiger Alterung führen. So wurde festgestellt, dass in diesen Fällen wichtige Gene für die oben angesprochenen Zellreparaturmechanismen fehlen. Diese Krankheiten führen zu vorzeitig einsetzendem Alter und lassen Menschen bereits im Kindesalter wie Greise aussehen, so zum Beispiel beim Cockayne-Syndrom (nach dem Arzt Edward A. COCKAYNE, 1946) oder bei der Progerie, einer Krankheit, die in zwei Formen auftreten kann: Bei der »Progeria infantum« setzt der Alterungsprozess im frühen Kindesalter ein, dagegen beginnt bei der sogenannten Erwachsenen-Progerie (»Progeria adultorum« z. B. »Werner-Syndrom«) der rapide Verfall erst nach dem 20. Lebensjahr. Ein einziger Gendefekt kann für das Syndrom verantwortlich sein und setzt die Kaskade des Alterns in Gang: ergraute Haare, Linsentrübung, Alterung der Haut, alterstypische Leiden wie Osteoporose, Arteriosklerose und Krebs. Ein wichtiges Enzym für die DNA-Reparatur ist defekt (GRAY et al. 1997). Im Fall einer bereits in der frühen Kindheit auftretenden Variante haben die Betroffenen mit 12 bis 13 Jahren ein Aussehen und Organfunktionen wie sonst 100-Jährige. Zum Glück ist diese Erbkrankheit äußerst selten; bisher sind weltweit etwa 60 Fälle bekannt. Allerdings sind sich die Experten darin einig, dass es

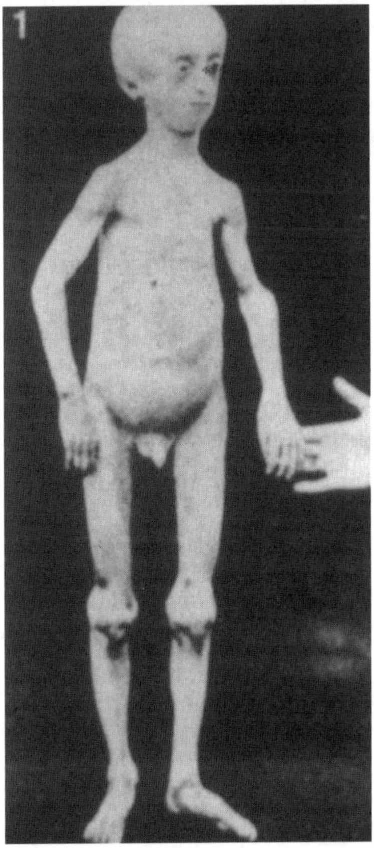

Abbildung 8: Patient mit *Progeria infantum* im Alter von 17 Jahren (*Foto:* Thomas JANSEN nach Hastings GILFORD 1897/1904).

einen einzigen genetischen Hauptschalter für das Altern nicht gibt, am natürlichen Altern sind ziemlich sicher viele Erbanlagen beteiligt. Die *Abbildung 8* zeigt einen Patienten mit »Progeria infantum« im Alter von 17 Jahren.

Auch die Tatsache, dass eineiige Zwillinge ein relativ ähnliches Alter erreichen, ist als weiterer Beleg für die Beteiligung genetischer Programme beim Alterungsprozess anzusehen.

Abbildung 9: Kolonie von *Botryllus schlosseri* (*Quelle:* Grzimek et al. 1979, S. 455).

Dass eine bei den einzelnen Arten relativ einheitliche Lebensdauer der einzelnen Individuen existiert, wird auch durch Beobachtungen verschiedener Tiere deutlich. Auf das rasche, von den Erbanlagen gesteuerte Sterben von einigen Insekten oder Fischen nach erfolgter Fortpflanzung wurde bereits hingewiesen. Ein anderes Beispiel für eine genetisch extrem starr festgelegte Lebensdauer ist *Botryllus schlosseri*, eine Seescheide (Rinkevich et al. 1992).

Botryllus schlosseri lebt im Wasser und ist ein sogenannter »Filtrierer«, das heißt, das Tier filtert seine Nahrung (Plankton) aus dem Wasser. Seine zunächst freischwimmenden Larven setzen sich fest und bilden Kolonien aus Filtriereinheiten, sogenannte Zooide. Diese Kolonien altern nach einiger Zeit und gehen schließlich fast gleichzeitig zugrunde, eine neue Generation von Organismen ersetzt sie. Nimmt man ein Einzeltier aus der Kolonie und verpflanzt es in ein anderes Aquarium, wächst es bald zu einer neuen Kolonie heran. Erstaunlicherweise geht auch diese Kolonie zur selben Zeit zugrunde wie die Mutterkolonie. Dies beweist, dass eine innere Uhr diesen Alterungsprozess steuern muss.

Wie andere wünschenswerte Merkmale kann hohes Alter in gewissem Maße auch durch Züchtung erreicht werden. Dazu werden zumeist niedere Lebewesen mit kurzer Generationsdauer wie zum Beispiel Hefezellen oder Fadenpilze verwendet, da man viele Generationen beobachten und miteinander kreuzen möchte. Auch mit gentechnischen Methoden eingesetzte Krebsgene und veränderte Gene der Eiweißsynthese verstellen die oben angesprochenen biologischen Uhren und wirken lebensverlängernd (Silar, Picard 1994). Bei Zellen höherer Lebewesen und beim Menschen führt dies allerdings nicht zu einer größeren Lebensdauer, sondern zu Zellveränderungen und letztendlich zu Krebserkrankungen (Tatsuka et al. 1992).

2.3 Vitale Hochbetagte oder: Langlebigkeit und genetische Veranlagung

In diesem Kontext soll noch ein Phänomen angesprochen werden, das in letzter Zeit intensiv untersucht wird:

Gerade die ältesten Menschen (Lebensalter um 100 Jahre) sind oft erstaunlich rüstig, viele sogar geistig frischer und körperlich gesunder als durchschnittliche 80-Jährige. Es scheint wohl so zu sein, dass manche Menschen gegen die typischen Alterskrankheiten und Altersleiden quasi gefeit sind; zumindest verlaufen die entsprechenden Prozesse entsprechend langsamer und beginnen später.

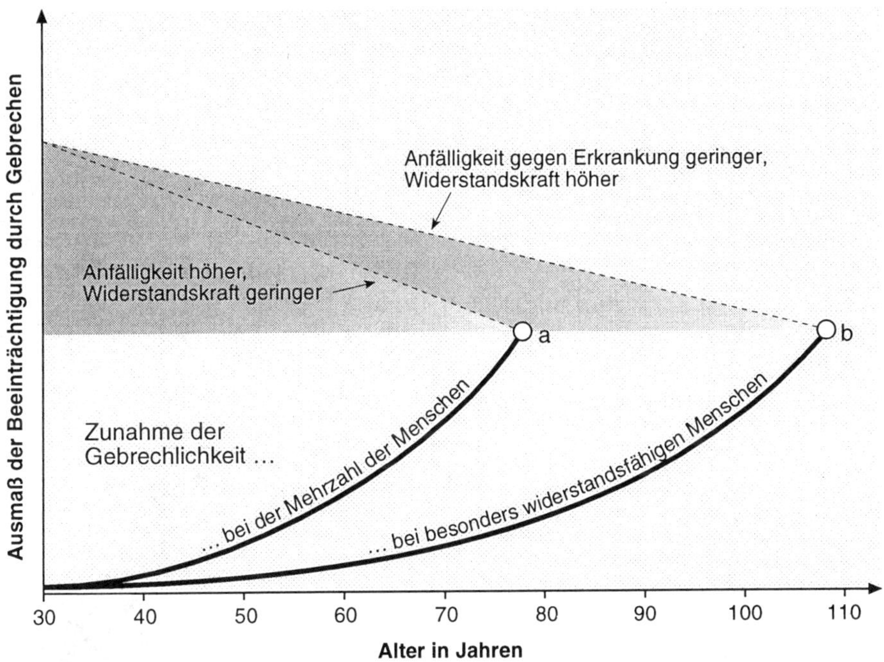

Abbildung 10: Vergleich von Veränderung der Widerstandskraft (obere Kurven) und körperlichem und geistigem Abbau (untere Kurven) zwischen Hochbetagten (b) und der Mehrzahl der Menschen (a) (*Grafik:* DIFF nach PERLS 1995, S. 76).

In gewisser Weise scheinen diese Menschen eine Teilpopulation darzustellen, bei der sich aufgrund bestimmter günstiger Veranlagungen oder Eigenschaften die üblichen Altersbeschwerden gar nicht oder erst sehr spät einstellen, möglicherweise aufgrund eines Zusammenwirkens diverser innerer (genetischer) und äußerer Faktoren. So sagt der italienische Immunologe C. FRANCESI: »Superalte Menschen sind ein Experiment der Natur« und drückt damit aus, dass im Rahmen evolutionärer Prozesse sozusagen getestet wird, ob sich das Modell »hochbetagter Mensch« bewährt und einen Evolutionsvorteil bietet.

»Langlebigkeits-Gene« scheint es in mehreren Varianten zu geben: So funktioniert zum Beispiel das Immunsystem bei diesen Menschen im hohen Alter immer noch sehr gut und ist in der Lage, Krebszellen und infektiöse Keime effektiv zu vernichten. Auch die genetisch festgelegte Fähigkeit, freie Radikale unschädlich zu machen, ist bei diesen Menschen besonders stark ausgeprägt.

Erst vor kurzem wurde die Vermutung bestätigt, dass es ein Langlebigkeits-Gen (genannt Apo-E2) gibt, das vor der *Alzheimer-Krankheit* und vor Herzerkrankungen schützt. Dabei handelt es sich bei diesem Gen um die Variante eines Gens, das den Cholesterinstoffwechsel und die Zellerneuerung steuert. Bei hochbetagten Menschen wurde die Variante Apo-E2 statistisch eindeutig häufiger gefunden als die anderen Varianten (Apo-E4 beziehungsweise Apo-E3).

Gegenwärtig wird versucht die biochemischen Einzelheiten dieser Unterschiede genauer zu erforschen. Die Ergebnisse könnten wichtige Hinweise darauf geben, was auch dem »genetischen Normalmenschen« nutzen könnte um – zum Beispiel durch entsprechendes Verhalten oder mit Hilfe geeigneter Medikamente – mit größerer Wahrscheinlichkeit ein höheres und gesünderes Alter zu erreichen.

Wie oben angesprochen, werden solche Untersuchungen wegen der relativen Einfachheit und der kurzen Generationsdauer häufig an niederen Organismen durchgeführt. So untersuchten Thomas E. JOHNSON (1990) und seine Mitarbeiter kleine, ungefähr einen Millimeter lange bodenbewohnende Fadenwürmer mit dem Namen *Caenorhabditis elegans*.

Abbildung 11: Caenorhabditis elegans (Foto: Ralf SCHNABEL, Universität Braunschweig).

Sie konnten dabei Individuen züchten, die 70 Prozent länger lebten als in der Natur üblich, nämlich rund einen Monat. Mit modernen molekularbiologischen Methoden gelang es ihnen die Erklärung für dieses höhere Alter zu finden. Sie fanden bei den langlebenden Organismen ein mutiertes (verändertes) Gen. Einer der Effekte dieses veränderten Gens ist ein besserer Schutz gegen die freien Radikale. Hier lässt sich sehr gut aufzeigen, wie genetische Dispositionen und ihre Auswirkungen im Hinblick auf die vielen kleinen biochemischen »Unfälle« beziehungsweise Schädigungen beim Alterungsprozess zusammenwirken beziehungsweise ihn verzögern können.

Warum besitzt nun aber der oben genannte Wurm nicht von Natur aus dieses veränderte Gen? Wie festgestellt wurde, sinkt die Fruchtbarkeit des Wurmes durch das veränderte Gen auf ein Viertel der Normalrate ab. Offensichtlich ist es für das Überleben dieser Art wichtiger, viele Nachkommen zu haben, als ein hohes Alter des einzelnen Individuums zu erreichen. Diese Feststellung leitet direkt zur nächsten Fragestellung und zum nächsten Kapitel über. Hier geht es um evolutionsbiologische Erklärungen des Alterungsprozesses und die Frage, ob und wie eine Verzögerung des Alterns möglich und wünschenswert ist.

3. Warum altern wir überhaupt? Evolutionsbiologische Erklärungen des Alterns

Im vorherigen Kapitel wurde gezeigt, dass unter anderem auch genetische Ursachen für den Alterungsprozess verantwortlich sind.

Warum ist dies aber der Fall? In diesem Kapitel wird der Frage nachgegangen, wieso sich unsere Erbanlagen so und nicht anders entwickelt haben, also die Frage nach der evolutionären Entwicklung des Alterungsprozesses gestellt.

3.1 Grundlegende Aussagen der Evolutionstheorie

Die biologische Evolution lässt sich am besten als Veränderung der Mannigfaltigkeit von Organismenpopulationen und als Veränderung ihrer Anpassung erklären. Die grundlegende Formulierung der heute als gesichert geltenden Evolutionstheorie wurde von Charles DARWIN formuliert. Neben dem Postulat des gemeinsamen Ursprungs der Arten war die Formulierung der natürlichen Auslese – der Selektion – als Mechanismus der Evolution bahnbrechend.

Evolution durch natürliche Selektion ist ein Prozess in zwei Stufen: In der ersten Stufe werden durch Mutationen, Kreuzungen und andere zufällige Änderungen des Erbguts genetische Varianten erzeugt; in der zweiten Stufe wird durch Selektion Ordnung in die Menge dieser Varianten gebracht.

Aufgrund der in der ersten Stufe erfolgenden genetischen Veränderungen werden einige Individuen in einer Population von Tausenden oder Millionen eigenständiger Individuen bestimmte Gen-Sätze besitzen, die sie besser mit den vorherrschenden Umweltbedingungen fertig werden lassen als andere Individuen. Sie bekommen eine statistisch höhere Überlebenschance und werden wahrscheinlich mehr Nachkommen hinterlassen als andere Mitglieder der gleichen Population. In dieser zweiten Stufe bekommt die natürliche Auslese eine gewisse Richtung. So wird die Häufigkeit *der Gene* und *Genkonstellationen* zunehmen, die zu einer gegebenen Zeit und an einem gegebenen Ort besonders anpassungsfähig sind, die die Fitness erhöhen, die Spezialisierung fördern, einer sprunghaften Ausbreitung Vorschub leisten und den evolutionären Prozess vorantreiben. Evolution durch Auslese unterliegt also weder dem reinen Zufall, noch ist sie zielgerichtet. Evolution ist ein zweistufig hintereinander ablaufender Prozess, in dem Zufall und Notwendigkeit vorteilhaft miteinander verknüpft sind.

Evolution ist auch der Prozess, der im Laufe der Generationen zu Veränderungen der Arten führt. Als Art bezeichnet man bei Lebewesen mit geschlechtlicher (sexueller) Vermehrung eine hinsichtlich ihres Paarungsverhaltens isolierte Gruppe (Mayr 1967). Die Isolierung gegenüber anderen Gruppen wird auf vielfältige Weise erreicht, zu denen die ökologische Isolation (Nutzung unterschiedlicher ökologischer Nischen im selben Gebiet), die zeitliche Isolation (Begattung, Brunft oder Blüte finden zu verschiedenen Tages- oder Jahreszeiten statt), geographische Isolation und andere Mechanismen zählen. Ergebnis dieser Isolationsmechanismen ist schließlich die Herausbildung einer neuen Art. Diese Mechanismen erklären, wie sich aus primitiven Einzellern höheres Leben und schließlich der Mensch entwickelt hat. Eine genaue Analyse der Evolution erklärt deshalb sehr viel im Hinblick auf den Bau der Lebewesen, ihre Lebensweise und Eigenschaften, so beispielsweise auch im Hinblick auf ihr Altern.

Die Evolutionstheorie ist aber leider auch häufig missverstanden beziehungsweise missbraucht worden. Ein Beispiel bietet die sich auf Darwin berufende Theorie des Alterns am Ausgang des 19. Jahrhunderts, in der versucht wurde die abschätzige Bewertung alter Menschen mit pseudowissenschaftlichen Argumenten zu rechtfertigen. Es wurde argumentiert, dass für das Überleben einer Art nur die Nachkommen wichtig seien. Alte Individuen würden den jüngeren nur die Nahrung streitig machen mit der Folge, dass im Laufe der Evolution »Killer«-Gene entstanden seien, die die alten Individuen vernichten (sogenannte Programm-Theorien des Alterns, zum Beispiel Weismann 1889).

Wie oben ausgeführt, ist die Erforschung der Entstehung der Arten ein zentrales Thema der Evolutionsbiologie. Für die Erhaltung einer Art ist es immer von zentraler Bedeutung, dass die genetische Information von Generation zu Generation weitergegeben werden kann. In diesem Zusammenhang ist es von untergeordneter Bedeutung, ob das einzelne Individuum dabei sehr alt wird oder nicht.

Diese Tatsache könnte die natürliche Begrenzung der Lebensspanne erklären. Bei einer gegebenen Art ist die natürliche Lebensspanne jedenfalls immer so gewählt, dass zumindest die genetische Information sicher weitergegeben werden kann (andernfalls stirbt die Art aus). Auf diesem Hintergrund lassen sich zwei Strategien ausmachen, die dieses Ergebnis auf unterschiedliche Art und Weise erreichen (PARTRIDGE, BARTON 1993): So setzt eine relativ große Lebensspanne wie beim Menschen einen sehr hohen Reparaturaufwand, ausgeprägte Schutzmechanismen und somit einen hohen Energieeinsatz für diese Maßnahmen voraus. Dadurch bleibt relativ weniger Energie für die Erzeugung von Nachkommen übrig; diese relativ wenigen Nachkommen sind dann aber sehr gut auf ihren Platz im Leben vorbereitet (sogenannte k-Strategie, s. *Abb. 12*; »k« steht hier für konservierend = erhaltend). Eine k-Strategie ist für Lebewesen typisch, die in einer gesicherten, sehr dicht besetzten, meist recht komplexen Umwelt leben. Neben dem Menschen nutzen auch viele Tier- und Pflanzenarten (zum Beispiel im Regenwald) diese k-Strategie.

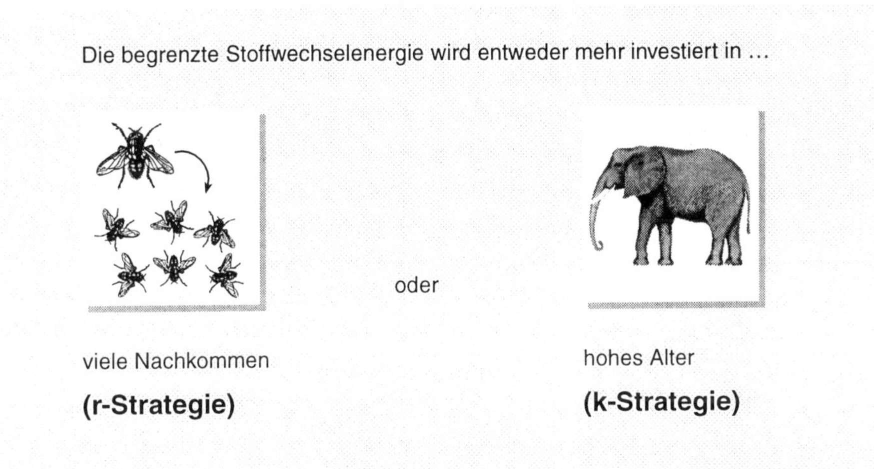

Abbildung 12: Gegenüberstellung von r- und k-Strategie (*Grafik:* Thomas DANDEKAR/DIFF).

Bei anderen Arten wird die Stoffwechselenergie dagegen mehr zur Erzeugung möglichst vieler Nachkommen genutzt (r-Strategie, s. *Abb. 12*; »r« steht hier für reproduktiv = sich erneuernd). Dies bedeutet andererseits, dass wenig Energie zum eigenen Weiterleben übrig bleibt und das Individuum relativ früh sterben muss (Beispiel: Stubenfliege). Welche Strategie jeweils gewählt wird, hängt von der Art und ihren jeweiligen Lebensumständen ab – so hat beispielsweise die Maus sehr viele Fraßfeinde und wird wahrscheinlich sehr früh sterben. Deshalb müssen Mäuse für eine hohe Reproduktionsrate sorgen (r-Strategie), Strategien zur Erreichung eines hohen Alters sind dagegen wenig sinnvoll. Ein Elefant hat dagegen praktisch keine Feinde und kann dadurch einen deutlich höheren Anteil seiner Stoffwechselenergie aufwenden um ein hohes Alter zu erreichen (k-Strategie). Eine relativ große Lebensspanne ermöglicht es darüber hinaus, für die Aufzucht des Nachwuchses relativ viel Zeit aufzuwenden (einschließlich der Enkel beim Menschen, ein Faktor für sein hohes Alter; k-Strategie).

3.2 Einzelne Theorien der Evolution des Alterns

Aufgrund der evolutionären Mechanismen werden Erbanlagen, die erst in höherem Alter zu Krankheiten führen, kaum ausselektiert (MEDAWAR 1952). Ein Beispiel für eine genetisch bedingte Erkrankung im höheren Alter ist die sogenannte *Chorea-Huntington-Krankheit*, die sich zwischen dem 40. und 50. Lebensjahr bemerkbar macht und deren Häufigkeit sich praktisch nicht verändert.

Dagegen vermindert eine Erbanlage, die schon in der Jugend zu Krankheit und eventuell relativ frühem Tod führt, die Fähigkeit und Chance zur Fortpflanzung. Aus diesem Grunde wird eine in der Jugend auftretende genetisch bedingte Erkrankung durch den Selektionsmechanismus über Generationen hinweg tendenziell verschwinden. Als Beispiel für eine genetisch bedingte Erkrankung in der Jugend sei hier die angeborene Immunschwäche (SCID) genannt, eine Krankheit, die dazu führt, dass die davon betroffenen Kinder oft die typischen Kinderkrankheiten nicht überstehen.

Aufgrund dieser Vorgänge können sich also vor allem jene Anlagen zu genetisch bedingten Krankheiten akkumulieren, die erst im Alter auftreten (sogenannte Mutationsakkumulation).

Es gibt Erbanlagen, die eine große Variationsbreite aufweisen und sehr unterschiedliche Effekte hervorrufen können, je nach Umweltbedingungen. Ein Beispiel dafür ist die unterschiedliche Ausprägung der Hautfarben. Während sich Menschen in sonnenreichen Gegenden durch eine stark pigmentierte Haut vor den Schädigungen durch übermäßige Sonneneinstrahlung schützen können, hat die blasse Haut zum Beispiel für den Mitteleuropäer zwar den Nachteil, dass sie stärker sonnenbrandgefährdet ist – andererseits wird dadurch aber schon bei sehr wenig Sonnenlicht genügend Vitamin D in der Haut gebildet. Das Vitamin D spielt eine maßgebliche Rolle beim Knochenaufbau; wenn es zu wenig gebildet wird, kann es zu schweren Störungen des Knochenwachstums wie beispielsweise zur Rachitis kommen.

Analog zu diesen sogenannten pleiotropen (vielgerichtet; von griechisch: *pleion* = mehr; *tropos* = Richtung) Möglichkeiten der Genausprägungen gibt es diverse Gene, die in der Jugend zu Fitness-Vorteilen führen, im Alter aber schädlich wirken. Diese Gene werden aufgrund ihrer Nützlichkeit in der frühen Lebensphase bevorzugt an die nächste Generation weitergegeben, haben mit zunehmendem Alter aber negative Effekte und führen zu Alterungsbeschwerden und Alterskrankheiten (Theorie des antagonistischen Pleiotropismus; Antagonist = Gegenspieler, von griechisch: *anti* = gegen; *agein* = tun, handeln). Ein anschauliches Beispiel für Altersbeschwerden durch diesen Mechanismus des antagonistischen Pleiotropismus sind die Sexualhormone. Sie sind in der Jugend für die Fortpflanzungsfähigkeit von enormer Wichtigkeit, erhöhen aber im Alter die Anfälligkeit bei Mann und Frau für Krebserkrankungen der Geschlechtsorgane.

Einen pointierten Spezialfall dieser Theorien stellt die sogenannte »Disposable-soma-theory« (»Wegwerf-Körper«-Theorie, von englisch: *disposable* = wegwerfbar und griechisch: *soma* = Körper) nach KIRKWOOD und ROSE (1991) dar. Diese betont sehr stark die Fortpflanzung und treibt dabei die Unterschiede zwischen r- und k-Strategie auf die Spitze: Ihre Kernaussage ist, dass die Leistungsfähigkeit und alle Reparatur- und Schutzmechanismen mit ihren entsprechend guten Reserven nur im Hinblick darauf ausgelesen worden sind, dass auf jeden Fall Nachkommen erzeugt werden können. Danach ist, überspitzt formuliert, der eigene Körper vollkommen unwichtig und somit »wegwerfbar«. Das Individuum lebt – so diese Theorie – nach erfolgter Fortpflanzung nur deshalb noch eine Weile weiter, weil die Sicherheitsreserven zum Erreichen des Fortpflanzungsalters von der Natur sehr reichlich bemessen sind.

Tatsächlich besitzt der Mensch in der Jugend starke Funktionsreserven in allen Organen, zum Beispiel reichen in diesem Alter theoretisch ein Zehntel der Leber- oder die Hälfte der Nierenfunktion aus, um das Überleben zu sichern. Diese Funktionsreserven gehen mit dem Alter nachweislich immer mehr zurück, und es treten Krankheiten auf, sobald die Leistungen der betroffenen Organe, wie etwa beim Herzen oder bei den Nieren, nicht mehr ausreichen. Da diese Puffer immer weiter reduziert werden, sammeln sich mit zunehmendem Alter immer mehr Krankheiten an (sogenannte »Multimorbidität« des Alters, vgl. auch Studieneinheit VII). Das Auftreten vieler Alterskrankheiten wird durch diese Theorie gut erklärt, aber sie berücksichtigt und deutet andererseits nicht in ausreichendem Maße die Fälle, in denen konservierende Strategien und sehr erfolgreiche Reparaturmechanismen gegen vorzeitiges Altern vorliegen, aber gleichzeitig die Fruchtbarkeit mit dem Alter noch lange zunimmt (wie zum Beispiel bei manchen Fischen und Bäumen).

Zusammenfassend kann man festhalten, dass die evolutionsbiologischen Theorien in der Lage sind, einzelne Aspekte des Alterns beziehungsweise das Altern zumindest einiger Organismen jeweils gut zu erklären und zu deuten. Die Entwicklung und der evolutionsbiologische Sinn des Alterungsprozesses insgesamt ist aber als Summe aller dieser Einzelaspekte aufzufassen, die Erkenntnisse aus der Evolutionslehre legen nahe, dass Altern multifaktoriell ist.

Generell erklären die evolutionsbiologischen Theorien aber auch, warum in der Natur der *maximale Schutz gegen das Altern* nie erreicht wird: In der Natur wird kein maximales Alter für den Einzelnen verwirklicht, sondern nur ein Alterungsschutz, der die besten Chancen für die nächste Generation garantiert (sogenannte *Optimalitätstheorie* nach PARTRIDGE und BARTON [1993]). Dies hat aber auch zur Folge, dass bei der k-Strategie (wenig Nachkommen, lange Entwicklungsdauer) auch für andere Aufgaben als die Erzeugung von weiteren Nachkommen noch genügend Energie bereitgestellt werden kann. Diese Erkenntnis ist besonders für therapeutische Ansätze ermutigend: Auch der Alterungsschutz des Menschen ist, obgleich dieser bereits eine k-Strategie verfolgt, sicherlich nicht maximal; das bedeutet, dass es noch Spielraum für einen verbesserten Schutz gegen Alterungsprozesse gibt, der eventuell durch Prävention und/oder durch entsprechende Medikamente ausgenutzt werden kann. So gehen Schätzungen davon aus, dass das maximal mögliche Lebensalter des Menschen bei ungefähr 120 bis 135 Jahren liegt; die derzeitige durchschnittliche Lebenserwartung in Industrieländern liegt für Männer bei gut 70 Jahren, für Frauen bei ungefähr 77 Jahren.

3.3 Können wir den Alterungsprozess aufhalten?

Da, wie oben festgestellt, aufgrund evolutionärer Mechanismen in der Natur kein maximaler Alterungsschutz verwirklicht wird, kann ein besserer Schutz nur individuell aufgrund der Kenntnisse der verschiedenen Mechanismen der Alterungsprozesse erreicht werden. Allerdings ist klar, dass es nicht darum gehen kann den Tod als solchen zu verhindern, sondern dass das Ziel ein möglichst hohes Alter bei möglichst guter Gesundheit sein muss. Der Wunsch nach einem möglichst langen Leben ist zwar menschlich und verständlich, eine der Hauptgefahren medizinischer Technik besteht jedoch darin, den Menschen beziehungsweise Teile von ihm austauschbar, zur Massenware, zum Objekt zu machen. Je größer unsere technischen Möglichkeiten und Fähigkeiten sind, umso größer ist diese Gefahr. Wenn wir dies erkennen und auch philosophisch den Tod als sinnvolle Grenze, die durch unsere Einmaligkeit und Individualität zwangsläufig mitbedingt ist, akzeptieren, können wir dieser Gefahr auch bewusst begegnen und mit Hilfe philosophischer, psychologischer und ethischer Überlegungen entgegenwirken.

Die technischen Möglichkeiten der Lebensverlängerung im Alter sind durch den Einsatz moderner Intensivmedizin heute beträchtlich. Die Herz-Kreislauf-Funktion kann zum Beispiel ebenso wie die Nierenfunktion durch *Maschinen* ersetzt werden (Herz-Lungen-Maschine sowie Dialyse). Eine solche technische Lebensverlängerung scheint allerdings dann problematisch, wenn der betroffene Patient dadurch zwar künstlich am Leben erhalten wird, ansonsten aber von seiner Umwelt vollkommen abgeschnitten ist.

Irreversibel geschädigte Organe können heute in verstärktem Maße und mit immer größerem Erfolg durch *Transplantate* ersetzt werden. Nach erfolgreicher Transplantation ist der Patient deutlich gesünder, freier und unabhängiger, und in diesem Sinne sind die Fortschritte solcher Methoden sehr begrüßenswert. Derzeit ist man vor allem auf die rasche Organspende von überlebenden Organen frisch verstorbener Menschen angewiesen, die sich immunologisch vom Empfänger möglichst wenig unterscheiden; allerdings gibt es viel zu wenig geeignete Spender. Deshalb geht man verstärkt dazu über auch Transplantate von immunologisch nichtübereinstimmenden Spendern (zum Beispiel bei Nieren und beim Knochenmark) zu verwenden.

Ideal wäre es, immunologisch passende Spenderzellen beziehungsweise Organe im Brutschrank zu züchten, eine Methode, an der bereits in Ansätzen gearbeitet wird. In den nächsten Jahrzehnten ist so eine »Niere aus der Zellkultur« durchaus denkbar und möglicherweise erfolgreich einsetzbar.

Allerdings gibt es einige Probleme, die eine ethische Bewertung solcher Techniken dringend notwendig macht. Ein Beispiel dafür bietet die mögliche Therapie der sogenannten *Parkinsonschen Krankheit.* Die bei dieser Krankheit erkrankten und dann zugrunde gegangenen Gehirnzellen kann man durch neue Zellen ersetzen, zum Beispiel durch Zellen aus dem Nebennierenmark. Es scheint aber noch erfolgversprechender Zellen aus der sogenannten *substantia nigra* des Gehirns von menschlichen Föten erfolgreich zur Therapie einzusetzen. (Die *substantia nigra* befindet sich im sogenannten schwarzen Kern der Haube, einer Region des Mittelhirns. Bei Ausfall des schwarzen Kerns kommt es zu Muskelstarre, ruckweise ablaufenden »Zahnradbewegungen«, zu Schüttelbewegungen der Hände, zu Ausfall der Mitbewegungen und zu psychischen Störungen; Symptome also, die bei der *Parkinsonschen Krankheit* auftreten. Es lag also nahe gesunde Zellen dieses Bereiches für entsprechende Transplantationen zu verwenden. Besonders drängend ist der Wunsch nach besserer Therapie beim vorzeitigen, juvenilen Parkinsonismus.) Spätestens an diesem Punkt werden aber die ethischen Probleme dieses Vorgehens deutlich: Es stellt sich die Frage, ob es erlaubt ist, zum Beispiel mit Hilfe von reproduktionsmedizinischen Verfahren wie der Reagenzglasbefruchtung gewonnene, überzählige Embryonen etwa zum Zwecke einer späteren Organspende heranwachsen zu lassen. Es stellt sich für einen Menschen, der Hirntransplantate empfängt, die Frage, ob er nach der Implantation fremder Gehirnzellen immer dieselbe Persönlichkeit wie zuvor repräsentiert.

Diese Probleme lassen sich weitgehend vermeiden, wenn sich der Einzelne darum bemüht, dem Alterungsprozess durch einen entsprechenden gesunden Lebenswandel oder/und medikamentöse Unterstützung entgegenzuwirken. So könnte man daran denken, Stoffe wie die Sexualhormone, die – wie oben erwähnt – in der Jugend Fitness-Vorteile bringen, im Alter aber schädlich sind, medikamentös quasi zu »entgiften«. Breite Handlungsmöglichkeiten bieten sich darüber hinaus darin, dass man sich vor Substanzen, die von außen schädlich auf den Organismus einwirken, schützt. Dies reicht von den Arbeitsbedingungen bis hin zum individuellen Verhalten wie beispielsweise dem Konsum von Alkohol, Zigaretten oder ähnlichen Alltagsdrogen. Hier ergeben sich also viele Möglichkeiten um Alterungsprozessen und schließlich Alterskrankheiten entgegenzuwirken. Allerdings ist dadurch nicht mit einem dramatischen Anstieg der Lebenserwartung (um zum Beispiel 30 Jahre und mehr) zu rechnen, da zu viele genetische Faktoren das Altern mitbedingen. Obwohl es bereits erfolgreiche Versuche mit Zellkulturen und bei Tieren gibt (SIMONS et al. 1992), ist es beim Menschen noch nicht möglich, Gene, die schädliche Produkte produzieren, auf medikamentösem Wege im Körper des Patienten oder gar vorbeugend bei potenziellen Eltern »abzuschalten«.

Andererseits gibt es ermutigende Ergebnisse bei der Bekämpfung genetisch bedingter Krankheiten, bei denen Genprodukte fehlen oder in zu geringem Maße produziert werden. Ein Beispiel dafür ist die bereits oben erwähnte SCID (ein sogenannter kombinierter Immundefekt, der bis vor kurzem durch Versagen des Immunsystems in relativ jungen Jahren zum Tode führte). Hier ist es gelungen, durch Einsatz von gentechnischen Maßnahmen den für die Krankheit verantwortlichen genetisch bedingten Enzymmangel auszugleichen. Weiterhin kann durch Gentherapien das Immunsystem in seiner Funktion, zum Beispiel bei der Tumorabwehr, unterstützt werden; es ist damit zu rechnen, dass solche Therapien in nicht allzu ferner Zukunft auch für Alterskrankheiten entwickelt werden. Auf die Veränderung von Keimbahnzellen-Genen (also Genen in den Ei- und Samenzellen des Menschen mit entsprechender Auswirkung in der nächsten Generation) mit dem Ziel eines optimalen Alterungsschutzes soll hier nicht weiter eingegangen werden. Die Darstellung der damit verbundenen philosophischen und ethischen Probleme würde an dieser Stelle zu weit führen; sie lassen solche Eingriffe zumindest als sehr problematisch erscheinen.

Allerdings sollte im Auge behalten werden, dass sich durch eine wesentlich erhöhte Lebenserwartung neue Probleme und Fragen auftun würden: Passt ein Mensch »aus dem vorigen Jahrhundert« beim derzeitig rasanten Entwicklungstempo noch in die jeweilige Welt? Wie muss sich ein Mensch verändern oder verändert haben, wenn er in einem neuen Jahrhundert trotzdem zurechtkommen will? Oder allgemeiner gefragt: Ließe unsere geistige Entwicklungsfähigkeit, unsere Flexibilität eine solche Option überhaupt zu?

Ziel der modernen Medizin darf also nicht ein zwar hochbetagtes, aber geistiges Wrack oder ein reiner Pflegefall sein, sondern ein Mensch, der auch sein höheres Alter genießen und aktiv erleben kann.

Dieses Ziel bietet eine gute Orientierungshilfe. Erfüllte Lebensverlängerung kann nur erreicht werden, wenn neue Therapieanstrengungen auch tatsächlich zu mehr Lebensqualität führen und nicht lediglich Leben und damit gegebenenfalls Leiden verlängern.

4. Typische Alterskrankheiten: Ursachen und therapeutische Ansätze

Wie im bisherigen Text deutlich wurde, ist Altern ein Prozess, bei dem unterschiedliche Ursachen zusammenwirken. Zunehmende Schädigungen auf zellulärer Ebene führen dazu, dass die natürlichen Funktionsreserven der Organe knapper werden und es zu sukzessiven Alterskrankheiten kommt. Dies hat zur Folge, dass alte Menschen häufig gleichzeitig mehrere chronische Krankheiten (Multimorbidität; von lateinisch: *multus* = viel; *morbus* = die Krankheit) haben. Im Folgenden sollen einige typische Alterskrankheiten, ihre Ursachen und Behandlungsmöglichkeiten dargestellt werden. Dies erfolgt hier allerdings nur exemplarisch; in der folgenden Studieneinheit VII werden die verbreitetsten Alterskrankheiten und mögliche Präventionen sowie Therapien ausführlich dargestellt. Die hier ausgewählten Beispiele dienen zur Verdeutlichung der im bisherigen Text angesprochenen biochemischen Mechanismen.

4.1 Alterskrankheiten aufgrund von Schädigungen der Nervenzellen

Da sich die Nervenzellen schon seit der frühen Jugend nicht mehr teilen, führt der stetige Verlust dieser Zellen zu Altersbeschwerden wie zum Beispiel Nachlassen der Konzentration und Nachlassen des Gedächtnisses. Eine schlechter werdende Blutversorgung verstärkt diese Beschwerden und den Verlust weiterer Zellen. Mit steigendem Alter fallen darüber hinaus auch immer mehr Mitochondrien (s. *Abschnitt 2.1*) in den einzelnen Zellen aus. Wenn aufgrund des dadurch bedingten Energieverlustes Nervenzellen der Basalganglien im Gehirn geschädigt oder zum Absterben gebracht werden, kommt es zur sogenannten *Parkinsonschen Krankheit*, deren Symptome bereits oben (*Abschnitt 3.3*) beschrieben wurden.

Ein anderes Beispiel für eine typische Alterskrankheit, bei der die Nervenzellen betroffen sind, ist die *Alzheimersche Krankheit*. Sie ist gekennzeichnet durch ein immer stärker nachlassendes Gedächtnis und einen geistigen Abbau bis hin zur völligen Orientierungs- und Erinnerungslosigkeit. Ursache für diese Krankheit scheint die Ansammlung bestimmter, veränderter Proteine in den Nervenzellen des Gehirns zu sein; Schäden durch freie Radikale werden ebenfalls als mögliche weitere Ursache diskutiert.

4.2 Herz-Kreislauf-Krankheiten

Auch im Herz-Kreislauf-System häufen sich mit der Zeit immer mehr Schäden an. Aus minimalen Veränderungen der Gefäßinnenwände entsteht nach und nach eine »Verkalkung« der Arterien und schließlich das Krankheitsbild der *Arteriosklerose*. Zuviel Fett, Cholesterin und Zucker verstärken diese Prozesse ebenso wie mangelnde Bewegung und Übergewicht. Die erhöhte Konzentration dieser Substanzen führt zu Ablagerungen in Blutgefäßen und lässt die Gefäßwände schneller altern. Die Gefäße werden unelastisch und der Blutdruck steigt an; das Herz muss den Blutdruck weiter steigern, um durch die verkalkten, teilweise fast verstopften Gefäße genügend Blut pumpen zu können. Dabei verstärken sich diese Prozesse wie in einem Teufelskreis gegenseitig: Der hohe Blutdruck führt zu einer weiteren Verhärtung der Gefäße, das Herz muss immer mehr arbeiten, es wird aber immer schlechter mit Sauerstoff und Blut versorgt. Wird ein Gefäß im Gehirn oder am Herzen endgültig verstopft, so stehen Schlaganfall und Herzinfarkt als typische akute Alterskrankheiten am Ende dieser Entwicklung. Auch andere Gewebe und Organe sind durch Sauerstoffmangel und Energiemangel durch ausgefallene Mitochondrien (s. *Abschnitt 2.1*) betroffen.

Exkurs: Cholesterin

Cholesterine sind Moleküle, die aus Fetten und Proteinen bestehen. Prinzipiell ist Cholesterin für jede einzelne Körperzelle und besonders das Gehirn entscheidend und wichtig. Es hält nämlich die Membran, das feine Häutchen, das die Zellen umgibt, geschmeidig. Des Weiteren ist es unentbehrlich für die Bildung der Hormone, die alles im Körper steuern. Wenn der Gesamtcholesterinwert ermittelt wurde – er liegt in der Regel zwischen 200 und 280 Milligramm pro zehn Milliliter Blut –, so ist bei den meisten Menschen mit Blick auf die Herz-Kreislauf-Gefährdung wirklich aussagekräftig nur das Verhältnis von zwei wichtigen Anteilen des Gesamtcholesterins, des LDL (*Low Density Lipoprotein*) und HDL (*High Density Lipoprotein*). Dabei ist das Verhältnis von HDL zu LDL von entscheidender Bedeutung. HDL hat zellschützenden Charakter, während LDL potenziell schädlich ist. Im Normalbereich liegt bei Männern ein HDL-Wert zwischen 35 und 55 Milligramm pro zehn Milliliter Blut, bei Frauen liegt dieser Wert zwischen 45 und 65 Milligramm pro zehn Milliliter Blut. Bei beiden Geschlechtern sollte der LDL-Wert unter 135 Milligramm pro zehn Milliliter Blut liegen.

4.3 Krebs

Gewebe, die sich auch im Alter noch teilen können, zum Beispiel die Haut und das Oberflächengewebe (Epithelien), Haare, Blutstammzellen im Knochenmark, Bindegewebe und Schleimhaut der Verdauungsorgane, können absterbende Zellen relativ gut ersetzen, doch Schäden an den biologischen Uhren (s. *Abschnitt 2.2*) führen insgesamt dazu, dass mit zunehmendem Alter immer mehr Zellen zu Krebszellen entarten. Parallel dazu nimmt die Leistungsfähigkeit und Spezifität des Immunsystems ab, so dass die Abwehr von Krebszellen erschwert wird und insgesamt daraus ein steil ansteigendes Krebsrisiko im Alter resultiert.

4.4 Osteoporose

Die Osteoporose ist eine Erkrankung, die vorwiegend jenseits des 60. Lebensjahres auftritt und vor allem Frauen betrifft. Sie wird ausgelöst durch einen Rückgang des Kalziumeinbaus in die Knochen; diese werden dadurch porös und können leichter brechen. So kommt es vermehrt zu Knochenfrakturen oder Deformierungen von Wirbelkörpern (zum Beispiel führen solche Deformationen im Bereich der Brustwirbelsäule zum sogenannten Altersbuckel). Die eigentliche Ursache für die Osteoporose ist nicht ein Mangel an Kalzium oder anderen für den Knochenaufbau notwendigen Substanzen, sondern der nachlassende Stoffwechsel in den Knochen- und Gelenkzellen aufgrund vieler kleiner Schädigungen und vor allem die Hormonveränderungen nach den

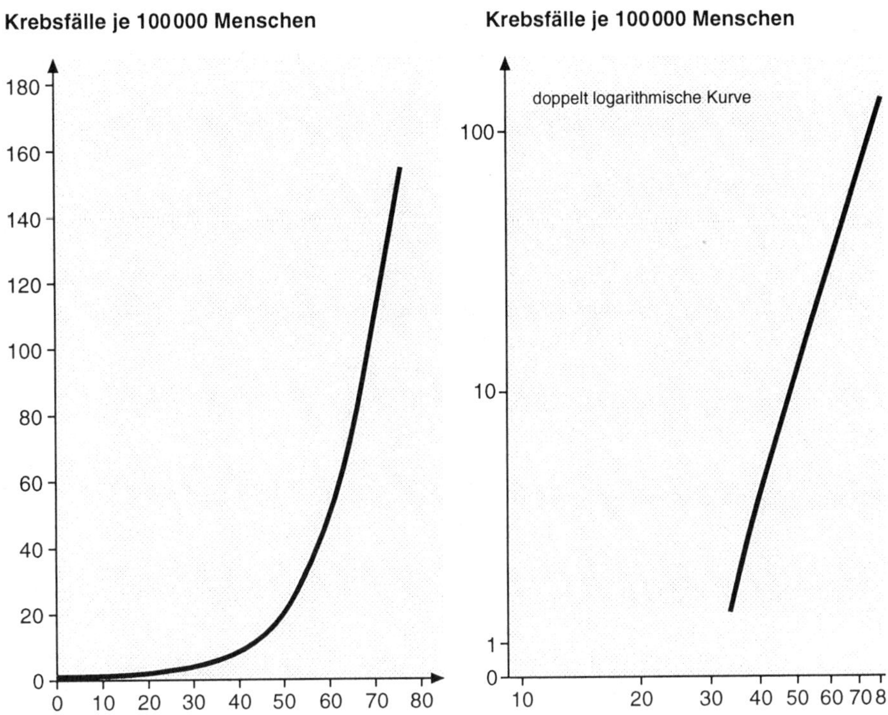

Abbildung 13: Krebshäufigkeit in Abhängigkeit vom Alter am Beispiel von Dickdarmkrebs bei englischen und walisischen Frauen. Dabei sind die gleichen Daten in linearer (links) und in logarithmischer (rechts) Darstellung wiedergegeben *(nach* ALBERTS et al. 1995, S. 1496).

Wechseljahren. Geeignete Vorbeugemaßnahmen sind hier kalziumreiche Ernährung und ausreichende Bewegung sowie die Vermeidung übermäßigen Genusses von Alltagsdrogen wie Nikotin und Alkohol.

4.5 Weitere Beeinträchtigungen

Der Funktionsrückgang von Sinnesorganen wie Auge und Ohr ist mit zunehmendem Alter deutlich zu spüren und hat oft lästige Konsequenzen. Neben dem stetigen Verlust von Nervenzellen leidet die Reizleitung und Reizempfindlichkeit (zum Beispiel langsamere Reaktionszeit im Straßenverkehr) aufgrund der Ansammlung von Stoffwechselschlacken (zum Beispiel oxidierten Proteinen) in den Nervenzellen.

Mit den Jahren geschädigte Proteinstrukturen führen unter Umständen zur Linsentrübung des Auges (*Grauer Star*). Daneben kann der Abfluss des Wassers in der Augenkammer im Alter leicht verstopfen, der dabei entstehende Überdruck im Auge zerstört weitere Nervenzellen (*Grüner Star*).

Allerdings können auch diese Vorgänge zum Teil durch entsprechendes Verhalten positiv beeinflusst werden; so sollte das Ohr zum Beispiel schon von Jugend an vor zu starkem Lärm geschützt werden um wertvolle Funktionsreserven für das Alter zu erhalten.

4.6 Präventive und therapeutische Ansätze

Um Alterskrankheiten schon im Vorfeld zu begegnen, hat der Einzelne am ehesten die Möglichkeit den körpereigenen Schutz vor biochemischen Fehlreaktionen zu verbessern. Wie oben ausgeführt, sind freie Radikale in diesem Zusammenhang besonders zu beachten. Die Vitamine A, C und E, *Retinoide* und einige *Koenzyme* (*Koenzyme* sind kleine Moleküle, die eng mit einem Enzym verbunden sind und für dessen Funktion unerlässlich sind, z. B. Koenzym Q, auch Q10, Ubichinon oder Vitamin U genannt) verstärken den Schutz gegen diese Stoffe. Sie sind als Vitaminpräparate leicht erhältlich, aber auch reichlich in Nahrungsmitteln zu finden, Vitamin C gibt es zum Beispiel in so verschiedenen Nahrungsmitteln wie Zitrusfrüchten, Hagebutten und Sauerkraut. Die Schutzfunktion durch Vitamine ist wertvoll, aber natürlich auch kein Allheilmittel gegen das Altern.

Schädigungen durch oxidierte Proteine, die zu Gedächtnis- und Konzentrationsstörungen führen können, lassen sich zumindest im Tierversuch medikamentös teilweise wieder rückgängig machen. So konnte in diesen Versuchen gezeigt werden, dass alte Nagetiere nach entsprechender Behandlung die gleichen Leistungen wie junge Tiere vollbringen können (CARNEY, FLOYD 1994). Auch für die pathologischen Verbindungen von Zuckermolekülen mit den Gefäßwänden zeichnen sich neue medikamentöse Behandlungsmöglichkeiten ab: Hier konnten mit Hilfe der Substanz *Aminoguanidin* bereits vor einiger Zeit Erfolge erzielt werden (BROWNLEE et al. 1986).

Auch zeichnet sich ab, dass auf gentechnischen Methoden basierende Therapien im Rahmen einer somatischen Gentherapie durchaus denkbar sind, so zum Beispiel bei der genetisch bedingten krankhaften Erhöhung der Blutfettwerte.

Die Altersveränderungen am Gefäß- und Nervensystem durch biochemisch bedingte Schädigungen können also bereits heute prinzipiell wieder rückgängig gemacht werden, und es ist in diesem Bereich durchaus mit weiteren therapeutischen Durchbrüchen zu rechnen. Weitere Therapiemöglichkeiten stehen durch chirurgische Maßnahmen und zum Beispiel blutverdünnende oder fettsenkende Medikamente zur Verfügung.

Auch ist es in einigen Fällen möglich die nachlassende Produktion bestimmter körpereigener Substanzen durch Medikamente zu kompensieren. Seit längerem bekannt ist hier zum Beispiel die Behandlung der *Parkinsonschen Krankheit* durch *L-Dopa*, mit dem Ziel wieder ausreichend Nervenübertragungsstoff (*Dopamin*) im Gehirn zur Verfügung zu stellen. *Deprenyl* ist ein weiteres Medikament, das den Altersausfall von Nervenzellen durch mehr Nervenübertragungsstoffe ausgleichen kann und zur Linderung der *Alzheimerschen Krankheit* und bei Gedächtnisstörungen eingesetzt wird.

Wie in *Abschnitt 3.2* ausgeführt, trägt jeder Mensch eine große Anzahl pleiotroper Gene. Je genauer man die Wirkung dieser Gene versteht, umso besser kann man auch hier eingreifen. So wird das Immunsystem im Alter zunehmend fehlerhaft gesteuert. Je besser wir die verschiedenen Botenstoffe (Hormone) des Immunsystems kennen, umso besser können wir diese altersbedingten Regulationsfehler korrigieren. Erste Erfolge sind zum Beispiel bei der Behandlung von verschiedenen Alterskrebskrankheiten mit Immunmodulatoren (Botenstoffe, die die körpereigene Abwehr beeinflussen) und von Autoimmunkrankheiten (das sind Krankheiten, bei denen sich die körpereigene Abwehr gegen den eigenen Körper richtet) durch sogenannte *Interleukine* zu verzeichnen.

Es gibt also bereits heute ein breites Spektrum von Möglichkeiten präventiv oder bei bereits bestehenden Alterskrankheiten zu helfen. Neben medikamentösen Therapien spielen hier auch Verhaltensänderungen des Einzelnen eine wichtige Rolle. So sollte bei vorliegender Arteriosklerose der Patient sein Verhalten ändern, indem er wenig Fett isst, sein Idealgewicht anstrebt (statt, wie oft der Fall, übergewichtig zu bleiben) und sich regelmäßig sportlich betätigt. Das ist in leichteren Fällen die beste Therapie und führt wieder zu einer annähernd normalen Lebenserwartung.

Bei vielen Krankheitsdispositionen lohnt es sich sehr, eigene Trägheit und Angst zu überwinden, indem die eigenen Anlagen und Anfälligkeiten wahrgenommen und akzeptiert werden und die eigene Gesundheit durch eine diese Dispositionen und Anfälligkeiten ausgleichende Lebensweise möglichst gut erhalten wird. So kann die Zuckerkrankheit des Alters ebenfalls durch Gewichtsreduktion sowie eine weitgehende Vermeidung von Zuckeraufnahme meist deutlich gebessert werden. Eine gesunde, ballastreiche Ernährung mit vielen Vitaminen, wenig Fett und nicht zu vielen Kalorien ist *eine* gute Voraussetzung für ein gesundes Alter. Auch die sechs Jahre niedrigere Lebenserwartung von Männern liegt zum Teil (ca. ein Drittel) an Faktoren wie schlechtere Ernährung (mehr Alkohol, Überernährung, vitaminärmer) und geschlechtstypischen Verhaltens- und Stressfaktoren (z. B. risikobereiter, aggressiver, Leistungs- und Berufsbezogenheit, seltenere Arztbesuche).

Neben einer gesunden Ernährung gibt es eine Reihe weiterer Möglichkeiten um ein hohes, gesundes und erfülltes Alter zu erreichen. Ganz entscheidend ist dabei eine lebenslange, geregelte Aktivität. Wichtig in diesem Zusammenhang ist es sich nicht über allzu lange Zeit sehr aufreibenden Tätigkeiten auszusetzen, sondern für regelmäßige, angemessene und sinnvolle Aufgaben auch nach der Beendigung des Berufslebens zu sorgen. So sollte auch die geistige Aktivität erhalten und gefördert werden, zum Beispiel durch Hobbys und Teilhabe am gesellschaftlichen und sozialen Leben. Jeder ist also selbst gefordert sich aktiv und fit zu halten. Neben geistigen und körperlichen Aktivitäten spielen soziale Beziehungen eine wichtige Rolle, man sollte sich deshalb darum bemühen Kontakte zur Familie oder/und Bekannten und Freunden aufrechtzuerhalten und zu pflegen.

Lebenslange Aktivität von Körper, Psyche und Geist sind also entscheidende Faktoren, um eigene Anpassungsreserven im Alter zu erhalten. Bei Inak-

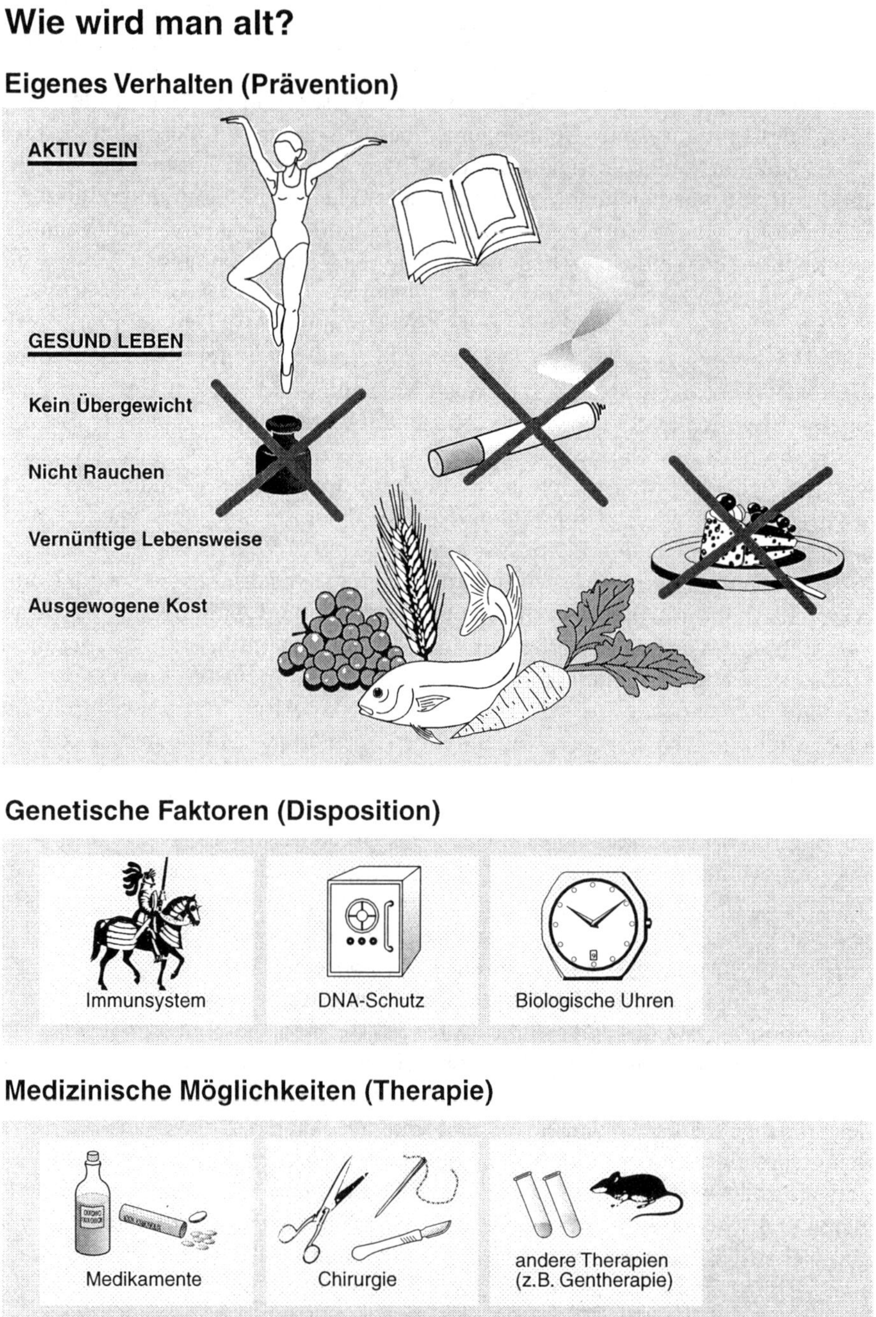

Abbildung 14: Strategien für ein gesundes Alter (*Grafik:* Thomas DANDEKAR/DIFF).

tivität werden die Reserven noch schneller abgebaut (zum Beispiel beim Kreislauf, bei der Konzentration und beim Bewegungsapparat). Dies führt dazu, dass viele Menschen unnötig früh krank werden und sterben, weil sie Risikofaktoren nicht vermeiden, die das Altern beschleunigen. Wichtige Risikofaktoren sind dabei das Übergewicht, falsche Ernährung, Rauchen, Alkoholmissbrauch, Bewegungsmangel, gefährliche oder ungeregelte Lebensweise (zum Beispiel Risikosportarten, Risiken am Arbeitsplatz), Dauerstress und Bluthochdruck.

Regelmäßige Vorsorgeuntersuchungen sind wichtig und sollten wahrgenommen werden, da sie Risikofaktoren und erste Krankheitssymptome erkennen helfen; ebenso notwendig ist der Gang zum Arzt, wenn scheinbar harmlose Beschwerden (zum Beispiel Heiserkeit) nicht verschwinden.

Die vorliegende Studieneinheit versuchte zu vermitteln, dass der Alterungsprozess und das Altern kein Versehen oder gar ein »Fehler« der Natur sind. Altern in seinen verschiedensten Formen hat sich im Laufe der Evolution als zweckmäßig erwiesen und sich deshalb als Prinzip durchgesetzt. So gesehen stellt sich Altern für den Einzelnen als eine Daseinsaufgabe, die jeder für sich bewältigen muss. Altern zu verstehen, zum Beispiel in seinen biologischen Grundlagen, kann ein erster Schritt sein, das Altern anzunehmen und zu akzeptieren um es darauf aufbauend so sinnerfüllt und persönlich befriedigend wie möglich zu gestalten.

Übungsaufgaben

Aufgabe 1

Altern ist ein sehr vielschichtiges Phänomen. Nennen Sie zwei Erklärungsansätze, die die meisten Theorien des Alterns umfassen! Nennen Sie jeweils ein Beispiel für jede Betrachtungsweise!

Aufgabe 2

Kennen Sie biologische Theorien der Alterung, die erklären, warum der Schutz gegen Altern nicht perfekt ist? Nennen und erklären Sie eine Theorie!

Aufgabe 3

Was kann man selbst tun, um sich besser gegen Alterung zu schützen? Nennen Sie Beispiele und Erklärungen im Rahmen der Theorien der Alterung!

Literaturverzeichnis

BERNSTEIN, Carol; BERNSTEIN, Harris (1991): Aging, Sex, and DNA repair. San Diego: Academic Press.

BROWNLEE, Michael; VLASSARA, Helen; KOONEY, Aina; ULRICH, Peter; CERAMI, Anthony (1986): Aminoguanidine prevents diabetes-induced arterial wall protein cross-linking. In: Science 232, S. 1629–1635.

CARNEY, John M.; FLOYD, Robert A. (1994): Brain antioxidant activity of spin traps in mongolian gerbils. In: Lester PACKER (Hrsg.): Oxygen radicals in biological systems. Methods in Enzymology, Band 234, San Diego: Academic Press.
CERAMI, Anthony; VLASSARA, Helen; BROWNLEE, Michael (1987): Glucose und Altern. In: Spektrum der Wissenschaft, Juli 87, S. 44–51.
COCKAYNE, Edward A. (1946): Dwarfism with retinal atrophy and deafness. In: Archives of desease in childhood 21, S. 52–54.
CURTSINGER, James W.; FUKUI, Hidenori H.; TOWNSEND, David R.; VAUPEL, James W. (1992): Demography of genotypes: Failure of the limited life-span paradigm in *Drosophila melanogaster*. In: Science 258, S. 461–463.
FRANCHESI, Claudio; CREPALDI, Gaetano; CRISTOFALO, Vincent; VIJG, Jan (Hrsg.) (1992): Aging and cellular defense mechanisms. In: Annals of the New York Academy of Sciences, Vol. 663.
GOMPERTZ, Benjamin (1825): Selected papers. In: SMITH, David; KEYFITZ, Norman (Hrsg.): Mathematical Demography. Berlin: Springer, 1977.
GRAY, Matthew D.; SHEN, Jiang-Chen; KAMATH-LOEB, Ashwini S.; BLANK, Anne; SOPHEV, Bryce L.; MARTIN, George M.; OSHIMA, Junko; LOEB, Lawrence A. (1997): The Werner Syndrome protein is a DNA helicase. In: Nature Genetics 17, S. 100–103.
HARLEY, Calvin B.; FUTCHER, Bruce; GREIDER, Carol W. (1990): Telomeres shorten during ageing of human fibroblasts. In: Nature 345, S. 458–460.
HARMAN, Denham (1981): The aging process. In: Proceedings of the National Academy of Sciences of the United States of America 78, S. 7124–7128.
HART, Richard W.; SETLOW, Richard B. (1974): Correlation between desoxyribonucleic acid excision-repair and life-span in a number of mammalian species. In: Proceedings of the National Academy of Sciences of the United States of America 71, S. 2169–2173.
HAYFLICK, Leonhard; MOOREHEAD, Paul S. (1961): The serial cultivation of human diploid cell strains. In: Experimential cell research 25, S. 585–621.
HUGHES, Kimberley A.; CHARLESWORTH, Brian (1994): A genetic analysis of senescence in Drosophila. In: Nature 367, S. 64–66.
JAZWINSKI, S. Michael (1990): Aging and senescence of the budding yeast *Saccharomyces cerevisiae*. In: Molecular Microbiology 4, S. 337–343.
JOHNSON, Thomas E. (1990): Increased life-span of *age-1* mutants in *Caenorhabditis elegans* and lower gompertz rate of aging. In: Science 249, S. 908–912.
KIRKWOOD, Thomas B. L.; ROSE, Michael R. (1991): Evolution of senescence: late survival sacrificed for reproduction. In: Philosophical transactions of the Royal Society London, Band 332, S. 15–24.
MAYR, Ernst (1967): Artbegriff und Evolution. Hamburg: Paul Parey.
MCCAY, Carl M.; CROWELL, Michael F.; MAYNARD, Lewis A. (1935): The effect of retarded growth upon the length of life and ultimate size. In: Journal of Nutrition 10, S. 63–79.
MEDAWAR, Peter Brian (1952): An unsolved problem of biology. London: Lewis.
OLOVNIKOV, Alexeij M. (1973): A theory of marginotomy. In: Journal of theoretical biology 41, S. 181–190.
ORR, William C.; SOHAL, Rajindar S. (1994): Extension of life-span by overexpression of superoxide dismutase and catalase in *Drosophila melanogaster*. In: Science 263, S. 1128–1130.
PARTRIDGE, Linda; BARTON, Norman H. (1993): Optimality, mutation and the evolution of ageing. In: Nature 362, S. 305–311.
PEACOCKE, Monica; CAMPISI, Judith (1991): Cellular senescence: A reflection of normal growth control, differentiation, or aging? In: Journal of cellular biochemistry 45, S. 147–155.
PEREIRA-SMITH, Olivia M.; SMITH, James R. (1988): Genetic analysis of indefinite divisions in human cells: Identification of four complementation groups. In: Proceedings of the National Academy od Sciences USA 85, S. 6042–6046.

PRINZINGER, Roland (1996): Das Geheimnis des Alterns. Die programmierte Lebenszeit bei Mensch, Tier und Pflanze. Frankfurt am Main: Campus.

RINKEVICH, Baruch; LAUZON, Robert J.; BROWN, Byron W. M.; WEISSMAN, Irving L. (1992): Evidence for a programmed life span in a colonial protochordate. In: Proceedings of the National Academy of Sciences of the United States of America 89, S. 3546–3550.

SCHRÖDER, Heinz-Christian (1989): Superoxidradikale, Genexpression und Alterung: Reparable Schäden auf der Ebene der DNA und irreparable Schäden auf der Ebene der mRNA-Reifung. In: BALTES, M.; KOHL, M.; SAMES, K. (Hrsg.): Erfolgreiches Altern. Bern: Huber, S. 259–269.

SILAR, Phillipe; PICARD, Marguerite (1994): Increased longevity of EF1-α high fidelity mutants in *Podospora anserina*. In: Journal of molecular biology 235, S. 231–236.

SIMONS, Michael; EDELMAN, Elazer R.; DEKEYSER, Jean-Luc; LANGER, Robert; ROSENBERG, Robert D. (1992): Antisense c-myb oligonucleotides inhibit intimal arterial smooth muscle cell accumulation *in vivo*. In: Nature 359, S. 67–70.

STADTMAN, Earl R. (1992): Protein oxidation and aging. In: Science 257, S. 1220–1224.

TATSUKA, Masaaki; MITSUI, Hiromi; WADA, Morimasu; NAGATA, Akihisa; NOJIMA, Hiroshi; OKAYAMA, Hiroto (1992): Elongation factor-1α gene determines susceptibility for transformation. In: Nature 359, S. 333–336.

WALLACE, Douglas C. (1992): Mitochondrial genetics: a paradigm for aging and degenerative diseases? In: Science 256, S. 628–633.

WEINDRUCH, Richard (1996): Länger leben bei karger Kost? In: Spektrum der Wissenschaft, 3/1996, S. 74–80.

WEISMANN, August (1889): Essays upon Heredity and Kindred Biological Problems. Vol. 1. Oxford: Clarendon Press.

WILLIAMS, George C. (1957): Pleiotropy, natural selection and the evolution of senescence. In: Evolution 11, S. 398–411.

WYLLIE, Andrew H. (1994): Death gets a brake. In: Nature 369, S. 272–273.

Abbildungsnachweise

Abbildung 1: PRINZINGER 1996, S. 277.

Abbildung 2: Thomas DANDEKAR/Deutsches Institut für Fernstudienforschung.

Abbildung 3: Thomas JANSEN, Dermatologische Klinik und Poliklinik der Ludwig-Maximilians-Universität München.

Abbildungen 4a und 4b: Deutsches Institut für Fernstudienforschung.

Abbildung 5: Thomas DANDEKAR/Deutsches Institut für Fernstudienforschung.

Abbildung 6: Institut für Humangenetik und Anthropologie, Klinikum der Universität Heidelberg. Mit Genehmigung des Autors.

Abbildung 7: Gudrun KOCH.

Abbildung 8: Hastings GILFORD. Die Aufnahme wurde freundlicherweise von Dr. med. Thomas JANSEN, Dermatologische Klinik und Poliklinik der Ludwig-Maximilians-Universität München, zur Verfügung gestellt.

Abbildung 9: Bernhard GRZIMEK et al. (Hrsg.) (1979): Grzimeks Tierleben. Weichtiere und Stachelhäuter. Band 3. München: Deutscher Taschenbuchverlag, S. 455. Mit freundlicher Genehmigung des Coron-Verlages, Lahen (CH).

Abbildung 10: DIFF nach Thomas T. PERLS: Vitale Hochbetagte. In: Spektrum der Wissenschaft 3/95, S. 76.

Abbildung 11: Ralf SCHNABEL, Universität Braunschweig.

Abbildung 12: Thomas DANDEKAR/Deutsches Institut für Fernstudienforschung.

Abbildung 13: Bruce ALBERTS et al. (1995): Molekularbiologie der Zelle, 3. Auflage, Weinheim: VCH, S. 1496. Mit freundlicher Genehmigung von Garland Publishing Inc., New York.

Abbildung 14: Thomas DANDEKAR/Deutsches Institut für Fernstudienforschung.

Tabelle 1: PRINZINGER 1996, S. 470ff.

VII. Der Zahn der Zeit. Körperliche Veränderungen im Alter

Elisabeth Steinhagen-Thiessen,
Norbert Wrobel, Markus Borchelt

Einführung

Wie in Studieneinheit VI gezeigt wurde, ist der individuelle Alterungsverlauf das Resultat von Wechselwirkungen zwischen genetischen und umweltbezogenen Bedingungsfaktoren. Die individuelle Lebensgeschichte hat dabei erheblichen Einfluss auf die biologischen Alterungsprozesse, was zum Teil auch die großen Unterschiede in der Art des Alterns bei verschiedenen Menschen erklärt, wobei es fließende Übergänge zwischen »normalen«, »krankhaften« und »optimalen« Alternsverläufen (GEROK, BRANDTSTÄDTER 1992) gibt. Aufgrund der Vielzahl verschiedener biologischer Alterungsprozesse, die im Laufe der Zeit im menschlichen Organismus stattfinden, gelingt es auch heute noch nicht immer, sicher zwischen biologischen beziehungsweise physiologischen (»normalen«) und pathologischen (»krankhaften«) Alterungsprozessen zu unterscheiden (RIES 1983; SHOCK et al. 1984; SVANBORG 1985).

Ein wichtiger Aspekt in diesem Zusammenhang ist der, dass es nur wenige sogenannte »primäre Alterskrankheiten« gibt, was zunächst – angesichts der oft ausgeprägten Multimorbidität (Mehrfacherkrankungen) älterer Menschen (FRANKE 1993) – verwundert. Als »primäre Alterskrankheiten« werden solche Erkrankungen aufgefasst, die nahezu ausschließlich im hohen Alter auftreten, zum Beispiel die Prostatavergrößerung bei älteren Männern, die senile Demenz oder der senile Katarakt (Linsentrübung des Auges). Insgesamt unterstreichen die bislang vorliegenden Erkenntnisse über Krankheiten und Behinderungen im Alter, dass Alter und Krankheit keineswegs gleichgesetzt werden dürfen (GEROK, BRANDTSTÄDTER 1992).

Innerhalb der Alternsmedizin, also der Geriatrie, werden dabei die Entstehung und Bewältigung von Krankheit und Behinderung grundsätzlich vor dem Hintergrund der persönlichen Lebensgeschichte, des sozialen Umfeldes, der psychischen Verfassung und der subjektiven Einschätzungen gesehen und beurteilt. Dieser ganzheitliche Ansatz geriatrischer Medizin basiert darauf, dass Krankheiten im Alter in der Regel vielschichtige Ursachen und Folgen haben, und äußert sich bei der Behandlung älterer Patienten in der engen, interdisziplinären Zusammenarbeit verschiedener Berufsgruppen. Dieser Ansatz der geriatrischen Rehabilitationsbehandlung hat sich in verschiedener Hinsicht bereits dahingehend als altersgerecht und effizient erwiesen, als dass beispielsweise bei gezielter Mobilisierung der verschiedenen körperlichen, psychischen und psychosozialen Reserven und Ressourcen eines älteren Menschen auch eine schwere akute Erkrankung, wie das Erleiden eines Schlaganfalls, nicht zwangsläufig zum Verlust der Selbständigkeit und zur Entwicklung von Pflegebedürftigkeit führen muss (STEINHAGEN-THIESSEN, HERKOMMER 1990; STEINHAGEN-THIESSEN, GEROK, BORCHELT 1992; WROBEL 1995).

Auch wenn eine umfassende Darstellung des gesamten Spektrums altersbezogener Krankheiten und Störungen sowie deren gezielter geriatrischer Behandlung in diesem Rahmen sicherlich nicht möglich sein wird, erlaubt die vorangestellte Geschichte eines Krankheitsfalles doch einen repräsentativen und detaillierten Einblick in die Besonderheiten und Verfahrensweisen der Alternsmedizin.

1. Krankheit im Alter

1.1 Alterstypische Veränderungen und Krankheitskonstellationen

Die Geschichte der Elfriede K.

Frau Elfriede K., 84 Jahre, seit zehn Jahren verwitwet, lebt in ihrer Zweizimmerwohnung in der vierten Etage und ist froh, dass es in ihrem Haus einen Fahrstuhl gibt. Das Rheuma in Kreuz, Armen und Beinen hat sie nämlich zunehmend »steifer« gemacht. Vor zwei Jahren war sie gestürzt und hatte sich den linken Arm gebrochen. Trotz alledem ist Frau K. stolz darauf, dass sie ihre Wohnung behalten und tadellos in Schuss halten kann. Sie kocht leidenschaftlich gern und achtet dabei penibel auf ihre verordneten »Broteinheiten«. Seit 15 Jahren ist sie zuckerkrank, »Alterszucker«, wie es ihr Arzt damals erklärt hat. Ganz zu Anfang reichten Tabletten noch aus, heute muss regelmäßig Insulin gespritzt werden. Das wird von einer Krankenschwester erledigt, die jeden morgen pünktlich vorbeikommt. Trotz ihrer vielen »Zipperlein«, wie sie es nennt, ist sie mit dem bisherigen und jetzigen Leben zufrieden; die Schmerzen in den Knien sind mitunter aufreibend und stören sie mehr als die knappe Luft und die Herzstiche, die sie hat, wenn sie Treppen steigt. Muss sie weitere Strecken laufen, treten immer wieder Wadenkrämpfe auf, die zu einer Pause zwingen. Frau K. ist häufig allein, hat aber davor keine Angst. Ihre Tochter Hanna, 59 Jahre, kommt einmal in der Woche zum Einkaufen und hilft beim Aufräumen. Ihren Sohn Fritz, 64 Jahre, sieht sie selten, weil er in einer anderen Stadt lebt. Für Abwechslung in ihrem Leben sorgt Frau K. selbst. Da sind zum Beispiel die Kaffeerunde am Dienstag oder die Veranstaltungen am Freitag in der Seniorentagesstätte. Ganz gerne geht sie beim Bäcker einkaufen, wo sie die Neuigkeiten aus dem Kiez erfährt. Mit ihren Nachbarn versteht sie sich gut; die helfen ihr auch einmal, wenn es etwas auf die Schnelle zu reparieren gibt. Ihre Sehkraft hat erheblich nachgelassen, dennoch gibt es Lieblingslektüren: Kriminalromane und »Frau im Spiegel«; gespannt verfolgt sie jeden Abend die Nachrichten aus aller Welt. Größte Freude bereiten ihr die Besuche ihrer Enkel und wenn sie zu den Geburtstagen ihrer Familie eingeladen wird. 100 Jahre möchte sie werden; innerhalb ihrer Familie hat sie das bisher höchste Alter erreicht; ihr Vater ist im Krieg gefallen, die Mutter am »Altersherz« gestorben. Bis auf ihren Bruder sind ihre fünf Geschwister im Krieg umgekommen; Gustav, ihr Bruder, ist vor zwölf Jahren ganz plötzlich gestorben – Herzschlag, wie man ihr damals erklärte.

Vor sechs Wochen wurde Frau K. mit dem Notarztwagen ins Krankenhaus gebracht. Ihre Tochter hatte sie zuvor zu Hause regungslos auf dem Boden liegend vorgefunden. Sie war stutzig geworden, weil sich Frau K. nicht wie üblich telefonisch gemeldet hatte.

»Schlaganfall, mit Halbseitenlähmung und Sprachstörung« lautete die Diagnose; ihre Mutter würde wohl zu einem Pflegefall werden, wurde der konsternierten Tochter erklärt. Doch Frau K. hatte Glück: Sie wurde frühzeitig in eine geriatrische Rehabilitationsabteilung verlegt, wo intensiv mit ihr geübt wurde. Nicht zuletzt dank ihres eisernen Willens und der Hilfsbereitschaft ihrer Familie und Bekannten und mit Unterstützung durch eine Sozialstation ist sie inzwischen in ihre Wohnung zurückgekehrt. Die Lähmung im Arm hat sich leider nicht ganz zurückgebildet. Auch ist ihr Gang schleppend und humpelnd. Die Sprache ist bisweilen unverständlich oder es fehlen manchmal die richtigen Worte. Aber Frau K. ist selbständig geblieben. Sie kann sich selbst an- und ausziehen, waschen, auf die Toilette gehen und sich verköstigen. Das Leben ist für Frau K. viel mühseliger und schwieriger geworden; das nimmt sie aber in Kauf, weil sie lieber in ihrer angestammten Wohnung als in einem Heim leben möchte.

Die in dieser Fallgeschichte vorgestellte ältere Frau leidet sehr wahrscheinlich an mehreren, gleichzeitig nebeneinander bestehenden Erkrankungen. Aufgrund der geschilderten Symptome können wenigstens sechs verschiedene Diagnosen vermutet werden: Die Herzstiche und die Luftnot unter Belastung weisen auf eine Verengung der Herzkranzgefäße – also eine *koronare Herzkrankheit* – und auf eine Herzschwäche mit verminderter Pumpleistung des Herzens – eine *Herzinsuffizienz* – hin. Die Wadenkrämpfe beim Laufen sind ein typisches Zeichen für Durchblutungsstörungen in den Beinen – also eine sogenannte *arterielle Verschlusskrankheit*. Hinter der volkstümlichen Bezeichnung »Rheuma« verbergen sich aus medizinischer Sicht verschiedene Erkrankungen des Bewegungsapparates, zum Beispiel ein Knochenschwund – also eine *Osteoporose* –, häufig einhergehend mit Schmerzen im Bereich der Wirbelsäule und der Hüftgelenke, sowie degenerative Gelenkerkrankungen wie *Arthrosen* vor allem der Hüft-, Schulter- und Fingergelenke. Daneben besteht eine Zuckerkrankheit, die im höheren Erwachsenenalter begonnen hat – also ein *Diabetes mellitus Typ II*, wie er bei etwa 20 bis 30 Prozent der älteren Menschen festgestellt werden kann.

Die fiktive Krankheitsgeschichte der Elfriede K. ist in der geriatrischen Praxis keine Rarität, sondern in ähnlicher oder vergleichbarer Konstellation häufig zu finden. Im Folgenden soll zunächst auf der Grundlage empirischer Daten erläutert werden, warum es so selten ist – und sich vorzustellen auch schwerfällt –, dass ältere Menschen frei von Krankheiten sind. Dennoch ist es unzulässig Alter und Krankheit gleichzusetzen oder Alter als Krankheit aufzufassen. Es hat schon immer Menschen gegeben, die bis in das höchste Alter keine oder keine akut behandlungsbedürftigen Krankheiten entwickelt haben. Gleichzeitig bedeutet die Tatsache, in medizinischem Sinne krank zu sein, nicht unbedingt auch, sich krank zu fühlen.

Über die Verknüpfung von Alterungs- und Krankheitsprozessen gibt es bis heute kaum exakte Erkenntnisse, und die Vorstellungen und Auffassungen hierzu sind recht unterschiedlich. Aus einer rein körper- und funktionsbezogenen Sicht ließe sich die Entstehung von Krankheit auf der Grundlage von Altersveränderungen durch herabgesetzte Anpassungsfähigkeit, abnehmende Reservekapazität und durch Strukturveränderungen beschreiben: Viele Organe und Gewebe »schwinden« im Lauf des Lebens, wobei spezialisierte Zellen – wie zum Beispiel Muskel- oder Nervenzellen – absterben und nicht ersetzt werden oder nur durch vergleichsweise nichtspezialisierte Zellen ersetzt werden – etwa durch Binde- oder Fettgewebszellen. Aus dieser Sicht wäre dann das Auftreten von Krankheit verknüpft mit der Tatsache, dass diese organbezogenen Alterungsprozesse eine bestimmte Schwelle oder Intensität, die nicht mehr mit einer normalen Organfunktion vereinbar ist, überschritten haben.

Eine solche Modellvorstellung vernachlässigt allerdings die Tatsache, dass nicht alle morphologischen Organveränderungen auch zu Veränderungen von Organfunktionen führen, und erklärt beispielsweise außerdem nicht das Auftreten von bestimmten anderen, zum Teil als »primäre Alterskrankheiten« (Lang, Diepgen 1988) bezeichneten Erkrankungen, die auf entgegengesetzten Prozessen beruhen, wie beispielsweise der gutartigen Prostatavergrößerung der älteren Männer, die Ausdruck einer Vergrößerung der Vorsteherdrüse durch *Zellvermehrung* ist. Die enge Alterskorrelation dieser Erkrankung steht möglicherweise eher in engerer Beziehung zu altersabhängigen Veränderungen regulativer *Steuerungsmechanismen* des Zellwachstums als in Beziehung zu primär organbezogenen Alterungsvorgängen.

Neben den organbezogenen Altersveränderungen, wie Zellverminderung und -vermehrung und ihren Steuerungsprozessen, sind außerdem noch altersabhängige Veränderungen von organspezifischen Körperfunktionen bei der Frage nach den Zusammenhängen zwischen Alter und Krankheit zu berücksichtigen. In *Tabelle 1* sind einige dieser Veränderungen zusammengestellt:

Tabelle 1: Organfunktionen im höheren Alter (zum Vergleich: drittes Lebensjahrzehnt = 100 Prozent) (*Quelle:* SLOANE 1992 und SCHÜTZ 1987)

Herz:	Maximaler Herzschlag	75%
	Auswurfleistung in Ruhe	70%
Niere:	Anzahl der Nierenfilter	65%
	Filtrationsleistung	69%
	Nierendurchblutung	50%
Lunge:	Maximales Ein-/Ausatemvolumen	56%
	Maximale Ein-/Ausatemgeschwindigkeit	53%
	Maximaler Ausatemstoß	43%
Gehirn/	Maximales Gehirngewicht	56%
Nerven:	Anzahl Nervenfasern	63%
	Nervenleitungsgeschwindigkeit	90%
	Gehirndurchblutung	80%
Knochen:	Mineralgehalt Frauen	70%
	Mineralgehalt Männer	85%
Muskulatur:	Muskelmasse	70%
	Handmuskelkraft	55%
Geistige	Gedächtnisleistung	herabgesetzt
Leistung:	Reaktionsgeschwindigkeit	herabgesetzt
Körperliche	Max. Sauerstoffaufnahme im Blut	40%
Leistung/	Blut-pH-Regulationsgeschwindigkeit	17%
Kreislauf:	Maximale Dauerleistung	70%
	Maximale kurzfristige Höchstleistung	40%
	Grundstoffwechsel	84%

In jedem Fall ist anzunehmen, dass an der Häufung von Krankheiten im letzten Lebensabschnitt verschiedene Faktoren beteiligt sind. Neben den biologischen oder »normalen« Alterungsvorgängen des Organismus und seiner Regulationsprozesse, die die Anfälligkeit gegenüber akut auftretenden Gefährdungen wie Infektionen und Verletzungen erhöhen, sowie den bereits oben erwähnten »primären« Alterskrankheiten, die fast ausschließlich erst im Alter auftreten – wie die Prostatavergrößerung, der Diabetes mellitus Typ II (Zuckerkrankheit des Alters) oder der Katarakt (»grauer Star«) –, sind es vor allem auch die »mitalternden« Erkrankungen, die bereits früher im Leben erworben wurden.

Ein Beispiel für eine »primäre« Alterskrankheit ist der *Diabetes mellitus*, die Zuckerkrankheit des Alters. Mit einem Auftreten von 20 bis 30 Prozent ist der Diabetes mellitus, davon mit etwa 80 Prozent der sogenannte insulinunabhängige oder Typ-II-Diabetes, im höheren Alter nicht nur eine häufige Erkrankung, vielmehr wird er auch überwiegend erst im Alter diagnostiziert. Dieser

Umstand hat zum Begriff des *Alterszuckers* beigetragen. Zu den wichtigsten Ursachen zählen Übergewicht, eine veränderte Zuckerverwertung aufgrund einer herabgesetzten Insulinempfindlichkeit (Insulin ist einer der Botenstoffe, die für die Regulation der Zuckerkonzentration im Körper verantwortlich sind), verringerte körperliche Aktivität und langjährige übermäßige Nahrungsaufnahme. Der Diabetes mellitus zählt nicht nur zu den Risikofaktoren für die Entwicklung einer Arteriosklerose, sondern auch Spätschäden wie Sehverlust, Nierenversagen oder »Zuckerbein« mit Verlust einer Extremität sind mögliche Folgen. Zur Normalisierung des Zuckerspiegels stehen Diät und Gewichtsnormalisierung im Vordergrund der therapeutischen Bemühungen. Zusätzlich können Tabletten oder in die Haut gespritztes Insulin verabreicht werden.

Zu den »mitalternden« Krankheiten zählt beispielsweise die *chronische Bronchitis*, die häufig bei verschiedenen Allergien, bei wiederkehrenden Lungenentzündungen, durch Umweltbelastungen (Luftverschmutzung) und vor allem durch hohen Zigarettenkonsum entsteht. Die chronische Bronchitis, die oft bereits zwischen dem 30. und 50. Lebensjahr erworben wird, kann aufgrund chronischer Schleimhautreizungen und -schwellungen im Lauf der Jahre zu einer Lungenüberblähung – einem sogenannten *Lungenemphysem* – führen, da durch die Veränderungen der Bronchien vor allem die Ausatmung erschwert wird. Das heißt, die eingeatmete Luft kann nur unter größerer Anstrengung – ähnlich dem *Asthma bronchiale* – wieder ausgeatmet werden und überbläht damit die Lungen. Da die Entwicklung eines Lungenemphysems in den meisten Fällen einige Jahre benötigt, tritt es vor allem im höheren Alter auf, obwohl die eigentlichen Krankheitsursachen bereits im jüngeren Lebensalter zu suchen sind. Ein einmal ausgebildetes Emphysem der Lunge schränkt dann wiederum die normale Lungenfunktion ein, da die überblähten Lungenabschnitte kaum noch für einen regulären Gasaustausch zwischen Atemluft und Blutkreislauf genutzt werden können. Die Folgen sind vor allem wiederholte Lungenentzündungen und Atemnot.

Zu den erwähnten sogenannten »primären« Alterskrankheiten und den »mitalternden«, bereits in jüngeren Jahren erworbenen Krankheiten treten im Alter außerdem auch (fast) alle akuten Erkrankungen des jungen und mittleren Erwachsenenalters auf – wie zum Beispiel Lungen- und Blaseninfektionen, Entzündungen und Knochenbrüche (Frakturen).

Vielfach weisen diese akuten Erkrankungen bei ihrem Auftreten im Alter dennoch einige Besonderheiten gegenüber ihrem Auftreten bei jüngeren Erwachsenen auf. So gibt es viel häufiger als in jüngeren Jahren symptomarme oder symptomlose Verläufe, wie zum Beispiel das Fehlen von Schmerzen beim akuten Herzinfarkt oder das Fehlen von Fieber bei schwerer Infektion. Andererseits haben akute Erkrankungen im Alter häufiger einen schwereren Verlauf und werden schwerer bewältigt, das heißt, der Organismus braucht mehr Zeit zur vollständigen Genesung (Rekonvaleszenz). Zurückgeführt wird diese verzögerte Genesung in der geriatrisch-gerontologischen Forschung vor allem auf eine altersabhängige Abnahme der Regulationsgeschwindigkeit und -kapazität der »inneren Regelkreise«, also der sogenannten humoralen Homöostase des Organismus. Mit anderen Worten: Das innere Gleichgewicht der Organe und Funktionssysteme des Körpers ist im Alter leichter zu stören und schwerer wiederherzustellen (SCHÜTZ 1994; SLOANE et al. 1989; STEINMANN 1973).

Für einen alten Menschen kann deshalb ein Knochenbruch, zum Beispiel des Schenkelhalses, zu einer lebensbedrohlichen Erkrankung werden. Die verzögerte Heilungsphase droht zu einer verlängerten Bettlägerigkeit zu führen, die wiederum ein erhöhtes Risiko der Entwicklung von Druckgeschwüren der Haut, sogenannten *Dekubitalulcera* (s. *Abschnitt 2.4.3*), der Entwicklung von Muskelschwund und von Kontrakturen (Muskel- und Sehnenverkürzungen) bedeutet. Dieses »Immobilisationssyndrom« (von lat.: *immobilis* = unbeweglich) erhöht dann wiederum das Risiko für die Entwicklung schwerer, lebensbedrohlicher Krankheiten wie Lungenentzündung oder Blutvergiftung (*Sepsis*). Solche durchaus auch von »Bagatellverletzungen« in Gang gesetzten »Krankheitsketten« mit zum Teil fatalem Ausgang finden sich im Vergleich dazu in jüngeren Jahren nur in wenigen Extremfällen. Sie sind deshalb für die geriatrische Medizin von großer Bedeutung.

1.2 Häufigkeit von Mehrfacherkrankungen im Alter

Es steht heute außer Zweifel, dass mit zunehmendem Alter vermehrt chronische Erkrankungen entstehen, die sich zum Teil unabhängig voneinander entwickeln, sich aber zum Teil auch wechselseitig bedingen. Als Ausdruck für diese Akkumulation entsteht die für ältere Menschen bisweilen als »charakteristisch« bezeichnete Multimorbidität (von lateinisch: *multi* = viele und *morbus* = Krankheit) (FRANKE 1983; 1993). Bei Untersuchungen von 100-Jährigen wurden beispielsweise im Rahmen von Sektionen (Leichenbeschau) nur selten weniger als zehn nebeneinander bestehende krankhafte Organveränderungen nachgewiesen (FRANKE 1983). Auch wenn nicht alle nach Eintritt des Todes mit den Methoden der Pathologie nachweisbaren krankhaften Organveränderungen bereits zu Lebzeiten zu gravierenden Beschwerden oder körperlichen Funktionsstörungen geführt haben müssen, sind doch in der klinischen Geriatrie entsprechend viele ältere Patienten von Multimorbidität, das heißt durch das Leiden an mehreren (mindestens fünf) gleichzeitig nebeneinander bestehenden Erkrankungen, betroffen (LINZBACH 1975; MODELMOG 1991; SCHRAMM et al. 1982).

1.2.1 Untersuchungen zu Krankheiten und Mehrfacherkrankungen im sehr hohen Alter

Bisherige Erkenntnisse zur Epidemiologie der körperlichen Morbidität und Multimorbidität im Alter basieren zu einem großen Teil auf breit angelegten Bevölkerungsuntersuchungen in den Vereinigten Staaten (sogenannten

EPESE-Studien – »Established Populations for Epidemiological Studies of the Elderly«). Diese Studien haben allerdings Informationen über Erkrankungen im Wesentlichen ausschließlich durch Befragungen und ohne umfangreiche objektive diagnostische Zusatzinformationen (wie zum Beispiel EKG- oder Blutuntersuchungen) gewonnen. Gleichzeitig beschränken sie sich auf ein enges, vordefiniertes Spektrum von Erkrankungen, vorwiegend des Herz-Kreislauf-Systems und der Atmungsorgane.

Längsschnittstudien – wie beispielsweise die »Baltimore Longitudinal Study of Aging (BLSA)« – stellen demgegenüber zwar zum Teil detaillierte objektive Befunde zur Verfügung (SHOCK et al. 1984), basieren vielfach jedoch auf ausgewählten Stichproben oder berücksichtigen nicht in ausreichendem Maß sehr alte, über 85-jährige Menschen. Die repräsentative Göteborg-Studie (SVANBORG 1985) der über 70-jährigen Bevölkerung hat wiederum keinen ausgesprochenen Schwerpunkt auf die Erhebung und Analyse der Multimorbidität gelegt. Demgegenüber hat die repräsentative, interdisziplinäre Berliner Altersstudie (BASE; in deren Rahmen 516 Personen untersucht wurden) eine keiner anderen Studie vergleichbare Vielzahl objektiver und subjektiver Messungen und Erhebungen zur körperlichen Gesundheit der 70- bis über 100-jährigen Bevölkerung zusammengetragen, die es erlauben, ein sowohl differenziertes als auch ausreichend repräsentatives Bild von Krankheit im Alter zu zeichnen. Aus diesem Grund orientieren sich die folgenden Ausführungen vorrangig, aber nicht ausschließlich, an Ergebnissen der Berliner Altersstudie (MAYER, BALTES 1996).

1.2.2 Häufigkeiten körperlicher Erkrankungen bei über 70-Jährigen

In *Tabelle 2* sind unter Berücksichtigung der Diagnosesicherheit die auf der Grundlage der BASE-Daten ermittelten häufigsten Krankheiten bei den 70-Jährigen und Älteren zusammengestellt.

Tabelle 2: Die sieben häufigsten körperlichen Erkrankungen in der 70 Jahre alten und älteren Bevölkerung (*Quelle:* Daten der Berliner Altersstudie – BASE; STEINHAGEN-THIESSEN, BORCHELT 1993; 1996)

Hyperlipidämie (Fettstoffwechselstörung mit Gesamt-Cholesterin und/oder Triglyceriden über 200 mg/dl)	76%
Varikosis (Krampfadern)	72%
Zerebral(Gehirn-)arteriosklerose	65%
Herzinsuffizienz (verminderte Pumpleistung des Herzens)	57%
Arthrose (degenerative Gelenkerkrankung, »Rheuma«)	55%
Dorsopathie (Rückenleiden)	46%
Arterielle Hypertonie (Bluthochdruck)	46%

Unter Ausschluss aller jeweils als leichtgradig eingestuften Erkrankungen zeigten sich im Vergleich zwischen objektiv und subjektiv mittel- bis schwergradigen Erkrankungen jedoch relevante Unterschiede in den Häufigkeitsprofilen. Subjektiv, das heißt vom Beschwerdegrad her betrachtet, stehen Arthrosen, Herzinsuffizienz, Rückenleiden und Osteoporose im Vordergrund, gefolgt von der koronaren Herzkrankheit oder Herzkranzgefäßverengung (KHK) und arterieller Verschlusskrankheit oder »Schaufensterkrankheit« (AVK). Die »subjektive« Perspektive rückt also ganz eindeutig die Erkrankungen des Bewegungsapparates in den Vordergrund.

Werden die Krankheitsprofile umgekehrt gewichtet, und zwar nach medikamentöser Behandlung unabhängig von Diagnosesicherheit und Erkrankungsschweregrad, so steht aus diesem Blickwinkel der medikamentösen Behandlung an der Spitze der häufigsten Krankheiten im Alter die Herzinsuffizienz, gefolgt von der Hypertonie, der koronaren Herzkrankheit, der Arthrose, der arteriellen Verschlusskrankheit und schließlich den Krampfadern. Im Gegensatz zur Gewichtung nach subjektivem Beschwerdegrad treten hier also die Herz-Kreislauf-Erkrankungen ganz in den Vordergrund.

Aus welchem »objektiven« Blickwinkel die Krankheitsdaten der Berliner Altersstudie unter diesen Voraussetzungen auch immer betrachtet werden, es zeigte sich, dass (auch bei Berücksichtigung der Diagnosesicherheit) mindestens *eine* körperliche Erkrankung bei etwa 98 Prozent der 70-jährigen und älteren Personen zu diagnostizieren ist. Immerhin war ebenfalls mindestens eine Erkrankung mit subjektiv deutlichen Beschwerden noch bei etwa 71 Prozent der untersuchten Personen festzustellen. Dementsprechend häufig war Multimorbidität (definiert als mindestens fünf gleichzeitig bestehende körperliche Erkrankungen) sehr häufig festzustellen: Ihre Häufigkeit in der Bevölkerungsgruppe der 70- bis über 100-Jährigen kann ohne Berücksichtigung von Schweregraden auf 88 Prozent geschätzt werden, wobei immerhin noch 30 Prozent der über 70-Jährigen gleichzeitig an mindestens fünf mittel- bis schwergradigen und noch 21 Prozent an mindestens fünf gleichzeitig medikamentös behandelten Krankheiten leiden. Demgegenüber ist jedoch ein gleichzeitiges Vorliegen von mehr als vier mit deutlichen bis erheblichen subjektiven Beschwerden einhergehenden Erkrankungen bei nur sechs Prozent der über 70-Jährigen anzutreffen. Diese Befunde decken sich insgesamt mit der für das höhere Alter bekannten Diskrepanz zwischen deutlichen objektiven Befunden bei gleichzeitig geringen subjektiven Beschwerden (GEROK, BRANDTSTÄDTER 1992). Auf diesen besonderen Aspekt von Gesundheit und Krankheit im Alter soll im Folgenden näher eingegangen werden.

1.3 Subjektive Gesundheitswahrnehmung im Alter: das »Altersinvarianz-Paradoxon«

Die Frage nach der persönlichen (subjektiven) Einschätzung der eigenen Gesundheit ist eine fest verankerte und wichtige Komponente der Altersforschung, die es vor allem erlaubt der jeweils individuellen Bedeutung von Krankheit und

Behinderung im Alter nachzugehen. Obwohl verschiedene Forschungsgruppen wiederholt zeigen konnten, dass die subjektive Gesundheitseinschätzung älterer Menschen hoch korreliert mit der objektiv-professionellen Beurteilung (dieser also in der Richtung oder Tendenz vielfach entspricht), konnte bislang weder eine völlige Übereinstimmung noch eine systematische Abweichung zwischen subjektiven und objektiven Aspekten der Gesundheit im Alter nachgewiesen werden (LEHR et al. 1987; SVANBORG 1985). Allerdings haben die meisten diesbezüglichen Studien subjektive Gesundheit nicht *an sich*, sondern vorrangig im Zusammenhang mit anderen medizinischen und psychologischen Aspekten untersucht, zum Beispiel im Zusammenhang mit Mortalität (Sterblichkeit), mit funktioneller und kognitiver Kapazität (Körper- und Geistesleistungen) oder mit allgemeinem Wohlbefinden (IDLER et al. 1990; MOSSEY, SHAPIRO 1982). Dabei zeigte sich, dass die subjektive, persönliche Gesundheitseinschätzung oder -wahrnehmung eines alten Menschen spezifische, das heißt eigenständige und vom objektiven Gesundheitszustand unabhängige, Bedeutungen haben kann. IDLER und KASL (1991) konnten beispielsweise eine vom objektiven Gesundheitszustand unabhängige Übersterblichkeit innerhalb eines Jahres bei Personen mit subjektiv schlechter Gesundheitseinschätzung nachweisen.

Der Frage, welche Aspekte der körperlichen oder psychischen Gesundheit die subjektive Gesundheitswahrnehmung im Alter am stärksten beeinflussen und ob diese Aspekte beim Übergang vom hohen zum höchsten Alter konstant bleiben, hat sich wiederum die Berliner Altersstudie eingehend gewidmet (BORCHELT et al. 1996). Bislang gab es nur einige Hinweise darauf, dass Krankheiten, die zu Funktionseinschränkungen führen, stärkeren Einfluss auf die subjektive Wahrnehmung haben als andere chronische Erkrankungen (SVANBORG 1985). Andererseits wird die subjektive Wahrnehmung möglicherweise auch wesentlich durch die Anzahl der ärztlich verordneten Medikamente, durch Alter, Geschlecht, Bildung und psychische Erkrankungen, wie Depression und Demenz, beeinflusst (VERBRUGGE 1988; 1989).

Der Einfluss des Alters, insbesondere des sehr hohen Alters, auf die subjektive Gesundheitswahrnehmung ist bislang noch nicht vollständig aufgeklärt: Einige Studien dokumentieren eine negative Alterskorrelation – also eine sich mit zunehmendem Alter subjektiv verschlechternde Gesundheit –, während andere positive (MADDOX, DOUGLASS 1973) oder keine wesentlichen Alterskorrelationen fanden (BORCHELT et al. 1996). Die Daten der Berliner Altersstudie, die sich besonders auf das sehr hohe Alter beziehen, zeigen, dass die Angaben älterer Menschen auf die globale Frage »Wie schätzen Sie zur Zeit Ihre körperliche Gesundheit ein?« nicht mit dem Alter variieren, das heißt, im Mittel unterscheiden sich die Antworten der 70-Jährigen nicht von denen der über 90-Jährigen. Dies ist deshalb bemerkenswert, weil diese Stabilität deutlich zu den negativen Alterskorrelationen der körperlich-organischen und der körperlich-funktionellen Gesundheit kontrastiert.

Ebenso deutlich ist aber auch der Kontrast zur *positiven* Alterskorrelation der subjektiven Einschätzung »im Vergleich zu Gleichaltrigen«. Dies bedeutet, dass mit zunehmendem Alter der subjektive Vergleich zu Gleichaltrigen bei befragten Personen sogar immer häufiger *zugunsten* der eigenen Gesundheit ausfällt.

Diese bisherigen Forschungsergebnisse und -befunde, die zum Teil als »Altersinvarianz-Paradoxon« globaler subjektiver Einschätzungen bekannt geworden sind (BALTES, BALTES 1990; BRANDTSTÄDTER, GREVE 1994), legen die Vermutung nahe, dass sich die Art und Weise der individuellen Bewertung objektiver gesundheitlicher Beeinträchtigungen mit dem Alter verändert. Es ist sehr unwahrscheinlich, dass ältere Menschen ihre Gesundheit auf derselben Grundlage und mit denselben Kriterien beurteilen wie jüngere Personen. Wahrscheinlicher ist, wie man aus der psychologischen Forschung inzwischen weiß (BRANDTSTÄDTER, GREVE 1994; HECKHAUSEN, KRUEGER 1993; BALTES 1993), dass mit zunehmendem Alter Anpassungen an veränderte Gegebenheiten, an Veränderungen der körperlichen Leistungsfähigkeit und Gesundheit stattfinden. »Gute Gesundheit« bedeutet im Alter vielleicht nicht (mehr) Abwesenheit von Krankheit oder Behinderung, sondern Abwesenheit von quälenden Beschwerden oder auch, dass die eigene Gesundheit »besser als die von Gleichaltrigen« ist (HECKHAUSEN, KRUEGER 1993). Ebenso denkbar ist, dass die subjektive Bedeutung einer chronischen Erkrankung oder dauerhaft fortzusetzender medikamentöser Behandlung zu Beginn zwar groß ist, sich aber im Verlauf durch Gewöhnung immer mehr relativiert, also an Bedeutung verliert. Mit Blick auf das sehr hohe Alter kann weiterhin angenommen werden, dass zunächst als relativ unbedeutend eingeschätzte körperliche Beschwerden mit den Jahren zunehmend an Bedeutung gewinnen und immer stärker Einfluss auf die subjektive Wahrnehmung nehmen.

Neuere Forschungsergebnisse machen die Existenz von solchen dynamischen, innerpsychischen Prozessen sehr wahrscheinlich (BORCHELT et al. 1996; BRANDTSTÄDTER, GREVE 1994; HECKHAUSEN, KRUEGER 1993). Dies würde bedeuten, dass es innerpsychische Prozesse und Mechanismen gibt, die den alternden Menschen zumindest teilweise davor schützen, von der objektiv schlechter werdenden Gesundheit mit zunehmenden körperlichen Beschwerden und Behinderungen subjektiv überwältigt zu werden.

1.4 Bedingungsfaktoren für ein möglichst gesundes Altern

Viele Faktoren und Aspekte der individuellen Lebensgeschichte beeinflussen den Alterungsprozess und bestimmen – beispielsweise auch durch die Entwicklung von Krankheiten in unterschiedlichen Lebensabschnitten – die Lebensspanne oder die Lebensqualität im Alter (MAAS et al. 1996). Eine Verringerung der zur Zeit noch relativ hohen Krankheitsquote im Alter kann durch die Ausschaltung von Risikofaktoren (s. *Kapitel 2*), einen gesundheitsfördernden Lebensstil (s. *Abschnitt 3.4*) und durch die Mobilisation funktioneller Reserven durchaus gelingen. Viele der im Alter häufig anzutreffenden Erkrankungen (wie beispielsweise das Lungenemphysem oder die Arteriosklerose) gehen auf vermeidbare Risikofaktoren (wie etwa das Rauchen) im mittleren Lebensalter zurück.

Auf diese und andere Zusammenhänge sowie auf Überlegungen zu den noch nicht vollständig ausgeschöpften Möglichkeiten der Prävention stützt sich beispielsweise auch das »Modell der minimalen Morbidität« (FRIES 1980; 1989). Dieses Modell geht davon aus, dass Alter und Krankheit nicht zwangsläufig miteinander verknüpft sein müssen, so dass die Dauer der letzten, durch Krankheit und Behinderung gekennzeichneten Lebensphase verkürzt werden kann, wenn der Beginn chronischer Krankheit nur lange genug herausgezögert werden kann. Aus einer anderen Perspektive haben GEROK und BRANDTSTÄDTER (1992) diese Zusammenhänge mit dem Begriff des »optimalen Alterns« gekennzeichnet und damit »normales« von »krankhaftem« Altern differenziert.

Dabei können die Bedingungsfaktoren für die verschiedenen Formen des Alterns – »normal«, »krankhaft« oder »optimal« im Sinne von GEROK und BRANDTSTÄDTER – nicht unter einer eindimensionalen Perspektive erfasst werden. Nahezu alle altersbezogenen Prozesse werden durch so unterschiedliche Faktoren wie Familien- und Berufsverlauf, Bildung, finanzielle Lage, Geschlecht, Persönlichkeitsmerkmale, soziale Aktivitäten und anderes mehr in vielfältiger Weise beeinflusst. Gleichzeitig erscheinen manche dieser Zusammenhänge als nicht unmittelbar einleuchtend. Möglicherweise das bekannteste Paradoxon der Gerontologie (Alternsforschung) und Geriatrie (Alternsmedizin) ist, dass in den meisten Gesellschaften und Kulturen die Frauen die höhere Lebenserwartung besitzen, ohne dass sie allerdings im Durchschnitt gesünder wären als die Männer (VERBRUGGE 1988; 1989). In funktioneller Hinsicht trifft sogar eher das Gegenteil zu, nämlich dass Frauen gerade im Alter häufiger unter Funktionsverlusten und funktionellen Behinderungen leiden als gleichaltrige Männer (STEINHAGEN-THIESSEN, BORCHELT 1996).

Sowohl die Gerontologie als auch die Geriatrie verstehen sich nicht zuletzt aufgrund der Vielfalt der Bedingungsfaktoren »gesunden« und »krankhaften« Alterns einschließlich der Komplexität ihrer Wechselbeziehungen als interdisziplinäres Arbeitsgebiet.

1.5 Zusammenfassung

Die Entwicklung von Krankheit und Behinderung hat vielschichtige körperliche, geistig-seelische, funktionelle, psychosoziale und subjektive Gründe und Konsequenzen. Auch wenn Krankheit und Behinderung im Alter häufiger sind als im jungen oder mittleren Erwachsenenalter, so können doch Alter und Krankheit nicht gleichgesetzt werden. Ein großer Teil der im Alter häufigsten Erkrankungen (Fettstoffwechselstörungen, Gefäßerkrankungen, Herzinsuffizienz, Arthrose, Rückenleiden, Bluthochdruck) hat seine Wurzeln im mittleren

Lebensabschnitt, wobei unterschiedliche, oft vermeidbare Risikofaktoren eine wesentliche Rolle spielen. Nicht zuletzt deshalb besteht allerdings im Hinblick auf Gesundheit zwischen verschiedenen Personen eine große Variabilität in der Art ihres Alterns, die aus übergeordneter Perspektive teilweise als »normal«, »krankhaft« oder »optimal« charakterisiert werden kann.

Als relativ unabhängig von den objektiven Gegebenheiten der Gesundheit im Alter erweist sich demgegenüber die subjektive Gesundheitswahrnehmung. Es scheint innerpsychische Mechanismen zu geben, die es einem alternden Menschen ermöglichen, das subjektive Wertesystem im Hinblick auf die eigene Gesundheit zu modifizieren und so eine relativ positive Eigenwahrnehmung längerfristig aufrechtzuerhalten. Diese Prozesse tragen möglicherweise vielfach dazu bei, das Individuum vor dem Überwältigtwerden durch allenthalben eintretende objektive Funktionseinbußen, Behinderungen und chronische Krankheiten zu schützen.

2. Spezielle Krankheitsbilder

Einige der in *Abschnitt 1.2.1* und *1.2.2* näher bezeichneten Krankheiten führen sowohl bei ihrem akuten Auftreten als auch in ihrem chronischen Ablauf zu Verlusten von Fähigkeiten und Funktionen und können dadurch Mobilität und Selbständigkeit in einem hohen Maße beeinträchtigen: Kann beispielsweise eine Hand aufgrund einer schweren Gelenkdeformität nicht mehr zum Greifen eingesetzt werden oder ist das Hinsetzen oder Aufstehen aufgrund einer Lähmung unmöglich, werden ganz normale Handlungen im Alltag, wie zum Beispiel Waschen, Anziehen, Essen oder Toilettengang, plötzlich zu einem Problem. Fremde Hilfe oder Pflege muss dann dauerhaft in Anspruch genommen werden, wenn die persönliche Selbsthilfefähigkeit in den Aktivitäten des täglichen Lebens aufgehoben ist.

Dieses Kapitel widmet sich den Krankheiten, die neben der eigentlichen körperlichen Schädigung fast gleichrangig Funktions- und Fähigkeitsverluste verursachen.

Zu den dominierenden Grunderkrankungen zählt die *Arteriosklerose*, die aufgrund von Durchblutungsstörungen zu Schäden am Herzen, an den Gliedmaßen und im Gehirn führen kann. Ferner ist hier die *Osteoporose* zu nennen, die sich infolge des Knochenschwunds durch Körperhaltungsänderungen, Schmerzen und große Anfälligkeit für Knochenbrüche bemerkbar macht. Die degenerativen Gelenkkrankheiten wie die *Arthrosen* äußern sich in Deformitäten, Beweglichkeitseinschränkungen und Schmerzen infolge von Gelenkzerstörungen. Unter den Komplex der sogenannten *geriatrischen Syndrome* schließlich fallen weitere typische Altersprobleme. Auf Tumorerkrankungen wird in dieser Studieneinheit aus Platzgründen nicht näher eingegangen.

2.1 Arteriosklerose

Arteriosklerose ist ein mit zunehmendem Alter langsam fortschreitender Prozess, bei dem sich an den arteriellen Gefäßwänden plaqueförmige Ablagerungen von Lipiden (Fetten), komplexen Kohlenhydraten, Blut und Blutbestandteilen, fibrinösem Gewebe und Kalkablagerungen ansammeln (s. auch Studieneinheit VI). Anfänglich kommt es zu Elastizitätsverlusten, später nach und nach zur Einengung des Gefäßquerschnitts, bis schließlich der komplette Verschluss den Blutstrom versiegen läßt (*Abb. 1*). Die davon abhängigen Organe oder Körperregionen erleiden einen Sauerstoffmangel, werden dadurch geschädigt oder sterben ab.

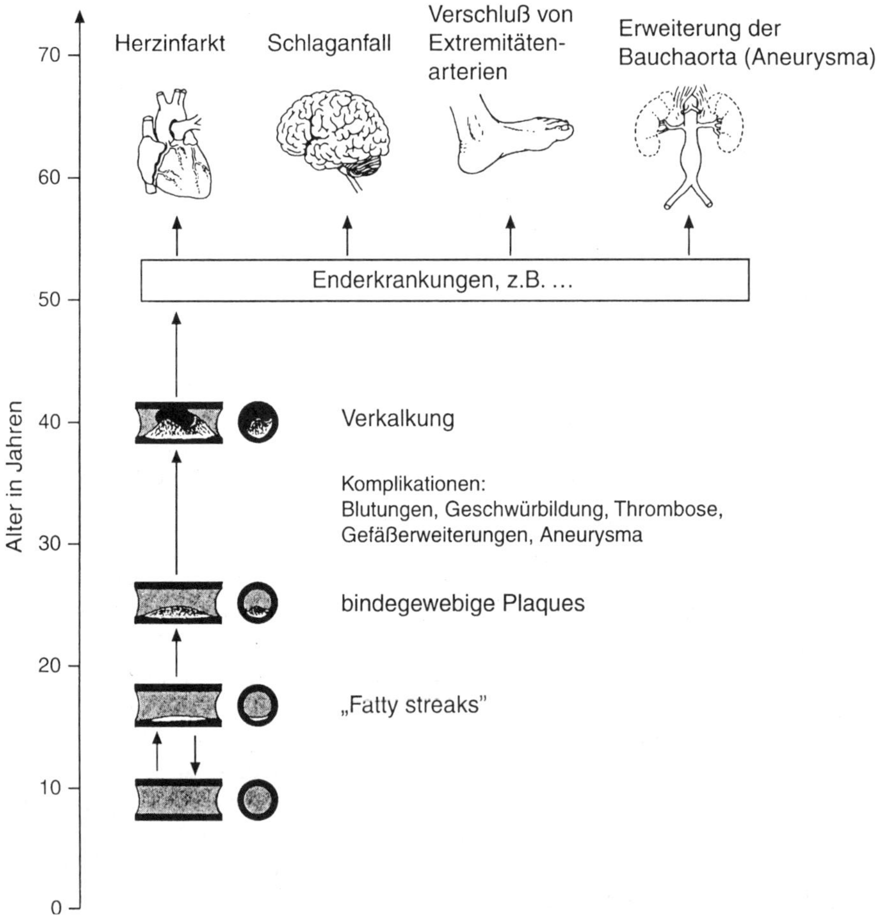

Abbildung 1: Arteriosklerose. Entwicklung der Arteriosklerose über Jahrzehnte und Darstellung der Organe, die davon besonders betroffen sind *(nach:* VERSTRAETE 1984, S. 10).

Aus Langzeitbeobachtungen sind eindeutige Risikoprofile für die Entwicklung einer Arteriosklerose bekannt. Durch wiederholte Befragungen, Untersuchungen oder Messungen konnten Faktoren ermittelt werden, die Endpunkte der Arteriosklerose, etwa Herzinfarkt, Schlaganfall oder periphere Durchblutungsstörungen, vorhersagbar machten. Zu den wichtigsten Risikofaktoren zählen Zigarettenrauchen, Zuckerkrankheit, Bluthochdruck, Fettstoffwechselstörung, erhöhter Harnsäuregehalt des Blutes, Übergewicht und Bewegungsarmut (KANNEL et al. 1976; CREMER et al. 1991). Insbesondere beim Zusammentreffen mehrerer Faktoren steigt das Risiko nicht linear, sondern exponentiell an.

Arteriosklerose ist in erster Linie eine erworbene Krankheit, und somit besteht prinzipiell die Möglichkeit sie zu verhindern, indem Risikofaktoren vermieden oder ausgeschaltet werden (s. *Abschnitt 3.4*). Als medikamentöse Vorbeugungsmaßnahmen finden zunehmend Substanzen Verwendung, die verhindern, dass Thrombozyten (Blutplättchen) zusammenkleben; damit kann der Entstehung einer Thrombose in einem verengten Gefäß als letztendlichem Verschlussmoment vorgebeugt werden (ANTIPLATELET 1988; ARZNEIMITTELBRIEF 1993). Erst in zweiter Linie müssen auch genetische Faktoren bei der Arterioskleroseentstehung berücksichtigt werden, etwa eine familiäre Hypercholesterinämie (zu hoher Cholesterinspiegel) oder ein Diabetes mellitus Typ I (bereits in der Jugend auftretende Form der Zuckerkrankheit).

2.1.1 Koronare Herzkrankheit

Am Herzen ist die Arteriosklerose durch die Verengung der Herzkranzgefäße (koronare Herzkrankheit) charakterisiert. Unter Belastung reicht dann das Sauerstoffangebot der Erythrozyten (der roten Blutkörperchen) im Blutstrom nicht mehr aus. Die dabei auftretenden typischen Symptome äußern sich durch Herzstiche (*Angina pectoris*) als Ausdruck für Sauerstoffmangel des Herzmuskels oder Luftnot als Ausdruck einer nachlassenden Pumpleistung des Herzens.

Die Häufigkeit der koronaren Herzkrankheit nimmt mit steigendem Alter zu, wobei die Erkrankung bei Männern deutlich früher als bei Frauen beginnt. Im Vergleich zu Männern geschieht dies bei Frauen typischerweise nach dem 40. Lebensjahr, wobei danach die Häufigkeit bis zum achten Lebensjahrzehnt gegenüber Männern stärker zunimmt, so dass sich prozentual das Vorhandensein der Herzkranzkrankheit im Alter bei Männern und Frauen angleicht (LANG, DIEPGEN 1988).

Während der plötzliche Verschluss einer Herzkranzarterie lebensbedrohlich ist (Herzinfarkt, plötzlicher Herztod), äußern sich die Probleme beim schleichenden Verlauf durch subjektiv belastende Herzschmerzen oder in einem akuten oder zunehmenden Leistungsabfall aufgrund einer Herzschwäche.

Bei einer ausgeprägten Herzschwäche sind schon leichteste Belastungen nicht mehr möglich. Die Betroffenen reagieren mit Luftnot, Schwindel, Übelsein und unspezifischen Herzbeschwerden und suchen wegen der Schwäche die Bettruhe. Gerade bei älteren Menschen führt diese Reaktion unweigerlich zum Nachlassen von Funktionen im Alltag; alltägliche Verrichtungen werden dadurch erschwert oder unmöglich gemacht.

Anhand der Symptome läßt sich die koronare Herzkranzerkrankung in der Regel gut erkennen; bei älteren Menschen müssen jedoch unbedingt atypische oder stumme Verläufe beachtet werden, die zum Beispiel nur durch ein allgemeines Schwächegefühl als Symptom auffällig werden. Mit Hilfe des Elektrokardiogramms (EKG) lassen sich Herzstromkurven aufzeichnen, die bei Veränderungen Rückschlüsse auf den Verengungsgrad der Herzkranzgefäße, auf Herzmuskelveränderungen, aber auch auf Herzrhythmusstörungen, zulassen. Mit Ultraschalluntersuchungen können durch die Brustwand hindurch Herzhöhlen, Herzklappen und Blutströme beurteilt werden, mit Röntgenuntersuchungen des Brustkorbs Herzgröße und Zeichen von Herzschwäche. Die Verengung in den Herzkranzgefäßen läßt sich mit Hilfe eines Kontrastmittels, das über einen Katheter in die Herzkranzgefäße eingespritzt wird, direkt darstellen (*Abb. 2*).

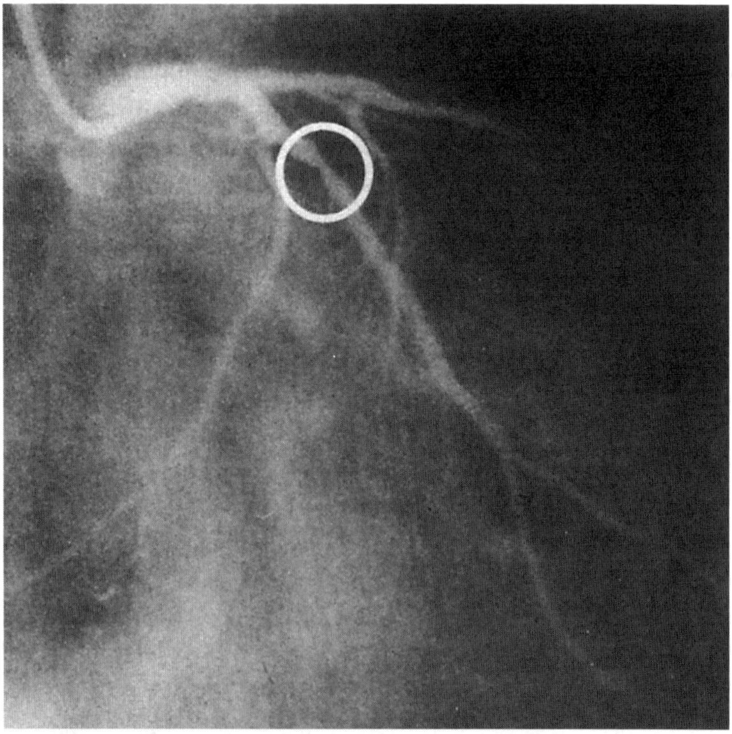

Abbildung 2: Herzkranzgefäßdarstellung. Mittels eines Katheters wird ein Kontrastmittel in die Gefäße gespritzt. Der Hauptast (*Ramus interventricularis anterior*) zeigt eine Verengung (*Quelle:* Norbert WROBEL).

Als Therapie der koronaren Herzkrankheit ist für die überwiegende Zahl der älteren Menschen ein konservatives, das heißt auf eine Vermeidung weiterer Verschlechterung gerichtetes, Vorgehen ohne Operation angezeigt. Mit den heute zur Verfügung stehenden, sehr gut wirksamen Medikamenten (wie Nitraten, *ACE*-Hemmern, Kalziumantagonisten, Diuretika oder Beta-Blockern) gibt es gute Hilfsmöglichkeiten. Bei einem akuten Verschluss der Herzkranzgefäße hat sich im Rahmen von groß angelegten Untersuchungen herausgestellt, dass gerade ältere Menschen von einer Thrombolyse-Therapie (Auflösung des Blutpfropfes [Thrombus]) profitieren können. Natürlich muss auch auf vorhandene Risikofaktoren Einfluss genommen werden, etwa durch eine optimierte Blutzucker- oder Blutdruckeinstellung, aber auch durch regelmäßige körperliche Aktivitäten.

Körperliche Eingriffe als therapeutische Maßnahmen sind im höheren Alter nur ausnahmsweise und in besonderen Fällen angezeigt. Mit Hilfe eines Herzkatheters ist eine mechanische Erweiterung verengter Gefäße (Dilatation) möglich, chirurgisch können am offenen Herzen Umgehungsgefäße (Bypässe) gelegt werden.

2.1.2 Periphere Durchblutungsstörungen

Durchblutungsstörungen, beispielsweise in den Beinen, äußern sich zunächst durch Wadenkrämpfe oder Schmerzen unter Belastungsbedingungen, etwa indem sie beim Gehen zu einem wiederkehrend hinkenden Gang führen oder immer wieder zum Stehenbleiben zwingen, was der Krankheit im Volksmund den Namen »Schaufensterkrankheit« eingebracht hat. Nicht unerwartet besteht für diese Krankheit ein altersbedingter Zusammenhang. Die Häufigkeit (die sogenannte *Prävalenz*) innerhalb einer Jahresgruppe ist zum Beispiel bei über 70-Jährigen zehnmal so hoch im Vergleich zu 20- bis 40-Jährigen (BALKAU et al. 1994).

Komplikationen entstehen dadurch, dass mit fortschreitender Erkrankung die Beschwerden zunehmen, bis schließlich auch in Ruhe, vorzugsweise in der Nacht, unerträgliche Schmerzen auftreten. Schließlich reicht die Durchblutung nicht mehr aus, um die davon abhängigen Körperteile zu versorgen. Im ungünstigsten Fall stirbt das Bein ab und muss – wenn andere medizinische Interventionen nicht mehr möglich sind – amputiert werden. Der Verlust einer Gliedmaße führt bei den Betroffenen zu erheblichen Funktionsverlusten, deren Ausmaß ähnlich schwerwiegend ist wie beim Schlaganfall (URANÜS et al. 1991): Die Selbsthilfefähigkeit bei der Bewältigung alltagsbedeutsamer Probleme ist erheblich eingeschränkt. Das hat zur Folge, dass Bewegungen neu erlernt und in Alltagssituationen geprobt werden müssen.

Die klinischen Symptome müssen aber nicht immer mit dem Schweregrad der peripheren Durchblutungsstörung übereinstimmen. Bei einem chronischen Verlauf erweist sich die Gehstrecke, die ein Betroffener noch schmerzfrei bewältigen kann, als ein guter indirekter Maßstab für die Durchblutungseinbuße. Für eine weiterführende Beurteilung lassen sich die verengten Areale indirekt durch Ultraschallmessungen von Blutströmungsverhältnissen und direkt durch Röntgenuntersuchungen unter Verwendung von Kontrastmitteln darstellen. Das Ausmaß der Erkrankung wird durch eine Einteilung in vier Schweregrade beschrieben, wobei im ersten und zweiten Stadium (schmerzfreie Gehstrecke 200 Meter) das oberste Gebot lautet: »sich bewegen und laufen« und »Einfluss auf vorhandene Risikofaktoren nehmen«. In Anlehnung an die Begriffe »Zuckerbein«/»Raucherbein« muss gerade diesen Risiken (Zuckerkrankheit, Rauchen) sowie allen weiteren Begleiterkrankungen (Herzschwäche, Bluthochdruck) konsequent begegnet werden. Die medikamentöse Therapie zielt auf Senkung der Gefäßwiderstände und Verbesserung der Fließeigenschaften des Blutes und der Mikrozirkulation.

Schreitet der Krankheitsprozess weiter fort (Stadium drei und vier: Ruheschmerz beziehungsweise zusätzliches Absterben von Gewebe), ohne dass Medikamente noch helfen könnten, wird chirurgisch versucht die verengten Stellen auszuschälen, aufzudehnen oder mit Bypässen zu umgehen. Wenn auch diese Versuche fehlschlagen und eine Amputation unumgänglich wird, gilt es für einen optimalen Heilungsprozess zu sorgen und den Stumpf durch Abhärtung und Formung so vorzubereiten, dass eine Prothese optimal getragen werden kann. Nur dann lässt sich bestmögliche Mobilität wiederherstellen.

2.1.3 Zerebrovaskuläre Durchblutungsstörungen

Die zerebralen (das Gehirn betreffenden) Durchblutungsstörungen lassen sich in Stadien einteilen, die von Symptomlosigkeit über vorübergehende bis hin zu dauerhaften neurologischen Ausfällen (etwa Lähmungen) reichen. Der Schlaganfall (*apoplektischer Insult*) tritt plötzlich, mit einem »Schlag«, auf. Bei diesem Ereignis wird die Durchblutung eines Teiles des Gehirns oder einer Gehirnhälfte unterbrochen; als Folge sterben die von der Blutversorgung abhängigen Gehirnareale ab. Die Ursache ist ein Verschluss der hirnzuführenden Arterien, der Gehirnarterien selbst oder eine Hirnblutung. Der Verschluss eines Gehirngefäßes ist auch durch einen aus dem Herzen losgelösten Thrombus möglich, der mit dem Blutstrom ins Gehirn gelangt (*Embolie*).

Der dauerhafte neurologische Ausfall macht sich meist in Form einer Halbseitenlähmung an der entgegengesetzten Körperhälfte bemerkbar, die sich zunächst mit einer schlaffen, später meist in einer vermehrten Spannung der Muskulatur äußert. Das Bewusstsein kann erhalten bleiben oder bis hin zur Bewusstlosigkeit gestört sein. Begleiterscheinungen sind Kopfschmerzen, Schwindel, Ohrensausen und Gleichgewichtsstörungen. Ist die linke Gehirnhälfte betroffen, können Sprachstörungen auftreten, wodurch eine Verständigung erschwert oder unmöglich gemacht wird; darüber hinaus werden zusätzlich Sprech- und/oder Schluckstörungen beobachtet. Vorübergehend kann eine Schwäche bestehen, Urin und Stuhl kontrolliert zurückzuhalten (Inkontinenz, s. *Abschnitt 2.4.1*).

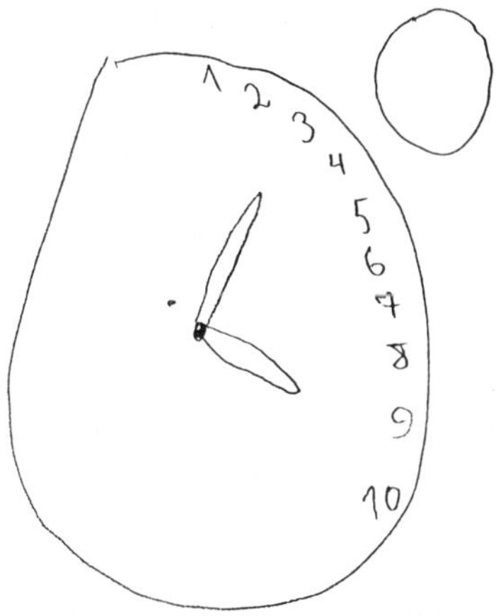

Abbildung 3: Uhrzeichentest. Patient mit neuropsychologischen Störungen nach einem Schlaganfall, einem sogenannten Hemineglect (Vernachlässigung einer Körperseite). Die Aufgabe lautete eine vollständige Uhr zu zeichnen (*Quelle:* Norbert WROBEL).

Besonders die psychologischen und neuropsychologischen Störungen sind zu beachten: Sie äußern sich beispielsweise in Stimmungsschwankungen (plötzlicher Umschwung vom Lachen zum Weinen); in der Unfähigkeit die richtige Reihenfolge bei praktischen Handlungen einzuhalten (zum Beispiel stecken die Betroffenen beim Versuch, ein Hemd anzuziehen, den Kopf durch einen Ärmel); in Wahrnehmungsstörungen (*Abb. 3*: Uhrzeichentest); der Unfähigkeit Anleitungen richtig zu verstehen und umzusetzen; aber auch in fehlender Krankheitseinsicht.

Es kann auch nicht verwundern, dass die betroffenen Menschen durch das plötzliche Herausreißen aus der vertrauten häuslichen Umgebung und von den körperlichen Einschränkungen verunsichert, verängstigt und häufig depressiv reagieren.

Mit zunehmendem Alter steigt die Wahrscheinlichkeit, einen Schlaganfall zu erleiden, stark an (KARL 1986). Im Vergleich zum dritten bis vierten Lebensjahrzehnt steigt die Häufigkeit auf das über Hundertfache im achten bis neunten Lebensjahrzehnt (BONITA 1992). Der Häufigkeitsgipfel liegt um das 75. Lebensjahr.

Die Hauptfrage nach einem Schlaganfall kann nur lauten: Lassen sich verlorengegangene Funktionen wiederherstellen um eine dauerhafte Pflegebedürftigkeit zu vermeiden? Die Hilfsbedürftigkeit umfasst in der Regel praktisch alle Bereiche des täglichen Lebens, einschließlich der einfachen Dinge wie Essen, Waschen oder Ankleiden.

Auch wird deutlich, dass mit den Prinzipien der Akutbehandlung und -therapie alleine diesen Patienten nur wenig geholfen werden kann. Daher gilt es beim Schlaganfall in erster Linie, ihn zu verhindern (s. *Abschnitt 3.4* zur Prävention) oder frühestmöglich mit einer Rehabilitation zu beginnen. Verhindern bedeutet dabei aber auch, Vorboten für einen Schlaganfall, wie Kribbeln oder Taubheit in Händen oder Armen oder vorübergehende Sehstörungen, ganz besonders ernst zu nehmen und Konsequenzen (zum Beispiel einen Arzt aufzusuchen!) daraus abzuleiten.

Bei einer typischen sogenannten Halbseitensymptomatik (Lähmung einer Körperhälfte) ist ein Schlaganfall meist schnell feststellbar. In der Akutphase lässt sich am Verschluss der schlaganfallverursachenden, Blut zuführenden Arterie in der Regel nichts mehr ändern. In ganz seltenen Fällen und in speziell dafür ausgerüsteten Einheiten (*stroke units*) kann der Versuch einer Thrombolyse (Auflösung der Thrombose) unternommen werden. Alle akutmedizinischen Eingriffsmöglichkeiten, wie Operation oder Infusionstherapie, sind in ihrer Wirksamkeit sehr begrenzt (WHO MONICA 1988), so dass einer frühestmöglichen Rehabilitation eine herausragende Bedeutung zukommt.

Mit Hilfe eines Computertomogramms (computerunterstützte Röntgenaufnahme des Kopfes) lässt sich das gesamte Ausmaß der Schädigung im Gehirn darstellen und gegebenenfalls gegen andere denkbare Erkrankungen (zum Beispiel Gehirntumoren) abgrenzen. Das Hauptaugenmerk in der medizinischen Therapie liegt in der Verhinderung eines weiteren Schlaganfalls. Dazu muss einerseits ein Bild über die Blut zuführenden Gehirnarterien durch Ultraschall- oder Röntgenuntersuchungen erstellt werden, jedoch immer im Einklang mit Überlegungen, ob etwa ein zukünftig zu planender chirurgischer Eingriff Vorteile bringen könnte. Wird andererseits das Herz als Ausgangspunkt für einen Thrombusabgang vermutet, kann der Nachweis durch eine Ultraschalluntersuchung der Herzhöhlen mit Hilfe einer in die Speiseröhre vorgeschobenen Sonde erbracht werden; im positiven Fall kann durch eine gerinnungshemmende Medikation ein weiterer Thrombusabgang verhindert werden. Grundsätzlich gilt es aber auch hier, nach Risikofaktoren zu fahnden und diese, wenn möglich, auszuschalten und die Medikation bei vorliegenden Begleiterkrankungen, wie Zuckerkrankheit oder Bluthochdruck, zu optimieren.

Wie dauerhafte Pflege vermieden und weitestgehende Selbständigkeit durch Rehabilitation erreicht werden kann, wird in *Kapitel 3* dargestellt.

2.2 Osteoporose

Knochenschwund (Osteoporose) ist die häufigste Knochenerkrankung jenseits des 60. Lebensjahres und betrifft vor allem Frauen (RIGGS, MELTON 1986). Osteoporose bedeutet den Verlust oder die Verminderung von Knochenmasse sowie Änderung der Knochenstruktur und damit auch der Knochenfunktion (CONFERENCE REPORT 1991). Man rechnet in Deutschland insgesamt mit vier bis sechs Millionen Betroffenen, schätzungsweise haben 20 bis 30 Prozent der über 60-jährigen Frauen eine Osteoporose (RINGE 1991). Infolge dieser Krankheit werden Knochen brüchiger und erklären die Anfälligkeit für Knochenbrüche, zum Beispiel nach einem Sturz. Sehr häufig sind dabei die Oberschenkelknochen (»Schenkelhalsbruch«) betroffen. Gegenüber den 45- bis 54-Jährigen steigt die Knochenbruchrate bei über 85-Jährigen von zwei auf 150, bezogen auf eine Bevölkerungsgruppe von 10 000 Menschen (LEWIS 1981), wobei Frauen zwei- bis dreimal häufiger betroffen sind (*Abb. 4*).

Aber auch die Unterarmknochen können sehr schnell brechen, meist bei dem Versuch sich bei einem Sturz mit den Händen abzufangen. Ebenso können die Wirbelkörper einbrechen und zu erheblichen Schmerzen und Beweglichkeitsstörungen führen. Das volkstümlich so genannte »Rheuma« (im höheren Alter) kann sehr häufig auf einen Deckplatteneinbruch eines oder mehrerer Wirbelkörper zurückgeführt werden (*Abb. 5*).

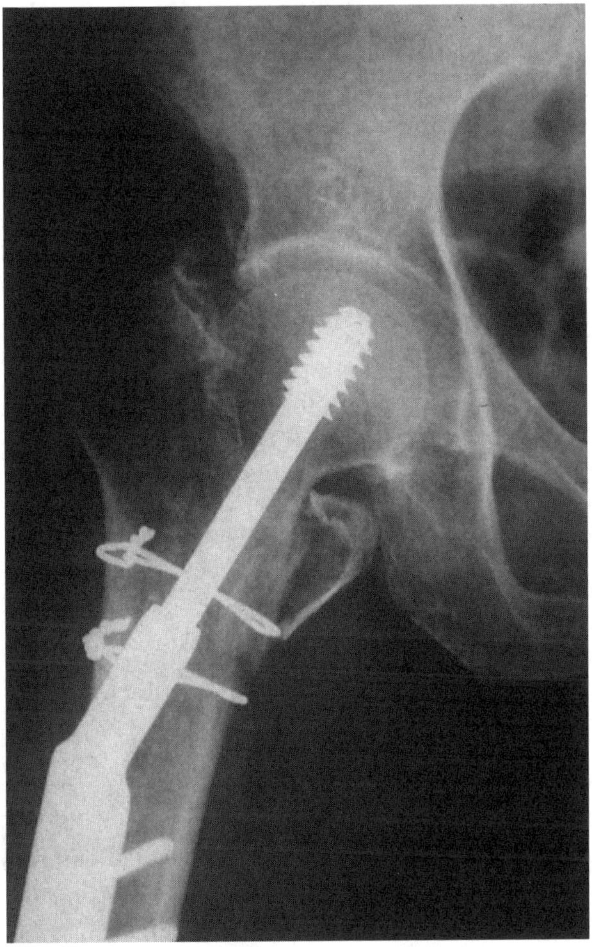

Abbildung 4: Schenkelhalsbruch nach einem Sturz. Darstellung eines Schenkelhalsbruchs nach operativer Versorgung mit Verplattung und Verschraubung (*Quelle:* Norbert WROBEL).

Diese Mechanismen erklären auch, warum man im Alter seine Größe durch Entmineralisierung des Knochengerüsts verlieren kann: Die Wirbelsäule verkrümmt sich (Buckelbildung), der Brustkorb reicht unter Umständen bis an die Hüftknochen und kann dort regelrecht scheuern. Dass in diesem Falle Schmerzen verursacht und so unnötige Bewegungen vermieden werden, ist ganz offensichtlich. Eine große Gefahr für den älteren Menschen ist darin zu sehen, dass diese Einschränkungen zu einer ganz generellen Schonung führt (Immobilität) und weiteren Problemen Vorschub leistet.

Was exakt zu einem Knochenschwund, gerade im höheren Alter und insbesondere bei Frauen, führt, ist bis heute noch nicht restlos aufgeklärt. Fest steht,

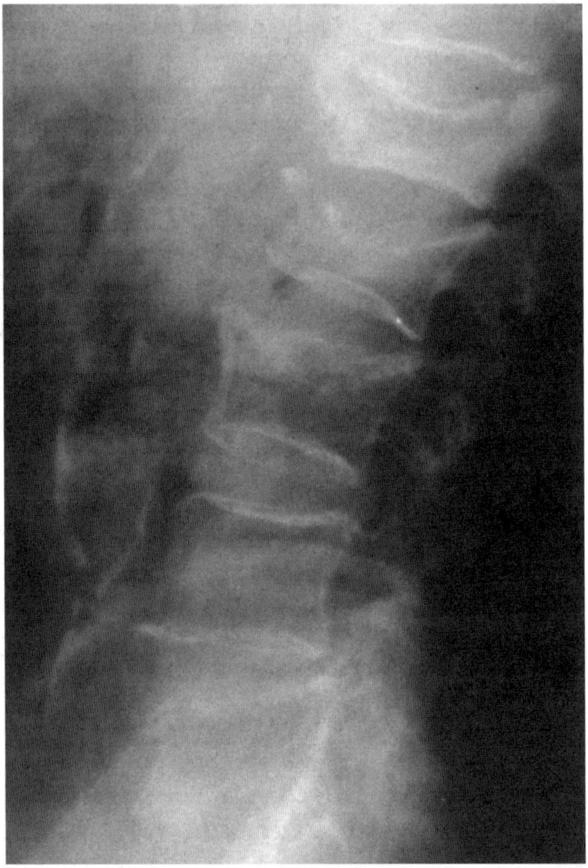

Abbildung 5: Wirbelkörpereinbruch. Darstellung einer Wirbelsäule mit mehreren Deckplatteneinbrüchen der Wirbelkörper (*Quelle:* Norbert WROBEL).

dass die Knochenmasse Anfang des vierten Lebensjahrzehnts ihr Maximum erreicht und von da an kontinuierlich abnimmt. Diese Abnahme ist nicht als ein statischer Vorgang anzusehen, sondern ergibt sich aus einer Bilanz von ständigem Knochenauf- und -abbau; wird mehr Knochenmasse abgebaut als aufgebaut, nimmt die Knochenmasse natürlich absolut ab (ALLAWAY et al. 1993; RUTHERFORD, JONES 1992).

Die Diagnose einer Osteoporose lässt sich anhand der Körperhaltungsänderung (*Abb. 6*), der Knochenbruchverteilung und der Schmerzcharakteristik in Zusammenhang mit ergänzenden Laboruntersuchungen (Feststellung der Konzentration von Kalzium und des Enzyms »alkalische Phosphatase«), Röntgenaufnahmen der betroffenen Knochen oder Areale sowie Knochendichtemessungen stellen. Auf diese Art und Weise gelingt eine Unterscheidung der verschiedenen Osteoporoseformen (nach der Menopause oder erst im höheren Alter auftretend) und man gewinnt einen Überblick über das Ausmaß des Knochenschwundes.

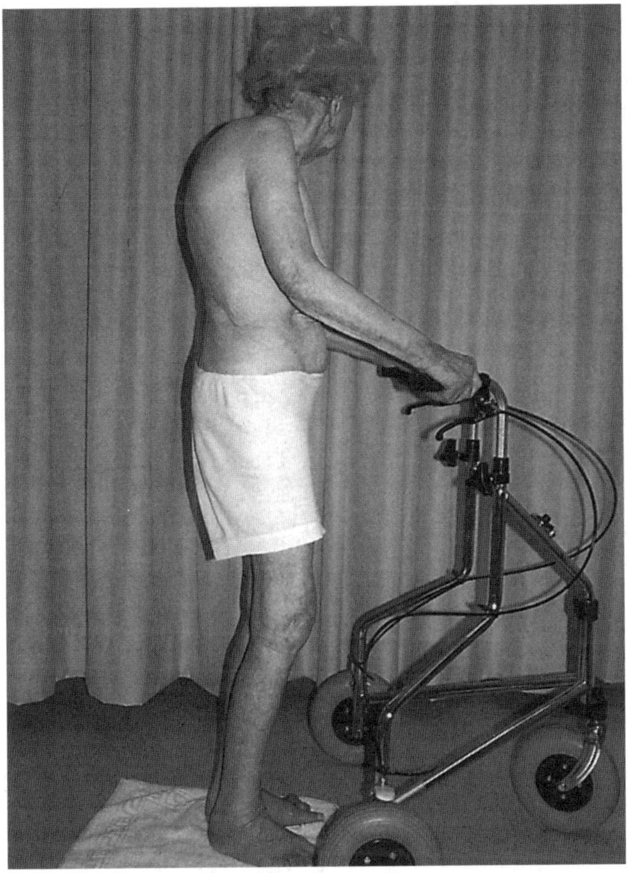

Abbildung 6: Osteoporose. Typische Haltungsänderung bei einer älteren Frau mit Knochenschwund. Zu sehen ist der Buckel und der zur Beckenschaufel verschobene Brustkorb (*Quelle:* Norbert WROBEL).

Bis zu ihrer Menopause sind Frauen durch ihre Östrogene, die weiblichen Geschlechtshormone, vor Osteoporose geschützt. Danach können Bewegungsarmut, kalziumarme Ernährung und geringe Sonneneinwirkung (fehlende Bildung von Vitamin D) den Knochenabbau zusätzlich beschleunigen (dies gilt für Frauen und Männer gleichermaßen). Vorbeugung bedeutet im Hinblick auf diese Krankheit: in Bewegung bleiben, ausgewogene Ernährung sowie gegebenenfalls eine medikamentöse Therapie, zum Beispiel mit Kalzium oder Vitamin D (CHAPUY et al. 1992; REID et al. 1993). Ist der Knochenschwund bereits weit fortgeschritten, muss als Vorbeugung alles getan werden, damit es nicht zu einer weiteren Beweglichkeitseinschränkung kommt. Dabei helfen meist nur noch eine konsequente Schmerztherapie und physikalische Maßnahmen, das heißt die Anwendung von Kälte, Wärme, elektrischen Strömen und Ultraschall sowie Zug- und Druckübungen der Knochen.

2.3 Degenerative Gelenkerkrankungen

Arthrose ist eine chronische, nicht zum Stillstand kommende (progressive) Verschleißerkrankung, die zu Schmerzen, Gelenkdeformierungen und zu eingeschränkter Gelenksbeweglichkeit bis hin zur kompletten Versteifung und Verknöcherung des Gelenks führt, begleitet von Gelenkschwellungen und -ergüssen (sogenannte *aktivierte Arthrose*).

Auch die umgebende Muskulatur ist von diesem Prozess durch Muskelverkürzung oder -schwund mitbetroffen. Je nach Körperregion findet sich ein 30- bis 150fach höheres Vorkommen von Arthrosen im Vergleich von jüngeren (30 bis 34 Jahre) zu älteren (70 bis 74 Jahre) Menschen (LAWRENCE et al. 1989; VAN SASSE et al. 1989), wobei ganz generell Arthrosen bei Frauen gegenüber Männern häufiger auftreten. Arthrosen finden sich in den großen Gelenken (Hüft-, Knie- und Schultergelenk), aber auch in kleinen Gelenken (Fingerend-, Daumensattelgelenk), einzeln oder am ganzen Körper (*Polyarthrose*).

Meist entwickelt sich die Arthrose in jüngeren Jahren und altert mit, sie ist also ein gutes Beispiel für eine *mitalternde Erkrankung*. Typisch sind bei dieser Krankheit der zunächst belastungsabhängige Schmerz, später der sogenannte Anlaufschmerz und schließlich der Ruheschmerz. Eine dauerhafte Schonung oder Ruhigstellung des Gelenks führt nicht zu einer Linderung von Schmerzen, sondern begünstigt diese. Deshalb gilt hier ganz besonders die Regel: »Wer rastet, der rostet«, das heißt: Bewegungseinschränkung fördert die Krankheitsentwicklung.

Angeborene oder gewohnheitsmäßige Fehlhaltungen, Gelenksüberbeanspruchung oder -verletzungen, Übergewicht und Bewegungsarmut sind die leicht nachvollziehbaren Gründe, die zu einer Arthrose führen können. Mit Röntgenaufnahmen lässt sich das Maß der Gelenkzerstörung darstellen; bei älteren Menschen findet sich überraschenderweise immer wieder wenig Übereinstimmung zwischen der Intensität der geäußerten Beschwerden und dem in der Röntgenaufnahme zu beobachtenden Grad der Zerstörung des Gelenks.

Zur Vermeidung der Gelenkabnutzung müssen die oben aufgeführten Risikofaktoren erkannt werden und es muss ihnen auch frühzeitig entgegengesteuert werden. Das gelingt nur, wenn das Bewusstsein dafür ganz besonders geschärft wird, wobei je nach Lebensalter familiäre und/oder berufsbedingte Faktoren dem sehr häufig entgegenstehen. Andererseits führen diese Störungen meist nur zur allmählichen Behinderung der Mobilität, so dass man den daraus erwachsenden Problemen im Alter durchaus vorbereitet gegenüberstehen kann. Vorbeugung bedeutet hier wie bei der Osteoporose »in Bewegung bleiben«, gegebenenfalls mit zusätzlichen physikalischen Maßnahmen (Einreibungen, Bestrahlungen, Bewegungsbad, Wärme-Kälte-Anwendungen), Krankengymnastik sowie einer medikamentösen Therapie mit entzündungshemmender und schmerzlindernder Wirkung. Wenn all das nicht mehr hilft, bleibt noch der Gelenkersatz, eine Therapie, die gerade bei hochbetagten Menschen immer erfolgreicher zum Einsatz kommt. Im Einzelfall kann dadurch die Wiedererlangung von Beweglichkeit und Selbständigkeit erreicht werden.

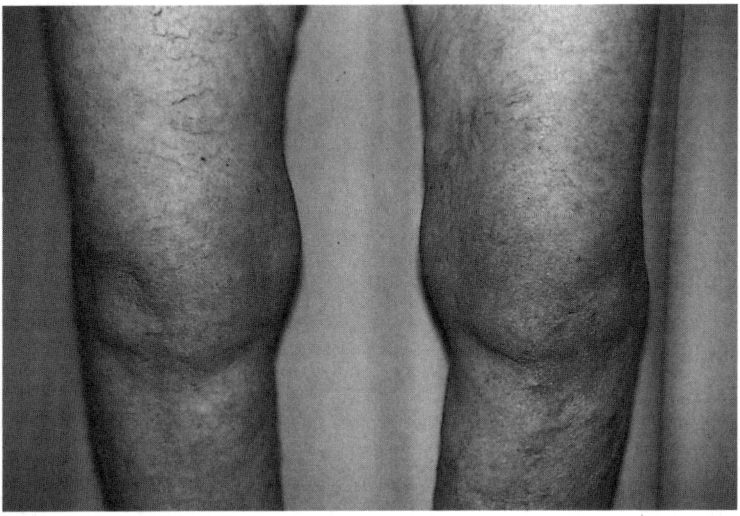

Abbildung 7: Patientin mit Kniegelenksarthrose und Säbelscheiden-Schienbein (*Quelle:* Norbert WROBEL).

2.4 Geriatrische Syndrome

Die zu Anfang erwähnte alterstypische Krankheitskonstellation findet ihren Ausdruck nicht nur in der Summation und der Wechselwirkung vorhandener Haupt- oder Grundkrankheiten, sondern verursacht weitere Störungen, die sich wie bei einer Kettenreaktion aneinander reihen können: Immobilisation nach einer akuten Krankheit (zum Beispiel einer Lungenentzündung) oder einer akuten Verletzung (zum Beispiel einem Knochenbruch) führt in kürzester Zeit zum Nachlassen der gesamten Körperkraft; Inkontinenz, Hirnleistungsstörungen, Schmerzen oder Schlaflosigkeit treten auf; Hautdruckgeschwüre können sich entwickeln. Aber auch ohne akute Krankheit können diese Symptome oder Funktionseinschränkungen im normalen Alltag auftreten. Sie machen sich in einer vielgestaltigen, sich untereinander bedingenden Symptomenkonstellation – sogenannte *geriatrische Syndrome* – bemerkbar. Geriatrische Syndrome bestehen so häufig, dass alleine sie die Geriatrie ausmachen könnten – als die großen »I«s der Geriatrie, wie zum Beispiel Immobilität, Inkontinenz, Insomnia (Schlaflosigkeit), Instabilität, Impaired eyes/ears (schlechtes Hören/Sehen). Einige, jedoch längst nicht alle geriatrischen Syndrome werden im Folgenden näher dargestellt.

2.4.1 Inkontinenz

Die *Inkontinenz* (die Unfähigkeit Urin und/oder Stuhl willkürlich zurückzuhalten) ist eines der häufigsten geriatrischen Syndrome. Kaum eine andere

Störung wirkt sich so einschneidend aus und greift so tief in die Psyche und die sozialen Strukturen der Betroffenen ein wie diese Störung. Die Dunkelziffer ist entsprechend sehr hoch, da Betroffene nicht nur aus Scham wenig über ihre Kontinenzprobleme sprechen beziehungsweise sie verheimlichen. Oft wird Inkontinenz auch als unabwendbares Altersschicksal aufgefasst beziehungsweise in ihren Ursachen nicht richtig erkannt (CAMPBELL 1989).

Urininkontinenz bedeutet, dass Urin nicht kontrolliert gehalten werden kann. Aus Angst unterwegs nass zu werden oder wegen einer möglichen Geruchsbelästigung ziehen sich die Betroffenen zurück. Diesem Rückzug kann eine Vereinsamung mit Depression folgen! Häufig versuchen die Betroffenen, wenig zu trinken um dadurch eine geringe Harnproduktion zu erreichen. Fast zwangsläufig führt dieses Verhalten zu einer Austrocknung (Exsikkose) mit wiederum verheerenden Folgen.

Inkontinenz ist jedoch kein unabwendbares Schicksal: Hilfe ist möglich. Voraussetzung ist jedoch eine genaue Analyse der Entleerungsstörung (RESNICK, YALLA 1985). Je nach Störung können ein Beckenbodentraining, Medikamente oder regelmäßige, konditionierende Toilettengänge helfen; auch operative Eingriffe sind möglich. Wenn dennoch nichts hilft, kann auch der Umgang mit hochaufsaugenden Vor- oder Einlagen trainiert werden. Wenn immer möglich, sollte eine dauerhafte Blasenkathetereinlage vermieden werden.

Neben der Urininkontinenz gibt es auch eine Stuhlinkontinenz, wenn auch deutlich seltener. Die Auswirkungen, das ist leicht vorstellbar, sind für die Betroffenen noch belastender und unangenehmer. Auch hier ist die Dunkelziffer entsprechend hoch; man kann mit einer Größenordnung von etwa ein bis zwei Prozent bei den über 65-Jährigen rechnen (CAMPBELL 1989). Auch hier gilt, dass bei sorgfältiger Abklärung der Ursachen Hilfe möglich ist.

2.4.2 Stürze

Stürze mit und ohne Verletzungen sind ein sehr häufiges Problem älterer Menschen, die Statistiken weisen eine Rate von wenigstens einem Sturz pro Jahr, mit zunehmender Tendenz im höheren Alter, aus (BRUMMEL-SMITH 1989). Die Probleme nach einem Sturz, insbesondere die Knochenbruchneigung, sind in der Darstellung der Osteoporose besprochen worden. Stürze älterer Menschen mit Knochenbrüchen sind so häufig, dass geradezu von einem »epidemieähnlichen« Ausmaß gesprochen werden muss; orthopädische oder traumatologische Abteilungen der Krankenhäuser sind mit diesen Patienten voll belegt. In einer Aufstellung der unfallchirurgischen Abteilung der Freien Universität Berlin konnte beispielsweise bei Schenkelhalsbrüchen im Zeitraum von 1950 bis 1987 bei den 80- bis 84-Jährigen ein Anstieg um 250 Prozent, bei den über 85-Jährigen sogar um 350 Prozent verzeichnet werden. Aber auch Stürze mit Todesfolge sind zu beklagen; bei den über 65-Jährigen rangiert ein solches Ereignis an sechster Stelle aller Todesursachen (SATTIN 1992). Neben Verletzungen jeglicher Art (Knochen, Weichteile, Bänder, Blutergüsse, Kopf, Gehirnblutungen) mit nachfolgenden Funktionsverlusten (TINETTI et al. 1988) müssen auch psychologische Auswirkungen berücksichtigt werden: Angst vor einem erneuten Fallen kann zu wachsender Unsicherheit, Unselbständigkeit und zum Rückzug führen. Ein Sturz sollte jedoch auch nicht überdramatisiert werden, gerade nicht von besorgten Angehörigen. Wiederholte Stürze bedürfen jedoch einer sorgfältigen Analyse. Die sogenannte Synkopenabklärung (kurzfristiger Bewusstseinsverlust) fahndet nach Herzrhythmusstörungen, Kreislaufregulationsstörungen oder Durchblutungsstörungen der Blut zuführenden Gefäße; nicht selten ergeben sich allerdings keine richtungsweisenden Momente. Dagegen lassen sich aber wenigstens 20 weitere potenzielle Sturzursachen anführen: Insbesondere das Nachlassen von Aufmerksamkeit, Reaktionsvermögen sowie von Seh-, Hör- und Gleichgewichtsvermögen spielt eine große Rolle. Hierbei kann entweder mit einem gezielten Training geholfen werden oder es können Hilfsmittel wie Brille oder Hörgerät eingesetzt werden. Gegebenenfalls kann das Sehvermögen (wenn zum Beispiel grauer Star vorliegt) durch eine Operation verbessert werden. Auch Schwäche jeglicher Ursache, ganz besonders als Folge einer Mangelernährung, sollte als Auslöser eines Sturzes nicht unterschätzt werden. Nach typischen Stolperfallen, wie erhöhten Schwellen oder nicht rutschfesten Unterlagen, muss gefahndet werden. Bemerkenswerterweise begünstigen Medikamente mit ihren Nebenwirkungen häufig Stürze oder sind gar einziger Grund dafür (TINETTI et al. 1994). Das sollte nicht nur bei den Wechselwirkungen einer Multimedikation bedacht werden, sondern fordert generell zu einem bedachten und sehr kritischen Einsatz von Medikamenten auf (s. *Abschnitt 2.5*).

2.4.3 Dekubitus

Dekubitus ist der medizinische Ausdruck für ein Druckgeschwür der Haut. Die empfindliche Haut älterer Menschen kann unter Druckeinwirkung, beispielsweise beim Liegen, leicht geschädigt werden, so dass sie davon regelrecht aufbrechen kann (ALLMANN 1989). Wie lässt sich das erklären? Aufgrund einer generell schlechteren Durchblutung, sowohl in den großen Gefäßen als auch im mikroskopisch kleinen Kapillarnetz der Haut, ist die Sauerstoffversorgung des Gewebes herabgesetzt. Wird dieser Effekt verstärkt, beispielsweise durch eine *Exsikkose* (Austrocknung aufgrund zu geringen Trinkens) oder eine Mangelernährung, kann innerhalb weniger Stunden der Auflagedruck beim Liegen ausreichen um einen Schaden hervorzurufen. Die gefährdeten Stellen sind vor allem die, auf denen man üblicherweise liegt oder sitzt: Steißbein, Sitzbein, Hüftknochenbereich, Fersen, Fußknöchel, Schulterblatt, Ohr und Hinterkopf. Maßnahmen zur Verhinderung sind hier einfach: Druckentlastung oder -vermeidung ist anzustreben. Vorbeugung bedeutet in diesem Fall Immobilisation zu vermeiden sowie sorgfältige Hautpflege und Beseitigung von ernährungsbedingten Mangelzuständen, wenn sie vorhanden sind. Vorbeugung ist hier ganz besonders wichtig, da die Behandlung eines Hautdruckgeschwürs zwar prinzipiell möglich, aber sehr langwierig und aufwendig ist.

2.4.4 Chronischer Schmerz

Gelenk-, Knochen-, Muskel- und Nervenerkrankungen sind diejenigen der häufig im Rahmen von Multimorbidität auftretenden Krankheiten, die ein hohes Schmerzpotential aufweisen und zur Chronizität (Dauerhaftigkeit) neigen. Meist werden jahrelang gegen Schmerz oder Entzündung gerichtete Medikamente eingenommen. Auf ihre Leiden hin befragt beklagen die Betroffenen immer wieder die Wirkungslosigkeit und die Nebenwirkungen der eingenommenen Medikamente, insbesondere auf den Magen (FERREL 1991); die Verzweiflung über einen anscheinend nicht behandelbaren Schmerz kann die Betroffenen bis in den Suizid treiben. Unbestreitbar ist unter diesen Bedingungen die Lebensqualität eingeschränkt. Grundsätzlich ist auch bei chronischen Schmerzen eine Behandlung möglich, wenn auch nicht ganz einfach. Je nach Schmerzursache sollten alle physikalischen Maßnahmen, wie zum Beispiel Kälte oder Wärme, Fangopackungen oder Ultraschall, aber auch Physiotherapie mit aktiven und passiven Bewegungsübungen, voll ausgeschöpft werden. Eine Schmerztherapie muss konsequent durchgeführt werden, das heißt mit regelmäßiger Schmerzmitteleinnahme, ohne dass das Auftreten erneuter Schmerzen abgewartet wird. Natürlich müssen seelische Störungen, etwa depressive Verstimmungen, in die Therapieüberlegungen mit einbezogen und entsprechend behandelt werden.

2.4.5 Schlafstörungen

Das veränderte Schlafverhalten eines älteren Menschen ist nicht gleichzusetzen mit einem geringeren Schlafbedürfnis, doch ist häufig das Einschlafen verzögert und Schlafdauer und Schlaftiefe nehmen ab. In der Regel verteilt sich der Schlaf auf mehrere kleinere Abschnitte, auch am Tage. Kurzfristige Schlafstörungen lassen sich durch eine ungewohnte Umgebung mit fremden Menschen (zum Beispiel im Krankenhaus), aber auch durch störende Geräusche erklären. Körperliche Ursachen sollten aber immer in die Überlegungen mit einbezogen werden: Herzschwäche kann zu Atemnot oder Husten führen, gerade beim flachen Liegen. Aber auch sehr häufiges nächtliches Aufstehen durch Inkontinenz oder Juckreiz sollte als Ursache bedacht werden. Völlegefühl oder Hunger und Durst können den Schlaf empfindlich stören. Auch durch eine regelmäßige Einnahme von Schlafmitteln können chronische Schlafstörungen entstehen. Bei Kenntnis der Ursachen ist allerdings Hilfe gut möglich. Bei einfachen Störungen können altbewährte Hausmittel wie Baldrian, Schlaftee, warme Milch oder geringe Alkoholmengen (PRINZ, MICHAEL 1990) helfen. Eine gezielte und zeitlich begrenzte Schlafmitteleinnahme als Einschlafhilfe oder zum Durchschlafen ist gerechtfertigt und erlaubt. Problematisch ist eine Tag-Nacht-Umkehr, wenn sie Ausdruck eines zunehmenden Hirnleistungsabbaus ist. Nur bei solchen und ähnlich schweren Schlafstörungen muss ein geregelter Tagesablauf mit einer Neugewöhnung an den Nachtschlaf, gegebenenfalls auch mit stärkeren Schlafmitteln, trainiert werden.

2.4.6 Schwindel

Bei über 75-jährigen Patienten ist der Schwindel eines der am häufigsten geschilderten Symptome. Gleichwohl gibt es Schwierigkeiten im Verständnis: Der umgangssprachliche Gebrauch meint damit nicht unbedingt den Schwindel im eigentlichen Sinne, wie die Dreh- oder Schwankschwindel; vielmehr wird darunter Gangunsicherheit oder auch ein schwer definierbarer Kopfschmerz verstanden. Probleme entstehen aber erst dann, wenn infolge des Schwindels körperliche Aktivitäten verringert werden. Erfolgt dadurch ein Rückzug, ist mit den bereits erwähnten typischen Problemen wie Isolierung oder depressiver Verstimmung zu rechnen. Aber auch Stürze mit den oben genannten Folgen und Verletzungen sind typische Folgeprobleme (SLOANE et al. 1989). Die Ursachenabklärung (Kopf, Nerven, Ohr, Auge, Herz, Kreislauf, Blutwerte, Medikamente) ist sehr umfangreich, und dennoch können leider nur selten aufschlussreiche Befunde erhoben werden. Der therapeutische Ansatz muss sich deshalb häufig darauf beschränken, dass die Betroffenen lernen mit dem Schwindel zu leben oder mit ihm umzugehen.

2.4.7 Verdauungsstörungen

Darmträgheit mit Verstopfung (*Obstipation*) wie auch Durchfall (*Diarrhöe*) zählen zu den typischen geriatrischen Syndromen. Unter *Obstipation* wird ganz generell ein verzögertes und erschwertes Absetzen meist zu geringer Stuhlmengen verstanden. Das führt häufig zu Missverständnissen in der Beurteilung durch den Betroffenen und den Arzt. Während der Arzt mehr die Stuhlfrequenz und -konsistenz als Indikatoren für Obstipation ansieht, »fühlen« sich Ältere auch bei regelmäßigem, täglichem Stuhlgang verstopft, wenn dieser anstrengend und schmerzhaft ist (WHITEHEAD 1989). Meist werden zusätzlich Bauchschmerzen ohne spezifische Lokalisation, Blähungen, Völlegefühl oder Appetitlosigkeit beklagt. Nicht nur subjektiv empfundene Beschränkungen, sondern auch medizinische Probleme wie Einhärtung des Stuhls zu Skyballa (Kotballen), die Anlass eines Darmverschlusses sein oder durch ständige Darmdehnung sowohl eine Stuhl- als auch eine Harninkontinenz auslösen können, müssen Obstipation als ein besonderes Problem erscheinen lassen. Neben vielfältigen Ursachen – wie eingeschränkter Bewegung, faser- und ballastarmer Ernährung (beispielsweise bedingt durch fehlende Zähne oder ein schlecht sitzendes Gebiss) und herabgesetztem Durstgefühl mit verringerter Flüssigkeitsaufnahme – können unerwünschte Medikamentenwirkungen oder die regelmäßige Einnahme von Abführmitteln selbst die Ausbildung einer Obstipation begünstigen. Das Ausmaß der altersbedingten Obstipation läßt sich am immensen Verbrauch von Abführmitteln ablesen, die in einer Größenordnung von 30 Prozent bei den über 65-Jährigen liegt (HALE 1986). Wenn nach gezielter Fahndung (Befragung, Untersuchung) eine spezifische Ursache erkennbar wird, ist eine gezielte Hilfe möglich. Sie zielt in der Regel auf eine Umstellung der Ernährung mit ausreichender Flüssigkeitszufuhr.

Im Gegensatz zu den bisherigen Ausführungen wird unter einer *Diarrhöe* eine häufige Entleerung konsistenzverminderter Stühle, wenigstens dreimal am Tag, verstanden. Die erhöhte Krankheits- und Sterblichkeitsrate unter diesen Bedingungen ist bekannt (LEW 1991) und erfordert deshalb eine sorgfältige Analyse beim Auftreten dieser Störungen. Das Ursachenspektrum ist vielfältig, wobei den Infektionen, einer schlechten Nährstoffverwertung, stoffwechselbedingten Störungen und durch Medikamente verursachten Störungen eine herausragendere Bedeutung beigemessen werden kann. Flüssigkeits- und Elektrolytzufuhr, hierbei insbesondere Kalium, sind die bevorzugten Therapiemaßnahmen im Falle einer Diarrhöe.

2.5 Pharmakotherapie

Von den sich mit zunehmendem Alter häufig und zumeist kumulativ entwickelnden chronischen Krankheiten bedürfen viele einer medikamentösen Behandlung (GURWITZ, AVORN 1991); in vielen Fällen behandeln sich die Patienten auch selbst (KRUSE et al. 1991; STEINHAGEN-THIESSEN, BORCHELT 1996). Daten der Träger der gesetzlichen Krankenversicherung (GKV) zum Medikamentengebrauch zeigen für die Bundesrepublik Deutschland, dass im Alter zwischen 40 und 70 Jahren eine starke Zunahme in der Medikation von durchschnittlich 0,63 auf 3,22 definierte Tagesdosen je Versicherten erfolgt (KLAUBER, SELKE 1993). Nicht zuletzt deshalb haben beispielsweise 1990 die über 60-jährigen Versicherten etwa 53 Prozent aller Arzneimittelkosten verursacht, wobei diese Gruppe lediglich 22 Prozent der Bevölkerung ausmachte (SCHWABE, PAFFRATH 1992).

Bei älteren Patienten liegt entsprechend oft eine komplizierte Behandlungssituation vor, die durch mehrere, nebeneinander bestehende Erkrankungen und die gleichzeitige Einnahme verschiedener Medikamente (Multimedikation) charakterisiert ist (AVORN, GURWITZ 1990). In der Diskussion um dieses Problem wird vielfach der Aspekt der Übermedikation herausgestellt. Damit wird zumeist unterstellt, dass die Probleme der Multimedikation in der Regel durch Absetzen von Medikamenten gelöst werden könnten. Zumindest für die stationäre geriatrische Behandlung konnte zwar inzwischen gezeigt werden, dass sich die Medikationsintensität im Alter ohne Nebenwirkungen durchaus deutlich reduzieren lässt (KRUSE et al. 1991); einzelne Studien konnten jedoch andererseits auch nachweisen, dass im ambulanten Bereich das Problem der Untermedikation etwa ebenso häufig ist wie das der Übermedikation (STEINHAGEN-THIESSEN, BORCHELT 1996). Insgesamt zeichnet sich ab, dass das Problem der Medikation im Alter eher darin besteht (AVORN, GURWITZ 1990; BEERS et al. 1991, STEINHAGEN-THIESSEN, BORCHELT 1996), dass falsche, und nicht, dass zu viele beziehungsweise zu wenige Medikamente eingenommen werden.

Aufgrund der demographischen Entwicklung muss mit einer größer werdenden Zahl älterer Patienten mit *erforderlicher* multimedikamentöser Therapie gerechnet werden, bei denen nicht die Reduzierung der Zahl der Medikamente, sondern die Optimierung der Auswahl und der Kombination der therapeutisch erforderlichen Substanzen im Vordergrund steht. Neben der Berücksichtigung von altersabhängigen Veränderungen in der Pharmakokinetik und -dynamik (siehe unten) vieler Substanzen (COPER, SCHULZE 1992; PFEIFER 1992), aufgrund derer die Anwendung einzelner Substanzen, wie zum Beispiel bestimmter Beruhigungsmittel, im höheren Lebensalter bereits als prinzipiell nicht sinnvoll angesehen werden kann (BEERS et al. 1991; STUCK et al. 1994), gilt es vor allem, potenzielle Wechselwirkungen und unerwünschte Arzneimittelwirkungen zu erkennen beziehungsweise zu vermeiden (BORCHELT 1995; WILLIAMSON, CHOPIN 1980).

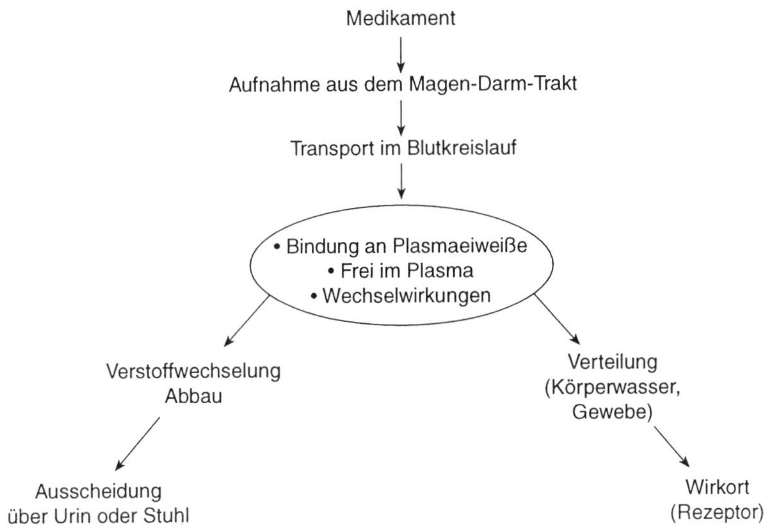

Abbildung 8: Verstoffwechselung und Ausscheidungsweg eines Medikaments. Bei älteren Patienten sind die Medikamentenaufnahme in den Blutkreislauf, die Verteilung im Körper und die Ausscheidungskapazität verändert (*Quelle:* Norbert WROBEL).

Die Optimierung der Medikation im Alter stellt aber auch deshalb ein so dringendes Problem dar, weil verschiedene pharmakologische Studien bereits aufzeigen konnten, dass sich die Pharmakokinetik (Aufnahme, Verteilung und Ausscheidung) vieler Medikamente mit dem Alter verändert (PFEIFER 1992). Diese für die Behandlung älterer Patienten wesentlichen Aspekte sind noch keineswegs selbstverständlicher Bestandteil klinischer Praxis (BORCHELT, STEINHAGEN-THIESSEN 1995). In vielen Handbüchern zur Pharmakotherapie ebenso wie in der in Deutschland am häufigsten benutzten Referenzliste (Rote Liste ®) fehlen oft spezifische Hinweise für die Behandlung älterer Patienten. Demgegenüber haben in den Vereinigten Staaten die bislang vorliegenden Erkenntnisse zu ersten Bemühungen geführt, auf der Grundlage eines Experten-Konsenses spezifische Empfehlungen zumindest für einige häufig eingesetzte, aber problematische Substanzen im Hinblick auf ihren Einsatz bei älteren Menschen zu erstellen (BEERS et al. 1991; STUCK et al. 1994).

3. Gezielte Behandlungsmöglichkeiten

Was passiert mit hochbetagten Menschen, wenn sie im Falle einer akuten Krankheit – wie in unserem Beispiel mit einem Schlaganfall – eine Erstversorgung in einem Akutkrankenhaus erhalten haben? Passen sie als Patienten mit ihrer Multimorbidität überhaupt in hochspezialisierte und -technisierte medizinische Einrichtungen? Und wird nicht unter Zeitdruck häufig eine technische Lösung wie Dauerkatheter, Magensonde und Bettruhe anstelle von Pflege, Zuwendung und Therapie bevorzugt? Und sind die Patienten nicht nach kurzer Zeit dann das, was man unbewusst von ihnen gleich zu Anfang schon gedacht hat, nämlich Fälle, die nur noch Pflege brauchen: sogenannte Pflegefälle?

In der Tat sind Akutkrankenhäuser mit ihrer Ausstattung kaum ausgerichtet auf Behandlungsformen, die den Ausgleich von Funktionseinbußen und Fähigkeitsverlusten sowie eine soziale Reintegration als oberstes Behandlungsziel älterer Menschen vorsehen.

3.1 Geriatrische Rehabilitationseinrichtungen

Geriatrie ist das medizinische Fach, das sich mit Krankheiten älterer Menschen befasst. Durch *Rehabilitation* lassen sich verloren gegangene Funktionen wiederherstellen, die zur Bewältigung des Alltags nötig sind. Die Zielsetzung ist demzufolge nicht eine Heilung im eigentlichen Sinn, sondern die Wiederherstellung von Mobilität und Selbständigkeit, damit eine Rückkehr in die angestammte Umgebung möglich wird. Das bedeutet Aktivierung, Übung alltagsbedeutsamer Abläufe und Kommunikation, Wohnungsanpassung, Hilfsmittelversorgung, Einweisung von Angehörigen und vorbereitende Organisation für die Zeit nach der Entlassung. Parallel dazu müssen auch alle medizinischen Probleme gelöst werden, die während dieser Zeit akut auftreten oder dauerhaft belastend sind.

3.2 Rehabilitationskonzept

Die Arbeit in einer geriatrischen Rehabilitationsklinik ist durch das Zusammenwirken eines Teams unterschiedlicher Spezialisten geprägt. Wie in einem Krankenhaus üblich, werden Patienten am Anfang durch einen Arzt aufgenommen, befragt (Anamneseerhebung) und untersucht. Notwendige weiterführende Untersuchungen werden veranlasst und durchgeführt. Hinzu kommt nun ein Verfahren, das sehr gezielt die Bereiche erfassen möchte, in denen Funktionseinbußen erwartet werden: Selbsthilfefähigkeit im täglichen Leben, Motorik und Koordination, Hirnleistungsstörungen, seelische Empfindlichkeit, soziales Umfeld. Anschließend wird eine Einschätzung (»Geriatrisches Assessment«; RUBENSTEIN et al. 1984;

APPLEGATE et al. 1990) der Rehabilitationsfähigkeit und des -umfanges vorgenommen. Mit der dadurch bestimmten Zielsetzung ist die Grundlage für die Arbeit des therapeutischen Teams definiert.

In Abhängigkeit von der für die Einweisung verantwortlichen Erkrankung und dem vorhandenen Rehabilitationspotenzial könnte die Zielsetzung zum Beispiel beim Vorliegen eines Schlaganfalls so lauten:

Erreichen einer selbständigen Rollstuhlmobilität und die Fähigkeit sich ohne Hilfe umsetzen zu können, etwa vom Stuhl in das Bett oder vom Rollstuhl auf die Toilette. Die nachfolgende Arbeitsteilung im Team sieht so aus, dass der Physiotherapeut normale (physiologische) Bewegungsabläufe anbahnt, während der Ergotherapeut versucht, diese in alltagsübliche Handlungen umzusetzen (Anziehen – Ausziehen, Essen, Toilettengang), und den Umgang mit Hilfsmitteln übt (Rollstuhl, Gehhilfen, Badebrett, Einhänderbrett u. a.) und die Pflegekräfte einen normalen Tagesablauf simulieren und die dabei auftretenden Probleme erfassen und üben (Waschen, Einnahme von Mahlzeiten, Spaziergänge, Toilettentraining bei Inkontinenz u. a.).

Währenddessen überprüft der Sozialdienst Hilfsangebote von Seiten der Familie, Freunden oder Nachbarn und sorgt auch dafür, dass nach der Entlassung zu Hause für ausreichende Hilfe und Pflege gesorgt ist. Um die Sprachstörung im Falle eines linkshirnigen Schlaganfalls sorgt sich die Logopädie mit einem Sprach-, Verständnis-, Lese- und Rechentraining. Für die Erfassung und Therapie von komplizierten psychologischen Störungen ist die neuropsychologische Abteilung zuständig.

Gerade die sozialen Beziehungen von Betroffenen sind ein sehr wertvolles Gut, das eine ganz besondere Beachtung finden muss. Dazu ist eine intensive

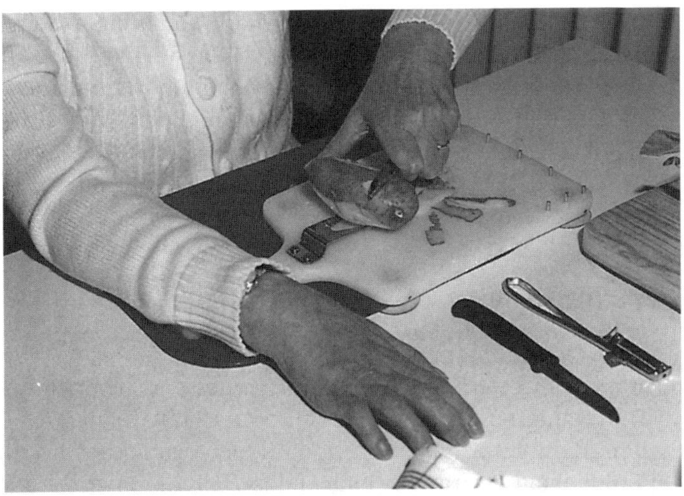

Abbildung 9: Patientin nach Schlaganfall. Übung alltagsbedeutsamer Handlungen mit Hilfe des Einhänderbretts. Der rechte Arm ist gelähmt (*Quelle:* Norbert WROBEL).

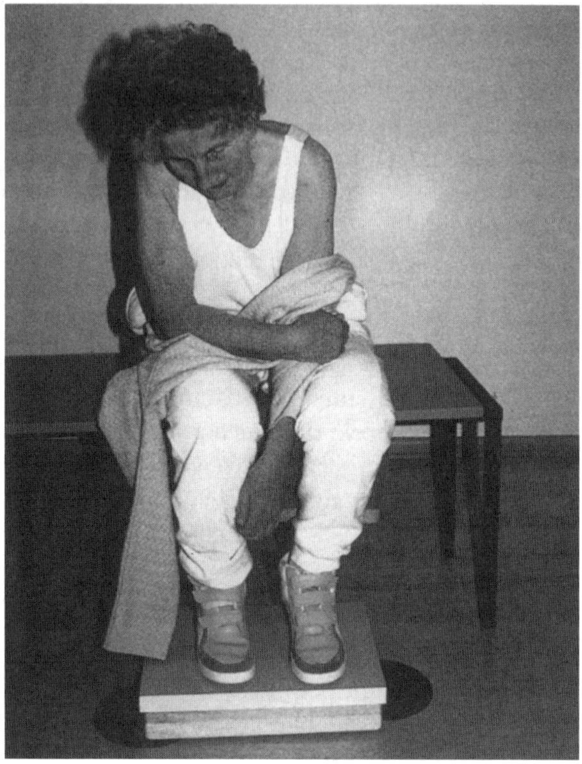

Abbildung 10: Anziehtraining nach Schlaganfall mit einseitiger Lähmung (*Quelle:* Norbert WROBEL).

Angehörigenarbeit unerlässlich – mit Gesprächen, Anleitungen oder Aussprachen. Ähnliches gilt für die Vorbereitung der Entlassung und der Nachsorge, die vom ersten Tag, der Aufnahme, an im Auge behalten werden muss. Hausbesuche mit dem Patienten, Probeentlassungen, um die Belastbarkeit von Patient und Angehörigen zu testen, sowie rechtzeitige Kontaktaufnahme zu ambulanten Hilfsdiensten sind die absichernden Maßnahmen um ein Scheitern der Entlassung zu verhindern.

3.3 Pflegebedürftigkeit

Wenn trotz aller Rehabilitationsbemühungen eine Entlassung nach Hause nicht möglich ist, sollte sehr sorgfältig ein angemessener Einrichtungstyp für die weitere Betreuung gesucht werden (GROND 1987). Solange es durch die therapeutischen Bemühungen gelingt Funktionen wiederherzustellen, kann die Selbsthilfefähigkeit auch trotz bleibender Behinderungen für das Fortführen des eigenen Haushalts ausreichen. Der Umfang der Pflegebedürftigkeit richtet sich nach den Einschränkungen im Bereich der Aktivitäten des täglichen Lebens. Es müssen hygienische Aspekte, also die Fähigkeit sich zu waschen oder zu baden, die selbständige Verrichtung der Ausscheidungsfunktionen, ausreichende Beweglichkeit, wie zum Beispiel Aufstehen aus dem Bett oder Treppensteigen, die Fähigkeit zu essen und zu trinken berücksichtigt werden und ebenso die Fähigkeiten sich zu orientieren und zu kommunizieren.

Mit der vorgenommenen Einordnung einer erheblichen Pflegebedürftigkeit in die Stufen I bis III gemäß der Pflegeversicherung wird gleichzeitig das Maß der finanziellen Zuwendung festgelegt. Pflege in den eigenen Wänden ist durch ambulante Dienste möglich, erleichtert wird dies durch ein Engagement von Angehörigen, Verwandten oder Freunden. Im Gegensatz dazu bietet der stationäre Sektor (Pflegeheim) Möglichkeiten bei schwerster Pflegebedürftigkeit. Zwischen ambulanter und stationärer Pflege gibt es Übergangsmöglichkeiten, beispielsweise betreutes Wohnen, Tag- oder Nachtpflege oder Kurzzeitpflege. Jede Form der Pflege ist allerdings kostspielig. Reichen die durch die Pflegeversicherung zur Verfügung stehenden Mittel für den gewünschten Pflegeumfang nicht aus, müssen eigene finanzielle Ressourcen erschlossen werden; darüber hinaus bleibt insbesondere für den stationären Pflegebereich häufig nur der Weg einer Restfinanzierung über die Sozialhilfe. Dauerhafte Pflege zu umgehen oder zu vermeiden ist das Ziel aller Rehabilitationsbemühungen. Weist ein Patient ein Rehabilitationspotenzial auf, sollte es deswegen auch immer ausgeschöpft werden. Nicht nur »erlebte« Lebensqualität, auch eingeschränkte materielle Ressourcen lassen die formulierte Absicht »Rehabilitation vor Pflege« als ein höchst erstrebenswertes Ziel erscheinen.

3.4 Prävention

Ein gesundes und kreatives Altern zu ermöglichen und Risikofaktoren zu erkennen, zu lindern oder zu beseitigen, die den Alternsprozess belasten und zu gesundheitlichen Einschränkungen im höheren Alter führen könnten – dies beschreibt die Aufgaben und zugleich den Umfang der Prävention. Allgemeine Präventionsmaßnahmen betonen gerade den alltagspraktischen Bereich, der in letzter Konsequenz auch das Maß vorhandener Selbsthilfefähigkeit bestimmt. Im Bereich der Körperhygiene verdient die Haut- und Zahnpflege besondere Aufmerksamkeit. Der leichten Verletzbarkeit der Haut im Alter lässt sich durch Reinigungs- und Pflegemaßnahmen (zum Beispiel durch Fettung) vorbeugen; die Zahnpflege verfolgt in erster Linie den Erhalt eines kaufähigen Gebisses, insbesondere zur Vermeidung einer Mangelernährung. Eine im richtigen Umfang praktizierte Ernährung vermeidet Mangelzustände und hilft körperliche Ressourcen zu bewahren. Richtlinien bilden dabei die Anpassung der Energiezufuhr an den verminderten Bedarf – mit einer eiweiß-, vitamin- und ballastreichen Nahrungszusammensetzung bei zugleich vielseitiger Lebensmittelauswahl – sowie die Verteilung der Nahrungszufuhr auf kleine Einzelmahlzeiten und ausreichende Flüssigkeitszufuhr (SAILER 1986).

Prävention umfasst auch Wohnungsanpassung und Wohnen im Alter, wenn es zum Beispiel darum geht Isolation oder Vereinsamung zu vermeiden. Wenn Beweglichkeitsstörungen dazu führen, dass Treppen nicht mehr erstiegen werden können und die Wohnung nicht mehr verlassen werden kann, lässt sich der Einbau eines Fahrstuhls oder der Umzug in eine Wohnung im Erdgeschoss als eine Präventivmaßnahme verstehen. Aber auch Einrichtungsgegenstände in der Wohnung oder eine wohlige, freundliche Atmosphäre tragen zum subjektiven Wohlbefinden bei und haben damit einen präventiven Charakter (das Thema »Wohnen im Alter« wird in Studieneinheit XV ausführlich behandelt).

Ganz besonders wichtig ist die Fähigkeit zur eigenständigen Freizeitgestaltung, zu Erholung und sportlichen Aktivitäten, insbesondere unter Wahrung vorhandener Interessen, die sich in mittleren Lebensjahren entwickelt haben und die im Alter fortgeführt und -praktiziert werden und in hohem Maße Lebensstil und -qualität im Alter prägen. Körperliche Aktivität bewahrt so Mobilität und Vitalität und senkt die Sterblichkeit (LANG 1982). Geistige Aktivitäten zielen auf Bewahrung von kognitiven Fähigkeiten.

Spezielle Prävention konzentriert sich auf Risikofaktoren, die epidemiologischen Untersuchungen zufolge ein hohes Maß von Organerkrankungen und -komplikationen aufweisen (BIERMAN, HAZZARD 1994). Im Einzelnen wurden Interventionsmaßnahmen und Vermeidungsstrategien im *Kapitel 2* »Spezielle Krankheitsbilder« im Hinblick auf besondere Krankheiten dargestellt. Ausschaltung der Risikofaktoren, Normierung des Gewichts und ausreichende Bewegung sind, auf einen Nenner gebracht, die entscheidenden Präventivmaßnahmen.

Lassen sich die unvermeidbaren, chronisch-tödlichen Krankheiten durch Prävention so weit hinauszögern, dass sie auf eine möglichst kurze Zeitspanne vor dem Tod verkürzt werden können? FRIES (1980) zeichnet dieses optimistische Szenario des optimalen Alterns als »minimale Morbidität« vor dem Hintergrund möglichst lange gesund zu leben. Einem Mehr an Jahren würde dann auch ein Mehr an Leben hinzugefügt werden.

Übungsaufgaben

Aufgabe 1
Was bedeutet Multimorbidität?

Aufgabe 2
Welche Krankheiten können infolge von Arteriosklerose entstehen?

Aufgabe 3
Nennen Sie mindestens drei geriatrische Syndrome!

Aufgabe 4
Was bedeutet geriatrische Rehabilitation?

Aufgabe 5
Wie kann man sich vor Krankheiten schützen?

Literaturverzeichnis

ALLAWAY, Sheron L.; ROBINSON, D.; BAILEY, A. R.; HALE, A. C. (1993): Bone density, biochemistry and life-style. In: Methods of Information in Medicine 32, S. 233–236.

ALLMANN, Richard M. (1989): Pressure ulcers among the elderly. In: New England Journal of Medicine 320, S. 850–853.

ANTIPLATELET TRIALISTS' COLLABORATION (1988): Secondary prevention of vascular disease by prolonged antiplatelet treatment. In: British Medical Journal 296, S. 320–331.

APPLEGATE, William B.; GLASS, John P.; WILLIAMS, Franklin T. (1990): Instruments for the functional assessment of older persons. In: New England Journal of Medicine 322, S. 1207–1214.

ARZNEIMITTELBRIEF (1993): Azetylsalizylsäure (ASS) als therapeutisches Prinzip bei kardiovaskulären Erkrankungen. In: Arzneimittelbrief 27, S. 41–44.

AVORN, Jerry; GURWITZ, Jerry (1990): Principles of Pharmacology. In: CASSEL, C. K.; RIESENBERG, D. E.; SORENSEN, L. B.; WALSH, J. R. (Hrsg.): Geriatric Medicine. Second Edition. New York: Springer-Verlag, S. 66–77.

BALKAU, Beverly; VRAY, Muriel; ESCHWEGE, Evelyn (1994): Epidemiology of peripheral arterial disease. In: Journal of Cardiovasculary Pharmacology 23, Suppl. 3, S. 8–16.

BALTES, Paul B. (1993): The aging mind: Potential and limits. In: The Gerontologist 33, S. 580–594.

BALTES, Paul B.; BALTES, Margret M. (Hrsg.; 1990): Successful aging: perspectives from the behavioral sciences. Cambridge: Cambridge University Press.

BEERS, M. H.; OUSLANDER, J. G.; ROLLINGHER, I.; REUBEN, D. B.; BROOKS, J.; BECK, J. C. (1991): Explicit criteria for determining inappropriate medication use in nursing home residents. In: Archives of Internal Medicine 151, S. 1825–1832.

BIERMAN, Edwin L.; HAZZARD, William R. (1994): Preventive Gerontology: Strategies for attenuation of the chronic diseases of aging. In: HAZZARD, William R.; BIERMAN, Edwin L.; BLASS, John P.; ETTINGER, Walter H.; HALTER, Jeffrey B. (Hrsg.): Principles of Geriatric Medicine and Gerontology. 3. Auflage. New York: McGraw-Hill, S. 187–191.

BONITA, Ruth (1992): Epidemiology of stroke. In: Lancet 339, S. 342–344.

BORCHELT, Markus (1995): Potenzielle Neben- und Wechselwirkungen der Multimedikation im Alter: Methodik und Ergebnisse der Berliner Altersstudie. In: Zeitschrift für Gerontologie und Geriatrie, 28, S. 420–428.

BORCHELT, Markus; GILBERG, R.; HORGAS, A. L.; GEISELMANN, B. (1996): Zur Bedeutung von Krankheit und Behinderung im Alter. In: MAYER, Karl Ulrich; BALTES, Paul B. (Hrsg.): Die Berliner Altersstudie. Berlin: Akademie-Verlag, S. 449–474.

BORCHELT, Markus; STEINHAGEN-THIESSEN, Elisabeth (1995): Medikamentöse Therapie. In: FÜSGEN, Ingo (Hrsg.): Der ältere Patient: Problemorientierte Diagnostik und Therapie. München: Urban & Schwarzenberg, S. 538–572.

BRANDTSTÄDTER, Jochen; GREVE, W. (1994): The aging self: Stabilizing and protective processes. In: Developmental review 14, S. 52–80.

BRUMMEL-SMITH, Kenneth (1989): Falls in the aged. In: Primary Care 16, S. 377–393.

CAMPBELL, A. John (1989): Incontinence in the elderly: Prevalence and prognosis. In: Age Ageing 14, S. 65–70.

CHAPUY, Marie C.; ARLOT, Monique E.; DUBOEUF, Françoise; CROUZET, Brigitte; ARNAUD, Simone; MENIEUR, Pierre (1992): Vitamin D3 and calcium to prevent hip fractures in elderly women. In: New England Journal of Medicine 327, S. 1637–1642.

CONFERENCE REPORT (1991): Consensus development conference: prophylaxis and treatment of osteoporosis. In: Osteoporosis International, S. 114–117.

COPER, Helmut; SCHULZE, Gert (1992): Arzneimittelwirkungen im Alter: Bedingungen – Besonderheiten – Folgerungen. In: BALTES, Paul B.; MITTELSTRASS, Jürgen (Hrsg.):

Zukunft des Alterns und gesellschaftliche Entwicklung. Berlin: de Gruyter, S. 204–230.

CREMER, P.; NAGEL, D.; LABROT, B.; MUCHE, R.; ELSTER, H.; MANN, D.; SEIDEL, D. (1991): Göttinger Risiko-, Inzidenz- und Prävalenzstudie (GRIPS). Berlin, Heidelberg, New York: Springer.

FERREL, Brian A. (1991): Pain management in elderly people. Journal of the American Geriatrics Society 39, S. 64–73.

FRANKE, Hans (1983): Wesen und Bedeutung der Polypathie und Multimorbidität in der Altersheilkunde. In: PLATT, Dieter (Hrsg.): Handbuch der Gerontologie 1. Stuttgart, New York: G. Fischer, S. 449 ff.

FRANKE, Hans (1993): Zum gegenwärtigen Stand des Multimorbiditätsproblems. In: FRANKE, Hans: Multimorbidität und Polypathie in der Praxis. München: MMV Verlag, S. 17–20.

FRIES, James F. (1980): Aging, natural death, and the compression of morbidity. In: New England Journal of Medicine 303, S. 130–131.

FRIES, James F. (1989): Erfolgreiches Altern. Medizinische und demographische Perspektiven. In: BALTES, Margret M.; KOHLI, Martin; SAMES, Karl (Hrsg.): Erfolgreiches Altern. Bedingungen und Variationen. Bern: Huber, S. 19–26.

GEROK, Wolfgang; BRANDTSTÄDTER, Jochen (1992): Normales, krankhaftes und optimales Altern: Variations- und Modifikationsspielräume. In: Zukunft des Alterns und gesellschaftliche Entwicklung. Berlin, New York: de Gruyter, S. 356–385.

GROND, Erich (1987): Zum Problem der Bewertung der Pflegebedürftigkeit im Alter. In: Das Gesundheitswesen 49, S. 192–200.

GURWITZ, Jerry H.; AVORN, Jerry (1991): The ambiguous relation between aging and adverse drug reactions. In: Annuals in Internal Medicine 114, S. 956–966.

HALE, William E. (1986): Symptom prevalence in the elderly: An evaluation of age, sex, disease, and medication use. In: Journal of the American Geriatric Society 34, S. 333–341.

HECKHAUSEN, J.; KRUEGER, J. (1993): Developmental expectations for the self and most other people: Age-grading in three functions of social comparison. In: Developmental Psychology 25, S. 539–548.

IDLER, E. L.; KASL, S.V. (1991): Health perceptions and survival: do global evaluations of health status really predict mortality. In: Journal of Gerontology 46, S. 55–65.

IDLER, E. L.; KASL, S. V.; LEMKE, J. H. (1990): Self-evaluated health and mortality among the elderly in New Haven, Connecticut counties. In: American Journal of Epidemiology 131, S. 91–103.

KANNEL, William B.; MCGEE, Daniel; GORDON, T. (1976): A general cardiovascular risk profile: The Framingham study. In: American Journal of Cardiology 38, S. 46–56.

KARL, Fred (1986): Epidemiologische Aspekte des apoplektischen Syndroms bei über 60jährigen. In: SCHÜTZ, Rudolf M. (Hrsg.): Praktische Geriatrie 6, Bericht über die 6. Fortbildungstage, Lübeck, S. 232–247.

KLAUBER, J.; SELKE, G. W. (1993): Arzneimittelverordnungen nach Altersgruppen. In: SCHWABE, Ulrich; PAFFRATH, Dieter (Hrsg.): Arzneiverordnungsreport '93. Stuttgart: Gustav Fischer Verlag, S. 498–507.

KRUSE, W.; RAMPMAIER, J.; FRAUENRATH-VOLKERS, C.; VOLKERT, D.; WANKMÜLLER, I.; MICOL, W.; OSTER, P.; SCHLIERF, G. (1991): Drug-prescribing patterns in the old. European Journal of Clinical Pharmacology 41, S. 1–8.

LANG, Erich (1982): Belastbarkeit der älteren Patienten durch physiotherapeutische Heilmaßnahmen. In: Aktuelle Gerontologie 12, S. 54–59.

LANG, Erich; DIEPGEN, Thomas (1988): Altern und Krankheit. In: LANG, Erich (Hrsg.): Praktische Geriatrie. Stuttgart: Enke Verlag, S. 78–80.

LAWRENCE, Reva C.; HOCHBERG, Marc C.; KELSEY, Jenifer L. (1989): Estimates of the prevalence of selected arthritic and musculoskeletal diseases in the United States. In: Journal of Rheumatology 16, S. 427–441.

LEHR, Ursula; SCHMITZ-SCHERZER, Reinhard; ZIMMERMANN, E. J. (1987): Vergleich von Überlebenden und Verstorbenen in der Bonner Gerontologischen Längsschnittstudie. In: LEHR, Ursula; THOMAE, Hans (Hrsg.): Formen seelischen Alterns. Stuttgart: Enke Verlag, S. 228–249.

LEW, Judy F. (1991): Diarrheal deaths in the United States: 1979 through 1987. Journal of the American Medical Association 265, S. 3280–3286.

LEWIS, A. Fenton (1981): Fracture of the neck of the femur: changing incidence. In: British Medical Journal 283, S. 1217–1220.

LINZBACH, A. J. (1975): Altern und Krankheit. Ableitung einer neuen Alternstheorie auf der Grundlage der Polypathie. In: Verhandlungen Deutsche Gesellschaft für Pathologie 59, S. 242–243.

MAAS, I.; BORCHELT, Markus; MAYER, Karl Ulrich (1996): Kohortenschicksale der Berliner Altenbevölkerung. In: MAYER, Karl Ulrich; BALTES, Paul B. (Hrsg.): Die Berliner Altersstudie. Berlin: Akademie-Verlag, S. 109–134.

MADDOX, G. L.; DOUGLASS, E. B. (1973): Self assessment of health. In: Journal of Health and Social Behaviour 14, S. 87–93.

MAYER, Karl Ulrich; BALTES, Paul B. (Hrsg.; 1996): Die Berliner Altersstudie. Berlin: Akademie-Verlag.

MODELMOG, D. (1991): Das neunte Dezennium aus der Sicht des Pathologen. In: Münchener Medizinische Wochenschrift, S. 133, 89–92.

MOSSEY, J.; SHAPIRO, E. (1982): Self-rated health: A predictor of mortality among the elderly. In: American Journal of Public Health 72, S. 800–808.

PFEIFER, S. (1992): Pharmakokinetik im höheren Lebensalter. In: Pharmazie 5, S. 319–332.

PRINZ, Patricia N.; MICHAEL, V. Vitiello (1990): Geriatrics: Sleep disorders and aging. In: New England Journal of Medicine 323, S. 520–526.

REID, Ian R.; AMES, Ruth W.; EVANS, Margret C.; GAMBLE, Gregory D.; SHARPE, Susan J. (1993): Effect of calcium supplementation on bone loss in postmenopausal woman. In: New England Journal of Medicine 328, S. 460–464.

RESNICK, Neil M.; YALLA, Suborov V. (1985): Management of urinary incontinence in the elderly. In: New England Journal of Medicine 313, S. 800–805.

RIES, Werner (1983): Terminologische und methodische Probleme bei der Bestimmung des biologischen Alters. In: Deutsches Gesundheitswesen 38, S. 401–403.

RIGGS, B. Lawrence; MELTON, L. Joseph (1986): Involutional osteoporosis. In: New England Journal of Medicine 314, S. 1676–1686.

RINGE, Johann D. (Hrsg.; 1991): Osteoporose. Pathogenese, Diagnostik und Therapiemöglichkeiten. Berlin: de Gruyter.

RUBENSTEIN, Lawrence Z.; JOSEPHSON, Karen R.; WIELAND, G. Derryl; ENGLISH, Patricia A.; SAYRE, James A.; KANE, Robert L. (1984): Effectiveness of a geriatric evaluation unit. In: New England Journal of Medicine 311, S. 1664–1670.

RUTHERFORD, Olga M.; JONES, David A. (1992): The relationship of muscle and bone loss and activity levels with age in women. In: Age Ageing 21, S. 286–293.

SAILER, Dietmar (1986): Altern und Ernährung. In: LANG, Erich; ARNOLD, Karl (Hrsg.): Vorbereitung auf das aktive Alter. Stuttgart: Enke, S. 122–127.

SASSE, Jan VAN; ROMUNDE, Leo VAN; CATS, Arnold; VANDENBROUCKE, Jan; VALKENBURG, Hans (1989): Epidemiology of osteoarthritis: Zoeterme survey. Comparison of radiological osteoarthritis in a Dutch population with that in 10 other populations. In: Annals of Rheumatol. Diseases 48, S. 271–280.

SATTIN, Ron W. (1992): Falls among older persons: a public health perspective. In: Annual Review of Public Health 13, S. 489–508.

SCHRAMM, Axel; FRANKE, Hans; CHOWANETZ, Wilmar (1982): Multimorbidität und Polypathie im Alter. In: Zeitschrift für Allgemeine Medizin 58, S. 234–240.

SCHÜTZ, Rudolf M. (1994): Alter und Behinderung. In: Zeitschrift für Gerontologie 27, S. 65–72.

SCHWABE, Ulrich; PAFFRATH, Dieter (Hrsg.; 1992): Arzneiverordnungsreport '92. Stuttgart, Jena: G. Fischer.
SHOCK, Nathan W.; GREULLICH, Rudolf C.; ANDRES, Ruben (1984): Normal Human Aging: The Baltimore Longitudinal Study of Aging. US Department of Health and Human Services Publication No. 84, 2450, Washington D.C., Government Printing office.
SLOANE, Philip D. (1992): Normal aging. In: HOM, Richard J.; SLOANE, Philip D. (Hrsg.): Primary Care Geriatrics. St. Louis: Mosby, S. 20–39.
SLOANE, Philip D.; BLAZER, D.; GEORGE, L. K. (1989): Dizziness in a community elderly population. In: Journal of the American Geriatric Society 37, S. 101–108.
STEINHAGEN-THIESSEN, Elisabeth; BORCHELT, Markus (1993): Health differences in advanced old age. In: Ageing and Society 13, S. 619–655.
STEINHAGEN-THIESSEN, Elisabeth; BORCHELT, Markus (1996): Morbidität, Medikation und Funktionalität im Alter. In: MAYER, Klaus Ulrich; BALTES, Paul B. (Hrsg.): Die Berliner Altersstudie. Berlin: Akademie-Verlag, S. 151–184.
STEINHAGEN-THIESSEN, Elisabeth; GEROK, W.; BORCHELT, Markus (1992): Innere Medizin und Geriatrie. In: BALTES, Paul B.; MITTELSTRASS, Jürgen (Hrsg.): Zukunft des Alterns und gesellschaftliche Entwicklung. Berlin: de Gruyter, S. 124–150.
STEINHAGEN-THIESSEN, Elisabeth; HERKOMMER, B. (1990): Konzept der geriatrischen Rehabilitation. In: Geriatrie Praxis 89, S. 32–36.
STEINMANN, B. (1973): Multimorbidität der Infektionen im Alter. In: SCHUBERT, René; STÖRMER, Alfred (Hrsg.): Schwerpunkte in der Geriatrie 2. München-Gräfelfing: Werk-Verlag, S. 27–30.
STUCK, A. E; BEERS, M. H.; STEINER, A.; ARONOW, H. U.; RUBENSTEIN, L. Z.; BECK, J. (1994): Inappropriate medication use in community-residing older persons. In: Archives of Internal Medicine 154, S. 2195–2200.
SVANBORG, Alvar (1985): The Gothenburg longitudinal study of 70-year-olds: clinical reference values in the elderly. In: BERGENER, Manfred; ERMINI, M.; STÄHELIN, Hannes B. (Hrsg.): Thresholds in Aging. London: Academic Press.
TINETTI, Mary E.; BAKER, Dorothy I.; MCAVAY, Gail; CLAUS, Elisabeth B.; GARRETT, Patricia (1994): A multifactorial intervention to reduce the risk of falling among elderly people living in the community. In: New England Journal of Medicine 331, S. 821–827.
TINETTI, Mary E.; SPEECHLEY, Marc; GINTER, Sandra F. (1988): Risk factors for falls among elderly persons living in the community. In: New England Journal of Medicine 319, S. 1701–1707.
URANÜS, S.; BREINL, E.; HAUSER, H.; LACKNER, R.; RÖDL, S.; NEUMAYER, K. (1991): Amputation der unteren Extremität bei arterieller Verschlußkrankheit. In: Langenbecks Archiv der Chirurgie 376, S. 9–15.
VERBRUGGE, L. M. (1988): Unveiling Higher Morbidity for Men. The Story. In: RILEY, M. W.: Social structures and human lives. American Sociological Association Presidential Series, Volume 1. Newbury Park: SAGE Publications.
VERBRUGGE, L. M. (1989): Gender, aging, and health. In: MARKIDES, K. S. (Hrsg.): Aging and health: Perspectives on gender, race, ethnicity, and class. Newbury Park, CA: SAGE Publications, S. 23–78.
WHITEHEAD, William E. (1989): Constipation and laxative use in the elderly living at home: Prevalence and relationship to exercise and dietary fiber. In: Journal of the American Geriatrics Society 37, S. 423–429.
WHO MONICA (1988): The World Health Organisation MONICA Project (monitoring trends and determinants of cardiovascular disease): a major international collaboration. In: Journal of Clinical Epidemiology 41, S. 105–114.
WILLIAMSON, J.; CHOPIN, J. M. (1980): Adverse reactions to prescribed drugs in the elderly: a multicentre investigation. In: Age and Ageing 9, S. 73–80.
WROBEL, Norbert (1995): Medizinisch-Geriatrische Rehabilitation. In: Berliner Ärzte 8, S. 15–17.

Abbildungsnachweise

Abbildung 1: VERSTRAETE, M. (1984): Arteriosklerose. In: KULBERTUS, H. E.; BRUTSAERT, D. L.: Die Naturgeschichte der Arteriosklerose. Biberach an der Riss: Thomae GmbH, S. 10 (Bearbeitung: Axel BENGSCH, DIFF).

Abbildungen 2 bis 10: Norbert WROBEL.

Tabelle 1: SLOANE 1992 und SCHÜTZ, R.-M. (1987; Hrsg.): Alter und Krankheit. München, Wien, Baltimore: Urban & Schwarzenberg.

Tabelle 2: STEINHAGEN-THIESSEN, BORCHELT 1993; 1996.

VIII. Vergessen und Traurigkeit. Psychische Veränderungen im Alter

Jens Bruder

Einführung

Die Belastbarkeit und das Verarbeitungsvermögen alter Menschen werden jenseits des 75. oder 80. Lebensjahres durch viele Einschränkungen und Defizite zunehmend gefordert. Es zeigen sich:
- seltener werdende Selbsterfahrung als aktiv und leistungsfähig,
- Einbußen von Anerkennung und Bestätigung,
- Verluste von Bezugspersonen,
- körperliche Funktionseinbußen,
- Schmerzen und Beeinträchtigungen.

Zwar bleibt dem Menschen grundsätzlich bis ins hohe Alter die Fähigkeit erhalten, sich mit diesen Verlusten im Sinne von Trauer und Abschied so auseinander zu setzen, dass wieder ein neues inneres Gleichgewicht und seelische Stabilität wachsen. Dieser Prozess wird jedoch immer anstrengender und mühsamer, da in jüngeren Lebensabschnitten großzügig vorhandene Strategien zur Unterstützung solcher Anpassungsprozesse im Alter immer weniger zur Verfügung stehen (Um- oder Neuorientierung, Ablenkung, Kompensationstechniken). Stärker als in früheren Lebensabschnitten ist diese seelische Entwicklung auf tröstende und stabilisierende Erinnerungsarbeit angewiesen und auf die Wirkung von Einsichten, aus denen Formeln zur Steuerung der seelischen Befindlichkeit werden können (»immer wenn mir ... bewusst wird, mache ich mir deutlich, dass ...«). Diese im Gegensatz zu den stärker *handlungsorientierten* Verarbeitungsweisen jüngerer Lebensabschnitte *reflexiven* Formen der Auseinandersetzung mit Einschränkungen und Verlusten sind allerdings tendenziell offener und deshalb wohl auch tragfähiger; wenn sie erfolgreich verlaufen, kann der Eindruck von einsichtiger Gelassenheit entstehen.

Zu dem immer wieder neu herzustellenden inneren Gleichgewicht – dieser Prozess kann sehr mühsam sein – gehören auch Korrekturen des Selbstbildes. Wenn es nicht gelingt, das tatsächliche äußere Erscheinungsbild und seine innere Repräsentanz miteinander in Einklang zu bringen, kann dies zur Quelle von Konflikten und sich wiederholenden Enttäuschungen werden. Bei psychotherapeutischen Bemühungen mit Menschen in dieser Lebensphase spielt es deshalb eine wichtige Rolle, sich mit den (teilweise begrenzt bewussten) Widerständen auseinander zu setzen, die die Patienten den erforderlichen Selbstbildkorrekturen entgegensetzen.

Wichtig für die späte Lebensphase ist eine zunehmende Durchlässigkeit der Grenze zwischen Körper und Seele. Die vielfältigen körperlichen Beschwerden können – je nach Persönlichkeit, aber insgesamt zunehmend – die psychische Befindlichkeit und das Erleben alter Menschen weitgehend prägen. Die Intensität dieses Einflusses wird mitbestimmt durch das Ausmaß des noch vorhandenen Inanspruchgenommenseins durch sinnvolle Aufgaben, Interessen und soziale Bindungen. Im Extremfall kann es zu einer weitgehenden Einengung auf das Krankheitserleben kommen. Aber es ist auch umgekehrt möglich, dass bei guter psychischer Befindlichkeit körperliche Beschwerden (subjektiv) nachlassen.

Mit diesen kurzen Hinweisen soll auf die alterstypischen Rahmenbedingungen des seelischen Lebens hingewiesen werden; insgesamt begründen sie eine erhöhte Verletzlichkeit. Bei der folgenden Behandlung der beiden wesentlichen Gruppen psychischer Alterskrankheiten – den Demenzen (*Kapitel 1*) und den depressiven Störungen (einschließlich Abhängigkeit und Sucht sowie Suizidalität – *Kapitel 2–4*) – sind diese Grundlagen im Auge zu behalten.

1. Demenzerkrankungen

1.1 Epidemiologie

Das Erkrankungsrisiko an Demenz steigt mit dem Lebensalter. Unter den 65- bis 69-Jährigen sind nur etwa zwei bis drei Prozent betroffen, unter den über 80-Jährigen etwa 20 Prozent und unter den über 90-Jährigen jeder Dritte (Häfner 1993). In Deutschland gibt es deshalb gegenwärtig etwa 800 000 Demenzkranke. Wegen der weiterhin rasch wachsenden Zahl Hochaltriger ist in den nächsten zehn Jahren mit einer Zunahme der Demenzkranken um etwa 50 Prozent auf 1,2 Millionen zu rechnen – es sei denn, die wissenschaftlichen Bemühungen um wirksame medikamentöse Beeinflussung des Krankheitsprozesses würden endlich zu substanziellen Erfolgen führen. Dieses zeichnet sich gegenwärtig jedoch noch nicht ab. Gerade deshalb sind vermehrte Anstrengungen in allen Forschungsfeldern (Grundlagen, Diagnostik, medikamentöse und nichtmedikamentöse Therapie, Versorgung) erforderlich.

Die 800 000 Demenzkranken werden überwiegend von ihren Angehörigen versorgt (davon zu etwa zwei Dritteln von Ehepartnern, zu einem Drittel von Kindern und Kindeskindern), aber ein immer größerer Anteil – schätzungsweise 30 bis 50 Prozent – wird besonders in den fortgeschrittenen Stadien der Krankheit schließlich noch für die begrenzte Zeit von etwa eineinhalb bis zwei Jahren in einer Pflegeinstitution betreut. Heute werden in über 50 Prozent der 420 000 Pflegeheimplätze in Deutschland Demenzkranke versorgt, und der prozentuale Anteil dieser Krankheiten als Grund für die Übersiedlung ins Pflegeheim wächst ständig.

Aufgrund des massiven Geschlechterungleichgewichts in den Altersgruppen mit hohem Erkrankungsrisiko – mehr als drei Viertel der über 80-Jährigen sind Frauen – ist die Mehrheit der Demenzkranken in Deutschland weiblich. Eine geschlechtsspezifische Bindung des Erkrankungsrisikos findet sich jedoch nur für die kleine Teilgruppe der Erkrankten mit hohem genetischen Risiko. Aufgrund der altersabhängigen Geschlechterverteilung und der Tatsache, dass sowohl die pflegenden Laien wie auch die Angehörigen der Pflegeberufe überwiegend weiblich sind, betrifft das große Thema Demenz im Hinblick auf Krankheitserleben und -bewältigung mehrheitlich Frauen.

1.2 Krankheitsursachen

Überwiegend geht es um zwei verschiedene Krankheitsprozesse:

(1) Bei der *Demenz vom Alzheimer Typ* (DAT, etwa 50 Prozent) geht aufgrund verschiedener Krankheitsfaktoren mit zum Teil genetischer Fixierung (in etwa fünf Prozent der Fälle) das Nervengewebe primär zugrunde (also ohne dass es beispielsweise zu Gefäßveränderungen gekommen ist). Es kommt zu einer Bildung pathologischer Eiweißsubstanzen und zu dazugehörigen destruktiven Ablagerungsprozessen im Nervengewebe.
Die Entstehung der Demenz vom Alzheimer Typ (DAT) ist bis heute nicht geklärt. Zahlreiche Krankheitsursachen werden diskutiert (Übersicht bei ZIMMER 1992), darunter vor allem:
- genetische Faktoren;
- toxische Auslöser wie Aluminium, Blei, organische Lösungsmittel, Nikotin, Analgetika (Schmerzmittel), biologische Neurotoxine, also das Nervengewebe schädigende Stoffe;
- infektiöse Faktoren, darunter Infektionen mit sogenannten Prionen (hypothetischen infektiösen Eiweißen) sowie langsamen Viren (*slow viruses*), das sind Erreger, die eine monate- oder jahrelange Inkubationszeit haben und zu allmählich fortschreitenden Krankheiten insbesondere des zentralen Nervensystems führen;
- autoimmunologische Ursachen, bei denen das eigene Immunsystem Teile des Körpers attackiert, in diesem Falle das Gehirn, das es eigentlich vor Krankheitserregern aller Art schützen soll.
- Daneben werden aber auch Einflüsse durch Alter, Geschlecht und Hirntraumen (Hirnverletzungen, zum Beispiel als Folge von Boxsport) diskutiert.

(2) Bei der *vaskulären Demenz* (Multiple Infarkt-Demenz = MID, etwa 25 Prozent der Fälle) kommt es sekundär, also infolge von Durchblutungsstörungen, zu Schädigung und Untergang von Nervengewebe. Bei etwa 15 bis 20 Prozent aller Kranken handelt es sich um Mischformen beider Krankheitsprozesse, von DAT und MID.

Die charakteristische Ursache für die Multiple Infarkt-Demenz (MID) sind krankhafte (mehrheitlich arteriosklerotische) Prozesse an *kleinen* Gehirnarterien. Infarkte, die mit einem größeren Untergang von Gehirngewebe verbunden sind, führen nur selten zu einem Demenzsyndrom.

(3) In einer Restgruppe von etwa fünf bis zehn Prozent der Fälle spielt eine große Zahl anderer Krankheitsursachen eine Rolle, unter denen viele behandelbar sind (chronische Blutungen unter die Hirnhaut, Tumore, Entzündungen, Vergiftungen, Stoffwechselkrankheiten usw.). Deshalb ist in jedem Krankheitsfall eine sorgfältige diagnostische Abklärung erforderlich, auf die hier aber nicht näher eingegangen wird (Näheres in BRUDER 1994).

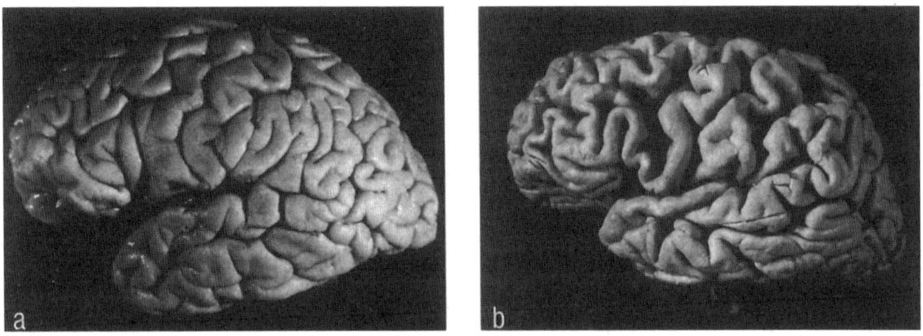

Abbildung 1: Die Alzheimer-Krankheit verändert das Aussehen des gesamten Gehirns, wie diese beiden Seitenansichten zweier menschlicher Großhirne zeigen (nach Entfernung der Hirnhäute). Beim linken Bild (a) handelt es sich um das Gehirn eines gesunden älteren Menschen mit breiten Hirnwindungen und schmalen, tiefen Furchen. Das rechte Bild (b) zeigt das Gehirn eines Alzheimer-Kranken mit schmalen, atrophischen (geschrumpften) Windungen und breiten, weiten Furchen (*aus:* KRÄMER 1993, S. 43).

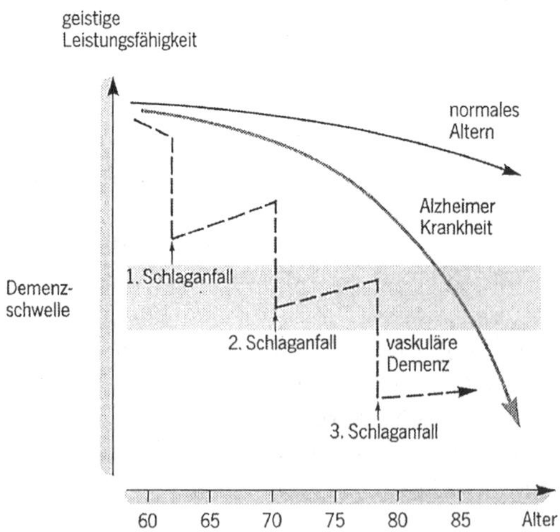

Abbildung 2: Schematische Darstellung der geistigen Leistungsfähigkeit bei normalem Altern, bei Demenz vom Alzheimer Typ und bei Multipler Infarkt-Demenz (vaskuläre Demenz) (*nach:* KRÄMER 1993, S. 99).

1.3 Symptomatik und Erleben der Kranken

In diesem Abschnitt werden die sieben Hauptsymptome sowie weitere mit einer Alzheimer-Erkrankung verbundene Störungen behandelt.

(1) Die Bedeutung des Vergessens: Im Zentrum der Demenz steht das Vergessen, also der allmähliche Verlust der Merk- und Erinnerungsfähigkeit. Daraus ergibt sich eine große Fülle von Störungen komplexer geistiger Leistungen. Vielstufige Denkvorgänge sind darauf angewiesen, dass *Zwischenergebnisse zuverlässig gespeichert und abgerufen* werden können. Erkennen und Unterscheiden setzen zum Beispiel deren Überprüfung auf Ähnlichkeit mit älteren Gedächtnisinhalten voraus, und je komplexer der Gegenstand ist, desto mehr Schritte mit entsprechender Zwischenspeicherung erfordert seine Analyse. Einzelne Teilergebnisse werden in wechselnden Kombinationen auf ihre Bedeutung überprüft, häufig im Hinblick auf verschiedene Zielsetzungen, etwa das Verständnis von Sachverhalten oder die Entwicklung von Lösungen. Hinzu kommen Beurteilungs- und Bewertungsprozesse, also der Bezug auf moralische, technische oder ökonomische Normen, die zu diesem Zweck vergegenwärtigt beziehungsweise erinnert werden müssen. Wenn im Verlauf dieses komplexen Geschehens Zwischenergebnisse verloren gehen, werden Analyse und Bewertung unterbrochen. Je nach Schwierigkeit der gerade aktuellen Aufgabe kommt es dann

- zu einfachen Störungen (Nichterkennen oder -benennen von Gegenständen oder Personen, falsche Handhabung von Geräten),
- zu folgenreichen Versagensereignissen (Situationsverkennung, Verlust der Selbstorientierung)
- oder zu Zeichen der Veränderung von Persönlichkeit und geistigem Profil (eingeschränkte soziale Sensibilität, Minderung von Urteilssicherheit und gedanklicher Produktivität).

Am schlimmsten ist der Verlust des Wissens um das eigene Selbst, wenn Fakten der Biographie, das Bewusstsein von Fähigkeiten, Schwächen und Empfindsamkeiten der eigenen Person immer unzuverlässiger zur Verfügung stehen und die Umrisse der Identität sich allmählich auflösen. Dieses Vergessen von sich selbst – sicher einer der besonders erbarmungslosen Züge des Demenzprozesses – wird (wie viele andere Symptome auch) durch die Verkargung gefördert, die das Leben der Kranken infolge der abnehmenden kognitiven und Antriebskräfte immer stärker prägt. Wer sich immer seltener als handlungs-, belastungs- und genussfähig erlebt, die Erfahrung von sich selbst in dieser Hinsicht also immer seltener auffrischt, dessen Selbst-Bewusstsein wird schwächer. Dies können auch rüstige jüngere Menschen erfahren.

(2) Schwächung von Aufmerksamkeit und Konzentration: Wichtig ist das Nachlassen von Aufmerksamkeit und Konzentration. Die Abschirmung gegenüber zusätzlichen und störenden Reizen gelingt immer weniger. Der Kranke wird zunehmend ablenkbar – oder anders ausgedrückt: Er ist seinen äußeren und inneren Reizen immer hilfloser ausgeliefert. Die Schutzlosigkeit

gegenüber inneren Einfällen und Bildern wird andererseits in vielen Fällen dadurch abgemildert, dass diese durch die Krankheit allmählich seltener werden. Ihrer Umwelt erscheinen die Demenzkranken zunehmend karg und einfallslos (»... es kommt nicht mehr viel ...«), Begegnungen und Gespräche werden immer unergiebiger. In nahen und guten Beziehungen löst dies viel Trauer aus.

(3) Nachlassende Steuerungsfähigkeit von Stimmungen und Affekten: Sich erinnern zu können bedeutet, neben den sachlichen Merkmalen einer Erfahrung auch ihre emotionalen Tönungen, zum Beispiel sinnlich-lustvolle, schmerzhafte oder aggressive Empfindungen, zumindest teilweise neu zu erleben. Da der geistig Gesunde hierzu gezielt imstande ist, vermag er damit in gewissem Umfang auch Stimmungen, Wünsche und Strebungen zu kontrollieren oder sogar zu steuern. Der Zugriff auf beruhigende Erinnerungen kann zum Abbau, zumindest zum Ertragen von Spannungen und Ängsten dienen, etwa in der Einschlafsituation. In der Besinnung auf Normen und Sanktionen wird Aufschub und Kontrolle von Triebimpulsen erreicht (oder sogar deren Unterdrückung). Die Vergegenwärtigung von schlechten Erfahrungen oder konzentrierte Erinnerung an einen Vorsatz, oft auch beides zugleich, geben die Kraft zur Kontrolle erregter oder aggressiver Affekte. Hoffen zu können heißt unter anderem, sich auf gute Erfahrungen zu besinnen, an die positiven Aspekte komplexer Ereignisse zu denken und vom damit ursprünglich verbundenen Erleben etwas in die Gegenwart ausstrahlen zu lassen, damit deren belastend-ungewisse Seiten mehr in den Hintergrund treten. Demenzkranke sind zu dieser Steuerung der eigenen seelischen Befindlichkeit, einer elementaren, lebensnotwendigen Leistung, aufgrund ihrer Erinnerungsstörungen und Konzentrationsschwäche schließlich nicht mehr imstande, und sie können vermehrt erregt und aggressiv, misstrauisch-vorwurfsvoll oder lustlos-mürrisch reagieren. Es ist ein günstiger Umstand, dass die mangelnde kritische Kontrolle auch in entgegengesetzter Richtung funktioniert: Viele Demenzkranke – augenscheinlich mehr Frauen als Männer – befinden sich in einer überwiegend milde euphorischen Stimmung, in der sie leicht zu erheitern sind und alles Geschehen um sich herum freundlich und gut gestimmt beobachten. Hier unterbleibt aufgrund der geistigen Einbußen die an sich angemessene Korrektur beziehungsweise Anpassung der Stimmung (weil es eigentlich wenig Erheiterndes am Verlust der eigenen geistigen Kräfte gibt). Dadurch wird die Versorgung dieser Kranken erleichtert, denn sie lösen weniger stark als Demente mit schwierigen Stimmungen oder störendem Verhalten Insuffizienz- und Belastungsgefühle bei den Betreuenden aus. Wer dement ist, kann auch nicht trösten, jedenfalls nicht als bewusster Akt, denn dazu benötigt man ebenfalls geeignete Erfahrungen und Wissen, muss es mit den dazugehörigen emotionalen Besetzungen ins Bewusstsein holen und in die Begegnung mit dem Leidenden einfließen lassen.

(4) Verminderte Kraft zur Kompromiss- und Ambivalenzarbeit: Auch die Entwicklung von Zuneigung und Liebe ist eine Fähigkeit des Menschen, die unter anderem Gedächtnis und Wissen voraussetzt. Sich an Eigenschaften und Reaktionsweisen des anderen im Zusammenhang mit gemeinsamen Erfahrun-

gen zu erinnern, sich in ihn hineinzuversetzen und dabei das Lebendigerwerden der Zuneigung zu empfinden, aber auch nach geeigneten Erinnerungen für eine gelassenere Einstellung zu den weniger willkommenen Eigenschaften des Partners zu suchen, also Kompromiss- beziehungsweise Ambivalenzarbeit zu leisten, all dies sind geistig-seelische Vorgänge, die auch auf ein ungestörtes Erinnerungsvermögen angewiesen sind. Besonders die als *Kompromissarbeit* bezeichnete bewusste Integration mehr und weniger willkommener Eigenschaften von Menschen (und auch Situationen), ohne dass es unter Ausblendung bestimmter Aspekte zur bequemen Überbewertung nur einer Seite kommt (idealisierende Überhöhung, misstrauisch-paranoide Abwertung), überfordert oft bereits geistig uneingeschränkt leistungsfähige Menschen. Demenzkranke sind zu dieser komplexen, gleichwohl die Mehrheit menschlicher Beziehungen kennzeichnenden Leistung immer weniger imstande.

(5) Verlangsamung und Versagen in komplexen Situationen: Sind das Speichervermögen für Informationen und – schwer davon abzugrenzen – der Zugriff auf sie gestört, ist dies besonders dann schwerwiegend, wenn viele Reize in schneller Folge zu verarbeiten sind und fortlaufend im Vergleich zu alten Erfahrungen bewertet, mit neu einströmenden Eindrücken verknüpft und zur Grundlage von Entscheidungen beziehungsweise Handlungen werden müssen. Je komplexer eine Situation, umso deutlicher tritt also die Verlangsamung des geistigen Tempos aufgrund des Demenzprozesses zutage. Besonders klar zeigt sich dies dann, wenn fortlaufende Kontrolle und Anpassung des eigenen Verhaltens notwendig sind, abhängig von den Vorgängen in der nächsten Umgebung. Der Kranke übersieht dann bestimmte Aspekte, und sein Urteil wirkt zum Beispiel verkürzt oder er handelt grob und ohne ausreichende Rücksichtnahme.

(6) Widerspruch zwischen Häufigkeit von Versagen und gestörter Fähigkeit zur Verarbeitung von Versagen: Bei bestimmten Kontrollaufgaben von Stimmungen und Affekten wirkt sich die nachlassende kognitive Geschwindigkeit ungewöhnlich schädlich aus, nämlich bei der Bewältigung der Folgen eigenen Versagens, also etwa der Überwindung von Erschrecken und Scham. Geistig gesunde Menschen können plötzlicher Beschämung infolge von Versagen durch eine Reihe schnell und zum Teil vorbewusst ablaufender Denk- und Vorstellungsakte Herr werden. Dazu gehören die Besinnung auf die (wahrscheinliche) Erstmaligkeit des Missgeschicks und das Erzeugen von Hoffnung, bei ähnlichen Anforderungen künftig wieder erfolgreich zu sein. Zugleich kann man sich an ähnliche Fehlhandlungen der Menschen erinnern, vor deren Augen man gerade so beschämend versagt hat; damit entmachtet oder entwertet man sie flüchtig ein wenig. Diese kleinen Vorstellungsakte können das Schamempfinden abklingen lassen und ermöglichen es, die Situation mit einem leidlich stabilen Selbstgefühl zu überstehen, also auch weiter in ihr zu funktionieren. Bei einem Demenzkranken sind diese Abläufe gestört, und er nimmt unter Umständen Zuflucht zu unangemessenen Formen der Versagensbewältigung, zum Beispiel trotzig wirkendem Leugnen (»... das stimmt nicht!«)

oder Projizieren (»... nicht ich bin schuld, sondern ...«). Damit wird ein bitterer Sachverhalt deutlich: Die Demenz schwächt gerade die Fähigkeit des Menschen, die er für die Verarbeitung seiner Defizite und Versagenshandlungen im Krankheitsverlauf zunehmend braucht (*Demenz-Paradoxon*). Die beiden zentralen Defizite, die Erinnerungsstörung und die Verlangsamung, wirken sich auf viele Situationen aus, in denen Menschen einander begegnen und miteinander handeln. Dabei entsteht dann der Eindruck einer sich verändernden Persönlichkeit. Wer Versagen in der beschriebenen inadäquaten Form zu bewältigen versucht, der wird nicht nur für vergesslicher und langsamer gehalten, sondern wahrscheinlich auch für reizbarer, gröber und starrer. Dazu trägt die im Krankheitsverlauf immer deutlicher zutage tretende Schwächung des Antriebes bei, der vitalen Grundspannung hinter allen zielgerichteten Aktivitäten des Menschen.

(7) Schwankungen der Symptomatik: Über weite Strecken ihres Verlaufes sind die Demenzkrankheiten durch starke Schwankungen der Defizitausprägung gekennzeichnet, die in kurzer Folge, aber auch in längeren Intervallen auftreten können. Dies belastet das Umfeld oft erheblich. Auch Fachleute erweisen sich gelegentlich als überfordert, Intensitätswechsel von Symptomen hinreichend zu verstehen und sie den Bezugspersonen zu erläutern. Die wichtigste Grundlage für diese Schwankungen sind körperliche Faktoren (Erschöpfung, Fieber, Stoffwechselstörungen, Ernährungsfehler, Flüssigkeitsmangel). Ausgeruhtsein und Frische sind die Voraussetzungen für ungestörte geistige Funktionsfähigkeit bei allen Menschen. Auf einem nach unten, das heißt zur Versagensgrenze hin, verschobenen Niveau gilt dies verstärkt für demenzkranke alte Menschen, weil ihr Kompensationspotenzial (etwa durch Konzentration oder Entwicklung von Notlösungen und Umwegen) eingeschränkt ist. Große Bedeutung für die Schwankungen hat die enge Verbindung zwischen Kognitionen und Emotionen. Misserfolgserlebnisse, Kränkungen und depressive Gestimmtheit können bereits bei gesunden Menschen zum Nachlassen von Konzentration und Zielstrebigkeit des Denkens führen. Viel stärker vermag dieser Einfluss bei dementiv schon eingeschränkten Patienten zu sein, die dadurch in ihrer kognitiven Leistungsfähigkeit vorübergehend so weit zusätzlich geschwächt werden können, dass sie durch nur kleine weitere Anforderungen in Dekompensationszustände mit kettenreaktionsartig gehäuften Fehlhandlungen und weitgehender Verwirrtheit geraten können. Dies ist normalpsychologisch gut nachvollziehbar: Wer unter bereits großer Belastung durch gedrängte neue Informationen und Entscheidungsnotwendigkeiten überfordert wird und daraufhin bereits in Teilbereichen versagt, kann in große, angstgetönte Spannung geraten, besonders wenn er in der Wahrnehmungsfähigkeit seines Ungenügens unbeeinträchtigt geblieben ist. Die hochgradig ängstliche Gespanntheit wird unter Umständen zur Panik. Jede weitere Anforderung kann die Wechselwirkung zwischen Angst und Versagen so weit intensivieren, dass gar keine realitätsgerechten Wahrnehmungen und Handlungen mehr zustande kommen. Ein besonderer Aspekt des Zusammenhanges zwischen Kog-

nitionen und Emotionen ist die wechselseitige Verstärkung von demenzieller Leistungseinbuße und depressiver Reaktion des Kranken auf seine schwindende geistige Leistungsfähigkeit. Über lange Phasen des Krankheitsverlaufes nehmen die Dementen – in sicher stark wechselndem Ausmaß – ihre zunehmenden Defizite wahr. Hierüber gibt es kaum systematische Untersuchungen. Aus einzelnen Berichten ist aber bekannt, dass das Erleben dieser Verluste massive depressive Reaktionen auslösen kann, die dann ihrerseits die verbliebenen geistigen Kräfte weiter einschränken.

Zu den kognitiven Einbußen und Veränderungen im emotional-affektiven Bereich kommen sogenannte »Hirnwerkzeugstörungen« hinzu. Dabei handelt es sich um Einschränkungen einzelner geistiger Funktionen sowie Störungen komplexer Handlungen, die für die Alltagsbewältigung wichtig sind.

Besonders vielfältig und folgenreich sind die Störungen der Sprache (*aphasische Symptome*). Auch der geistig Gesunde kennt bereits – abhängig von Frische und geistiger Aktivität – Wortfindungsstörungen. Anfangs wissen die Kranken noch, dass es einen passenden Begriff gibt; sie haben jedoch keinen Zugriff darauf. Wenn sie ersatzweise ein anderes Wort gebrauchen, so empfinden sie dessen Unangemessenheit zunächst häufig noch. Später geht ihnen das Gefühl für diese Unangemessenheit verloren. In weiter fortgeschrittenen Stadien können die sprachlichen Produktionen eher zufällig werden, oder es kommt zu bedeutungslosen, stereotypen Wiederholungen und sinnlosen Wortneubildungen. Nicht selten versuchen die Patienten in unbestimmter Weise durch heftiges Wiederholen derselben Silben oder von Wortbruchstücken das Verständigungsdefizit auszugleichen.

Das folgende Gespräch zwischen Arzt und Patient bildet ein Beispiel für eine sogenannte globale Aphasie, bei der sowohl die Sprachproduktion wie auch das Sprachverstehen schwerst geschädigt sind (aus Poeck 1987, S. 124):

»*Untersucher*: Seit wann sind Sie denn schon bei uns hier?
Patient: ... wa ... pa
Untersucher: Sind Sie heute erst gekommen?
Patient: ja ... ja ... ja
Untersucher: Wohnen Sie in Aachen?
Patient: wa ... wa
Untersucher: Wo wohnen Sie denn da in Aachen?
Patient: ... ich ... wa ... pompe
Untersucher: mhm
Patient: ja ... ja
Untersucher: Jetzt erzählen Sie mir mal, was Sie für Beschwerden haben.
Patient: ja ... wa ... pompe
Untersucher: Sprechen Sie mal schön deutlich ... schön laut und deutlich.
Patient: schön ... schön ... schön
Untersucher: Haben Sie eine Familie?
Patient: Familie ... ja
Untersucher: Wie viele Kinder haben Sie?
Patient: zwei ... zwei ... zw
Untersucher: Und wie alt sind Ihre Kinder?
Patient: zwei Mädchen und ein ... ein Männchen.«

Neben den Aphasien können zentral bedingte Störungen in der Handlungsdurchführung auftreten (Apraxien), etwa beim An- und Auskleiden, bei der Körperpflege, Nahrungsaufnahme und im Gebrauch von Geräten. Die Motorik ist dabei unverändert.

Weitere instrumentelle Hirnleistungen können eingeschränkt sein, zum Beispiel das Rechnen (Akalkulie) und die Formwahrnehmung (Astereognosie). Das Körperbewusstsein (Körperschema) kann verändert und eingeschränkt sein.

Nahezu regelhaft findet sich in den Spätstadien der Demenz eine ausgeprägte Unterernährung, die oft von der Menge der aufgenommenen Nahrung unabhängig ist. Gelegentlich ist das Wahrnehmungsvermögen für die Eigenschaften der aufgenommenen Nahrung (und in Einzelfällen wahlloser anderer Substanzen) völlig verloren gegangen, besonders bei Patienten mit (nicht selten massiver) Steigerung des Esstriebes. Von großer Tragweite ist die Störung von Blasen- und Mastdarmkontrolle als Grundlage der Inkontinenz.

Demenzkranke sind also auf der einen Seite ihren Emotionen und Affekten zunehmend hilflos ausgeliefert. Außerdem gelingt ihnen die Bewältigung der äußeren Alltagsanforderungen mit ihren technischen Handlungsnotwendigkeiten immer weniger. Dement zu werden bedeutet also den Verlust der Kontrolle über die *äußere* und die *innere Welt.*

1.4 Krankheitsverlauf

Der Krankheitsprozess schreitet nach meist erst im Rückblick zeitlich bestimmbarem Beginn langsam über fünf bis zehn Jahre voran, anfangs mit starken Schwankungen. Er ereignet sich in einer individuellen Persönlichkeit, die einen langen Lebensweg hinter sich hat, und zeigt deshalb während der einzelnen Phasen interindividuell eine große Vielfalt von Ausprägungen. Das medizinische Wissen über charakteristische Verläufe befindet sich erst in der Entwicklung. Dies hat mit den mangelhaften Möglichkeiten wissenschaftlicher Beobachtung bei häuslicher Versorgung und in den Institutionen zu tun, die die Kranken pflegerisch betreuen.

Zu den frühesten Störungen zählt die beschriebene nachlassende Merkfähigkeit, die die Betroffenen besonders als vermehrte Unzuverlässigkeit ihres Gedächtnisses erleben. Dies verunsichert sie. Allmählich nimmt die Bedeutung beziehungsweise der Schweregrad der Vergessensakte zu. Sehr früh können die räumlichen Orientierungsleistungen gestört sein und das Zurechtfinden in fremden Umgebungen fällt schwer oder misslingt. Manchmal berichten Patienten in diesen frühen Stadien, wie schlagartig und erschreckend sich in ihnen das Gefühl völliger Orientierungslosigkeit breit machte, obwohl sie zugleich noch ein Bewusstsein davon hatten, in einer ihnen insgesamt bekannten Umgebung zu sein, zum Beispiel in ihrer Heimatstadt. Bei solchen Schilderungen wird deutlich, wie das Erschrecken auch die Aufmerksamkeit zusätzlich reduziert, so dass auch solche Ausschnitte der Umgebung nicht mehr wahrgenommen werden, die vertraut sind und Orientierungshilfe sein könnten. Tatsächlich ist ja die Orientierung in fremder Umgebung eine hochkomplexe Summe beziehungsweise Kombination von räumlichen Vorstellungsleistungen und Erinnerungsakten, bei denen die Rekonstruktion der zeitlichen Abfolge eine wichtige Rolle spielt, etwa um nachzuvollziehen, wie man in die orientierungslose Situation geriet.

Als frühes Symptom werden Störungen der kalendarischen Ordnung angesehen. Biographische Erinnerungen werden zunehmend aus dem zeitlichen Zusammenhang zu Vorangegangenem und Nachfolgendem herausgelöst. Die Kontinuität des Lebenslaufes geht den Kranken verloren – und damit ein zentrales Element der erlebbaren Identität. Indem es ihnen immer weniger gelingt, eigene Entwicklungen und Veränderungen mit Hilfe der Erinnerung wiederzubeleben, können sie auch kein Bewusstsein ihrer Anpassungsfähigkeit und Belastbarkeit im Zusammenhang mit Schwierigkeiten und neuen Anforderungen entwickeln; solche herausfordernden Situationen erleben sie sozusagen ausschließlich in ihrem Gegenwarts- oder Querschnittscharakter, ohne erinnerungsgespeiste Ahnung oder Vertrauen darauf diesen Beanspruchungen durchaus gerecht werden zu können.

Erinnerungshilfen (wie Merkzettel), aber auch das sinnlose Aufbewahren von allen möglichen Dingen nehmen zu. Manchmal wirkt das unverständliche Sammeln von Gegenständen, nicht selten von Gedrucktem, so, als solle damit dem Vergessen und Verlieren von Gedächtnisinhalten entgegengesteuert werden. Oft werden die aufbewahrten Dinge in abstrus anmutender Weise zu Bündeln oder Haufen zusammengefügt, von denen sich als einziger Sinn erkennen lässt, dass sie in dieser Häufung mehr Sicherheit vor dem Verlust zu bieten versprechen.

Häufig sind depressive Reaktionen unterschiedlicher Ausprägung, zum Teil mit ängstlich-unruhiger Prägung oder aber mit emotionaler Einengung und Erstarrung, oft begleitet von Antriebsschwäche. Daran zeigt sich, dass die Kranken ihre Veränderungen wahrnehmen und sich dadurch in oft unbestimmter Weise bedroht fühlen. In solchen Fällen kann es schwierig sein eine Demenz mit depressiven Anteilen von einer »reinen« Depression diagnostisch abzugrenzen.

Im sozialen Kontakt werden die Kranken einförmiger. Antriebsschwächung und abnehmende geistige Lebendigkeit führen – gemeinsam mit der geistigen Verlangsamung, dem Nachlassen von Einfallskraft und Aufmerksamkeit – dazu, dass die Kranken als unbeteiligt, unergiebig, karg oder sogar desinteressiert erlebt werden. Zufällig und flüchtig, aber immer wieder auch durchaus intensiv nehmen sie diesen Mangel wahr. Werden sie sich dessen bewusst oder darauf aufmerksam gemacht, kann es zu typischen vorübergehenden Aktivierungen von Sprache und Lautstärke kommen, die jedoch schnell wieder nachlassen. Die Kranken sind nicht nur erhöht ablenkbar, sondern auch suggestibel; manchmal löst dies beim gesunden Gesprächspartner Zweifel aus, ob er dem Kranken vielleicht geistige Gewalt antue. Auch beim Fehlen jeglicher

Sprachstörungen können die Begegnungen mit dem Kranken immer stärker durch Schweigen charakterisiert sein; zunächst führt dies oft zu Verunsicherungen bei Angehörigen und zur Auseinandersetzung mit Schuldgefühlen, weil hinter dem Schweigen ernstere Gedanken und Gefühle vermutet werden, als sie tatsächlich vorhanden sind.

Neben den bereits erwähnten Denk- und Urteilsbeeinträchtigungen – dem nachlassenden Verständnis für komplexe, vielschichtige und bedeutungsvolle Situationen – lässt auch die Fähigkeit zur Gestaltung beziehungsweise Planung einzelner Aufgaben, aber auch der individuellen Zeit, nach. Der Zeit des einzelnen Tages eine Struktur zu geben durch Aufgaben und Vorhaben erfordert ein funktionierendes Gedächtnis, und ihre Umsetzung erfordert überdies Kraft. Beides geht dem Demenzkranken verloren und er ist der Strukturlosigkeit seiner Zeit zunehmend hilflos ausgeliefert.

Die bereits erwähnte nachlassende Fähigkeit, Ordnung in die Eindrücke und Einfälle zu bringen, die permanent ins Bewusstsein strömen, und das Schwächerwerden der Kraft, die dadurch ausgelösten Gefühlsregungen und -spannungen zu kontrollieren beziehungsweise zu unterdrücken, machen flüchtige Sinnestäuschungen, besonders optische Halluzinationen möglich. Sie scheinen eher dann aufzutreten, wenn bei nachlassendem Tageslicht die Umrisse der Dinge unscharf werden, so dass für deren Erkennen verstärkt die Einfälle und Bilder herangezogen werden, die gerade im Bewusstsein sind beziehungsweise der Stimmung des betreffenden Kranken entsprechen (*sundown syndrome*, Evans 1985). Ebenfalls in den frühen und mittleren Ausprägungsgraden eines Demenzsyndroms treten Beeinträchtigungs- und Verfolgungsgedanken auf, deren Entstehung auch damit zusammenzuhängen scheint, dass die geistige Kraft zur Realitätskontrolle nachlässt.

Im Verlaufe des Demenzprozesses führt das zunehmende Nachlassen der Orientierungsfähigkeit in vielen Fällen zu akuten Verwirrtheitszuständen, die besonders nachts auftreten beziehungsweise – bevorzugt bei institutioneller Versorgung – nachts besonders auffallen. Dass unter den Bedingungen der nächtlichen Reizarmut eine besondere Konzentrationsleistung vollbracht werden muss, um aus dem Schlaf oder der Welt innerer, traumhafter Eindrücke überzuwechseln in die Realität der äußeren Umgebung, weiß auch der geistig Ungestörte. In Institutionen kommt hinzu, dass die nächtliche Unruhe im Umfeld nicht selten heftige und aggressive Reaktionen von Mitbewohnern auslöst, die den Kranken zusätzlich überfordern und seine hilflose Unruhe verstärken können.

Bei einer kleineren Gruppe der Kranken, deren prozentualer Anteil nicht sicher bekannt ist, kommt es im fortgeschrittenen Verlauf zu sehr auffälligem, störendem und oft unverständlich wirkendem Verhalten. Weil sich solche Kranken besonders schwer im häuslichen und familiären Bereich versorgen lassen, finden sie sich in zunehmender Konzentration in den Pflegeinstitutionen. Der voranschreitende Ausbau ambulanter Dienste mit der besser werdenden Möglichkeit, unkomplizierte Demenzkranke über längere Zeiträume in ihrer eigenen Wohnung zu versorgen, könnte künftig zu einer weiteren Konzentration dieser verhaltensauffälligen Demenzkranken in den Heimen führen. Das Spektrum dieser Auffälligkeiten reicht

- von besonders ausgeprägter Unruhe und Eindringen in die Bereiche anderer Menschen
- über belastende sprachliche Äußerungen (unangemessene und verletzende Inhalte, Produktion von ausgefallenen Geräuschen, ständiges Rufen und Schreien, echoartige Nachahmung anderer),
- sexuell enthemmtes und zudringendes Verhalten,
- besonders eigensinnig-starres Abwehren,
- beharrliches und ständig wiederholtes (perseverierendes) Fordern,
- Zerstören oder Verstecken von Gegenständen und Schädigung des eigenen Körpers durch anhaltendes Kratzen oder Schlagen
- bis zu aggressiven Impulshandlungen gegenüber Mitpatienten und Pflegekräften (Übersicht bei Maletta 1992).

Diese erschreckende Auflistung darf aber nicht darüber hinwegtäuschen, dass der Krankheitsprozess bei sehr viel mehr Betroffenen in den fortgesetzten Stadien zu einer milde euphorischen Stimmung führt, in der sie in einer freundlich-zugewandten seelischen Grundverfassung sehr leicht zu heiteren Reaktionen imstande sind (vgl. *Abschnitt 1.3, Unterpunkt (3)*). Diese Patienten werden dann meist von einem verlässlichen Strom zugewandter Gefühle getragen und lösen wenig Zweifel und Schuldgefühle bei ihren Betreuungspersonen aus.

Über längere Zeit lässt sich bei genauer Beobachtung immer wieder erkennen, dass die Kranken ihre Einbußen wahrnehmen und erleben, wenn auch sicher unregelmäßig und mit schwankender Deutlichkeit. Um dies aus ärztlicher Sicht erkennen zu können, muss dem Kranken das Gefühl vermittelt werden, man wolle sich in ihn hineinversetzen und dieses Erleben verstehen. Dazu gehört das Angebot interpretierender und deutender Formulierungen (»... es muss schwer sein, wenn man so wie Sie jetzt nicht mehr ausdrücken kann, was man empfindet ...«). Dies weist auf ein besonders wichtiges Verlaufscharakteristikum der Demenz hin, nämlich *die Entkoppelung von kognitiver Leistungsfähigkeit und emotionaler Sensibilität* (der so etwas wie emotionale Erinnerung zugrunde liegen muss). So wie es für sehr gespannte, in ihre psychotische Innenwelt versunkene, akut schizophren Erkrankte gilt, dass es bei ihnen weiterhin möglich ist, stets von einer erhaltenen Wahrnehmungsfähigkeit für die Einstellungen und Gefühle der Menschen auszugehen, die mit ihnen in dieser Phase umgehen, so gilt auch für die Demenzkranken, dass sie aufnehmen und spüren, mit welchen inneren Einstellungen und emotionalen Haltungen sie behandelt werden. Die emotionale Empfindungsfähigkeit kann sich zum Beispiel in der lange fortbestehenden Fähigkeit äußern, mit Hilfe von verunsichernden oder sogar verletzenden Äußerungen Aufgeregtheit oder Schuldgefühle bei anderen auszulösen, kann aber ebenso darin deutlich werden, dass von ihnen auch bei schwer gestörter Merkfähigkeit gespeichert wird, wenn sie besondere

Zuwendung erfahren. So können sich solche Kranken in den seltenen Fällen, wo dies regelmäßig und systematisch als gezielte Therapiemaßnahme eingerichtet werden kann, manchmal nach einer gewissen Zeit in erkennbarer Weise auf den jeweils nächsten therapeutischen Kontakt freuen und sich unter Umständen sogar vorbereiten (im Hinblick auf den Versuch das Äußere zu gestalten). Die erhaltene emotionale Reaktionsfähigkeit unterliegt natürlich der Gesetzmäßigkeit des Vergessens, soweit es um die Erinnerung für die Gefühle geht. Man kann die Kranken kurze Zeit nach ihrer Reaktion nicht mehr darauf ansprechen, ohne dass die Anlässe erneut genannt werden.

So konnte man bei einer fortgeschritten demenzkranken Frau, deren sprachliches Ausdrucksvermögen ungewöhnlich gut erhalten war, innerhalb kürzester Zeit wiederholte Reaktionen von Verlust und Trauer beobachten, wenn sie über den plötzlichen Tod ihrer (nicht dementen, die Existenz sichernden) Freundin informiert wurde. Zwischen den Wiederholungen der Information ging aber das Wissen über das Ereignis immer wieder verloren.

Tabelle 1: Der folgende Test (*Minimal Mental Status*) ist international weithin gebräuchlich, um die Denkfähigkeit von Patienten zu untersuchen, bei denen der Verdacht auf eine Demenz vorliegt. Er testet kognitive Aspekte, nicht jedoch Stimmungen, anormale geistige Zustände oder die Art des Denkens. Der Test lässt sich in fünf bis zehn Minuten durchführen und eignet sich sowohl zur Eingangsuntersuchung als auch zur Verlaufskontrolle (*leicht modifiziert nach:* FOLSTEIN et al. 1975).

Aufgabe	*Bewertung*
1. Zeiträumliche Orientierung (0–10 Punkte):	
Welches Datum? Welches Jahr? Welche Jahreszeit? Welcher Monat? Welcher Tag?	pro richtige Antwort 1 Punkt (insgesamt höchstens 5 Punkte)
Wo sind wir jetzt? (Ort, Land, Bundesland, Haus/Klinik/Praxis, Stockwerk)	pro richtige Antwort 1 Punkt (insgesamt höchstens 5 Punkte)
2. Aufnahmefähigkeit (0–3 Punkte):	
Nachsprechen, zum Beispiel: *Zitrone*, *Schlüssel*, *Ball* (im Rhythmus ein Wort pro Sekunde, bis zu fünfmal vorsagen)	pro Wort 1 Punkt (insgesamt höchstens 3 Punkte)
3. Aufmerksamkeit und Rechnen (0–5 Punkte):	
Von 100 sukzessive 7 abziehen (100, 93, 86, 79...) oder	pro richtige Zahl 1 Punkt (insgesamt höchstens 5 Punkte)
das Wort »Lampe« rückwärts buchstabieren	Punktzahl nach Zahl der richtigen Buchstaben (zum Beispiel »epmal« = 5, »epalm« = 2 Punkte)

Aufgabe	*Bewertung*
4. Gedächtnis (0–3 Punkte): Frage nach den unter »Aufnahmefähigkeit« nachgesprochenen Worten	pro Wort 1 Punkt (höchstens 3 Punkte)
5. Sprache (0–3 Punkte): Benennen: zum Beispiel: Wie heißt das? (Kuli) Wie heißt das? (Uhr) Nachsprechen: »Kein Und, Wenn oder Aber.«	pro richtige Antwort/Lösung 1 Punkt (höchstens 3 Punkte)
6. Ausführung einer Aufforderung (0–3 Punkte): »Nehmen Sie ein Blatt Papier, falten es in der Mitte und legen es auf den Boden«	pro richtige Teillösung 1 Punkt, (höchstens 3 Punkte)
7. Lesen (und Befolgen) **(1 Punkt, wenn *beides* ausgeführt):** Text auf separatem Blatt: »Schließen Sie beide Augen«	1 Punkt (für Lesen und Befolgen)
8. Schreiben (0–1 Punkt): Es soll ein vollständiger Satz aufgeschrieben werden	1 Punkt
9. Kopieren (konstruktive Praxis, 0–1 Punkt): Auf separatem Blatt sollen zwei sich überschneidende Fünfecke genau nachgezeichnet werden	1 Punkt (alle zehn Winkel müssen vorhanden sein)
25–30 Punkte weniger als 22–24 Punkte weniger als 16 Punkte	= keine Demenz = mäßige Demenz = erhebliche Demenz

1.5 Nichtmedikamentöse therapeutische Ansätze

1.5.1 Grundsätze

Von großer Bedeutung ist die Kranken hinsichtlich ihres Lebensweges und ihrer früheren Persönlichkeit gründlich kennen zu lernen. Nicht selten wird von Pflegekräften die Überzeugung geäußert, es sei nicht mehr erforderlich sich um biographische Informationen zu bemühen. Damit berauben sie sich der Möglichkeit eines erleichterten, weil verstehenderen Umgangs mit den Kranken. Die Kenntnis bedeutsamer und prägender Merkmale des Lebenslaufes gehört sogar zu den Voraussetzungen einer guten Betreuung Demenzkranker. Von den großen Erschütterungen, Verletzungen oder Verlusten eines Menschen erfahren zu haben kann ihm auch in tieferer Demenz noch individuelle

Züge verleihen und darüber hinaus gestörtes Verhalten verständlicher machen.

Das gründliche Kennenlernen erfordert in der Regel einen ausführlichen Kontakt mit einer nahen Bezugsperson. Dies kann aufwendig sein, zahlt sich im weiteren Verlaufe der Betreuung jedoch stets aus.

Zum besseren Verständnis des Kranken und seiner Handlungen ist es besonders bei Betreuungsbeginn hilfreich, ihn gelegentlich teilnehmend zu beobachten, das heißt abwartend, still und mit gleichschwebender Aufmerksamkeit. Dabei ergeben sich nicht selten Hinweise zum Verständnis zunächst unklar oder sogar verwirrend erscheinenden Verhaltens; zum Beispiel kann der Sinn stereotyper Handlungen oder eines bestimmten Reaktionsmusters im Kontakt mit anderen Kranken begriffen werden; bei mimischen Abläufen mit Wiederholungen in großen Abständen zeichnet sich unter Umständen eine Bedeutung ab, oder sehr selten auftretende Verhaltensweisen verweisen auf biographische Hintergründe. Auch das rein empathische Verstehen der Stimmung eines Kranken kann durch teilnehmende Beobachtung erleichtert werden. In allen zwischenmenschlichen Begegnungen findet – normalerweise beiläufig – die Wahrnehmung nichtsprachlicher Signale statt. Üblicherweise treten sie jedoch hinter das sprachlich Vermittelte zurück. Die teilnehmende Beobachtung von Demenzkranken gibt diesem Teil zwischenmenschlicher Wahrnehmung wieder einen größeren Stellenwert: Haltung, Mimik, Motorik und Verhalten in der Begegnung können viel über den inneren Zustand der Kranken aussagen.

Eine weitere grundlegende Notwendigkeit der Betreuung von Dementen betrifft die dichte, tragfähige Gemeinschaft von Ärzten, Pflegekräften und allen weiteren therapeutisch engagierten Berufsgruppen. Da es nur in begrenztem Umfang um medikamentös-körperbezogen-technische Maßnahmen geht, sondern mehr um die Erarbeitung angemessener Einstellungen und wirksamer betreuerischer Verhaltensweisen, müssen auch geistig-seelische Umorientierungen stattfinden. Dies gelingt nicht, indem man bestimmte Regeln für das Betreuungspersonal erlässt, sondern kommt nur auf der Grundlage berufsübergreifender gemeinsamer Bemühungen zustande. Gute stationäre Versorgung von Demenzkranken kann deshalb auch nur geleistet werden, wenn möglichst wenige – am besten nur einer – kompetente Ärzte eingebunden werden, damit die Bezugsperson des Kranken und der Pflegekräfte möglichst immer dieselbe bleibt. Differenzierte Betreuung Demenzkranker erfordert darüber hinaus eine besondere Schulung aller Beteiligten darin ihre Beobachtungen auszutauschen. Dies wiederum erfordert Unterstützung durch Balint-Gruppenarbeit und Supervision.

Balint-Gruppen (benannt nach dem ungarisch-britischen Psychoanalytiker Michael Balint, 1896–1970) sind Gruppen für Angehörige helfender Berufe, die sich zusammenfinden, um über einen längeren Zeitraum und unter fachkundiger Leitung (Supervision) Fälle aus der eigenen Praxis zu diskutieren. Ziel der Balint-Gruppen ist es, sich der Bedeutung der eigenen Haltungen und Reaktionen auf die Patienten bewusst zu werden.

Die Tatsache, dass die senile Demenz dem Kranken unter anderem die Fähigkeit nimmt, seinen Alltagsanforderungen gerecht zu werden, verdeutlicht den Stellenwert der Langzeitinstitutionen. Von Ausnahmen abgesehen (akute Verwirrtheitszustände, schwere seelische Sekundärreaktionen, sozial besonders belastende und auffällige Verhaltensweisen, schwere Multimorbidität) sollten therapeutische Bemühungen nur dort stattfinden, wo die Kranken leben. Es widerspricht dem Wesen der Demenz, den Kranken aus seiner Umgebung herauszulösen und in einer fremden, durch ihre Anpassungsnotwendigkeiten zusätzlich belastenden Umgebung (etwa Krankenhäusern) therapeutischen Bemühungen auszusetzen, damit er am Ende wieder in seine ursprüngliche Umgebung zurückverlegt wird.

Mehr noch als in der gesamten Geriatrie gilt in der Dementenversorgung, sich gut in der Wahrnehmung kleinster Veränderungen zu schulen. Je geringer die an sich erzielbaren Veränderungen sind, desto mehr Gewicht muss auf ihre Verdeutlichung gelegt werden. Nur so werden die unverzichtbaren Bestätigungserlebnisse möglich, wie sie für alle menschlichen Anstrengungen und besonders in der Pflege Demenzkranker erforderlich sind. Die Irreversibilität der Demenz und die Todesnähe der Kranken machen es besonders notwendig, dass allen in diesem Bereich Engagierten Unterstützung, Entlastung und Anerkennung zuteil werden. Dazu zählen als wertvolle psychologisch-emotionale Hilfen die bereits erwähnten Balint-Gruppen und Supervision. Die Versorgung von Demenzkranken gehört zu den psychisch belastendsten Aufgaben in den hochentwickelten Gesellschaften. Deshalb müssen die beteiligten Menschen auch besonders gut unterstützt werden.

Ein weiterer Grundsatz betrifft die Verständniszugänge zu den Demenzkranken und ihrem gestörten Denken und Verhalten. Es erleichtert die Betreuung, sich in der Beobachtung des eigenen geistigen Funktionierens (und Versagens) im Sinne von Selbsterfahrung zu üben. Wer sich selbst immer wieder einmal daraufhin befragt, unter welchen Bedingungen er geistig besonders gut funktioniert und welche Einflüsse zum Beispiel zu Verlangsamung oder Entscheidungsunfähigkeit beitragen, erfährt etwas über den (oben beschriebenen) engen Zusammenhang zwischen Kognitionen und Emotionen. Wer kurzfristig von misstrauischen Gefühlen überflutet wurde, weiß, welche Anstrengung es kostet, ihrer Herr zu werden, um Schaden in wichtigen sozialen Beziehungen zu vermeiden. Erst die Erfahrung der anstrengenden Kontrolle solcher Emotionen lässt erahnen, wie es in Demenzkranken aussieht, die dazu nicht mehr imstande sind.

Therapeutische Bemühungen mit Demenzkranken erfordern eine ständige Neugier und Offenheit für das, was möglicherweise noch in ihnen verborgen ist. Außerdem sind Phantasie, Mut und Beharrlichkeit notwendig um neue Ansätze zu erproben. Denn Widerstände und Resignationstendenzen, die sich aus der erdrückenden Unumkehrbarkeit des Krankheitsverlaufs speisen, sind in der Umgebung der Kranken allgegenwärtig.

Die Unterbringung auf ausschließlich mit Demenzkranken besetzten Stationen ist nur bei Durchführung spezieller Betreuungskonzepte gerechtfertigt. Alle Demenzkranken sollten bis zu ihrem Lebensende in derselben Pflegeinstitution bleiben können, auch solche mit schwierigen und besonders störenden Verhaltensweisen. Deshalb muss sich jede stationäre Einrichtung für pflegebedürftige alte Menschen um Kompetenz in der Versorgung speziell dieser Gruppe bemühen. Verlegungen in andere Einrichtungen, etwa in psychiatrische Krankenhäuser, müssen die Ausnahme bleiben.

1.5.2 Gestaltung eines für die Demenzkranken günstigen Milieus

Anzustreben ist ein Klima, in dem möglichst wenig Störungen und Belastungen durch den Krankheitsprozess ausgelöst werden. Dazu zählt eine – nicht einfach zu erreichende – Mischung aus beruhigender Reizabschirmung und freundlicher Stimulation. Solch eine Atmosphäre kann nur entstehen und von den Kranken wahrgenommen werden, wenn häufige und dichte Kontakte mit den Betreuungspersonen stattfinden. Psychische Veränderungen und aktuelle Verhaltensweisen und Bedürfnisse lassen sich dann früher erkennen, verstehen und eventuell auffangen. Immer wieder wird nämlich beschrieben, wie gerade sprachgestörte Demenzkranke in einem derartigen Milieu auf die symbolische Bedeutung von Gesten und anderen Situationsmerkmalen mit Verhaltensweisen reagieren, die tief in ihrer Lebensgeschichte verankert sind (ROMERO, EDER 1992), etwa wenn ein ehemaliger Kellner auf eine Gruppe abwartend sitzender Mitbewohner mit fürsorglich-bewirtenden Gesten reagiert. So kann in überraschender Intensität deutlich werden, welche Bedürfnisse und Reaktionsbereitschaften in der Seele des Dementen gerade wirksam sind.

Aus einem solchen Klima heraus lassen sich Kranke leichter, auf beiläufige Weise und ohne große Vorbereitung zu kleinen Aktivitäten anregen, die sich aufgrund des Vertrautseins mit ihnen anbieten. In jeder Handlung von Menschen steckt das »Ich kann«, und deshalb leistet jede vollbrachte Handlung prinzipiell einen Beitrag zu ihrem Selbst-Bewusstsein und damit auch zu ihrem Selbst-Wert. Nur im Handeln kann man sich selbst erfahren. Deswegen durchbricht jede Stimulation zum Handeln den Teufelskreis der Demenz aus Hirnleistungseinschränkung, geschwächtem Planungs- und Entscheidungsvermögen, Inaktivität und Mangel an Selbsterfahrung. Diese aus dem Untergang von Gehirngewebe abgeleitete Konsequenz ließe sich auch als zusätzliche, also »sekundäre« Selbst-Entfremdung bezeichnen (ROMERO, EDER 1992).

Von einer in diesem Sinne gestalteten Atmosphäre sollte eine Wirkung ausgehen, die dem häufigen Verlust der Ich-Identität entgegenwirkt. Das bedeutet die ständige Berücksichtigung beziehungsweise Förderung von biographischer Orientierung und Erlebniskontinuität, und zwar zunächst nicht als gezieltes Übungsprogramm, sondern als pflegerisch-therapeutische Grundhaltung.

Jenseits dieses beschützenden Aspektes birgt eine freundlich-wertschätzende Grundhaltung tendenziell einen Ausgleich für die zahlreichen Verlusterlebnisse und die damit verbundene Angst vor dem nahenden Tod, da sie emotionale Zufuhr bedeutet. Schließlich drückt sich in einem Milieu wie dem hier beschriebenen die Bereitschaft der Betreuer aus, auch bei demenzkranken Menschen so etwas wie Würde zu empfinden, so anspruchsvoll dies auch klingen mag (BRUDER 1989).

1.5.3 Zum Umgang mit den Kranken

Gegenstand dieses Abschnitts sind zehn Regeln, die den Umgang mit Demenzkranken leiten sollten:

(1) Unvermeidbare und vermeidbare Risiken: Überall dort, wo einem dement eingeschränkten alten Menschen noch gewisse eigene Erlebens- und Aktivitätsspielräume bewahrt werden (etwa selbständige Spaziergänge außerhalb des Hauses), ist klar zu sehen, dass dies mit einem gewissen Risiko verbunden ist, welches sicher über dem durchschnittlichen Lebensrisiko geistig uneingeschränkter Menschen liegt. Die beruhigende Sicherheit einer überwachenden Versorgung lässt sich *nicht* zugleich mit dem schönen Gefühl des Gewährenlassens genießen.

Dieser Grundsatz schließt jedoch nicht aus, dass innerhalb des gegebenen Rahmens jeweils eine Risikoüberprüfung stattfindet. Das bedeutet zum Beispiel Ereignisse aus der Vorgeschichte beziehungsweise bestimmte Gewohnheiten zu berücksichtigen, also etwa die Tatsache, dass ein demenzkranker alter Mensch dazu neigt Gegenstände wahllos in den Mund zu nehmen. Wenn man ihn – wie es an sich wünschenswert ist – alleine essen lässt, wäre darauf zu achten, dass (neben den Speisen) nur Gegenstände in seiner Reichweite sind, die er sich über den Mund (oral) nicht einverleiben kann.

(2) Einfachheit und Verständlichkeit: Die Umwelt des Dementen muss einfach, überschaubar und unkompliziert sein. Dazu gehört eine klare Sprache mit eindeutigen Mitteilungen, die in kurzen Sätzen ausgedrückt werden, also möglichst unter Vermeidung von abstrakten Begriffen, Konditionalsätzen (Wenn-dann-Sätzen) oder Häufungen von Adjektiven. Nicht selten haben pflegende Angehörige besondere Erfahrungen darin gesammelt, was sie zu beachten haben um von ihren demenzkranken Eltern oder Ehepartnern gut verstanden zu werden. – Ein wichtiges Element der Einfachheit ist eine überschaubare und offene räumliche Umgebung. Sie sollte frei sein von zuviel verwirrenden oder widersprüchlichen Reizen, insbesondere von solchen mit Aufforderungscharakter. Hier lassen sich schwer feste Regeln formulieren; vielmehr kommt es sehr auf die Intuition und die Anpassungsbereitschaft der Betreuenden an. Beispielsweise ist eine verbreitete Erfahrung, dass verschlossene Behälter und Schränke einen stark beunruhigenden Aufforderungscharakter für Demenzkranke haben. Sie scheinen – ähnlich wie Kinder – eingeschränkt in ihrer Kraft zu sein die Ungewissheit von Ahnung und Vermutung auszuhalten. Viele der hilflosen kleinen Ordnungsversuche von Dementen, etwa mit Nachttischschubladen- oder Handtascheninhalten, stellen wohl inadäquate Versuche dar dem zunehmenden Erlebnis innerer (und äußerer) Unordnung entgegenzuwirken. Vor diesem Hintergrund sind das Herumrütteln

an verschlossenen Türen und die Öffnungsbemühungen von Kästen auch als Versuche anzusehen beunruhigende Unklarheit zu beseitigen.

Zur Einfachheit gehört auch die unkomplizierte Handhabbarkeit von Alltagsgegenständen und Geräten (zum Beispiel von Lichtschaltern, Kleidungsverschlüssen, Haushaltsgeräten, Armaturen). Im Rahmen von Aktivierungsprogrammen (Gymnastik, Spiele, Singen, Gedächtnisübungen) ist darauf zu achten, dass kompliziertere oder zusammengesetzte Bewegungsabläufe in einfach miteinander verknüpfbare Schritte zerlegbar sind. Sie dürfen viel Zeit in Anspruch nehmen.

(3) Konstanz: Es überfordert Demenzkranke leicht, wenn sie sich auf zu viele und wechselnde Bezugspersonen, unterschiedliche Umgebungen und Zeitstrukturen einstellen sollen. Es muss für einen orientierungs- und gedächtnisgeschwächten Menschen beunruhigend sein, immer wieder verschiedene Menschen, die er nicht sicher zuordnen kann, nahe an sich herankommen zu lassen, häufig sogar in seinen intimsten Bereich. Es gehört zu den größten Problemen, moderne Erfordernisse der Arbeitsorganisation (beispielsweise in Kliniken und Pflegeheimen) mit dem Bedürfnis nach Beziehungskonstanz Demenzkranker zu vereinbaren. Ein zentrales Element der Tagesstrukturierungsansätze ist der stabile Zeitablauf, der auch von schwer Dementen allmählich verinnerlicht wird. Es hilft sich zu verdeutlichen, wie stark Regelmäßigkeit auch geistig uneingeschränkte Menschen beruhigt und ein Gefühl der Stabilität und des Aufgehobenseins in der Zeit erzeugen kann.

(4) Die Gleichzeitigkeit von Sprache, Berührung und Blick: Das Ziel, von den Kranken möglichst gut verstanden zu werden, wird durch begleitende Berührungen und Blicke gefördert. Man kann dadurch auch das Nähe-Erleben verstärken und zur Beständigkeit der Informationsspeicherung beitragen; zugleich schirmt dies vor störenden Reizen ab.

(5) Die Vermeidung von »Nein«: Zu den wichtigen Grundsätzen des Umgangs mit den Kranken gehört, die Häufigkeit des Erlebnisses von Grenzen, Zurückweisungen und Verneinungen so gering wie möglich zu halten, weil die Fähigkeit zu Einsicht und Perspektivewechsel geschwächt ist. Wer weiß nicht, welche geistig-seelische Anstrengung es bedeuten kann, ein »Nein« zu akzeptieren. Natürlich kann dies nur eine Tendenz sein, da gerade bei körperlich beweglichen Dementen immer wieder und unvermeidlich Grenzen gezogen werden müssen. Manchmal entschärfen sich die Schwierigkeiten, wenn zunächst nachgegeben, aber dann darauf vertraut wird, dass ein gestörter Impuls sich aufgrund der Vergesslichkeit auch rascher wieder verlieren kann. Gelegentlich gelingt es auch, dass man an die Stelle eines nicht erfüllbaren Wunsches oder Impulses weitere Vorschläge rückt, zwischen denen der Demente wählen kann. Das Moment der Wahlmöglichkeit zwischen Alternativen, die sich vielleicht sprachlich stärker voneinander unterscheiden als ihrem Inhalt nach, vermittelt unter Umständen ein kleines Erlebnis von Freiheit und hilft über das zunächst geäußerte »Nein« hinweg. Auch hier ist viel Phantasie gefordert.

(6) Ablenkung: Das Prinzip der Ablenkung von störenden, gefährlichen und deshalb unausführbaren Impulsen ist eines der wichtigsten in der Dementenbetreuung. Wiederum sind psychologisches Geschick, Spontaneität und Einfühlungsvermögen gefordert. Dabei drängt sich immer wieder der Vergleich mit der Betreuung von Kindern auf. Suggestiv und aktiv muss ein dementer alter Mensch angesprochen und berührt werden; für einen kleinen Augenblick kann man unter Umständen auf den gegenwärtigen Wunsch eingehen, ihn sozusagen nicht nur körperlich, sondern auch psychisch einhaken, um dann möglichst wenig spürbar und sanft einen Richtungswechsel im übertragenen Sinne oder sogar real zu vollziehen. Dies erfordert einen kleinen Vorrat von geeigneten Vorschlägen und Aktivitäten, der möglichst aus der Kenntnis der Persönlichkeit des Kranken entstanden sein sollte. Gerade bei dieser Art des Umgangs ist die innere Sicherheit der Pflegenden, richtig und angemessen zu handeln, eine wichtige Voraussetzung für den Erfolg. Hier geht es um fürsorglich-verantwortliches Handeln, das – von dem hier angedeuteten Verständnis getragen – Respekt vor dem Kranken und seinen inneren Bedingungen ausdrückt.

(7) Die körperliche Begegnung: In der Betreuung von Demenzkranken muss man sich immer wieder auf die archaische Bedeutung von körperlichen Gesten und Handlungen besinnen.

Wenn ein zu aggressiven Reaktionen neigender kräftiger Demenzkranker pflegerisch versorgt werden muss und dafür zwei Personen erforderlich sind, so bedeutet dies zum Beispiel, dass sich diese beiden Personen ihm nicht nebeneinander gehend frontal nähern, sondern nacheinander und eher von der Seite und langsam.

Dies heißt auch sich darauf zu besinnen, wie unterschiedlich die körperliche Berührung zwischen Menschen stattfinden kann. Man kann einen Menschen gleichgültig und abwesend und dabei doch eher grob anfassen; man kann die körperliche Berührung aber auch sehr allmählich und kaum wahrnehmbar beginnen und allmählich zu einer festeren Verbindung werden lassen, je nachdem, welche Handlung erforderlich ist. Jeder, der Erfahrung mit eigenem Kranksein hat und auf andere Menschen angewiesen war, kennt die Unterschiedlichkeit, mit der pflegerische Handgriffe erfolgen können. Der Stellenwert dieses Wahrnehmungsbereiches wird für Demenzkranke nahezu unendlich groß.

(8) Mut zum Streit: Obwohl in verschiedenen Zusammenhängen bereits auf die Vermeidung von aggressiven Handlungen zwischen geistig gesunden und demenzkranken Patienten hingewiesen wurde, plädiere ich dafür kleine Auseinandersetzungen *zwischen* den Demenzkranken durchaus zuzulassen. In diesen Interaktionen steckt oft Lebendigkeit und Intensivierung von Empfinden. Meist folgt ihnen auch wieder eine Entspannung. Oft lassen sich daraus überraschende Rückschlüsse auf das jeweilige Empfinden und Erleben der Kranken ziehen. Natürlich muss man sicher sein, dass es nicht zu gefährlichen Eskalationen kommt. Deshalb sollte man sich zunächst einen Eindruck davon verschaffen, welches Ausmaß diese Interaktionen bei den betroffenen Kranken

haben, um eine annähernde Sicherheit für die Zeiträume zu haben, in denen sie nicht beobachtbar sind.

(9) Fixierungen: Fixierungen des Kranken, beispielsweise an sein Bett, beziehungsweise fixierungsähnliche Maßnahmen sollten die Ausnahme bleiben. Sie sind genauestens zu dokumentieren und mindestens einmal täglich im Hinblick auf ihre Notwendigkeit zu überprüfen. Hierbei ist es hilfreich, präzise Regeln zu entwickeln und allen an der Versorgung der Kranken Beteiligten zu vermitteln. Die Einführung derartiger Strategien kann zu einem starken Rückgang der Fixierungshäufigkeit führen, ohne dass über zusätzliche Belastungen geklagt wird (WOJNAR 1991).

(10) Strukturieren, Aktivieren und Trainieren: Besonders im Übergang von normaler Alterung zu beginnender Demenz lassen sich mit Hilfe von Übungsmaßnahmen Hirnleistungsverbesserungen erreichen (OSWALD, GUNZELMANN 1992). Sie zielen besonders auf die nachlassende Geschwindigkeit der Informationsverarbeitung ab, die ja zu Störungen in der Bewältigung von Alltagsanforderungen führt:

- Dabei sollte erstens vorrangig geübt werden Informationen rasch und sicher aufzunehmen und zu verarbeiten.
- Zweitens geht es um die Aufnahme und Speicherung von Informationen unter bewusster Steigerung von Konzentration und Aufmerksamkeit.
- Drittens müssen die Trainingsmaßnahmen wesentlich darauf abzielen, Wissen und Alltagskenntnisse zu erwerben, etwa über Aspekte richtiger und erleichternder Lebensführung, wie zum Beispiel vorhandene Hilfsangebote und ihre möglichst mühelose Inanspruchnahme (etwa Kontaktaufnahme mit Hilfsdiensten, Information über Notrufsysteme). Dies dient – unter stark präventivem Aspekt – der Kompensation möglicher späterer Defizite.
- Viertens geht es um die Entwicklung von Routinen, mit Hilfe derer dem Übersehen und Vernachlässigen von alltagsnotwendigen Details vorgebeugt wird, also um die Kompensation bereits eingetretener Defizite (hierfür angezeigte Kontrollmechanismen, zusammen mit Checklisten, nennt *Tabelle 2*).

All dies sind Gesichtspunkte, die sicher bevorzugt für frühe Krankheitsstadien gelten, die insgesamt aber zur Verringerung von Abhängigkeit und ihren emotionalen Belastungen beitragen können.

Zwei Dinge muss sich die pflegende Person stets vor Augen halten:

- Auch bei ausgeprägteren dementiven Einschränkungen sind noch kleine Lernschritte möglich. Dabei ist der Zeitbedarf groß, und die situativen Merkmale – wie Ruhe, Überschaubarkeit und Klarheit der Aufgabe – spielen eine große Rolle. Besonders förderlich ist die Verknüpfung mit angenehmen sinnlichen und emotionalen Reizen und Erfahrungen; dies führt zu verbesserten Lernergebnissen.
- Wichtig ist zu beachten, dass neu Gelerntes von dement eingeschränkten Menschen schnell wieder verlernt wird. Die Bestandserhaltung des Erlernten erfordert ein ständiges Nachlernen.

Tabelle 2: Checkliste, um sich einen Überblick über die Leistungsfähigkeit von Alzheimer-Patienten im Alltag zu verschaffen (*Quelle:* Jens BRUDER)

Tätigkeit	nicht gestört	leicht gestört	Aufsicht nötig	Hilfe nötig	völlig abhängig
Körperpflege					
Duschen/Baden					
Toilettenbenutzung					
Blasen-/Darmentleerung					
An- und Auskleiden					
Nahrungszubereitung/Kochen					
Nahrungsaufnahme (Essen/Trinken)					
Gehen/Stehen/Treppensteigen					
Wäsche waschen und Bügeln					
Pflege der Wohnung					
Spazieren gehen					
Auto fahren					
Öffentliche Verkehrsmittel benutzen					
Telefonieren					
Lesen					
Musik hören					
Fernsehen					
Hobbys					
Einkaufen					
Umgang mit Geld					
Einnahme von Medikamenten					

Im Zusammenhang mit Aktivierungsbemühungen von antriebsgeschwächten Demenzkranken ist wichtig, dass aus Fremdantrieb Eigenantrieb werden kann. Wird bei solchen Patienten mit Geduld und emotional geschickt eine Tätigkeit angeregt, lässt sich immer wieder beobachten, dass diese sich nach einiger Zeit verselbständigt. Dieser Grundsatz spielt eine große Rolle bei den Tagesstrukturierungsansätzen, die in Gruppen durchgeführt werden (vgl. den *übernächsten Absatz*). Dabei taucht das Problem des angemessenen Umgangs mit Widerständen der alten Menschen gegen Aktivierungsbemühungen beziehungsweise das Problem der Willens- und Entscheidungsunfähigkeit bei seniler Demenz auf. Der Grundsatz, der natürliche Wille – ein feststehender juristischer Begriff – sei stets so weit wie möglich zu berücksichtigen, hat dabei handlungsleitend zu sein. Allerdings äußert sich dieser natürliche Wille bei Kranken mit starken geistigen Einbußen und Antriebsmangel oft lediglich als Ablehnung helfender Angebote. Zur erhaltenen Willens- und Entscheidungsfähigkeit gehört in der Regel auch die Kraft, eigene Widerstände (im Sinne von Trägheit) gegen an sich als notwendig anerkannte Aktivitäten zu überwinden. Wer sich für den Respekt vor dem natürlichen Willen Demenzkranker entscheidet, muss sich unter anderem auch fragen, was der ihm anvertraute Kranke von sich selbst erwartet und verlangt hätte, als er noch im Sinne vernünftiger Abwägung einwilligungsfähig war. In dieser Entscheidungsschwierigkeit des Helfers liegt es nahe, die verloren gegangenen vernünftigen Anteile – den Willen – des Patienten im Wissen um die günstigen Effekte von Aktivierung zu ersetzen und möglichst behutsam und eingefühlt nach Wegen zu suchen, seinen Widerstand zu überwinden. Dabei spielt es eine große Rolle, wie sicher sich der Betreuer seines Vorhabens ist. Je mehr dies der Fall ist, desto müheloser wird der Kranke in das Vorhaben einbezogen werden können.

Ungeachtet davon muss bei allen Aktivierungsprogrammen wiederum die Frage nach dem »Wozu?« gestellt werden. Da es beim Aktivieren um Beschäftigung geht, werden damit nicht selten beschäftigungstherapeutische Zielsetzungen im engeren Sinne verknüpft. Bei der Aktivierung von Demenzkranken geht es aber nicht primär um die Herstellung von Produkten, sondern um das Aktivsein an sich und um die Gestaltung der Zeit, die der Kranke selbst nicht mehr planend und willentlich einteilen kann.

In den letzten Jahren haben sich die Tagesstrukturierungsansätze für Demenzkranke in den Langzeiteinrichtungen rasch verbreitet. In ihrem Mittelpunkt steht die Kranken in Gruppen zur Ausübung biographisch tief verankerter Tätigkeiten anzuregen. Voraussetzung ist möglichst gründlich und phantasievoll nach dem zu suchen, was sie noch können. Wichtig ist die Tätigkeiten zu variieren, weil sonst der Antrieb nachlässt. Ein weiteres Grundprinzip ist möglichst viel Aktivität in die alltäglichen Selbstversorgungsaufgaben einfließen zu lassen (Essensvorbereitung, Kochen, Abwaschen, Näharbeiten). Wegen ihres weniger haushaltsnahen Aktivitätsspektrums erfordert die Einbeziehung von Männern besonders geduldiges Suchen und Probieren. Wichtig ist den erwähnten Generalisierungs- und Verselbständigungseffekt der zunächst von Betreuern angeregten Aktivität zu nutzen, so dass nicht fortwährend aller Antrieb von außen aufgebracht werden muss, da das für die Pflegekräfte zu erschöpfend ist. Am wirksamsten erweisen sich diese Tagesstrukturierungskonzepte, wenn sie an allen 365 Tagen des Jahres stattfinden und möglichst viele Stunden der Wachzeit mit kontinuierlichen Zeitabläufen umfassen (GÖSCHEL, LUCKE 1990). Ihr Sinn ist, der Zeit der Kranken durch einfache Aktivität eine Gestalt zu geben, so dass sie nicht mehr untätig von Mahlzeit zu Mahlzeit dahinwarten müssen.

Eindrucksvolle Effekte werden auch bei musik- und maltherapeutischen Ansätzen beschrieben (MÜLLER-SCHWARTZ 1994; DUNKER 1994). Offenbar haben dabei zentralnervöse Aktivierungswege beziehungsweise -muster Bedeutung, die von den Mustern abweichen, die bei sprachlicher Stimulation vorliegen. Sie scheinen tief verankerte, unerschlossene Erfahrungen zu mobilisieren. Es handelt sich aber um ein systematisch noch wenig entwickeltes Gebiet. Auf jeden Fall sprechen die vorliegenden Erfahrungen für eine Zunahme der Wachheit, Lebendigkeit und Teilnahmefähigkeit der betroffenen Kranken.

Übereinstimmend berichten die Einrichtungen mit Tagesstrukturierungsansätzen, dass sich das Sozialverhalten und die Selbständigkeit der Demenzkranken verbessern. Insbesondere um die Mahlzeiten herum entwickelt sich ein aktiveres und wacheres Verhalten. Die Nächte werden ruhiger, der Tag-Nacht-Rhythmus verbessert sich. Nach Einschätzung der Pflegekräfte entwickelt sich bei den Kranken eine etwas bessere Stimmung. Nicht zu unterschätzen ist schließlich, dass die Betreuungskräfte bei diesen Ansätzen ebenfalls das Gefühl eines angemesseneren und qualifizierteren Umgangs mit den Kranken haben. Aus ihrer gesteigerten professionellen Zufriedenheit heraus kommen sicher günstige Einflüsse auf die seelische Befindlichkeit der Betreuten zustande. – Als obere Gruppengröße von Demenzkranken wird übereinstimmend die Zahl von 20 Teilnehmern angegeben (OBERLE 1992). Zu beachten ist wiederum, dass auch für diese Ansätze Schulung und Begleitung der Pflegekräfte erforderlich sind.

Bei familiärer Betreuung bestehen aufgrund der intimen Kenntnis und unter der Voraussetzung einer hinreichend guten und emotional sicheren Beziehung bessere Möglichkeiten der Aktivierung, wie zum Beispiel GÖTTE und LACKMANN (1991) eindrucksvoll zeigen. Sie beschreiben in ihrer Publikation sehr überzeugend, wie eine Familie unter Beteiligung vieler Mitglieder durch feste Vereinbarungen und durch phantasievolles und geduldiges Aktivieren Umgangsweisen mit ihrer Demenzkranken entwickelt hat, die ihre häusliche Versorgung bis zum Tode möglich machten.

1.5.4 Verhaltenstherapeutische Ansätze

Bei einer kleinen Gruppe von Demenzkranken, deren Zahl in den Langzeitinstitutionen allerdings zunimmt, kommt es zu besonders belastendem und auffälligem Störverhalten. Hierbei handelt es sich nicht selten um primär, das heißt vor der Demenzerkrankung, bereits verhaltensauffällige und sozial schwierige Menschen, um geistig Behinderte oder alt gewordene psychisch Kranke, bei denen es aufgrund der kognitiven Schwächung zum Nachlassen der ihnen bisher möglichen Selbstkontrolle und damit zur relativen Verstärkung auffälliger oder kranker Persönlichkeitsanteile kommt. Oft lässt sich auch – häufiger bei Männern als bei Frauen – das gereizt-aggressive Verhalten als hilflose Reaktion auf den Verlust der geistigen Leistungsfähigkeit erkennen. Dabei spielt wohl eine Rolle, dass sich die männliche Identität möglicherweise stärker aus dem Bewusstsein eines funktionierenden Verstandes (im instrumentellen Sinne) speist, wohingegen Frauen eine größere Vielfalt von Quellen ihrer Selbstsicherheit haben; jedenfalls bietet sich diese Erklärung für die Generation der heute Demenzkranken an.

Bei Kranken mit diesen Störungen lässt sich durch systematisch durchgeführte verhaltenstherapeutische Ansätze oft ein Rückgang der auffälligen Verhaltensweisen erreichen (Übersichten bei HIRSCH 1991; JUNKERS 1981; LEHR 1979). Dazu gehören eine sorgfältige Verhaltensdiagnostik und -analyse, also die mit den beteiligten Betreuungspersonen gemeinsam vorgenommene Erfassung der Bedingungen, unter denen das Zielsymptom auftritt, und die Erarbeitung von Reaktionsweisen (Verstärkung beziehungsweise Nichtbeachtung), mit denen auf den Patienten reagiert wird. Dies erfordert einen ständigen aufklärend-unterstützenden Austausch mit dem Pflegepersonal.

1.6 Medikamentöse therapeutische Ansätze

Bei der medikamentösen Behandlung von Demenzkranken ist grundsätzlich zwischen zwei Zielbereichen zu unterscheiden:
- der verminderten Hirnleistungsfähigkeit und
- den sogenannten Sekundärsymptomen (Angst, Aggressivität, Unruhe, Wahn, Depressivität).

Außerdem ist stets zu bedenken, dass eine große Zahl schwerer körperlicher Erkrankungen den Organismus des alten Menschen so schwächen kann, dass es aufgrund dessen zur – dann prinzipiell umkehrbaren – Minderung der Hirnleistungsfähigkeit kommt. Deshalb gehört zu einer guten medizinischen Versorgung Demenzkranker stets auch die Behandlung körperlicher Begleitkrankheiten.

Es gibt mittlerweile eine Vielzahl von medikamentösen Substanzen, bei denen eine hirnleistungsfördernde Wirkung vermutet wird. Sie alle zeichnen sich dadurch aus, dass positive Effekte am ehesten bei den frühen Formen der Demenzerkrankungen zu erreichen sind. Keine beseitigt die Ursachen der senilen Demenz vom Alzheimer Typ, verhindert deshalb also auch nicht das Voranschreiten des Krankheitsprozesses. Bestenfalls lässt sich eine Verschiebung der nach unten gerichteten Verlaufskurve der Hirnleistungsfähigkeit um etwa ein Jahr erreichen.

Trotz dieser sehr nüchtern klingenden Feststellung sollte bei jedem Älteren mit einem nicht auszuräumenden Verdacht einer beginnenden Demenz, insbesondere bei noch leichterer Ausprägung, ein medikamentöser Behandlungsversuch erwogen werden. Dabei ist sehr sorgfältig auf eine präzise Verlaufsdokumentation zu achten, um Verbesserungen wahrnehmen und dem Patienten verdeutlichen zu können, falls dieser – nicht selten aus einer depressiven Gestimmheit heraus – dazu nicht selbst imstande ist. Andererseits erleichtert ein klarer Beweis fehlender Wirksamkeit die Entscheidung zur Beendigung des Therapieversuchs.

Aus vielen Doppelblind-Studien (bei denen ununterscheidbare Tabletten mit und ohne Wirksubstanz verabreicht und die Effekte verglichen werden, ohne dass die Patienten oder die unmittelbar beteiligten Ärzte wissen, wer welche Tablette erhält, um unbewusste Beeinflussungen auszuschalten) weiß man, dass auch die Patienten mit Placebo-Gabe (also der Gabe von chemisch gesehen unwirksamen Medikamenten) eine merkliche Verbesserung ihrer Leistungsfähigkeit erleben. Dieser Effekt kann eine medikamentöse Therapie grundsätzlich für begrenzte Zeit gerechtfertigt erscheinen lassen. Außerdem ist nicht zu unterschätzen, dass selbstfinanzierte Nootropika zu einer Haltung der Aufmerksamkeit und des fürsorglichen Umgangs mit der eigenen Person beitragen können, aus der im Sinne von autosuggestiven Kräften möglicherweise positive Einflüsse auf Stimmung und geistige Frische ausgehen. *Nootropika* sind Medikamente, die zu einer Steigerung der Hirnleistung führen können. Es handelt sich um verschiedene Stoffgruppen, deren Wirkung angesichts des heutigen Forschungsstandes insgesamt noch gering ist.

Auf jeden Fall sind alle medikamentösen Ansätze in die beschriebenen nichtmedikamentösen Vorgehensweisen einzubetten.

Ein schwieriger psychologischer Aspekt erfolgreicher Nootropika-Behandlungen ist die Tatsache, dass sich der Krankheitsverlauf allenfalls um ein Jahr verschiebt. Nach einer anfänglich unter Umständen merklichen Besserung und einem vorübergehend nahezu plateauartigen Verlauf schreitet die Verschlechterung wieder voran, diesmal jedoch nicht mehr beeinflussbar. Patient und Angehörige erleben also – zeitlich versetzt – dasselbe wie vor Beginn der medikamentösen Behandlungsversuche; dies kann als besondere Mischung aus Hoffnung und Resignation auch belasten.

Zu den wichtigsten Sekundärsymptomen zählen Angst und Unruhe, depressive Gestimmtheit, Antriebsmangel und Rückzug, Verwahrlosung und bizarres Verhalten, aggressive Gereiztheit, Wahnvorstellungen und Halluzinationen. Sie lassen sich mit angstlösenden (*Anxiolytika*), aggressions-, wahn- und halluzinationsdämpfenden Medikamenten (*Neuroleptika*) und antidepressiven beziehungsweise antriebsfördernden Medikamenten behandeln. Für alle gilt, dass man mit relativ geringen Dosen, die behutsam zu steigern sind, behandeln und die Notwendigkeit der Behandlungsfortführung immer wieder sehr sorgfältig überprüfen sollte. Wenn diese Grundsätze eingehalten werden, lassen sich oft wertvolle Verbesserungen im Zustand der Kranken erreichen.

1.7 Sind präventive Maßnahmen gegen eine Demenzerkrankung möglich?

Im Hinblick auf die biologischen Grundlagen der Demenz vom Alzheimer Typ (vgl. *Abschnitt 1.2*) als häufigster Demenzform existieren bisher keine Vorsorgemaßnahmen. Im Hinblick auf die Multiple Infarkt-Demenz sind all jene Strategien denkbar, die auch zur Prävention von Herz-Kreislauf-Erkrankungen empfohlen werden (Vermeidung von Nikotin, hohem Blutdruck, Übergewicht, pathologischen Blutfettwerten). Im Gegensatz zu den kaum vorhandenen kausal-biologischen Möglichkeiten gibt es eine wichtige psychologische, im weitesten Sinne präventive Überlegung. Sie betrifft die Selbstwahrnehmung und den Umgang des Kranken mit seinen demenzbedingten Defiziten sowie die Tatsache, dass ein Großteil der mit dieser Krankheit einhergehenden emotionalen Belastungen dadurch zustande kommt, dass die Kranken selbst und ihre Angehörigen beziehungsweise ihre professionellen Bezugspersonen falsch auf die einzelnen Defizite und Störungen reagieren.

In ihrem langen Verlauf verändern die Demenzkrankheiten den Menschen schließlich in all seinen Eigenschaften und Fähigkeiten. Deshalb lösen sie bei immer mehr Menschen die Angst aus selbst zu erkranken; diese Angst ist wahrscheinlich größer als bei den meisten anderen Krankheiten. Weil dies so ist, werden frühe Symptome oft verdrängt, und zwar sowohl von den Kranken als auch den Angehörigen. Daraus ergeben sich häufig schwierige und belastende Interaktionen, weil falsche Erwartungen immer wieder enttäuscht werden (müssen) und schwieriges Verhalten nicht richtig zugeordnet werden kann. Eine wichtige präventive Chance liegt nun darin, den Menschen allmählich mehr Mut zumachen, Veränderungen ihrer geistigen Leistungsfähigkeit wahrzunehmen und im Kontakt mit anderen Menschen auszudrücken, dass sie sich dessen bewusst sind. Dabei ist natürlich einzuräumen, dass ein derartiger Mut nur gerechtfertigt ist, wenn der Kranke auch davon ausgehen kann, dass angemessen mit ihm umgegangen wird. Ein in diesem Sinne weniger verdrängender Umgang mit den eigenen Veränderungen würde verhindern, dass bei schon fortgeschritteneren Einschränkungen folgender sozial-destruktiver Prozess abläuft: Der Kranke weist immer mehr Einschränkungen auf. Seine Umwelt nimmt dies wahr und leidet zunehmend unter den Konsequenzen. Zugleich vermittelt er aber, seine Defizite nicht wahrhaben zu wollen. Dieses Nebeneinander von unübersehbaren Einschränkungen und Nicht-ansprechen-Können derselben stellt eine erhebliche Belastung für Bezugspersonen dar, die kaum anders können, als sich immer mehr auf eine – allenfalls – freundlich-distanzierte Position zurückzuziehen. Eine wesentliche Grundlage partnerschaftlicher, gleichberechtigter Beziehungen, das gemeinsame, selbstverständliche Bewusstsein annähernd gleicher Grundlagen des Austausches, also auch der Reflexivität und Selbstwahrnehmung, ist verloren gegangen, und die Beziehung ist nun nicht mehr gleichberechtigt.

Eine größere und mutigere Offenheit gegenüber den Defiziten könnte zum Andauern der Beziehungssymmetrie beitragen, gerade weil der Grad der Selbstbewusstheit erhalten geblieben ist. Vieles spricht dafür, dass mit der zunehmenden öffentlichen Bekanntheit der Demenzerkrankungen die Scheu davor nachlässt sich der Angst vor einer derartigen Erkrankung bewusst zu stellen. Dies zeigt die wachsende Inanspruchnahme der sogenannten Alzheimer-Kliniken beziehungsweise -Sprechstunden, die gerade von Menschen, die geistig anspruchsvolle Tätigkeiten ausüben, zunehmend aufgesucht werden. Diese Gruppe kann sich auf einen funktionierenden Verstand als (überwiegendes) Instrument ihres Erfolges besonders angewiesen fühlen und durch Zeichen nachlassender geistiger Kraft dementsprechend verunsichert werden.

1.8 Angehörigenberatung

Wie erwähnt, verändert die Demenz während des etwa fünf- bis zehnjährigen Krankheitsprozesses – überwiegend durch die Zerstörung emotionaler und kognitiver Fähigkeiten – die Kranken schließlich in all ihren Wesenszügen;

nicht selten verstärken sich – auch aufgrund der beschriebenen Schwächung der Kontrolle – schwierige Persönlichkeitsanteile beziehungsweise scheinen wieder oder sogar gänzlich neu aufzutreten.

In vielen Fällen führt dies zu großen emotionalen Belastungen pflegender Angehöriger (BUIJSSEN 1994). In den nahezu 20 Jahren der Auseinandersetzung mit diesem Thema – heute ist kaum eine geriatrie- und altenhilfebezogene Fachveranstaltung ohne Beiträge zur Angehörigenberatung mehr denkbar – haben sich als zentrale Inhalte der Beratung die psychischen Belastungen infolge der Demenz herausgestellt, insbesondere in Form depressiver Symptome (Übersicht bei SCHULZ et al. 1995). In Ehen geht der Gesprächspartner verloren, und der Wechsel zwischen Sich-Anlehnen und Stützen, wie er sicher die Mehrheit lang dauernder Partnerschaften kennzeichnet, wird immer weniger möglich. Durch die Verhaltensstörungen der Kranken werden emotionale Gewissheiten in Frage gestellt. Verhaltensunsicherheit und – erschöpfungsbedingt – unkontrollierte Reaktionen der Pflegenden können zu Selbstvorwürfen führen; ihre Lebensperspektive mag aussichtslos wirken, weil die Krankheit so unabsehbar erscheint.

Viele der Pflegenden benötigen Beratung und emotionale Unterstützung. Dabei lassen sich folgende Elemente voneinander abgrenzen:

(1) Grundsätze der Beratungstätigkeit

sowie drei thematische Schwerpunkte:

(2) das Informieren, Verständlichmachen, Vermitteln,
(3) die Unterstützung beim Akzeptieren der Verluste (von Wesenszügen und Fähigkeiten der Kranken) und bei der Trauer darüber und
(4) die Auseinandersetzung mit schwierigen Persönlichkeitsanteilen und daraus entstandenen Beziehungsstörungen.

(1) Grundsätze der Beratung: Zu den Grundsätzen der Beratungstätigkeit gehört die Bemühung ein möglichst gutes Verständnis von den emotionalen Grundlagen für die pflegerischen Anstrengungen zu gewinnen. Denn nur bei einer hinreichend zugewandten und tragfähigen Beziehung lassen sich diese über längere Zeit aufrechterhalten. Eng damit verbunden ist ein Verständnis der Motive für die Übernahme der Pflege. Wichtig ist die Angehörigen von dem Druck zu befreien, die Pflege bis zum Tode in der eigenen Häuslichkeit fortsetzen zu sollen, wozu sie sich – nicht selten unausgesprochen oder wenig bewusst – oft verpflichtet fühlen. Worauf es ankommt, ist vielmehr, dass sie später auf diesen Lebensabschnitt in dem Bewusstsein zurückblicken können, die Pflege mit aller ihnen zur Verfügung stehenden Kraft (und möglicherweise Unterstützung) versucht zu haben. Vieles spricht dafür, dass von diesem Bewusstsein auch Einflüsse auf die Einstellungen der Pflegenden zu ihrem eigenen Alter ausgehen. In ihren Hilfebemühungen erfolgreich gewesen oder gescheitert zu sein kann einen großen Raum in ihren Erinnerungen einnehmen und ihr Vertrauen in die eigene Versorgung bei möglicher späterer Abhängigkeit wachsen oder auch abnehmen lassen. In fortgeschrittenen Krankheitsstadien kann die Pflegesituation so zerrissen und konfliktreich sein, dass die guten Beziehungsanteile darüber aufgerie-

ben zu werden drohen. Um dies zu verhindern muss in diesen Fällen auf eine Trennung und Fortsetzung der Versorgung in einer Pflegeinstitution hingearbeitet werden. Dann entspannt sich das Verhältnis oft und die ursprünglich maßgeblichen Gefühle können wieder in den Vordergrund treten.

(2) Informationen für die Angehörigen: Zu den Informationen, dem ersten thematischen Schwerpunkt, gehören unter anderem die biologischen und psychologischen Fakten, die Hypothesen zur Entstehung und Verbreitung der Demenzen, die medikamentösen Ansätze, Forschungsbemühungen, Umgangsformen mit den Kranken, Pflegetechniken, Selbsthilfeinitiativen, Hilfsangebote und deren sozialrechtliche Grundlagen. Zum Verständlichmachen gehören all jene Gesichtspunkte, die in *Abschnitt 1.3* (Symptomatik und Erleben der Kranken) dargestellt worden sind. Das Vermitteln bedeutet zum Beispiel den Betreuenden deutlich zu machen, dass sich der Kranke besser fühlt, als die Angehörigen meinen. Über den Anstrengungen der Pflege geht oft die Fähigkeit verloren deren Effekte zu erkennen. Deshalb ist es ein wichtiger Inhalt der Beratungstätigkeit, Bestätigungserlebnisse durch Herausarbeiten positiver Wirkungen möglich zu machen. Dies erfordert genaues Hinsehen und Schulung im retrospektiven Vergleich.

(3) Akzeptanz von Verlusten: Bei intergenerationeller Pflege von Müttern durch ihre Töchter mit nicht selten ununterbrochener Lebensgemeinschaft fällt die Akzeptanz demenzbedingter Veränderungen oft besonders schwer. Dies hat einen Grund darin, dass es sich oft um symbiotisch nahe Beziehungen mit verführerisch gut funktionierender gemeinsamer Lebensbewältigung handelt, die durch die Einbußen infolge der Demenz bedroht werden. Dies kann zur Leugnung oder Bagatellisierung von Defiziten führen. Versagen wird dann als Nachlässigkeit oder mangelnde Bereitschaft interpretiert und führt zu Kränkungen und Verletzungen. Hier besteht die Beratungsarbeit in der behutsamen Verdeutlichung der irreversiblen Verluste mit den dadurch ausgelösten Verhaltensänderungen. Ein wichtiges, allerdings auch sehr anspruchsvolles Ziel der Beratung solcher pflegenden Töchter ist die Förderung ihrer emotionalen Eigenständigkeit.

(4) Beziehungsstörungen: Damit ist schon eine wichtige Dimension des dritten thematischen Bereiches von Beratung angesprochen, der Persönlichkeits- und Beziehungsstörungen. Dabei geht es unter anderem um die Auseinandersetzung mit infolge von Verletzungen wieder auflebenden Gefühlen der Benachteiligung oder der vorenthaltenen Liebe, die Umkehrung des Machtgefälles zwischen demenzkranken Eltern und pflegenden Kindern und die darin enthaltene Realisierung frühkindlicher Überlegenheitsphantasien über die Eltern (mit den dazugehörigen Schuldgefühlen), aber auch um die emotionale Sicherheit bei begrenzenden Maßnahmen, wie sie für körperlich unbeeinträchtigte und deshalb motorisch oft unruhige Demenzkranke erforderlich sind, wenn sie weiter in der Häuslichkeit versorgt werden sollen.

Die Beratung von pflegenden Angehörigen Demenzkranker schließt die Auseinandersetzung mit vielen Seiten und Schichten geistig-seelischen Lebens ein. Sie ist sehr verantwortungsvoll, weil sie die Beziehung zu den Kranken, aber auch die überdauernden Bilder und Erinnerungen an sie beeinflusst.

2. Depressionen

2.1 Epidemiologie

Depressionen zählen zu den häufigsten seelischen Störungen im Alter. Schwere Depressionen, denen oft depressive Phasen in jüngeren und mittleren Lebensabschnitten vorausgegangen sind, haben eine Häufigkeit von etwa zwei bis drei Prozent. Nicht immer klar von diesen abzugrenzen sind die (etwas) leichteren Formen von Depressionen, zu deren Häufigkeit es stark schwankende Angaben gibt. Als Mittelwert finden sich reaktiv- und neurotisch-depressive sowie angsthafte Syndrome bei etwa acht Prozent der über 65-Jährigen (epidemiologische Daten bei KRAUSS 1989). Die Mehrheit dieser zweiten Gruppe Depressiver sind Frauen. Leichtere depressive Reaktionen auf die beschriebenen vielfältigen Einschränkungen und Verluste sind sicher noch zahlreicher, insbesondere im Zusammenhang mit den frühen Stadien der Demenzkrankheiten.

2.2 Krankheitsursachen

Gesichert ist ein genetisch bedingtes erhöhtes Erkrankungsrisiko von Kindern endogen Depressiver, das allerdings mit dem Alter der Ersterkrankung von etwa 20 (bei 20-Jährigen) auf acht Prozent (bei 60-Jährigen) abnimmt. Besonders wichtig und stets als Alarmzeichen zu werten sind Suizide unter Vorfahren ersten Grades, wobei unklar ist, ob ihnen jenseits des genetischen Aspektes auch eine prägende Bedeutung als familiennahes Verhaltensmuster zukommt. Was die biochemische Dimension angeht, so gibt es seit langem eine Großzahl von Befunden über Störungen im quantitativen Gleichgewicht zwischen verschiedenen Neurotransmittern im Gehirn (darunter Noradrenalin und Serotonin), also den Botenstoffen, welche die chemische Signalübertragung zwischen den Nervenzellen leisten. Wichtig ist, dass ein hoher Prozentsatz von Schlaganfallskranken nach dem Ereignis eine Depression entwickelt. Dabei mischen sich körperliche Einflüsse untrennbar mit seelischen Reaktionen auf den einschneidenden Verlust von Autonomie.

In unteren sozialen Schichten sind depressive Erkrankungen etwas häufiger, unter anderem weil der Einflussfaktor körperlicher Erkrankungen durch deren in diesen Schichten größere Häufigkeit zwangsläufig stärker zum Tragen kommt. Unter der Annahme, dass die Dichte und Stabilität sozialer Kontakte einen depressionsschützenden Effekt haben, ist auch in dieser Hinsicht eine geringere Häufigkeit von Depressionen in oberen sozialen Schichten anzunehmen, da für diese eine größere Zahl sozialer Beziehungen typisch ist (MURPHY 1989). Es steht außer Zweifel, dass neben den erwähnten körperlichen Krankheiten schwerwiegende andere Lebensereignisse, wie Angst erzeugende Krankheit oder Tod von nächsten Bezugspersonen, schwere finanzielle Verluste oder Wohnungswechsel, das Risiko depressiver Erkrankungen erhöhen

(MURPHY 1982). Bei diesen Befunden ist selbstverständlich zu fragen, welche Einflussfaktoren dazu führen, dass längst nicht alle alten Menschen depressiv werden, die mit solchen Ereignissen konfrontiert werden. Die mit diesem Problem befasste Erforschung der Verletzbarkeit für bestimmte Krankheiten (Vulnerabilitätsforschung) hat als wichtigsten Befund ergeben, dass das Erkrankungsrisiko bei Menschen ohne nahe und vertrauensvolle Beziehungen um das Dreifache erhöht ist (MURPHY 1989). Allerdings sagt dies nichts darüber aus, wie groß der Einfluss von möglicherweise tief in der Persönlichkeit verankerten Faktoren ist, die als Grundlage vertrauensvoller Beziehungen anzusehen sind.

Einteilung der Depressionen:

(1) *endogene Depression:* biologisch begründete, meist schwere und in vielen Fällen immer wieder auftretende Depression, deren Symptome durch Medikamente zu einem hohen Prozentsatz gut behandelbar sind.

(2) *neurotische Depression:* auf Prägungsfaktoren zurückgehende, oft zum Teil der Persönlichkeit gewordene lang hingezogene Form depressiven Erlebens.

(3) *reaktive Depression:* unangemessen schwere und ausgedehnte Form depressiven Reagierens auf belastende Lebensereignisse.

2.3 Symptomatik bei schweren, überwiegend endogenen Depressionen

Unter den Symptomen schwer depressiv Kranker lassen sich die Bereiche der Stimmung, des Selbsterlebens und Selbstwertes, der Beziehung zu anderen Menschen und zur Außenwelt sowie ein körperbezogener Bereich mit veränderten Vitalfunktionen (überlebenswichtige Funktionen wie Stoffwechsel, Blutdruck, Körpertemperatur usw.) und rhythmischen Schwankungen voneinander unterscheiden.

Die zentrale, namensgebende Veränderung ist die depressive Gestimmtheit, das Niedergeschlagen- und Traurigsein, aus dem der Kranke – im Gegensatz zum sonstigen Auftreten solcher seelischen Verfassungen im Leben eines jeden Menschen – nicht mehr mit den ihm vertrauten Mitteln herausfinden kann. Verloren gegangen ist die Fähigkeit, veränderte, wieder bessere Stimmungen vorauszusehen und sie sozusagen schon ein wenig in die Gegenwart ausstrahlen zu lassen, also auch die Fähigkeit, Hoffnung in sich zu erzeugen. Die depressive Gestimmtheit kann in alle Lebensbereiche hineinwirken wie ein »Schleier, der sich über die Seele legt«. Nicht selten erleben depressiv Kranke jedoch weniger eine traurige Verfassung, sondern vielmehr den Verlust ihrer emotionalen Lebendigkeit; sie fühlen sich, als seien sie in ihrer Seele abgestorben und bar jeder Fähigkeit zu Gefühlsregungen. Viele Kranke leiden unter diesem Zustand mehr als unter der traurigen Gestimmtheit. Dazu gehört, dass diesen Kranken die emotionale Bindung an nahe Bezugspersonen oder wichtige Lebensinhalte, etwa religiöse Überzeugungen, verloren geht. Sie klagen dann darüber, dass sie nicht mehr lieben und glauben können.

In der endogenen Depression erleben sich die Kranken als denk- und entscheidungsverlangsamt. Die Veränderungen des Denkens und der Konzentration können so ausgeprägt sein, dass die Kranken fast dement beziehungsweise verwirrt wirken (*depressive Pseudodemenz*). Unter den zentralen Merkmalen findet sich darüber hinaus die Verminderung des Antriebs, der elementaren vorbewussten Kraft hinter allen menschlichen Handlungen. Zu den ersten Symptomen einer schweren Depression zählt deshalb gerade bei Menschen mit einem umfangreichen und anspruchsvollen Aufgabenniveau das Empfinden ihren Anforderungen nicht mehr gerecht werden zu können und »nichts mehr zu schaffen«. Dies erstaunt und verunsichert die Kranken manchmal zutiefst, weil es ein frühes Symptom sein kann, das aus heiterem Himmel zu kommen scheint. Es ist ein wichtiger Inhalt des tiefen Veränderungsgefühles, welches maßgeblich für die Diagnose einer schweren Depression ist. Je nach Selbstanspruch und Gewissensstärke der einzelnen Persönlichkeit kann es sogar einen depressiven Teufelskreis geben, und zwar besonders bei Ersterkrankungen. Menschen, die es gewohnt sind, mit Selbstdisziplin und gedanklicher Anstrengung Stimmungen auszugleichen und innere Widerstände zu überwinden, arbeiten zunächst gegen die depressiven Symptome an. Aufgrund des geschwächten Antriebes und der depressiven Entscheidungsunfähigkeit geraten sie aber in fruchtlose, in sich kreisende Gedanken; dies nehmen sie als Versagen wahr und reagieren darauf mit Schuldgefühlen, die wiederum verstärkte depressiv-selbstabwertende Empfindungen auslösen können.

Für depressive ältere Menschen sind schwere Schuldgefühle bis hin zum Schuldwahn besonders charakteristisch. Dann sind sie ganz erfüllt von der Vorstellung sich vergangen zu haben und schuldig zu sein, wobei sich solche krankhaften Überzeugungen aus weit zurückliegenden Lebensereignissen speisen können, die in übermächtiger Weise wieder aufleben. Bei ausgeprägter Antriebshemmung befinden sich diese Kranken dann eventuell in einem schuldwahnhaften Zustand der Erstarrung (*Stupor*). Nur die Antriebs- und Handlungsunfähigkeit hält sie von suizidalen Handlungen ab. Typisch für derartig schwer Depressive ist, dass man als Arzt, der sich um Zugang zu ihnen bemüht, immer wieder empfindet sie nicht erreichen und keine seelische Reaktion mehr auslösen zu können; ihre Kontaktfähigkeit und emotionale Schwingungsfähigkeit sind scheinbar völlig verloren gegangen. Tatsächlich ist dies jedoch nicht so; nach Abklingen dieser schweren Zustände berichten die Patienten immer wieder, dass es sehr wohl Bedeutung für sie hatte den Arzt weiterhin an ihrer Seite zu wissen (BRUDER 1986).

Eine existenzielle Dimension der Depression wird im Vergleich zu drei anderen krankhaften Abwandlungsformen menschlichen Erlebens deutlich:

- dem Vergessen beziehungsweise dem Verlust des menschlichen Geistes in der Demenz,
- dem Verlust der Realität in der wahnhaften Entrücktheit und
- dem Zustand extremen Schmerzes bei körperlichen Krankheiten und Einbußen.

Bei der *Demenz* legt sich schließlich der milde Mantel des Vergessens über alles, im *Wahn* wird der Rückzug in eine eigene (Gegen-)Welt möglich, in *Krankheit und Schmerz* eröffnen Erinnerungen, Phantasie und Denkvermögen zumindest prinzipiell Wege aus dem Leid. Der Depressive hingegen muss aufgrund der krankheitstypischen Verluste von emotionaler und geistiger Freiheit – aber bei erhaltenem Bewusstsein – eingeschlossen bleiben in seiner düster abgewandelten inneren Welt.

Im Bereich der körpernahen Symptome sind besonders schwerwiegend die Schlafstörungen, am ausgeprägtesten als Durchschlafstörung und frühes Erwachen. Wenn Patienten dieser Schlafstörung untherapiert überlassen bleiben, so sind sie nach dem zu frühen Erwachen, also in der zweiten Hälfte der Nacht, der Wucht depressiven und schuldhaften Erlebens besonders schutzlos ausgeliefert. Auch geistig Gesunde wissen, wie man nach zu kurzen Nächten von den sorgenvollen und unerledigten Dingen gefangen genommen werden kann, und sie wissen den Wert der (dem Depressiven verloren gegangenen) Entschlusskraft zu schätzen solche Zustände mit Hilfe früh begonnener Tagesaktivitäten zu beenden.

Zu den körpernahen Symptomen zählen weiterhin Appetitverlust, Gewichtsabnahme, Libidoverlust und innere Unruhe, die sich besonders auf den Brust- und Bauchbereich konzentriert und die Extremitäten weniger betrifft. Selten wird auch über ein Gefühl der Enge und des Eingeschnürtseins geklagt. Manchmal kommt es auch zu Vermehrung von Appetit und Durst und zur Gewichtszunahme.

Ein weiteres diagnoseleitendes Symptom sind Schwankungen der depressiven Stimmung im Tagesverlauf, in der überwiegenden Mehrzahl mit einer Verbesserung in den späten Nachmittagsstunden und zum Abend hin, bei einer Minderheit auch in umgekehrter Richtung. Es kann beeindruckend sein, wie weit sich im Verlaufe eines einzigen Tages das depressive Bild ändern kann, so dass die Patienten am Abend nahezu völlig befreit von der Depression wirken. Ihre dann gute seelische Verfassung wird nur durch die Angst vor der am nächsten Morgen zuverlässig wieder vorhandenen depressiven Gestimmtheit beeinträchtigt.

Insgesamt sind depressive Störungen bei alten Menschen aber stärker als bei jüngeren durch körperbezogene Befürchtungen gekennzeichnet; manchmal verbirgt sich die Depression sogar hinter als hartnäckig beschriebenen körperlichen Beschwerden.

2.4 Symptomatik reaktiv- und neurotisch-depressiver Störungen

Auch hier können prinzipiell alle unter den endogenen Depressionen beschriebenen Symptome auftreten, wenn man von den körperbezogenen Störungen absieht. Insgesamt ist die Ausprägung aber viel geringer.

Im Gegensatz zu den schwer endogen Depressiven, bei denen man als Arzt zwar stets ein Empfinden für das Leiden der Patienten haben kann, aber zugleich spürt, dass sich das Krankheitsgeschehen von Lebensereignissen und situativen Merkmalen abgekoppelt und verselbständigt hat, gibt es bei den reaktiv und neurotisch Depressiven fast immer den Eindruck eines ableit- und verstehbaren Geschehens. Man kann den Kranken argumentativ und verstehend nahekommen, wobei sich dann allerdings allmählich zeigt, dass wichtige Verarbeitungs- und Bewältigungsprozesse bei ihnen ins Stocken gekommen sind. Dies kann mit – manchmal ihrem Bewusstsein fernen – Kränkungen, Verletzungen, Schuldgefühlen, beharrlichen und fortdauernden Anspruchshaltungen oder Größenphantasien, aber auch mit Verlustängsten und Bedrohungsgefühlen zusammenhängen. Wichtig ist, dass bei den um Unterstützung Bemühten oft der Eindruck entsteht, der Kranke müsse nur einen kleinen entscheidenden Schritt vorantun um aus seiner Verfassung herauszufinden. Dieses Gefühl des Helfenden ist ein wichtiges diagnostisches Kriterium für die Abgrenzung von endogenen Depressionen.

Tabelle 3: Zusammenfassung der Merkmale des depressiven Syndroms, aufgelistet nach gestörten Funktionsbereichen (*nach*: SCHMAUSS, JUNGKURZ 1986)

1. Psychische Symptome:
Traurige Verstimmung, Angst, Gereiztheit, Hoffnungslosigkeit, Gefühl des eigenen Ungenügens, Gefühl der Gefühllosigkeit, innere Leere, Denkhemmung, Apathie oder innere Unruhe, Entscheidungslosigkeit, Schuldgefühle.

2. Psychomotorische Symptome:
Psychomotorische Hemmung: gering ausgeprägte oder fehlende Mimik (Hypomimie oder Amimie), Bewegungsarmut, Erstarrung (Stupor).
Psychomotorische Agitiertheit: rastlose Unruhe, Getriebenheit, leerer Beschäftigungsdrang.

3. Körperliche (somatische) Symptome:

Vitalstörungen:	Müdigkeit, Kraftlosigkeit, Antriebmangel, Energiemangel, Druck oder Schmerz in Herz- und Magengegend.
Schlafstörungen:	Einschlafstörungen, zerhackter Schlaf, frühes Erwachen.
Vegetative Störungen:	Mundtrockenheit, Atembeschwerden, Schwindel, Verstopfung, Herzrhythmusstörungen.

Für das Verständnis dieser Störungen, insbesondere der neurotischen Depressionen, spielt selbstverständlich die Vorgeschichte eine wichtige Rolle. Lebenslange, tief in der Persönlichkeit verankerte depressiv-neurotische Grundhaltungen müssen anders gewichtet werden als etwa verzögert ablaufende Trauerreaktionen bei Partnerverlust.

Grundsätzlich kann jede reaktive Depression zu einer endogen-psychotischen Depression werden; dieser Übergang ist dann häufig durch das Auftreten körpernaher Symptome, die sogenannte Vitalisierung der Depression, gekennzeichnet.

2.5 Therapie

In der Therapie endogen Depressiver sind das stützende und begleitende Gespräch – *Unterpunkte (1) und (2)* – und die medikamentöse Behandlung mit Antidepressiva – *Unterpunkt (3)* – untrennbar miteinander verbunden.

(1) Nichtmedikamentöse Behandlungsaspekte: Bei endogen depressiven alten Menschen mit vermehrter Neigung zu Selbstvorwürfen und schuldhaften Symptomen oder mit körperzentrierter Symptomatik, aber auch bei denen, die verzweifelt mit Hilfe gedanklicher Anstrengung und (scheiternden) Willensbemühungen gegen ihren Zustand anzukämpfen versuchen, muss zunächst einmal Verständnis und Akzeptanz für den Krankheitscharakter ihres Zustandes erreicht werden. Sie müssen dazu bereit werden, sich dem seelischen Kranksein zu überlassen, und von dem Anspruch ablassen, sich selbst aus ihrem Zustand herauszuarbeiten.

Sehr wichtig ist die *Aufklärung* über die Wirkungsweise der Antidepressiva (vgl. *Unterpunkt 3*) im Gespräch zwischen Arzt und Patient. Dies gilt besonders für die anfänglich im Vordergrund stehenden Nebenwirkungen (wie Blutdruckveränderungen, Müdigkeit, Mundtrockenheit, Verstopfung, Veränderungen im Blutbild) und die meist erst nach einem Intervall von mindestens einer Woche zu erwartende Stimmungsaufhellung und Antriebsverbesserung. Zunächst kann es erschreckend sein, wenn die – beispielsweise bei innerer Unruhe an sich erwünschte – sedierende (beruhigende) Begleitwirkung das Erlebnis der gedanklichen Verlangsamung und emotionalen Dämpfung verstärkt. In fast suggestiver Weise muss man hier dem Patienten die bald zu erwartende Hauptwirkung vor Augen führen, stellvertretend für ihn die Besserung hoffend vorwegnehmen. Dabei ist manchmal eine Gratwanderung zwischen realistischem Umgang mit den Therapiechancen – bei etwa 20 bis 30 Prozent der Patienten versagen Antidepressiva – und suggestivem, den Therapieprozess wahrscheinlich günstig beeinflussendem Einwirken erforderlich. Bei lang dauernden Depressionen mit verzögert auftretenden Besserungen kann es für den Arzt im alltäglichen Kontakt mit dem Patienten schwer werden weiterhin an die Wirksamkeit seiner beruhigenden und stützenden Äußerungen zu glauben. Dies gehört zu den schwierigsten Aspekten der Behandlung von psychisch kranken alten Menschen. Erleichterung bedeutet dann, an die – bereits erwähnten – Schilderungen von wieder gesundeten Patienten zu denken, die rückschauend oft den Wert dieser ärztlichen Bemühungen in den schwierigen Phasen der Krankheit betonen.

Auch wenn die Anamnese (Erhebung der Vorgeschichte der Erkrankung) Einflüsse von Konflikten auf die Entstehung schwerer Depressionen gezeigt hat, sind konfliktbearbeitende Gespräche hier zunächst nicht angebracht. Erst nach Abklingen der Depression und im Zuge der Normalisierung der seelischen Belastbarkeit und Verarbeitungskraft muss behutsam erkundet werden, wie groß die Gefahr einer erneuten Erkrankung durch solche Einflüsse wäre und wie weit der Patient zur Bearbeitung der Thematik bereit und imstande ist. Wenn diese Voraussetzungen gegeben sind, sollte dieser Teil des therapeutischen Prozesses allerdings unverzüglich begonnen werden.

Ein wichtiger Aspekt der antidepressiven Therapie ist das unmittelbare Erkennen erster Zeichen von Verbesserung; dies vermag der Arzt manchmal eher als der Patient. Dann gilt es, dies dem Patienten zu verdeutlichen. Aus dem Begreifen dieser ersten Veränderungen wird dann manchmal im Sinne von unterstützenden Selbstheilungskräften erste oder vermehrte Hoffnung auf weitere Besserung. Am Ende einer antidepressiven Behandlung, wenn die Krankheit abgeklungen ist, zeigt sich dies an dem klaren »Ja« auf die Schlüsselfrage des Arztes: »Sind Sie jetzt wieder ganz die/der Alte?«. Dieser Moment kann zu den schönsten im Leben eines psychiatrisch tätigen Arztes gehören.

(2) Suizidalität: Vor allem im hohen Alter, also jenseits von 80 Jahren, steigt das Suizidrisiko insbesondere bei Männern stark an (ERLEMEIER 1992). Neben den entsprechenden anamnestischen Gesichtspunkten (vgl. *Unterpunkt (1)* in diesem Abschnitt) ist es ein wichtiger Grundsatz des Umgangs mit Depressiven sie gezielt nach Suizidvorstellungen, -impulsen und -handlungen zu fragen. Dem sollte aber der Akzeptanzprozess der Depression als Krankheit möglichst vorausgegangen sein. Zum einen gewinnt man dadurch Aufschluss über das Ausmaß und die Handlungsnähe suizidaler Gedankengänge, zum anderen nimmt bei manchen Patienten das offene Ansprechen dem Thema durch die Konkretisierung wohl auch etwas von der fast magischen Bedeutung des Unausgesprochenen. Damit kann eine gewisse Entlastung vom suizidalen Druck stattfinden. Außerdem wächst dadurch meist auch das Vertrautsein mit dem Patienten, und es verbessert sich die Möglichkeit ihn zu führen und zu stützen. Dieses Vertrautsein erleichtert die feste Vereinbarung mit dem Patienten, eine eventuelle Zunahme suizidaler Wünsche und Impulse mitzuteilen. Oft gelingt es, ihr die Form eines regelrechten Versprechens zu geben. Es geht an dieser Stelle um krankheitsbedingte Suizidalität und nicht um in der Persönlichkeit begründete oder aus bilanzierender Lebenssicht erwachsende Bereitschaft zum Tode (der sogenannte Bilanzsuizid).

Wenn nach ein bis zwei oder drei Wochen die Wirkung antidepressiver Medikamente einsetzt und der Antrieb sich vor der Stimmung verbessert, erhöht sich das suizidale Risiko, weil die Kraft zur Verwirklichung von depressionsgeborenen Impulsen zunimmt; gerade in dieser Phase muss man die Patienten sehr aufmerksam beobachten und begleiten.

(3) Medikamentöse Behandlung depressiver Störungen: Je stärker die Depression ausgeprägt ist und je deutlicher sich der Krankheitszustand von der bisherigen Verfassung abgrenzen lässt, desto besser ist der Kranke mit antidepressiven Medikamenten zu behandeln. Besonders am Anfang sind zusätzlich angstlösende und sedierende Substanzen erforderlich. Bei Letzteren muss allerdings die weitere Einnahmenotwendigkeit immer wieder genau überprüft werden, da es Abhängigkeitsrisiken gibt. In der Anfangszeit der antidepressiven medikamentösen Behandlung stehen die Nebenwirkungen im Vordergrund; deshalb hat die in *Unterpunkt (1)* dieses Abschnitts bereits beschriebene Begleitung durch das stützende Gespräch große Bedeutung.

Es gibt eine große Zahl von antidepressiv wirkenden Medikamenten; sie unterscheiden sich in ihrem Wirkprofil. Auf der einen Seite geht es um *stärker sedierende* Substanzen, denen eine Gruppe von mehr *antriebssteigernden* Medikamenten gegenübersteht. Ihnen allen ist gemeinsam, dass die stimmungsverbessernde Wirkung erst allmählich einsetzt. Sind wahnhafte Symptome ausgeprägt, müssen unter Umständen zusätzlich Neuroleptika eingesetzt werden (aggressions-, wahn- und halluzinationsdämpfende Medikamente, die in *Abschnitt 1.6* bereits im Zusammenhang mit der Demenz erwähnt wurden). Die häufig vorhandenen schweren Schlafstörungen machen zugleich Schlafmittel erforderlich. Es ist ein grundsätzliches Gebot, bei schwer Depressiven den Schlaf zu sichern (vgl. aber *Unterpunkt (5)* in diesem Abschnitt). Ebenso wichtig ist es die Notwendigkeit von Schlafmitteln und sedierenden Medikamenten immer wieder streng zu überprüfen, weil eine unbedachte weitere Verabreichung nach Abklingen der Zielsymptome abhängig machen kann.

Zwar benötigen alte Menschen durchschnittlich nur ein Drittel bis die Hälfte der für jüngere Depressive erforderlichen Medikamentenmenge. Die im Einzelfall schließlich wirksame Dosis kann jedoch stark variieren, so dass unter sorgfältiger Beachtung des Verhältnisses zwischen Hauptwirkungen und Nebenwirkungen auch höher dosiert werden muss, allerdings mit langsamer Steigerung. Ein Behandlungsversuch mit einem Medikament ist mindestens über drei Wochen durchzuführen, bevor es gewechselt wird. Ein Abhängigwerden von Antidepressiva ist nicht zu befürchten.

(4) Elektrokrampftherapie (EKT): Wer einmal als Psychiater erlebt hat, wie sich der Zustand schwerst gehemmt-depressiver Patienten nach einer Elektrokrampftherapie innerhalb kurzer Zeit wieder normalisierte und wie dies bei depressiven Mitpatienten den Wunsch nach derselben Behandlung auslöste, der kann die sehr verbreitete unkritische Abwehrhaltung gegenüber diesem Therapieverfahren nicht mehr teilen. Ganz im Gegenteil führen diese Erfahrungen dann zu der dringenden Frage, ob manch eine sich lang hinziehende medikamentöse Behandlung zu verantworten ist. Zu den sorgfältig zu stellenden Indikationen für eine EKT können stark antriebsgehemmte bis stuporöse Zustände mit wahnhafter Symptomatik, hohe Suizidalität, Nahrungsverweige-

rung und besonders starker Leidensdruck bei chronischem Verlauf gehören (SAUER, LAUTER 1987). Aufgrund der heute geltenden Modifikationen der EKT – unter anderem Kurznarkose, Gabe muskelentspannender Mittel sowie Sauerstoffbeatmung – ist die Nebenwirkungsrate dieses Verfahrens gegenüber früher erheblich reduziert worden. Insgesamt ist das Risiko der EKT im Alter kaum höher als in jüngeren Lebensabschnitten.

(5) Schlafentzugstherapie: In den letzten Jahren hat das Verfahren der Schlafentzugstherapie einen festen Stellenwert in der Behandlung Depressiver erhalten. Dabei muss entweder der gesamte Nachtschlaf oder aber der Schlaf in der Zeit nach Mitternacht vermieden beziehungsweise entzogen werden; dann muss bis zur nächsten normalen Einschlafzeit abgewartet werden. Dieser Entzug ist in Abständen von einigen Tagen zu wiederholen, da die nach einer Nacht erreichte Stimmungsverbesserung zunächst nicht anhält. In vielen Fällen kann auf diese Weise – ohne Medikamente – schließlich eine Normalisierung der seelischen Verfassung erreicht werden. Auch dem medizinischen Laien sind seelische Veränderungen durch Schlafentzug – meist eine Mischung aus leicht gehobener Stimmung und Erschöpfung – vertraut.

2.6 Psychotherapeutische Aspekte

(1) Identifikation und Projektion: Bei der seelischen Unterstützung alter Menschen haben Identifikationsprozesse eine große Bedeutung. Die Identifikation mit dem in der Regel jüngeren Therapeuten eröffnet dem Patienten zum Beispiel die Möglichkeit, die Begrenztheit seiner eigenen Lebensspanne – in der Phantasie – zumindest flüchtig zu überwinden. Mit dieser seelischen Reaktionsweise kann auch Nähe zu den eigenen Kindern hergestellt oder eine Brücke zu früheren Lebensabschnitten geschlagen werden. Dabei können früher vermisste Eigenschaften oder Fähigkeiten kompensatorisch in den Jüngeren hineinprojiziert werden. Biographische Defizite lassen sich auf diese Weise in der Vorstellung vorübergehend ausgleichen, wodurch aktuelle seelische Belastungen vom Patienten unter Umständen besser ertragen werden können.

Aber auch in der Seele des Therapeuten finden charakteristische Prozesse statt, wenn ein größerer Altersunterschied besteht. Zwei Grundmuster lassen sich voneinander unterscheiden:

(A) Alte Patienten rühren in mehr oder weniger verdeckter Form an die Erinnerungen und Bilder von den eigenen Eltern. Je nach emotionaler Tönung dieser Erinnerungen führt dies zu unterschiedlichen Konsequenzen. So können etwa bei einer konfliktreichen Vorgeschichte der Beziehung zu den Eltern alte Vorwurfshaltungen auf den gegenwärtigen Patienten übertragen werden.
Ebenso kann es vorkommen, dass – bei einer sehr liebevoll-dichten, aber unaufgelösten Bindung an die Eltern – das therapeutische Handeln zu stark von einer verwöhnenden und nachgiebigen Haltung geprägt ist, so

dass zum Beispiel bereits mögliche Normalisierungsschritte (im Sinne von Verselbständigung und Auseinandersetzung mit anstrengender Realität) im Verlaufe einer Therapie aufgeschoben werden.

(B) Das zweite Grundmuster betrifft die eigenen Alterserwartungen. Bei nahezu allen Hilfs- und Unterstützungsmaßnahmen für alte Menschen spielen Vorstellungen von eigenen Bedürfnissen und Ängsten in ähnlicher Situation eine Rolle. Deshalb hat Handeln an alten Menschen immer auch etwas mit der eigenen Zukunft zu tun. Einzuräumen ist allerdings, dass die hier beispielhaft erwähnten Reaktionen nur in sehr unterschiedlichem Umfang bewusst ablaufen.

(2) Bedeutung einer positiven Therapeut-Patient-Beziehung: Mehr als in früheren Lebensabschnitten sind psychotherapeutische Bemühungen mit alten Menschen auf eine positive Therapeut-Patient-Beziehung angewiesen. Ohne sie fehlt beim Patienten die Basis für die Anstrengungen, wie sie zum Beispiel Akzeptanzschritte oder das Aufgeben von bequemen, aber konfliktträchtigen Haltungen und Denkweisen bedeuten. Bei psychotherapeutischen Bemühungen in dieser Lebensphase stellt sich ja immer wieder die Frage: »Wozu (noch)?« Eine Antwort sind der Leidensdruck und die nur noch geringe verbleibende Lebenszeit, die die Suche nach Veränderungen dringend machen kann. Aber gerade die Nähe zum Lebensende schließt auch das Risiko von Resignation und Passivität ein. Weil dies so sein kann, spielen positive Gefühle zum Therapeuten eine wichtige Rolle, möglicherweise im Sinne von »ihm (oder ihr) zuliebe will ich versuchen ...«. Mehr als bei psychotherapeutischer Hilfe für jüngere Menschen lässt es sich also verantworten, wenn positive Entwicklungen des Patienten auch unter dem Einfluss und im Bewusstsein der Verbundenheit oder sogar Zuneigung zum Therapeuten erfolgen. Deshalb kann die Entwicklung einer solchen Einstellung auch bewusst in Gang gesetzt werden. Angesichts einer schwindenden Zahl relevanter Bezugspersonen des alten Menschen darf der Therapeut einen relativ größeren Stellenwert im Leben der Kranken einnehmen als bei jüngeren. Daraus folgt, dass in den psychotherapeutischen Bemühungen mit alten Menschen stets auch von einer sehr viel längeren Dauer der Behandlung ausgegangen werden muss, oft sogar bis zum Lebensende. Dafür können die Abstände zwischen den einzelnen therapeutischen Sitzungen aber auch größer sein als bei Jüngeren.

(3) Glaubwürdigkeit der therapeutischen Bemühungen: Das Erleben der tatsächlichen Defizite mit der Erschütterung des Selbstwertes und die Konfrontation mit den verbreiteten negativen Altersstereotypen lösen bei vielen alten Patienten einen tiefen Zweifel an der Echtheit des therapeutischen Engagements jüngerer Behandler aus. Sie fragen sich (und unbewusst beziehungsweise indirekt den Therapeuten), ob sie in diesem Zustand und diesem Lebensabschnitt noch seine therapeutische Kraft verdienen oder ob diese nicht viel besser jüngeren Menschen mit einer längeren Lebensperspektive zugute kommen sollte. Diese Zweifel können auch im Hintergrund von körperlichen Behandlungsmaßnahmen existieren. Dort gibt es als Beweis der thera-

peutischen Glaubwürdigkeit aber eine Fülle von technisch-medikamentös-operativen Abläufen. In der Psychotherapie dagegen muss die Glaubwürdigkeit der Bemühung allein mit dem *Wort* hergestellt werden.

(4) Vielfältige Hintergründe, Bedeutungen und Konsequenzen von Schwäche und Hilfsbedürftigkeit: Nicht vergessen werden darf, dass in der Behandlung seelischer Störungen alter Menschen durch jüngere Therapeuten symbolisch stets auch das Spannungsverhältnis zwischen lebenslang gewachsener Kompetenz und Erfahrung des alten Menschen und dem (vermuteten) durchschnittlich sehr viel geringeren Wissens- und Erfahrungsstand des Jüngeren verborgen ist. Es handelt sich dabei also auch um einen Aspekt von Versagen und Scheitern, der seine Bedeutung dadurch gewinnt, dass seelisches Schwachwerden und Nicht-mehr-Können tendenziell eher als selbstverantwortet angesehen werden als zum Beispiel der Schlaganfall oder die Krebserkrankung, die durch Jüngere behandelt werden. Dieser in der Therapiesituation auch enthaltene Aspekt von Scheitern kann beim Patienten ein brüchiges, wechselvolles Verhalten erzeugen, in dem sich Aufbegehren, Rückzug, flüchtiges Suchen von Nähe bis hin zum Anbiedern, schnelle Einbrüche fassungslosen Leidens und geringschätzig oder sogar verächtlich zurückweisende Reaktionen ablösen können.

Es hilft sich diese Hintergründe manchmal schwer einzuordnenden Verhaltens vor Augen zu führen. Insbesondere im Beginn von psychotherapeutischer Hilfestellung bei alten Menschen kann man deshalb gelegentlich erleben, dass sie sich in einer durchsichtigen Weise Bedeutung zu verschaffen versuchen, um im Windschatten eines so wieder gewachsenen Wertgefühls entspannter und angstfreier steuern zu können, wo sie Schwächen zeigen und sich fallen lassen.

Richtig verstanden werden muss auch ein gelegentlich anzutreffendes überangepasstes, fast unterwürfiges Verhalten von Patienten. Hier geht es in der Regel um die Abwehr von Angst vor dem für überlegen gehaltenen Therapeuten, um eine Mischung aus Identifikation mit dem Aggressor und Idealisierung. Eine solche Verhaltensweise darf nicht mit gewachsener Einsicht und Bereitschaft zu neuen Positionen verwechselt werden; ganz im Gegenteil repräsentiert sie eher den fortdauernden Widerstand gegen die Veränderung seelischer Reaktionsweisen. Oft spielt auch die große Angst eine Rolle, sich nur auf diese Art die Zuwendung und helfende Kraft des Therapeuten bewahren zu können.

(5) Vorsicht bei weit zurückgreifenden Deutungen: Grundsätzlich gilt, dass man in der Psychotherapie von Alten vorsichtiger als bei Jüngeren damit sein muss, gegenwärtige Konflikte und Problemkomplexe in den Zusammenhang mit frühen Prägungsprozessen und -personen zu bringen. Geschieht dies nämlich zu krass, so kann es vom Patienten als Geringschätzung seiner lange gewachsenen Erfahrung und Lebenssicherheit gedeutet werden, als Kränkung in dem zuvor beschriebenen Sinne. Das Grundmuster muss eher sein, im Gegenwärtigen zu bleiben und die Stärkung der aktuellen Ich-Kräfte im Auge zu haben, also all der Fähigkeiten, die für die alltäglichen Anforderungen benötigt

werden. Allerdings ist damit nicht ausgeschlossen, in besonders günstigen Momenten weit zurück reichende Verknüpfungen vorzunehmen. Unabhängig davon kann es Phasen des Rückblicks geben, und zwar gerade als Ausdruck des Bemühens ichstärkend auf den Patienten einzuwirken. Diese mögen zum Beispiel unter dem Motto: »Wir wollen einmal schauen, was es in Ihrem reichen Leben alles gibt ...« stattfinden, und im Zuge dessen können dann, sozusagen am Rande, wichtige Verständnisschritte stattfinden. Ein solches Vorgehen erfordert viel Einfühlungsvermögen und ein besonderes Gespür für den rechten Augenblick. Dabei wird das gelebte Leben zur Quelle von Kraft und zum einzigen Reichtum. Damit muss man vorsichtig umgehen.

(6) Überforderungsreaktionen im Verlauf der Psychotherapie: Im Zusammenhang mit der Behutsamkeit bei biographischen Verknüpfungen taucht die Frage nach typischen Überforderungsreaktionen durch den psychotherapeutischen Prozess auf. Dazu zählen der regressive Rückzug in das körperliche Kranksein und die ausschließliche Beschäftigung mit Funktionsstörungen und Schmerzen, aber auch die Kapitulationserklärung, das heißt die exzessive Betonung von Schwäche und der Unfähigkeit, sinnvolle Einsichtsschritte zu vollziehen und in kleinen Verhaltensabwandlungen zu erproben. Eine Extremform dieser Nichtzuständigkeitserklärung stellt der (auch auf vielen anderen Wegen zustande kommende) Verwirrtheitszustand dar, mit dem sozusagen symbolisch ausgedrückt wird, dass keine vernünftige Begegnung mit anderen Menschen mehr möglich ist. Deshalb muss man sich in der Auseinandersetzung mit einem akuten Verwirrtheitszustand stets auch fragen, was den Patienten so überfordert hat, dass ihm eine vernünftige, realitätsorientierte Reaktion nicht mehr möglich ist.

(7) Die Bedeutung des Klagens: Eine besondere Form des Widerstandes findet sich im unermüdlichen Klagen mancher alten Patienten über nahezu alle Aspekte des Lebens. Dieses Klagen steht oft in einem auffälligen Widerspruch zu der Tatsache, dass sie an der Fortsetzung der therapeutischen Bemühungen festhalten. Manchmal lässt sich dann beobachten, dass sie nur unter dem Schutzschild unaufhörlichen Klagens ertragen können, die Hilfe von außen anzunehmen. Aus kleinen, manchmal sehr nebensächlichen Bemerkungen der Patienten lässt sich sehr wohl erkennen, dass doch Besserungen stattfinden und manches in ihrem Leben leichter wird. Aber nur durch genaues Hinhören kommt man als Therapeut in den Genuss solcher kleinen Erfolgserlebnisse. An diesem Mechanismus wird deutlich, dass er auch dazu dient das Machtgleichgewicht zwischen dem Patienten und dem Therapeuten aufrechtzuerhalten; er stellt also auch eine Reaktion auf die (Selbst-)Kränkung durch das Versagen dar und auf das Angewiesensein auf die Hilfe der Jüngeren.

(8) Wahrnehmen von Verbesserungen: Die Wahrnehmung und das Herausarbeiten von Verbesserungen sind insgesamt ein schwieriger Teil der Psychotherapie von alten Menschen. Es liegt im Wesen besonders von langfristigen depressiv-resignativen Entwicklungen, dass die gesamte Welt- und Selbstwahrnehmung festgelegt sein kann auf die grauen Töne des Misserfolgs und des

Scheiterns. Immer wieder muss man sich als Therapeut dagegen wehren unmerklich in diese Sichtweise einbezogen zu werden. Deshalb beansprucht das Erkennen von positiven Veränderungen viel Aufmerksamkeit. Wenn es gelingt, kann daraus die Keimzelle von Hoffnung beziehungsweise sogar von neuer Hoffnungsfähigkeit werden. Das bereits erwähnte stellvertretende, sozusagen suggestive Hoffen, das insbesondere für die endogen Depressiven gilt, hat in begrenztem Umfang sicher auch bei reaktiv-depressiven Zuständen Bedeutung. Ziel des therapeutischen Prozesses muss dabei aber sein dieses stellvertretende Hoffen beziehungsweise die Zuversichtsarbeit allmählich wieder vom Patienten selbst leisten zu lassen. Sonst kann es zu einer bequemen bleibenden Delegation dieser seelischen Leistung an den Therapeuten kommen.

Hinter dem immerwährenden Klagen kann auch die tiefe Angst stecken überhaupt nicht mehr wahrgenommen zu werden. Wenn man das in weiten Lebensabschnitten gültige Prinzip, andere Menschen möglichst mit Effizienz, Kompetenz oder Attraktivität zu erreichen, aufgeben musste, so kann man immer noch mit bedrängendem Klagen sicherstellen sie zu erreichen. Dies ist allemal mehr als hinzunehmen, bei anderen Menschen überhaupt keine Reaktionen mehr auslösen zu können. Solche eher archaischen Ängste können sich ebenso wie in der Dementenversorgung auch auf psychotherapeutische Bemühungen auswirken.

(9) Begrenztere Zielsetzungen: Insgesamt muss man bei der Zielsetzung psychotherapeutischer Bemühungen bei alten Menschen weniger anspruchsvoll sein als bei jüngeren. Es geht mehr um Symptomlinderung als um Veränderung von Persönlichkeitszügen und Charakterstrukturen; oft muss man sich mit dem (Wieder-)Erreichen des Zustandes vor einer Verschlechterung zufrieden geben. Nicht selten erfolgt die Stabilisierung auch auf einem niedrigeren als dem Ausgangsniveau, insbesondere wenn unbeeinflussbare Erkrankungen und Verluste vorhanden sind. Der Anspruch an die erreichte Stabilität darf begrenzter sein. Bei der Unterstützung in der Bearbeitung von Konflikten und Leid auslösenden Ereignissen ist sehr vorsichtig darauf zu achten, dem Patienten keine vermeintlich allgemein gültigen Normen aufzudrängen, etwa im Sinne eines radikal offenen Umganges mit dem Aspekt des Lebensendes oder einer einseitig aktionistischen Lebensgestaltung (RADEBOLD 1992). Vielmehr muss es dem Therapeuten darum gehen, Lebensstil und seelische Arbeitsweise des Patienten zu verstehen und den therapeutischen Prozess möglichst in Übereinstimmung damit zu bringen. Bei allen psychotherapeutischen Bemühungen um alte Menschen darf nicht aus dem Auge verloren werden, dass die psychischen Störungen häufig fehlgeschlagene Anpassungsversuche auf Verluste darstellen, die endgültig sind. Damit ist zum einen die Grenze der Bemühungen ausgedrückt, aber andererseits natürlich auch auf die Chance hingewiesen, dass aus Erschütterungen Entwicklungen zu neuen Gleichgewichten erfolgen können. Manche Autoren gehen so weit psychische Erkrankungen im Alter deshalb zunächst einmal nur als Selbstheilungsversuch zu betrachten (KIPP, JÜNGLING 1991).

(10) Konstruktives Fordern: Trotz der Notwendigkeit, bei psychotherapeutischen Bemühungen die Belastungsgrenzen der Patienten zu berücksichtigen, besonders beim Aufgreifen von Konfliktmaterial in der Remissionsphase (Rückbildungsphase) schwerer Depressionen, darf andererseits nicht übersehen werden, dass alte Menschen an sich sogar ein Recht darauf haben, (auch) gefordert zu werden. Den anderen als ähnlich belastbar wie sich selbst wahrzunehmen drückt – aus anthropologischer Sicht – Respekt aus. In fortgeschrittenen Therapien mit *jüngeren* Patienten erfolgen durch den Therapeuten nicht selten gezielte Konfrontationen bis hin zu Kränkungen, und zwar im Wissen, dass aus kleinen Erschütterungen im Laufe der Zeit konstruktive Entwicklungen werden können. Bei alten Menschen steht zum Abwarten solcher Entwicklungen nicht mehr so viel Zeit zur Verfügung, und den Patienten provozierende (konfrontative) Deutungen können sie eher verunsichern oder bedrohen. Aber man kann sie verstärkt auf die Realität ihrer Erfahrungen und ihres Wissens verweisen, sie sozusagen dazu verpflichten von den ihnen zur Verfügung stehenden Kräften auch Gebrauch zu machen. Wie erwähnt, geschieht dies oft über die Brücke einer gezielten identifikatorischen Annäherung. Die Tatsache, dass wichtige Einsichtsschritte und Neuanpassungen nicht mehr wie bei jüngeren Patienten unbegrenzt aufgeschoben werden können, kann – behutsam gehandhabt – seelisch mobilisieren. Dabei spielen dann zwei unterschiedliche Aspekte von Hoffnung eine Rolle, nämlich diejenige auf den Aufschub des Todes und diejenige auf Bewältigung der Konflikte beziehungsweise das Gelingen von Neuanpassungen. Jeder psychotherapeutisch Bemühte muss seinen spezifischen Umgangsstil mit diesen zentralen Elementen von Psychotherapie im Alter entwickeln. Denn Hoffnung muss stets möglich bleiben.

(11) Typische Themen psychotherapeutischer Hilfestellung für depressive alte Menschen: Viele charakteristische Themen sind im Rahmen der bisherigen Überlegungen schon genannt worden (Schmerz und Krankheit, Defizite, Verluste und Tod, Trauer und der Versuch, tröstliche Aspekte herauszuarbeiten sowie Stabilisierung beziehungsweise Neuanpassung zu erreichen). Immer wieder geht es um die Akzeptanz von Realitäten, um Enttäuschungen aufgrund nicht mehr erfüllbarer Erwartungen zu vermeiden, aber auch um die Eröffnung von Ausblicken, um Räume für Entwicklungen, damit die Lebensperspektive nicht in völlig vorgegebenen Strukturen erstarrt.

Eine Variation des Abschiedsthemas stellen lebensalte überhöhte Phantasien von Größe oder Glück dar, die nun endgültig aufgegeben werden müssen. Oft sind sie mit ebenso lebensalten Selbstabwertungserlebnissen verbunden, denn die Überprüfung der Ansprüche an der Wirklichkeit musste immer wieder zu Enttäuschungen führen. In der Therapie gelingen dann manchmal kleine Schritte der Aussöhnung mit dem eigenen Selbst, wobei man sich angesichts der langen Vorgeschichte über die Größe dieser Schritte keinen Illusionen hingeben darf. Aber schon die Chance, alten Patienten dabei behilflich zu sein, sich in sich selbst noch etwas heimischer zu fühlen, kann psychotherapeutische Hilfestellung sehr wertvoll machen. Dabei kann ein gutes und faires Verständnis des Therapeuten mit seiner eigenen bisherigen Entwicklung hilfreich sein. Etwas anders verhält es sich bei Patienten – vorwiegend Männern –, die zeitlebens unter dem Druck gestanden haben, ein äußeres Bild von Stärke und Unerschütterlichkeit aufrechtzuerhalten, dem sie aber von ihrer inneren Verfassung und ihren Kräften her eigentlich nie gerecht werden konnten. Die unaufhaltsamen Einschränkungen können nun dazu führen, dass diese Fassade der unerschütterlichen Stärke endgültig aufgegeben wird und eine Entwicklung zu mehr Gelassenheit und Entspanntheit stattfindet. Dies schlägt sich dann unter Umständen stark in den Beziehungen dieser Menschen nieder. Manchmal finden Angehörige, insbesondere Kinder und Schwiegerkinder, die diesen Mechanismus bislang nicht durchschauten und sich immer wieder an der Fassade brachen, einen neuen Zugang zum Patienten. Ihre Wahrnehmung kann dann freier werden für bisher kaum entdeckte Seiten des anderen. Manchmal setzt mit dem Nachlassen dieser Anforderungen des Kranken an sich selbst überhaupt erst ein Heilungsprozess aus depressiven Verfassungen heraus ein.

3. Abhängigkeit und Sucht

3.1 Epidemiologie

Die Häufigkeitsangaben für Alkoholabhängigkeit über 65-Jähriger liegen bei etwa drei bis fünf Prozent (Atkinson 1991), wobei es (noch) ein krasses Missverhältnis zwischen Männern und Frauen gibt. Bei Letzteren kann man weiterhin von einer sehr geringen Häufigkeit ausgehen. – Anders verhält es sich mit der Medikamentenabhängigkeit. Deren Werte liegen für Frauen bei etwa ein bis zwei Prozent, für Männer dagegen bei 0,5 Prozent. Allerdings muss bei beiden Formen von Abhängigkeit, stärker bei derjenigen von Medikamenten, von einer Reihe von Dunkelfaktoren ausgegangen werden (Vergessen, Scham, Desinteresse oder Fehlen von Beobachtern). Außerdem ist zu berücksichtigen, dass es Lebensstil- und historische Einflussfaktoren gibt (Kohorteneffekte), die dafür sprechen, dass beide Problembereiche künftig zunehmen werden.

Besondere Sorge gilt der Häufigkeit von Abhängigkeit und Sucht in Alten- und Pflegeheimen. Hierzu gibt es einige Befunde mit Häufigkeitsangaben zwischen fünf und zehn Prozent (Schmitz-Moormann 1985; Wübbels 1989). Systematische Übersichten aus einer repräsentativen Stichprobe von entsprechenden Einrichtungen fehlen jedoch. Immerhin halten sich Überlegungen zu einem erhöhten Risiko (vielfältige Einschränkungen, depressive Verfassung, fehlende Anreize für Abstinenz) mit solchen zu einem reduzierten Risiko die Waage (zum Beispiel aufgrund besserer Erkennbarkeit und Beeinflussbarkeit).

Im Vergleich zwischen mittleren und späteren Lebensabschnitten kommt Alkoholabhängigkeit im Alter seltener vor. Die Altersphase von 65 bis 75 Jahren hat ein deutlich höheres Risiko als die späteren Lebensabschnitte (Schmitz-Moormann 1992).

3.2 Entstehung und Erscheinungsformen

Der häufig angenommene Zusammenhang zwischen verschiedenen sozialen Belastungen – wie Pensionierung, Kontaktmangel, Verwitwung – und Süchtigkeit alter Menschen ließ sich nicht eindeutig bestätigen (ATKINSON 1990). Erst wenn sich derartige Belastungsfaktoren häufen, erhöhen sie das Risiko der Abhängigkeit. Weitere suchtfördernde Einflussfaktoren sind schwere Depressionen, demenzielle Syndrome und chronische Schmerzzustände.

Je später der Beginn der Alkoholabhängigkeit – in einer der wenigen Vergleichsgruppenstudien (SCHUCKIT et al. 1980) fanden sich in der Kontrollgruppe immerhin fünf Prozent Abhängige mit Beginn nach dem 65. Lebensjahr –, desto geringer ist die familiäre Belastung. Unter den Alkoholabhängigen mit spätem Beginn finden sich mehr Angehörige höherer sozialer Schichten und mehr Frauen, bei denen allerdings die Symptomatik insgesamt geringer ausgeprägt ist.

Für beide Suchtformen – Alkohol und Medikamente – gilt, dass sowohl die seelische und körperliche Symptomatik als auch die Entzugserscheinungen (etwa das Entzugsdelir) bei den Süchtigen weniger ausgeprägt und klinisch auffällig sind als in jüngeren Lebensabschnitten. Allerdings ist dabei festzuhalten, dass die biologische Widerstandskraft gegenüber dem Alkohol geringer als in jüngeren Lebensjahren ist, was sich in einer Verschlechterung von Gedächtnis-, Denk- und kognitiven Anpassungsleistungen schon bei verhältnismäßig geringen Alkoholmengen zeigt. Auch pathologische Laborwerte sind bei alten Abhängigen häufiger als bei jüngeren (HURT et al. 1988). Bemerkenswert ist allerdings, dass in Vergleichsstudien mit abstinenten Menschen bei den Personen mit einem mäßigen Alkoholkonsum eine geringere Quote von Herz-Kreislauf-Krankheiten auffiel (ATKINSON 1991).

Neben diesen vielen Einzelfaktoren und -befunden muss bei den Überlegungen zur Entstehung von Sucht im Alter aber auch die uralte menschliche Erfahrung vor Augen geführt werden, dass Alkohol »Gefühle von Wärme, Größe und Unabhängigkeit auslösen kann« (KIPP, JÜNGLING 1991). Der Wunsch nach diesen Gefühlen wächst mit ihren abnehmenden Befriedigungsmöglichkeiten im Alltag. Im Vergleich zum schnell auftretenden Euphorisierungseffekt von Alkohol tritt diese Wirkung bei sedierenden Medikamenten seltener ein; was sie jedoch für bestimmte Patienten besonders gefährlich macht, ist die Tatsache, dass sie vom Arzt verschrieben worden und aus Sicht dieser Leute folglich »Medizin« sind, die niemals schaden kann.

3.3 Diagnose

Besonders charakteristisch und auffällig für die Abhängigkeit im Alter sind Entzugssymptome, wie sie in somatischen Krankenhausabteilungen auftreten, sowie der Zusammenhang zwischen der Sucht Älterer und Verkehrsdelikten. Insbesondere bei chirurgischen Behandlungen können – nicht nur bei alten

Menschen – charakteristische Entzugserscheinungen auftreten. Bei depressiven Verstimmungen, gehäuften Stürzen, Gedächtnisverschlechterungen und anderen kognitiven Leistungsminderungen entsteht oft der Verdacht auf Abhängigkeit von Beruhigungs- und Schlafmitteln. Häufig führen nur die sorgfältige Beobachtung und Untersuchung verschiedener Aspekte und die Addition vieler Einzelhinweise zu einem weitergehenden Verdacht. Dazu zählen Faktoren in der Vorgeschichte (zum Beispiel gehäufte Hospitalisierungen im Zusammenhang mit Stürzen oder Verwirrtheitszuständen), Einzelheiten des äußeren Erscheinungsbildes, der Hautfarbe, der affektiven Ausstrahlung, der Sprache, aber auch Blutergüsse (besonders in Möbelhöhe) sowie Brandverletzungen durch Zigaretten. Von großem diagnostischem Wert sind – möglichst unangekündigte – Hausbesuche, die Aufschluss geben über die verbliebenen Fähigkeiten des alten Menschen, seine Umgebung noch zu gestalten und zu pflegen. Bei allein Lebenden ist im Zusammenhang damit ein Arrangement besonders erwähnenswert, bei dem alles um einen zentralen und bequemen Sitzplatz herum zentriert ist (»Nesting«, ATKINSON 1991), aufzufassen als Hinweis auf kontaktarmen Rückzug und ausschließliche Beziehung zum Fernseher. Neben einer Fülle von körperlichen Symptomen, die dem Arzt in der Regel vertraut sind (erwähnt seien nur die bereits genannten Blutergüsse, die oft leicht verstrichene, manchmal gedunsen wirkende Gesichtshaut mit angedeutet blassbläulicher Verfärbung, verschmächtigte Muskulatur im Handrücken- und Unterschenkelbereich und Rötungen der Handinnenflächen), zeigen sich auch folgende psychische Störungen: häufige Stimmungsschwankungen, ängstliche Affekte, Einsamkeitsgefühle, Antriebsmangel, Reizbarkeit sowie häufige Äußerungen von Hilflosigkeit beziehungsweise Überforderung. In der Phase der ungeklärten Diagnose sind oft eine besonders gereizte Abwehr von Fragen nach Alkohol und die Ablehnung von Hilfsangeboten auffällig. Nicht selten sind Schlafstörungen, darunter oft ein charakteristisches Erwachen mitten in der Nacht.

Als grobes Raster zur Erkundung eines grundsätzlich vorhandenen Abhängigkeitsrisikos haben sich folgende vier Fragen bewährt (EWING 1984):

(1) Haben Sie je an eine Verringerung der Alkoholmenge gedacht?
(2) Haben Sie sich manchmal darüber geärgert, dass andere Ihre Trinkgewohnheiten kritisieren?
(3) Haben Sie sich schon einmal Vorwürfe gemacht, weil Sie trinken?
(4) Mussten Sie schon einmal morgens als erstes Alkohol zu sich nehmen um Ihre Nerven zu stabilisieren und einen schweren Kopf zu beseitigen?

Zwei bejahende Antworten begründen den Verdacht auf Alkoholmissbrauch oder -abhängigkeit.

Die Diagnose einer Sedativaabhängigkeit – in der Regel von Benzodiazepinen (beruhigend und dämpfend wirkenden Medikamenten wie Valium und Adumbran) – bereitet deshalb so große Schwierigkeiten, weil die betroffenen alten Menschen in der Regel Medikamente einnehmen, die ihnen verschrieben worden sind. In Untersuchungen an repräsentativen Stichproben fanden sich fünf bis 15 Prozent alte Menschen mit von ihren Ärzten rezeptierten Benzodiazepinen (ATKINSON 1991). Besonders schwierig ist es dabei für die alten Patienten, zwischen zwei verschiedenen Formen von Abhängigkeit zu unterscheiden: dem normalen Angewiesensein auf notwendige, regelmäßig einzunehmende Medikamente und dem süchtigen Abhängig-Sein. Hier sind auch die bereits in *Abschnitt 1.6* erwähnten verschiedenen Bedeutungen von Medikamenten wichtig. Mit der Länge des Einsatzes steigt das Risiko körperlicher Abhängigkeit, allerdings ohne die Notwendigkeit einer Dosissteigerung; dies erschwert die Wahrnehmung des Problems im Rahmen langfristiger, insbesondere hausärztlicher Behandlungen. Bekannt ist außerdem, dass Sedativa in der Behandlung von Angstsyndromen seltener abhängig machen als bei Schlafstörungen. Im Übrigen ist festzuhalten, dass seit Mitte der siebziger Jahre international ein Rückgang der Verschreibungshäufigkeit von Benzodiazepinen festzustellen ist. In Deutschland sind zum Beispiel die entsprechenden Werte in den achtziger Jahren um 50 Prozent zurückgegangen (LOHSE, MÜLLER-OERLINGHAUSEN 1990). Dennoch verdient das Problem weiterhin Aufmerksamkeit.

3.4 Therapie

Im Zentrum der therapeutischen Bemühungen um abhängigkeitskranke Ältere steht die Akzeptanz ihrer Sucht. Süchtigkeit ist sehr viel weniger in der Vorstellungswelt alter Menschen enthalten, als dies aufgrund der spektakulären Drogenproblematik bei Jüngeren der Fall ist. Deshalb hat es für einen alten Menschen, der sich bisher nicht als süchtig wahrgenommen hat, etwas sehr Erschreckendes und Erschütterndes, dies nun bei sich selbst erkennen zu sollen. Die Erwartung, eine massive eigene Fehlentwicklung anzuerkennen, kann das Bewusstsein eines 80-Jährigen, in seinen Regeln und Rhythmen einigermaßen würdig und prinzipientreu gelebt zu haben, zutiefst in Frage stellen. Seine Ich-Stabilität ist ohnehin erschütterbarer geworden aufgrund der bereits mehrfach angesprochenen gehäuften Einschränkungen und Verluste und der daraus resultierenden großen Anstrengungen, das innere Gleichgewicht und Wertgefühl aufrechtzuerhalten.

Sodann taucht die Frage auf, was einem alten Menschen als Aussicht für die Anstrengungen der Abstinenz vermittelt werden kann, wenn seine innere Verfassung sich etwa folgendermaßen kennzeichnen lässt: »Ich bin nicht mehr weit entfernt vom Tod; was ich von Abhängigkeit und Veränderungsnotwendigkeiten höre, lässt mich gleichgültig.« Die negativen Konsequenzen der Fortsetzung süchtigen Verhaltens sind bei alten Menschen viel weniger eindrucksvoll als bei jüngeren. Koordinationsstörungen und gelegentliche polyneuropathische Schmerzen (Schmerzen aufgrund von alkoholbedingten Schädigungen des Nervensystens vor allem in den Extremitäten) können bei Älteren im Spektrum vieler anderer körperlicher Krankheiten einen geringen Stellenwert haben.

Die Erfolgsaussichten einer Entwöhnungsbehandlung hängen also wesentlich davon ab, ob es gelingt Ziele und Belohnungen für die Anstrengungen des Entzugs herauszuarbeiten. Zumindest in begrenztem Umfang müssen Zuversicht und Hoffnung auf neue Entwicklungen und bessere Erfahrungen entstehen können, und zwar über die (selbstverständlich erforderliche) Linderung von Schmerzen und Verbesserung von Funktionen hinaus. Dazu sind soziale Phantasie und Einfallsreichtum im Hinblick auf die Gestaltung des letzten Lebensabschnittes erforderlich. Hier gibt es enge Verknüpfungen mit dem Grundsatzproblem, im Alter mehr Möglichkeiten von Partizipation und Erfahrung von Aktivsein zu schaffen. Bei der Behandlung Suchtkranker spielt das Problem der Gratwanderung zwischen Respekt vor ihrer Autonomie und dem Wissen um die Chancen, die in der Überwindung ihres Widerstandes stecken, in abgewandelter Form eine ähnliche Rolle wie im Umgang mit antriebsschwachen Demenzkranken. Der Respekt vor ihrer Autonomie erfordert zum Beispiel bei Bewohnern von Alten- und Pflegeheimen ihnen prinzipiell das Recht auf Alkoholkonsum zu lassen.

Ist das Problem akzeptiert und eine Therapiebereitschaft erreicht, so sind die therapeutischen Chancen eher besser als bei Jüngeren, wie die – allerdings sehr begrenzten – Erfahrungen aus deutschen Fachkliniken für Suchtkranke (SOEDER 1989) und den in England bereits weiterentwickelten ambulanten Spezialangeboten für suchtkranke alte Menschen belegen (ATKINSON 1991). Aus den bereits dargestellten Schwierigkeiten der Akzeptanzphase hat sich zu diesem Zeitpunkt dann bereits oft eine belastbare Beziehung zum Therapeuten als wichtige Grundlage der Behandlung entwickelt. Dass es in dieser therapeutischen Arbeit auch um die Auseinandersetzung mit Einflussfaktoren aus der Lebenssituation und Lebensgeschichte geht, muss nicht betont werden. Hier gelten die bereits in *Abschnitt 2.5* über den Umgang mit reaktiv Depressiven und Suizidalen dargestellten Gesichtspunkte.

Die Therapie lässt sich gut in Gruppen durchführen. Dabei ist auf eine weitgehende Altershomogenität zu achten; eine zu stark altersgemischte Zusammensetzung hat sich in der Suchtbehandlung nicht bewährt.

Ginge es nicht um Sucht, bestünde kein Rückfallrisiko. Je langjähriger die Abhängigkeit ist, desto größer ist dieses Risiko. In besonders schwierigen Fällen gibt es dabei charakteristische Veränderungen der therapeutischen Beziehung (KIPP, JÜNGLING 1991). Patienten, die nach einer längeren Abstinenzphase rückfällig werden und im stationären Rahmen in der Erschütterung darüber besonders therapiewillig sein können, neigen zur Überhöhung und Idealisierung ihres jeweiligen Therapeuten; ihr gilt es gegenzusteuern. Manchmal haftet dieser unkritisch sehnsuchtsvollen Überhöhung eine nahezu süchtig-magische Bedeutung an, mit der die Patienten sozusagen eine Abwehrfront gegen das Rückfallrisiko aufbauen wollen. Wie alle Idealisierungen kann dies jedoch nicht von Bestand sein, und ihr verführerischer Charakter muss erkannt werden, weil die sonst im späteren Verlauf zwangsläufig erfolgenden enttäuschenden Rückfälle leicht zu aggressiven Reaktionen beim Patienten (und auch beim

Therapeuten) führen. Beim Abhängigen können diese verstärkt süchtigen Impulse zu Selbstzerstörung führen. KIPP und JÜNGLING (1991) betonen, dass eine ähnliche Patient-Therapeut-Dynamik in der Behandlung von Beruhigungsmittelabhängigen nicht entsteht.

Während in der Regel Alkohol abrupt abgesetzt werden sollte, ist bei Beruhigungsmittelabhängigkeit eine schrittweise Entwöhnung möglich. Dabei muss man – oft mühsam – mit dem Patienten den jeweiligen Reduktionsschritt aushandeln und ihn geduldig stützen, immer die bereits erreichten Erfolge verdeutlichend. Die Stufen werden im Laufe des sich häufig über längere Zeit hinziehenden Behandlungsprozesses unter Umständen immer kleiner; sonst wachsen Ängste und Widerstand des Patienten zu sehr. Im Verlaufe dieses bis zu vier Monate langen Weges (ATKINSON 1991) sind oft sehr individuelle Regelungen zu treffen, je nachdem, was sich im Leben des Patienten neu entwickelt.

4. Suizid

4.1 Epidemiologie

In allen vergleichbar hoch entwickelten Ländern steigt das Suizidrisiko mit dem Alter an. Diese Zunahme ist für Männer sehr viel ausgeprägter als für Frauen. Bezogen auf *alle* Altersgruppen suizidierten sich 1989 in Deutschland pro 100000 Bewohner 24 Männer. In der Gruppe der über 80-Jährigen waren es jedoch 85. Dementsprechend nehmen in den hoch industrialisierten Ländern die Suizide Älterer einen über doppelt so hohen Anteil an der Gesamtsuizidzahl ein, als es ihrem Bevölkerungsanteil entspricht. Die entsprechenden Werte bei den Frauen lauten 11 und 23 pro 100000 (Übersicht bei ERLEMEIER 1992). Bezogen auf die gesamte Lebensspanne beträgt das männliche Suizidrisiko (kumulative Suizidrate) das 2,3fache dessen von Frauen (SCHMIDTKE, HÄFNER 1986). Hinsichtlich der Suizid*versuche* gibt es eher einen gegenläufigen Trend zu verzeichnen, der allerdings in einem logischen Zusammenhang mit der Zunahme vollendeter Suizide steht: Sie nehmen in den höheren Altersklassen ab (KRAUSS 1989). Die durch ältere Menschen vorgenommenen Suizidversuche machen nur 5 Prozent aller erfassten Suizidversuche aus. Insbesondere bei den Männern finden sich prozentual sehr viel mehr sogenannte harte Methoden des Suizides: Erhängen, Erschießen und Stürze aus großer Höhe.

Bei den Überlegungen zur Suizidhäufigkeit spielen Erfassungsprobleme eine wichtige Rolle, etwa im Zusammenhang mit bestimmten tödlich verlaufenden Ein-Personen-Verkehrsunfällen oder Drogen. Ebenso muss man auch von Dunkelfaktoren im Altersbereich ausgehen, etwa von einer gewissen Wahrscheinlichkeit, dass Suizide im hohen Alter als plötzlicher natürlicher Tod (Exitus subitus) aufgefasst werden (KRAUSS 1989). Aufgrund der häufigeren

Isolation im Alter ist außerdem die Wahrscheinlichkeit des Gefundenwerdens geringer als bei Suizidversuchen jüngerer Menschen. Multimorbidität und Funktionsverluste schränken die Erfolgschancen von medizinischen Überlebensmaßnahmen bei alten Menschen darüber hinaus ein.

4.2 Die Entstehung der Suizidgefährdung

Suizidhandlungen wurden schon immer eher mit dem Alter in Verbindung gebracht als mit früheren Lebensabschnitten (SCHADEWALDT 1977). Bei mehr als 65 Prozent der vollendeten Suizide finden sich ausgeprägte depressive Erkrankungen mit den dazugehörigen charakteristischen Symptomen (BALDWIN 1991). Zu den herausragenden weiteren Faktoren gehören körperliche Krankheit, Verlust naher Bezugspersonen beziehungsweise Verwitwung sowie Konflikte und seelische Traumatisierungen (VOGEL et. al. 1993). Bezogen auf den Ablauf einer Depressionsbehandlung ist wichtig, dass das Suizidrisiko in der Zeit nach der Aufnahme eines Kranken in die stationäre Betreuung besonders hoch ist. Dies lässt sich am ehesten dadurch erklären, dass der Entscheidung zur Aufnahme oft eine Zeit hochgradiger Ambivalenz vorausgeht, in der der Patient sich oft noch mit dem Anspruch auseinander setzt aus eigener Kraft aus seiner Verfassung herauszufinden. Sich dann endgültig in der stationären Umgebung zu wissen kann das Erlebnis von Verzweiflung und Versagen zuspitzen und den letzten noch erforderlichen Beitrag zum Suizidimpuls erzeugen. In einer gewissen Analogie dazu steht die Erfahrung, dass nach der Entlassung aus stationärer Depressionsbehandlung ebenfalls noch oder wieder ein etwas erhöhtes Suizidrisiko besteht. Dies ließe sich durch die – unter Umständen – verfrühte Konfrontation mit der Normalität der Anforderungen begründen (und mit den vielen Menschen, die ihnen zu genügen scheinen).

Betrachtet man das Suizidrisiko im Zusammenhang mit wiederholten Depressionen im Alter, so ist es am höchsten nach dem erstmaligen Auftreten einer Depression in dieser Lebensphase (BARRACLOUGH et al. 1974). Unter den charakteristischen depressiven Symptomen in der Vorgeschichte ist besonders das hypochondrische Klagen zu betonen, das wegen der großen Belastung für Pflegekräfte und Angehörige manchmal zu einer therapeutischen Lähmung führen kann und dazu beiträgt, dass die seelischen Hintergründe aus dem Auge verloren werden (BRUDER 1986; BALDWIN 1991). Dazu passt, dass die Mehrheit der alten Menschen, die sich suizidierten, in den vorangegangenen drei Monaten ihren Arzt aufgesucht hat.

Auf einige wichtige Merkmale der Vorgeschichte suizidaler Handlungen hat WÄCHTLER (1984) hingewiesen. Er betont neben der im Vergleich zu Jüngeren insgesamt ausgedehnteren Zeit für die Entstehung des Entschlusses die sogenannte Suizidäquivalente, etwa die Therapie- beziehungsweise Nahrungsverweigerung, wie sie insbesondere nach Übersiedlung in Pflegeinstitutionen zu beobachten ist. Im Gegensatz zu den Motiven bei jüngeren Suizidanten stehen bei alten die Verlusterlebnisse im Vergleich zu Konflikten im Vordergrund. Wichtig ist darüber hinaus, dass es nicht um einzelne emotionale Belastungen, sondern um Häufungen von schwerwiegenden Ereignissen geht, wobei die subjektive Problemüberschätzung ein wesentlicher Faktor ist.

Die rückblickende Auseinandersetzung mit dem Suizid jener alter Menschen, die eher geringe Zeichen psychischer Erkrankung aufwiesen, zeigt nicht selten eine – leider erst dann deutlich werdende – Verhaltensänderung, die man mit auffälliger Klarheit oder »Aufgeräumtheit« bezeichnen kann. In ihre Beschreibung gehen wahrscheinlich auch Projektionen der Angehörigen ein, die in ihrer Erschütterung und Ratlosigkeit jede Möglichkeit der Erklärung aufgreifen. Dabei ist dann die Rede von Klarheit oder sogar Abgeklärtheit, von eher gelassen ausgeglichener Stimmung, in der die Betreffenden etwas ferner wirkten als gewöhnlich, manchmal auch von angedeutet heiterer Stimmung und vermehrter Gesprächsbereitschaft (Kipp, Jüngling 1991).

4.3 Präventive Aspekte

Grundsatz ist die Beachtung der beschriebenen Risikofaktoren, u. a. von (bereits erwähnten) Suiziden unter Verwandten ersten Grades. Über diese Hinweise hinaus sollten Ahnungen beziehungsweise intuitive Befürchtungen des Arztes als wichtiger Hinweis angesehen werden. Suizidalität, sei sie krankheitsbedingt oder das – wie häufig auch immer vorkommende – Ergebnis bilanzierender Lebensbetrachtung, ist ein sehr komplexes und zugleich archaisches seelisches Phänomen. Sie kann nicht nur durch statistisch erarbeitete Einzelkriterien bestimmt werden, sondern auch durch Empathie.

Für alle Altersgruppen Suizidgefährdeter gilt der Grundsatz die Betroffenen darauf anzusprechen. In der Regel bedeutet das Entlastung. So tief die Sehnsucht nach dem Tode auch sein mag, das Wissen um die Endgültigkeit und Einmaligkeit des Sterbens erzeugt zugleich immer auch ein Gefühl von Ungeheuerlichkeit, das tendenziell von Schuldgefühlen begleitet sein kann. Dies gilt umso mehr für die Ausweglosigkeit endogen Depressiver, deren schwere Schuldgefühle suizidale Wünsche erzeugen können, die ihrerseits dann wiederum Schuldgefühle verstärken. Der Dialog über die Suizidgedanken durchbricht dieses zirkuläre Eingeschlossensein. Dabei ist insgesamt zu bedenken, dass alte Menschen offensichtlich größere Schwierigkeiten als jüngere haben über suizidale Vorstellungen zu sprechen; dies zeigt zum Beispiel ihre geringe Repräsentanz unter den Anrufern von Telefonseelsorgestellen und anderen Kriseninterventionseinrichtungen (Erlemeier 1992). Zu einer präventiven Grundhaltung gehört auch die Beseitigung allgemeiner Vorurteile. Dazu zählen folgende Annahmen: Suizide geschehen ohne Vorwarnung; wer über Suizid redet, begeht keinen; das Gespräch über Suizid erhöht das Suizidrisiko; Suizidäußerungen sind die Folge von Geltungsbedürfnis oder dienen der Manipulation anderer; und schließlich die Auffassung, die beste Reaktion auf Suizidandrohungen sei Zurechtweisung und die Aufforderung zur Selbstdisziplin (»Kopf hoch, das Leben geht weiter!«; McIntosh 1988).

Spezielle Vorsichtsmaßnahmen gelten der Suizidgefährdung schwer depressiver alter Menschen bei der stationären Behandlung. Von dem erhöhten Risiko unmittelbar nach der Aufnahme (aber auch nach der Entlassung) war bereits die Rede. Eine besondere Gefährdung gibt es in den frühen Morgenstunden, der Zeit, in der schwer Depressive ohne ausreichend schlafsichernde Behandlung ihrem pathologischen Erleben sehr isoliert ausgesetzt sind. Auch unmittelbar nach der Visite haben sich immer wieder – meist sehr harte und dramatische – Suizidhandlungen (Fenstersprünge) ereignet. Dies könnte man als Reaktion auf das Scheitern von überhöhten Erwartungen an die Arztbegegnung auffassen.

Bei schwer suizidalen Menschen ist stets zu beachten, dass von räumlich-organisatorischen Merkmalen, aber auch von potenziell verletzenden beziehungsweise gefährdenden Instrumenten oder giftigen Substanzen ein Aufforderungscharakter ausgehen kann, der die Schwelle zur Verwirklichung der Tat reduziert. So hat es zum Beispiel in England in den 60er Jahren einen massiven Rückgang der Suizide gegeben, dem nichts anderes als die Umstellung von giftigem auf ungiftiges Haushaltsgas zugrunde lag (Baldwin 1991). Wenn es gelungen ist eine vertrauensvolle Beziehung aufzubauen, berichten suizidale Menschen manchmal, dass nur der Anblick zum Beispiel eines Messers mit einer spitzen Klinge in ihnen Angst davor auslöse, die Abwehr ihrer Selbsttötungsphantasien nicht mehr aufrechterhalten zu können. Unruhig-agitierte Kranke müssen im Beginn der stationären Behandlung sehr sorgfältig beobachtet werden, besonders auf offenen Stationen. Das suizidale Risiko ist den Angehörigen zu vermitteln, und mit ihnen gemeinsam muss eine eventuell notwendige Verlegung in eine geschlossene Abteilung erörtert werden.

4.4 Therapeutische Aspekte

Wann immer bei einem alten Menschen ein suizidales Syndrom erkannt wird, sollte ihm rasch ein Hilfsangebot gemacht werden. Oft dient schon das Gespräch über suizidale Vorstellungen als erster Brückenschlag. Die Entwicklung einer vertrauensvollen, aus der Sicht des Patienten belastbaren Beziehung ist die Grundlage therapeutischer Bemühungen. Dies Signal des beständigen Angebotes ist hilfreicher als zu direktiv stützende Vorschläge und Trostversuche, die bei Depressiven sehr schnell zu dem Empfinden einer großen Distanz zum Therapeuten führen können. Sie vermuten bei ihm dann nur eine umso kraftvollere, gesündere und normalere innere Verfassung, die ihnen immer unerreichbarer erscheint. Wichtig ist das Erkennen von Hintergründen für die depressiv-suizidale Entwicklung, wobei dies überwiegend für die große Zahl der nicht endogen depressiven Suizidalen gilt. Ganz im Zentrum stehen dabei Verlusterlebnisse, die in psychoanalytischem Verständnis eine tiefe Kränkung darstellen können (Hense-

LER, REIMER 1981). Dies gilt besonders für den Fall, dass die verlorenen Objekte (Menschen, Rollen, Fähigkeiten) in einem Ausmaß zum Identitätsgefühl des Kranken beitrugen, das ihnen objektiv nicht zukam. Auf den Verlust dieser sozusagen zu Aspekten des Selbst gewordenen Anteile reagieren die Kranken mit Gefühlen ohnmächtigen Bedrohtseins und depressiver Erstarrung, ohne dass eine angemessene Trauerarbeit über das verlorene Objekt stattfindet. Ziel der psychotherapeutisch orientierten Unterstützung muss sein diese Hintergründe zu erkennen und den Prozess des Trauerns in Gang zu bringen. Dabei spielt eine wichtige Rolle, dass die aktuellen Verlusterlebnisse häufig die Wiederholungen lebensgeschichtlich früherer, ähnlicher Ereignisse sind, die bereits damals traumatisch wirkten. Für die Bearbeitung suizidaler Syndrome alter Menschen ist besonders wichtig, dass mit dem Trauern und dem Wieder-frei-Werden seelischer Energien (die vorher im ohnmächtigen Kränkungserleben gebunden waren) nun wieder Lebensbereiche und Menschen erkennbar werden, denen sie sich allmählich zuwenden können. Hierbei haben die im Zusammenhang mit Projektion und Identifikation und den psychotherapeutischen Gesichtspunkten der Depressionsbehandlung dargestellten Überlegungen Bedeutung. Das Erkennbar-Machen möglicher neuer Objekte für seelische Bindung stellt einen sehr feingliedrigen Vorgang dar, in dem vorsichtiges Angebot, zögerndes An-sich-Heranlassen, Verwerfen, Erkennen des Angemesseneren, Suche nach Veränderungen und allmähliches Sich-darauf-Einlassen sehr schnell aufeinander folgen.

Es ist klar, dass man bei Menschen mit einer sich gerade abzeichnenden suizidalen Gefährdung mit dem therapeutischen Angebot sehr viel vorsichtiger und behutsamer sein muss als bei Menschen nach einem Suizidversuch, der ja ihre innere Verfassung offen gelegt hat. Die Hilfsbereitschaft kann sonst sogar suizidale Reaktionen auslösen oder zur Angst führen die Freiheit zu suizidalen Gedanken (bis hin zu Handlungen) einzubüßen.

Auf jeden Fall muss die Unterstützung *nach* Suizidversuchen schnell angeboten werden, am besten im Rahmen von Kriseninterventionseinrichtungen beziehungsweise – bei stationärer Behandlung – Liaisondiensten (WÄCHTLER et al. 1986; WEDLER 1989). Dabei gelten die methodischen (rascher Beginn, aktives Vorgehen, Methodenflexibilität, Fokussierung des aktuellen Ereignisses, Einbeziehung der Umwelt, Entlastung des Patienten, Zusammenarbeit mit Bezugspersonen) und von CULLBERG (1978) zusammengestellten inhaltlichen Gesichtspunkte. Sie umfassen die Unterstützung der Selbstheilungstendenzen der Patienten, die Ermutigung zum offenen Umgang mit Gefühlen von Trauer, Schmerz, Schuld und Aggressivität, das stellvertretende Hoffen, die Stützung in der Konfrontation mit der Realität und den Abbau von Verleugnungstendenzen und Realitätsverzerrungen, die Mobilisation der Hilfskräfte der Familie und eventueller anderer Bezugspersonen, die Ich-Stützung durch kurze Krankschreibung und gezielte antidepressive und angstlösende Behandlung und schließlich die Vermeidung schädlicher Passivierung und Regression durch Alkohol und Beruhigungsmittel, zu lange Krankenhausbehandlungen, soziale Isolation oder Erstarrung in bitteren Vorwurfshaltungen.

Nahe Bezugspersonen sollten einbezogen werden, wenn sie vorhanden sind, es therapeutisch sinnvoll ist und der Patient zustimmt. Aus der Art, wie er sich mit dieser Frage auseinander setzt, aber auch daran, wie die betroffenen Bezugspersonen auf den Vorschlag reagieren und was an Schwierigkeiten bei der Verabredung von entsprechenden Gesprächen erkennbar wird, lassen sich in der Regel bereits wichtige Aufschlüsse über den Charakter der Beziehung und über mögliche Konflikte gewinnen.

Übungsaufgaben

Aufgabe 1
Stellen Sie die Unterschiede zwischen vaskulärer Demenz (Multiple Infarkt-Demenz) und Demenz vom Alzheimer Typ dar.

Aufgabe 2
Welche Symptomatik kennzeichnet die Demenz vom Alzheimer Typ?

Aufgabe 3
Welches sind die Hauptsymptome einer (Alters-)Depression?

Aufgabe 4
Welche Gründe kann der Suizid eines alten Menschen haben?

Literaturverzeichnis

ATKINSON, Roland M. (1990): Aging and Alcohol Abuse Disorders: Diagnostic Issues in the Elderly. In: International Psychogeriatrics, 2, S. 55–72.

ATKINSON, Roland M. (1991): Alcohol and Drug Abuse in the Elderly. In: JACOBY, Robin; OPPENHEIMER, Catherine (Hrsg.): Psychiatry in the Elderly. Oxford, New York, Tokyo: Oxford University Press, S. 819–851.

BALDWIN, R. C. (1991): Depressive illness. In: JACOBY, R.; OPPENHEIMER, C. (Hrsg.): Psychiatry in the elderly. Oxford, New York, Tokyo: Oxford University Press, S. 676–719.

BARRACLOUGH, B.; BUNCH, J.; NELSON, B.; SAINSBURY, P. (1974): A hundred cases of suicide: clinical aspects. British Jounal of Psychiatry, 125, S. 355–373.

BRÄNDEL, O. (1985): Über das Recht, den Zeitpunkt des eigenen Todes selbst zu bestimmen. In: WEHOWSKY, Stefan (Hrsg.): Sterben wie ein Mensch. Gütersloh: Siebenstern.

BRUDER, Jens (1986): Familiendynamische Aspekte der Therapie depressiver Alterspatienten. In: BERGENER, Manfred (Hrsg.): Depressionen im Alter. Darmstadt: Steinkopff, S. 119–125.

BRUDER, Jens (1989): Die Würde des verwirrten alten Menschen. In: BORSI, Gabriele M. (Hrsg.): Die Würde der Menschen im psychiatrischen Alltag. Göttingen: Vandenhoeck & Ruprecht, S. 58–66.

BRUDER, Jens (1994): Gerontopsychiatrische Erkrankungen. In: OLBRICH, Erhard; SAMES, Klaus; SCHRAMM, Axel (Hrsg.): Kompendium der Gerontologie. Interdisziplinäres Handbuch für Forschung, Klinik und Praxis (V 16, S. 1–67). Landsberg (Lech): ecomed.

BUIJSSEN, Huub (1994): Senile Demenz: Eine praktische Anleitung für den Umgang mit Alzheimer-Patienten. Weinheim: Beltz, Psychologie-Verlags-Union.
CULLBERG, J. (1978): Krisen und Krisentherapie. Psychiatrische Praxis, 5, S. 25–34.
DUNKER, D. (1994): Möglichkeiten der Kunsttherapie bei Demenzkranken. In: HIRSCH, Rolf D. (Hrsg.): Psychotherapie bei Älteren mit Demenzen. Darmstadt: Steinkopff, S. 167–171.
DURKHEIM, Émile (1983): Der Selbstmord (französische Erstausgabe: »Le suicide«, 1897). Übersetzt von Sebastian und Hanne HERKOMMER. Frankfurt am Main: Suhrkamp.
ERLEMEIER, Norbert (1992): Suizidalität im Alter: Bericht über den aktuellen Forschungsstand. Studie im Auftrag des Bundesministeriums für Familie und Senioren. Stuttgart, Berlin, Köln: Kohlhammer.
EVANS, Leonhard K. (1985): Sundown Syndrome in the Elderly: A Phenomenon in Search of Exploration. In: Center of the Study of Aging Newsletter, 7 (3), S. 7.
EWING, Johan A. (1984): Detecting Alcoholism: The CAGE Questionnaire. In: Journal of the American Medical Association, 252, S. 1905ff.
FRIEDRICH, Ingrid; SCHMITZ-SCHERZER, Reinhard (1992; Hrsg.): Suizid im Alter. Darmstadt: Steinkopff.
GÖSCHEL, Irmgard; LUCKE, Christoph (1990): Sperrt uns nicht ein. Hannover: Vincentz.
GÖTTE, Rose; LACKMANN, Edith (1991): Alzheimer – was tun? Eine Familie lernt, mit der Krankheit zu leben. Weinheim, Basel: Beltz.
HÄFNER, Heinz (1993): Epidemiologie psychischer Störungen im höheren Lebensalter. In: MÖLLER, Hans-Jürgen; ROHDE, Anke (Hrsg.): Psychische Krankheit im Alter. Berlin, Heidelberg, New York, London, Paris, Tokyo, Hong Kong, Barcelona, Budapest: Springer, S. 45–68.
HENSELER, H.; REIMER, C. (1981): Selbstmordgefährdung. Zur Psychodynamik und Psychotherapie. Stuttgart: frommann-holzboog.
HIRSCH, Rolf D. (1991): Lernen ist immer möglich. München, Basel: Ernst Reinhardt.
HURT, R. D.; FINLAYSON, R. E.; MORSE, R. M.; DAVIS, L. J. (1988): Alcoholism in Elderly Persons: Medical Aspects and Prognosis of 216 Patients. In: Mayo Clinic Proceedings, 63, S. 753–760.
JUNKERS, Gabriele (1981). Verhaltenstherapie mit älteren Menschen. In: Zeitschrift für Gerontologie, 14, S. 4–21.
KIPP, Johannes; JÜNGLING, Gerd (1991): Verstehender Umgang mit alten Menschen. Berlin, Heidelberg, New York, London, Paris, Tokyo, Hong Kong, Barcelona: Springer.
KRAUSS, Burkhard (1989): Epidemiologie. In: KISKER, Karl P.; LAUTER, Hans; MEYER, J.-E.; MÜLLER, Christian; STRÖMGREN, E. (Hrsg.): Psychiatrie der Gegenwart. Band 8: Alterspsychiatrie. Berlin, Heidelberg, New York, London, Paris, Tokyo: Springer, S. 59–84.
LEHR, Ursula M. (1979): Gero-Intervention – das Insgesamt der Bemühungen, bei psycho-physischem Wohlbefinden ein hohes Lebensalter zu erreichen. In: DIES. (Hrsg.): Interventionsgerontologie. Darmstadt: Steinkopff.
LOHSE, M. J.; MÜLLER-OERLINGHAUSEN, Bruno (1990): Psychopharmaka. In: SCHWABE, Ulrich; PAFFRATH, D. (Hrsg.): Arzneimittelverordnungsreport '90. Stuttgart, New York: G. Fischer, S. 335–350.
MALETTA, Gabe J. (1992): Treatment of Behavioral Symptomatology of Alzheimer's Desease, with Emphasis on Aggression: Current Clinical Approaches. In: International Psychogeriatrics, 4, Supplement 1, S. 117–130.
MCINTOSH, J. L. (1988): Suicide: Training and education needs with an emphasis on the elderly. Gerontology & Geriatrics Education, 7, S. 125–139.
MÜLLER-SCHWARTZ, A. (1994): Möglichkeiten der Musiktherapie mit Demenzkranken. In: HIRSCH, Rolf D. (Hrsg.): Psychotherapie bei Älteren mit Demenzen. Darmstadt: Steinkopff.

MURPHY, Elaine (1982): Social Origins of Depressions in Old Age. In: British Journal of Psychiatry, 1441, S. 135–142.

MURPHY, Elaine (1989): Depressionen im Alter. In: KISKER, Karl P.; LAUTER, Hans; MEYER, J.-E.; MÜLLER, Christian; STRÖMGREN, E. (Hrsg.): Psychiatrie der Gegenwart. Band 8: Alterspsychiatrie. Berlin, Heidelberg, New York, London, Paris, Tokyo: Springer, S. 225–251.

OBERLE, Rolf (1992): Demente fanden ihr Lächeln wieder. In: Altenpflege, 4, S. 239–241.

OSWALD, Wolf D.; GUNZELMANN, Thomas (1992): Zur Steigerung der geistigen Leistungsfähigkeit durch Übung und Training. In: OSWALD, Wolf D.; LEHR, Ursula M. (Hrsg.): Altern – Veränderung und Bewältigung. Bern, Göttingen, Toronto: Hans Huber, S. 29–37.

POECK, Klaus (1987): Neurologie. Ein Lehrbuch für Studierende und Ärzte. Siebte, völlig neu bearbeitete und erweiterte Auflage. Berlin, Heidelberg, New York, London, Paris, Tokyo: Springer.

RADEBOLD, Hartmut (1992): Psychodynamik und Psychotherapie Älterer. Berlin, Heidelberg, New York, London, Paris, Tokyo, Hong Kong, Barcelona, Budapest: Springer, S. 109–113.

ROMERO, Barbara; EDER, Gudrun (1992): Selbst-Erhaltungs-Therapie (SET): Konzept einer neuropsychologischen Therapie bei Alzheimer-Kranken. In: Zeitschrift für Gerontopsychologie und -psychiatrie (5) 4, S. 267–282.

SAUER, H.; LAUTER, Hans (1987): Elektrokrampftherapie. 1. Wirksamkeit und Nebenwirkungen der Elektrokrampftherapie. In: Der Nervenarzt, 58, S. 201–209.

SCHADEWALDT, H. (1977): Historische Betrachtung zum Alterssuizid. Aktuelle Gerontologie, 7, S. 59–66.

SCHMIDTKE, A.; HÄFNER, H. (1986): Suizide und Suizidversuche. Epidemiologie in der Bundesrepublik Deutschland. In: HELMCHEN, H.; HIPPIUS, H. (Hrsg.): Psychiatrie für die Praxis, 3. MMW, München, S. 81–96.

SCHMITZ-MOORMANN, Karl (1985): Sucht und Alter. In: KATHOLISCHE SOZIALETHISCHE ARBEITSSTELLE (Hrsg.): Sucht und Alter. Vermutungen, Fakten, Folgen. Hamm: Hoheneck.

SCHMITZ-MOORMANN, Karl (1992): Alkoholgebrauch und Alkoholismusgefährdung bei alten Menschen. Geesthacht: Neuland.

SCHUCKIT, Marc A.; ATKINSON, Hampton; MILLER, Patricia L.; BEERMAN, Jonathan (1980): A Three Year Follow-Up of Elderly Alcoholics. In: Journal of Clinical Psychiatry, 41, S. 412–416.

SCHULZ, Richard; O'BRIAN, A. T.; BOOKWALA, Jamila; FLEISSNER, K. (1995): Psychiatric and Physical Morbidity Effects of Dementia Caregiving: Prevalence, Correlates and Causes. In: The Gerontologist (35) 6, S. 771–791.

SOEDER, M. (1989): Abhängigkeit und Sucht im Alter. In: PLATT, Dieter; OESTERREICH, Klaus (Hrsg.): Handbuch der Gerontologie. Band 5: Neurologie, Psychiatrie. Stuttgart, New York: G. Fischer, S. 337–355.

VOGEL, R.; WOLFERSDORF, M.; SCHÜTTLER, R.; HOLE, G. (1993): Zum Suizid alter Menschen im psychiatrischen Krankenhaus. In: MÖLLER, H.-J.; ROHDE (Hrsg.): Psychiatrische Krankheit im Alter. Berlin, Heidelberg, New York, London, Paris, Tokyo, Hong Kong, Barcelona, Budapest: Springer, S. 601–602.

WÄCHTLER, C. (1984): Suizidalität. In: OSWALD, W. D.; HERRMANN, DW. M.; KANOWSKY, S.; LEHR, U. M.; THOMAE, H. (Hrsg): Gerontologie. Stuttgart, Berlin, Köln, Mainz: Kohlhammer, S. 498–505.

WÄCHTLER, C.; TORHORST, A.; LAUTER, H.; MÖLLER, H. J. (1986): Die Behandlung von Patienten nach einem Suizidversuch im Rahmen eines Liaisondienstes. Psychiatrische Praxis, 13, S. 72–75.

WEDLER, H. (1989): Integrierte Krisenintervention und Psychosomatik: Aufbau des Darmstädter Modells. Suizidprophylaxe, 16, S. 183–189.

WOJNAR, Jan (1991): Unterbringungsähnliche Maßnahmen in Pflegeheimen. In: Vormundschaftsgerichtstag e. V. (Hrsg.): 2. Vormundschaftsgerichtstag vom 31. Oktober bis 3. November 1990, Materialien und Ergebnisse.
WÜBBELS, Rainer (1989): Suchterkrankungen in Pflegeheimen. In: HAMBURGISCHE LANDESSTELLE GEGEN DIE SUCHTGEFAHREN (Hrsg.): Abhängigkeit im Alter – Möglichkeiten und Grenzen der Hilfe. Schriftenreihe zu Suchtfragen, Heft 3, S. 31–35.
ZIMMER, Renate (1992): Ätiologie und Pathogenese der Alzheimerschen Krankheit. In: GUTZMANN, Hans (Hrsg.): Der dementielle Patient. Bern, Göttingen, Toronto: Hans Huber, S. 51–67.

Abbildungsnachweise

Abbildungen 1 und 2 nach: KRÄMER, Günter (1993): Alzheimer Krankheit. Stuttgart: Trias – Thieme, Hippokrates, Enke, S. 43, S. 99.
Tabelle 1 nach: FOLSTEIN, M.F.; FOLSTEIN, S.E.; MCHUGH, P.R. (1975): Mini-Mental-State: A Practical Method for Grading the Cognitive State of Patients for the Clinician. In: Journal of Psychiatric Research, 12, S. 189–198.
Tabelle 2: Jens BRUDER.
Tabelle 3 nach: SCHMAUSS, M.; JUNGKURZ, G. (1986): Depressive Syndrome unter besonderer Berücksichtigung der larvierten Depression. In: Internist, 27, S. 201–205.

IX. Grenzsituationen. Auseinandersetzung mit Sterben und Tod

Reinhard Schmitz-Scherzer (Kapitel 1–7)
Andreas Wittrahm (Kapitel 8)

Einführung

Nach einer kurzen Skizze der derzeitigen Kritik an der Pflege und dem Umgang mit Sterbenden – insbesondere in Kliniken, Pflegeheimen und vergleichbaren Einrichtungen – wird erläutert, warum heute die Definition des Todes als Herztod von der Hirntod-Definition abgelöst wurde (*Kapitel 1*).

Danach werden religiöse, philosophische und gesellschaftliche Aspekte des Sterbens und des Todes berührt. Ausgeführt wird, dass Sterben und Tod über die Menschheitsgeschichte hinweg in allen Religionen und Philosophien sehr unterschiedliche Deutungen und Interpretationen erfahren haben und immer einen zentralen Punkt in den Auseinandersetzungen der Menschen mit ihrer Existenz darstellten. Zumeist wird Sterben als ein Übergang in eine »andere« Welt und der Tod zwar als Ende der irdischen Existenz charakterisiert, aber zugleich auch als Beginn von etwas »Neuem« aufgefasst – freilich wird dies je nach Geschichte, Gesellschaft und Kultur unterschiedlich beschrieben und gedeutet. Besonders bedeutsam sind in diesem Zusammenhang Fragen nach dem Sinn des Lebens und damit auch nach dem des Sterbens und des Todes (*Kapitel 2*).

Nicht nur in der geistesgeschichtlichen, sondern auch im Verlauf der realgeschichtlichen Entwicklung des Menschen finden wir zu unterschiedlichen Zeiten stark voneinander abweichende Formen des Umgangs und der Auseinandersetzung mit Sterben und Tod. So gehörten in früheren Zeiten das Sterben und der Tod zu den Alltagserfahrungen der Menschen. Erst nach und nach wurden die meisten Sterbenden nicht mehr zu Hause von Familienmitgliedern gepflegt, sondern zumeist in Institutionen wie Kliniken und Pflegeheimen medizinisch versorgt und von professionellem Personal gepflegt (*Kapitel 3*).

Die Thanatologie hat als Wissenschaft vom Sterben bislang eine Vielzahl von Erkenntnissen erbracht. Zahlreiche dieser Forschungsergebnisse sind auch für eine mitmenschliche Begleitung von Sterbenden von großer Bedeutung. Insbesondere haben die Psychologie und die Soziologie – als die Wissenschaften, die als Einzelwissenschaften die Thanatologie maßgeblich tragen – zu Sterbeorten und zur Situation Sterbender und ihrer Begleiter sowie zu den Formen der Auseinandersetzung mit Sterben und Tod, aber auch zum Phänomen des Suizids und den Formen von Trauerprozessen, wesentliche Ergebnisse erzielt (*Kapitel 4*).

Die Kritik am Umgang mit Sterbenden heute entzündet sich vor allem an Fragen nach der Qualität einer mitmenschlich orientierten Sterbebegleitung. Dabei wird Sterbebegleitung als ein kommunikativer Prozess verstanden, der mehr als nur Pflegemaßnahmen umfasst und die gesamte Persönlichkeit der Sterbebegleiter fordert (*Kapitel 5*).

Hospize in ihren ambulanten und stationären Formen wollen eine gute Sterbebegleitung sicherstellen. Dabei verstehen sich Hospize nicht als Konkurrenz zu Krankenhäusern und Pflegeheimen, sondern – im Gegenteil – als deren notwendige Ergänzung im Interesse der sterbenden Menschen (*Kapitel 6*).

Trauer kann als ein Prozess verstanden werden, der in vielfältiger Weise in seiner Form und Dauer von der sozialen Umgebung, der Biographie und der Persönlichkeit der Trauernden und der Art ihrer Beziehungen zu einem verstorbenen Menschen sowie ihrer jeweiligen Situation beeinflusst wird (*Kapitel 7*).

Schließlich werden Fragen nach der religiösen Sinngebung des Lebens im Alter angesprochen *(Kapitel 8)*.

1. Vom Herztod zum Hirntod

In den letzten Jahrzehnten ist die Situation Sterbender und damit auch die Sterbebegleitung in Kliniken, Pflegeheimen und vergleichbaren Einrichtungen in die öffentliche Diskussion und Kritik geraten. Oft wird der Vorwurf erhoben, insbesondere Krankenhäuser, Kliniken und auch Pflegeheime seien heute nicht mehr in der Lage eine angemessene, mitmenschlich orientierte Sterbebegleitung sicherzustellen. Ihre Organisationsformen, die primär auf Diagnose und Therapie abstellten, müssten gerade bei Sterbenden versagen, da bei diesen Patienten diagnostisch und therapeutisch alle Möglichkeiten ausgeschöpft seien und für die dann notwendige intensive Pflege nicht genügend Zeit und insbesondere nicht entsprechend geschultes Personal zur Verfügung stünden.

Die heute am Sterben in Institutionen geäußerte Kritik geht jedoch noch weiter. Angeregt durch die ersten Veröffentlichungen der amerikanischen Psychologin Elisabeth KÜBLER-ROSS (1969) und die Beiträge einiger Mediziner, Theologen, Journalisten und Juristen steht das Thema der Sterbebegleitung derzeit in seiner Gesamtheit zur Diskussion, eine Diskussion, die auch zu praktischen Initiativen auf diesem Felde geführt hat (wie beispielsweise die Sterbehospize, vgl. *Kapitel 6*).

Auch schwingen in diesen Diskussionen solche Themen mit, die auf den ersten Blick nur mittelbar mit der Sterbebegleitung in Zusammenhang stehen, wie zum Beispiel die Kritik an der sogenannten »Apparatemedizin«, also einer Medizin, die sich in den Augen der Kritiker zu stark auf technische Geräte und diagnostische Instrumente verlässt und dabei den Menschen in seiner Ganzheit aus dem Blickfeld verliert. In diesem Zusammenhang steht die Entwicklung sogenannter »Patiententestamente« (*Abb. 1*), in denen das Ringen um persönliche Mitbestimmung bei dem eventuell notwendigen Einsatz intensivmedizinischer Maßnahmen und bei der Form des eigenen Sterbens sichtbar wird. Auch die kritische Auseinandersetzung mit Aspekten der Transplantationsmedizin ist in diesem Kontext zu sehen.

Die öffentliche Diskussion wird aber auch von einer Vielzahl von Publikationen von Autorinnen und Autoren beeinflusst, die recht persönliche, teilweise auch esoterische bis hin zu abstrusen Vorstellungen über Tod und Sterben vertreten. Dies hängt vermutlich mit der Tatsache zusammen, dass erst seit ungefähr drei Jahrzehnten öffentlich über diese Thematik diskutiert wird. Zudem besitzen die Botschaften der Kirchen gerade zu dramatischen Formen des Sterbens und des Todes (etwa im Rahmen der Intensivmedizin) nicht mehr jenen Grad an Verbindlichkeit, den sie für die Mehrzahl der Menschen noch vor wenigen Jahrzehnten hatten.

So machen sich die einzelnen Menschen selbst auf die Suche um dem Sterben und dem Tod Sinn zu verleihen. Allerdings wird dies möglicherweise nur dann gelingen, wenn jeder von uns selbst die Begegnung mit seiner Endlichkeit wagt und sich diese Begegnung nicht durch jene verstellen oder unmöglich machen lässt, die – wie zum Beispiel viele Esoteriker und Heilslehrer aller Art – über den Tod auch nicht mehr wissen können als wir.

Angesichts dieser Situation kann es also nicht überraschen, dass heute Fragen nach der Sinngebung von Sterben und Tod, aber auch die Frage nach einer Definition des Todes und damit der exakten Bestimmung des Todeszeitpunkts in Fachkreisen wie in der Öffentlichkeit intensiv diskutiert werden.

Nach allem, was wir derzeit wissen, muss man davon ausgehen, dass es keine exakt bestimmbare Grenze zwischen Leben und Tod gibt. Ihre Festlegung erfolgte immer nach Übereinkunft. Sterben ist ein Prozess, der eine mehr oder weniger lange Zeit dauert. Deshalb ist es praktisch unmöglich, exakt den Zeitpunkt zu bestimmen, nach dessen Überschreitung keine Rückkehr zum Leben mehr möglich ist. Gänzlich tot im strikten Sinne ist ein Mensch erst *nach* seinem Tod als Individuum (Individualtod), also erst dann, wenn auch die letzte Zelle in seinem Körper abgestorben ist (Totaltod), was erst Tage nach der ärztlichen Feststellung des Individualtodes der Fall sein kann. Trotzdem ist die exakte Bestimmung, zu welchem Zeitpunkt der Tod eingetreten ist, nicht nur von theoretischem Interesse, sondern in vielen Fällen auch von größter praktisch Bedeutung, zum Beispiel aus rechtlichen Gründen (etwa wenn es darum geht, ab wann Rentenansprüche für die Witwe oder den Witwer gelten) sowie im Bereich der Transplantationsmedizin, weil es ja Mord wäre, einem Menschen Organe zu entnehmen, der nach den Kriterien der ärztlichen Kunst noch nicht tot ist.

Patiententestament

Ich, ..., geb. ...., geboren am ...., verfüge wie folgt:

Sollte ich durch eine Erkrankung oder durch einen Unfall in einen Zustand **irreversibler Bewußtlosigkeit,** wahrscheinlicher **schwerer Dauerschädigung des Gehirns** oder des **dauernden Ausfalls lebenswichtiger Funktionen meines Körpers** bei infauster Prognose geraten, erkläre ich heute, den ...., daß ich mit einer **Intensivtherapie** oder **Reanimation nicht einverstanden bin;** zumal dann, wenn sie mit erheblichen Schmerzen verbunden ist.
Allerdings wünsche ich eine **ausreichende Schmerztherapie** auch dann, wenn sie zur Bewußtseinstrübung oder -ausschaltung oder wegen ihrer möglichen Nebenwirkungen zu einem früheren Ableben führen sollte.

....

Name

Adresse

Von dieser Verfügung besitzen folgende Personen ein Duplikat:

Tochter:

Sohn:

Freundin:

Hausarzt:

Abbildung 1: Dies ist ein Beispiel für ein Patiententestament, welches juristisch abgesicherte Verfügungen für den Fall enthält, dass der Mensch auf Grund einer schweren Erkrankung oder eines Unfalls nicht mehr selbst über seine medizinische Behandlung bestimmen kann. Allerdings ist die Wirksamkeit derartiger Verfügungen problematisch, da sie teilweise von den Ärzten mit dem Argument nicht anerkannt werden, der Patient könne ja zwischen dem Zeitpunkt der Abfassung dieses Testaments und dem Eintritt der Krankheit oder des Unfalls seine Meinung geändert haben; in diesem Falle wird die Behandlung trotz der anders lautenden schriftlichen Willensbekundung eingeleitet. Der Begriff »infaust« bedeutet »aussichtslos« (*nach:* SCHÜLLER 1995, S. 207).

Bis vor etwa 30 Jahren galt ein Mensch immer dann als tot, wenn Atmung und Kreislauf irreversibel ausgesetzt hatten. Da aber diese Unumkehrbarkeit kaum genau festzustellen war, wartete man mit der Feststellung des Todes, bis weitere sichere Todeszeichen wie Totenstarre (sie tritt am ganzen Körper nach etwa acht bis zehn Stunden ein), Totenflecke (ihre Bildung setzt schon nach etwa einer Stunde ein) sowie der Übergang in Verwesung erkennbar waren.

Heute kann die Medizin Atmung und Kreislauf auch über längere Zeiträume hinweg aufrechterhalten (über Tage bis Wochen, je nach Alter und Zustand des Patienten). Zudem verlangt die Transplantationsmedizin nicht nur Gewebe, die auch längere Zeit nach dem Tod entnommen werden können, wie etwa Hornhaut des Auges, Haut oder Gehörknöchelchen, sondern auch lediglich »lebendfrisch« verpflanzbare Organe, wie zum Beispiel Herz, Lunge und Nieren.

Daraus folgt, dass der wissenschaftliche und medizinische Fortschritt eine neue Definition des Todeszeitpunktes erforderten. Seit Mitte der sechziger Jahre gilt deshalb der sogenannte »Hirntod« und nicht mehr der sogenannte »Herztod« als Kriterium dafür, wann der Tod eingetreten ist.

Der Wissenschaftliche Beirat der Bundesärztekammer hat den Hirntod wie folgt definiert (vgl. *Abb. 2*):

> »Der Hirntod ist der vollständige und irreversible Zusammenbruch der Gesamtfunktion des Gehirns bei noch aufrechterhaltener Kreislauffunktion im übrigen Körper [das heißt bei noch schlagendem Herzen]. Dabei handelt es sich ausnahmslos um Patienten, die wegen Fehlens der Spontanatmung kontrolliert beatmet werden müssen.« (BUNDESÄRZTEKAMMER 1988, S. 137)

Die Hirntod-Definition ist auch von den großen christlichen Kirchen in Deutschland anerkannt, wie aus ihrer gemeinsamen Erklärung aus dem Jahre 1990 hervorgeht:

> »Der Hirntod bedeutet ebenso wie der Herztod den Tod des Menschen. Mit dem Hirntod fehlt dem Menschen die unersetzbare und nicht wieder zu erlangende körperliche Grundlage für sein geistiges Dasein in dieser Welt. Der unter allen Lebewesen einzigartige menschliche Geist ist körperlich ausschließlich an das Gehirn gebunden. Ein hirntoter Mensch kann nie mehr eine Beobachtung oder Wahrnehmung machen, verarbeiten und beantworten, nie mehr einen Gedanken fassen, verfolgen und äußern, nie mehr eine Gefühlsregung empfinden und zeigen, nie mehr irgend etwas entscheiden. Nach dem Hirntod fehlt dem Menschen zugleich die integrierende Tätigkeit des Gehirns für die Lebensfähigkeit des Organismus: die Steuerung aller anderen Organe und die Zusammenfassung ihrer Tätigkeit zur übergeordneten Einheit des selbständigen Lebewesens, das mehr und qualitativ etwas anderes ist als die bloße Summe seiner Teile. Hirntod bedeutet also etwas entscheidend anderes als nur eine bleibende Bewußtlosigkeit, die allein noch nicht den Tod des Menschen ausmacht.« (RAT DER EVANGELISCHEN KIRCHEN IN DEUTSCHLAND, DEUTSCHE BISCHOFSKONFERENZ 1990, S. 39)

Die Hirntod-Definition ändert nichts daran, dass auch heute noch der Tod im Regelfall anhand der oben genannten Kriterien des Herztodes festgestellt wird. Denn die meisten Menschen sterben nicht auf der Intensivstation, wo es allein sinnvoll und technisch möglich ist, die aufwendigen Prozeduren zur

Hirntod-Feststellung durchzuführen. Die Mehrzahl von ihnen ist auch in keiner solchen körperlichen Verfassung, dass sie als Organspender in Frage kämen.

Richtlinien zur Feststellung des Hirntodes

1. Voraussetzungen
akute Hirnschädigung
und:
Ausschluß anderer Ursachen
(beispielsweise Vergiftung oder Unterkühlung)

↓

2. Klinisches Zustandsbild
Koma (tiefe Bewußtlosigkeit)
und:
Ausfall der Hirnstamm-Reflexe
(beispielsweise führt eine Reizung der Augenhornhaut nicht zum Lidschluß)
und:
Atemstillstand

↓

3. Sicherung der Unumkehrbarkeit dieses Zustands
erneute Untersuchung (Beobachtungszeit)
(bei Erwachsenen nach zwölf Stunden)
oder:
ergänzende Befunde
(beispielsweise ein Hirnstrombild – EEG)

↓

daraus folgt:
Feststellung des Hirntodes

Abbildung 2: Die Abbildung zeigt einige der wichtigsten Kriterien zur Feststellung des Hirntodes gemäß den Richtlinien, die der Wissenschaftliche Beirat der Bundesärztekammer in der dritten Fassung vom 29. Juni 1991 entwickelt hat.

Mit dieser Veränderung der Diagnostik des Todes sind neben medizinischen Fragen freilich auch rechtliche und ethische Probleme verbunden. So unter anderem die Frage nach dem Recht des Menschen, über sein eigenes Leben zu verfügen und das Leben des Mitmenschen zu verlängern. Dies sind nicht nur Fragen nach der Verantwortung des Arztes in diesem Feld, sondern natürlich auch solche nach unser aller Verantwortung dem (sterbenden) Mitmenschen und seinem Leben gegenüber (EISENMENGER, SPANN 1995).

Zuzustimmen ist dem Medizinethiker Paul SPORKEN, wenn er zu der Frage, was ein lebenswertes oder sinnvolles (Weiter-)Leben bei Schwerstkranken beziehungsweise Sterbenden sein kann, folgendes schreibt:

»Es geht nicht um die Erhaltung des Lebens schlechthin, sondern [...] eines sinnvollen und akzeptablen menschlichen Lebens«. Vier mögliche Kriterien dafür sind: »Ein erstes [...] Kriterium liegt in den faktisch vorhandenen Möglichkeiten des Patienten, in dem ihm verbleibenden Leben einen Sinn zu sehen, selbst wenn dieses nur das Leben seines Sterbens ist [...] Ein zweites Kriterium [ist:] Eine Lebensverlängerung kann sinnvoll sein, weil der betreffende Mensch noch eine bestimmte Aufgabe (sowohl individuell als gesellschaftlich) zu erfüllen hat. Ferner: Ein Leben kann Sinn haben allein aufgrund der Tatsache, daß der Patient lebt. Das ist etwa der Fall, wenn Kommunikation, d. h. irgendein Kontakt auf menschlicher Ebene, möglich ist, wenn dieser auch nur in einem Reagieren auf Pflege besteht. Schließlich, wenn wir die soziale Dimension des menschlichen Daseins wirklich ernst nehmen, müssen wir in der Perspektive einer christlichen Lebensauffassung sagen: Das Leben eines Menschen kann sinnvoll sein aufgrund der Tatsache, daß zur Realisierung einer selbstlosen Liebe ein Appell an die Mitmenschen gerichtet wird.« (SPORKEN 1972, S. 81)

In Deutschland wird die Debatte um die Frage der Lebensverkürzung bei Schwerkranken und Sterbenden – meist Euthanasie-Diskussion oder -Debatte genannt – unter besonderen Bedingungen geführt (vgl. den *Kasten*). Diese liegen einmal in der jüngeren deutschen Geschichte, im staatlich verordneten Mord (unter anderem) an psychisch kranken Menschen durch die Naziregierung. Zum anderen zeichnen sich viele der Diskussionen über dieses Thema durch eine besondere Praxisferne aus. Nicht selten gewinnt man den Eindruck, dass die Situation der Sterbenden selbst zugunsten juristischer und abstrakter ethischer Probleme von in der Sterbebegleitung nicht erfahrenen Diskutantinnen und Diskutanten in den Hintergrund gedrängt wird. Erfahrene Mitglieder jener Diskussionsrunden vermitteln zudem oft den Eindruck, dass sie nicht alles sagen, was zu sagen ist, da vieles nur schwer – auch aus der eigenen Betroffenheit, dem eigenen Fühlen und dem eigenen Glauben (oder der eigenen Weltanschauung) heraus – zu vermitteln ist.

Üblicherweise, so etwa in den Publikationen der Bundesärztekammer, wird zwischen den nachfolgend aufgeführten fünf Formen der Sterbehilfe unterschieden. Mit guten Gründen heiß umkämpft ist dabei vor allem die vierte Form, die aktive Sterbehilfe, während die zweite, dritte und fünfte Form zwar nicht generell, aber doch weithin akzeptiert sind.

1. Sterbebeistand, Sterbebegleitung:

Dies ist die ursprüngliche Form der Sterbehilfe. Sterbebeistand bezeichnet die Begleitung und die seelische Zuwendung zu einem Sterbenden ohne aktiven oder passiven Eingriff in den eigentlichen Sterbevorgang. Das heißt, eine gute pflegerische Versorgung ist zu gewährleisten, ohne den Versuch zu unternehmen, das Leben »künstlich« zu verlängern.

2. Indirekte Sterbehilfe (durch Medikation):
Dieser Begriff bezeichnet die Inkaufnahme einer Lebensverkürzung durch die Verabreichung (meist) schmerzstillender Medikamente. Dadurch kann ein angegriffenes Herz-Kreislauf-System beziehungsweise eine geschwächte Atemfähigkeit in einer Weise belastet werden, die eine Lebensverkürzung zur Folge hat.

3. Passive Sterbehilfe (durch Therapieabbruch):
Damit wird im Allgemeinen der Verzicht auf lebensverlängernde Maßnahmen während des Sterbeprozesses bezeichnet (das Sterben muss also schon eingesetzt haben!), wozu sowohl das Unterlassen an sich (technisch und/oder medizinisch) möglicher Maßnahmen gehört als auch der Abbruch von lebenserhaltenden Maßnahmen (zum Beispiel Abstellen einer Herz-Lungen-Maschine).

4. Aktive Sterbehilfe (»Euthanasie« im heute landläufigen Verständnis):
Darunter versteht man die aktive Beschleunigung beziehungsweise Herbeiführung des Todes eines sterbenden Patienten. Sie liegt also dann vor, wenn ein Dritter einen Eingriff mit dem Ziel der Lebensbeendigung vornimmt.

5. Auto-Euthanasie (Selbsttötung):
Bei dieser Form der Sterbehilfe handelt es sich um die Abkürzung des Sterbeprozesses durch die Selbsttötung eines tödlich Erkrankten.

Es ist eine Illusion zu glauben, dass das eigentliche Problem der Sterbebegleitung per Gesetz geregelt werden kann – zumal die Frage oft nur unter dem zweifelsohne wichtigen, aber die Sterbebegleitung nicht allein charakterisierenden Aspekt einer Tötung auf Verlangen diskutiert wird (vgl. den nachfolgenden *Kasten*). Hinderlich genug sind beispielsweise schon die rechtlichen Bestimmungen für die Verschreibung von Opiaten. Diese dürfen nur mit speziellen Rezeptformularen verschrieben werden, was dazu führt, dass zahlreiche Ärzte diese Spezialrezepte gar nicht zu ihrer Verfügung haben und so viele schmerzgeplagte Patienten nicht die an sich mögliche Schmerztherapie erhalten. Auch wird häufig die Befürchtung geäußert, dass die Gabe von Opiaten zur Schmerztherapie den Patienten süchtig machen könne. Abgesehen davon, dass dies bei Menschen, die unter unvorstellbaren Schmerzen leiden und oft nur noch wenige Wochen oder Monate zu leben haben, eine ziemlich abwegige Vorstellung ist, führt eine sachgemäße Dosierung von Opiaten nicht zu einer Sucht. Opiate können bei geschwächten Kreislauffunktionen außerdem lebensverkürzend wirken (vgl. den zweiten Punkt »Indirekte Sterbehilfe« im voranstehenden Kasten); dies wird jedoch im Interesse einer palliativen (schmerzlindernden) Therapie zumeist billigend in Kauf genommen.

Rechtliche Grundlagen für die Euthanasie

Im Strafgesetzbuch (StGB) steht die Euthanasie, als § 216, im 16. Abschnitt: »Straftaten gegen das Leben«. Dieser Paragraph befindet sich im Umfeld von § 211 (Mord), § 212 (Totschlag), § 217 (Kindstötung) und § 218/218a (Abbruch der Schwangerschaft). § 216 StGB lautet:

»Tötung auf Verlangen. (1) Ist jemand durch das ausdrückliche und ernsthafte Verlangen des Getöteten zur Tötung bestimmt worden, so ist auf eine Freiheitsstrafe von sechs Monaten bis zu fünf Jahren zu erkennen. (2) Der Versuch ist strafbar.«

Die »Beihilfe zur Selbsttötung« ist dagegen straffrei. Die Grenzziehung schafft Probleme: Wer jemandem Zyankali einflößt, macht sich strafbar, nicht aber derjenige, der die Zyankali-Pille dem Sterbewilligen zur Verfügung stellt.

Strafrechtlich gesehen kann auch die passive Sterbehilfe zum Problem werden, denn »Unterlassen« kann aus strafrechtlicher Sicht auch ein »Tun« sein. Einschlägig hierfür ist einmal § 13 StGB: »Begehen durch Unterlassen«, daneben § 323c StGB:

»Unterlassene Hilfeleistung. Wer bei Unglücksfällen oder gemeiner Gefahr oder Not nicht Hilfe leistet, obwohl dies erforderlich und ihm den Umständen nach zuzumuten, insbesondere ohne erhebliche eigene Gefahr und ohne Verletzung anderer wichtiger Pflichten möglich ist, wird mit Freiheitsstrafe bis zu einem Jahr oder mit Geldstrafe bestraft.«

BRÄNDEL ist zuzustimmen, wenn er meint, dass die teilweise unklare Rechtslage und Rechtsprechung vielen Patienten sinnloses Leid zumuteten:

»Solange die Grenzen verschwommen sind, werden Ärzte in manchen Fällen auch gegen den ausdrücklichen Willen ihrer Patienten objektiv sinnlose leidens- und lebensverlängernde Maßnahmen ergreifen, aus Furcht, sich sonst strafbar zu machen. Durch Unklarheit über die Grenzen des Erlaubten kann daher sogar die Gewährung zulässiger passiver Sterbehilfe versagt werden.« (BRÄNDEL 1985, S. 125 f.)

Sterbebegleitung und Sterbehilfe sind zunächst einmal durch die spezifische soziale Situation am Ende eines Menschenlebens beschreibbar, die zum Teil enorme Anforderungen an die begleitenden Angehörigen wie an professionelle Helfer stellt. Solche Situationen können Unsicherheit, Angst und Vermeidungsreaktionen vielfältiger Art auslösen und Gefühle wie das Gewissen erheblich belasten. In solchen Fällen könnte eine größere Rechtssicherheit zwar hilfreich sein; entscheidend für die mitmenschliche Qualität des Handelns in der Situation des Sterbens anderer Menschen ist dies jedoch nur bedingt. Dieses mitmenschliche Handeln muss von jenen garantiert werden, die diese Situation maßgeblich gestalten: von den Ärzten, Pflegenden, Angehörigen und nicht zuletzt von den Sterbenden selbst. Schließlich bedeutet Euthanasie wörtlich übersetzt »gutes Sterben, sanfter Tod«. Deshalb sollte man sich nicht an der Frage festbeißen, ob aktive Sterbehilfe überhaupt geleistet werden sollte oder nicht, sondern vielmehr darum, sicherzustellen, dass es aus Achtung vor der Persönlichkeit des Mitmenschen möglich ist ihn »seinen« Tod gegebenenfalls mit ärztlicher Hilfe sterben zu lassen.

In den Niederlanden ist es mit einer gesetzlichen Regelung von 1993 offensichtlich gelungen, auf der einen Seite sowohl eine gewisse Rechtssicherheit herzustellen als auch auf der anderen Seite den Sterbenden, ihren Ärzten, Pflegerinnen und Pflegern sowie Angehörigen die Verantwortung und die Aufgabe zu überlassen, die ihnen ohnehin niemand abnehmen kann. Zwar ist auch dort Euthanasie nicht straffrei, sondern wird mit Haft bis zu zwölf Jahren bestraft, doch wird bei Einverständnis des Patienten von einer Strafverfolgung abgesehen. Dadurch hat der Sterbende die Möglichkeit, die Art seines Sterbens, bis zu der Bitte um Sterbehilfe (Euthanasie), selbst zu bestimmen. Genauso kann der holländische Arzt seine (durch Richterspruch und nun auch durch eine entsprechende Verordnung abgesicherten rechtlichen und mitmenschlichen) Möglichkeiten zur Mitgestaltung des Sterbens eines Menschen so einsetzen, wie er es – auch vor seinem Gewissen – zu verantworten vermag ohne strafrechtlich verfolgt zu werden. Übt er aktive Sterbehilfe aus, so muss er dies dem zuständigen Gerichtsmediziner melden.

In den Niederlanden haben 1990 etwa 11 300 Patienten um Sterbehilfe nachgesucht; diesem Wunsch wurde in 9000 Fällen *nicht* stattgegeben; in 2300 Fällen (das entspricht etwa 1,8 Prozent der Sterbefälle in den Niederlanden in jenem Jahr) wurde der Wunsch der Patienten erfüllt ihrem Leiden durch einen Arzt ein Ende zu bereiten.

Neuere Diskussionen in den Niederlanden kreisen jetzt um das Thema, ob Euthanasie – also Tötung auf Verlangen beziehungsweise aktive Sterbehilfe – dann generell straffrei sein sollte, wenn sie von Ärzten vollzogen wird. Statt der jetzt noch üblichen Prüfung zweifelhafter Fälle durch ein Gericht könne dies auch – so wird argumentiert – von einer Kommission, der Ärzte, Juristen und Ethiker angehören, übernommen werden. Diese hätte zudem über die Einhaltung der erforderlichen ärztlichen Sorgfalt und der Normen (Einwilligung des Patienten usw.) zu wachen. Nur in besonderen Fällen und bei Missbrauch wäre dann noch ein Gericht einzuschalten.

2. Religiöse und philosophische Aspekte von Sterben und Tod

2.1 Begegnung mit dem eigenen und dem fremden Tod

Wie begegnet der Mensch Sterben und Tod? Wie setzt er sich mit dem Sterben und dem Tod anderer Menschen auseinander? Und schließlich: Wie begegnet der Einzelne seinem eigenen Sterben und Tod?

Sobald sich ein Mensch ab einem gewissen Entwicklungsalter als in seinem körperlichen Leben zeitlich begrenzt erfährt, muss er mit dem sicheren Wissen um sein Sterben und seinen eigenen Tod leben. Sterben und Tod haben in den Religionen und Philosophien der Völker vielerlei Deutungen erfahren. Diese freilich verändern sich im Laufe der Geschichte innerhalb einer Kultur, und auch die verschiedenen Kulturen kennen inhaltlich sehr unterschiedliche Interpretationen von Sterben und Tod. Allen diesen Interpretationen ist aber gemeinsam, dass Sterben und insbesondere der Tod als Grenze gesehen werden, die das irdische Leben beendet und ein »anderes« Leben von diesem trennt oder aber die Existenz des Menschen generell beendet.

Trauer, Leid(en), Sterben und Tod lassen sich deshalb auch als Grenzphänomene der menschlichen Existenz in dem Sinne auffassen, als sie dem Menschen erfahrbar und auch erlebbar machen, dass er in seiner Zeitlichkeit begrenzt ist und auch nur in diesen Grenzen sein Leben zu gestalten vermag, dass er an und in seinen Körper gebunden ist und dass er mit dem Geschehen des Sterbens und dem Tod anderer Menschen konfrontiert wird – ob er nun will oder nicht.

Der Philosoph Karl JASPERS (1883–1969) spricht in diesem Zusammenhang von »Grenzsituationen«:

»[...] es gibt Situationen, die in ihrem Wesen bleiben, auch wenn ihre augenblickliche Erscheinung anders wird und ihre überwältigende Macht sich in Schleier hüllt: Ich muß sterben, ich muß leiden, ich muß kämpfen, ich bin dem Zufall unterworfen. Diese Grundsituationen unseres Daseins nennen wir Grenzsituationen. Das heißt, es sind Situationen, über die wir nicht hinaus können, die wir nicht ändern können« (JASPERS 1988, S. 11).

Solche Grenzsituationen vermögen den Menschen zu erschüttern, können ihm aber auch die Bedingungen seiner Existenz bewusster machen. Sie verlangen eine Auseinandersetzung mit sich selbst und der jeweiligen Situation, in der er sich befindet. Nach JASPERS kommt der Mensch nur auf diese Weise zu seiner Existenz. Existenzphilosophen wie der Däne Søren KIERKEGAARD (1813–1855) und der Deutsche Martin HEIDEGGER (1889–1976) stellen die Auseinandersetzung mit der eigenen Endlichkeit (HEIDEGGER bezeichnet die menschliche Existenz als »Sein zum Tode« und als »Vorlauf in den Tod«) ebenfalls in das Zentrum ihres Denkens und sehen diese Auseinandersetzung als eine Notwendigkeit zur Bewältigung der existenziellen Probleme der Menschen an.

Um wenigstens einen ungefähren Eindruck von dem Reichtum des europäischen Denkens zu der Frage nach Bedeutung und »Sinn« des Todes zu geben, seien hier zwei antike Autoren und ein zeitgenössischer Soziologe zitiert.

Das älteste Zitat stammt von dem griechischen Philosophen EPIKUR (341–271 v. Chr.), der in dem Lehrbrief an seinen Schüler MENOIKEUS zu beweisen sucht, dass die Furcht vor dem Tode völlig unbegründet ist, zumal sie den Menschen von den Freuden des Lebens fernhält:

»Ferner gewöhne Dich an den Gedanken, daß der Tod für uns ein Nichts ist. Beruht doch alles Gute und alles Üble nur auf Empfindung, der Tod aber ist Aufhebung aller Empfindung. Darum macht die Erkenntnis, daß der Tod ein Nichts ist, uns das vergängliche Leben erst köstlich. Dieses Wissen hebt natürlich die zeitliche Grenze unseres Daseins nicht auf, aber es nimmt uns das Verlangen, unsterblich zu sein. Denn wer eingesehen hat, daß am Nichtleben gar nichts Schreckliches ist, den kann auch am Leben nichts schrecken. Sagt aber einer, er fürchte den Tod ja nicht deshalb, weil er Leid bringt, wenn er da ist, sondern weil sein Bevorstehen schon schmerzlich sei, der ist ein Tor; denn es ist doch Unsinn, daß etwas, dessen Vorhandensein uns nicht beunruhigen kann, uns dennoch Leid bereiten soll, weil und solange es nur erwartet wird!
So ist also der Tod, das schrecklichste der Übel, für uns ein Nichts: Solange wir da sind, ist er nicht da, und wenn er da ist, sind wir nicht mehr. Folglich betrifft er weder die Lebenden noch die Gestorbenen, denn wo jene sind, ist er nicht, und diese sind ja überhaupt nicht mehr da.
Freilich, die große Masse meidet den Tod als das größte der Übel [...]. Der Weise dagegen lehnt weder das Leben ab, noch fürchtet er sich vor dem Nichtmehrleben, denn ihn widert das Leben nicht an, und er betrachtet das Nichtmehrleben nicht als ein Übel.« (Epikur 1973, S. 40f.)

Rund ein halbes Jahrtausend später verfasst der römische Imperator Marcus Aurelius (121–180), der »Philosoph auf dem Kaiserthron«, seine Selbstbekenntnisse. Sie sind durchdrungen von stoischer Schicksalsergebenheit und stehen unter der Maxime »Philosophieren lernen heißt sterben lernen.«

»Das Aufhören der Tätigkeit, Stillstehen der Triebe und der Vorstellungen – der Tod – ist kein Übel. Denn wie ist es mit den verschiedenen Stufen des Lebens, mit der Kindheit, der Jugend, dem Mannes- und Greisenalter? Ist nicht ihr Wechsel – der Tod? Und ist das etwas Schlimmes? Nicht anders der Wechsel der Zeiten. Die Zeiten der Vorväter hören auf mit dem Zeitalter der Väter usf. Ist bei allen diesen Veränderungen etwas Schlimmes? Also auch nicht, wenn das Leben wechselt, stillsteht und aufhört.« (Marc Aurel 1965, 9. Buch, Kapitel 21)

Vielleicht am radikalsten betont der deutsch-englische Soziologe Norbert Elias (1897–1990) die Endlichkeit des Menschen:

»Vielleicht sollte man doch offener und klarer über den Tod sprechen, sei es auch dadurch, daß man aufhört, ihn als Geheimnis hinzustellen. Der Tod verbirgt kein Geheimnis. Er öffnet keine Tür. Er ist das Ende eines Menschen. Was von ihm überlebt, ist das, was er anderen Menschen gegeben hat, was in ihrer Erinnerung bleibt. Das Ethos des ›homo clausus‹, des sich allein fühlenden Menschen, wird schnell hinfällig, wenn man das Sterben nicht mehr verdrängt, wenn man es als einen integralen Bestandteil des Lebens in das Bild des Menschen mit einbezieht. Wenn die Menschheit untergeht, wird alles, was je ein Mensch getan, alles, wofür Menschen je miteinander gekämpft haben, werden auch alle weltlichen und übermenschlichen Glaubenssysteme sinnlos.« (Elias 1982, S. 100)

So wie jede Philosophie versucht auch jede Religion Leben, Sterben und Tod einen Sinn zuzuweisen. Denn angesichts des Sterbens anderer oder in Gedanken an das eigene Sterben stellt sich oft die Frage nach dem Sinn des Lebens und damit auch die nach dem des Todes. Paulus sieht im Römerbrief den Tod als Strafe für die Ursünde Adams an, die zur Vertreibung aus dem Paradies führte, sowie als Vergeltung der Sünden, die jeder Mensch auf sich geladen hat. Erlösung und ein ewiges Leben nach dem Tode gewinnt der Sünder nur durch den Opfertod CHRISTI:

»12. Derhalben, wie durch *einen* Menschen [Adam] die Sünde ist gekommen in die Welt und der Tod durch die Sünde, und ist also der Tod zu allen Menschen durchgedrungen, dieweil sie alle gesündigt haben;« [...]
»18. Wie nun durch *eines* Sünde die Verdammnis über alle Menschen gekommen ist, also ist auch durch *eines* Gerechtigkeit die Rechtfertigung des Lebens über alle Menschen gekommen.« (Römer, 5. Kapitel, Übersetzung Martin LUTHER)

In diesem Zusammenhang ist es interessant zu sehen, welche Ergebnisse die psychologische Forschung zu Sinnfindungsprozessen herausgearbeitet hat. Dabei soll die lebensgeschichtliche Perspektive im Vordergrund stehen.

2.2 Sinnfindungsprozesse

Wenn alte Menschen ihre Lebensgeschichte erzählen, dann berichten sie von Ereignissen, Aktivitäten und Leistungen, von Betroffenheiten, Krisen und Glück. Nicht erzählen sie von Zeitspannen, in denen nichts geschah, in denen nichts »Besonderes« zu vermerken war.

In einem Prozess der Zuweisung von Bedeutung wird dem vergangenen Geschehen oft eine Linie gegeben, eine Ausrichtung auf die Gegenwart hin. So wird nicht selten durch dieses »Richtung-Geben« auch dem zuvor Geschehenen ein Sinn zugeschrieben.

Sinngebung kann also als ein Forschen nach der Richtung vergangener Zeitläufe und deren Inhalten, bezogen auf die eigene Person in ihrer Gegenwart, verstanden werden. Dieses Verständnis von Sinngebung bestätigen auch die Bedeutungen des Wortes »Geschichte«. Geschehen und auch Schickung, Zufall und Ereignis sind die wesentlichen Elemente im Wortfeld »Geschichte«. Schickung meint in diesem Zusammenhang »Richtung«, und zwar im Sinne einer Richtung auf den Einzelnen hin. Auch in dem griechischen Wort »historia« steckt »historeo«, was »nach etwas forschen« bedeutet.

Demnach ist ein Prozess der Sinngebung immer auch damit verbunden, Vergangenes zu ordnen, zu »richten«, »einzurichten« in vorhandene, gegebenenfalls auch modifizierte oder erst zu schaffende Sinnkonzepte (SCHMITZ-SCHERZER 1995).

In Gesprächen mit alten Menschen über Sinnfragen – die im Übrigen häufiger zu sein scheinen, als nach den vorliegenden Studien über Sinn beziehungsweise Lebenssinn zu vermuten ist – werden oft Lebenssituationen geschildert, die ein Erlebnis der Stimmigkeit und auf diese Weise ein Sinnerlebnis vermitteln.

So berichtet zum Beispiel die 83-jährige Frau B., dass für sie (unter anderem) in dem Augenblick das Leben in der Nachkriegszeit wieder »sinnvoll« geworden sei, als ihr Mann aus der Kriegsgefangenschaft zurückkam. Im gemeinsamen Aufbau danach sei ihr klar geworden, dass diese Ehe für sie »stimmte«. Und in dieser Ehe sei sie »sie selbst geworden«.

Eine andere alte Dame berichtet nach dem Tod ihres Mannes, dass es ihr deshalb gut gehe, weil sie glaube, dass sie dazu beigetragen habe, dass ihr Mann so sterben konnte, wie er wollte, wie es für ihn »stimmte«. Und deshalb »stimme« nun ihr Leben als Witwe auch für sie.
Herr Z. meinte, solange er gearbeitet hätte, habe für ihn alles »gestimmt«, da er nur für seinen Beruf gelebt habe. Jetzt – als Rentner – sei sein Leben sinnlos.

Der Begriff der Stimmigkeit, der offenkundig einen Zustand der Balance zwischen der eigenen, biographisch gewachsenen Persönlichkeit und der momentanen konkreten Lebenssituation beschreibt, deutet außerdem an, dass Sinnerfahrung hohe affektive und emotionale Anteile in sich birgt. Wiewohl auch kognitive Aspekte in den Schilderungen deutlich werden, liegen dieser Stimmigkeit anscheinend weitgehend Emotionen zugrunde. Schon die Wortwahl legt eine solche Vermutung nahe: Wenn etwas (überein)stimmt, so meint dies Harmonie, eben die Stimmigkeit verschiedener Elemente (miteinander).

Schließlich fällt in Gesprächen mit alten Menschen auch auf, dass sie, angesprochen auf Sinnfragen, eher etwas über Inhalte, Absichten und Zwecke ihres Lebens berichten, die Frage nach dem Sinn als solchem jedoch als schwer beantwortbar bezeichnen. Diese Schwierigkeit der Verbalisierung könnte auch auf die tiefe emotionale und affektive Verankerung von als »sinn-voll« erlebten Lebensereignissen zurückzuführen sein. Sinnerfahrung kann zudem auch als plötzliches Ereignis erlebt werden, in dem Zustimmung, Verstehen, Erkenntnis und Liebe, jedenfalls Übereinstimmung von Person und Welt erfahrbar sind. Insofern ist die Sinnerfahrung von mehr oder minder bewussten und reflexiven Prozessen der Sinnsuche zu unterscheiden.

Abgesehen von den emotionalen, affektiven und kognitiven Elementen fällt auf, dass die Berichte von Sinnerfahrungen fast immer Bezüge auf andere Menschen oder die Umwelt schlechthin enthalten. Sinnerfahrungen mit ausschließlichem Bezug auf die eigene Person finden sich sehr selten.

In vielen psychologischen Untersuchungen wird davon ausgegangen, dass der Mensch über ein Sinnsystem verfügt. Dieses Sinnsystem umfasst insbesondere einen in sich geschlossenen Ausschnitt aus dem Gesamtwissen über die eigene Person; daneben enthält es Wissen über den Bezug der eigenen Person zur Welt, Wissen über deren Veränderung in der Zeit sowie das Selbstbild eines Menschen. Nach dieser in der psychologischen Forschung gemachten Annahme entreißt der erarbeitete oder gefundene Sinn (des Lebens) eine Person der Perspektivlosigkeit. »Sinn« ist somit eine Realität persönlicher Existenz in der Weise, dass in ihm das real gelebte Leben einer Person und dessen subjektive Wertung zur Deckung kommen. »Sinn« verknüpft das reale Geschehen und das reale Leben des Einzelnen mit seiner Wertewelt. Umgekehrt kann erfahrene Sinnlosigkeit zu Perspektivlosigkeit führen.

Sinn*gebung* ist ein aktiver, von der einzelnen Person ausgehender Prozess. Sie steht im Gegensatz zur Sinn*erfahrung*, die plötzlich, bewusst und nicht gewollt eintreten, »über einen kommen« kann. Sinn*gebung* kann als mehr oder minder bewusste Suche nach dem (Lebens-)Sinn verstanden werden. Sie ist ohne den Versuch, Leben zu gestalten, kaum möglich. Sinngebung hat mit Werten zu tun. Werden keine Werte anerkannt, wird Sinnsuche rasch unmöglich.

Doch ist die von vielen Autoren ausgemachte heutige »Sinnkrise« nicht ein Resultat persönlicher Entwicklungen, sondern das Ergebnis eines historischen Prozesses. Die im Vergleich zu früheren Zeiten geringere Verbindlichkeit tradierter Werte und religiös fundierter Wertsysteme wirft den Menschen auf sich selbst zurück. Sinngebung, die Suche nach dem Lebenssinn, ist damit zu einer umfassenden individuellen Aufgabe geworden und umfasst mehr als die Anpassung an gesellschaftliche Normen und Werte, die den Einzelnen mehr oder weniger stark binden.

Dabei spielen bei vielen alten Menschen religiöse Werte eine große Rolle – allerdings meist nicht mehr im traditionellen kirchlichen Sinn. Vielmehr sind Sinngebungsprozesse mit religiösem Hintergrund insbesondere dann im Leben alter Menschen von großer Wichtigkeit, wenn Lebenskrisen und Verlusterlebnisse verarbeitet werden müssen.

Sinngebung bedeutet dann oft die Auseinandersetzung mit der (sozialen) Umwelt sowie deren Gestaltung. Dies hat zur Voraussetzung, dass sich die eigene Persönlichkeit zu orientieren vermag. Damit dies gelingt, werden, so scheint es, häufig transzendente und in diesem Sinne *religiöse* Bindungen (das lateinische Wort »religio« heißt Rückbindung!) herangezogen. Hierbei können dann auch christliche Werte eine große Rolle spielen und die Rückbindung an das »Über-dem-Menschen-Befindliche«, das Transzendente, ermöglichen. Jedoch kann diese Rückbindung an die Transzendenz auch ohne Rückgriff auf überlieferte religiöse Wertesysteme vor sich gehen. Dann wird allerdings in der Regel kein gänzlich neues Wertsystem entwickelt, sondern es werden bekannte Wertsysteme benutzt und entsprechend den persönlichen Bedürfnissen und Vorstellungen abgewandelt. Sinngebung ist somit auch als Rückbindung an eine wie auch immer fundierte Wertewelt zu verstehen. *Philosophische* Systeme können im Sinnfindungsprozess eines Menschen unter Umständen ebenfalls eine Rolle spielen. – So bildet eine Vielzahl von Wertsystemen religiöser, philosophischer und anderer Art sozusagen den Raum, in dem Sinnfindungsprozesse – beeinflusst von vielen anderen Elementen – stattfinden können.

3. Historische und aktuelle Aspekte

Es ist äußerst schwierig Zahlen über die Sterbeorte in Deutschland zu finden. Umfassende und in diesem Sinne solide Statistiken gibt es nicht. Mit einiger Sicherheit lässt sich jedoch sagen, dass in Deutschland der Anteil der im Krankenhaus Verstorbenen an den Verstorbenen insgesamt mindestens 52 Prozent beträgt (BLUMENTHAL-BARBY 1994; vgl. *Abb. 3*). Andere Quellen nennen für das Jahr 1992 gar über 74 Prozent (MÜLLER 1994). Heute sterben jedenfalls schätzungsweise 70 bis über 80 Prozent aller Menschen in Kliniken, Pflegeheimen und anderen entsprechenden Einrichtungen und zehn bis maximal 30 Prozent zu Hause, obwohl sich dies über 90 Prozent aller Menschen wünschen.

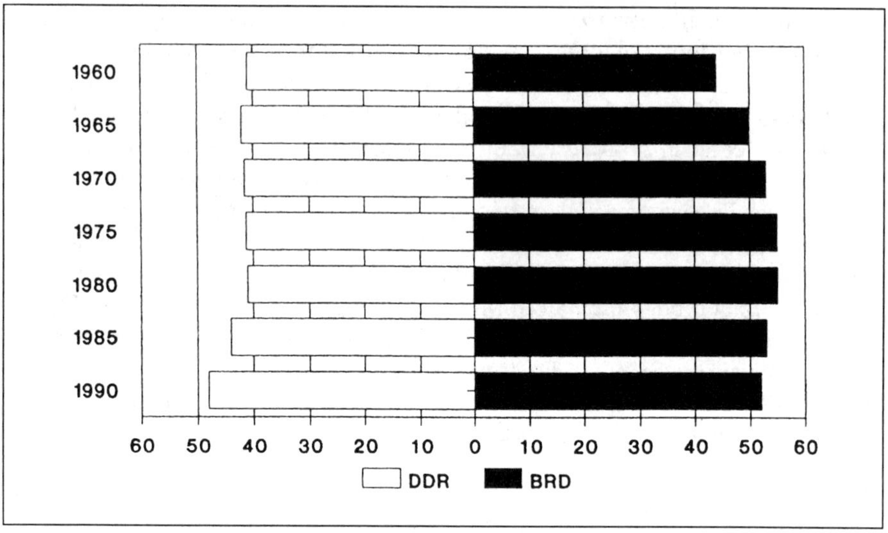

Abbildung 3: Anteil der im Krankenhaus Verstorbenen an den Verstorbenen insgesamt in Prozent zwischen den Jahren 1960 und 1990. Die Graphik zeigt, dass dieser Anteil in der »alten« Bundesrepublik noch höher war als in der ehemaligen DDR (*aus:* BLUMENTHAL-BARBY 1994, S. 86).

Diese *Institutionalisierung des Sterbens* hat es mit sich gebracht, dass Sterbebegleitung in zunehmendem Maße eine Aufgabe des Personals dieser Einrichtungen wurde. Das Personal selbst fühlt sich jedoch auf diese Aufgaben zu wenig vorbereitet und meint zudem, das Krankenhaus sei als Sterbeort nicht geeignet (GEORGE 1989).

Angehörige dagegen finden sich selbst immer seltener in die Rolle der Begleitung Sterbender hinein. Diese Entwicklung hat mit dazu beigetragen, dass sich heute viele Angehörige hilflos in ihrer Rolle als Begleiter Sterbender fühlen. Nicht selten benötigen sie daher Stützung, Hilfe und Anleitung.

Dabei ist es wichtig zu sehen, dass früher das Sterben und der Tod anderer Menschen zu den Alltagserfahrungen gehörten. Wenn nicht Kriegs- oder Pestzeiten das soziale Gefüge störten, starben die Menschen zu Hause im Beisein ihrer Familienmitglieder. Ihr Sterben wurde von *Ritualen*, an denen alle Anwesenden beteiligt waren, begleitet, und eine für alle Menschen verbindliche Wertewelt gab dem Geschehen Sinn und »Ordnung«. Vor dem Jahr 1800, bevor die Lebenserwartung und die Überlebenswahrscheinlichkeit bedeutend anstiegen (vgl. Studieneinheit II), war jeder Mensch – statistisch gesehen – schon zu Beginn seines Erwachsenenalters mit dem Tod einiger Geschwister und oft auch dem der Mutter oder des Vaters konfrontiert worden.

Doch auch die Form, in der sich das Sterben selbst heute vollzieht, ist eine andere als noch im frühen 19. Jahrhundert, geschweige in früheren Epochen. Denn bis weit ins 19. Jahrhundert stellten Infektionskrankheiten die Hauptto-

Tabelle 1: Sterbefälle in der Bundesrepublik Deutschland im Jahre 1993, aufgegliedert nach Todesursachen (in absoluten Zahlen) (*nach:* STATISTISCHES BUNDESAMT 1995, S. 438)

Todesursache	**1993** **Insgesamt**	 **Männlich**	 **Weiblich**
Infektiöse und parasitäre Krankheiten	7686	4461	3225
darunter:			
Tuberkulose der Atmungsorgane	670	459	211
Bösartige Neubildungen	213748	107820	105928
darunter:			
des Magens	16242	8281	7961
des Dickdarms	21248	8833	12415
des Mastdarms	9389	4512	4877
der Leber, Gallenblase und Gallenwege	9976	4202	5774
der Bauchspeicheldrüse	10812	4977	5835
der Luftröhre, Bronchien und Lunge	36143	28414	7729
der Brustdrüse	18734	137	18597
der Gebärmutter	5629	–	5629
des Eierstocks und sonstige Anhängsel der Gebärmutter	6516	–	6516
der Prostata	11401	11401	–
der Harnblase, Niere und sonstiger Harnorgane	13341	8334	5007
des lymphatischen und blutbildenden Gewebes	14851	7234	7617
Diabetes mellitus	23808	7796	16012
Psychiatrische Krankheiten, Krankheiten des Nervensystems und der Sinnesorgane	24505	13082	11423
Krankheiten des Kreislaufsystems	440896	183712	257184
darunter:			
Akuter Infarkt	89088	50492	38596
Sonstige durch Mangeldurchblutung bedingte Herzkrankheiten	95399	39272	56127
Störungen im Erregungsleitungssystem des Herzens und Herzrhythmusstörungen	12767	5677	7090
Herzinsuffizienz	58929	19277	39652
Krankheiten des Herz-Kreislauf-Systems	105767	37619	68148
Krankheiten der Atmungsorgane	52934	29001	23933
darunter:			
Pneumonie (Lungenentzündung)	16840	7270	9570
Grippe	434	130	304
Bronchitis	12532	7928	4604
Emphysem (Lungenblähung)	3304	2103	1201
Asthma	5969	3181	2788
Krankheiten der Verdauungsorgane	42280	22154	20126
darunter:			
Chronische Leberkrankheit und -zirrhose	19824	12971	6853
Krankheiten der Harn- und Geschlechtsorgane	9389	4178	5211
Komplikationen der Schwangerschaft, bei der Entbindung und im Wochenbett	44	–	44
Verletzungen und Vergiftungen	42674	26155	16519
Insgesamt	**897270**	**415874**	**481396**
darunter:			
Kraftfahrzeugunfälle innerhalb des Verkehrs	9626	7053	2573
Unfälle durch Sturz	11565	4267	7298
Selbstmord und Selbstbeschädigung	12690	8960	3730
Sonstige Gewalteinwirkungen	3199	2103	1096

desursachen dar. Deshalb waren in *allen* Altersgruppen – vor allem aber im Kindes- und Jugendalter sowie in der Gruppe der gebärenden Frauen (beispielsweise durch das Kindbettfieber) – viele Sterbefälle zu verzeichnen. Heute hingegen sind Erkrankungen des Herz- und Kreislaufsystems sowie bösartige Neubildungen (Krebs) die häufigsten zum Tode führenden Krankheiten (vgl. *Tabelle 1*). Deshalb findet sich heute auch die weit überwiegende Mehrzahl der Todesfälle in der Altersgruppe ab 70 Jahren (vgl. *Tabelle 2*). Zudem dauert aufgrund der letztgenannten Krankheiten und durch die Möglichkeiten der modernen Medizin der Sterbeprozess oftmals bedeutend länger als in früheren Zeiten.

Tabelle 2: Im Jahre 1980 Gestorbene in der Bundesrepublik Deutschland, aufgegliedert nach ihrem Alter (*nach:* SCHMIED 1985, S. 25)

Im Alter von ... bis ... Jahren	in absoluten Zahlen	in Prozent der Gesamtzahl der Gestorbenen
0– 1	7821	1,1
2–10	2529	0,4
11–20	5578	0,8
21–30	8656	1,2
31–50	40258	5,6
51–60	58391	8,2
61–70	110327	15,4
71 und mehr	480527	67,3
Gesamt	714117	100,0

Die Verschiebung des Sterbens in höhere Altersgruppen lässt sich auch an der Veränderung der Lebenserwartung ablesen: So erreichen heute 64 Prozent der neugeborenen Mädchen und 44 Prozent der Jungen ein Alter von 75 Jahren. Vor 100 Jahren erreichten statistisch gesehen nur elf Prozent der Jungen und 14 Prozent der Mädchen ein Alter von 75 und mehr Jahren. Außerdem stieg das mittlere Sterbealter in den letzten 100 Jahren von 38 auf etwa 79 Jahre bei den Frauen und von 36 auf rund 73 Jahre bei den Männern.

Wenngleich sich das Sterben früher in anderen Formen vollzog und wenngleich man sagen kann, dass Rituale und eine verbindliche Wertewelt den Tod zu jener Zeit stärker als heute zu einem sozialen Ereignis machten, lässt sich doch daraus nicht ohne weiteres schließen, dass die Menschen dieser Zeiten »kompetenter« mit Sterben und Tod umgingen. Auch damals herrschten angesichts des Todes Unsicherheit und Furcht, wurden zum Teil unter großen Opfern Ablässe gekauft und Pilgerreisen unternommen um den Strafen der Hölle zu entgehen, ging die große Angst um vor einem Sterben in der Fremde ohne den Beistand der Familie und der Freunde. Dies bleibt richtig, obwohl es zahlreiche Bücher und Schriften gab, in denen die »Kunst des Sterbens« (lateinisch: *ars moriendi*) beschrieben war beziehungsweise diese Kunst zu lehren versucht wurde. Diese Bücher bezogen sich zumeist auf die verpflichtenden Werte der damaligen kirchlichen Lehrmeinung und enthielten Anleitungen zur angemessenen Durchführung der kirchlichen Rituale. Dennoch waren Tod und Sterben allgegenwärtig, wurden auch an vielen Orten den Menschen ins Gedächtnis gerufen: Memento mori – Gedenke, dass du sterblich bist! Dieses tagtägliche Leben mit Sterben und Tod und das Sterben im Schoße der Familie markieren die beiden großen und wesentlichen Unterschiede zwischen dem Sterben in der Vergangenheit und in der Gegenwart.

In früheren Zeiten war der Tod ein Übergang in ein anderes, jenseitiges Leben. Heute begegnen wir ihm nur noch selten in direkter Konfrontation. Zudem ist er entsakralisiert (»entheiligt« und der Bedeutungsstiftung und Definitionsmacht durch die Kirche entzogen) und profaniert (entweiht und verweltlicht). Sterben und Tod sind Heiligkeit und Besonderheit verloren gegangen. Heute, so hat es ganz den Anschein, sind Sterben und Tod aus dem alltäglichen Leben zumindest ausgeklammert. Ob dies ein Verdrängungsprozess im psychoanalytischen Sinn ist, also ein psychischer Abwehrmechanismus, bei dem unlustbetonte Erinnerungen aus dem Bewusstsein vertrieben und vergessen werden, wird kontrovers diskutiert.

Im Gegensatz zu früher sind also Sterben und Tod im alltäglichen Leben nicht mehr präsent; sie sind mehr oder weniger tabu. Dies hat natürlich Folgen, wie mit Sterben und Tod in unserer Gesellschaft umgegangen wird. Dabei sind die Institutionalisierung des Sterbens und die Professionalisierung der Sterbebegleitung nur zwei dieser Folgen. Ihnen und dem gesamten skizzierten Prozess liegt ein Wertewandel zugrunde, wie er radikaler nicht sein könnte. Die heutigen Menschen sehen in ihrer Mehrheit den Tod sicher nicht als Schlusspunkt ihrer Existenz, eher sind sie sich dessen unsicher, lassen Möglichkeiten einer »nach-todlichen« Existenz offen, sprechen aber kaum darüber und legen sich darüber nicht Rechenschaft ab, entdecken zum Beispiel nur schwer, dass der Tod durch Glauben – und gerade im Christentum hat der Tod eine zentrale Bedeutung – und Sinnfindungsarbeit eine Bedeutung bekommen kann. Manchmal sieht es heute fast so aus, als ob – angesichts der alle Grenzen zu überschreiten scheinenden Wissenschaften und angesichts des technischen Fortschritts – Sterben und Tod als »Skandale«, als Anstoß, Ärgernis, gar Unrecht aufgefasst werden. Sterben und Tod markieren die Grenzen, die von Wissenschaft und Technik (nach der Devise: alles ist machbar) geleugnet werden beziehungsweise gegen die sie ankämpfen.

Differenzierter wird in neueren Publikationen argumentiert, wenn zum Beispiel herausgearbeitet wird, dass das immer häufigere Sterben in vom öffentlichen Bewusstsein abgeschirmten Exklaven – also an Orten, die von der Welt des alltäglichen Lebens ausgeschlossen sind, wie zum Beispiel Altenpflegeheimen und Kliniken – dazu führen kann, dass der Mensch mit seinem zeitlichen Erleben auch seine eigene Zukunft verliert und damit auch sein Gegenwartserleben verkümmern kann. Nach allen Erfahrungen und auch nach den

Ergebnissen einiger wissenschaftlicher Untersuchungen kann nämlich die im Lebenslauf erfolgte Bearbeitung von Verlust- und Trennungserlebnissen das Vermögen stärken den eigenen Tod zu akzeptieren (WARSITZ 1984).

Zu den eben skizzierten Entwicklungen gibt es eine sehr heterogene Gegenbewegung. Diese äußert sich in vielen öffentlichen Diskussionen, zeigt sich auf dem Buchmarkt und auch in zahlreichen Initiativen, die beispielsweise der Hospizidee verpflichtet sind (siehe *Kapitel 6*). Im Rahmen dieser Initiativen kann über Sterben und Tod wieder gesprochen werden, und in ihnen könnte der Keim für eine neue Phase der Auseinandersetzung mit Sterben und Tod liegen. In diesem Zusammenhang könnten auch die Ergebnisse thanatologischer Forschungen eine wichtige Rolle einnehmen.

4. Wesentliche Ergebnisse der thanatologischen Forschung im Überblick

Die Thanatologie – die Wissenschaft von Sterben und Tod – hat von dieser Diskussion profitiert. Obwohl schon um die Jahrhundertwende begründet, kann man doch erst seit etwa 1960 von umfassenderen thanatologischen Forschungen sprechen. Die Thanatologie versteht sich als eine multidisziplinäre Wissenschaft. Vor allem soziologische, psychologische und psychiatrische Ansätze bilden Schwerpunkte ihrer Arbeit. Im Grunde genommen aber haben sich mehr oder weniger alle Wissenschaften, die sich mit dem Menschen beschäftigen, in den letzten Jahren zu thanatologischen Fragestellungen geäußert und geforscht: Medizin, Psychosomatik, Theologie, Anthropologie, Philosophie sowie weitere Disziplinen.

Freilich hat die Thanatologie als junge Wissenschaft in ihrer Forschungsarbeit noch große Schwierigkeiten zu überwinden. Sie besitzt kein eigenes theoretisches Rüstzeug und keinen eigenen Kanon von Methoden und nutzt deshalb vor allem Methoden und Theorien aus Psychiatrie, Psychologie und Soziologie. Dies wird jedoch nicht immer der Eigenständigkeit thanatologischer Fragestellungen gerecht.

Im Folgenden sollen die Ergebnisse der Thanatologie im Überblick dargestellt werden. Dabei wird vor allem auf die Forschungsergebnisse abgestellt, die für die Auseinandersetzung mit Sterben und Tod und für die Sterbebegleitung von Bedeutung sind. Empirische Ergebnisse in diesem Bereich haben vor allem die Psychologie, die Soziologie und die Psychiatrie beigebracht.

4.1 Die gedankliche und emotionale Auseinandersetzung mit Sterben und Tod

Sichtet man die psychologischen Arbeiten darüber, wie alte Menschen sich gedanklich mit Tod und Sterben auseinander setzen, so kommt man zu folgenden Feststellungen:

- Bei alten Menschen existieren sehr große Unterschiede hinsichtlich ihrer Einstellungen zum Sterben und zum Tod;
- die Bedeutung, die der Tod für alte Menschen haben kann, variiert ebenfalls sehr stark;
- auch die Bewältigungsformen in den Auseinandersetzungen mit Sterben und Tod weisen im Alter sehr große Unterschiede auf.

Diesen Ergebnissen zufolge zeigen sich also große inter- und intraindividuelle Unterschiede in den Einstellungen und der gedanklichen Auseinandersetzung mit Sterben und Tod und in den jeweiligen persönlichen Sinnzuschreibungen und der persönlichen Bedeutung. Große Unterschiede finden sich in diesem Feld also sowohl *zwischen* verschiedenen alten Menschen als auch bei den einzelnen Menschen selbst in unterschiedlichen Situationen ihres Lebenslaufs. Generell lässt sich sagen, dass sich die Einstellungen zu Sterben und Tod und die Arten und Formen der Auseinandersetzung mit diesem Thema in sehr individuellen Prozessen herausbilden.

Diese Aussagen treffen nicht nur auf ältere und alte Menschen zu. Sie gelten auch für Jüngere. Verglichen mit jüngeren Menschen haben Alte auch keineswegs eine negativere oder konfliktreichere Einstellung zu Sterben und Tod.

Die meisten psychologisch orientierten thanatologischen Arbeiten befassen sich mit den Einstellungen und der Angst vor dem Sterben, nicht aber mit dem Sterbeprozess selbst. Nur spärlich finden sich Publikationen, die ihre Aussagen aus konkreten Begegnungen mit Sterbenden ableiten (wie zum Beispiel KRUSE 1988).

Die Intensität gedanklicher Beschäftigung mit Sterben und Tod hängt nach den vorliegenden Befunden zwar vom gesundheitlichen Wohlbefinden ab, jedoch keineswegs ausschließlich. Krankheit kann, muss aber nicht zu verstärkter gedanklicher Beschäftigung mit diesem Thema führen. Ebenso wirken »Religiosität« und bestimmte soziodemographische Variablen (wie Familienstand, Einkommen, Ausbildung) nicht einheitlich in eine Richtung. Eine wissenschaftliche Erklärung dieser Befunde kann von verschiedenen Aspekten her unternommen werden. Allerdings ist es für die Forschung dabei sicherlich schwierig, *Konstrukte* – beispielsweise für Krankheit, Religiosität und sozialen Status – zu bilden, also aus einer Theorie abgeleitete begriffliche Definitionen zu gewinnen, welche die Entwicklung von Messinstrumenten (wie etwa von Fragebögen und Tests) erlauben. Zum anderen bereiten auch die großen intra- und interindividuellen Unterschiede, die es bei diesem Themenfeld gibt, der Forschung Probleme. Die gedankliche Auseinandersetzung mit Tod und Sterben ist ebenso wie das Sterben selbst ein höchst individueller Prozess, der nur sehr vordergründig mit den genannten Konstrukten zu »erklären« ist.

Eine Krankheit kann zum Beispiel trotz gleicher Diagnose von verschiedenen Personen subjektiv sehr unterschiedlich verarbeitet werden. Die gleiche Krankheit kann bei dem oder der einen Angst, Schrecken und Verzweiflung mit sich bringen, bei dem oder der andern aber auch Hoffnung erwecken. Auch können Angst, Schrecken und Verzweiflung – je nach aktueller Situation und persönlicher Geschichte eines Menschen – dessen Erleben und Verhalten in sehr unterschiedlicher Weise formen und sich deshalb intra- und interindividuell sehr verschieden ausprägen.

Die Angst vor dem Sterben wie auch die Furcht vor dem Tod zeigen eine dynamische Komponente. Das sogenannte »Trait-Konzept« der Angst, das »Angst« als ein über die Zeit hinweg mehr oder minder stabiles Persönlichkeitsmerkmal auffasst, greift hier nicht. Denn unterschiedliche Ängste können im Laufe des Lebens größer oder geringer werden, und sie können in andere Befindlichkeiten umschlagen. Alter, Religiosität und weitere Persönlichkeitsmerkmale sind bei der Ausbildung von Angst vor Sterben und Tod von eher geringer Bedeutung. Das heißt, in Bezug auf diese Angst haben solche Persönlichkeitsmerkmale nur dann Gewicht, wenn sich ihre jeweiligen Inhalte und Erlebnisformen konkret auf Sterben und Tod beziehen. Eine solche Angst kann sich allerdings auch als Reaktion auf eine persönliche Betroffenheit durch das Leid und das Sterben anderer manifestieren und somit ihrerseits wiederum das eigene Sterben beeinflussen.

Psychoanalytisch gesehen spielt jedenfalls beim Angsterleben die »Trennung« von versichernden Objektbezügen oder absichernden Bezugspersonen eine Rolle. (»Objektbezug« meint den inneren Bezug eines Menschen auf andere Menschen oder Dinge im Dienste der Herstellung der eigenen Identität.) Aus psychoanalytischer Perspektive können Angst vor Leid, Sterben und Tod aus einer durch Leid, Sterben und Tod anderer Menschen verursachten Ich-Bedrohung entstehen. Angst vor Sterben und Tod lässt sich aber oft auch als Angst vor dem endgültigen Loslassen, dem Abschied für immer, der Trennung von der Welt an der Schwelle ungewisser, jedenfalls nicht gewusster Zukunft auffassen.

Zu dieser Angst kommt in vielen Fällen noch die Unerfahrenheit beim Anblick von und im Umgang mit Leid oder Sterben anderer Menschen. Dies verunsichert noch mehr, kann wohl auch die vorhandene Angst nochmals vergrößern.

Angst kann nicht nur den Sterbeprozess selbst beeinflussen, sondern auch das Erleben und Verhalten vieler Angehöriger, besonders wenn sie sich unvorbereitet in der Rolle eines Begleiters sterbender Verwandter, Freunde oder Bekannter finden. Der Versuch, diese Angst zu meistern, führt zu unterschiedlichen Reaktionen, die durch Abwehr und sehr starke Kontrolle der eigenen Emotionen, durch Aktivität – von der (zu) lauten Stimme bis zu allgemeiner Hektik – und durch Vermeidung der Konfrontation (oft unter entschuldigender Anführung verschiedener Aufgaben und Pflichten) gekennzeichnet sein können. Angst kann aber auch zu überschießenden Reaktionen, tiefen emotionalen und existenziellen Erschütterungen führen.

Von daher lassen sich Reife und Weisheit so beschreiben, dass sie – nicht nur im Alter – die Auseinandersetzung mit den oben angesprochenen Grenzsituationen ermöglichen. Ursula LEHR (1986) definiert denn auch Reife als Resultat gelungener Auseinandersetzung mit (Lebens-)Krisen.

4.2 Sterben als Prozess

Über den eigentlichen Sterbeprozess liegen nur relativ wenige wissenschaftliche Befunde vor: Als Komponenten eines »präfinalen Syndroms« (vor dem Sterbeprozess im engeren Sinne sich manifestierendes Bündel von Symptomen) sind mit zunehmend geringerer zeitlicher Distanz zum eigenen Tode häufig

- ein Nachlassen kognitiver Leistungsfähigkeit,
- ein stärkeres Ausgeprägtsein verschiedener Abwehrmechanismen sowie
- zum Teil extreme Stimmungsschwankungen nachweisbar.
- Zusätzlich lässt sich häufig noch eine gewisse Fixierung auf einzelne Persönlichkeitsbereiche und/oder Lebensthemen feststellen.

Angesichts einer – sicher realistischen – Betrachtungsweise des Sterbens *als Prozess* können die genannten Prozesse – im intra- wie im interindividuellen Bezugsrahmen – allerdings höchst unterschiedlich ausgeprägt sein. Ein wissenschaftlich weitgehend gesicherter Befund ist, dass ein psychisch tief verankertes Akzeptieren des eigenen gelebten Lebens oftmals das Akzeptieren des eigenen Sterbens nach sich zieht (MUNNICHS 1966).

KRUSE (1988) kommt in seinen Untersuchungen zu einem Befund, der die im vorigen Absatz genannten Forschungsergebnisse ergänzt. In Gesprächen mit Sterbenden sammelte er deren Biographien bis zu ihrem Tod, dokumentierte diese sehr sorgfältig und befragte das auf diese Weise gewonnene empirische Material nach Verlaufsformen der Auseinandersetzung mit Sterben und Tod. KRUSE konnte auf diese Weise insgesamt fünf verschiedene Typen von Verlaufsformen nachzeichnen:

(1) Akzeptanz des Sterbens und des Todes bei gleichzeitiger Suche nach den Möglichkeiten, die das Leben noch bietet;
(2) zunehmende Resignation und Verbitterung, die mit dazu beiträgt, dass das Leben nur noch als »Last« empfunden wird und die Endlichkeit des eigenen Daseins immer stärker in den Vordergrund des Erlebens tritt;
(3) Linderung der Todesängste durch die Erfahrung eines neuen Lebenssinnes und durch die Überzeugung, im Leben noch wichtige Aufgaben erfüllen zu können;
(4) Bemühen die Bedrohung der eigenen Existenz nicht ins Zentrum des Erlebens treten zu lassen;
(5) Durchschreiten von Phasen tiefer Depression bis zu einer Hinnahme des Todes.

Eine genauere Betrachtung dieser Forschungsergebnisse zeigt, dass – insbesondere bei den Verlaufsformen (2) und (5) – depressive Momente den Sterbeprozess beeinflussen können. KRUSE (1988) macht darüber hinaus deutlich, dass hier sehr spezifische individuelle Momente wie auch Aspekte des sozialen Umfeldes eine wesentliche Rolle spielen können. So scheinen nach seinen Befunden folgende Momente für die Ausprägung der jeweiligen Verlaufsform des Sterbens bestimmend zu sein:

- der frühere Lebensstil;
- das Ausmaß, in dem das eigene Leben (gegebenenfalls trotz Einschränkungen) in der Rückschau angenommen werden kann;
- das Ausmaß, in dem der Patient einen Sinn in seinem Leben und in seiner jetzigen Situation erkennt;
- die vom Patienten erfahrene Akzeptanz durch andere Menschen und seine soziale Integration sowie
- das soziale Umfeld insgesamt.

Man kann die Hypothese wagen, dass depressive Krankheitsbilder mit den oben skizzierten Verlaufsformen sehr oft zusammenhängen beziehungsweise diese selbst das Auftreten von Depressionen begünstigen oder verhindern. Dabei scheinen die Zeitperspektive und das Gefühl des Niedergedrücktseins (ein Wort, welches nicht wenige Patienten wählen – vorausgesetzt, sie verfügen über einen entsprechenden Wortschatz und sind gesprächsbereit) besonders ausgeprägt zu sein.

In diesem Zusammenhang wird deutlich, dass die empirische Herausarbeitung von Verlaufsformen des Sterbens hilfreicher ist als deren prototypische Beschreibung in Form von sogenannten »Phasen des Sterbens«, deren Entstehung sich nicht selten jedem kritischen Nachvollzug entzieht. (Die ursprüngliche Bedeutung von »prototypisch« ist »einem Urbild gemäß«; hier ist gemeint, dass der Sterbeprozess auf die in der abendländischen Kultur häufig zu findende Lehre von aufeinander folgenden Phasen oder Typen bezogen wird.)

Inwieweit Beobachtungen und Untersuchungen zur Art der Bearbeitung lebensbedrohender Erkrankungen auch auf Formen der Auseinandersetzung mit dem Sterben anwendbar sind, ist bislang zwar nicht eindeutig geklärt, aber doch nicht unwahrscheinlich. Die von Beutel (1988) erstellte Übersicht vermittelt in diesem Zusammenhang interessante Perspektiven. Danach ist es unwahrscheinlich, dass es über den Lebenslauf hinweg konstante Persönlichkeitsmerkmale sind, die diese Auseinandersetzungsformen hauptsächlich prägen – ebenso wenig wie bestimmte Erkrankungen. Vielmehr spricht einiges dafür, dass chronisch kranke Patienten bestimmte Merkmale zeigen, die Hinweis auf Formen der Auseinandersetzung mit lebensbedrohenden Krankheiten gestatten. Beobachtet wurden:
- Befindlichkeitsstörungen (unter anderem Ängste, Depressionen, emotionale Labilität, Reizbarkeit);
- unter Umständen auch ein vermindertes Selbstwertgefühl;
- Belastungen in Partnerschaft und Familie wie in der Beziehung zu Pflegepersonal und Ärzten sowie
- soziale Belastungen im Beruf und Einengung von Freizeittätigkeiten und Sozialkontakten.

Allerdings sind auch hier die inter- und intraindividuellen Abweichungen sehr groß. Dies gilt in gleicher Weise für Verleugnungsmechanismen, die eine besondere Rolle zu spielen scheinen, da sie »wichtige adaptive [anpassende] Funktionen« (Beutel 1988, S. 243) erfüllen können. Diese adaptive Komponente wird oft unterschätzt oder gar übersehen: Auch sterbende Menschen wollen noch oft am Leben teilnehmen; insbesondere müssen sie sich – soweit es ihnen möglich ist – der jeweiligen sozialen Welt anpassen und versuchen zudem nicht selten, diese Umwelt sich selbst anzupassen.

Zusammenfassend lässt sich Folgendes festhalten: Die Thanatologie hat insbesondere den Prozesscharakter des Sterbens herausgearbeitet; ihre Befunde unterstützen in hohem Maße die These von der Individualität des Sterbens; es finden sich Hinweise darauf, dass die Akzeptanz des geführten Lebens sowie dessen eher positive Bewertung die Einstellung zum Sterben und zum Tod in dem Sinne beeinflussen, dass der Gedanke an die Endlichkeit der eigenen Existenz bewusster ertragen und reflektiert werden kann.

4.3 Die soziale Situation der Sterbenden

Im Zusammenhang mit Fragen der Sterbebegleitung ist vor allem das Konzept des »Sozialen Todes« von Glaser und Strauss (1974) von Bedeutung. Mit »Sozialer Tod« wird die vielfach zu beobachtende Situation beschrieben, in die in Institutionen sterbende Personen geraten können:

- Schrumpfen der Privatsphäre,
- Abnahme sozialer Kontakte,
- eine zum Teil dramatische Reduzierung eigener Aktivitäten usw.

Dieser »Soziale Tod« tritt vornehmlich dann ein, wenn zwischen dem Sterbenden und seiner sozialen Umwelt kein offener Kontakt mehr stattfindet.

Sowohl der Sterbende als auch seine Kontaktpartner gehen dabei vier spezifische Formen des Umgangs miteinander ein:

(1) Entweder weiß der Sterbende nichts von seinem bevorstehenden Tod, doch wissen dies oft die anderen (Angehörige, Freunde usw.);
(2) oder der Sterbende vermutet, dass andere um seinen lebensbedrohenden Zustand wissen, und will dafür eine Bestätigung erhalten beziehungsweise widerlegt haben, dass diese Vermutung zutrifft;
(3) oder der Sterbende und die anderen wissen um den bevorstehenden Tod, nehmen aber an, dass der jeweils andere es nicht weiß;
(4) oder aber alle Beteiligten wissen um den bevorstehenden Tod und kommunizieren darüber.

Aus der vorhergehenden Aufzählung wird klar, dass vor allem die Formen (1) bis (3) sich dahingehend auswirken können, dass der »Soziale Tod« zum Teil lange vor dem biologischen Tod eintritt. Gerade die Kenntnis dieser vier Umgangsformen ist von überragender Bedeutung für die Kommunikation zwischen Sterbenden und ihren Kontaktpartnern und damit für die Sterbebegleitung insgesamt.

4.4 Ergebnisse psychiatrisch-thanatologischer Forschung

Die meisten thanatologischen Arbeiten, die im Rahmen der Psychiatrie durchgeführt worden sind, beziehen sich auf die Frage nach dem Auftreten von Depressionen bei terminal (im Endstadium) erkrankten und sterbenden Menschen. Umfassendere Reflexionen über Sterben, Sterbebegleitung und Tod sind in diesen Arbeiten eher die Ausnahme.

Zwar kann der Sterbeprozess in seinem Verlauf von einzelnen depressiven Symptomen begleitet sein oder gar in eine Depression münden, doch finden sich in den einschlägigen Veröffentlichungen zu diesen Phänomenen wenig sorgfältig erarbeitete Beschreibungen, geschweige denn Analysen, die einen eindeutigen Zusammenhang zwischen Sterben und Depression belegen. Auch die psychiatrische und die psychologische Literatur zur Thematik der Depression klammern die in dieser Studieneinheit diskutierte Frage nach (möglichen) Beziehungsgeflechten zwischen depressiven Erkankungen und Sterbeprozessen weitgehend aus. In Bezug auf das Schicksal und den (weiteren) Lebensweg unheilbar Kranker und Sterbender wird zwar das Konzept der sogenannten reaktiven Depression (vgl. dazu Studieneinheit VIII, *Abschnitte 2.1 und 2.4*) strapaziert, doch meist ohne ausreichenden Bezug auf das gelebte und das noch lebbare beziehungsweise zu lebende Leben, auf das Dasein unheilbar Kranker und Sterbender.

Diese Beobachtung findet eine Erklärung, die im Begriff der Depression selbst liegt. Denn näher besehen ist »Depression« zunächst einmal nichts anderes als eine grobe Sammelkategorie für einzelne Unterbegriffe (Symptome), die ohne Bezug und Gewichtung zueinander stehen. Üblicherweise werden als depressive Symptome Traurigkeit, Pessimismus, Interessenverlust, Entscheidungsschwäche, Trauer, Weinen, Suizidideen und Reaktionen auf Verlusterlebnisse sowie Energieverlust, Antriebsmangel, Gewichtsverlust, Schlafstörungen und (seltener) spezifische Schmerzen (zum Beispiel Kopfschmerzen) genannt. Diese Symptome lassen sich jedoch nicht ohne weiteres auf den Sterbeprozess übertragen. Denn jeder, der im Umgang mit Sterbenden Erfahrungen hat sammeln können, weiß, dass in dieser Aufzählung wichtige Elemente fehlen, die den Sterbeprozess kennzeichnen: Erstens fehlen Elemente wie (Lebens-)Müdigkeit, Verlust der Zeitperspektive und Schwermut (man beachte die andere Bedeutung, die dieses Wort verglichen mit dem Wort Traurigkeit hat); zweitens bleiben auch die Frage nach der Gewichtung der einzelnen Symptome im Sterbeprozess sowie die Frage ihrer genauen Definition offen. Drittens hat die Forschung eindeutig herausgestellt, dass der Einfluss des chronologischen Alters auf die Entwicklung von Altersdepressionen und auf Depressionen während des Sterbevorgangs eher als gering einzuschätzen ist. Schließlich ist die Behauptung, es bestehe ein eindeutiger Zusammenhang zwischen Sterben und Depression, auch deshalb problematisch, weil bei dieser Betrachtungsweise individuelle und existenzielle Momente, die sich nur vor dem Hintergrund des Einzelschicksals desjenigen verstehen lassen, der gerade stirbt, keine Berücksichtigung finden.

Ein weiteres Indiz für die Schwierigkeiten, die eine unkritische Verwendung des Begriffs der Depression im Kontext des Sterbevorgangs mit sich bringen kann, ist darin zu sehen, dass zum Beispiel das Phänomen der Trauer (siehe *Kapitel 7*) nicht genügend von dem der Depression abgegrenzt wird, obwohl sich bei beiden gelegentlich gleiche Symptome beobachten lassen. Damit wird die Trauer vorschnell zu einem krankhaften Phänomen gemacht.

In diesem Zusammenhang ist bereits kurz auf das Phänomen des Suizids zu verweisen (ausführlicher dazu Studieneinheit VIII, *Kapitel 4*). Es stellen sich nämlich folgende Fragen: Sehen wir nur deshalb relativ wenige sicher und umsichtig diagnostizierte depressive Menschen sterben, weil eine gewisse Anzahl von ihnen vor einer solchen Diagnose durch Suizid aus dem Leben scheidet? Oder trifft das Gegenteil zu: Verfahren wir bei der im Falle eines Suizids oft nachträglich gestellten Diagnose einer Depression differenzierter? Berücksichtigen wir in diesen Fällen zum Beispiel, dass ein Bilanzsuizid ohne eigentliche depressive Momente vorliegen könnte? (Unter »Bilanzsuizid« versteht man eine Selbsttötung, die nicht psychopathologisch zu erklären ist, sondern – im Sinne eines Schlussstrich-Ziehens – aus einer bilanzierenden Lebensrückschau erwächst.)

Ähnlich problematisch ist es, wenn für das Verhalten Sterbender spezifische Reaktionen voreilig depressiv genannt werden. Auch hier kann schnell die oft beobachtbare Niedergedrücktheit im wahrsten Wortsinne als Symptom einer – eigentlich nicht vorhandenen – Depression gedeutet werden. Verfährt man in dieser Weise, wird die besondere Situation eines Menschen, der an der Grenze seines Lebens angelangt ist, nur mangelhaft berücksichtigt. Weiterhin ist festzuhalten, dass eine vorschnelle Diagnose auf Depression einen stigmatisierenden Charakter hat. Eine solche – unbegründete – Diagnose führt nicht selten zu einer Fehleinschätzung der psychischen Situation und des Verhaltens eines sterbenden Menschen. Festzuhalten ist daher, dass die gehäufte Anwendung des Begriffs Depression auf den Sterbeprozess oft zu oberflächlichen Etikettierungen und damit zu wenig abgesicherten Befunden geführt hat.

Ein besonders eindrucksvolles Beispiel für den undifferenzierten Umgang mit der Diagnose Depression bietet KÜBLER-ROSS (1969): Sie sieht die Depression insgesamt eher als Folge des Umgangs, den Sterbende erfahren, und erklärt so auch die quantitative Zunahme depressiver Reaktionen kurz vor dem Tod. Die Autorin scheint depressive Krankheitsbilder mit einer Art vorwegnehmender Trauer gleichzusetzen, die eine Voraussetzung dafür darstellt, dass das eigene Sterben akzeptiert wird. Depression beschreibt sie als Angst vor Verlusten und Verlusterlebnissen, als Erfahrung körperlicher Krankheit, Scham, Schuldgefühle, als Gefühle des mangelnden Selbstwertes und Verzagtheit. Die von KÜBLER-ROSS zitierten Fälle depressiven Verhaltens sind jedoch unklar, nicht nachvollziehbar und decken sich mitnichten mit ihren eben skizzierten theoretischen Aussagen. Zudem sind die von ihr zitierten Symptome erst dann typisch für eine Depression, wenn sie Krankheitswert erhalten. In jedem Fall erfordern sie eine sehr sorgfältige diagnostische Abklärung.

Wir müssen – dies ist eine notwendige Folgerung aus dem Dargelegten – konkreter und zugleich differenzierter werden: Sterben ist zunächst und vor allem ein individueller Prozess. Wenn behauptet wird, in diesem Prozess träten depressive Symptome auf, muss zunächst genau gesagt werden, was unter Depression zu verstehen ist. Denn schließlich dürfen Traurigkeit und Schwermut nicht sozusagen automatisch mit einer Depression gleichgesetzt werden. Zuerst müsste eine Phänomenologie des Sterbens (Lehre von den Erscheinungsformen des Sterbens) erarbeitet werden. Auf dieser Grundlage könnte man dann nochmals die Frage stellen, welche depressiven Momente das Sterben tatsächlich begleiten. Dies würde unser Wissen über die hier diskutierte Thematik erheblich erweitern und damit auch zu besseren Antworten auf die Frage führen, wie die Begleitung sterbender Menschen angemessener als bisher geleistet werden kann. Jedenfalls ist der Vorgang des Sterbens von dem Prozess der Entwicklung einer Krankheit, die zum Tode führt, zu unterscheiden. Oder provokanter formuliert:

- Auch wenn die meisten Sterbenden sehr krank sind, muss der sterbende Mensch doch durch mehr als durch seine Krankheit und ihr jeweiliges Stadium beschrieben werden, ist er auch mehr und auch ein anderer als nur ein Kranker.

5. Sterbebegleitung

Sterbebegleitung fordert von den Sterbebegleitern beiderlei Geschlechts mehr als nur die von ihnen erlernten sozialen und kommunikativen Strategien: Sie fordert ihre ganze Persönlichkeit. Immer wieder wird deutlich, dass Ängste und Unsicherheiten für viele Sterbebegleiter bei ihrem Tun nur schwer überwindbare Hindernisse sind. Diese Ängste und Unsicherheiten zeigen sich oft darin, dass die Sterbebegleiter nicht wissen, wie sie in einer konkreten Situation reagieren sollen, in der Sorge, in einem letzten Kontakt mit dem Sterbenden das Falsche zu sagen, oder gar in der Angst vor dem eigenen Sterben. Sowenig von jemandem, der als Angehöriger oder als Professioneller Sterbende begleitet, erwartet werden kann, dass er keine Angst vor der Begegnung mit Sterbenden oder vor seinem eigenen Tod hat, so sehr zeigt doch die Erfahrung, dass es wichtig ist, diese eigene Angst zu akzeptieren und zu lernen, mit ihr zu leben. Dies scheint vor allem zur Vermeidung eines kühl-distanzierten Verhaltens Sterbenden gegenüber wesentlich, eine Verhaltensweise, die nur allzu oft als Schutz vor der eigenen übergroßen Betroffenheit entwickelt wird.

Besondere Schwierigkeiten bereiten nach den vorliegenden Untersuchungen, die auf der Befragung von erfahrenen Pflegerinnen und Pflegern beruhen (SCHMITZ-SCHERZER 1990), folgende Aspekte:

- das Alter der Sterbenden (die Begleitung jüngerer Sterbender wird als schwieriger erlebt);
- die eigene Unsicherheit;
- die Frustration durch die eigene Unsicherheit;
- die Schockreaktion beim plötzlichen Tod eines Menschen;
- Schuldgefühle bei nicht offener Kommunikation;

- die Angst vor doppeldeutigen Fragen (Fangfragen) der Patienten;
- die stets notwendige Selbstkontrolle gegenüber Patienten, die nichts von ihrem Zustand wissen;
- die starke Identifikation mit dem Patienten und seiner Lage;
- der Mangel an Erfolgserlebnissen;
- die Gespräche mit Sterbenden über das Sterben.

Sterbende begleiten heißt auch immer wieder individuell auf ihre ganz persönlichen Eigenschaften und Nöte einzugehen, ihre jeweiligen Bedürfnisse in spezifischer und angemessener Weise zu berücksichtigen. Eine gewisse Hilfestellung kann dabei folgende Auflistung der Bedürfnisse Sterbender bieten, die aus vielen Erfahrungen und Beobachtungen abgeleitet ist:

- Freisein von Schmerzen;
- sich körperlich wohlfühlen;
- Freisein von unangenehmen körperlichen Empfindungen;
- Informiertsein über den eigenen Zustand in dem Umfang, wie er vom Sterbenden gewünscht ist;
- das Gefühl, akzeptiert und respektiert zu werden, und
- das Bedürfnis nach sinnvoller Bewertung des eigenen Lebens.

Diese Aufzählung zeigt, wie sehr Sterbende an der Welt teilhaben wollen, freilich qualitativ wie quantitativ in jeweils sehr individueller Weise. Der Sterbebegleiter hat die Aufgabe, die Sprache, die Mimik und die Gestik des Sterbenden zu deuten, da eine offene Aussprache manchmal vermieden wird oder auch nicht mehr möglich ist. Dem Sterbebegleiter obliegen aber vor allem das Zuhören und die aufmerksame Beobachtung. Nur so wird er erfahren, was ein Sterbender möchte und was nicht und auch was ein Sterbender wissen möchte und was nicht.

Wichtig ist es, die von dem Sterbenden gestellten Fragen anzunehmen und sie zu beantworten. Dabei fragen Sterbende oft nicht nach der Diagnose oder der Prognose, sondern mehr nach der Bedrohung, der Gefahr und dem Grad der Hoffnung, der (noch) für sie besteht. Oftmals stellen Sterbende diese und ähnliche Fragen immer wieder, und manchmal entsteht beim Betreuenden der Eindruck, dass die gegebenen Antworten vergessen, verdrängt oder verleugnet werden. Dabei ist zu berücksichtigen, dass diese Abwehrmechanismen (die unbewusste Verarbeitung von peinlichen oder unlustbetonten Erinnerungen, Gefühlen oder Vorstellungen) auch eine Schutzfunktion haben. Keinesfalls sind sie unreife Reaktionsweisen.

Aus dem Gesagten geht klar hervor, dass es wichtig ist mit sterbenden Menschen im Gespräch und, wenn dies nicht möglich ist, dann zumindest in persönlichem Kontakt zu bleiben. Nicht wenige Sterbende suchen sich auch einen Kontaktpartner, auf den sie sich konzentrieren. Dieser stammt nicht unbedingt aus dem engeren Kreis der Familie oder der Freunde, aus dem Kreis des Pflegepersonals oder der Ärzteschaft. In jedem Fall ist es wichtig diesen Kontaktpartner dann zu unterstützen.

Die Aufklärung des Patienten ist Sache des Arztes. Die meisten chronisch und lebensbedrohlich erkrankten Menschen wollen aufgeklärt werden und berichten auch, wie positiv sie diese Aufklärung im Nachhinein erlebt haben. Allerdings ist damit nicht die schlichte Mitteilung der Diagnose gemeint. Die Aufklärung ist immer ein *Prozess*. Sie sollte dann beginnen und stattfinden, wenn der Patient es wünscht und bereit dazu ist. Sie setzt auch eine vertrauensvolle Beziehung voraus, die sich ebenfalls nur in einem Prozess entwickeln kann und in der Regel nicht sofort vorhanden ist. Zudem ist es wichtig, die Aufklärung nicht hart und sachlich vorzunehmen, sondern einfühlsam und in der Dosierung, die der Patient wünscht und die er auch bestimmen sollte. In der Regel ist es nicht angezeigt, mehr Informationen zu geben, als der Patient wünscht, und es ist notwendig, dass der Patient erfährt, dass für ihn alles Menschenmögliche getan wird und dass er stets fragen kann.

In einem Prozess wie dem geschilderten sollten aber nicht die Abwehrmechanismen des Patienten durchbrochen werden. Ein Patient sollte nicht gegen seinen Willen mit der Wahrheit konfrontiert werden. Gefühle wie Zorn, Trauer, Wut, Aggression, Verzweiflung können immer auftreten und sollten auch von den Ärzten und dem Pflegepersonal, von Angehörigen und anderen Kontaktpartnern zugelassen und ausgehalten werden.

6. Die Hospizbewegung

Wenngleich hospizähnliche Einrichtungen bereits in der europäischen Antike und in anderen durch nichtchristliche Religionen geprägten Hochkulturen zu finden waren beziehungsweise noch sind, so ist die Hospizidee in unserem Kulturkreis aufs Engste mit der christlichen Vorstellung von Nächstenliebe verknüpft.

In ihrer modernen Ausprägung sehen die Hospize ihre wichtigsten Aufgaben in der intensiven Pflege sterbenskranker Menschen, in ihrer umfassenden Schmerzbehandlung – eine besonders wichtige Zielsetzung – und in der engen Zusammenarbeit mit Angehörigen und Freunden. Daneben spielen in Hospizen ehrenamtliche Mitarbeiter eine bedeutende Rolle (vgl. den folgenden *Kasten*).

Erst in den letzten zwei Jahrzehnten – von früheren vereinzelten Initiativen einmal abgesehen – bilden sich immer mehr Gruppen und Vereinigungen, die Hospizideen unterschiedlichster Art zu entwickeln, zu realisieren und, trotz zum Teil erheblicher Schwierigkeiten, auch in der Wirklichkeit unseres Versorgungssystems zu verankern suchen. Dabei umfassen die einzelnen Initiativen die gesamte Spannweite von Versorgungsinstitutionen: von ambulanten Diensten über teilstationäre bis hin zu stationären Angeboten. Eine solche Spannweite ist auch notwendig, da für die Hospizbewegung die Wünsche der Sterbenden im Zentrum stehen. Es ist durchaus im Sinne der Hospizinitiativen, solchen Sterbenden beizustehen, die zu Hause sterben wollen, und dabei auch deren Angehörigen zu helfen.

Die deutsche Hospizbewegung orientiert sich stark an England, den Vereinigten Staaten und an Skandinavien, da dort die Hospizbewegung schon länger

Aufgaben der Hospize nach ihrem Selbstverständnis:

- Hospize haben zum Ziel, mit einem Team auf die Bedürfnisse Sterbender und ihrer Angehörigen einzugehen, deren Selbständigkeit zu fördern und die Angst vor den Qualen und der Einsamkeit im Sterben zu nehmen.
- Hospize versuchen, die Sterbenden so bald und so lange wie möglich zu Hause zu betreuen.
- Hospize ermöglichen es durch Palliativtherapie [Linderung] und insbesondere durch intensive menschliche Zuwendung, daß der Sterbende sein noch verbleibendes Leben nach seinen Wünschen gestalten kann.
- Hospize sind helle, freundliche und wohnlich eingerichtete Häuser, in denen sich Patienten und Angehörige wohlfühlen können.
- Hospize sind keine Pflegeheime, sondern Einrichtungen, die eine überdurchschnittlich gute Ganzheitspflege, eine optimale ärztliche Betreuung und eine sorgfältige seelsorgerische Begleitung anbieten.
- Hospize sind keine »Sterbekliniken«, denn sie stellen das Leben im Sterben in den Mittelpunkt.
- Hospize sind eine klare Alternative zu dem ethisch unverantwortbaren und illegalen Angebot, beim Todeswunsch von Patienten diesen (straffreie) Beihilfe zum Selbstmord zu leisten.
- Hospize versuchen erfolgreich, die Ursachen für den verzweifelten Tötungswunsch von Patienten zu ergründen und zu überwinden, was auch gelingen kann.
- Hospize sind Kristallisationspunkte für die Beschäftigung mit Sterben, Trauer und Tod.

(INTERNATIONALE GESELLSCHAFT FÜR STERBEBEGLEITUNG UND LEBENSBEISTAND E.V. 1989, S. 16).

aktiv ist als bei uns und dort auch einige der Hospize betrieben werden, die für viele deutsche Initiativen Modellcharakter gehabt haben. Allen voran ist sicherlich das 1967 gegründete »Hospice St. Christopher« in London zu nennen. Eingerichtet wurde es von der »Mutter« der modernen Hospizbewegung, der englischen Ärztin Cicely SAUNDERS. In Deutschland wurde ihre Einrichtung 1978 durch den Film »Noch 16 Tage« des Jesuitenpaters Reinhold IBLACKER weithin bekannt. Dieser Film wirkte als Auslöser für eine breitere Bewegung, obwohl schon zuvor in Deutschland einige wenige hospizähnliche Initiativen bestanden hatten. Doch blieben sie von der Öffentlichkeit weitgehend unbemerkt, weil sie nur eine regionale Ausstrahlung hatten. Die einzelnen Initiativen hatten auch keine Kontakte zueinander und beruhten auf dem Engagement einzelner Persönlichkeiten. Ihnen fehlte das Fundament einer breiten Bewegung.

Weshalb die Hospizidee in den siebziger Jahren plötzlich erfolgreich wurde, hat zweifelsohne Gründe, die im veränderten gesellschaftlichen Klima jener Zeit und einem Wertewandel zu suchen sind. Im Rückblick wird deutlich, dass die

Publikationen von Elisabeth KÜBLER-ROSS und anderen Autoren eine Wende markierten, indem sie das menschliche Sterben zu einem Gegenstand zunehmenden Interesses und der öffentlichen Diskussion machten. In diesem Kontext ist auch das wachsende Interesse in Deutschland an den Hospizen zu sehen.

Dennoch wurden bei uns die Hospize kontrovers diskutiert. Die Mehrzahl der Krankenhausträger, aber auch sehr viele Ärzte verneinten die Notwendigkeit in Deutschland Hospize einzurichten. Selbst heute sind die kritischen Stimmen nicht verstummt. Trotzdem stoßen die Hospizarbeit generell und auch die Einrichtung von stationären Hospizen auf immer breitere öffentliche Zustimmung. Es gibt eine wachsende Zahl schwerkranker und sterbender Menschen, die nach den Regeln der Schulmedizin »austherapiert« sind und deren Beschwerden nur noch durch eine den neuesten Erkenntnissen entsprechende lindernde, insbesondere schmerzlindernde Therapie vermindert werden können. Genau dies aber ist die Domäne der Hospizbewegung. Diese Tatsache und die in Ansätzen erkennbare größere Bereitschaft von Öffentlichkeit und Politik, sich dieser Thematik zu stellen, haben zu einer größeren Akzeptanz der Hospizbewegung in allen ihren unterschiedlichen Schattierungen geführt.

Leider heißt dies nicht, dass es bei uns heute einfacher geworden ist ein Hospiz zu gründen oder gar zu betreiben. Nach wie vor befinden sich viele stationäre Hospize in einer sehr unsicheren und labilen finanziellen Situation. Nicht wenige von ihnen könnten ohne Spenden aus privater Hand nicht existieren und sind darauf für ihre alltägliche Arbeit angewiesen. Zu begrüßen ist, dass die Politik begonnen hat, einige Einrichtungen zu fördern, und dass auch andere Kostenträger (wie die Krankenkassen) ähnliche Überlegungen anstellen oder bereits erste Schritte in diese Richtung unternommen haben. Es gibt keinen Zweifel, dass Hospize in unserer Versorgungslandschaft notwendig sind. Deshalb muss im Rahmen der neuen Pflegeversicherung auch eine sichere Finanzierungsgrundlage für sie geschaffen werden.

Die *stationären Hospize* haben sich niemals als »Konkurrenz« zu den Krankenhäusern verstanden oder definiert, sondern – durch ihre andere Zielrichtung – als deren notwendige Ergänzung. Im Übrigen nutzen Hospize – vor allem im Rahmen der palliativen Therapie – natürlich modernste medizinische Kenntnisse und Erfahrungen. Insofern sind die Hospize auch kein Angriff auf die auf Diagnose und Therapie ausgerichtete medizinische Arbeit, geschweige dass sie die Errungenschaften in der modernen Medizin »verteufeln« – nutzen sie diese doch selbst. Aber dadurch, dass Hospize die Menschen in ihren Mittelpunkt stellen, denen von einer heilenden Medizin nicht mehr geholfen werden kann, haben sie eine andere Zielsetzung. So gesehen könnten sich Krankenhäuser und Hospize sehr gut ergänzen. In unterschiedlichen organisatorischen Formen ist dies glücklicherweise auch schon vielfach der Fall.

Ähnliches gilt im Kern auch für die *ambulanten Hospizdienste*. Auch hier geht es nicht um Kritik an Einrichtungen und Personal vorhandener Einrichtungen der gesundheitlichen Versorgung, sondern um deren Ergänzung und in diesem Sinne um Mithilfe und Unterstützung.

7. Trauer

Trauer wird allgemein als Reaktion auf einen Verlust definiert. Deshalb muss Trauer auch immer im Zusammenhang mit der persönlichen und sozialen Situation eines trauernden Menschen gesehen werden. Trauer ist ein sehr individueller Prozess und kann sehr unterschiedliche körperliche, physiologische und psychologische Reaktionsweisen hervorbringen.

So zeigen manche trauernden Menschen keine psychischen oder psychosomatischen Begleiterscheinungen, andere berichten von reduzierter Arbeitsfähigkeit, Antriebsarmut, geringer Belastbarkeit, allgemeiner »Nervosität« und vielen anderen Symptomen. Auch Angst, Zittern, erhöhter Gebrauch von Medikamenten, verstärktes Rauchen und übermäßiger Alkoholgenuss können beobachtet werden.

Eine Ähnlichkeit der Symptome der Trauer mit depressiven Symptomen oder Symptomen bei spezifischen Angstreaktionen darf nicht dazu verleiten Trauer vorschnell als Krankheit anzusehen, sie zu pathologisieren. Sie gewinnt erst dann Krankheitswert, wenn im Trauerprozess Blockierungen auftreten, wenn der trauernde Mensch beim Vollzug täglicher Lebensmöglichkeiten deutlich behindert ist, kurz: wenn Trauer ein Leben mit dem erlittenen Verlust behindert oder gar unmöglich macht.

Die in der wissenschaftlichen Literatur zu findenden Einteilungen des Trauerprozesses in Phasen erheben nicht den Anspruch den Trauerprozess konkret abzubilden. Dennoch erleichtern sie die Orientierung erheblich. So unterscheidet zum Beispiel Verena KAST (1987) insgesamt vier Phasen, die sehr unterschiedliche Zeitdauern umfassen:

- die Phase des Nicht-wahrhaben-Wollens;
- die Phase der aufbrechenden Reaktionen;
- die Phase des Suchens und Sich-Trennens sowie
- die Phase des neuen Selbst- und Weltbezuges.

In jeder dieser Phasen können sehr unterschiedliche individuelle Reaktionen auftreten, jede von ihnen kann aber auch Symptome zeigen, die eine Bearbeitung des Verlustes hemmen oder gar unmöglich machen. Eine solche Situation macht dann eine therapeutische Intervention notwendig.

In der Regel bildet heute die Familie beziehungsweise der private Lebensraum den Ort der Trauer. Während Trauer in unserer Kultur früher mit der Erfüllung bestimmter gesellschaftlicher Normen verbunden war (Einhaltung einer Trauerzeit, Tragen von Trauerkleidung, Verbot der Wiederverheiratung innerhalb einer bestimmten Frist) und noch heute in weniger industrialisierten Gesellschaften verbunden ist, steht bei uns heute dieser normative Aspekt der Trauer nicht mehr so deutlich im Vordergrund. Trauer ist heute eher ein privates Geschehen, während früher gesellschaftliche Normen eine Anteilnahme der Gesellschaft sicherstellten. Trauernde fühlen sich heute nicht mehr in der Weise wie in der Vergangenheit in die Verbindlichkeit von Normen und Riten eingebunden. Dies kann größere Unsicherheiten mit sich bringen sowie außerdem den Verlust der therapeutischen Elemente, wie sie den Riten, Normen und Gebräuchen innewohnen. Trauer ist – wie die Auseinandersetzung mit Sterben und Tod – eine individuell zu bewältigende Lebensaufgabe geworden. Die stützende Funktion der sozialen Umwelt und ihrer Normen hat sich in den letzten Jahrzehnten stark reduziert; gesellschaftlich verankerte Trauerhilfe – auch durch entsprechende Riten, Normen und Gebräuche – findet eigentlich nur noch in der Phase der Beisetzung statt.

8. Religiosität und Altern

Im Laufe der vergangenen 300 Jahre haben die Menschen in unserer Kultur durchschnittlich rund 40 Jahre an Lebenserwartung dazugewonnen. Gleichzeitig hat sich in diesem Zeitraum der Bezug zur (institutionalisierten) Religion gelockert. Insbesondere haben fast zwei Drittel der Zeitgenossen den Glauben an Auferstehung und ein ewiges Leben verloren (vgl. ZULEHNER, DENZ 1992). So kann der Berliner Alternshistoriker Artur IMHOF (1991) provozierend behaupten, dass für viele Menschen das gesamte Leben durch den Wegfall der Ewigkeit letztlich unendlich kürzer geworden sei.

Dieser Bedeutungsrückgang des Glaubens an ein Jenseits hat einerseits dazu beigetragen, dass sich die Anstrengungen auf eine menschenwürdige Gestaltung des Lebens in der Gegenwart, das heißt *vor dem Tod*, konzentrierten. Andererseits dürften Fragen nach dem Sinn *des* Alters und *im* Alter damit zusammenhängen, dass Menschen jene Hoffnungen und Sehnsüchte, deren Erfüllung sie in früheren Zeiten vom *Jenseits* des Todes erwarteten, nun mit begrenztem Erfolg bereits im *Diesseits* suchen und ihr aktuelles Leben damit letztlich überfordern.

IMHOF fordert wegen der Verkürzung der Lebenserwartung eine Neuauflage der mittelalterlichen »ars moriendi«, was man in der Gegenwart vielleicht am besten als »Kultur der Endlichkeit« übersetzen könnte. Diese soll sich nämlich nicht auf die letzten Lebenstage beschränken, sondern dazu verhelfen, insgesamt – und besonders im höheren Alter – ein Leben zu führen, das nach 70, 80 oder 90 Lebensjahren einen innerlich und äußerlich friedlichen Abschluss ermöglicht.

Kann nun in unserer Kultur die Religion und die kirchliche Seelsorge als institutionalisierte Form der Religion zu einer solchermaßen weit verstandenen »Kunst des Alterns« unter Einschluss des Bewusstseins der eigenen Sterblichkeit einen eigenen Beitrag leisten? Was bedeutet es umgekehrt für die persönliche Religiosität sowie für die Praxis der Religionsgemeinschaften, dass das Leben heute nicht mehr 30 oder 35 Jahre, sondern tatsächlich 80 oder gar 90 Jahre währt? Diesen beiden Fragen soll im Folgenden – in erster Linie aus christlicher Perspektive – nachgegangen werden.

8.1 Religiosität und Biographie

Religio, das lateinische Ursprungswort zu Religion und Religiosität, ist in seinem etymologischen Gehalt nicht endgültig zu klären (Herkunft möglich von lat. *relegere* = sich oft hinwenden; *religari* = sich zurückbinden; *reeligere* = wiedererwählen); es spricht aber viel dafür, damit eine umfassende *Bindung* des Menschen an eine seine Realität übersteigende, »transzendente« Wirklichkeit in Verbindung zu bringen (vgl. WITTRAHM 1995).

Die Art dieser Bindung äußert sich in Wahrnehmungs-, Denk-, Gefühls- und Handlungskonsequenzen:

Die Grundlage aller monotheistischen Religionen bildet die Bindung an ein zugleich *transzendentes und personales Gegenüber, »Gott«* genannt. In christlicher Glaubensüberzeugung ist dieser Gott in seinem Sohn Jesus Christus ins Diesseits eingetreten und in Wort und Beispiel geschichtlich »greifbar«. Der *Inhalt* der Bindung ist zunächst eine *»Sinn«-Zusage:* Jenseits aller menschlichen Bestätigungen erfährt sich der Glaubende als von Gott bejaht, im wahrsten Sinne über den Tod hinaus »aufgehoben«. Er muss die Erfüllung seiner Sehnsüchte nach einem gelingenden Leben nicht allein leisten. Aus dieser Sinn-Bindung folgt eine Entscheidung zum Eintreten für bestimmte Werte, eine *ethische Bindung.* Ein wichtiges Axiom christlicher Religion besteht darin, dass die Begegnung mit Gott in der Regel die Gemeinschaft der Glaubenden voraussetzt und umgekehrt wiederum zum Engagement in der Gemeinschaft ruft. Christliche Religion ist eine »Gemeinde-Religion« und fügt der *Transzendenz-Bindung* mit dem Gebot der Nächstenliebe eine ebenso bedeutsame *Immanenz-Bindung* hinzu. Aus alledem entsteht schließlich die Bindung an einen bestimmten *Lebensstil,* der im Folgenden als *Gestalt der* (persönlichen) *Religiosität* bezeichnet werden soll.

Diese Gestalt der Religiosität wandelt sich im Lebensverlauf im Zusammenhang mit historischen und biographischen Veränderungen. Dabei scheinen drei Einflussgrößen besondere Bedeutung zu haben:

a) Die *Sozialisationserfahrungen* bestimmen zunächst über die Intensität und die Qualität der Begegnungen mit den einzelnen Elementen der religiösen Gestalt in Kindheit und Jugend: So kann etwa durch Lehre und Beispiel ein strenges oder gütiges, ein patriarchales oder partnerschaftlich orientiertes Gottesbild vermittelt werden. Die Wertbindung kann sich über eine Identifikation mit klaren, aber situationsflexiblen ethischen Grundsätzen oder mit einer starren oder skrupulösen (und gegebenenfalls doppelten) Gesetzesmoral vollziehen. Das Kennenlernen der Religion kann ebenso mit guten Gemeinschaftserfahrungen verbunden sein wie mit ängstlichem Abschotten vor »den anderen« oder »der bösen Welt«. Die religiöse Gestalt wichtiger Bezugspersonen in Kindheit und Jugend mag als eher episodisch und locker mit anderen Lebensbereichen verbunden erlebt werden, oder sie prägt das Leben von Beginn an in hohem Maße etwa durch religiöse Übungen und Pflege religiösen Brauchtums, regelmäßiges Gebet, Gottesdienstteilnahme und Engagement in karitativen oder kulturellen Vereinigungen.

Solche Sozialisationserfahrungen sind eng mit der historischen Situation verbunden und schon von daher Veränderungen ausgesetzt. Allein im 20. Jahrhundert folgte auf die noch enge Verknüpfung von Kirche und Gesellschaft bis in die Weimarer Zeit eine Dechristianisierung durch die Nationalsozialisten, die eine eigene Weltanschauung etablieren wollten. Im Westen kam es nach dem Zusammenbruch zu einer Restauration der engen Verbindung von Kirche und Gesellschaft in den ersten Nachkriegsjahren, aber anschließender vollständiger Pluralisierung im weltanschaulichen Bereich; im Osten kam es zu einer erneuten Zurückdrängung der Religion aus der Öffentlichkeit.

b) Bei den *biographischen Determinanten* für die Entwicklung der religiösen Gestalt ist zunächst auf die kontinuierlichen Veränderungen der Lebenslage hinzuweisen:

Im Laufe der Entwicklung nehmen der Wahrnehmungshorizont und das Denkvermögen des Menschen zu. In der Folge müssen zunehmend widersprüchliche Erkenntnisse und Erfahrungen in das Weltbild integriert werden. Dies führt im religiösen Bereich entweder zu einer Ausweitung, Differenzierung und Vertiefung der persönlichen Glaubensgestalt (und damit zum Konflikt mit den ursprünglichen einfachen religiösen Bildern der Kindheit), zu einem permanenten religiösen Anachronismus (und damit zu einer absoluten Trennung von profanen und religiösen Lebensbereichen) oder zur Verabschiedung aus der Welt der Religiosität.
Darüber hinaus gewinnen Lebensbereiche wie Partnerschaft und Familie, Arbeitswelt und gesellschaftliches Engagement an Bedeutung; je nachdem, ob diese Lebensbereiche den Bereich der persönlichen Religiosität tangieren, damit in Konflikt geraten oder diesen umgekehrt zu einem vertieften Selbstverständnis verhelfen, bestimmt sich, welche Rolle Religiosität und Glaube in künftiger Lebensentwicklung quantitativ und qualitativ spielen.

c) Schließlich steht die Gestalt der Religiosität in *Wechselwirkung mit punktuell verdichteten Lebenserfahrungen*:

Die jeweils aktuelle religiöse Gestalt nimmt auf vielfältige Weise Einfluss auf den Umgang mit kritischen Ereignissen im Laufe des (Erwachsenen-)Lebens.

So können Herausforderungen, Widerfahrnisse, persönliche Krisen als »Prüfungen Gottes« oder als zufällige beziehungsweise unerklärliche Schicksalsschläge interpretiert werden. Die religiöse Einstellung kann dazu nötigen (etwa im Falle einer Partnerschaftskrise), an der bisherigen Lebensform um jeden Preis festzuhalten, oder im Gegenteil das Vertrauen bestärken, dass ich auch durch das Zerbrechen der Partnerschaft nicht allein stehe. Die religiöse Gemeinschaftsbindung schließlich kann Ressourcen im sozialen Netz erschließen oder umgekehrt zu einem Ausschluss und damit in Isolation führen.

Umgekehrt verändert die Erfahrung in der Auseinandersetzung mit solchen Lebensereignissen auch die religiöse Gestalt, je nachdem, ob der Glaube und die dazugehörigen Überzeugungen, Handlungsmuster und sozialen Bindungen als hilfreich oder behindernd erfahren wurden.

8.2 Alternde Religiosität

8.2.1 Theorien der religiösen Entwicklung und die zweite Lebenshälfte

In den vergangenen Jahrzehnten sind im Rahmen religionspädagogischer Fragestellungen Theorien zur religiösen Entwicklung entstanden (vgl. ENGLERT 1985), die sich im Wesentlichen an die großen entwicklungspsychologischen Theoriegebäude zur stufenförmigen kognitiven beziehungsweise moralischen Entwicklung im Lebenslauf von PIAGET und KOHLBERG (vgl. COLBY, KOHLBERG 1978) und zur Identitätsentwicklung von ERIKSON und KEGAN anlehnen (vgl. ERIKSON 1966, zum Überblick NIPKOW et al. 1992, UTSCH, FISSENI 1991). Gewissermaßen als »Abfallprodukte« dieser theoretischen Bemühungen sind dabei auch Vorstellungen zur Veränderung der religiösen Gestalt in der zweiten Lebenshälfte entstanden:

a) Der amerikanische Pastoralpsychologe James W. FOWLER (1981) geht bei seinen Forschungen zur Entwicklung der religiösen Persönlichkeit davon aus, dass sich die Religiosität (von ihm als »faith« = »Lebensglaube« bezeichnet) im Laufe des Lebens in sieben qualitativ unterscheidbaren Stufen entfaltet, die nacheinander durchlaufen werden. Im mittleren Lebensalter resultiert die Veränderung von Stufe 5 zu Stufe 6 aus den Erfahrungen des Erwachsenen, in vielfache polare Spannungen eingebettet zu leben und diese Gegensätze miteinander verbinden zu müssen, verschiedene mögliche Perspektiven des Zugriffs auf die Wirklichkeit zu erkennen und das Verlangen zu spüren »auf irgendeine Art mit dem ›Anderen‹ im Selbst, in Gott und in den Mitmenschen in Beziehung zu treten« (FOWLER 1989, S. 106).
An der Schwelle zum Alter kann es einen weiteren religiösen Entwicklungssprung geben, der es ermöglicht, jeglichen Ausschließlichkeitsanspruch der Weltsicht aufzugeben und dennoch zu sich selbst und seinen Einsichten, Erfahrungen, Überzeugungen und seinem Glauben stehen zu können (Stufe 7).

Erstaunlicherweise nimmt allerdings im Erwachsenenalter die Parallelität von Altern und Fortschreiten auf den Glaubensstufen ab, und schon die sechste, vor allem aber die siebte Stufe wird nur von ganz wenigen Menschen, die an den empirischen Überprüfungen der Theorie von FOWLER teilgenommen haben, verwirklicht. Offen bleibt, woher die Anstöße für das Weiterschreiten von einer Stufe zur nächsten stammen: Sind es innere Impulse, die sich aus der Weiterentwicklung von Wahrnehmungs- und Denkstrukturen ergeben, oder sind es äußere Anstöße, die aus der Konfrontation mit Erfahrungen entstehen, die in das bisherige Glaubensverständnis nicht passen?

b) OSER und GMÜNDER (1984, vgl. auch OSER 1992) entscheiden sich in ihrer Theorie klar für den strukturgenetischen Ansatz der Entwicklung von Jean PIAGET und machen folglich Unvereinbarkeiten zwischen der jeweiligen Stufe des »religiösen Urteils« und der Erfahrung für die Weiterentwicklung dieses religiösen Urteils verantwortlich. Auch sie gehen von einem Stufenkonzept aus, in dem auf der jeweils höheren Stufe bisher als widersprüchlich erlebte Erfahrungen integriert werden können. In Anlehnung an das Modell zur Moralentwicklung des amerikanischen Psychologen und Moralphilosophen Lawrence KOHLBERG umfasst ihr Konzept sechs Stufen. Allerdings wurde von ihren Forschungspartnern die Stufe 5 höchst selten und die Stufe 6 noch nie erreicht.

Eine reife, denkerisch und spirituell durchdrungene und durchlebte (und mit den Mitteln der entsprechenden Theorien zu erfassende) religiöse Existenz, wie sie in beiden Konzepten als Ziel der religiösen Entwicklung vorausgesetzt wird, findet sich nur bei wenigen Menschen insgesamt und keineswegs in erster Linie bei den Älteren. Die – theoretisch geforderte – positive Korrelation zwischen Lebensalter und Stufenzugehörigkeit zeigt sich lediglich in Kindheit und Jugend; im höheren Alter dominieren nach diesen Befunden anscheinend einfache mythische oder konventionelle Glaubenskonzepte der Stufen 2 oder 3!

8.2.2 Veränderungen der religiösen Gestalt – Ergebnisse einer glaubensbiographischen Studie

Die obigen Befunde einer defizitären Entwicklung persönlicher Religiosität mit dem Altern widersprechen allen sonstigen entwicklungspsychologischen Erkenntnissen. Sie müssen unter zwei Aspekten kritisch betrachtet werden:

Zum einen beruhen die empirischen Resultate der beiden hier referierten Theorien allein auf Querschnitts-Untersuchungen und berücksichtigen daher nicht den historischen Wandel in den religiösen Sozialisationsbedingungen. Außerdem legen diese Theorien Maßstäbe einer »reifen« Religiosität an, die zumindest in Kindheit und Jugend der untersuchten älteren Teilnehmer noch ganz anders vermittelt wurden. Darüber hinaus berücksichtigen die genannten Arbeiten nicht die Komplexität und Differenziertheit der individuellen Gestalt der Religiosität und ihrer Veränderungen über die Lebenszeit. In einer eigenen Untersuchung (Fürst et al. 1996) haben wir – in Anlehnung an ein wichtiges Postulat des Konzepts der Psychologie aus der Lebensspanne (Baltes 1990) – auf ein *universales* Kriterium für einen *Fortschritt* in der religiösen Entwicklung verzichtet. Stattdessen wurden auf der Basis von biographischen Interviews alle Veränderungen innerhalb der religiösen Gestalt (das heißt bei einzelnen Elementen: Gottesbild, Bindung an eine Religionsgemeinschaft, zentrale Werthaltungen und religiöse Praxis sowie im Zueinander dieser Entwicklungen), über die uns unsere Forschungspartner berichteten, als signifikante und entwicklungsbedeutsame Veränderungen betrachtet. Dabei ergab sich dann zwar kein strenges, mit bestimmten Altersabschnitten zu verbindendes System von Entwicklungsstufen. Dafür zeigte sich in dieser biographischen Studie aber der Zusammenhang zwischen individuellen Erfahrungen und deren Niederschlag in einer ganz persönlichen Gestalt der Religiosität. Diese hatte sich in den meisten Fällen über mehrere frühere Gestalten herausgebildet und muss auch noch nicht die »Endgestalt« der Religiosität des jeweiligen betreffenden Menschen darstellen. So ließ sich bei den meisten Forschungspartnern (Fpn.) unserer Studie ein ein- oder mehrmaliger Wandel in einzelnen Elementen oder in der Gesamtgestalt der Religiosität während des Erwachsenenalters erkennen.

In einem Schwerpunkt der Studie haben wir die *wechselseitige Beeinflussung* von Lebenssituation und Glaubensgestalt über die gesamte (Erwachsenen-)Lebensgeschichte zu klären versucht.

Danach kam der Religiosität bei mehr als 80 Prozent unserer (zwischen 1909 und 1935 geborenen) 30 Fpn. eine *stabilisierende* Bedeutung für ihre Lebenssituation zu. In Krisen und Umbrüchen stellten das Festhalten an früh erworbenen Mustern der Gottesbeziehung und an tief verwurzelten religiösen Ritualen, der Gottesdienstbesuch und der religiös vermittelte Kontakt mit Seelsorgern und »Schicksalsgenossen« Faktoren dar, die das psychische und soziale Überleben ermöglichten und zur Überwindung der Krisen beitrugen.

Aus der Berücksichtigung der Erkenntnis, dass diese Muster nicht nur eine biographische, sondern auch eine historische Komponente haben, resultiert die Frage, ob für die unter anderen zeitgeschichtlichen und pastoralgeschichtlichen Bedingungen aufgewachsenen folgenden Generationen im Alter ebenfalls die stabilisierende Wirkung des Glaubens im Vordergrund steht oder ob hier die Veränderung induzierende Kraft der Religiosität stärker zur Geltung kommen kann. Darüber hinaus scheint von Interesse, was künftig die Angehörigen jüngerer Geburtskohorten in ihrer Mehrheit gegebenenfalls anstelle von Religion und Glaube stabilisiert.

In umgekehrter Richtung zeigte sich ein anderes Bild: Tiefgreifende Lebenskrisen wirkten auf die religiöse Gestalt vorwiegend in Richtung Veränderung. Diejenigen Forschungspartner, die von vielen einschneidenden Erfahrungen in ihrem Erwachsenenleben zu berichten hatten (die dominierende Rolle spielten dabei neben den historischen Ereignissen im Zusammenhang mit NS-Diktatur und Kriegserlebnissen gesundheitliche Krisen und familiäre Veränderungen), berichteten auch wesentlich mehr über Veränderungen in der Gestalt ihrer Religiosität.

Ein zweiter Untersuchungsschwerpunkt war inhaltlichen Veränderungen in der Gestalt der Religiosität gewidmet. Dabei erhielten wir folgende Ergebnisse:

Das Gottesbild verändert sich von »autoritär-patriarchalisch« zu »partnerschaftlich«, die Erscheinungsform wandelt sich von einem stark *wertgebundenen* Glauben zu einer stärker persönlich orientierten Gottes*beziehung*.
Das Verständnis der eigenen Glaubensgestalt als abstrakter »Weltanschauung« geht deutlich zurück. Im hohen Alter verblasst auch das religiös-gemeinschaftliche Handeln, während die Entwicklung einer persönlichen Frömmigkeit immer dominierender wird. Im Bereich der Kirchenbindung nimmt die Bindung aus Überzeugung deutlich, die Bindung aus religiösem Gefühl zeitweilig zu, die gewohnheits-motivierte Bindung an die Kirche reduziert sich ebenso deutlich.

Die Gestalt der Religiosität gewinnt im Verlauf der Entwicklung im Erwachsenenalter individuellere Züge: Sie erhält insgesamt eine zunehmende persönliche Färbung; insbesondere ist die Gottesbeziehung als intimer zu charakterisieren und die Kirchenbindung klärt sich – entweder in Richtung Abbruch oder aber in Richtung entschiedene Zugehörigkeit.

Auch hieraus leiten wir eine weiterführende Frage ab, ob eine von Mobilität und vielen schnellen Veränderungen gekennzeichnete Zeit wie die gegenwärtige notwendig eine solche Plastizität auch der religiösen Gestalt verlangt – und was das für Herausforderungen an die Kirchen als Hüter der »geordneten« Religiosität bedeutet. Die *unveränderliche Glaubensgestalt* gibt es nach unseren Daten im Erwachsenenalter gegenwärtig nur sehr selten!

8.3 Religiosität im Alter

Von Paul BALTES stammt die Überlegung, dass die Bedeutung der *Biologie* für die Verbesserung des Lebens im Alter gering, die der *Kultur* groß ist. Gutes Alter, so formuliert er, »benötigt eine große Dosis gesellschaftlich-kultureller Kräfte und Stützsysteme sowie individualpsychologische Bewältigungsstrategien« (BALTES 1996, S. 49). Was vermag die Religion in Gegenwart und Zukunft zu diesen Erfordernissen der menschenwürdigen Gestaltung im Alter beizutragen?

8.3.1 Religiosität und Alternserfahrungen

In den vergangenen Jahrzehnten hat sich die Gerontologie recht erfolgreich gegen das negative Alternsstereotyp zur Wehr gesetzt. Wer heute noch das Alter vorwiegend über Einbußen und Verluste definiert, unterschätzt die Kräfte und Potenziale von Menschen im siebten, achten oder gar neunten Jahrzehnt. Wenn es also künftig um die Frage der Sinngebung und Bedeutung des Alterns geht, wird nicht die Frage nach der Verarbeitung von Grenzerfahrungen, sondern zunächst die Chance oder der Zwang zum Umgang mit den vielfältigen neuen Möglichkeiten dieses Lebensabschnittes im Vordergrund stehen.

Die vielleicht wichtigste Herausforderung für das Leben im Alter in der Gegenwart liegt in der Notwendigkeit, sich permanent mit einer immer schneller ablaufenden Zeit und den darin beschleunigt erfolgenden Veränderungen »synchronisieren« zu müssen (RIEGEL 1981, vgl. auch WITTRAHM 1999b). Um der Gestaltung des täglichen Lebens, der kulturellen, gesellschaftlichen und politischen Teilhabe und der Pflege intergenerationeller Verbindungen (inner- oder außerfamiliär) willen ist es auch für alternde Menschen wichtig, diese ständigen Veränderungen im technischen und sozialen Bereich ebenso wie im Bereich der Ideen, Werte und Lebensmodelle – keineswegs unkritisch – zu rezipieren und in das eigene Leben zu integrieren.

In den biblischen Quellen sowie in den spirituellen Traditionen des christlichen Glaubens ist die *Spannung* zwischen Beharrung und Festhalten am Bewährten einerseits sowie der Notwendigkeit zu Aufbruch und Veränderung andererseits wohlbekannt (WITTRAHM 1991b). Allerdings wurde in der jüngeren Geschichte der christlichen Spiritualität die beharrende Tendenz wesentlich stärker betont, so dass es fast zu der Gleichung »alt« = »fromm« = »konservativ« kommen konnte. Angesichts der gegenwärtigen kulturellen Herausforderungen erscheint es wichtig, den erneuernden, vorwärtstreibenden Zug der christlichen Religiosität neu zu betonen, allerdings mit einer bedeutsamen Modifikation:

Der im christlichen Sinne glaubende Mensch kann sich auf die Abenteuer neuer Erfahrungen, neuer Überzeugungen und neuer Handlungsweisen einlassen, weil er keinen Verlust seiner selbst fürchten muss. Seine Identität ist nicht durch bestimmte (starre) Lebensstrukturen gesichert, sondern durch eine dynamische (Gottes-)Beziehung. Ein solches Grundvertrauen in eine »transzendente« (und nicht in erster Linie materielle oder soziale) Absicherung der Existenz ergibt sich aus einer religiösen Entwicklung im dargestellten Sinne. Sie erfordert allerdings Akzentsetzungen in der Glaubensvermittlung und Glaubenspflege im Sinne der Ermutigung zu neuen Erfahrungen.

Gerechtfertigt erscheint eine solche Betonung der Veränderungsbereitschaft jedoch nur, wenn sie einhergeht mit einer ebenso tiefen Akzeptanz der durch die Veränderungen im Alternsprozess keineswegs aufgehobenen, sondern lediglich aufgeschobenen menschlichen Grenzen und Begrenztheiten.

Ein Erinnern an die Gebrochenheit menschlicher Existenz kann auf der einen Seite allen allzu optimistischen Vorstellungen einer stets möglichen Abrundung und Aufarbeitung des Lebens *vor* dem Tod, wie sie vor allem im Anschluss an Erik ERIKSONS »Entwicklungsziel Integrität« oder auch im einleitend referierten »ars-moriendi«-Konzept propagiert werden, gegensteuern und stattdessen das Bewusstsein der Fragmentarität menschlichen Lebens wachhalten (LUTHER 1992, vgl. WITTRAHM 1999a). Andererseits ist mit dem Hinweis auf den Wert jedes Menschen unabhängig von seiner Leistung dem Fehlschluss zu wehren, Produktivität im Alter müsse von jedem erwartet beziehungsweise gefordert werden, nur weil sie grundsätzlich möglich sei (vgl. BALTES, MONTADA 1996).

Religiosität *kann* im Alter jene persönliche Souveränität gewähren, aus der heraus körperliche und soziale Grenzerfahrungen hingenommen und verbleibende Chancen zur Gestaltung des Lebens wahrgenommen werden können. Es wäre allerdings ein Missverständnis zumindest der christlichen Religion dies notwendig mit Gelassenheit und Abgeklärtheit zu verwechseln – Leidenschaft in Kampf und Klage, in Hoffnung und Zweifel sind ebenso Daseins- und Ausdrucksmöglichkeiten des religiösen Menschen wie Resignation und Rückzug (WITTRAHM 1991b).

Die Bedingungen, unter denen sich eine solche auch im Alter und angesichts des Lebensendes lebensstärkende Gestalt der Religiosität entwickelt (und was an menschlichem Zutun dabei grundsätzlich überhaupt möglich ist), liegen noch sehr im Dunkeln; von einigen Einflussfaktoren konnte im Abschnitt weiter oben berichtet werden. Sicher kommt neben den innerpsychischen Bedingungen des (religiösen) Alternsstils (THOMAE 1983) auch den sozialen Stützsystemen (BALTES 1996, vgl. oben) eine Bedeutung zu.

8.3.2 Glaubend altern in Gemeinschaft – Kirchliche Beiträge zum Leben im Alter

In der Frage der Unterstützung beim Altern und im Alter tut sich kirchliche Praxis, ob in der Seelsorge, Bildung oder Verkündigung, noch schwer. In der Theorie hat man den defizitorientierten Ansatz überwunden, in der Praxis dominieren (neben dem wichtigen einzelseelsorgerlichen Engagement für die schwer kranken und bzw. pflegebedürftigen alten Frauen und Männer) weiterhin die eher unterhaltend-versorgenden Angebote. Jedoch rücken allmählich solche Alterskohorten in das höhere Alter vor, die nicht mehr in geschlossenen Milieus mit unbefragter kirchlicher Sozialisation (in all ihrer Ambivalenz) aufgewachsen sind (GABRIEL 1992). Diese stellen als mündige, pluralistisch orientierte Bürger ganz andere Fragen und Herausforderungen an die Kirchen als frühere Altersgruppen. Letztere machten das pastorale Handeln leicht: Sie umfassten das Gros der Gottesdienstbesucher und waren als wenig anspruchsvolle Konsumenten unterhaltsamer Altennachmittage und als willige Helfer bei einfachen ehrenamtlichen Tätigkeiten gut und erfolgreich zufrieden zu stellen (vgl. dazu BLASBERG-KUHNKE 1985, SCHILLING 1997). Diese Mentalität des »Sich-betreuen-Lassens« läuft überwiegend aus. Und auch die Vorstellung, dass Menschen jenseits der Lebensmitte automatisch wieder »fromm« würden oder sogar in den Schoß der Kirche zurückkehrten (BRANDTSTÄDTER et al. 1988), kann unter den gegenwärtigen Bedingungen nicht mehr einfach aufrechterhalten werden.

Haupt- und ehrenamtliche Mitarbeiter/innen in der Altenpastoral beginnen deshalb sich auf die grundsätzliche Spannung aller Altenarbeit einzulassen: Mit der prinzipiellen Anerkennung der Autonomie und individuellen Lebenskompetenz ihrer Adressaten haben sich alle Angebote, die von einer Grundhaltung des »Wissen, was für die Adressaten richtig ist« ausgehen, erledigt. So steht für die kirchliche Altenarbeit gegenwärtig an, Zugänge zu Menschen zu suchen um mit ihnen überhaupt in die oben genannten Prozesse einer (religiösen) Deutung, die damit einhergeht dem Altern eine persönliche Bedeutung zu geben, eintreten zu können (WITTRAHM 1991a).

Dazu werden zunächst neue Möglichkeiten entwickelt, Frauen und Männern im »dritten Alter« (LASLETT 1995) Wege in soziales oder kulturelles Engagement zu vermitteln. Dabei wird im Unterschied zu früheren »Rekrutierungen« von »Ehrenamtlichen« darauf zu achten sein, dass Aufgabenorientierung und Personorientierung miteinander im Gleichgewicht stehen. Das gilt bereits für die Auswahl möglicher Aufgaben und die Vorbereitung auf das freiwillige Engagement im Alter. Vor allem aber kommt es darauf an, dieses neue Engagement als Chance zur Auseinandersetzung mit sich selbst, mit der Biographie und den eigenen Vorstellungen für die Zukunft zu verbinden und die neue »Arbeit« gerade nicht als Flucht vor der Beschäftigung mit den anstehenden Fragen der Lebensgestaltung zu missbrauchen. Entsprechende Begleitangebote, die eine Verbindung des Engagements mit Gelegenheiten zur persönlichen (auch religiösen) Weiterentwicklung ermöglichen, werden den entscheidenden Charakter solcher neuen Projekte ausmachen. Beispiele für solche Initiativen bilden manche der vielerorts entstehenden Hospizinitiativen ebenso wie etwa der vom Bistum Trier entwickelte freiwillige soziale bzw. kulturelle Dienst von älteren Frauen und Männern.

Zum Zweiten wird es darum gehen, die noch immer vorhandene Infrastruktur »Gemeinde« als Möglichkeit des Ausbaus sozialer Netze der Kommunikation und der gegenseitigen Unterstützung wiederzuentdecken und zu nutzen.

Zum Dritten zeigt sich bei einem Teil der alternden Frauen und Männer ein neues Interesse an ausgesprochen »geistlichen« Unternehmungen wie Einkehrtagen, Exerzitien innerhalb und außerhalb des Alltags. Dieses Interesse fordert allerdings die »geistlichen Begleiter« heraus, neue, den gegenwärtigen kulturellen und sozialen Bedingungen entsprechende Formen der Annäherung an das Altern im religiösen Kontext zu entwickeln. Das verlangt zunächst eine eigene Auseinandersetzung mit Altersbild und Alternserfahrungen der Seelsorgerinnen und Seelsorger.

Die Beziehung zwischen Altern und Religiosität, so lautet das Schlussfazit meiner Überlegungen, scheint genau so komplex und lediglich anfanghaft aufgeklärt wie viele andere Fragen hinsichtlich der Gestaltung unserer verlängerten und individualisierten späten Lebenszeit. Religiosität kann sicher *einen* Beitrag dazu leisten »den Jahren Leben hinzuzufügen«. Dabei werden auch diskontinuierliche Entwicklungssprünge, die man im Bereich der Religion als »Konversion« bezeichnen würde, möglich sein, doch ist die Bedeutung biographischer Kontinuität nicht zu unterschätzen. Somit verweist die Frage nach der Religiosität im Alter letztlich auf Religion und Glaube im gesamten Lebenslauf. Es mag naheliegen, dass religiöse Fragen angesichts der Erfahrungen im Alter, etwa angesichts von Verlusten oder Begrenzungen in besonderer Weise neu aufbrechen, und es mag ebenfalls sein, dass sich die Einstellung zu den »letzten Dingen« im Leben erst gegen Ende dieses Lebens endgültig klärt – unbestritten bleibt, dass Menschen bei der religiösen Auseinandersetzung auf Erfahrungen, Muster und Einstellungen aus früheren Lebensabschnitten zurückgreifen, dass sie diese aufgrund der Lebenssituation modifizieren, aber selten völlig neu kreieren. So ist es nie zu spät, sich den Fragen nach der Wirklichkeit hinter der Wirklichkeit des eigenen Lebens zu stellen, jedoch selten zu früh.

Übungsaufgaben

Aufgabe 1

Schildern Sie bitte die wichtigsten Erkenntnisse der thanatologischen Forschung in Stichworten. Nennen Sie mindestens fünf Hauptergebnisse.

Aufgabe 2

Welches sind die wichtigsten Ziele der Hospize?

Aufgabe 3

Definieren Sie Trauer und benennen Sie typische Merkmale des Trauerprozesses.

Literaturverzeichnis

BALTES, Paul B. (1990): Entwicklungspsychologie der Lebensspanne. In: Psych. Rdsch. 41, S. 1–24.

BALTES, Paul B. (1996): Über die Zukunft des Alterns: Hoffnung mit Trauerflor. In: BALTES, Margret; MONTADA, Leo (Hrsg.): Produktives Leben im Alter. Frankfurt am Main: Campus, S. 29–68.

BALTES, Margret; MONTADA, Leo (Hrsg., 1996): Produktives Leben im Alter. Frankfurt am Main: Campus (= Schriftenreihe ADIA-Stiftung Bd. 3).

BEUTEL, Manfred (1988): Bewältigungsprozesse bei chronischen Erkrankungen. Band XIII. Weinheim: Edition Medizin, VCH-Verlag.

BLASBERG-KUHNKE, Martina (1985): Gerontologie und Praktische Theologie. Düsseldorf: Patmos.

BLUMENTHAL-BARBY, Kay (1994): Sterbeort Krankenhaus und Fragen der Sterbeaufklärung. In: Sterben und Sterbebegleitung. Schriftenreihe des Bundesministeriums für Familie und Senioren, Band 28. Stuttgart, Berlin, Köln: Kohlhammer, S. 83–88.

BRANDTSTÄDTER, Jochen; RENNER, G.; BALTES-GÖTZ, B. (1989): Entwicklung von Wertorientierungen im Erwachsenenalter: Quersenquentielle Analysen. In: ZEPP 21, S. 3–23.

BUNDESÄRZTEKAMMER (1988): Vorstand der Bundesärztekammer, Wissenschaftlicher Beirat der Bundesärztekammer u. a. (Hrsg.): Anfang und Ende menschlichen Lebens – Medizinischer Fortschritt und ärztliche Ethik. Köln: Deutscher Ärzte-Verlag.

COLBY, Anne; KOHLBERG, Lawrence (1978): Das moralische Urteil: Der kognitionszentrierte entwicklungspsychologische Ansatz. In: Psychologie des 20. Jahrhunderts. Tb. VII, München: Kindler, S. 348–365.

EISENMENGER, Wilhelm; SPANN, Walter (1995): Wann ist der Mensch tot? In: Münchener Medizinische Wochenschrift, Nr. 32/33, S. 508f.

ELIAS, Norbert (1982): Über die Einsamkeit des Sterbenden in unseren Tagen. Frankfurt am Main: Suhrkamp.

ENGLERT, Rudolf (1985): Glaubensgeschichte und Bildungsprozeß. Versuch einer religionspädagogischen Kairologie. München: Kösel.

EPIKUR (1973): Philosophie der Freude. Eine Auswahl aus seinen Schriften, übersetzt, erläutert und eingeleitet von Johannes MEWALDT. Stuttgart: Kröner.

ERIKSON, Erik H. (1966): Wachstum und Krisen der gesunden Persönlichkeit. In: DERS.: Identität und Lebenszyklus. Drei Aufsätze. Orig. 1959, dt. Frankfurt am Main: Suhrkamp (= stw 16), S. 55–122.

FOWLER, James W. (1981): Stages of faith. The Psychology of Human Development and the Quest for Meaning. San Francisco: Harper & Row.

FOWLER, James (1989): Glaubensentwicklung. Perspektiven für Seelsorge und kirchliche Bildungsarbeit. München: Kaiser.

FÜRST, Walter; SEVERIN, Burkhard; WITTRAHM, Andreas (1996): Glaubensentwicklung in der zweiten Lebenshälfte und die pastoralen Konsequenzen. Projektbericht, Aachen, Hauptabt. Gemeindearbeit im Bischöfl. Generalvikariat/Seminar für Pastoraltheologie der Univ. Bonn.

GABRIEL, Karl (1992): Christentum zwischen Tradition und Postmoderne. Freiburg et al. (Herder) (= QD 141).

GEORGE, Werner (1989): Sterben im Krankenhaus. In: Psychomed, 15. Jahrgang, Nr. 10, S. 737–753.

GLASER, Barney J.; STRAUSS, Anselm (1974): Interaktion mit Sterbenden. Beobachtungen für Ärzte, Schwestern, Seelsorger und Angehörige. Göttingen: Vandenhoeck & Ruprecht.

IMHOF, Arthur E. (1992): Einleitung. In: DERS. (Hrsg.): Leben wir zu lange? Die Zunahme unserer Lebensspanne seit 300 Jahren – und die Folgen. Köln: Böhlau, S. 17–29.

INTERNATIONALE GESELLSCHAFT FÜR STERBEBEGLEITUNG UND LEBENSBEISTAND E.V. (1989; Hrsg.): Hospize ... Raststätten auf dem Wege. Bingen (Rhein).

JASPERS, Karl (1988): Denkwege. Ein Lehrbuch. München: Piper.

KAST, Verena (1987): Trauern. Phasen und Chancen des psychischen Prozesses. 8. Auflage. Stuttgart: Kreuz.

KRUSE, Andreas (1988): Die Auseinandersetzung mit Sterben und Tod – Möglichkeiten eines ärztlichen Sterbebeistands. In: Zeitschrift für Allgemeinmedizin, 64. Jahrgang, Heft 4, S. 59–66.

KÜBLER-ROSS, Elisabeth (1969): On Death and Dying. New York: McMillan. (Die deutsche Erstausgabe des immer wieder aufgelegten Buches erschien 1969 unter dem Titel: Gespräche mit Sterbenden. Stuttgart, Berlin: Kreuz Verlag.)

LASLETT, Peter (1995): Das Dritte Alter. Historische Soziologie des Alterns. Weinheim: Juventa.

LEHR, Ursula M. (1986): Biographische Einflußfaktoren auf Alterszustand und Alternsprozesse. In: Zeitschrift für Allgemeinmedizin, 62, S. 512–518.

LUTHER, Henning (1992): Religion und Alltag. Bausteine zu einer praktischen Theologie des Subjekts. Stuttgart: Radius.

MARC AUREL (1965): Wege zu sich selbst. Übersetzt und herausgegeben von Willy THEILER. Hamburg: Rowohlt.

MÜLLER, Monika (1994): Sterben zu Hause und wie zu Hause. In: FUCHS, Michael (Hrsg.): Sterben und Sterbebegleitung. In: Schriftenreihe des Bundesministeriums für Familie und Senioren, Band 28. Stuttgart, Berlin, Köln: Kohlhammer, S. 103–105.

MUNNICHS, Joep H. (1966): Old Age and Finitude. A Contribution to Social Gerontology. Basel: Karger.

NIPKOW, Karl E.; SCHWEITZER, Friedrich; FOWLER, James (Hrsg., 1992): Glaubensentwicklung und Erziehung. Gütersloh: Gütersloher Verlagshaus Gerd Mohn, 3. Aufl.

OSER, Fritz (1992): Religiöse Entwicklung im Erwachsenenalter. In: BÖHNKE, Michael; REICH, Helmut; RIDEZ, Louis (Hrsg.): Erwachsen im Glauben. Beiträge zum Verhältnis von Entwicklungspsychologie und religiöser Erwachsenenbildung. Stuttgart, S. 67–87.

OSER, Fritz; GMÜNDER, Paul (1984): Der Mensch – Stufen seiner religiösen Entwicklung. Ein strukturgenetischer Ansatz. Zürich et al.

RAT DER EVANGELISCHEN KIRCHEN IN DEUTSCHLAND, DEUTSCHE BISCHOFSKONFERENZ (1990): Organtransplantation. Gemeinsame Erklärung der Deutschen Bischofskonferenz und des Rates der Evangelischen Kirchen in Deutschland. In: Gemeinsame Texte 1.

RIEGEL, Klaus F. (1981): Psychologie – mon amour. Ein Gegentext. München et al.

SCHENDA, Rudolf (1983): Die Alterstreppe – Geschichte einer Popularisierung. In: Die Lebenstreppe. Bilder der menschlichen Lebensalter. Eine Ausstellung des Landschaftsverbandes Rheinland. Köln: Rheinland-Verlag, S. 11–24.

SCHILLING, Hans (1997): Der Menschen Schönheit Ende? Voraussetzungen, Bedingungen und Maßstäbe kirchlicher Altenarbeit. München: Don Bosco.

SCHMITZ-SCHERZER, Reinhard (1990): Sterben – Ein Versuch aus sozialgerontologischer Perspektive. In: SCHMITZ-SCHERZER, Reinhard; KRUSE, Andreas; OLBRICH, Erhard (Hrsg.): Altern – ein lebenslanger Prozeß der sozialen Interaktion. Darmstadt: Steinkopff, S. 43–54.

SCHMITZ-SCHERZER, Reinhard (1995): Sinnerfahrungen. In: JANSEN, Birgit; FRIEDRICH, Ingrid (Hrsg.): Soziale Gerontologie – ein Herstellungsprozeß. Kassel: Gesamthochschulbibliothek.

SPORKEN, Paul (1972): Menschlich sterben. Düsseldorf.

THOMAE, Hans (1983): Alternsstile und Altersschicksale. Ein Beitrag zur differentiellen Gerontologie. Bern et al.: Huber.

UTSCH, Martin; FISSENI, H.-J. (1991): Religiosität. In: OSWALD, Wolf D.; HERRMANN, Werner M.; KANOWSKI, Siegfried; LEHR, Ursula M.; THOMAE, Hans: Gerontologie. Stuttgart: Kohlhammer, 2. Aufl., S. 480–493.

WARSITZ, Peter (1984): Sterben als Verlust in Form von Zukunft. In: Fragmente, Nr. 27, S. 119–123.

WITTRAHM, Andreas (1991a): Altenpastoral. Hrsg. von der Hauptabteilung Gemeindearbeit im Bischöflichen Generalvikariat Aachen. Düsseldorf: Patmos.

WITTRAHM, Andreas (1991b): Ein Leben lang im Aufbruch. Biblische Einsichten über das Älterwerden. Freiburg: Herder.

WITTRAHM, Andreas (1995): »Den Himmel offen halten...« Anmerkungen zur Bedeutung von Transzendenz für die Soziale Gerontologie. In: JANSEN, Birgit; FRIEDRICH, Ingrid (Hrsg.): Soziale Gerontologie – ein Herstellungsprozeß. Kassel, Gesamthochschulbibliothek (Kasseler Gerontologische Schriften Bd. 17), S. 355–382.

WITTRAHM, Andreas (1999a): Theologie. In: JANSEN, Birgit; KARL, Fred; RADEBOLD, Hans; SCHMITZ-SCHERZER, Reinhard (Hrsg.): Soziale Gerontologie. Ein Handbuch für Lehre und Praxis. Weinheim: Beltz.

WITTRAHM, Andreas (1999b, in Vorb.): Seelsorge und Pastoralpsychologie. Ein inhaltlicher und methodischer Beitrag zur Klärung eines spannungsvollen Verhältnisses angesichts der pastoralen Herausforderungen durch die Postmoderne. Bonn (theol. Diss.).

ZULEHNER, Paul; DENZ, Hermann (1993): Wie Europa lebt und glaubt. Düsseldorf: Patmos.

Abbildungsnachweise

Abbildung 1 nach: SCHÜLLER, Heidi (1995): Die Alterslüge. Für einen neuen Generationenvertrag. Berlin: Rowohlt, S. 207.

Abbildung 2: Reinhard SCHMITZ-SCHERZER, nach BUNDESÄRZTEKAMMER (1988).

Abbildung 3 aus: BLUMENTHAL-BARBY, Kay (1994): Sterbeort Krankenhaus und Fragen der Sterbeaufklärung. In: Sterben und Sterbebegleitung. Schriftenreihe des Bundesministeriums für Familie und Senioren, Band 28. Stuttgart, Berlin, Köln: Kohlhammer, S. 86.

Tabelle 1 nach: STATISTISCHES BUNDESAMT (1995; Hrsg.): Statistisches Jahrbuch 1995 für die Bundesrepublik Deutschland. Stuttgart: Metzler-Poeschel, S. 438.

Tabelle 2 nach: SCHMIED, Gerhard (1985): Sterben und Trauern in modernen Gesellschaften. Opladen: Leske & Budrich, S. 25.

Anhang

Hinweise zur Lösung der Übungsaufgaben

Studieneinheit I

> **Aufgabe 1**
> Warum ist »Altern« nicht nur ein biologisches Faktum, sondern eine »soziale Kategorie«? Was sind Altersstereotype? Skizzieren Sie bestehende Altersstereotype!

Hier sind die Bedeutung von Alter als »sozialer« Kategorie sowie die Definition von Altersstereotyp angesprochen. Daneben wird gefordert, die herrschenden Altersstereotype zu beschreiben und die gegensätzlichen Deutungsmuster von Alter anhand der Stereotype herauszuarbeiten. Überprüfen Sie Ihr Wissen anhand von *Kapitel 1* beziehungsweise der *Abschnitte 2.1, 3 und 5.2.*

> **Aufgabe 2**
> Erläutern Sie den Unterschied zwischen »normativen« und »selbstbezogenen« Überzeugungen vom Alter und benennen Sie Auswirkungen und Beispiele!

In der Antwort sollten die verschiedenen Theorien des Alterns beschrieben werden und Auswirkungen aufgezeigt werden, zum Beispiel die Vorstellung von der Normalbiographie und die Vorstellung vom »richtigen« Zeitpunkt für ein bestimmtes Ereignis. Informationen dazu enthält *Kapitel 3.*

> **Aufgabe 3**
> Wie werden Altersbilder vermittelt, und welche Leitbilder von Alter finden sich in Medien und literarischen Produkten?

Hier werden quantitative und qualitative Aspekte der Präsenz von älteren Menschen in den Medien angesprochen. Anhand konkreter Beispiele sollen die dahinter stehenden Altersleitbilder herausgearbeitet werden. Anhand von *Kapitel 4* können Sie überprüfen, ob Ihre Antworten richtig sind.

> **Aufgabe 4**
> Worin bestehen die Wirkungen von Altersbildern? Nennen Sie Ansätze zur Beeinflussung und Weiterentwicklung von Altersbildern!

Zunächst ist der Zusammenhang zwischen Selbstbild und Fremdbild herauszuarbeiten, ebenso die Bildung neuer Stereotypen. Insgesamt geht es darum, sowohl die Wirkungen auf der Einstellungs- als auch auf der Verhaltensebene zu beschreiben. Lesen Sie dazu *Kapitel 5*. Beim zweiten Teil der Aufgabe geht es unter anderem um die Rolle jedes Einzelnen, aber auch um die Verantwortung der Gesellschaft insgesamt. Lesen Sie dazu nochmals *Kapitel 6*.

Studieneinheit II

Aufgabe 1
In welchen Epochen und unter welchen historischen Bedingungen kommt es zu Altersklage und vor allem Altenspott?

Altersklage und Altenspott hatten ihre Hochzeit in solchen Epochen, in denen ein Kult der Jugendlichkeit herrschte (griechisch-römische Klassik, Renaissance) oder in denen – wie im Dreißigjährigen Krieg – eine extreme Verwilderung der Sitten statthatte und wenig oder keine Rücksicht auf schwächere Glieder der Gesellschaft genommen wurde (vgl. insbesondere die *Abschnitte 2.2 bis 2.4*).

Aufgabe 2
Welche Veränderungen für die alten Menschen bedeutete der Übergang vom Greis zum Rentner (beziehungsweise Senior) zwischen der Mitte des 19. Jahrhunderts und heute?

Im Verlauf dieses Prozesses wuchs unter anderem die Lebenserwartung stark an und das Alter verlor seinen homogenen Charakter und spaltete sich in zahlreiche Untergliederungen auf, ohne dass jedoch bis heute Defizite der Alterskultur ausgeglichen werden konnten *(Abschnitte 2.6 und 2.7)*.

Aufgabe 3
Skizzieren Sie, was der Begriff »Senioritätsprinzip« meint.

Das Senioritätsprinzip, der Vorrang einer älteren Person oder einer Gruppe Älterer, wird in den *Abschnitten 3.1 und 3.2* als Kennzeichen von traditionellen Gesellschaften analysiert; es findet sich aber auch in der Frühzeit der Menschheitsentwicklung *(vgl. Abschnitt 2.1)*.

Studieneinheit III

Aufgabe 1
Skizzieren Sie die unterschiedlichen Bedeutungen des Zeitbegriffs und stellen Sie diese einander gegenüber!

Hier sind
- das subjektive und das objektive Zeiterleben,
- das kalendarische Alter (die tatsächliche Lebenszeit) sowie
- die historische Zeit angesprochen.

Überprüfen Sie Ihr Wissen anhand der *Abschnitte 1.1, 1.2 und 1.3.*

Aufgabe 2
Was umschreiben die Begriffe *midlife crisis* und *empty nest*? Welche Bedeutung können diese Konzepte im Lebenslauf haben?

Lesen Sie dazu noch einmal den *Abschnitt 1.1.*

Aufgabe 3
Wie wird erklärt, dass sich die Ergebnisse der Querschnittsuntersuchungen und Längsschnittuntersuchungen zur Intelligenz unterscheiden?

Die Antwort finden Sie in *Abschnitt 1.3.*

Aufgabe 4
Erläutern Sie das Konzept der Entwicklungsaufgaben. Was unterscheidet sie von kritischen *Off-time*-Lebensereignissen?

Die richtige Antwort finden Sie in *Abschnitt 2.3* (Entwicklungsaufgaben) und in *Abschnitt 2.4* (wo die Faktoren dargestellt sind, die Ereignisse zu kritischen machen).

Aufgabe 5
Was ist der Reminiszenz-Effekt und worauf ist er zurückzuführen?

Lesen Sie dazu in *Abschnitt 3.1* nach.

Aufgabe 6
Bei der Erforschung des autobiographischen Gedächtnisses wird »kalte« von »heißer« Information unterschieden. Worin besteht der Unterschied und was bedeutet dies für das Erinnern?

In *Abschnitt 3.2* können Sie überprüfen, ob Ihre Antwort richtig ist.

Studieneinheit IV

Aufgabe 1
Wovon hängt es ab, ob die Bevölkerung eines Landes zunimmt oder abnimmt und wie sie altersmäßig zusammengesetzt ist?

Die drei wesentlichen Einflußgrößen sind die Geburtenrate (Fertilität), Sterberate (Mortalität) und Zu- und Abwanderung (Migration). Vor allem wegen der niedrigen Geburtenrate ist die künftige Zuwanderung für die Bevölkerungsentwicklung von entscheidender Bedeutung. Lesen Sie dazu den *Abschnitt 1.3.*

Aufgabe 2
Auf welche Sachverhalte bezieht man sich, wenn man von einer »alternden Gesellschaft« spricht? Ist damit vor allem Deutschland gemeint oder bezieht sich dieser Begriff auch auf andere Länder?

Die Zahl alter Menschen nimmt sowohl absolut zu als auch im Verhältnis zu der Zahl jüngerer Menschen. Außerdem nimmt die Zahl der sehr alten (hochaltrigen) Menschen zu. Es handelt sich um eine weltweite Entwicklung, die in Japan am weitesten fortgeschritten ist. Lesen Sie dazu den *Abschnitt 1.1.*

Aufgabe 3
Was bringt der Titel dieser Studieneinheit: *Von der Pyramide zum Pilz* zum Ausdruck?

Sie bezieht sich auf eine weit verbreitete graphische Darstellung der Altersverteilung in der Bevölkerung. Schauen Sie sich dazu *Abb. 1* in *Abschnitt 1.3* an.

> **Aufgabe 4**
> Nennen Sie einige Gesichtspunkte, aufgrund derer man sagen kann, dass die Situation älterer Menschen in unserer Gesellschaft heute häufiger eine andere ist als früher.

Die folgenden fünf Aspekte werden im *Kapitel 2* behandelt:
- *Verjüngung:* Die Menschen werden früher mit Altersproblemen konfrontiert.
- *Entberuflichung:* Es verlängert sich die Phase des Alters ohne Berufstätigkeit.
- *Feminisierung:* Unter den alten Menschen sind erheblich mehr Frauen als Männer.
- *Singularisierung:* Der Anteil allein lebender Älterer nimmt zu.
- *Hochaltrigkeit:* Es gab noch nie so viele Hochaltrige und es nimmt die Wahrscheinlichkeit zu, sehr alt zu werden.

> **Aufgabe 5**
> Welche typischen Lebensstile älterer Menschen lassen sich in Deutschland unterscheiden?

Lesen Sie dazu den *Abschnitt 3.3.*

> **Aufgabe 6**
> In welchen Punkten ist die Situation älterer Menschen in der ehemaligen DDR heute anders als in Westdeutschland?

Vor allem das erzwungene frühere Ausscheiden aus dem Berufsleben und die dadurch notwendige Veränderung der Lebensplanung werden als problematisch empfunden. Lesen Sie dazu den *Abschnitt 4.3* und auch die anderen Abschnitte des *Kapitels 4.*

> **Aufgabe 7**
> Nennen Sie Gründe, warum in Deutschland lebende Ausländer und Ausländerinnen nach Beendigung ihrer Berufstätigkeit nicht in ihr Heimatland zurückkehren, und mögliche Konsequenzen für die Versorgung im Alter.

Lesen Sie dazu den *Abschnitt 5.5.*

Studieneinheit V

Aufgabe 1
Welche psychologischen Prozesse lassen sich mit dem Begriff »Reife« beschreiben?

Reife im Alter ist ein Resultat der Persönlichkeitsentwicklung, insbesondere auch von Wachstumsprozessen, die unter anderem das Ergebnis von Auseinandersetzungen mit Einschränkungen und Verlusten sind. Lesen Sie dazu *Kapitel 1*.

Aufgabe 2
Was versteht die Alternspsychologie unter dem Begriff »Kompetenz«?

Sie finden die Definition in *Kapitel 2*.

Aufgabe 3
Nennen Sie Person- und Umweltmerkmale der Kompetenz!

Überprüfen Sie anhand der *Abschnitte 2.2 und 2.3*, ob Sie alle Merkmale richtig erinnert haben.

Aufgabe 4
Der größte Teil älterer Menschen führt ein selbständiges Leben. (a) Wie hoch ist dieser Anteil? (b) Was ist unter Selbständigkeit zu verstehen?

(a) Überprüfen Sie die Richtigkeit Ihrer Antwort mit Hilfe der *Tabelle 3*, die Sie am Anfang von *Kapitel 3* finden.
(b) Wenn Menschen alle Aktivitäten des täglichen Lebens ohne Schwierigkeiten ausführen können. Schauen Sie dazu noch einmal in das *Kapitel 3*

Aufgabe 5
Was ist unter »handlungsorientierten« und was unter »kognitiv-emotionalen« Techniken der Belastungsverarbeitung zu verstehen?

Die Ausführungen dazu finden Sie in *Abschnitt 3.4*.

> **Aufgabe 6**
> Was ist »flüssige« und was »erfahrungsgebundene Intelligenz«? Welche Entwicklungsprozesse sind bei älteren Menschen in diesen beiden Bereichen erkennbar?

Lesen Sie dazu *Abschnitt 4.2.*

> **Aufgabe 7**
> Von welchen Faktoren ist die Gedächtnisentwicklung im Alter beeinflusst?

Überprüfen Sie Ihre Antwort anhand der *Abschnitte 5.1 und 5.2.*

> **Aufgabe 8**
> Welche Erfolge lassen sich durch Gedächtnistraining im Alter erzielen?

In der Beschreibung der SIMA-Studie in *Abschnitt 5.3* finden Sie Ausführungen dazu.

Auflösung der Aufgabe in *Abbildung 5:* Es handelt sich um die Länder Marokko, Schweiz, Italien, Norwegen, Portugal, Spanien, Monaco, Liechtenstein.

Studieneinheit VI

> **Aufgabe 1**
> Altern ist ein sehr vielschichtiges Phänomen. Nennen sie zwei Erklärungsansätze, die die meisten Theorien des Alterns umfassen! Nennen Sie jeweils ein Beispiel für jede Betrachtungsweise.

Altern kann entweder als zwangsläufiger Prozess oder als die Summe sehr vieler zufälliger Ereignisse aufgefasst werden. Für beide Aspekte gibt es zahlreiche Beispiele. Telomertheorie und unterschiedliche angeborene Lebensspanne etwa sind Beispiele für genetisch determinierte Prozesse des Alterns. Die Alterung der DNA durch viele kleine Schäden, die Alterung durch reaktive Substanzen und freie Radikale oder die Alterung durch Fehlreaktionen auch harmloser Substanzen wie Zucker sind Beispiele für die Betrachtung des Alterns als Summe zufälliger Prozesse. Lesen Sie dazu noch einmal die *Abschnitte 2.1 und 2.2.*

Aufgabe 2

Kennen Sie biologische Theorien der Alterung, die erklären, warum der Schutz gegen Altern nicht perfekt ist? Nennen und erklären Sie eine Theorie!

Hier wird nach den evolutionsbiologischen Theorien des Alterns gefragt. Ihnen allen ist gemeinsam, dass in der Natur nur der zum Überleben *optimale* Schutz gegen das Altern verwirklicht ist, die *maximale* Lebensspanne aber um einiges länger ist. Dem Menschen ist es also möglich sich noch besser gegen Altern zu schützen (Medizin, Verhalten). Wichtige Theorien:

Optimalitätstheorie: Die biochemische Energie im Körper ist begrenzt. Ein Teil schützt den Körper, zum Beispiel vor Alterung. Aber andere Aufgaben sind auch sehr wichtig, zum Beispiel die Fortpflanzung. Dies verhindert einen maximalen Schutz gegen Alterung.

Mutationsakkumulation: Der Alterungsschutz ist nicht perfekt, weil Anlagen zu Krankheiten im Alter kaum ausgelesen werden.

Antagonistischer Pleiotropismus: Erbanlagen können in der Jugend nützen und im Alter schaden. Sie werden deshalb durch evolutionäre Mechanismen kaum ausgelesen. Dagegen wird eine Erbanlage, die in der Jugend schadet, bald ausselektiert, selbst wenn sie im Alter von hohem Nutzen wäre.

Disposable soma: Nach der Fortpflanzung ist der Körper biologisch unwichtig und zerfällt langsam. Er zehrt von den natürlichen Reserven, die er zum sicheren Erreichen der Fortpflanzung erhalten hat.

Überprüfen Sie Ihre Antwort anhand von *Abschnitt 3.2.*

Aufgabe 3

Was kann man selbst tun um sich besser gegen Alterung zu schützen? Nennen Sie Beispiele und Erklärungen im Rahmen der Theorien der Alterung!

- Gesunde Kost. Sie stärkt biochemische Schutzmechanismen des Körpers (Vitamine, Ballaststoffe, fettarm, nicht zu viele Kalorien).
- Meiden und Abbauen von Risikofaktoren. Diese beschleunigen das Altern, meistens durch zusätzliche Schäden auf biochemischer Ebene (Rauchen, Übergewicht, Bluthochdruck, Stress).

- Regelmäßige Vorsorgeuntersuchungen und Arztbesuch (Krebsvorsorge: Gestörte Zellteilungsuhren führen zu Krebs, Immunsystem erkennt mit höherem Alter schlechter Krebszellen; Abklärung lokaler Störungen).
- Regelmäßige körperliche und geistige Aktivität (Wahrung von Leistungsreserven, vgl. *Disposable-soma-theory*. Dadurch auch Verzögerung von genetisch programmiertem Altern).

In *Abschnitt 4.6* können Sie überprufen, ob Ihre Antwort richtig ist.

Studieneinheit VII

Aufgabe 1
Was bedeutet Multimorbidität?

Unter Multimorbidität versteht man, dass insbesondere bei älteren Menschen häufig mehrere Krankheiten gleichzeitig beobachtet werden. Etwa 88 Prozent der über 70-Jährigen haben mehr als vier Krankheiten. Diese Anhäufung kommt dadurch zustande, dass manche Krankheiten während des Lebens erworben wurden und mitaltern sowie zusätzlich echte Alterskrankheiten und weitere Krankheiten auch zufällig im höheren Alter auftreten können.

Aufgabe 2
Welche Krankheiten können infolge von Arteriosklerose entstehen?

Zum Beispiel Herzkranzgefäßkrankheit, Durchblutungsstörungen der Gliedmaßen oder Schlaganfall. Die Arteriosklerose führt zu einer zunehmenden Verringerung des Gefäßquerschnitts, bis schließlich die Durchblutung der davon abhängigen Organe nicht mehr ausreicht. Die Herzkranzgefäße versorgen den Herzmuskel. Ein Gefäßverschluss dort führt zum Herzinfarkt. In Analogie führt der Verschluss von gehirnversorgenden Blutgefäßen zum Schlaganfall, der Verschluss der gliedmaßenversorgenden Blutgefäße zum Absterben der Extremität.

Aufgabe 3
Nennen Sie mindestens drei geriatrische Syndrome!

Inkontinenz, Stürze, Dekubitus, chronische Schmerzen, Schlafstörungen, Schwindel u. a. Geriatrische Syndrome bedingen sich nicht alleine durch Krankheiten, sondern haben vielschichtige Ursachen. Allen Syndromen gemeinsam ist ein hohes Funktionsverlustrisiko, das heißt die Gefahr seine Selbständigkeit zu verlieren.

Aufgabe 4

Was bedeutet geriatrische Rehabilitation?

Geriatrie ist die Lehre von den Krankheiten älterer Menschen; *Rehabilitation* bedeutet Wiederherstellung oder Eingliederung. Rehabilitation älterer Menschen zielt weniger auf »Gesundung« und natürlich auch nicht auf eine berufliche Wiedereingliederung, sondern vornehmlich auf die gezielte Überwindung körperlicher und geistiger Funktionsdefizite, die andernfalls Selbständigkeit und Mobilität beeinträchtigen würden. Damit soll erreicht werden, dass der ältere Mensch seinen Platz im häuslichen Bereich und in der Gesellschaft möglichst wieder einnehmen und ein selbstbestimmtes Leben führen kann.

Aufgabe 5

Wie kann man sich vor Krankheiten schützen?

Einen absoluten Schutz gibt es nicht, doch können Vorbeugemaßnahmen (Prävention) dazu beitragen, dass Krankheiten nicht, verzögert oder erst spät im Leben auftreten. Einige dieser Maßnahmen sind richtige Ernährung, körperliche und geistige Aktivitäten und medikamentöse Therapien.

Studieneinheit VIII

Aufgabe 1
Stellen Sie die Unterschiede zwischen vaskulärer Demenz (Multiple Infarkt-Demenz) und Demenz vom Alzheimer Typ dar.

Die wichtigsten Angaben zur Unterscheidung der beiden Demenzformen finden sich in *Abschnitt 1.2*, weitere Angaben verstreut im gesamten *ersten Kapitel.*

Aufgabe 2
Welche Symptomatik kennzeichnet die Demenz vom Alzheimer Typ?

Die Alzheimer-Symptomatik ist Gegenstand des *Abschnitts 1.3.*

Aufgabe 3
Welches sind die Hauptsymptome einer (Alters-)Depression?

Diese werden in den *Abschnitten 2.3 und 2.4* geschildert und finden sich zusammengefasst in *Tabelle 3.*

Aufgabe 4
Welche Gründe kann der Suizid eines alten Menschen haben?

Diese Frage bezieht sich auf einige der im Text erwähnten Motive. Insbesondere müssen die Wichtigkeit der sozialen Situation, empfundene Ausweglosigkeit aus die eigene Persönlichkeit bedrohenden Situationen sowie (auch psychische) Krankheiten genannt werden. Siehe dazu *Kapitel 4.*

Studieneinheit IX

Aufgabe 1
Schildern Sie bitte die wichtigsten Erkenntnisse der thanatologischen Forschung in Stichworten. Nennen Sie mindestens fünf Hauptergebnisse.

Hier sind zu nennen: große individuelle Variabilität des Sterbeprozesses, Sterben als ein Prozess, die Wichtigkeit der Akzeptanz des zuvor gelebten Lebens, Beispiele von Formen des Sterbens, die Wichtigkeit der sozialen Einbettung der Sterbenden, einige Bedürfnisse sterbender Menschen.

Aufgabe 2
Welches sind die wichtigsten Ziele der Hospize?

Pflege, die sich nach den Bedürfnissen der Sterbenden ausrichtet, umfassende Schmerztherapie, intensive Zusammenarbeit mit Angehörigen.

Aufgabe 3
Definieren Sie Trauer und benennen Sie typische Merkmale des Trauerprozesses.

Trauer als eine Reaktion auf einen Verlust; Trauer als individueller Prozess; Trauer ist von Depression zu unterscheiden und gegen sie abzugrenzen.

Glossar

Abstammungsprinzip: Für den Erwerb der Staatsbürgerschaft gilt entweder das Abstammungsprinzip (im Juristenlatein *ius sanguinis*, »Recht des Blutes«), nach dem Kinder die Staatsangehörigkeit ihrer Eltern erhalten, oder das Gebietsprinzip (*ius soli*, »Recht des Landes«), nach dem es darauf ankommt, in welchem Staatsgebiet die Geburt erfolgte. Kollisionen oder Konflikte vielfältiger Art können auftreten, wenn der Wohnort und/oder Geburtsort einer Person nicht in dem Staat liegt, deren Staatsangehörigkeit beide Elternteile besitzen. Nach dem Recht der Bundesrepublik Deutschland wird die deutsche Staatsangehörigkeit durch Geburt oder durch Einbürgerung erworben. Nach Artikel 116 Abs. 1 des Grundgesetzes ist auch »Deutscher [...], wer [...] als Flüchtling oder Vertriebener deutscher Volkszugehörigkeit oder als dessen Ehegatte oder Abkömmling in dem Gebiete des Deutschen Reiches nach dem Stande vom 31. Dezember 1937 Aufnahme gefunden hat«. Nach dieser Bestimmung können auch Personen die deutsche Staatsangehörigkeit beanspruchen, deren Vorfahren unter Umständen mehrere Generationen in anderen Ländern lebten und deren heutiger Wohnsitz sich außerhalb der Bundesrepublik befindet.

agitiert: Zustand motorischer Unruhe und gesteigerter körperlicher Erregbarkeit.

Alzheimer Krankheit: fortschreitendes, diffuses Nachlassen der Hirnfunktionen; gehäuftes Erstauftreten zwischen dem 50. und 60. Lebensjahr. Die Ursachen der Krankheit sind bisher unbekannt, auch wenn es verschiedene Theorien dazu gibt. Auf zellulärer Ebene finden sich bei betroffenen Hirnzellen Degeneration und Ablagerungen, zum Teil aus sogenannten Amyloidsubstanzen. Erscheinungsbild: Immer stärkere Gedächtnisstörungen bis hin zum Gedächtnisverlust. Dazu treten Symptome wie Unruhe, Orientierungsprobleme, Euphorie und Depression, Sprachstörungen, Sinnestäuschungen und so weiter, die alle zusammen letztlich zu völliger Hilflosigkeit führen. Eine Heilung ist bislang nicht möglich.

Ambivalenz: gleichzeitige Anwesenheit einander entgegengesetzter psychischer Strebungen (zum Beispiel Liebe und Hass) in der Beziehung zu ein und demselben Objekt.

Anamnese: Vorgeschichte des Kranken.

Arteriosklerose: »Arterienverkalkung«. Wichtigste und häufigste krankhafte Veränderung der Arterien mit Verhärtung, Elastizitätsverlust und Lichtungseinengung.

Assessment: Beurteilung. Geriatrisches Assessment: Erfassung der mehrschichtigen Problematik älterer Menschen, Beurteilung der Rehabilitationsfähigkeit und Festlegung des Rehabilitationsumfangs.

Bambara: etwa drei Millionen Mitglieder umfassendes Volk von Ackerbauern, das in der Republik Mali ein an den Oberläufen von Senegal und Niger gelegenes Gebiet bewohnt. Die Bambara sind berühmt für ihre Holz- und Eisenplastiken.

Beschäftigungstherapie: in der Altenpflege gezielter Einsatz von Bewegungsabläufen und Verhaltensweisen zur Wiederherstellung (Rehabilitation) verloren gegangener körperlicher und/oder seelischer Leistungsfunktionen. Dies geschieht unter anderem durch Werken, musische Tätigkeiten oder durch Anleitung zur Selbstversorgung für alltägliche Verrichtungen im Haushalt und bei der Körperpflege.

Bronchitis: Entzündung der Atemwege (Bronchien) der Lunge.

Chromosom: Struktur aus einem langen DNA-Molekül und zugehörigen assoziierten Proteinen, die einen Teil oder die gesamte Erbinformation eines Organismus enthält. Der Mensch zum Beispiel besitzt 46 Chromosomen in zwei Sätzen (je einer von Mutter und Vater) à 23 Chromosomen.

chronisch: langsam sich entwickelnd, langsam verlaufend.

DAT: Demenz vom Alzheimer Typ.

degenerativ: wird in der Biologie und der Medizin für eine Normabweichung im Sinne einer Verschlechterung verwendet. Ursache können Schädigungen des Erbguts, Abbau aufgrund von Alterungsprozessen und Krankheit sowie (z. B. berufsbedingter) Verschleiß (vor allem von Gelenken) oder Nichtgebrauch (Muskelschwund als Krankheitsfolge nach langer Bettlägerigkeit) sein.

Dekompensationszustände: hier: psychische Zustände, bei denen die betroffene Person den Anforderungen nicht mehr gewachsen ist und es ihr nicht mehr gelingt ihre innere Stabilität aufrecht und funktionstüchtig zu erhalten.

demenzielle Erkrankungen: in höherem Lebensalter einsetzende fortschreitende Minderung vor allem der intellektuellen Leistungsfähigkeit. Hauptursachen sind Erkrankungen der Hirngefäße oder der Untergang von Nervengewebe im Gehirn (z. B. bei der Alzheimerschen Erkrankung) oder eine Kombination dieser Ursachen.

Demographie: im weiteren Sinn Bevölkerungswissenschaft, im engeren Sinn Beschreibung von Zuständen und Veränderungen der Bevölkerungszahl und Bevölkerungszusammensetzung mit Hilfe der Bevölkerungsstatistik.

deterministisch: (lateinisch) festgelegt. Deterministische Theorien des Alterns betonen das Altern durch festgelegte Prozesse. Das sind insbesondere die Erbanlagen und in den Erbanlagen verborgene biologische Uhren.

Disposition: Veranlagung, Krankheitsbereitschaft. Empfänglichkeit oder Ansprechbarkeit des Körpers für Krankheiten.

DNA: Das Erbmolekül. Englisch ausgeschrieben lautet seine chemische Bezeichnung **D**esoxy-ribo-**N**ucleic-**A**cid oder auf deutsch Desoxyribonukleinsäure. Die DNA trägt das gesamte Wissen, alle Erbanlagen der Zelle: Die Anleitungen für alle Funktionen und Bauteile der Zelle sind hier gespeichert.

Dogon: etwa 250 000 Personen umfassendes Volk von Hirsebauern in der Republik Mali, das in zahlreichen Dörfern verstreut eine gebirgige Gegend in der Niger-Schleife bewohnt. Bedeutendes Kunstschaffen.

Eipo: Volk von Bergpapua im Hochland von West-Neuguinea, das bei seiner Entdeckung im Jahre 1974 unter steinzeitlichen Bedingungen lebte und auch die Kindstötung praktizierte, wenn die Bevölkerung über die knappen Nahrungsressourcen hinauszuwachsen drohte.

elaboriert: ausgearbeitet, ausgefeilt.

Embolie: Verstopfung eines Blutgefäßes durch einen Blutpfropf.

emotional: gefühlsmäßig.

Empathie: engl. empathy = Einfühlung. Fähigkeit, sich in die Gefühlslage eines Anderen zu versetzen und ihn dadurch zu verstehen.

endogen: von innen herauskommend, ohne erkennbare äußere Veranlassung und ohne in der momentanen Situation vorfindbare Erklärungsmöglichkeiten.

Endoskopie: Untersuchung von Körperhöhlen mit elektrischer Lichtquelle und optischer Vorrichtung.

Enzym: Protein (Eiweiß), das eine spezifische chemische Reaktion vermittelt.

Epidemiologie: ursprünglich »Seuchenlehre«, wird heute als »Lehre des Krankheitsgeschehens in einer Bevölkerung« aufgefasst.

Ethnie: Begriff für Menschengruppen, die sich kulturell, sozial, historisch und von ihrer Abstammung her als Einheit verstehen und herkömmlicherweise als »Stämme« oder »Völker« bezeichnet werden.

Exsikkose: Austrocknung, Flüssigkeitsverminderung des Organismus.

Fulbe (französisch: *Peuls*): nomadische beziehungsweise teilsesshafte Stammesgruppe in West- und Zentralafrika mit langer politischer und militärischer Geschichte, die etwa zwölf Millionen Menschen umfasst und über zahlreiche afrikanische Staaten verteilt ist, unter anderem Senegal, Guinea, Mali, Nigeria und Kamerun.

Gen: Bereich der DNA, der eine begrenzte charakteristische Erbeigenschaft kontrolliert, die im Allgemeinen einem Einzelprotein entspricht.

Geriatrie: Lehre von den Krankheiten älterer Menschen.

Gerontologie: zuerst 1903 geprägt von Ilja METCHNIKOFF, dem Medizin-Nobelpreisträger von 1908 (zusammen mit Paul EHRLICH) und Direktor des

Institut Pasteur in Paris, in seinem Buch »Étude sur la nature humaine«. Paul B. Baltes und Margret M. Baltes definieren in ihrem Aufsatz »Problem ›Zukunft des Alterns und gesellschaftliche Entwicklung‹« in dem gleichnamigen, von Paul Baltes und Jürgen Mittelstrass herausgegebenen Band (Berlin: de Gruyter 1992, S. 8) wie folgt:

»Gerontologie beschäftigt sich mit der Beschreibung, Erklärung und Modifikation von körperlichen, psychischen, sozialen, historischen und kulturellen Aspekten des Alterns und des Alters, einschließlich der Analyse von alternsrelevanten und alternskonstituierenden Umwelten und sozialen Institutionen.«

Gerontopsychiater: Facharzt für altersbedingte psychiatrische Krankheitsbilder.

Gerontopsychologie: auch Psychogerontologie. Befasst sich mit den Veränderungen des Erlebens und Verhaltens im höheren Alter.

gleichschwebende Aufmerksamkeit: Haltung des Therapeuten in der Psychoanalyse (siehe dort) gegenüber dem Patienten, in der Formulierung Sigmund Freuds: Der Arzt »halte alle bewußten Einwirkungen von seiner Merkfähigkeit ferne und überlasse sich völlig seinem ›unbewußten Gedächtnisse‹, oder rein technisch ausgedrückt: Man höre zu und kümmere sich nicht darum, ob man sich etwas merke.« Der Arzt soll sich also auch keine Notizen machen (»Ratschläge für den Arzt bei der psychoanalytischen Behandlung«, 1912).

Hayflick-Phänomen: Menschliche Zellen können sich nur eine feste Anzahl mal teilen (etwas über 60mal). Je älter der Mensch ist, umso weniger Teilungen sind noch möglich.

Herzinfarkt: Absterben von Teilen des Herzgewebes aufgrund von Sauerstoffmangel, meist infolge eines Herzkranzgefäßverschlusses.

hirnorganisches Psychosyndrom: gehört zu den gefäßabhängigen demenziellen Erkrankungen.

Identifikation: psychologischer Vorgang, bei dem eine Person einen Aspekt oder eine Eigenschaft einer anderen Person übernimmt und sich vollständig oder teilweise nach dem Vorbild der anderen verwandelt.

Immobilität: Unbeweglichkeit.

Initiation: wichtigste Lernform in schriftlosen Stammeskulturen, die für beide Geschlechter (aber vorwiegend für das männliche Geschlecht) junge Menschen (meist bei Beginn der Pubertät) in Gruppen zusammenfasst und ihnen Lebenstechniken und Verhaltensweisen, auch geheime Praktiken beibringt. Dabei vermitteln die »Meister« der Initiation auch durch persönliche Bindung der Jungen an sie ihr reales und symbolisches Wissen. Initiation ist beziehungsweise war oft mit gefährdenden Prüfungen verbunden; ursprünglich war sie vielfach als stufenweiser Prozess gedacht, der sich auch im Erwachsenenalter fortsetzt, also lebenslanges Lernen bedeutet.

Inkontinenz: Unvermögen zum willkürlichen Zurückhalten von Harn oder Stuhlgang, unfreiwilliger Abgang von Harn oder Stuhl.

Insulin: Hormon, das in Zellgewebsinseln der Bauchspeicheldrüse gebildet wird. Setzt den Blutzuckerspiegel des Blutes herab und fördert den Aufbau von Zuckerspeicherstoff (Glykogen).

Intensivmedizin: Behandlung mit den bestmöglichen räumlichen, personellen und apparativen Voraussetzungen zur Überwachung und Therapie von Patienten mit lebensbedrohlichen Erkrankungen oder Komplikationen unter Anwendung aller therapeutischen Möglichkeiten, das heißt auch zum temporären Ersatz gestörter oder ausgefallener Organfunktionen (zum Beispiel durch Beatmung, Hämodialyse) bei gleichzeitiger Behandlung des diese Störungen verursachenden Grundleidens (PSCHYREMBEL: Klinisches Wörterbuch, 256. Auflage 1990).

interdisziplinär: mehrere Fächer oder Wissenschaftszweige (-disziplinen) umfassend.

interindividuell: von Mensch zu Mensch verschieden.

intraindividuell: je nach dem Alter und der Lebenssituation bei ein und demselben Menschen verschieden.

kardiovaskulär: das Herz-Kreislauf-System betreffend.

Kognitionspsychologie: Teilgebiet der Psychologie, das sich mit der Beschreibung, Analyse und Erklärung der Prozesse befasst, durch die ein Lebewesen Kenntnis von seiner Umwelt erhält (Wahrnehmen, Urteilen, Denken, Erinnern, Sprechen usw.).

kognitiv: die Erkenntnis betreffend; erkenntnis-, wissensbezogen. Die kognitiven Fähigkeiten ermöglichen es dem Menschen, sich in der Welt zu orientieren und sein Verhältnis zur Umwelt zu gestalten.

kognitive Struktur: bezeichnet in der Kognitions-(Denk-)psychologie die Abfolge von Entscheidungen in der Aufnahme, Speicherung und Verfügbarmachung von Information, welche bestimmten Zielen dient.

Kohorten: Eine Kohorte (vom lateinischen *cohors:* Schar) lässt sich als »Altersgruppe in der Betrachtung des Verlaufs«, als Aggregat von Individuen verstehen, die in einem Zeitintervall (zum Beispiel in einem Jahr oder Jahrzehnt) geboren werden oder in ein bestimmtes soziales System eintreten (Schule, Militär, Betrieb) und auf den Wandel ihres Verhaltens, auf ihre Struktur oder Einstellungen hin im Zeitverlauf beobachtet werden.

kompensieren: einen Fehler, Schaden, Mangel oder eine Schwäche ausgleichen.

Konfuzianismus: ethisches System von Regeln und Verhaltensanweisungen, das KONFUZIUS (KUNG-FU-TSE; 551–479 v. Chr.) verfasste. In verschiedenen Weiterbildungen wurde es zum wichtigsten Verhaltenskodex für die chinesische Gesellschaft und Kultur über Jahrhunderte hinweg und wirkt bis zum heutigen Tag nach. Der Konfuzianismus baut auf Sippenkonformität, Autoritätsanerkennung und moralischem Austauschdenken auf.

Konstrukt: gedankliche Hilfskonstruktion für Vorgänge und Eigenschaften, die nicht konkret beobachtbar, sondern nur aus Beobachtbarem erschließbar sind, wie es beispielsweise die Intelligenz ist.

korrelieren: zusammenhängen, gleichzeitig auftreten.

Kriseninterventionseinrichtung: Bezeichnung für eine kurzfristige ambulante oder stationäre Psychotherapie als Unterstützung in seelischen Krisen.

Libidoverlust: Libido ist der Drang zu körperlichem Kontakt und sexueller Vereinigung; ihr Verlust bedeutet also Verzicht auf die Befriedigung sexueller Bedürfnisse.

Lipofuscin: eisenfreies, braunes Pigment, chemisch den Lipoiden nahestehend. Es kommt mit zunehmendem Alter als sogenanntes Alterspigment in steigender Konzentration vor allem in Zellen der Leber, des Herzens und des Gehirns, aber auch der Haut vor. Es entsteht vermutlich durch die Anhäufung unverdaulicher Moleküle und ist völlig unschädlich.

Massai: nomadisches, Rinder züchtendes Volk Ostafrikas, das sich durch ein Altersgruppen- und Kohortensystem auszeichnet und kriegerische Traditionen hat.

MID: Multiple Infarkt-Demenz.

Miktion: Harnlassen.

Mitochondrien: kleine Organe in der Zelle (Organellen) für die Zellatmung. Hier findet eine biologisch gezügelte Knallgasreaktion (Luftsauerstoff und biochemisch erzeugter Wasserstoff) statt, bei der energiereiches Phosphat erzeugt wird. Diese Energie wird dringend für alle Lebensvorgänge gebraucht. Der Ausfall von Mitochondrien im Alter schädigt besonders Nervenzellen und Bauchspeicheldrüse.

Mnemostrategie: systematischer Einsatz von Lernhilfen zur Verbesserung der Gedächtnisleistung.

Modellrechnung: In Voraussagen, beispielsweise über die künftige Bevölkerungsentwicklung, wird mit Annahmen gearbeitet, in welcher Weise sich bestimmte Einflussgrößen, Entwicklungen und Ereignisse auswirken werden. Jedes Modell hebt bestimmte Eigenschaften der Wirklichkeit hervor, die für wesentlich gehalten werden, und lässt andere außer Acht, die für nebensächlich gehalten werden. Die jeweiligen Annahmen werden in irgendeiner Weise rechnerisch ausgedrückt und auf dieser Grundlage wird das Modell durchgerechnet.

Morbidität: Krankheitsstand. Verhältnis der Erkrankungen zur Gesamtbevölkerung in einem bestimmten Zeitraum.

Morphologie: Lehre von der Körper- (oder Organ-)form und -struktur.

multipel: vielfach.

Mutation: Vererbbare Änderung in der chemischen Abfolge der Basenpaarungen der DNA.

Mutations-Akkumulation: Eine Theorie der Alterung: Erbanlagen, die erst im Alter zu Beschwerden führen, werden durch evolutionäre Mechanismen kaum ausgelesen. Sie können sich deshalb von Generation zu Generation ansammeln.

Neurologie: Lehre von den Nerven oder Nervenkrankheiten.

neurophysiologisch: die Funktionen und Leistungen des Nervensystems betreffend.

palliativ: auf den oder die Schmerzen bezogen; Palliativmedizin ist diejenige Richtung in der Medizin, die sich mit der Schmerzbehandlung befasst.

Panel: engl., in allgemeiner Bedeutung: Brett, Täfelung; in übertragener Bedeutung eine Gruppe von Personen, die in einer Liste aufgeführt sind. In der empirischen Sozialforschung Bezeichnung für eine nach dem Stichprobenverfahren ausgewählte Personengruppe, die zu mindestens zwei Zeitpunkten hinsichtlich derselben Merkmale mit demselben Erhebungsinstrument (Beobachtung, Fragebogen, Interview) gemessen wird. Paneluntersuchungen dienen meist zur Messung von Meinungs- oder Einstellungsänderungen und zur Analyse sozialen Wandels (sozioökonomisches Panel).

Paranoia: Eifersuchts-, Verfolgungs- oder Beziehungswahn; bei Letzterem werden auch belanglose oder nicht mit einem selbst in Zusammenhang stehende Ereignisse in wahnhafter Verkennung auf die eigene Person bezogen.

Parkinson: auch Parkinson-Krankheit oder Morbus Parkinson. Eine typische Alterskrankheit. Sie entsteht, wenn zu viele Nervenzellen in den sogenannten Basalganglien des Gehirns fehlen. Dadurch kommt es zu schweren Bewegungsstörungen, das Gesicht wird maskenhaft, Bewegungen kommen zäh in Gang. Beim Greifen nach einem Gegenstand tritt starkes Zittern auf, die Sprache wird leise und monoton. Zahlreiche weitere Symptome. Therapie: Dopamin, Beruhigungsmittel. Nicht heilbar.

-pathie (in Zusammensetzung): Erkrankung, krankhafter Zustand, zum Beispiel Nephropathie: Nierenerkrankung.

Pathologie: Lehre von den Krankheiten einschließlich ihrer Ursachen.

Physiologie: Lehre von den normalen Lebensvorgängen.

Pleiotropismus, antagonistischer: Erbanlagen können mehrere Auswirkungen haben, das heißt »pleiotrop« wirken. »Antagonistischer Pleiotropismus« liegt dann vor, wenn eine Auswirkung schadet, die andere nützt. Beispiel: Durch die weiße Haut bekommt man leichter einen Sonnenbrand, aber man bildet auch leichter Vitamin D in der Haut.

Durch antagonistischen Pleiotropismus können auch Alterskrankheiten erklärt werden. Erbanlagen, die in der Jugend und für die Fortpflanzung nützen, aber im Alter schaden, werden nämlich leicht an die Nachkommen weitergegeben. Umgekehrt wirkende Anlagen haben durch Krankheiten in der Jugend und in der Fortpflanzungszeit nicht diesen Vorteil, selbst wenn sie vor Alterskrankheiten schützen.

Potenzial, Potential: Leistungsfähigkeit.

Prävention: vorbeugende Gesundheitspflege.

Projektion: unbewusster seelischer Mechanismus, mit dem auf die eigene Person bezogene Wünsche oder Gefühle auf andere Personen übertragen werden.

Prostata: walnussgroße, derbe Vorsteherdrüse. Umgibt den Anfang der männlichen Harnröhre.

Psychoanalyse: Nach den Worten ihres Begründers Sigmund FREUD (1856–1939) ist die Psychoanalyse als Zweig der Tiefenpsychologie der »Name eines Verfahrens zur Untersuchung seelischer Vorgänge, welche sonst kaum zugänglich sind; einer Behandlungsmethode neurotischer Störungen, die sich auf diese Untersuchung gründet; einer Reihe von psychologischen, auf solchem Wege gewonnenen Einsichten, die allmählich zu einer neuen wissenschaftlichen Disziplin zusammenwachsen.« (»Enzyklopädieartikel« von 1922)

Diese wissenschaftliche Disziplin umfasst:

- eine *Nachforschungsmethode,* die die unbewusste Bedeutung von Worten, Handlungen und Bildvorstellungen deutlich machen will,
- eine *psychotherapeutische Methode*, die auf dieser Forschung gründet und sich spezifischer Inverventionsmittel bedient, wie der Deutung geheimer Wünsche und der gegen ihre freie Äußerung bestehenden Widerstände,
- ein System von *psychologischen und psychopathologischen Theorien* (also der Vorgänge in der gesunden und der erkrankten Psyche), das auf den Daten aufbaut, die die Deutungsmethode und die Therapie liefern.

psychomotorisch: die Psychomotorik geht von einer Verbindung zwischen psychischem Erleben und Verhalten und motorischen Aktionen aus. Bewegungen sind mit psychischem Erleben und Verhalten verbunden. Gefühle wie Trauer und Freude, Ärger und Zufriedenheit, aber auch Planung und Kontrolle drücken sich in der Körpermotorik aus.

Psychose: seelische Erkrankung, bei der die Beziehung zur Umwelt grundlegend gestört ist und es zu Halluzinationen und Wahnvorstellungen kommt, etwa zur Wahrnehmung eigener Gedanken als von anderen Menschen stammend oder zur Verkennung der äußeren Realität.

Psychosomatik: Wissenschaft, die sich mit der Bedeutung seelischer Vorgänge für Entstehung und Verlauf körperlicher (somatischer) Krankheiten befasst.

Im weitesten Sinne eine Betrachtungsweise des Menschen und seiner Krankheiten, in der psychische und soziale Faktoren der Krankheitsentstehung und des Krankheitsverlaufs gleichberechtigt mit organischen Faktoren berücksichtigt werden. Im engeren, medizinischen Sinne die medizinische Beschäftigung mit denjenigen körperlich manifest werdenden Krankheiten, für deren Entstehung und Verlauf eine entscheidende Bedeutung psychischer Faktoren angenommen wird.

Regression: psychischer Mechanismus, bei dem es zu einer – meist vorübergehenden – Rückkehr von entwickelten und differenzierten psychischen Verhaltensweisen auf frühere, kindlichere Stufen kommt.

Rehabilitation: Summe aller Maßnahmen, die eine Wiederherstellung eines Patienten oder Körperbehinderten durch Besserung seiner körperlichen, geistigen und seelischen Beschwerden und/oder Störungen zum Ziel haben. Entsprechend unterscheidet man zwischen medizinischer, beruflicher und sozialer Rehabilitation.

Ressource: Hilfsmittel, Reserve.

rezipieren: geistig oder mit den Sinnen aufnehmen.

Segregation: In der Soziologie wird darunter eine räumliche Trennung von Personen mit gleichen sozialen Merkmalen (ethnischer, religiöser, biologischer, kultureller, schichtspezifischer Art) verstanden, die dazu führt, dass ein Kontakt mit anderen Personen oder Gruppen nicht stattfindet. Mit dem Begriff können diskriminierende Maßnahmen verbunden sein, die eine solche Trennung erzwingen (bis hin zu Rassentrennung und Apartheid), es kann sich aber auch um die Beschreibung eines Auseinanderrückens sozialer Schichten (z. B. »Arbeiterviertel«, »Prominentenviertel«) und eines Prozesses handeln, den Minderheiten selbst anstreben.

Selbst-Identität: Das im Jugendalter stabilisierte Wissen einer Person, als Individuum – ausgestattet mit spezifischen Eigenschaften und Merkmalen – »einzigartig« zu sein und auch im Angesicht aller möglichen Veränderungen in der Umwelt und in der eigenen Person einen »individuellen Kern« zu besitzen, der die Erfahrung innerer Kontinuität und Stabilität über die Zeit vermittelt. Der Begriff Selbst-Identität wird häufig auch synonym mit dem Begriff Ich-Identität verwendet.

Selektion: Auswahl, Auslese; in verschiedenen Wissenschaften wird dieser Begriff in speziellen Bedeutungen gebraucht. Besonders grauenvoll war der nationalsozialistische Sprachgebrauch, der darunter die Entscheidung in den Vernichtungslagern verstand, ob ankommende Häftlinge als arbeitsfähig anzusehen oder zu töten seien. In Studieneinheit IV ist mit *positiver Selektion* gemeint, dass Personen, die ein sehr hohes Alter erreicht haben, über Eigenschaften verfügen, die ihnen eine längere Lebenserwartung sicherten als dem Durchschnitt der Bevölkerung.

sensorisch: bezieht sich auf alle mit Sinneswahrnehmungen – also mit der Sensorik – zusammenhängenden Prozesse.

sensumotorisch: bezieht sich auf das Zusammenspiel von Sinnesorganen und Muskeln. Wahrnehmung und Bewegung bilden eine Einheit: Die Wahrnehmung ändert sich unter der Bewegung, und die Bewegung ermöglicht Wahrnehmung. Reizwahrnehmung durch die Sinne und motorische Reaktion sind in diesem Regelkreis ständig rückgekoppelt.

Somatologie: Lehre vom Körper.

soziodemographische Variablen: Merkmale einer Person, die ihre soziale und ihre ökonomische Situation sowie ihren Bildungsstand beschreiben, zum Beispiel Familienstand, Einkommen und Besitz sowie Schulbildung und Berufsausbildung.

Statuspassagen: Bezeichnung für einen sozial definierten Lebensabschnitt aufgrund festliegender Kategorien und Traditionen, beispielsweise Heirat oder Kindererziehung.

stochastisch: (griechisch) zufällig. Stochastische Theorien des Alterns betonen das Altern durch zufällige Prozesse. Zahllose Klein- und Kleinstschäden treten ganz zufällig auf; in der Summe führt das zur Alterung.

Stupor: Zustand der Erstarrung.

Symptomatologie: Lehre von den Krankheitszeichen.

Syndrom: Symptomenkomplex, Gruppe von gleichzeitig auftretenden Krankheitszeichen.

Synkope: nichtepileptischer Anfall mit Bewusstseins- und Tonus- (Muskelspannungs-)verlust, bei kreislauf- und herzbedingtem zerebralem Sauerstoffmangel.

Szenarium: Zur Skizzierung eines bestimmten Ablaufs künftiger Ereignisse oder Entwicklungen hat sich dieser Begriff eingebürgert, der eigentlich die Szenenfolge eines Bühnenstücks oder Films bezeichnet.

Telomere: Die Enden der Chromosomen. Sie werden bei jeder Zellteilung kürzer und zählen auf diese Weise die vergangenen Zellteilungen. Unsterbliche Zellen (Keimzellen, Krebszellen) verlängern die Telomere vor jeder neuen Teilung durch ein zusätzliches Enzym (die Telomerase).

Thrombozyten: Blutplättchen. Sie sind für die Blutgerinnung – zum Beispiel bei Verletzungen – verantwortlich; können sich aber bei Regulationsstörungen zu Pfropfen zusammenballen.

Thrombus: durch Blutgerinnung in Gefäßen und an der Herzwand entstandener Blutpfropf.

transzendieren: lat. übersteigen. Im allgemeinsten Sinn das Überschreiten der Grenze zwischen zwei Bereichen (z. B. vom Diesseits ins Jenseits). Sprachlich lassen sich folgende Bedeutungen unterscheiden:
(1) einen Erfahrungs- oder Gegenstandsbereich überschreitend,
(2) in der Erkenntnistheorie die Grenze des Bewusstseins »überfliegend« (so bei KANT, für den die Dinge an sich transzendent sind und daher unerkennbar),
(3) Welt und Wirklichkeit im Sinne des Übernatürlichen übersteigend.

Trauerarbeit: innerseelischer Vorgang, der auf den Verlust einer Beziehungsperson folgt und mit dessen Hilfe es dem Trauernden gelingt, sich allmählich von dem Verlust abzulösen.

Trauma: Verletzung, Wunde, Gewalteinwirkung.

Universalien des Lebenslaufs: Merkmale, die jeder Lebenslauf hat.

Verdrängung: Begriff der Psychoanalyse für die unbewusste Unterdrückung nicht akzeptierter Triebbedürfnisse, die auf diese Weise nicht ins Bewusstsein gelangen.

Verhaltensstil: wird häufig auch synonym mit dem Begriff Verhaltensmuster als Bezeichnung für die Reihe von einzelnen Verhaltensweisen verwendet, die in charakteristischer Weise miteinander verbunden sind und gleichzeitig oder in einer bestimmten zeitlichen Abfolge auftreten (z. B. das »Schreckmuster«); manche Verhaltensstile werden auch als gewohnheitsmäßig ausgeformt und damit als »charakteristisch« für eine Person angesehen (z. B. Typ-A-Verhaltensmuster).

Verhaltenstherapie: Form der Psychotherapie, die annimmt, dass Verhaltensstörungen durch Lernen erworben und folglich in durch bestimmte Techniken (wie Desensibilisierung) vermittelten Lernprozessen wieder abtrainiert werden können. Anwendungsbereiche: vor allem Ängste, Zwangsvorstellungen, Depressionen, Süchte.

Verleugnung: psychischer Abwehrmechanismus, durch den die Wahrnehmung unlustbetonter Aspekte der Realität oder eine Gefahr (beispielsweise eine Krebsdiagnose) geleugnet wird.

Wissenssystem: die Kognitionspsychologie geht davon aus, dass das Wissen in bestimmten Strukturen geordnet gespeichert ist.

Wohlfahrtssurvey: Wohlfahrt wird hier nicht im umgangssprachlichen Sinn als »Unterstützung« oder »Sozialhilfe« verstanden, sondern meint als theoretischer Begriff die in Gütern ausgedrückten Bedürfnisse der einzelnen Menschen und einer Bevölkerung oder Gruppe. Die *Wohlfahrtsökonomie* versucht als wirtschaftstheoretischer Ansatz die »Wohlfahrt« im Sinne des »Wohlstands« zu definieren, unter dem – als Gegenbegriff zur Armut – ein relativ hohes Versorgungsniveau verstanden wird. *Survey*, engl.: Übersicht, wird im deutschen Sprachgebrauch verwendet für eine Erhebung, Ermittlung, Umfrage.

Wohnbevölkerung: bei statistischen Erhebungen die ortsansässigen Bewohnerinnen und Bewohner einer Gemeinde. Personen, die am Zähltag vorübergehend abwesend sind, werden mitgezählt, andere vorübergehend am Ort anwesende Personen dagegen nicht.

zentralnervös: das Zentrale Nervensystem (ZNS) betreffend. Das ZNS besteht aus Gehirn, Rückenmark und vegetativem Nervensystem und hat die Aufgabe, die Funktionen der verschiedenen Organe des Körpers aufeinander abzustimmen. Dabei passt das *motorische System* die Muskeltätigkeit an die vielfältigen Einflüsse der Umwelt auf den Körper an und stimmt die Motorik mit den Erregungsvorgängen im sensorischen und vegetativen Nervensystem ab. Das *sensorische System* verarbeitet die Signale, die es über die Sinnesorgane erhält, zu bewussten Empfindungen und Wahrnehmungen, während das *vegetative Nervensystem* die Funktionen der inneren Organe aufeinander abstimmt.

Autoren

BORCHELT, Markus (geb. 1963), 1981–1987 Studium der Humanmedizin an der Freien Universität (FU) Berlin; 1992 Promotion an der FU Berlin; 1988–1993 Wissenschaftlicher Mitarbeiter der Akademie der Wissenschaften zu Berlin, 1994 Wissenschaftlicher Mitarbeiter der Berlin-Brandenburgischen Akademie der Wissenschaften, zwischenzeitlich Assistenzarzt am Max-Bürger-Krankenhaus Berlin. Seit 1990 Mitglied des erweiterten Leitungsgremiums der Berliner Altersstudie (BASE). Seit November 1994 Assistenzarzt am Evangelischen Geriatriezentrum Berlin (EGZB); seit 1995 stellvertretender Leiter der Forschungsgruppe Geriatrie am EGZB, Medizinische Fakultät der Humboldt-Universität zu Berlin.

BRUDER, Jens (geb. 1942), Studium der Medizin an den Universitäten Hamburg und London (King's College); 1968 medizinisches Staatsexamen an der Universität Hamburg, Promotion zum Dr. med. im Jahre 1971; Ausbildung zum Facharzt für Neurologie und Psychiatrie mit dem Schwerpunkt Gerontopsychiatrie und Gerontologie an verschiedenen Hamburger Krankenhäusern. 1980 bis 1984 tätig in der Ambulanz des Psychiatrischen Krankenhauses Ochsenzoll; 1984 bis 1986 Oberarzt an der neurologisch-psychiatrischen Abteilung des Albertinenkrankenhauses in Hamburg; seit Ende 1986 Leiter der Ärztlichen Abteilung des Landesbetriebes pflegen & wohnen der Behörde für Arbeit, Gesundheit und Soziales in Hamburg (45 Ärzte, 4500 Patienten). Seit 1976 Mitarbeit in und später Leitung von gerontologischen und gerontopsychiatrischen Forschungsprojekten der Deutschen Forschungsgemeinschaft; seit 1981 Aufbau und fortlaufende Leitung einer aus diesen Forschungsprojekten hervorgegangenen Institution: der »Ärztlichen Beratungsstelle für ältere Bürger und ihre Angehörigen« in Norderstedt bei Hamburg. Etwa 50 Publikationen zu den Themen Demenz, Depressionen, Familienpflege und Angehörigenberatung, Versorgungsstrukturen, Vormundschaftsrecht sowie Altenhilfestrukturen. Umfangreiche Vortrags- und Lehrtätigkeit. Mitgliedschaft in verschiedenen Fachverbänden (Ministerien, Trägerorganisationen). Seit 1989 Vizepräsident der Deutschen Gesellschaft für Geriatrie, seit 1991 Vizepräsident der Deutschen Gesellschaft für Gerontologie und Geriatrie, Vorstandsmitglied der Deutschen Alzheimer Gesellschaft.

DANDEKAR, Thomas (geb. 1960), Studium der Humanmedizin an der Universität München. 1986 Promotion (Neuropharmakologie) am Max-Planck-Institut für Psychiatrie. 1986 bis 1988 Forschungsaufenthalt am Institut Pasteur in Paris. Seit Juli 1988 Wissenschaftler am Europäischen Laboratorium für Molekularbiologie (Forschungsprogramme: Genexpression, Biologische Strukturen und Biocomputing). Seit Wintersemester 1991/92 Lehre; Juli 1994 Habilitation für medizinische Biochemie an der Universität Heidelberg.

FILIPP, Sigrun-Heide (geb. 1943), Studium der Psychologie an der Universität Nürnberg-Erlangen. Nach Diplomprüfung 1969/70 Assistenzjahr in der »Zentralen Arbeitsgruppe für Grundlagenforschung des Psychologischen Dienstes« bei der Bundesanstalt für Arbeit in Nürnberg, anschließend halbjähriger Studienaufenthalt an der University of Colorado in Boulder, USA. Von 1971 bis 1973 Referentin des Fachbereichs I (Pädagogik, Psychologie, Philosophie) der Universität Trier-Kaiserslautern in Trier. 1973 bis 1978 Wissenschaftliche Assistentin im Fachgebiet Psychologie an der Universität Trier, Promotion 1975. 1978 bis 1980 Professorin der Entwicklungspsychologie an der Universität Oldenburg, seit 1980 Professorin der Psychologie an der Universität Trier mit dem Schwerpunkt »Angewandte Entwicklungspsychologie«. Mitglied sowohl des Wissenschaftlichen Beirats für Familienfragen als auch des Wissenschaftlichen Beirats bei der Durchführung des »Alten-Survey« beim Bundesministerium für Familie, Senioren, Frauen und Jugend; Fachgutachterin für Entwicklungspsychologie der Deutschen Forschungsgemeinschaft und Ad-hoc-Reviewer für verschiedene wissenschaftliche Zeitschriften.

KRUSE, Andreas (geb. 1955), Studium der Psychologie, Pädagogik und Musik an den Universitäten Aachen und Bonn und an der Musikhochschule Köln. 1986 Promotion an der Universität Bonn, 1991 Habilitation an der Universität Heidelberg. 1983 bis 1986 Wissenschaftlicher Mitarbeiter am Institut für Psychologie der Universität Bonn, anschließend am Institut für Gerontologie der Universität Heidelberg von 1986 bis 1991 zunächst Wissenschaftlicher Mitarbeiter und von 1991 bis 1993 Lehrstuhlvertreter. Seit Oktober 1993 Inhaber des Lehrstuhls für Entwicklungspsychologie der Lebensspanne / Pädagogische Psychologie und einer Gründungsprofessur an der Universität Greifswald. Mitglied der Kommissionen »Erster Altenbericht der Bundesregierung« und »Zweiter Altenbericht der Bundesregierung«.

LEHR, Ursula (geb. 1930), Studium der Psychologie, Philosophie und Germanistik an den Universitäten Frankfurt am Main und Bonn. 1954 Promotion, 1968 Habilitation an der Universität Bonn. 1969 bis 1972 Wissenschaftlicher Abteilungsvorstand des Psychologischen Instituts der Universität Bonn. 1972 bis 1975 Professorin an der Universität Köln, 1975 bis 1986 an der Universität Bonn. 1986 bis 1996 Direktorin des Instituts für Gerontologie an der Universität Heidelberg, seit 1996 Direktorin des Deutschen Zentrums für Alternsforschung in Heidelberg. Von 1988 bis 1990 Bundesministerin für Jugend, Familie, Frauen und Gesundheit.

NIEDERFRANKE, Annette (geb. 1959), Studium der Psychologie, Philosophie und Psychiatrie in Bonn und Chikago; 1983 Diplom in Psychologie; 1986 Promotion zum Dr. phil. mit einer Arbeit über »Vor-Ruhestand: Erleben und Formen der Auseinandersetzung bei Männern aus psychologischer Sicht«; 1987 bis 1992 Wissenschaftliche Mitarbeiterin am Institut für Gerontologie der Universität Heidelberg; seit Oktober 1992 Leiterin des Referats »Alternsforschung, demographischer Wandel, Forschungskoordinierung« im Bundesministerium für Familie, Senioren, Frauen und Jugend. Empirische Arbeiten und zahlreiche Veröffentlichungen auf dem Gebiet der Gerontologie und Frauenforschung.

ROSENMAYR, Leopold (geb. 1925), 1949 Promotion zum Dr. phil.; 1953 Leiter der Sozialwissenschaftlichen Forschungsstelle des Instituts für Soziologie der Universität Wien; 1955 Universitätsdozent und 1963 Professor für Soziologie an der Universität Wien (emeritiert seit 1995); seit 1980 Leiter des Ludwig-Boltzmann-Instituts für Sozialgerontologie und Lebenslaufforschung; 1983 Max-Bürger-Preis der Deutschen Gesellschaft für Gerontologie; verschiedene österreichische Auszeichnungen und 1994 Preis der Schader-Stiftung Berlin für Gesellschaftswissenschaften im Praxisbezug, Themengebiet Alter; wirkliches Mitglied der Österreichischen Akademie der Wissenschaften. Seit 1982 Leiter von Forschungsprojekten in Westafrika und Beratungstätigkeit für die Regierung der Republik Mali in gerontologisch-geriatrischen Fragen sowie zu Generationsbeziehungen im Entwicklungsprozess.

SCHMITZ-SCHERZER, Reinhard (geb. 1938), 1965 Diplom und 1969 Promotion im Fach Psychologie; Habilitation 1976 an der Universität Bonn. Ab 1965 Wissenschaftlicher Mitarbeiter am Psychologischen Institut der Universität Bonn, seit 1982 Inhaber des Lehrstuhls für Soziale Gerontologie an der Universität Kassel – Gesamthochschule. 1975 Max-Bürger-Preis der Deutschen Gesellschaft für Gerontologie. In Kassel (im Fachbereich Sozialwesen und im Aufbaustudiengang Soziale Gerontologie) Lehrtätigkeit auf den Gebieten Freizeitwissenschaften sowie Soziale Gerontologie. Zahlreiche Publikationen in deutscher, englischer, französischer und spanischer Sprache. Seit 1978 Forschungsarbeiten und Publikationen im Bereich der Thanatologie.

STEINHAGEN-THIESSEN, Elisabeth (geb. 1946), 1974 Staatsexamen Marburg; 1974–1975 Medizinalassistentin Hamburg-Eppendorf; 1975 Approbation als Ärztin; 1975–1978 Wiss. Assistentin Physiologisch-Chemisches Institut Hamburg; 1978 Promotion Marburg; 1979–1987 Wiss. Assistentin Klinik und Poliklinik Hamburg-Eppendorf; seit 1984 Mitglied des Wiss. Beirats American Aging Association; 1984 Fachärztin für Innere Medizin; 1985 Habilitation im Fach Innere Medizin; 1986–1987 Oberärztin Medizinisch-Geriatrische Klinik Albertinenhaus Hamburg; seit 1987 C3-Professorin Virchow-Klinikum FU Berlin, ab 1995 an der Humboldt-Universität; 1987–1994 Chefärztin Geriatrie im Max-Bürger-Krankenhaus Berlin; seit 1988 Mitglied Akademie der Wissenschaften zu Berlin; seit 1995 Ärztliche Leiterin Evangelisches Geriatriezentrum Berlin, in Kooperation mit Virchow-Klinikum/Humboldt-Universität zu Berlin.

TEWS, Hans Peter (geb. 1939), Studium der Sozialwissenschaften, Dr. oec. publ., 1965 bis 1970 Assistent am Soziologischen Institut der Universität München, seitdem bei der Stiftung Rehabilitation (heute SRH-Gruppe) in Heidelberg tätig; Lehraufträge an der Universität Heidelberg. Geschäftsführender Vizepräsident der Deutschen Gesellschaft für Gerontologie und Geriatrie, Kurator beim Kuratorium Deutsche Altershilfe. Erster Vorsitzender des Vereins »Selbständig Wohnen Heidelberg e.V.«.

WITTRAHM, Andreas (geb. 1958), Diplom-Psychologe, Diplom-Theologe, 1999 Promotion in Katholischer Theologie, Wissenschaftlicher Mitarbeiter der Universität Bonn im Bereich Theologie, Lehrtätigkeit am Fachseminar für Altenhilfe (Meckenheim), seit 1988 Leiter des Referats für Altenarbeit im Bistum Aachen.

WROBEL, Norbert (geb. 1956), 1978–1984 Studium Humanmedizin Köln und Berlin; 1983–1984 Tutor Physiologisches Institut Berlin; 1984 Staatsexamen und Approbation als Arzt, Berlin; 1985 Promotion FU Berlin; 1984–1992 Wissenschaftlicher Mitarbeiter Universitätsklinikum Rudolf Virchow, Charlottenburg/FU Berlin; 1992 Facharzt für Innere Medizin; 1992–1995 Leitender Oberarzt Max-Bürger-Krankenhaus Berlin; seit 1995 Klinikdirektor Medizinische Geriatrie und Rehabilitation, Zentralkrankenhaus Bremen-Nord.

Sachregister

Personenregister